# 经济学原理

[英] 阿尔弗雷德·马歇尔 /著
宇 琦 /译

CNS PUBLISHING & MEDIA 湖南文艺出版社 HUNAN LITERATURE AND ART PUBLISHING HOUSE 博集天卷 CS-BOOKY

图书在版编目（CIP）数据

经济学原理 /（英）马歇尔（Marshall, A.）著；宇琦译．—长沙：湖南文艺出版社，2012.1

书名原文：Principles of Economics

ISBN 978-7-5404-4979-7

Ⅰ．①经…　Ⅱ．①马…　②宇…　Ⅲ．①经济学　Ⅳ．① F0

中国版本图书馆 CIP 数据核字（2011）第 093977 号



上架建议：经济理论

经济学原理

作　　者：[ 英 ] 马歇尔（Marshall, A.）
译　　者：宇　琦
出 版 人：刘清华
责任编辑：丁丽丹　刘诗哲
监　　制：伍　志
特约编辑：于向勇　王可飞
封面设计：柏拉图创意机构
出版发行：湖南文艺出版社
（长沙市雨花区东二环一段 508 号　邮编：410014）
网　　址：www.hnwy.net
印　　刷：北京嘉业印刷厂
经　　销：新华书店
开　　本：787mm × 1092mm　1/16
字　　数：770 千字
印　　张：41
版　　次：2012 年 1 月第 1 版
印　　次：2016 年 1 月第 7 次印刷
书　　号：ISBN 978-7-5404-4979-7
定　　价：39.80 元

质量监督电话：010-59096394
团购电话：010-59320018

# 原著第八版序言

本版是第七版的再次改版，仅在略小的问题上有些改动，而第七版几乎是第六版的再次改版。本版的序言与第七版的几乎相同。

本书的第一版曾许诺在适当的时间内出版第二卷以补充此专著，现在已过去三十年了。但是，我曾经制订的计划规模太大，其范围（尤其是现实的一面）随着现代工业革命的不断推动而扩大。此次工业革命发展的速度及推广程度都远远超过一个世纪前的种种变化，所以，不久我就被迫放弃了以两卷完成此著作的愿望。随后的计划曾经不止一次地进行过更改，部分原因是形势的发展，部分是因为我还有其他事物缠身，以及精力衰退。

1919 年出版的《工业与贸易》实际上是本书的续集。第三本《论贸易、金融和工业的未来》则更超前。我尽能力所及，打算以这三卷书来探讨经济学中的所有主要问题。

因而，本书仍然是一本经济学的入门书；虽然不是在所有方面，但也在某些方面类似于研究经济学的基础著作——罗雪尔及其他经济学家把这类作品放在他们所撰写的有关经济学的一组各自半独立的著作的最前边。本书不涉及通货及市场组织这类特殊论题；至于工业结构、就业和工资问题这类论题，在本书中则主要研究其正常状态。

经济进化是渐进的。它的进步有时由于政治上的事变而停顿或倒退。但是，它的前进运动绝不是突然的。因为，即使在西方和日本，它也是以部分自觉与部分不自觉的习惯为基础。天才的发明家、组织者或财政家虽然似乎可以一举而改变一个民族的经济组织，但是，那不纯然是表面的和暂时的影响，一经研究就可知道，也不外乎是使得酝酿已久的有广泛的建设性的发展达到成熟而已。在大自然的表现中，那些最常发生的、而且是如此井井有条以至能被仔细观察和精密研究的表现，是其他大多数科学研究的基础，也是经济研究的基础；同时，那些时作时辍的、罕见的和难以观察的表现，则常留到以后阶段再进行特殊的研究。“自然不能飞跃”这句格言，对于研究经济学的基础之书尤为适合。

上述两种不同现象的对比可以在本书和《工业与贸易》一书中，通过大企业研究的分配情况得到说明。如果任何产业部门都对新的企业提供了发展的机会，而这些企业又发展成了一流的企业，但过一段时间也许又衰落了，那么就可以参考“一个代表性企业”估算出这个产业部门中的正常生产费用。“代表性企业”有很大一部分是属于组织良好的个体企业的内部经济，但也有一部分是属于集体组织的总的经济或外部经济，而这种经济是将整个地区都作为整体来看的。对这种企业的研究正属于经济学基础研究工作的范畴。尽管一些在政府部门或大铁路公司内部的垄断企业调整价格的确主要是为自己的收入着想，但或多或少也考虑到顾客的利益，同样，对于这种垄断企业所遵循的原则的研究也正属于经济学基础研究工作的范畴。

但是，当托拉斯正尝试掌控一个强大的市场时，当利弊相关的团体正在成立和解体时，尤其当方针政策在任何特定的企业中不是受限制于它自己营业的丰厚利润的思想的支配，而是服从股票市场中较大的控制或某种操控市场的运转时，正常的活动就退而求其次了。这种问题在基础研究的书中是不能恰当地研究的，它属于研究某一部分上层建筑的书的范畴。

经济学家的目标应当在于经济生物学，而不是经济力学。可是，经济生物学概念比力学的概念更为复杂，因此，研究基础的书对力学上的相似性必须给予较大的重视，并常用“平衡”这个名词，它包含静态的相似之意。这个事实还有本书中特别注意的近代生活的正常状态，表明本书的概念中心是静态的，而不是动态的。但是，事实上本书从一而终是研究引起发展的各种力量，它的基调是动态的，而非静态的。

但是，我们要研究的力量是那么多，以至于似乎应该一次研究多种力量，作出若干部分的解答，以帮助我们主要的研究。如此一来，我们首先单独研究某一特殊商品的供求和价格的最初关系，用“其他情况不变”这句话来忽视其他一切力量：我们并不是认为这些力量是无用的，只是对它们的活动暂不考虑而已。这种科学的方法早在科学发生之前就已经存在了，自古以来明达的人研究日常行为中的每个困难问题，就有意或无意地采纳了这个方法。

到第二阶段，在原来假定不起作用的力量中，有更多的力量开始起作用了，特定种类的商品需求和供给条件发生变化并开始发挥作用，我们开始观察这些复杂的条件以及它们的相互作用。动态问题的范围逐渐扩大，而暂时的静态假定范围缩小了；最后，在许多不同的生产要素中开始触及国民收益分配这一重大核心问题。同时，动态的“替代”原则也经常发生作用，使任何一类生产要素的需求和供给都间接受到其他要素供求的影响，即使这些要素是属于毫无关联的产业部门。

因此，经济学主要是研究不得不要求变化和进步（不论是好的还是坏的）的人类的。部分的静态假定是用来临时辅助动态的——或者说是生物学的——概念。不过，经济学的中心思想必须是有关活力的和运动的思想，即使经济学基础性的研究也是一样。

在社会历史中有很多阶段，而在这些阶段中土地所有权所产生利润的点，决定了人类的关系。这些特点或许占优势，但在现代，新土地的开发以及水路运费的廉价，差不多阻断了报酬递减的倾向——这是根据马尔萨斯和李嘉图使用“报酬递减”这个名词的意义来说的，那时英国劳动者每星期的工资通常低于半蒲式耳上等小麦的价格。但是，如果人口的增长——即使按现在增长率的四分之一长久持续下去的话，则从土地的一切用途（假设和现在一样不受当局的控制）上所得的总地租价值，也许会超过从其他所有形式的物质财产所获得的总收入；即使到那时这些财产或许会体现等于现在二十倍的劳动，结果却依然如此。

本书历次再版（一直到第八版）都越来越重视上述事实和下述这样一个相互有关联的事实：在每一个生产和贸易部门中都有一个最低限度的利润——边际。在此利润范围内，增加使用任何一个生产要素在一定条件下都是有利的；但是，如果超出这个利润限度，再增加生产要素使用量就会产生递减的报酬，除非有增加的需要。另外，下面这个补充事实也同样是应该引起重视的：有关边际利润这个概念不是千篇一律、绝对不变的，而是随着所研究问题的条件变化而变化的，尤其是随着与之有关的时间段而变化的。有关普遍的规则是：（1）边际利润的成本并不决定价格；（2）那些决定价格的力量所起的作用只有在边际利润上才能清楚地表现出来；（3）那种必须依据长期、持久的结果来研究的边际利润，与必须依据短期、一时的波动来研究的边际利润，在性质和范围上都是不同的。

边际成本的性质之不同，确实造成了以下众所周知的事实：在一切经济因素所产生的结果中，那些不易探知的结果，比那些表层的、引发粗心的观察者注意的结果通常更为重要，而且位于相反的方向。这是在原来的经济分析上所存在的和感到麻烦的主要难题之一；这种困难的所有的重要性，恐怕是没有被普遍地认识清楚，而在完全了解其重要性之前，我们或许要做比现在更多的工作。

在经济学材料及其不同的性质所允许的范围内，这一新的分析法正逐渐地试探着将少量增加科学（通常称之为“微分学”）的方法用于经济学中。近代人类之所以能把握大自然的性质，大部分都直接或间接地归功于这种方法。不过，目前这种分析法仍不够成熟；既没有一定的信条，也没有统一的标准；还没有经历充分的时间来获得一套十分确定的术语，有关术语的最恰当的使用及其他附属问题的意见分歧是经济学正常发展的标志。事实上，在那些按照这个新方法积极工作的人当中，尤其是在那些学过物理学上比较单纯明确且更高深的问题的人当中，对于这个方法的运用及基本原理表现出不一般的和谐与一致。此方法在有限的但却重要的经济学研究领域中非常适合，占有支配地位，这一点或许无须等到下一代，不会有争议了。

在本书历次再版的各阶段中，我妻子都给了我提示和帮助。每版的修正都极其得益于她的建议、关心和见地。凯恩斯博士和普赖斯先生校阅了第一版，对我帮助莫大；福拉克斯先生也为我出力不少。在各版中的一些地方，在特殊问题上给我帮助的很多人之中，我要非常感谢艾希利、凯南、埃杰沃斯、哈佛菲尔德、庇古与陶西格诸位教授，以及贝里博士、法伊先生和逝去的西季成克教授。

1920 年 10 月于剑桥曼第诺莱路 6 号寓所

# 原著第一版序言

经济状况一直在不断地变化着，每一代人都以自己的方式看待自己的问题。在英国以及欧洲大陆和美国，人们比以往更加积极地进行经济学研究；但是，这一切活动只是更清楚地说明：经济学的发展是缓慢而又不间断的。在当代最好的著作中，有些初看上去的确与前人的著作观点不同甚至相悖；但是，当这种著作日久定型，粗糙的棱角被磨平时，人们就会发现它实际上并没有违反经济学发展的连续性。新的学说补充了旧的学说，并且扩充、发展且有时修正旧的学说，甚至还因为重新设定侧重点而常常赋予旧学说不同的特点，不过却很少推翻旧的学说。

本书试图借助于新时代的著作，就我们这一时代新出现的问题，对旧的学说重新进行解释。第一篇说明了本书总的范围和目的；在第一篇末，对经济研究的主要课题以及与经济研究有关的主要实际问题进行了简短的叙述。依照英国的传统观点，经济学的规律只能是收集、整理和分析经济事实，并利用从观察和经验中获得的知识，确定各种原因所导致的直接和最终结果可能是什么；而且，经济学的规律是以陈述语气陈述一些倾向，而不是以命令的语气进行道德劝诫。事实上，经济规律和推论只不过是在某种程度上用良心和常识来解决实际问题，以及建立可以指导生活规则性的原则。

但是，道德的力量也是包括在经济学家必须考虑的那些力量之内的。的确，“经济学家”曾经有过这样的打算：以一个“经济人”的活动为内容，建立一种抽象的经济学。所谓经济人，就是他不受道德的影响，而是机械的和利己的孜孜为利。但是，这种打算却没有获得成功，甚至也没有彻底实行过。因为，他们从没有把经济人真正当做完全利己的。一个怀有利人的愿望、甘受劳苦和牺牲以赡养家庭的人，是最能信任的，他的正常的动机常被默认为包括家庭情感在内。但是，他的动机既包括家庭情感在内，为什么就不能包括其他一切利人的动机——其作用在任何时间和地点的任何等级之人中都是如此一律，以致能被变为一般法则——在内呢？这似乎是没有理由的。本书把正常的活动看做一个产业集团的成员在一定条件下会有的活动，而对于任何有利他主义的动机——其作用是有规律的——的影响不加考虑。该书如有它自己特点的话，那可说是在于注重对连续原理的各种应用。

这个原理不单应用于动机的道德特性——一个人在选择其目标时会受到这种特性的影响，而且还应用于他追求目标所发挥的聪明、努力及进取心之中。因此，要强调下列事实：从“城市商人”的活动到普通人的活动不断地、逐渐地变化着。前者本着谨小慎微、考虑长远和精打细算的原则，尽心尽力地进行着各种活动；而后者既无力量又不愿意以商业性的方式行事。正常的甘愿节省及甘愿为某种金钱报酬而付出某种努力，或者为寻找最好的买卖市场，或者为自己、为儿女寻找最有利的职业而正常地保持留意——诸如此类的行为与某一特定地点以及某一特定时期的某一特定阶级的成员有关。一旦懂得了这一点，那么正常的价值理论就可同样应用于非商业阶级的活动中，虽然在细节上没有像应用于商人或银行家的活动中那样精确。

正像在正常的行为与暂时看做不正常的行为之间没有显著的区别一样，正常价值与“现行的”或“市场的”或“偶然的”价值之间也没有显著的区别。后者是一时的偶然事件占优势的价值；而正常价值是所考虑的经济条件如有时毫无阻碍地充分发挥它的作用，终能获得价值。但是，这两者之间并没有不可逾越的鸿沟，它们可以在不断地逐渐变化中结合在一起。如果我们想到商品交易所中时时刻刻的变化，我们也许认为那是正常的价值，但从一年的历史来看，这种价值不过是表明现行的变化而已：从一年的历史来看的正常价值，如从一个世纪的历史来看，也不过是现行的价值而已。因为，时间的因素——这差不多是每一经济问题的主要困难中心——本身是绝对连续的：大自然没有把时间绝对地分为长期和短期；但由于不知不觉的程度上的差别，这两者是互相结合的，对一个问题来说是短期，而对另一个问题却是长期了。

这样，例如租金和资本的利息之间的区别虽然不十分明显，却也主要取决于我们心目中对时间长短这一点的认识。那被恰当地当做“自由的”或“流动的”资本或新的投资的利息的东西，更适合被看做一种旧的资本投资的租金——以后称之为准租金。流动资本与已被“固定”于某一特殊生产部门的资本之间并没有显著的区别，而新的投资与旧的投资之间也没有显著的区别；每一种资本都与对方逐渐混为一体。因此，土地的地租也不能被看做一种孤立的东西，而应被看做一大类当中主要的一种，虽然地租的的确确具有自己的特征——从理论和实践的角度来讲都是非常重要的特征。

再者，人们使用的工具与其本身虽有着明显的差别，虽然人们奉献和牺牲所得到的供给和需求都各有其特征且与客观货物的供求不同，但即便如此，这种货物本身毕竟通常都是由人类奉献和牺牲而来的结果。劳动产品价值理论和劳动价值理论是不可分离的，它们是一个大的整体在细节问题上存在区别的两个部分，但经研究后可以知道，正像鸟类和兽类虽然形状上大不相同，但在它们的躯体中都有一个基本观念一样，即大部分不是种类上的差别，而是程度上的差别，供给与需求平衡的一般理论也是贯通交换和分配的各部分结构的一个基本概念的重点问题。[a]

连续原理还应用于术语的使用当中。总是存在着这样一种诱惑：将经济商品进行概念明确的分类，可以进行许多有关这种商品的简明陈述，以立刻满足学者追求逻辑准确性的愿望，迎合人们普遍对貌似深奥但实则容易理解的教条的爱好。但是如果屈服于这种诱惑，并在大自然并没有划分界线的地方人为地划分出宽阔的界线来，就似乎产生了很大的弊端。如果一种经济学说所指的分界线在实际生活中找不到的话，那么这种经济学说越是简单化、绝对化，在实践中应用时，造成的混乱就会越大。在实际生活中，被当做资本与非资本的东西之间、必需品与非必需品的之间或生产性的与非生产性的劳动之间，都没有明显的分界线。

关于持续发展的概念，对各种近代关于经济的思想类别都是共通的，不论如赫伯特·斯班塞的著作所代表的对这些派别所发生的主要影响是生物学的影响，还是如黑格尔的《历史哲学讲演录》和欧洲大陆及其他地方新兴的伦理历史研究所代表的历史和哲学的影响。这两种影响左右本书所表明观点的实质，比其他任何影响还大。但这些观点在形式上却最受连续性的数学观念的影响——如古尔诺的《财富理论中数学原理的研究》所代表的。古尔诺告诉我们必须面对这样的困难：一个经济问题的各种因素不是被看做以连锁的因果关系逐一决定的，如甲决定乙、乙决定丙，等等，而是将它们看做互相决定的。大自然的作用是复杂的，如果把这种作用说成简单的，并设法以一系列的基本命题来阐明它，毕竟最终没有什么好处。

在屠能和古尔诺的指导下（前者的指导较小），我对以下的事有了深刻的印象：在物质和精神世界中，我们对自然现象的观察，与增加量的关系大于总数量的关系；尤其是对一个事物需要是一个持续的参数，这个事物的“边际”[b]提升量在平稳的平衡下，抵消了为它的生产费用相应增长的数量。如果没有数学图表或符号的合作，我们要彻底证明这一方面的持续性不是简单的。使用图表时不需用特殊知识的辅助，而且图表比数学符号常常更能明确和简单地体现经济生活的状况。文章中的论题从不使用图表和符号，可以把它们省略掉。但是，经验似乎表明：让它们给我们帮助，我们对许多有用的原理就能得到更客观的理解；而且对于大多数属于纯理论的命题，如果我们一旦用图表进行解决，就不需要再用其他方法去弄清楚了。

纯数学在经济问题上的主要用途似乎在于帮助一个人将他的一些思想迅速地、简短地、准确地记录下来，以供他自己使用；并且能确保他对他的结论有足够的且仅仅是足够的前提（这就是说，他的方程式与他的未知数在数字上恰好相等）。但是，当必须使用许多符号时，除了作者本人，任何人都会觉得非常麻烦。虽然古尔诺的天才必然给予每一个得到他的启发的人一种新的智力活动，虽然与他有着相似才能的数学家们用他们自己得意的方法为自己扫清道路，以到达通向经济理论中那些只是被触及外表边缘的难题中心；然而，是否有人会愿意去花时间阅读那些并非由他自己将经济学说改写成的冗长的数学符号，这似乎是令人怀疑的。不过，最适合我目的的几例数学语言的应用还是被我添加到本书的附录中了。

1890 年 9 月

## 【注释】

a 在 1879 年出版的《产业经济学》中，我对于这种基本的共同性的阐释曾下了一番工夫。在说到之前的分配论，简短地叙述了对于供求关系暂时性的内容，然后对于资本利息、经营收入和劳动收入，也都用一般推论的方法相继进行了证明。但是，却没清楚地说明这种办法的意图，根据尼科尔森教授的意见，现在本书比较注重这一点。

b 边际增加量中“边际”这个名词，我是从图能的《孤立国》（第 1 卷出版于 1826 年，第 2 卷出版于 1850—1863 年，第 3 卷出版于 1863 年）一书中借用的，这个名词现在已经为德国的经济学家共同使用了。

# 目 录
CONTENTS

## 第四篇　生产的要素——土地、劳力、资本和组织



## 第五篇　需求，供给与价值之间的一般关系

## 第六篇　国民收入的分配



## 第七篇　附　录

# 第一篇

# 导　言

# 第1章 绪 论

## 第1节 经济学是一门研究财富的科学，同时又是一门研究人的科学<br>世界历史来源于宗教和经济的力量

政治经济学或经济学，是对人类日常生活事务学问的研究，是对个人与社会活动中获取和使用物质福利必需品最密切的研究。

所以，一方面，经济是一种研究财富的科学；另一方面，也是更为重要的方面，它又是研究人的学科。因为人的性格是由他日常工作以及由此而获得的物质资源所形成的，除了宗教理想的影响外，任何其他影响都不能左右他的性格。世界历史的两大构成力量就是宗教和经济。尚武或崇文精神的热情虽然在各处曾经盛行一时，但宗教和经济的影响无时无刻不是居于前列；它们几乎总是比其他一切影响汇集在一起还要重要。宗教的动机比经济的动机更为强烈，但是它的直接作用却不像经济动机那样普遍地影响人类生活。因为一个人心情最好的时候，他思考时的大部分时间总是充满了关于谋生的事情；在那个时间里，他的性格就是通过他在工作中运用他的才能的方式，他的工作所引起的思想和感情及他与他的同事、雇主或雇工之间的关系而逐渐形成的。

同时，一个人收入的多少，对他的性格所发生的作用，通常不弱于（即使稍差一些）取得收入的方法所发生的影响。一个家庭每年的收入是一千镑或五千镑，对于该家庭的生活富裕情况或许关系不大；但假如收入是三十镑或一百五十镑，那就有很大的差距了：如果年收入有一百五十镑，这个家庭就可以获得维持美满生活的物质条件；而年收入只有三十镑却不能取得这些条件。确实，在宗教、家庭情感和友情方面，就是穷人也可以找到很多发挥才能的机会，这些才能是快乐的来源。但是，在极端贫困的环境下，特别是在环境拥挤不堪的地方，总会使人的才华被削弱。那些被称为“大城市中的贱民”的人很少有寻求友情的机会，他们不知道什么是文雅和宁静，甚至很少感受到家庭日常生活中的和谐，宗教力量也通常达不到他们那里。毋庸置疑，他们体质的、精神的和道德的不健康，虽然部分是因为其他原因，但贫困却毋庸置疑是最主要的原因。

除了这些贱民之外，在城市和农村中，还有很多人是在缺乏衣、食、住所的情况下成长的。他们幼年就为了挣工钱度日而辍学；自此以后他们就拖着营养不良的身体长时间地做劳累的工作，因而没有机会发展更高的智力。他们的生活不一定是不健康或者是不愉快的。他们以爱上帝和人类为乐事，他们甚至拥有某种自然感情方面的修养，因此他们的生活可能比许多有较多物质财富的人更为充实。不过，话虽然这样说，贫困对他们总是一种巨大的而且几乎是毁灭性的灾祸。即使在他们健康的时候，他们的疲惫也会逐渐消磨欢乐；到了生病的时候，贫困造成的痛苦就要加重十倍了。即使怀有一种知足常乐的精神也许可使他们安于这些苦难，但是还有许多别的苦难使这种精神也无法支撑他们。比如过度劳累和教育不足、疲惫和忧郁、吵闹和忙碌等，使他们没有精力发挥他们的智力。

虽然有些通常与贫困同来的苦难并不是穷困的必然结果，但是，大体说来，“贫困毁了穷人”，所以研究贫困的根源，就是研究大多数人堕落的原因。

## 第 2 节　贫困是否必然给予经济学以最大的关注问题

奴隶制度被亚里士多德看成天经地义的，古代的奴隶可能自己也是这样想的。人类的尊严是通过基督教加以颂扬的，近百年来它受到日益热烈的推崇。但是，只是因为最近教育的普及，我们才开始了解这句话的真正意义。现在，我们终于要仔细地来研究：所谓的下等阶级的存在究竟是不是必然的。也就是说，是否必然有很多人生来就注定要做苦力，注定要为他人提供美好和文明生活的必需品；而他们自己却因贫困和劳苦而不能享受到这种生活。

贫困和愚昧是可以逐渐被消灭的，这种美好的愿望的确从十九世纪工人阶级不断进步的事实中得到很大的支持。蒸汽机减轻了他们很多费力和有损身体的工作；工钱提高了；教育状况得到改善；铁路和印刷机使国内各地同一行业的人能更容易联系，并且使他们能够制定远大的政策方针；同时，对智力工作日益增长的要求使技术工人迅速增多，现在他们的人数已超过了那些技术完全不熟练的工人了。以“下等阶级”这个名词的最初定义来说，大多数技术工人已经不再属于这个阶级了，其中有些人所过的生活已经比一个世纪以前的大部分上流阶级的生活更加美好和高尚。

这种进步比其他所有事情都更使人对下一问题加以关心：所有的人初入世界时都应有文明生活的公平待遇，不受贫困的痛苦和过度机械的劳作的影响。这真是不可能实现的吗？这个问题在当代总能成为人们热议的焦点。

这个问题不能全部由经济学家来解答。因为这个答案部分要依靠人类本性的道德和政治的才华加以解答，经济学家并没有了解这些事情的特殊方法，他也必须像别人一样尽自己所能去推断。但是，由于这个答案还属经济学范围内的事实和推论，因而经济学主要的以及最关心的也正是这一点。

## 第 3 节　经济学大体上是最近才有发展的

我们或许曾经这样期望：一门研究人类福利问题的重要学科已经引起这时代许多有能力的思想家的关注，到现在已发展到接近成熟了。但事实却是：经济学家的人数与要做的工作的困难程度相比，总是较少的；所以经济这门科学差不多仍处在童年时代。造成这个事实的一个因素，就是经济学与人类较大福利的关系被忽视了。确实，一门以财富为主题的科学，常令许多学者乍看起来不喜欢，因为这些尽力扩大知识范畴的人，对于为占有财富而占有财富，是不怎么关心的。

但一个更重要的因素是：在近代经济学所研究的产业生活情况，以及在生产、分配和消费的办法中，有许多只是最近才发生的。诚然，实质上的变化在某些方面确实没有外形上的变化那样大；近代经济理论比它最初出现时有更多的部分能适用于落后民族的状况。但是，作为许多形式变化的基础——实质上的统一性——更令人不易察觉，且形式上的变化已经产生的结果是：各个时代的作家从他们前辈的著作中获益较少，而不是更多。

近代生活的经济状况虽较前代复杂，但在许多方面却比前代的经济状况明确。营业与其他事情分得较为清楚；个人对别人对社会的权利，也有较为明确的规定；而最重要的是：摆脱习俗的束缚、更多的自由活动、不断产生的先见之明和永无止境的进取心，使决定各种东西和各类劳动的相对价值的种种原因都具有新的准确性和新的重要性。

## 第4节 竞争可以是建设性的，也可以是破坏性的，即使在建设性的时候，竞争也没有合作那样有利

我们通常这样说：近代产业生活的方式与过去的不同在于它是较有竞争性的，但这样的说法不能使人感到十分满意。竞争，严格意义上讲，好像是指一个人与另一人的比赛，主要是关于商品买卖方面的比赛。这种比赛无疑是比过去更加激烈和更为广泛的，但这仅仅是近代产业生活的基本特征次要的，也可以说是偶然的结果。

没有一个名词能恰当地表明这些特征。就如我们现在可以知道的，它们是自己选择方向的一种独立自主和习惯；谨慎而敏捷的选择和判断；未雨绸缪和向遥远的目标进发的习惯。这些特征可以而且通常使人互相竞争，但另外，它们也可使人走上、并且现在确实正在使人走上合作以及种种好的和坏的联合的道路。但是，这种趋于共同所有和共同活动的倾向与前代的大不相似，它不是风俗习惯的结果，也不是任何被动地与邻人结合的结果，而是每个人自由选择一种行为的结果。这种行为经过他慎重考虑之后，似乎适于达到他的目的，不论这些目的是否为了利己。

“竞争”这个名词已经充满了罪恶的意味，而且还包含某种利己心和对别人的福利漠不关注的态度。诚然，前代的生产形式不如近代的具有有意识的利己心，但也不及近代的具有有意识的利人心。所以，近代生产方式的特点是精明而不是自私。

例如，当原始社会的风俗扩大了家庭范畴，并规定了一个人对他邻舍的某些义务时——这种义务到后代已废止了——它也规定了人们对陌生人的敌对态度。在近代社会里，善待家人的情感虽然涉及较小的范围，但却更为强烈；而对邻居和陌生人都差不多一视同仁。近代人平常对待这两类人时，公平和诚实的标准比原始人对待邻居的某些方面要低，但比原始人对待陌生人的却要高多了。这样，致使邻居关系疏松，而家庭关系在很多方面比从前加强了，家庭情感所引发的自我牺牲和热诚也比过去大得多。对陌生人的同情心，是近代以前从未有过的一种有意识的、利人心的、日见增长的源泉。那个近代竞争发源地的国家，它用于慈善事业的收入，其数额比其他国家都大，而且它还花了两千万元去赎买西印度群岛的奴隶的自由。

各代的诗人和社会改良家，都用古代英雄的动人品德故事来鼓舞他们自己时代的人民过比较高尚的生活。但是，历史记载和当代对于落后民族的考察，经仔细研究，都不能证实这样的论调：现在的人比从前的人大体上更加苛刻和冷酷；或者说，在风俗和法律任人自由选择方向的时候，从前的人比现在的人通常更愿牺牲自己的幸福而造福于他

人。有些民族的智力好像在其他方面都没有得到发展，更没有近代商人的独创能力，可其中有很多人即使与邻居在交易上也斤斤计较，表现了一种有害的聪明。最肆无忌惮地乘人之危的商人，无过于东方的谷物商人和放债者了。

再者，毫无疑问，近代贸易上的欺诈行为有了新的产生机会。知识的进步发明了新的鱼目混珠的法子，并使很多新的掺假方法成为可能。现在的生产者与终端消费者相距甚远，他的错误行为不会马上受到严厉的处罚。假如一个人必须生活甚至老死在他的故乡，当他欺骗了他的邻人时，就要受到处罚。现在欺诈的机会确实是比过去多了，但我们也没有理由认为，人们会比过去更多地利用这种机会。相反的，近代的贸易方法一方面包括信任他人的习惯，另一方面包括抵抗欺诈行为引诱的力量，这两点在落后民族中是没有的。在所有的社会条件之下，虽不乏单纯的真理和个人忠诚的例子，但是那些曾经要在落后国家建立新式企业的人常常不能对当地的人给予重要的职位。需要坚强德行的工作比需要优良技能和智力的工作更需要外来的辅助。贸易上的掺假和欺诈行为在中世纪最为流行，甚至一度达到惊人的程度，而我们现在所见到的错误行为在当时普遍存在。

在金钱力量占据优势的各个文明阶段中，在没有感觉到仅仅是有形黄金的压力之前，诗人们在诗文中喜欢描写一个过去真正的“黄金时代”。他们的诗歌描写是美丽的，充满了高尚的憧憬和决心，但这些描写却很少有历史的真实性。许多小地方的居民欲望单纯，大自然的恩惠对这些欲望的满足已经作了充分的准备。他们的确有时对物质需要几乎毫不关心，而且也不会引起卑鄙的野心。但是，每当我们洞悉到在我们时代中处于原始状态下的拥挤不堪的人们内部生活时，我们就能看到比在远处看起来更大的贫困、狭隘和艰难：我们从未见到过如此多的在今天西方世界中普遍存在的痛苦和不舒适的状况。所以，我们不应当在构成近代文明的力量上加上一个含有恶意的名称。

将“恶意”这一意义也加到“竞争”这个名词里去，好像是不合理的，但事实确实如此。其实，当竞争遭到非难及以反社会的形式凸显时，人们对它是否还有其他的形式则不加研究。而这些形式对于维持活动力和自发性是如此重要，以致缺少它们恐怕对社会福利是无益的。当商人或生产者发觉竞争者以低于使他们能获得很大利润的价格卖掉货物时，他们对他的这种破坏行为便勃然大怒，抱怨自己受到损失。即便那些购买廉价货物的人，的确比他们穷困，他们的竞争者的精力和智谋可能确实有利于社会，他们也全然不顾。在很多情况下，“限制竞争”是一个令人误会的名词，它掩盖了生产者特权阶级的形成，这种生产者通常利用他们的联合力量，阻挠一个有能力的人从低于他们的阶级中力求上进的妄想。在遏制反社会竞争的论调下，他们掠夺了他自创新事业的自由。如果创立了新事业，他为商品消费者所作的贡献要大于反对他人竞争的那一小群人的损害。

如果把竞争与为了公众利益而无私工作的有力合作相对比的话，即使是最好形式的竞争也是相对无益的，至于它那较为苛刻和卑鄙的形式就更是可恨了。在一个人人都十分善良的世界里，竞争不会存在，不过，私有财产与各种形式的私人权利也都不复存在了。人们只去想他们的义务，没有人希望比他的邻人享受更大的生活上的舒适和奢侈。强大的生产者能够易于忍受一点困难，因此他们就会希望比他们较为弱小的邻人，虽生产较少但仍消费较多。他们以这种想法为乐事，就会以他们所有的精力、创造力和强烈的进取心，为公共利益而工作；人类在与自然界的斗争中就会无往不利了。这就是诗人和梦想家所想象的黄金时代。但是，他们的想象忽视了仍然附于人类本性上的种种缺点，实属愚蠢至极。

一般的历史，特别是社会主义冒险事业的历史，表明普通人不可能连续长时间地实行理想的和纯粹的利人主义，只有少数信仰宗教的人例外，他们对物质上的关心与崇高的信念相比之下，信念变为无足轻重的事。

毋庸置疑，即便现在人们也能作出利人的牺牲，且比他们通常所做的大得多：经济学家的最终目标就是要发掘这种潜在的社会资产怎样才能最快地得到发展，怎样才能最明智地被加以利用。但是，他绝对不应不加分析地对一般竞争加以诋毁，他对竞争的任何特别表现需要保持中立态度，直到他相信人类本性的确是现在这样，遏制竞争比竞争本身会产生更为反社会的影响。

所以，我们可以得出以下的结论：用“竞争”来说明近代产业生活的特点是不甚恰当的。我们需要这样一个名词，它不含有任何好的或者是坏的道德品质的味道，而只是证明这样一个无可厚非的事实：近代企业和产业的特征是比较能自力更生的习惯，较有卓见和较为慎独、自由的选择。没有一个名词能合乎这个目的，但“产业的自由”，或是简单概括为“经济自由”，道出了正确的方向，在没有更好的名词之前，它是可以被采纳的。当然，当合作或联合好像是达到一定目的之最佳的途径时，这种审慎和自由的选择可能导致与个人自由背道而驰。而对于这些审慎的联合形式会破坏个人自由到什么样的程度——它们也是来源于这种自由的，以及会有利于公共福利到什么样程度的问题，已在本书的范畴之外了。[a]

## 第5节 关于这些特征和经济学发展的概括论述，已从本篇移至附录一和附录二

在本书的前几版里，这一章绪论之后还会有两篇短文：一篇是有关自由企业的发展，以及一般地证明经济自由的发展的；另一篇是有关经济学的发展的。虽然它们经过压缩，也不能被称为有系统的历史，它们只是意在说明经济结构与经济思想发展到现在地位过程中的一些重大事件罢了。现在这两篇短文已经被移到本书最后的第一和第二附录中去了，一部分由于它们的全部意义要到对经济学的主题有更为正确认识之后才能彻底明了；一部分由于自从它们最初写成后的二十年来，经济学和社会科学的研究在高等教育中占有的地位和公众的想法已经大有发展了。现在已不像从前那样需要着重说明这样的说法，现代经济问题的主题有很多是取自近代的技术和社会的变化。这些问题的形式和紧迫性都和大多数人的有效经济自由相关联。

很多古代希腊人和罗马人与他们家奴的关系是真诚且合于人道的。但是，即使在阿迪卡，大部分居民的物质和精神的福利并不被看做市民的主要取向。生活的理想虽然高尚，但只与少部分人有关：价值学说在近代是非常复杂的，但在那时也可计划出来，只要当时所有手工工作都由自动的机器所代替就可以。而这种机器只需要使用一定数量的蒸汽动力和燃料，但这和一种美满的市民生活的要求是没有关系的。近代经济学的很多内容，在中世纪的城市里可能的确已经被提前遇见到，在那里，一种睿智和敢作敢为的精神首先与坚忍和勤劳联系起来。但是，中世纪的城市里却不能简单地创立他们的事业；世界需要耐心等着新的经济纪元的来到，直到全国上下的百姓都准备接受经济自由的洗礼。

英国是渐渐做好这项工作的国家。但是，临近十八世纪末期，一向是缓慢和渐进的变化突然变得迅速和激烈了。机械工具的发明、工业的区域集中，以及为遥远市场大规模生产的制度，打破了以往的工业传统，使每个人能尽可能自由地论价；同时，它们促进了人口的增长，但这些新增长人口在工厂和作坊中的只有个立足之地而已，并没有给增加的人口准备好安身之所。因此，自由竞争倒不如说是工业和企业的自由，这样，桀骜不驯的企业怪物就肆无忌惮了。那些能干而又没有受过教育的商人们，在滥用着他们的新力量，从而引起了各个方面的罪恶，它使母亲们担负起对她们不合适的工作；它加重了孩子们的过度劳作和疾病；而且在很多地方致使整个民族都堕落了。同时，《救贫法》虽善良，但却显得草率，相比工业纪律残忍的草率更降低了英国人的道德水平和身体的力量：因为《救贫法》剥夺了人们能够适合事物新规则的那些能力，增加了因自由企业的到来所造成的弊端，并降低了它所造成的益处。

但是，当自由企业表现为一种反常的冷酷的形式的时候，却正是经济学家们对它最加颂扬的时候。这一部分因为他们清楚地看到了——而我们这一代却大多忘记了，已为自由企业所代替的风俗和严厉法令的束缚的那种残酷；一部分因为当时英国人的一般倾向都认为，除了丧失安全之外，以任何身份享有一切自由——政治的和社会的，都是值得的。但是，一部分也因为自由企业给予英国的生产力量，是它抵抗拿破仑获得胜利的唯一手段。所以，经济学家们的确不是将自由企业当做一件纯粹的好事，而只认为比当时所能实行的限制较少流弊而已。

自由企业的思想主要是中世纪的经商者首度提倡的，十八世纪后半叶的英法哲学家继续对其加以发扬，李嘉图和他的追随者便根据这种思想发展了一种自由企业的影响理论（正如他们自己所说的自由竞争的理论），这种理论包含一些真理，其重要性可能将永存于世。他们的著作在它所涉及的狭小的范围内是非常完美的，它的精华包括关于地租和谷物价值的争执——当时英国的命运似乎正想依赖于这些问题的解决。但李嘉图以一种特别的方式所解决的其中许多问题，对于现在的情况并没有什么直接关联。

在他们其他的著作中，有很多因过于顾及当时英国的特殊国情，而变得范围狭隘了；这种狭窄性已经引起了一系列的反应：当较多的经验、较多的时间和较大的物质资源已使我们能够对自由企业稍微加以控制，并能减少它的危害力量和增大它的为善力量的时候，在许多经济学家当中反而产生了一种对它的憎恶之心。有些人甚至喜欢放大它的害处，并将愚昧和痛苦的原因也归罪于它。然而，痛苦和愚昧是以往年代暴政和强迫的表现，或是对经济自由误解和误用的结果。

但是大部分经济学家是居于这两个极端之间的，他们在许多不同的国家同时进行探索，他们对他们的研究抱着探求真理的不偏不倚的态度，甘愿经受长期和繁重的工作，只有如此，才能获得有价值意义的科学结果。意志、性情、训练和机会的差异，使他们的工作方式各不相同，并使他们对于问题各部分的侧重点也各不相同。他们都或多或少要搜集和整理关于过去和现在的事实以及统计数据；他们都要根据手中的事实或多或少地进行分析和推理。不过有些人对前一工作比较感兴趣，有些人觉得后一工作较有吸引力。但是，这样的分工在目的上并不冲突，而是一致的。他们的工作都丰富了那种使我们能够了解生活之道和生计的性质的对于人类生活特性和旨趣发生各种影响的知识。

## 【注释】

a 在即将出版的《工业与贸易》一书中对这些问题有相当详细的讨论。

# 第 2 章　经济学的实质

## 第 1 节　经济学主要是探究活动的动力和对活动的阻力，这种动力和阻力的数量能用货币量粗略地衡量这种衡量仅仅是指对它们的数量而言不论是高尚的还是卑微的动机，动机的质量在性质上是没法衡量的

经济学研究的是那些在日常生活事务中生活、活动和思考的人们；但它主要是研究在人的日常生活事务方面那些最强大、最主要地影响人类行为的那些动机。每个道德优良人，在从事经营时都具有较为高尚的品质；在管理方面，像在其他方面一样，他也受到私人情感、责任观念和对高尚理想的崇拜作用。的确，最有能力的发明家和进步方法与工具的组织者，之所以发挥他们最好的精力，是因为受到好胜心的鼓舞，而不是完全因为爱好财富。但是，话虽如此，日常工作最坚定的目的是获得工资的需求。工资是工作的物质回报。工资在它的使用上可以是利己地或利人地使用掉，也可以是为了高尚的目的或卑微的目的使用掉。在这一方面，人类本性的变化就会发生作用了。但是，这个动机是由一定数额的货币量所引起的，正是对营业生活中最坚定的动机的这种明示和正确的货币衡量，才使经济学远高于其他各门研究人文的学问。正像化学家使用精良的天平使得化学比其他大部分自然科学更为精确一样，经济学家的这种天平，现在虽然还很粗糙和不完善，但也使得经济学比其他所有一门社会科学更为精准。可经济学当然不能和精密的自然科学相比，因为它是研究人类本性的不断变换的微小的力量。[a]

经济学比别的门类社会科学的有益之处在于它的特殊的工作范围，使它比其他任何一门学问具有采取精密方法的机会。它主要是研究那些憧憬、欲望和人类本性中别的感情。它们的外部表现是以这样的一种形式成为经济活动的种种动力，以致这些动力的力量或数量能够相当正确地被加以估计和衡量；因此，对这些动力就能用科学方法来研究了。当一个人的动机力量——不是动机的本身——能使他为了得到某种满足正要放弃的货币额，或者用刚好使他忍受某种精神疲劳所需要的货币额，加以大约的衡量的时候，

科学的方法和试验就有可能了。

以下一点是重要的，需要指出：经济学家并不能衡量本身心中的一些情感，即只能间接地通过它的结果来衡量，而不能直接地来衡量。况且一个人在不同时间的心情也不能准确地互相比较和衡量。至于别人的心情，除了间接地揣测外，是没有人能够衡量的。当然，有些情感属于人类比较高的本性，而有些则属于较低的本性，因此门类不同。但是，即使我们的注意力集中于仅仅是同一种类物质的愉快和痛苦，我们也只能从它们的结果来间接地比较。其实，除非这种愉快和痛苦在同一时间发生在同一个人的身上，否则，这种比较在某种程度上也必然是假定。

比如，从吸烟中所得到的愉快感是不能直接相比较的：纵然是同一个人，在不同的时间，从吸烟中所获得的愉快也是不同的，因此不能直接进行比较。但是，假如我们看到一个人从他仅有的几个便士中犹豫想得到的是一支雪茄烟、一杯茶、坐车回家，我们便可按照常例说，他从这三件事上能够得到同样的愉悦。

故而，如果我们得到的是物质的满足，我们也不能单单直接比较，而需要间接地从这种满足对活动所提供的动力来作对比。如果要得到两种愉快当中的任何一种愉快的欲望，会诱发环境相同的人各去做刚好是一钟头的额外工作，或是诱使身份相同和财产相当的人各为这一小时工作出资一个先令的话，则我们就可以说：为了我们研究的目的，这两种愉快是相同的。因为要得到愉快的欲望，对于情况相同的人来说，是激发活力的强有力的源泉。这样，像人们在日常生活中所做的那样，我们用激发活力的原动力抑或是刺激物来衡量一种心情，虽然在我们所要考虑的目的中一些属于人类比较高的本性，一些属于人类的较低的本性，但也不会引出新的困难。

如果我们看到一个人在几种小的满足之间犹豫不决，过了一会儿他忽又想到在他的归家途中可能会遇到一个贫穷的病人需要他施舍，他是花了一些时间才决定究竟是为自己选择一种物质性的满足，还是去做一件好事，以他人之乐为乐而满足。因为他的欲望一会儿这样，一会儿那样，他的心情的性质就会出现变化。哲学家需要研究这个变化的性质。

但是，经济学家研究种种心情，是通过心情的外在表现而不是心情的本身。如果他认为不同的心情对活动提供相同动力的话，则他为了研究的目的，便把这些心情表面上当成相等的。

其实，他所用的方法和每个人在日常生活中每天常做的一样，不过较有耐心和思想、较为谨慎小心而已。他不打算去衡量人类本性的高级情感与低级情感的真正价值，也不去对美德的爱好与对美味食物的欲望作比较。他从结果来估计激发活动的动力，正如人们在日常生活中所做的一样。他遵循平常谈话所采取的途径，所不同的只是他进行研究时，在弄清楚他的知识的范围方面更为谨慎小心而已。他从一定情况下对一般人的观察中，得出他的暂时性的结论，并不打算研究个人的心理和精神的特点。但是，他也不忽视日常的心理和精神方面的因素。相反的，即使在经济研究较狭的作用方面，了解占有优势的欲望是否有助于成为一种坚强和正直的性格，也是有必要的。在经济研究的较广的用途方面，当这种研究被广泛运用到实际问题上去的时候，经济学家也像别人一样，必须关心人类的最终结果，并考虑各种满足的实际价值的不同，这些满足是对活动的相同有力的动力，因为具有等价的经济价值。这些价值的研究只是经济学的起点，它的确是起点。[b]

## 第 2 节　同一先令所衡量的动力计算起来对穷人比对富人更大，但经济学通常寻求不受个人特性影响的普遍结果

用货币来衡量动机，还有几种其他的限制需要进行研究。第一种限制的发生，是因为必须考虑同额货币所代表的愉快或者是其他满足对不同的人在不同环境之下的强弱。

即使对于同一个人来说，一个先令所衡量的愉快感（或其他满足）可能在一个时候比另一时候要大。因为他所有的金钱，也许一会儿多一会儿少，或者因为他的感觉可以发生变化。相同的事件，对于经历相同、外表差不多的人所发生的影响也常有不同。比如，当一群城市里的小学生到乡村里去度过一天假日的时候，恐怕他们之中不会有某些个人由此获得种类相同、强度相同的愉快。一样的，外科手术实施于不同的人，也会造成不同程度的痛苦。父母对于儿女，就我们所能说的，当然是一样慈爱的，但对爱子的死亡，父母的悲痛也大有不一样。有些人一般不是很敏感，但却非常容易感到特殊种类的愉快和痛苦；同时，本性与教育的不同，可使一个人对痛苦和乐趣的全部感受力比别人大得多。

故而，假如任意两个有相同收入的人，都能从收入的使用上得到相同的利益，或者说收入同样减少，他们就会得到同样的痛苦，都是不合适的。从每年收入都是三百镑的两个人中各自征收一镑税的时候，虽然每人都要失去一镑价值的愉快（或其他满足），可这是他最能容易丢掉的，也就是说，每人将要放弃正好是一镑对他所衡量的东西；但是，每人所放弃的满足的强度，却不一定是一样的。

尽管如此，如果我们所取的平均数特别广泛的话，足以使个人特性互相抵消，则有相同收入的人，为了得到一种利益或者逃避一种损害将要付出的货币，确实是这种利益或损害的良好的衡量。假如有一千个人住在设斐尔德城，另外一千人住在利兹城，每人

每年约有一百镑收入，对他们需要征收一镑的税。我们可以相信，这一镑的税在设斐尔德城将造成愉快的失去或其他伤害，与它在利兹城将要造成的具有大致相同的重要性。如使他们的收入都上调一镑的话，则这两个地方就会得到相同的愉快或其他利益。如果他们都是成年男性，从事同一工作，因此可以推测在他们的感觉和性情上、兴趣和教育上也差不多相同，则这种可能性就更大。如果我们以家庭为单位，并通过对这两个地方每年有一百镑收入的一千个家庭中每一个家庭因为减少一镑的收入所导致的愉快的丧失加以比较的话，则这种可能性也不会减少。

其次，我们需要考虑下一事实：使一个穷人对任何东西付出的一定代价，比使一个富人付出的需要有较强的动力。对于一个富人来说，一先令所衡量的愉快或者任何满足，比一个穷人小得多。一个富人对是否花一个先令只买一支雪茄烟不断犹豫时，他所考虑的种种愉快较一个穷人为小，因为这个穷人在考虑是否花一个先令去得到可供他一月之需的烟草。每年有三百镑收入的员工下雨时坐车去上班，而每年只有一百镑工资的职员在下雨时也不会坐车，仍是步行上班：因为，相对于富人来说，穷人乘电车或公共汽车的车费所衡量的利益更大。如果用掉了那笔车费，与富人相比，穷人以后在特困情况下因缺少这笔钱时会受到更大的痛苦。穷人在这方面，车费所衡量的利益大于富人心目中的利益。

但是，假如我们考虑大多数人的活动和动机时，造成这种差错的原因也会减少的。比如，如果我们知道，一家银行的关门使利兹城的居民失去二十万镑，使设斐尔德城的居民损失十万镑，我们就会相信，在利兹城所造成的损失，比在设斐尔德城要大一倍；除非我们的确有某种非常特殊的理由，相信一个城的银行股东比另一城的股东较富有或者相信银行倒闭对两个城市的工人阶级所造成的失业人数的比重不同，情况才不是这样。

在经济学所研究的事件中，绝大多数是以大致相同的比例影响社会上一切不同的阶级。因此，如果两件事情所造成的愉快的货币衡量相同的话，则认为这两件事情的愉快多寡相同是合理的，也是合乎常理习惯的。更进一步说，如从西方世界的任何两个地方，毫无偏见地调查两大群人，他们会将金钱以大约相等的比例，作为用于生活较为高雅的地方，所以甚至就有这样一种表面上的可能性：他们的物质资源如有相同的增加，他们生活的美满和人类的真正进步也将有大致相等的增大。

## 第3节 习惯本身大多都是基于有意识的选择

再谈到另外一点，当我们以活动来权衡欲望，而欲望成为激发活动的动力时，这并不是说我们认为所有活动都是有意识的或是深思熟虑的结果。因为在这一点上，像在其他种种方面一样，经济学把人看做正像他在日常生活中那样：在日常生活中，人们并不提前考虑每一活动的结果，不论它的推动力是出自我们较高的还是较低的本性。

现在，经济学非常关心的生活的一面，就是人的行为最深思熟虑、而且在他没有做一件事之前总是先考虑它的利害得失的一方面。而且，在他日常的这一面上，当他确实是按照风俗习惯、暂时对一事不加考虑就去做的那刻，风俗习惯的本身基本上就是精密和细心地观察不同行为过程中利害得失的结果。当然，一般不会有像资产负债表上借贷双方的所有正式的计算那样，但在人们一天工作结束回家的时候或者是在社交场合便会互相交谈说："这样做不合适，那样做就好了"，等等。使一件事比另一件事做得更为适合，不一定是为了自私的利益，也不一定是为了物质的利益，而且常会这样辩解说："这个或那个办法虽然省了一点麻烦或一点钱，但对别人是不公平的"，以及"它使人看起来卑鄙"或"它使人感到卑鄙"。

确实，在一种情况下所产生的一种习惯或风俗，当它在别的情况下影响活动时，在努力与因努力而达到的最终意象之间，至今还没有明确的联系。落后国家里，依然有很多风俗习惯，类似使禁闭中的海獭自己筑堤的习惯；这些风俗习惯在历史家看来是充满深意的，而且立法者必须加以考虑，但在近世的营业事务中，这种习惯很快就消失了。

这样，人们生活中最有系统的部分，通常就是他们谋生的那一部分了。凡从事任何一种职业的一切人的工作，都能被仔细观察；因而对这种工作就能作出一般的说明，并能用与其他观察的结果作比较，来检验这种说明是否真实可靠；关于对这些人提供足够的动机所需的货币或一般购买力的多寡，也能得出数字的估计。

不愿推后享乐以留做以后之用的这种心理，是用积累财富产生的利息来衡量的，而利息正是为待以后之用提供了足够的动力。但是，这种衡量却有某些特殊的不易，必须等到以后再加以研究。

## 第 4 节　经济动机不都是利己的　对金钱的欲望并不排斥金钱范围外的影响，这种欲望本身也许来自于高尚的动机，经济衡量的范围可以逐渐扩大到包括很多利人的活动内

在这里，像在别处一样，我们需要知道：赚钱的欲望本身并不一定是来自于低等的动机，即使赚来的钱是用在个人身上的时候也是如此。金钱是达到目的的一种手段，如果目的是高尚的话，那么对这种手段的欲望也不是卑鄙的。如果一个年轻人努力工作并尽量节省，为了以后能承担个人进大学读书的费用，那么，他是渴望拥有金钱的，但这种渴望之心是并不卑鄙的。简单概括，金钱是一般购买力，而且被尊称为是一种达到各种目的——高等的和低等的，精神的和物质的——的手段。[d]

如此，“货币”或“一般购买力”或“物质财富的掌握”是经济学所研究的核心问题，虽属确实，但之所以这样，并非因为货币或物质财富是被当做人类努力的主要目标的缘故，甚至也不是因为它被当做对经济学家的研究提供主要课题的缘故，而是因为在我们这个世界里，它是大规模地衡量人类动机的唯一便利方法。如果以往的经济学家弄清楚了这一点的话，则他们就会减少许多可悲的误解；卡莱尔和拉斯金两人关于人类努力的正确目标和财富正当使用的训导，就不会因为其中对经济学的痛加攻击而有所减色了，而这种攻击却是基于错误的观点：相信经济学除了研究对财富的利己欲望之外，与任何动机没有关联，这种错误观点甚至认为经济学强调了一种卑鄙的利己政策。[e]

再者，当我们提到一个人的行为动机是为他能赚得的金钱所刺激时，这并不等丁说在他的心里除了唯利是图的想法之外，就没有其他另外的考虑了。因为，即使生活中最纯粹的营业关系也是讲诚实信用的；其中有许多关系即使不要什么慷慨，至少也不会有卑鄙之心，并且具有每个诚实的人为了洁身自好所具有的自尊心。其次，人们借以谋生的工作有许多本身就是愉快的。社会主义者认为可以使人对更多的工作感到愉快也是有道理的。的确，即使初看起来似乎是索然无味的营业工作，由于它对发挥人们的才能和争胜与争权的本能提供了机会，也往往产生很大的愉悦。因为正像一匹比赛中的马或一个运动员竭尽全力胜过他的竞争者并对这种紧张感到愉快一样，一个制造商或一个商人，受到胜过他竞争者的这种希望的鼓舞，比受到增大他财产的欲望的激励往往是更大的。

# 第5节 续 前

经济学家的工作确实总要细细考虑吸引人们去谋求某种职业的一切利益，不论这些利益是否表现为货币的形态。假如其他情况不变的话，则人们通常会喜欢一种双手不必被弄脏、享有良好社会地位一类的职业；这些利益对每一个人的影响的确不全是一样的，但对大部分人的影响却基本上是一样的。所以，这些利益的吸引力就能用货币工资来评估和衡量，而这些吸引力是被当做与货币工资同等的。

其次，要得到周围人的夸赞、避免这些人藐视的欲望，也可能是对活动的一种刺激。这种刺激在一定的时间和空间对于任何一类人，通常发生大致相同的作用，虽然局部和暂时的情况不但对这种欲望产生很大作用，而且对赞美别人的那部分人的种类也大有影响。比如，一个自由工作的人或一个技术工人，对于来自同一行业的人的毁誉会是特别在意的，而对于其他人的毁誉则不是非常介意了；如果我们不加以观察这一类起因的走向，并精确估计它的力量的话，则许多经济问题的研究就会变得非常不真实了。

在一个人好像要做会有利于他同事的事务时，也许会有一点利己的想法在内。同样，在他希望他的家庭在他生前和死后都能发达兴旺的欲望中，也会将个人自尊心的因素包含在内。但是，家庭情感通常仍是纯粹利人主义的一种形式，如果不是因为家庭关系本身有一种共性的话，则恐怕家庭情感的作用就表现不出什么规律性来。事实上，家庭情感的作用是非常有规律的，经济学家总能充分考虑这种作用，尤其是关于将家庭收入在家人之间的分配、为孩子们准备将来事业的费用以及积累他所赚来的财富留做后世之用等问题。

所以，这不是缺乏信念而是缺乏力量的问题，使得经济学家不能考虑这类动机的影响。假使采取很广泛的平均数的话，那么一些种类的慈善活动就能用统计表来表明，并且在一定程度上能被总结为规律，经济学家对此是很鼓励支持的；因为像这样变化不定和不规则的动机确实是很少的，不过，凭借于广泛和耐心的观察，关于这种动机的一些规律是能被发现的。即使现在，相当准确地预言家境不错的十万英国居民将剩余的钱捐助给医院、教堂及传道会的数目也许是可能的。只要能这样做，对于医院护士、传教士及牧师服务的供给和需求，作经济上的研究就有基础了。然而，以下一点恐怕常是确定的：责任感和对邻人之爱所激起的那些活动，大多是不能分类或被归纳为规律加以衡量的；因为这个理由——并非因为这些活动不是基于利己心的缘故——经济学的方法才不能用于这些活动。

## 第6节 共同活动的目的对于经济学家具有巨大的和日益增长的重要性

以前的英国经济学家或许过于注重个人活动的动机。但事实上，像其他所有社会科学的学者一样，经济学家研究人类，主要是将他当做社会生活中的一部分。正像一所教堂不仅仅是等于建成它的那些砖石，一个人也不能仅仅等同于一系列的感情和思想一样，社会生活也不仅仅是它各个成员生活的相加之和。所有的活动诚然是由它的构成部分组成的；在研究大多数的经济问题时，最佳的出发点诚然是在于影响个人的那些目的，个人并不是被当做一个孤立的部分，而是被当成某一特殊行业或产业集团的一员。但是，正像德国学者所极力推崇的那样，经济学在对于有关财产同时所有与共同追逐重要目的的动机这两项加以慎重考虑也是真实的。当代日益增强的热诚、大多数人日益增长的智慧以及电报、印刷物和其他交通工具的日益增长的现象，已经不断地扩大为公众利益共同生活的范围。这些变化和这些合作运动的推广以及其他各种自愿组织的团体，正在金钱利益影响以外的种种动机的影响之下发展而起，它们常为经济学家不断开辟、衡量种种动机的新机遇，而这些动机的影响似乎是不能被归纳为任何规律的。

但事实上，动机的多样性，衡量这些动机的难度和克服这种困难的方法，是本书中我们必须研究的主要课题之一。大体上本章所提到的每一点，在以后讲到和它有关的经济学的某些主要问题时，都需要加以较为详细的讨论。

## 第7节 经济学家主要是研究人的生活的一个部分，但是这种生活是一个真实的人的生活，而不是一个虚构的人的生活 参看附录三

我们暂作结论如下：经济学家研究个人的行为，但是，他是从个人行为与社会行为活动而不是与个人生活的关系来研究这些活动的，所以他不太注意个人性情和性格上的特点。经济学家仔细观察整个一种人的活动，有的时候是全国的人的行为，有时仅仅是住在某一区域的人的行为，更多的则是在某一时间和某一空间点上从事某种特殊行业的人的行为；靠统计学的帮助，或用其他方法，经济学家就可了解他所观察的某一集团的

成员平均乐意付出多少钱作为他们所需要的某一物品的价格，或是必须付给这一集团的成员多少线才能让他们做一种他们所不愿做的努力或付出。这样得到的关于动机的权衡，诚然不是最正确的；因为，如果十分正确的话，经济学早就与最先进的自然科学并驾齐驱，而不会像现在这样与最不先进的并列一起了。

但是，这种衡量也还是比较准确的，足以使经验丰富的经济学家能够非常准确地预测与这类动机有主要关系的种种变化所引起的结果的大小。比如，在任何一个地方准备建立一种新的行业，若想要获得任何等级的劳动者的供给——从最低级到最高级的工作者，需要付给多少工钱——他们就能很精确地估计出来。当他们观摩一个工厂时，这个工厂是他们以前从来没有看见过的，只要观察某类工人的职业需要技术的程度怎样，以及这一职业所包括的对于工人在肉体上、思想上和道德上的能力的紧张程度如何，他们就能得出这类工人每一周可挣多少工钱，与现实最终只相差一两个先令；并且，他们能够非常正确地预言，某一物品的供给减少多少，将会造成价格涨幅多少，以及价格涨幅将对供给产生怎样的影响。

单单从这样的研究来看，经济学家就可进一步分析决断各种工业地区分布的原因以及住在遥远地方的人相互交换货物的条件之类的事；他们还能够解释和预言信贷的变动将如何作用于对外贸易，或是一种捐税的负担将从原有被征收的人转嫁到直接消费者身上的程度，等等。

在很多方面，经济学家所研究的是一个实际存在的人，不仅仅是一个抽象的或“经济的”人，而是一个活生生的人。他们所研究的人，在他的营业生意中大大受到利己动机的影响，故而在很大程度上与这些动机有关；但这个人既不是没有虚荣心和草率的风格，也不是不愿意为做好工作而做好工作，抑或是不愿为他的家庭、邻人或国家而奉献自己；他是一个为善良生活而爱好善良生活的人。经济学家所研究的是一个实实在在的人，但主要是研究人的生活的某一特定方面，在这些方面，动机的作用是何等的有规律，以致可以加以预测；对动力的估算，也能用结果来证明。这样，经济学家已经把他们的工作建立在科学的基础之上了。

因为，第一点，他们所研究的事实是能被观察的，他们所研究的数量是能被衡量和记录的；因此，对于这种事实和数量在意见上发生分歧时，这种分歧就能用公开和可靠的记录来判明是非；这样，经济学就能在坚固的基础上继续工作了。第二点，列入经济学的问题构成了一类性质颇为相似的问题，因为这类问题与在能用货币价格衡量动机的影响下的人类行为特别有关。当然，这类问题具有许多相同的主题，在性质上这一点是很显然的。但是，以下两点在演绎上虽不那样显然，但也是正确的：第一，有一种形式上的基本统一性贯通这类问题中的一切主要问题；第二，因此将这些问题放在一起研究就能省事。正像派一个邮差在一条街上递送各种信件，而不是每个人将他的信件交给每个邮差那样能够省事一样。因为，任何一类问题所需要的分析和经过组织的推论方法，对于其他类别的问题一般也是有用的。

所以，我们越少从事于某一问题是否属于经济学的范围这种学究式的研究就越好。如果事情是很重要的，那就让我们尽可能地加以研究。如果是一个存在不同意见的问题，还不能由正确和可靠的知识来解决，如果是一个经济分析和推论的一般方法还不能解决的问题，那么在我们纯粹的经济研究之中，就将它搁在一旁好了。但是，我们之所以这样做，只因为，如果要将这种问题包括在我们的研究之内，反而会减少我们经济知识的正确性和精密性从而一无所获。我们要记住：我们必须用我们的伦理本能和常识来研究这种问题，这种本能和常识作为最后的公断人，将把从经济学和其他科学所得来的与经过整理的知识，应用到实际问题中去。

## 【注释】

a 关于经济学与社会科学总体的关系，将在附录三的第 1、2 节里有所说明。

b 关于在任何情况下两种愉快相等的说法，某些哲学家所提出的异议，似乎只适用于经济学家研究这句话用法以外的各种用法。然而不幸的是，经济名词的习惯用法，有时引起了这样一种信念：经济学家是快乐主义或功利主义的哲学体系信徒。因为，经济学家们通常认为最大的愉快是从努力尽责中得来的，同时，他们又说愉快和痛苦是激发一切活动的动机，因此他们就受到某些哲学家的非难。这些哲学家主张：一个人尽责的欲望，与一个人也许期望从尽责中得到愉快的欲望——如果他偶然想到这一点的话——是两种不同的事，这是一个原则性的问题，虽然对前一种欲望若称为“自我满足”或“满足永久的自我”的欲望也无不妥（参看格林所著的《伦理学绪论》一书）。经济学显然不参与伦理学上的争论：活动的一切动机，就它们是出于自觉的欲望而言，其简称为求“满足”的欲望并无不妥，这一点已得到大多数人的赞同了，因此，在谈及欲望的目的时，不论这些欲望到底属于人类的较高本性还是较低本性，用“满足”这个词来代替“愉快”也许会更好。满足的反义词是“不满足”，但也许应该用一个较短的词语“损害”来代替它或许更好。

我们还可注意，边沁的一些追逐者（虽然也许不是边沁本人），将“痛苦”和“愉快”的广义用法当做几个人从快乐主义到完美的伦理教条的桥梁，却不提出一个独立的大前提的必要性，这种必要性貌似是绝对的，虽然在意见上关于这一大前提的形式或许存在矛盾。有些人认为它是绝对命令；而某些人认为它是一种单纯的信条——不论我们道德本能的起源是怎么样的，这种本能的表现已为人类经验的判断所证明，从而知道真正的快乐只有在自尊心下才能得到，而自尊心只有在努力的生活以促进人类进步的条件下才能拥有。

c 有一类满足有时被称为“追逐的愉快”，特别是这样的情况。这类满足不但包括狩猎和赛马这类轻松的游戏和消遣，而且也将自由职业和营业生活之类比较严肃的竞争包含在内。在我们研究工业组织的形式和决定工资与利润的种种原因时，要对这一类满足加以特别的注意。

有些人生性豪爽，即使是他们自己也不能解释自己活动的动机。但是，对于一个坚定的、有思想的人，对他来说冲动也是习惯的产物，而习惯或多或少是他自己有意识地养成的，而且，不论这些冲动是他哪种本性的表现。他现在确实就不加考虑地受这些冲动的支配了，不论是出自社会关系的压力还是他的良心的命令，或是出于他身体上的欲望。因为在之前他经过考虑之后，已决定让它们来主导自己了。即使不是当时考虑的结果，一种活动比别种活动具有更大的吸引力，也是他以前在大略相同的事件上或多或少经过考虑所作出决定的产物。

d 参见莱斯里所著的一篇令人拍手叫绝的论文《金钱的爱好》。生活中确实有很多人不问钱有什么用处，而只是为赚钱而赚钱，那些在营业中消磨全部生命的人尤其如此。但是，像在别的情况下一样，此时一个人做一件事情的习惯仍会被保留着，即使原来做某事的目的已经消失了。这种人在占有财富时觉得比别人有钱有势，并使他们得到一种令人羡慕、受人尊敬的虚荣心，由此他们感到一种辛苦而强烈的愉快。

e 让我们想象一下这样一个世界：在这个世界里也有一种与我们自己的类似的经济学，但没有任何种类的货币。参看附录二第 8 节与附录四第 2 节。

# 第3章　经济普遍原理和经济规律

## 第1节　经济学通常选用归纳法和演绎法，但为了不同的目的，两种方法的应用比重也有所不同

类似于其他科学，经济学的工作是整理收集事实，解释和突出事实，并根据这些事实得出相应的结论。“说明和观察、定义和分类都是必要准备工作。可是，通常我们希望能够得到的结果往往是关于经济现象互相依存的知识。正如人类的两只脚是走路所不可缺少的，归纳法和演绎法都是科学的思想必须采用的方法。”[a]经济学不是唯一采用这两种方法的学科，它是一切科学的共同点。在研究科学方法的论文中所提到的追寻因果关系的一切方法，经济学家也都必须逐一地去尝试——因为没有一种研究的方法可以很恰当地被称为经济学的方法。因此，想使每种方法都应用得恰到好处，就必须单独采用或是与其他方法合用。跟下棋一样，棋盘上所能出现的前所未有的变化是如此之巨大，以至于害怕出现从来没有出现过几乎相同的两局棋；在学者向大自然揭秘它隐藏真理的过程中——这种斗争是有理由进行的——也绝对不会两次都采用大致相同的方法。

但是，在经济研究的某些部门中，以及为了某些目的，研究新的事实比探讨我们已有的事实之间的相互关系更为紧要。而在其他的部门中，任何事件的那些表面上的和最先出现的原因，究竟是不是它的真正的原因和唯一的原因仍然很难确定，因此，对我们已知事实的推论加以仔细考查，要比寻求更多的事实更为迫切。

由于上述的和其他种种理由，同时存在具有不同才能和抱有不同目的的学者在过去是必要的，将来恐怕也是必要的。其中，有些人致力于事实的研究，有些人致力于科学的分析。就是说，将复杂的事实分为许多部分，然后研究各部分相互之间以及与相关事实的关系。我们希望这些派——分析派和历史派——永远存在；每派充分地进行自己的工作，每派都利用另一派的工作。这样，我们就最可获得关于过去的正确的概括，并从其中得到对于未来的有益指导。

## 第2节 关于规律的性质：自然科学的多种规律的准确程度是不同的社会和经济的规律相当于较为复杂或不是很精确的自然科学规律

那些才华横溢、远在自然科学家之上的希腊天才所获得的最进步的自然科学，严格地说来，并不都是“精确的科学”，但是它们都以精确为目的。就是说，它们全都以把许多观察的结果归纳为暂时性的叙述为目的，这种叙述的精确性足以经得起其他对自然观察的考验。这些叙述在最初发表的时候，极少具有很高的权威；但是，在它们受到了许多独立观察的考验之后，尤其是在它们已被成功地用来预测未来的事件或新试验的结果之后，它们就成为规律了。科学得到进步归因于以下原因：关于规律的数目变化和精确性的改善；这些规律必须经得起更为严格的考验；不断扩大这些规律的研究范围，直到许多较狭隘的规律被较为广泛的规律所代替，并且使得这些较狭隘的规律用来证明许多较为广泛规律的特殊性。

任何科学都是这样做的，因为研究科学的学者在某些情况下，能很有权威地——比他自己所有的权威更大（也许比任何虽然有能力但只靠自己的才能、忽视前代学者所获得的结果的思想家的权威更大）——说明某种情况会有什么结果，或者某一已知的事件的真正原因是什么。

对于某些进步的自然科学的主题，虽不能加以十分正确的衡量——至少现在是这样——但这些科学的进步依靠许多学者的广泛合作。他们尽可能正确地衡量他们的事实和解释他们的叙述，因此每个研究者就能从最靠近以往的学者所停止的地方开始研究，经济学希望在这一类科学中占有一席之地。因为它的衡量虽很少精确，而且这种衡量也从来不是最后的，但它不断地努力使这种衡量较为精确，从而扩大个别的学者在他研究的这门科学中能很有权威地说明种种事情的范围。

## 第3节 续 前

那么就让我们更为详细地思考一下关于经济规律的性质及其限制吧。如果不遇到阻碍，任何一个原因都有产生一种明确的结果的倾向，就像引力可以使东西落到地上一样。

但当一个气球被充满比空气还要轻的气体时，虽有还会受到引力使它下落的力量，可是在空气压力的作用下它却上升了。引力的规律告诉我们两样东西是如何互相吸引及它们是如何相向而行的；如果不遇到阻碍的话，它们就会相向运动。所以，引力规律是关于倾向的有力叙述。

这是一种极为精确的叙述——精确到数学家能根据它计算航海历，这种航海历用来表明每个卫星降落在木星之后的那一时刻。数学家在很久以前就已经获得了这种计算方法。航海历随着航海者来到海上，用来判断他们所在的方向。没有任何一种经济的倾向能和引力一样发生不变的作用，所以经济学的规律是不能与引力规律相比的。

但是，让我们研究一种天文学以外的不是那样要求精准的科学时，比如对潮汐的科学解释。潮汐在太阳和月亮的相互作用下，会每天涨落两次，在月半时节潮汐大，在一月的上下弦时节潮汐小；当海峡被潮水冲击时，会涨得很高，等等。这样，通过对不列颠群岛周边的水陆地位的研究之后，人们就能预先知道任何一天伦敦桥或格洛斯特的潮水会在哪一时间涨得最高，将涨到多高。他们不能用"确定"这个词，而天文学家在说到木星的卫星被蚀时却可以准确运用。因为，即使有很多因素对木星及其卫星发生作用，但每一种因素都是要以他们所测定的方式发生作用的。由于对天气的了解还不够，因此我们很难预先获得关于天气将产生什么样的作用。在泰晤士河上游的一场大雨，或是日耳曼海一阵疯狂的东北风，都可使对伦敦桥的潮汐的预测截然不同。

能够与潮汐规律相比的经济学规律，却很难与简单却精密的引力规律相比。由于人们活动的多样性和不确定性，在关于研究人类行为的科学中，我们所能得出的关于倾向的最有力叙述，也往往是不精确和不完整的。这一点直接导致学者们不能对人类行为作出完美叙述，但那几乎等于要我们放弃对生活的研究。因为，生活就是我们——人类的行为，这当然也包括在行为过程中所产生的思想和感情。由于人类本性基本是冲动的缘故，所以，我们大家——不论高级的或低级的、有学问的或没有学问的——都在不断努力地力求获得更多关于人类活动的方向，然后尽力使这种方向与我们的目的相一致，不论这一目的是利于自己还是利于他人、是高尚还是卑鄙。因为我们需要让自己获得关于人类活动倾向的一些概念，因此我们要在轻易还是慎重仔细地形成概念之间作出选择。工作越困难，对以下条件的需要就越大：坚持耐心研究；善于利用其他自然科学，并从中获得的经验；尽我们所能作出关于人类活动的倾向的深思熟虑的估计或暂时性的规律。

## 第4节 关于“正常”用语的相对性

因此，关于“规律”这个名词的定义，也不过是对于一种相对可靠和明确的一般命题或倾向的叙述而已。在任何科学之中，都会出现许多类似叙述，但我们不能对这些叙述都给予一种形式上的归类，把它们统称为规律。我们必须学会加以选择，这种选择常常被实际的便利所决定，而对于纯粹科学的研究起决定性作用的较少。假使有关于规律的一般叙述，都会被我们的研究所引用，如果我们在详细引用它的过程中所遇到的麻烦，远远超过在讨论时引用一种形式上的叙述和增加一个新名称的麻烦，那么，就给它一个与众不同的名称，不然，就不必这么做。[b]

这样，一种社会科学的规律，即社会规律，是一种社会倾向的叙述；也就是说，我们可以期待某一社会集团的成员在一定情况下所有某种活动趋向的叙述。

经济规律，即经济倾向的叙述，就是与某种行为有关的社会规律，而与这种行为有主要关系的动机的力量，能用货币价格来衡量。

这样，在被当做经济规律的社会规律，与不是被当做经济规律的社会规律之间，并没有严格和明显的区别。因为，从差不多完全能用价格来衡量的动机的社会规律，到这种动机不大重要的社会规律，其中的等级是不断划分的，所以，后一种社会规律远不及经济规律那样精密和正确，正像经济规律远不及较为精确的自然科学规律一样。

“规律”这个名词的形容词是“合法的”。但这个形容词的使用，只有在把规律解释为政府命令的意义时才与它有关，而在把规律解释为因果关系的叙述时是与它无关的。用于后一目的的形容词源出于“典范”这个词，这是一个差不多与“规律”相等的名词，在科学讨论中用它来代替“规律”这个词也许是有利的。按照经济规律的定义，我们可以说：一个产业集团的成员在一定的条件下所有的某种活动，是与那种条件有关的那个集团成员的正常活动。

这个词的正常用法曾经被人误解。提及一点关于“贯通”这个词的各种不同用法的相对统一，也许有助于理解。当我们谈到一个善良或一个强壮的人时，我们通常是指上下文中所说的那些特殊人物的身体、精神和道德的独特优越或潜力。强壮法官的强壮与强壮船夫的强壮并不具有相同的特性，一个杰出的骑士通常不具有与之相应的道德。同样，关于“正常的”这个词的任何一种用法，都具有某些在作用上或多或少具有固定和持久的倾向，并且比那些看起来例外和间断的倾向更占有优势。疾病表示人处于不正常的状态；而在漫长的人生之中，如果从不生病也是极不正常的。当积雪融化的时候，莱茵河的水位高出它以往的水位；但当在寒冷而干燥的春天时，河水又往往是低于平常那样的水平，我们可以说河水是超出正常的（依照一年中相对的时节而定）。在这所有的事例上，结果通常就是我们在上下文所指的那些倾向期待的预期结果；换言之，就是与上下文相适应的那些对于“倾向的叙述”及其那些规律和典范相符合的必然结果。

根据上述这个观点，我们说正常的经济活动，是在一定的条件下（假定这些条件是持久的），一个产业集团的成员会发生的经济活动。英国大多数地方的瓦匠愿意工作一小时拿十个便士，如果一小时七个便士的话，他就不肯工作了，这是正常的情况。约翰内斯堡地方的瓦匠，如果一天比一镑少得多才不肯工作，这也许也是正常的情况。真正新鲜的鸡蛋的正常价格，如果不管是一年中的哪一季节，也许都是一便士一个，但在正月里，城市中鸡蛋的正常价格也许是三便士一个；如果那时的天气是“不合时令”的温暖，则两便士一个也许是一种不正常的低价。

另一种要防止的误解，是由于下一概念发生的：认为只有那些由于自由竞争的作用没有受到阻碍而发生的经济结果才是正常的。但是，这一用语往往必须应用在完全自由的竞争并不存在，甚至不能假定它存在的情况下；即使在自由竞争最占优势的地方，每一事实和倾向在正常情况下也包含并非竞争的一部分，甚至与竞争无关的重要因素在内。这样，例如零售、批发贸易以及证券和棉花交易所的许多交易的正常进行，都是根据没有证人的口头契约交易也将会公正地履行的这一假定。在不能合法地作出这种假定的国家里，西方正常价值的学说有些部分就不适用了。其次，各证券交易所的证券价格是“正常地”受到不但是普通的买主而且经济人自己的爱国情绪的影响，等等。

有时有些人误将经济学中的正常活动当做道德上公正的活动。但是，只有当上下文含有从伦理的观点来判断活动之意的时候，才能这样理解。当我们在考虑世界上种种事实是从它们现在这样、而不是从它们应当怎样来考虑的时候，我们将不得不把我们应当尽力阻止的许多活动当做对于我们所研究的情况是“正常的”。例如，一个大城市中，那些最穷困居民的正常情况是缺乏进取心，不愿利用在别处可以得到较为健康和较少肮脏的生活机会；他们没有摆脱悲惨的环境所必需的身体上、精神上和道德上的力量。愿意以很低的工资去做火柴盒的劳动大有人在，是正常的情况。正像四肢歪曲是服马钱素（Strychnine）的正常结果一样。这就是我们必须研究其规律倾向的一种结果——一种可悲的结果。这说明了经济学与其他几种科学所共有的一个特点，就是它们资料的性质能由人类的努力来改变。科学可以提示一种道德或实际的教训来改变那种性质，从而改变自然规律的作用。例如，经济学可以提出用有能力的工人代替那些只会做火柴盒的工人的实际方法，正像生理学可以提示改良牛种的方法，使牛可以早日长大和骨轻肉多一样。信用和价格变动的规律，已经因为预测能力的提高而大有改进了。

再者说，当“正常的”价格同相对暂时的或稳定市场的价格相比时，“正常的”就是指在相对固定的条件下，某些倾向最终占有优势而提出的。但这一点往往会引起一些困难问题，这让我们留待以后再来探讨。[c]

## 第5节 一切科学的理论都是暗含所需条件的，但这种假设的因素在经济规律中会特别显著

当人们说到经济学规律时，大部分是假设的。当然，像其他各种科学一样，经济学从事研究某些原因将产生哪些结果，但这种因果关系不是绝对的，而是受到以下两个条件的限制：第一，假定其他情况不变；第二，这些原因能够不受阻碍地产生某些结果。差不多每种科学的学说，在它被仔细地和正式地说明的时候，无不包括某种附带条件在内，说明假定其他情况不变：假定所说原因的作用是孤立的；这些原因会产生某些结果，但必须先假设除了清楚说明的原因之外，别的原因是不能加进去的。然而，原因产生结果必须经过一定的时间条件，的确是经济学中重大困难的根源。因为，如果时间太长，原因所依据的材料，甚至原因本身，都可发生变化；时间太短，则所说的倾向就没有足够长的时间以充分发挥作用。这种困难我们以后再加以研究。

一个规律中“假设”的语句并不需要不断地重复说明，但人们的常识让他们自己注意到这种假设的条件。在经济学中，比在任何地方都需要不断重复地说明这样的语句，因为经济学的学说比其他科学的学说，更易为那些没有经过科学训练和可能只是间接得到而断章取义的人们所引用。日常谈话在形式上往往比一篇科学论文要简单的原因是：在谈话中我们能全心全意心地省掉假设的语句。因为如果听众自己没有察觉这种语句的话，我们很快就会发现似乎产生了误会，而努力去加以更正。亚当·斯密和许多前辈的经济学作家，根据谈话的习惯，省略了假设的语句，因此能够获得表面上的简捷。但这样又使他们的结论不断地被人们误解，并在毫无好处的争论中浪费了许多时间，引起了许多麻烦。他们在表面上获得了安心，但结果往往却是得不偿失的。[d]

经济分析和普通推论虽然被广泛应用，但任何时代和任何国家都存在它自己的问题；社会情况每每发生变化，经济学说都要根据其发展而有新的发展。[e]

## 【注释】

a 引自希穆勒:《论国民经济》，载康拉德所编的《辞典》。

b 对自然规律与经济规律的关系，诺伊曼曾有详尽的讨论（见 1892 年《一般社会科学杂志》)，他得出结论说，除了规律这个词之外，没有别的词可以表明在自然科学和经济学中都占有重要地位的倾向的叙述。请参看瓦格纳:《经济学原理》。

c 在第五篇中，尤其是第 3、5 章，将对这些问题详细讨论。

d 参照第二篇第 1 章。

e 经济学中的一些部分会比较抽象或纯粹，其原因是：广泛的一般命题是它的主要研究方向，一个命题没有包含太多的细节问题时才可以被广泛应用。对于特殊情况，它是不适用的，如果它被用来进行预测的话，强有力的假设语句就会限制住它，其中“假定其他条件不变”这句话意义重大。但因为它们较为详细地研究较狭隘的问题，所以其他部分是比较实用的，且因为需多考虑局部和暂时的因素，所研究经济的情况与现实生活情况有较为全面较为密切的关系。这样，在实用银行学与银行实务的广泛规律之间只是一小步之差。而实用银行学中的某一局部问题，与银行实务中相当的实施细则之间的距离也许更短了。

# 第 4 章　经济研究的次序与目的

## 第 1 节　第 2 章和第 3 章的大意

我们已经了解，经济学家必须立足于事实，而事实本身并不一定能说明问题。历史是叙述继续发生和同时发生的事件的学科，但只有进行推理，才能更好地阐释这些事件并从中获得教训。我们所需要的工作是复杂的，以致有一些工作必须使用专门的知识来研究。这种知识是每个突出问题的最后仲裁者。经济学就是对知识和常识的运用，并通过有组织的分析推理方法，这种方法除了可以拨集和整理特殊事实以及得出结论外，还能使工作易于进行。经济学的领域虽然一直有限制，它的研究如果没有常识和知识的帮助虽是无效的，但它使得常识能被采用，能够进一步说明一些问题并克服一些困难，否则，就不能这样应用。

经济规律是关于在一定条件下人类活动倾向的叙述。经济规律是假设的，正像自然科学的规律被假设的意义一样：因为自然科学的规律同时包含或暗含种种不同条件的。可是，要弄明白这些条件，在经济学中甚至比在物理学中的困难更大，而且，如果不解释清楚，危险也会更大。人类行为的规律的确没有引力规律那样简单明了，可以明确或者清楚地探知，但其大部分规律是可以与那些研究复杂主题的自然科学规律并列的。

经济学作为一种独立科学存在的理由，是因为它主要是研究人类活动中最可衡量的动机所支配的那一部分，因而这一部分的活动就比其他部分较能接受有系统的推理和分析，诚然我们不能衡量任何种类动机本身——不论是高尚的还是低下的动机，我们所能衡量的只是动机的动力。货币从来不是衡量这种动力的完美尺度，除非我们仔细考虑动力发生作用时的一般情况，尤其他们的活动是正在研究中的那些人的贫富情况，否则，货币甚至不是一种好的尺度。但是，如果谨慎小心的话，货币便可成为形成人类生活大部分的动机动力的相当好的尺度。

理论研究必须与事实研究相结合。对于许多近代情况的研究而言，近代的事实是极其有用的。因为关于较远年代的经济记载在一些方面是不重要和不可靠的；古代的经济情况是不同于近代的自由企业、普通教育、民主、蒸汽和印刷物及电报的经济情况的。

## 第 2 节　科学的研究不应该按照它所要达到的实际目的来衡量，而应按照它所研究的课题性质来衡量

经济学的目的，第一是为求知识而求知识，第二是解释实际问题。我们在进行任何研究之前，虽然必须仔细考虑这种研究的种种用途，但却不应当直接根据这些用途来计划我们的工作。因为如果这样做的话，当一些思想与我们那时心目中的某种目的不存在直接关系时，我们就会被这种思想打断。直接追求实际目的，会迫使我们将各种知识的点滴无规律地集合在一起，这些知识除了为那时研究目的而被集合在一起外，彼此之间并不存在联系；它们也不能说明相互间的关系。我们的心力就浪费于从一种知识到另一种知识的过渡上面，没有真正想出什么东西，也没有得到任何进步。

所以，为了科学的目的，最好选用分类法，它是把一切性质上具有相似事实和推论积累在一起的方法。这样，在研究一种东西时，就可以获得与它相关的东西。对于某一类问题长期地这样研究，我们就逐渐了解被那些称为自然规律的基本统一性：我们首先探索这些规律单独发生的作用，然后探索它们合在一起发生的作用。这样，我们就慢慢地但又确实地获得进步了。经济学家对于经济研究的实际用途绝不应当不加注意，但是他的特殊工作是研究和解释种种事实，以及找出不同的原因单独地和合在一起发生作用时的结果怎样。

## 第 3 节　经济研究的主要课题

列举大多数经济学家曾经说的重要问题，就可以弄清这一点。经济学家说：在近现代，是什么对财富的消费和生产、分配和交换、工业和贸易的组织、金融市场、批发和零售的小商业、对外贸易和雇主及雇工间的关系产生了影响？所有行动是怎样和互相作用的？它们期待的倾向与目前的倾向不同在哪里？

所有东西的价格作为获得这样东西愿望的标尺受到哪些限制？社会上任一类人所拥有的财富在一定的增加后，表面福利的增加会到怎样的程度？还有一类人的收入不足，它的产业效率可能承受的损害到怎样的程度？如果任何一类人收入不断增加成为可能，

是因为改善他们的效率和赚钱能力的结果，这种增加是否会继续保持？保持到怎样的程度？

在世界的任何地方、对社会上任何一类人或是在任何被认为特殊的工业部门，经济自由的影响会达到怎样的程度（或在特定时期它能够到如何深度）？另外，还有什么影响更为有力？这些影响的共同作用如何？特别是经济自由时，因为它独立的作用，会促使成立联合和垄断的贸易到什么程度及这种组织结合的结果会是怎样？各种人都会受到的经济自由结果的影响到底应该是怎样的？当经济自由的预期结果正在完成时，它中期的结果又会是怎样？如果考虑这些结果将减慢的时间，最后和中间的两种结果的相对紧要性是什么？各种体制的赋税将由谁负担？赋税制度给社会大众带来的负担怎样？并且它将为国家增加多少收入？

## 第 4 节　鼓励引导现有的英国经济学家研究的实际问题，尽管这些问题并没有完全属于经济学的范围

上述问题是经济学必须研究的主要问题，经济学的关键工作——总结事实、概括事实和进行推论——必须根据以上主要问题来安排。尽管实际问题大部分是在经济学的领域之外，可是对经济学家的工作会提供一种极大的推动力。实际问题根据时间和地点的不同所以不同，甚至比经济学家科研材料的经济事实和经济状况的变化更大。以下问题在我们国家里具有一定特殊的重要性。

我们应当如何行动以增加经济自由在它进行过程中的好的影响，并减少它的坏的影响？如果最终的结果是好的，而中间的结果是坏的话，但那些遭受损害的人却没有得到好处，他们有义务为别人的利益而受苦，如果一切正确的话，可正确到如何程度？

姑且认为财富较为平均的分配是适当的，那么这一点就可证明改变财产制度或是限制自由企业是合理的，即使财富的总数因而会减少也在所不惜，这样究竟合理到怎样的程度？换句话说，我们如果以增加穷人的收入和减少他们的工作为目的，即使这样会减少国家的物质财富也在所不惜，则达到这个目的应到怎样的程度？如果不会不公平，也不会松懈进步领导者的努力，这样做究竟能达到怎样的程度？赋税的负担应当如何分配于社会上不同阶级的人？

我们是否应当满足于现有的分工形式？大部分的人专门从事于没有晋升机会的工作，是否有必要逐渐培养大多数工人从事较高级工作的新能力，尤其是培养他们合作地担任

他们自己被雇用企业中管理工作的新能力？

在像我们这样的文明阶段里，个人的和共同的活动间的适当关系怎样？应听任各种形式的自愿组织团体——新的和旧的——为了共同活动具有特别利益起见，那么进行共同活动到怎样的程度？哪些营业事务应由社会本身通过它的中央或地方政府来进行？例如，我们对空地、艺术品、教育和娱乐的手段以及必须采取联合行动才能供给文明生活以物质必需品，如煤气、自来水和铁路等，实行共同所有和共同使用的计划，是否已经达到我们应当做的程度？

当政府自己不直接参与的时候，政府应容许个人和团体随他们之意去办理他们自己的事务到怎样的程度？政府应当限制铁路以及其他有点处于垄断地位的企业经营到怎样的程度，以及应当限制土地与其他在数量上人类不能增加的东西的经营到怎样的程度？

现在盛行的对财富的使用方法是完全正当的吗？在经济关系上，政府作用于个人活动的限制如果严厉、过度，会弊多于利，所以就由社会道德的舆论压力去约束和指导个人的活动，可是这种压力的范围又怎样呢？另外，一国在经济条件上对他国所负的责任，不同于他国之内人民相互间所负的责任。这样，经济学是关于对于人类的政治、社会和私人生活的经济领域和经济情况的具体研究，但特别是着重于对社会生活方面的研究。这种研究的目的是为获得知识而求知识，并且是为了得到生活上的、特别是社会上生活实际的行为指导。这种指导是必要的，虽然从来没有现在这样迫切，下代人可能会比我们有更多的时间去从事研究工作，以阐释在抽象的研究中或以往历史中的黑点，但对于当前的困难并不能立马有所帮助。

但是，经济学尽管这样大大地受到真实需要的影响，但它却有能力避免讨论党派组织的关键问题，与内外政治上的不同问题。这种问题是政治家应当首先考虑的，然后去决定采用何种办法，使他最快地达到他们要为他的国家努力达到的目的。当然，经济学的目的在于辅助他作出决定，不单是应抱有某种目的，而且应该是达到某个目的所采取重要政策的最好方法。但是，经济学却略过了讨论那些实际理论的人所不能略过的许多政治问题。所以，它是一种绝对且实用的科学，而不仅仅是科学和方法。由此可知，用经济学意义较广泛的名词来解释它，比用政治经济学这个较狭意义的名词更能清楚表达。

## 第5节　经济学家必须训练他的知觉、想象、推理、同情和谨慎的能力

有三种重要的智力是经济学家必备的，那就是直觉、想象力和推理能力。其中，想象力是重中之重，他可以凭借想象力探索可见事件表面的原因与可见原因的结果。

自然科学，尤其是其中的物理学，比任何一种研究人类活动的学问都具有更大的优点：研究者在自然科学中必须得出正确的结论，并且能由以后的观察或实验来验证。他如果满足于表面上的原因和结果，或是忽视自然界中各种因素间的相互作用，那么他的过失不久就会被发觉。因为每一运动在这种作用中与它周围的一切因素相互影响着。一丝不苟的物理学者们也不会满足于表面上的分析，他们会不断地努力，使这种分析成为定量分析，并且给予问题中的每个因素适当的比重。

在与人类有关的科学中，精确性是不像自然科学那样能获得的。阻力最小的途径有时是唯一公开的道路，这条道路总是具有引诱力，虽然它也总是不可靠，即在能以坚决的工作打出一条较为彻底的途径时，要走这条道路的引诱力还是很大的。科学的历史学者因不能进行实验而受到妨碍，并且因为缺少估计历史事件的相对重要性所依据的客观标准，受到更大的妨碍。这种估计在他论断的每一阶段中几乎都是存在的，如果他对这些原因的相对重要性没有作出某种暗示的估计的话，他不能得出结论说，一个原因或一类原因，已被另一个或另一类原因所胜过。但是，只有通过巨大的努力，他才能了解他是怎佯依赖他自己的主观印象。经济学家也受到这种困难的妨碍，不过在程度上比其他研究人类活动的学者较小而已。因为，给予物理学家的工作以准确性和客观性的那些优点，经济学家的确也享有一部分。至少，只要他是研究现行的和新近的事件，他的事实有许多就可归成不同的种类，关于这些种类能作出明确的叙述，这种叙述过去在数字上往往是近于正确的，这样，他寻求在表面之下的与不易被看见的原因和结果，把复杂的情况分析成为各个因素和把许多因素重新建成一个整体，就较为便利了。

在较小的事情上，经验的确可以把不明显的因果关系分析出来。例如，经验使人们意识到，不加考虑地帮助浪费成性的人，即使表面上差不多是完全有利，但对于性格的坚强和家庭生活来说实在有害处。但是，如果说要探索提高就业稳定性的那些似是而非的计划的真正结果，我们就需要有更多的努力和更远的眼光，还要较为恰当地运用想象力。为了这个目的，我们必须了解信贷、内外贸易竞争、农作物收成和价格等各种变化

的密切关系，还要了解这一切变化对就业稳定性的积极和消极的影响。我们还要观察西方世界差不多所有地区的每一重大经济事件，以及对其他各地、至少某些行业的就业情况的影响。如果我们单纯研究目前的失业原因，恐怕就不能根治我们所看到的劣处，反而会增加我们所看不到的劣处。如果我们探求那些不明显的原因并权衡轻重，对于我们的心力，当前的工作实是一种很好的锻炼。

另一方面，当一个行业的工资由于标准规则的原因或其他原因保持在较高的水平时，就要运用想象力探求因为这种标准规则而不能做自己能做的工作、获得应得的回报的那些人的生活情况。他们的生活水平究竟是提高了还是降低了呢？如果有些人的生活提高了，其他人的生活降低了，是不是如平常所发生的那样？多数人的生活提高了，只有少数人的生活降低了，会不会适得其反呢？如果只注意表面现象，我们也许认为多数人的生活提高了。但是，如果我们想出一切禁止的方法来科学地运用想象力，得到工会或是其他方面的许可，而这些方法使人们不能尽最大的力量也不能获得最多的收入时，我们往往会认为，多数人的生活降低，而只有少数人的生活提高了。由于英国的影响，有些澳洲的殖民地正在进行大胆的冒险事业，这使工人们具有较大的眼前舒适和安乐，有着似是而非的希望。在它的广大地产中，澳洲的确拥有巨大的借款力，如果提出来的这种捷径会造成工业衰落的话，那也只是轻微的和暂时的。但是，如果英国也像澳洲殖民地那样做，那么如遇到这种衰落，就会较为严重了。在不久的将来我们所需要的、渴望出现的对于这类计划有较为广泛的研究，我们所用的心力要非常周密，就好比判断在恶劣气候中一条兵舰的设计是否坚固一样。

纯粹智力，甚至是批判的能力，在这类研究中至关重要。但是，经济研究还需要同情心，尤其是使人们能为他们同伴以外的其他阶级的人设身处地去着想的同情心。例如，在以下各个日益紧要问题的研究中，这种阶级同情心会强烈地发展起来，一些问题的研究正变得日益紧要：性格与收入、就业方法与用钱的习惯之间相互的影响；一个国家的效率为结合每一经济集团成员的信任和情感所加强、同时它也加强了这种信任和情感的方法，其中成员包括家人、同一行业中的雇主和雇工、一国的公民；职业规则和工会惯例中个人的利人之心以及阶级的利己心所兼有的利弊；尽量利用我们日益增长的财富和机会来增进现代和后代福利的行动等。

## 第6节　续　前

经济学家尤其需要想象力来发展他的理想，然而他最需要的是含蓄和谨慎，这样才能使他对理想的提倡不会超过他对未来的理解。

我们现在的理想和方法在经过世代相传之后，也许属于人类幼稚时期，而并非成年时期。现在已获得了一种明确的进步。我们知道，每一个人都值得享有充分的经济自由，除非那些已被证明为极其懦弱或卑鄙的人，但我们不能断言的是，这种已经开端的进步最终会怎么样。对于被看做包括全人类产业组织的研究，在中世纪后期已略见端倪了，并且这种组织的进一步发展以及随后各代所看到，但从没有像我们现在这样广阔地发展。研究这种组织的热诚也随着它的发展而增大，前代对它研究的努力从没有达到现在这样的广度和深度。但是，近来研究的主要结果使我们比前代更为充分地认识到：我们所知道的形成进步的原因是很少的，而且我们所能预测出的产业组织的最终命运也是很少的。

在十九世纪初，阶级特权为一些冷酷的雇主和政客所辩护，他们觉得易于被政治经济学的权威袒护，并且常常自称是经济学家。其实，在我们这个时代里，也有人以这个头衔自称，他们都反对把大量费用花在普遍的教育上面，虽然当代的经济学家一致主张这种费用实质上是一种节约。当然，从国家观点来看，不这样做是错误的。但是，拉斯金和卡莱尔以及其他许多没有他们两人那样辉煌和高尚诗意的作家，不加研究就认为著名的经济学家们要对他们反对的那些言行负责，因此，就产生了对他们的思想和性格的普遍误解。

然而事实上，近代经济学的创始者差不多都性情温和、富有同情心并且容易为人的热诚所感动。他们很少为自己谋取财富，他们却很关心财富在大多数人之中的广泛分布情况。反社会的垄断，虽然是强有力的，但他们也反对。在几代之中，他们都支持反对阶级立法的运动，这种立法不许工会享有雇主团体所享有的那些特权；或者他们设法医治旧的救贫法，以防止它灌输到农业及其他劳动者心中以及防止它在他们家庭的流毒；或者他们拥护工厂法案，而不顾有些政客和雇主假借他们的名义竭力反对。他们毫无例外地拥护这样的信念：全体人民的福利应当是一切私人努力和公共政策的最终目的。在勇气方面，他们是坚强的，但又是谨慎、冷静的，因为他们不愿担负提倡向没有人走过的道路急速前进的责任。而对这种道路的安全的唯一保证就是富有想象力的人们的信心和希望，而没有得到知识的保障，也没有受到艰苦思想的训练。

也许他们的谨慎有点过度。因为，即使当时有先见之明的伟大先知，在某些方面也比不上现在许多有学问的人。目前，由于生物学研究的启发，一般认为环境对于人性格形成的影响是社会科学中的重要事实。因此，对于人类进步的可能性，现在经济学家已经采取了一种较为远大、较有希望的观点。他们相信，如用谨慎思想来指导的话，人类的意志就能够改变环境，以至大大地改变性格，从而实现更有利于性格、更有利于大多数人的经济和道德的新的生活状况。和过去一样，现在他们的责任是反对达到这一伟大目的似是而非的捷径，因为这种捷径会毁坏人类创造力的源泉。

建立经济学的那些大家并没有尊重像现在这样的财产权利，但是，一些人硬把既得的权利说成是作为极端的和反社会之用的权力，他们是错误地以经济学权威自居的人。所以，我们应当注意到：细心的经济研究趋向的依据，是以过去私有财产权与切实的进步分不开的，而不是以任何抽象的原则作为私有财产权。因此，负责的人应做的事是谨慎地、尝试地改变或废除对社会生活的理想情况似乎是不适当的那些权利。

# 第二篇

# 若干基本概念

# 第1章　绪　论

## 第1节　从经济学的角度把财富看做满足欲望的东西和努力的结果

我们知道，经济学是一门研究财富的科学，但另一方面，由于它研究人类在社会中的活动，所以也属于社会科学的一部分，而这一部分则是在研究人类为了满足欲望而所做的种种努力。这种努力和欲望能用财富或它的一般代表物——货币——来作为衡量的标尺。在本书的大部分篇章中，我们将要研究这种欲望和努力，并研究为什么衡量欲望的价格与衡量努力的价格能够达于平衡。为了达到这个目的，在第三篇中我们将会研究财富与它必须满足人类种种欲望的关系，在第四篇中研究财富与创造财富的各种人类努力的关系。

而在本篇中，我们将首先研究，在一切属于人类努力的结果并能满足人类欲望的东西中，哪些才能被算做财富，以及如何对这些东西进行分类的问题。因为，有一组名词与财富本身和资本直接相关，研究了其中每个名词就可说明其他名词；而对全部名词一起进行研究是我们以上刚讲过的关于经济学的范围和方法的研究，且在其中某些方面，是这种研究的完成。所以，立即研究这一类名词，似乎并不是采取这种较为自然的途径，从对欲望、财富与欲望的直接关系的分析开始似乎最为妥当。

在这样做的时候，各种不同的欲望和努力当然必须被考虑在内。但是，一些不明显的且不属于常识问题的事情则无须被考虑在内。我们工作的真正困难在于，在各种科学中，只有经济学必须设法使用几个平常所用的名词来表明细微之处的差别。

## 第2节　对性质和用途有变化的东西加以分类的困难

正如穆勒所说[a]："如果将研究的对象归入不同种类，那么关于这些种类能作出很多一般的命题，而这些命题比这些对象更能归入其他种类所能作的命题更为重要，则最可达到科学分类的目的。”然而，我们在一开始就要面对这样的困难：某些命题，或许在经济发展的某一个阶段中是最重要的，但在另一阶段中却可能是最不重要的。

在这一点上，经济学家可以从生物学的新近经验中借鉴很多东西：我们当前的困难可由达尔文对于这个问题[b]的渊博研究来进行有力的解释。他指出，对自然组织中每个生物的生活习惯和一般地位起决定性作用的那些部分，通常不是它构造中最能够解释它起源的部分，而是最不能够解释它起源的部分。一个动物饲养者或一个园丁才最了解什么能使一种动物或植物在环境中繁盛，也许正是因为这个原因，所以它在较近的时期内才发展起来。同样的道理，在一种经济制度的特性中，最能使它适合于它现在必须做的工作的那些特性，也可能在很大程度上是新近才发展起来的。

在雇用者与被雇用者、中间人与生产者、银行家与他的两类雇客——他向之借款的人和向他借款的人——之间的许多关系中，我们可以找到许多例征。例如，“高利贷”这个名词被“利息”所取代，是和贷款性质的一般变化相符的，这种变化使我们更加了解原来对于商品的生产费用是可以分为各种不同因素的。再如，单纯地把劳动分为熟练的和不熟练的两种办法也在逐渐发生变化；“租金”这个名词的范围在某些方面正在扩大，而在另外某些方面正在缩小，等等。

但是，另一方面，我们必须牢牢记住我们所使用名词的历史。因为，首先，这种历史本身就是非常重要的，而且它也间接地说明了社会经济发展的历史。其次，即使获得指引我们达到目前实际目的的知识是我们研究经济学的唯一目的，我们仍不应使我们名词的用法脱离过去的传统，因为这可以使我们迅速了解前人的经验所提供的间接暗示和委婉细致的告诫，以作为我们可以借鉴的教训。

## 第 3 节　经济学必须遵循日常生活的实践

的确，我们的工作非常艰巨和困难，在自然科学中，当我们看到一群东西有某类共同特性并且经常被摆在一起说时，我们就可将这些东西归为一类，给其加上一个特定的名称；而一旦当一个新的概念出现时，我们可以立刻创造出一个新的术语来代表它。但是，经济学却不能这样做。经济学的理论必须用大家都能理解的语言来表述；所以，经济学必须竭力使它自己与日常生活中惯用的名词相符合，而且在可能的范围内，必须使其达到能像平常所用的惯用词语那样来使用名词。

我们常讲，字不离词、词不离段、段不离文，在普通用法中，几乎每个字都有多种不同的意义，所以必须将其放入文中，根据上下文来解释，正如白哲特所指出的那样。即使是最注重形式的经济学著作家也必须这样做，否则这些字远远不够他们使用。然而，令人遗憾的是，他们从不承认自己用字很随便，有时甚至他们自己也没有觉察到自己用字很随便。他们最初解释经济学时使用了大胆和严格的定义，使得读者感到安心。因为他们没有告诫读者必须常常从上下文里寻找特殊的解释语句，读者从作品中就不能完全领会作者的本意，也许还会因为对作者产生误解而错怪他们。[c]

其次，经济名词大多表示程度上的区别而并非种类上的区别，这是经济学名词要表示的主要区别。乍看之下，这些区别貌似就是种类上的差别，而且能被清楚地划出非常明显的轮廓，但若较为仔细地对之进行研究则可发现，连续性并没有真的破裂。其实，经济学的进步没有发现过任何新意义上种类上的差别，它只是在不断地将表面上的种类差别转化为程度差别，这是一个很值得引人注意的事实。有些东西并没有自然地划出分界线来表明差别，要想对此划出明显和严格的界线来就会引起弊端，这样的例子不胜枚举，今后我们会一一遇到。

## 第 4 节　概念是需要清楚地说明的，但名词固定不变的用法则不需要

我们必须对我们要研究的各种事物的真正特性进行仔细地分析。这样一来，我们一般将会产生这种感觉，就是一个名词的某一种用法比它的其他的用法显然更有理由被称为它的主要用法，因为这种用法所代表的那种特性，比其他更符合于日常用法的特性，也更为接近近代科学的目的。当上下文没有说明或暗示该名词具有相反意义时，这一主要用法就可以作为该词的意义，如果这个名词要用做别的意义——不论是较广泛的还是较狭隘的意义——那么这些改变则必须加以说明。

即使是最谨慎的思想家，至少在对于某些分界线应当划出正确问题的地方的争论上，也常常各执己见。要解决这种问题，一般必须考虑对不同过程的实际便利来进行判断，而科学的推论不能对这种判断建立或推翻，某些可以争论的余地必须被保留出来。但是，这种余地并不出现在分析的本身。如果两个人对分析有不同的看法和意见，一般情况下他们两个人是不可能都对的。若想使这种分析建立在坚固的基础上，我们唯有寄期望于经济学的不断进步。[d]

## 【注释】

a 见约翰·穆勒:《逻辑体系》，第 4 编，第 7 章。

b 见达尔文:《物种起源》，第 14 章。

c 我们应当“更多地写得就像我们在日常生活中聊天谈话那样，其实在日常生活中上下文恰恰就是一种‘解释语句’，只是没有明确地表明罢了；但是政治经济学里面要说到的东西显然是比日常谈话聊天中所提到的东西困难得多，因此我们如果有改变的话，则应当必须更为谨慎和小心。多加告诫我们说：有时对书中某一页或某一项进行讨论时，我们必须写出‘解释语句’，否则就会产生错误。我知道这是相当艰难而精细的工作，我之所以必须替这项工作辩护，就是因为它比起对固定不变的定义争论的办法要更为可靠。若是有人想以少数具有固定意义的用语来表达复杂事物的各种意义，那么无论他是谁，即便是思想家语言家，也会感到他的文体变得累赘而错误，他必须使用冗长的迂回语法来表达一些极为普通而平常的思想，而且结果他还是错的，因为他有一半的时间要回到那些最适合于目前状况的意义上去，而这些意义时而这样，时而那样，总之不管怎样差不多总是与它的‘固定不变’的意义完全不同。因此在这种讨论中，我们应当学会随时地对我们的定义进行改变，这就好比在不同的问题中，我们会说‘设 x、y、z 等于……’有时是这个，有时是那个意思；这实在是最明白和最有效的作家们常常会采用的办法，虽然他们往往不承认这一点”。(引自巴格特:《英国政治经济学的条件》) 凯恩斯也反对“一种定义所涉及的属性不应有程度上的差别的假设，这是不被允许的”，并辩解说“容许程度上的差别是一切自然事实的特性”。(见凯恩斯:《政治经济学的逻辑方法》第 6 讲)

d 当我们要将一个名词的意义人为缩小时（将其转变为逻辑学的语言就是，增大此词的内涵以缩小它的外延），通常情况下，再加上一个限制的形容词就足够了，但是如果对名词意义的相反改变也这么做，就未免太简单了。涉及定义的争论通常是这样：甲和乙属于许多事物的共同特性，这些事物的共同特性还有许多，例如特性丙，又有许多其他有特性的，而有些则兼有丙和丁。那么，我们可以这样辩解说：最好对名词大体上下这样一个定义，定义包括一切有甲和乙两种特性的东西在内，或只包括那些有甲、乙、丙，或乙、丙、丁，或甲、乙、丙、丁各种特性的东西。对于这些不同途径，必须结合实际情况，根据对实际便利的考虑来决定，但这种决定要比对甲、乙、丙、丁各特性及其相互关系的仔细研究来得微不足道。遗憾的是，在英国的经济学中，这种研究所占的地位远不及对于定义的争论。诚然，这种争论有时也能间接地导致科学真理的发现，但此道路往往过于迂回，而且造成许多不必要的浪费，例如时间和劳动。

# 第2章　财　富

## 第1节　财物这个名词的专门用法<br>物质与个人的财物<br>外在的财物，内在的财物<br>可转让的财物，不可转让的财物<br>自由的财物<br>可交换的财物

所有财富都是由人类想要得到的东西构成的，这些东西能直接或间接地满足人类的欲望。但并不是所有人们想要得到的东西都可算做财富。例如，我们把朋友给予我们的温暖看做幸福的一个重要因素，但这种情感除了在文学作品中的特殊用法外，它是不能被算做财富的。因此，我们首先需要对人们想要得到的东西加以整理分类，然后再考虑其中哪些可以算做构成财富的因素。

因为目前没有一个简短的通用名词来代表所有人们想要得到的东西，也就是能满足人类欲望的东西，我们暂且用“财物”这个名词来代表它。

人们要得到的东西或者说财物，有物质的财物、个人的和非物质的财物。物质的财物包括有用的有形东西，以及保有或使用这些东西、利用它们获得利益，以及到将来再获得它们的一切权利。这样，它们就包括自然的物质赠与，如土地和水、空气和气候；农产物、矿产品，渔产品和工业品；建筑物、机械和工具；抵押品和其他债券；公营和私营公司的股票、各种垄断权，专利权和版权；以及交通权和其他使用权。最后，旅行的机会，参观优美风景和博物院的机会等，都是客观存在的物质便利的体现，虽然欣赏风景和艺术品的能力属于内在的、个人的财物。

人的非物质财物由两部分构成，或者说可以分为两类：一类是由他自己本身的性格特性和娱乐活动及享受才能构成的，例如人经营公司的能力、从事某项职业的专门技能，或从读书和音乐中得到美感和享受的能力，都属于这一类范畴。因为这一切都是人本身所拥有的，别人拿不走或替代不了的，所以我们称之为内在的财物。另一类就是外在财

物，这类财物的构成通常有利于他与别人的关系。例如，在过去有奴隶存在的社会中，统治阶级经常向农奴和其他下属索取或剥削的各种劳役和义务就属于这一类。但是，随着社会的发展和进步，这些都已经消失了，现在这种有利于所有者关系的主要例子，就是指商人和自由职业者间的信誉和商业关系。[a]

其次，财物可以分为可转让的与不可转让的。属于不可转让的财物，是指一个人的性格特性和娱乐活动及享受的能力（就是指他的内在的财物），还有他营业关系中依靠个人诚信、声望、地位等不能转让的部分，也就是他有价值的或者说能产生价值的信誉的一部分也属于这一类；再比如气候、阳光、空气的利益，以及他所拥有的公民权利和使用公共财产的权利和机会等，都属于这一类。[b]

凡是不作为个人私用的和不需要通过人类努力来获的，即自然供给馈赠的财物，称为自由财物。土地在最开始的状态上是自然的馈赠。但是在固定的地方，从个人观点来看，它就不再属于自由的财物了。但在巴西的某些森林里，木材仍然是自由财物。海里的鱼虾、植物等也通常是自由的财物。但是有些海上渔场被严密地保护起来，专供某一国家或某一地区的人民使用，这类的渔场可以列入国家财产一类。人工培养的牡蛎繁殖场、海产品养殖场在任何意义上都不属于自由的财物；而自然生长的牡蛎繁殖场，如果没有被征作私人之用，绝对属于自由的财物；从国家观点来看，即使是私有财产，也仍然属于自由的财物。但是，既然国家已经将它们的所有权归于私人所有，所以从私人观点来看，它们就不属于自由财物了；在河里捕捞鱼虾的私人权利也是如此。但是，如果是在自由的土地上所种的小麦、玉米等农作物，或从自由的渔场里捕来的鱼虾等海产品，都不属于自由的财物，因为它们是经过劳动而得到的。

## 第 2 节　一个人外在的财物中那些能用货币来衡量的部分即为个人财富

现在我们终于可以说到在一个人的财物中，究竟哪些种类才可算做他财富一部分的问题了。显然，人们对于这个问题各执己见、意见不一，但是，在比较了各家的学说和各种说法之后，以下的答案显然是合适的：

如果我们单说到一个人的财富，且在上下文中并没有对其进行任何的解释语句时，那这种财富就是指他所拥有的两类财物。

第一类财物是他拥有私有财产权（根据法律法规或当地风俗）的那些物质财物，因为这些是可以转让和交换的。但我们同时还应当记得，这些财物不仅仅包括像土地和房屋、家具和机器，以及其他可以单独拥有的有形的东西，而且还包括公营或私营公司的股票、债券、抵押品以及各种垄断权、版权、专利权等，当然，也有其他可持有的向别人索取货币或货物的契约在内。从另一方面看，他所欠别人的债务可以被看做负财富；这些负财富必须从他的财产总数中扣除，剩余部分才能算做他所拥有的真正净财富。某些人为服务（如按摩、足疗等）及其他各种随生随灭的财物，当然不属于财富数量的一部分。[c]

第二种财物是指属于他所拥有的，在他之外存在的，且能直接作为使他获得物质财物手段或方法的那些非物质的财物。这样一来，一切他自己的个人性格特性和才能天赋就不能被包括在内，即使是能使他谋生的专业技能或特殊才华也不包括在内，因为它们都属于内在的财物。当然这种财物也不包括他的个人友谊、人际关系在内，可这种友谊或关系以没有直接的营业价值为限。但是，它包括他的营业和职业的关联，他的企业组织、他的员工，以及——如果当今社会这种事情还存在的话——他的奴隶所有权、劳役所有权，等等。

财富这个名词的这种用法，符合日常生活的用法；与此同时，它包括那些——并且仅是那些——显然属于经济学范围（例如第一篇中所说明的范围）以内的财物，所以我们称这种财物是经济财物。因为它包括所有客观存在的东西，这些东西是属于某一个人所有，而不是同样地属于其他人所有，所以显然是他私人的东西，是可以直接用货币衡量的东西。而这种衡量有两方面的含义：一方面它代表了为生产这些东西所做的努力和牺牲；另一方面它代表了这些东西所能满足的人类的欲望。[d]

## 第 3 节　但是，有时财富这个名词被广泛使用，所以它应当包括一切个人的财富在内才较为妥当

出于某些目的，对于财富我们当然能够采取一种更为广泛的看法。但是，这必须要有特殊的解释语句作为帮助，以免产生混淆。举例来说，木工的特殊专业技能是可以使他满足别人的物质欲望，因而间接地来满足他个人欲望的一种直接手段或者说方法，就像他工具箱中的工具一样。如果能有一个名词可以包括这种专业技能在内、作为较为广义的财富的一部分，或许是便利的。按照亚当・斯密所言，以及大部分欧洲经济学家所遵循的方针，我们可以这样说：个人的财富应当包括直接所有有利于使人们获得产业效率的精力、才华、专业技能和行为习惯在内；我们先前已经看做狭义的财富的一部分的

各种营业联系和联合，也可以列入个人的财富这一类。企业产业的才能被算做经济的另一理由，这是由于这种才能的价值往往可以加以某种间接的衡量。[e]

对于把这种才能称之为财富值不值得的问题，不过只是一个是否便利的问题而已，虽然人们对于这个问题作过许多讨论，就好像它是一个原则性的问题似的。倘若我们把一个人的创业才能容纳在内而单独使用"财富"这个名词，势必会引起混淆。单是"财富"一个名词就当其总是仅指外在的财富而言。但是，有些时候使用"物质的与个人的财富"这句话，似乎并没有太大害处，且很可能还有一些意料之外的好处。

## 第 4 节　共同的财物中个人应当得到的部分

但是，一个人与其他人所共有的物质财物仍然必须被考虑在内。由于这些财物是共同拥有的，因此在比较他的财富与其他人的财富时，这种财物就不必被提起了；尽管出于某些目的，特别是当为了比较衡量远地或远代之间的经济状况时，它们或许是举足轻重的。

这些共同所有的财物是由某一个人在某时居住在某地或是某一国家、社会的一分子获得的权益所构成的，其中包括公民所处社会环境的军事安全，使用各种公共财产和设备如道路、煤气灯等的权利和机会，以及法律保护和免费受教育的权利。城市居民和农村居民各有许多不花代价的利益，或是其他城市或农村的人所不能得到的，或是花了很大费用才能得到的。如果其他情况相同，一个人住的地方，若有较好的气候、道路、用水和较为卫生的下水道，并有较好的报纸、书籍和娱乐及教育的场所，在财富的最广的意义上说来，他就比别人享有更多的真正财富。房屋、食物和衣着在天气寒冷时会有不足，而在天气温暖时也许充足；从另一方面讲，炎热的气候虽然可以减少人们对物质的需要，虽然使人们只要拥有少量物质财富的供给就会富裕充足，但这却使得他们获取财富的精力变得衰弱了。

这些东西有很多是共同的财物，也就是说不是私人所拥有的财物。这样一来，我们就能够从与个人观点相反的社会观点来研究财富。

## 第5节 国家的财富 世界的财富 财富所有权的法律依据

因此，现在让我们来好好地研究一下，当我们在估算构成一国财富的个人财富时，共同财富中那些往往可能被忽略的因素。这类财富最明显的形态，就是指所有种类的物质财产，如公路和河流、各种建筑和公园、天然气厂和自来水厂。但令人遗憾的是，其中有很多并不是用公共储蓄来投资建设的，而是用借来的公共借款建设的，因此在计算这种财富时就需要减去大宗债务的巨大负财富。

但是，著名的泰晤士河增加的英国财富，要远远多于其他英国所有的运河，甚至多于英国全部所有的铁路。泰晤士河尽管是大自然的馈赠（它已经改善、重修的航线不包括在内），而运河是人工开发建造而成的，但是出于许多众所周知的目的，泰晤士河仍然应当被算做英国财富的一部分。

德国经济学家往往着重国家财富中的非物质因素，在关于国家财富的有些问题上这样做是对的，但却不能在一切问题上都这样做。科学的知识，不管在哪里发现，的确不久就会变成整个世界文明的财产，并且可以被认为是世界的财富，而不光是一国的财富。机械上的发明和其他许多生产方法上的改进都是这样，音乐也是这样。但是，那种因翻译不当而失去精彩的文学作品，在特殊的意义上可以被看做用本国文字写成的那些国家的财富。一个自由的和有条不紊的国家组织，为了某些目的，可被看做国家财富的一个重要因素。

但是，国家的财富由个人的财产和国民的共同财产共同组成。因此，在估算国民个人财产总和时，我们省去一国国民中彼此之间的所有债务和其他义务关系，就可略去很多麻烦。举个例子，英国的国债和英国铁路债券只要是在国内为国民所持有，那我们就可以采取较为简单的方法，即只计算铁路本身，仅把铁路算做国家财富的一部分，而不考虑铁路和政府的债券。但是，如果英国政府或英国人私人所发出的债券等，被外国人所持有的，我们必须要将其减去；同样的道理，外国债券等被英国人所持有的，也要把其加进去。[f]

世界的财富之不同于国家的财富，这一点很像国家的财富不同于个人的财富。在计算世界财富时，一国人民与别国人民之间的债务，可以从收支双方中略去，是很方便的。其次，正如河流是国家财富的重要因素一样，海洋是世界最有价值的财产之一。世界财富的概念的确不过是扩大到整个地球的国家财富的概念而已。

财富的个人和国家所有权，是以国内和国际的法律作为依据的，换句话说，至少是以具有与法律同等效力的风俗作为依据的。因此，研究任何时间和任何地点的经济情况，都必须要研究当地的法律和风俗；对此，那些从事这种研究的学者给予了经济学很大的帮助。但是，经济学的范围本身已经非常广泛了，而财产概念的历史和法律根据则是其他更为广大的课题，对此，最好能在其他书中详细讨论。

## 第6节　价　值
## 一般购买力暂时由价格来代表

价值的概念与财富的概念是密不可分的，关于价值，在这里可以简单地说一下。亚当·斯密曾经这样说："价值这个名词有两种不同的含义，有时它可以用来表示某一特殊物品的效用，而有时则可以表示由于持有这一物品而获得的购买其他物品的能力。"但是，过去的经验已经告诉我们，把价值这个名词看做第一种意义是不合适的。

一个东西的价值，抑或是说它的交换价值，是用它在任何地点和任何时间的另一物品来表现的，就是指在当时当地能够获得的、并可以与第一样东西交换的第二样东西的数量。所以，就此来说，价值这个名词是相对的，它表示在某一地点和某一时间的两样东西彼此之间的关系。

黄金或白银通常被文明国家所采用作为货币，抑或是金银同时使用。我们并不是用铅、锡、木材、谷物和其他东西来相互表示价值的，而是先用货币来表示它们的价值，并且把以此来表示的每样东西的价值称之为价格。倘若我们能够了解，一吨铅在任何地点和任何时间可以被看做十五镑，而一吨锡则可算做九十镑，可以这么说：在当时当地它们的价格分别为十五镑和九十镑。由此，我们还可计算出，当时当地一吨锡的价值，如果用铅来表示的话，就相当于六吨铅。

不论什么东西，它的价格会因为时间、地点的不同而产生变化，随时随地起伏涨落。倘若按照这一东西而论，每当产生这种变化时，货币的购买力也会随之发生变化。倘若货币购买力相对于某些东西而言提高了，那么与此同时对同等重要的东西而言是有相等的下降的，但它的一般购买力（或者说它购买一般物品的能力）保持不变。这句话中包括一些困难在内，那是我们以后会进行详细研究的。但是，倘若我们按照一般意义来解释这句话，那它的意义就非常明确了。在本书中，货币的一般购买力可能发生的变化我们可以不予可虑。如此一来，任何东西的价格都可被看做它与一般物品比较时的交换价值的代表，或者用另外一句话来说，作为它的一般购买力的代表。[9]

但是，倘若创造发明明显增加了人类对自然的控制力量，那么出于某些目的，用劳动来衡量货币的实际价值要比用商品来衡量好得多。但是，这种困难并不怎么影响到我们在本书中的工作，因为本书仅仅是经济学的基础研究而已。

## 【注释】

a 因为赫尔曼在他对财富的精辟简练的分析中一开始时这样说："对于个人来说，有些财物是外在的，而有些是内在的。内在的财物是指天生的、存在于他本身之内的、别人拿不走也替代不了的财物，或是他依靠自己的自由活动在本身之内培养出来的财物。

b 上述财物的分类可如下图所示：

物质分为
- 物质的——外在的
  - 可转让的
  - 不可转让的
- 个人的
  - 外在的
    - 可转让的
    - 不可转让的
  - 内在的——不可转让的

另一种排列对于某些目的较为便利：

物质分为
- 外在的
  - 物质的
    - 可转让的
    - 不可转让的
  - 个人的
    - 可转让的
    - 不可转让的
- 内在的——个人的——不可转让的

c 一家贸易公司的股份所有值中，由于主持人的个人信用、地位、声望和人际关系而产生的那一部分价值，应当归为第二种，作为外在的个人财物。但这一点没有多大的实际的重要性。

d 这并不表示或暗含这样的意思：可转让财物的拥有者，如果他将这些财物卖出，通常情况下他能得到它们对他所有的全部货币价值。举例来说，一件非常合身的衣服，做这件衣服的裁缝向所要买它的人要了很高的价格，或许这件衣服值这个价格，因为买衣服的人需要这件衣服，如果他出较低的价格就得不到它。但倘若他要把这件衣服卖出去，恐怕尚不能获得他所付出的价格的一半。一名成功的金融家花了五万镑来建造一栋房子和小花园，以满足他自己的特殊喜好，从某个方面来看，在他的财产总值目录中按照原来造价计算房屋和花园的价值是对的，但是，倘若他的营业没有成功，在他的债权人看来，它们绝对不会值那个价钱。

同样的道理，从另一方面来看，我们可以把律师或医生、商人或制造商的营业关系看做他的收入——如果没有这种关系，他就无法拥有的收入——完全相等。但是我们必须了解，营业关系的交换价值，就是指卖去它时他能得到的价值，却比那个收入少得多得多。

e 十七世纪时达芬南曾经这样说："一个国家最有价值的财富无疑是人的身体。"每当政治发展的倾向使人们希望人口迅速增长的时候，这一类的话就非常盛行。

f 从某种程度上讲，一个企业所具有的价值也许是由于它具有垄断权而产生的。这或者说是由于专利权而得到的完全垄断，抑或者是由于它的货物比其他其实质量同样良好的货物更为出名而得到的部分垄断；倘若是这样的情况，那么这种营业并没有增加国家真正财富。一旦垄断被打破，由于它价值的消失而造成国民财富的减少，往往会得到补偿而且有盈余，其中一部分由于竞争者的营业价值增加了，另一部分由于代表社会中其他人的财富的货币购买力增大了（但是，我们应当了解，在一些特殊情况下，一种商品的价格会因为它的生产得到垄断而下降，一般来说这种情况是非常少的，目前可以忽略它，不必去管）。

其次，营业关系和营业信用声誉之所以能增加国民财富，仅以它们使购买者和以一定价格、最大限度地满足购买者真正希冀的那些生产者发生的关系作为限度；或者用另外一句话来说，仅以它们可以使整个社会的努力满足整个社会的欲望为限，但是，当我们并非直接地而是间接地估算国家财富作为个人财富的总和时，我们必须按照这些营业的所有价值来计算，尽管这个价值中的一部分是由非公共利益的垄断组成的。因为，这些营业相对于和其竞争的生产者所形成的坏处，在计算那些生产者的营业价值时已经被计算过了；同时，因为产品价格的提升，它们对于购买这种产品的消费者所造成的伤害，在计算消费者的财产的购买力时——就这种特殊的商品来说——也已经被计算过了。

对于这种情况的一个特殊事例，就是信贷组织。它通过扩大一国的生产效率来增加国家的财富。对于每个商人来说，获得信用贷款的能力都是珍贵的财产。但是，倘若有任何的意外情况或事件使他营业倒闭，国家的财富受到的损害远远小于这种资产的全部价值，这是由于他原本要做的营业，现在至少有一部分会由其他人来做，而其他人至少也可借助于他本来要借进的资本的一部分。在涉及货币被看做国家财富的一部分具体到怎样程度的问题时也有相似的困难，但是如果想要彻底研究这一问题，我们就需要事先知道这之中许多关于货币的理论。

g 正如古尔诺所提出的（见他所著《财富理论中数学原理的研究》第2章），假定存在一律的购买力的标准，以衡量价值，我们所得到的便利，正如天文学家假定有一个“正中的太阳”，以一定的间隔时间越过子午线一样，因此，时钟就能与这个太阳同时运动。其实，真正的太阳越过子午线有时是在时钟所指出的正午之前，而有时在它之后。

# 第3章　生产 消费 劳动 必需品

## 第1节　人类能够生产和消费的只有效用，而不是物质本身

人类不能创造物质；当然，在精神和道德的领域内人可以产生新的思想。但是，当我们提及生产物质的东西时，仅仅是生产效用而已，换句话说，我们努力和牺牲的结果只是改变了物质的形态或排列，使它能更好地满足我们的需求。在自然界中，我们所能做的只是整理物质，使它更为有用，如用木料做成一张桌子；或是设法将物质通过自然变得更为有用，如播种在自然的力量会使它生长的地方。[a]

有人说商人是不生产的。制造家具的木工生产了家具，而家具商人只是出售已经生产出来的东西而已。但是，这种区别是没有科学根据的。他们都是生产效用的，而都不能生产别的东西。家具商人移动和重新整理物质，使它较前更为有用，而木工所做的也不过如此。在地上搬运煤的船员和铁路工人也是生产煤的，正如矿工在地下采煤一样；鱼贩帮助把鱼儿从需要较小的地方运到有较大需要的地方，而渔人所做的也不过如此。的确，商人的人数往往超过需要；一有这种情况，就是一种浪费。但是，一个人能够胜任的耕种工作，如由两个人去做，也是一种浪费。在这两种情况下，一切参加工作的人都是生产的，虽然他们也许生产得很少。有些作家重复了中世纪对贸易的攻击，理由就是贸易是不生产的，但是他们弄错了目标。他们应当攻击的是贸易的不完善组织，尤其是零售贸易组织。[b]

消费可以被看做负的生产。就像人所能生产的只是效用一样，人所能消费的也只是效用而已。他能生产服务及其他非物质的东西，他也仅仅是消费它们。但是，正像他生产物质产品只不过是物质的重新整理，使它具有新的效用一样，他消费这些产品也不过是打乱了物质的排列，减少或破坏它的效用而已。的确，往往我们说到一个人消费东西时，他不过是持有这些东西以供他使用而已。同时，正如西尼尔所说的，这些东西“是被我们统称为时间的那些许多渐进的力量所破坏”[c]。

另有一种区别会更为重要，但现在却很含糊，而且恐怕没有多大实际用处，就是一方面是消费者财物，也称为消费财物或称为第一级财物，像食物、衣服等，都是直接满

足欲望的东西；另一方面是生产者财物，也被称为生产财物或称为中间的财物，如耕犁、织机和原棉等，都是有助于第一级财物的生产而间接满足欲望的东西。这就是消费者财物和生产者财物之间的区别。[d]

## 第2节 "生产"这个词易被误解，通常应当避免使用或加以解释

一切劳动都是用来产生某种结果的。所以，如果有些努力只是为努力而努力，比如为娱乐而作一种竞赛，这些努力就不算是劳动。我们可以对劳动下这样的定义：劳动是一切心智或身体上的努力，而这种努力部分地或全部地以获得某种好处为目的，而不是以直接从这种努力中获得愉快为目的。[e]如果我们必须重新开始的话，除了那种不能达到提到的目的、并且未能生产效用的劳动之外，我们最好将一切劳动都看做生产的。但是，在"生产的"这个词的意义所经历的许多变化中，它的意义与积蓄起来的财富有关，而通常忽视眼前的和暂时的享乐，有时甚至不包括这种享乐在内。[f]一种似乎牢不可破的传统，迫使我们将这个词的中心概念看做将来的而不是现在的欲望得到满足的意思。的确，一切有益的享乐，不论是否奢侈，都是公共和私人的活动的正当目的；而且奢侈的享乐的确对努力提供了动力，并在许多方面促进进步。

但是，如果对产业的效率和精力没有影响的话，应暂时放弃获得奢侈享乐的欲望，首先致力于那些较为坚固和持久的资源的获取，这些资源将有助于产业将来的发展并将从各方面使生活更为丰富，通常就可增进一国的真正利益。这种一般的理念，似乎存在于经济理论的一切阶段研究之中，而且各著作家对这种理念分出了各种固定不变的区别，根据这种区别划分出某些行业是生产的，某些行业是不生产的。

例如，即使近代的许多作家也墨守亚当·斯密的方法，将家庭仆人的劳动归入不生产的一类，无疑在许多大家庭中仆人是过多的，他们的有些精力如果用到别的地方，也许对于社会是有利的。但是，那些以蒸取威士忌酒为生的人大多数也是这样，却从无经济学家建议称他们为不生产的人。供给一个家庭面包的烘面包者的工作，与烧马铃薯的厨师的工作，在性质上并无区别。这个烘面包者如果是一个糖果商，或是一个上等的烘面包者，他花在不生产的劳动——按照普通的意义是指供给不必要享乐的劳动——上的时间，恐怕与家庭厨师所花的至少是一样多。

每当我们单独使用"生产的"这个词的时候，我们要知道它是指生产资料和耐久的

享乐源泉的生产而言。但是它是一个难以捉摸的名词，在需要准确的地方，不应使用这个词。[g]

我们如果要把这个词用做不同的意义，我们必须加以说明。例如，我们可以说是生产必需品的劳动，等等。生产的消费，当做一个术语用的时候，通常解释为使用财富以生产更多财富的意思。它所应当包括的并不是生产工人们的一切消费，而是维持他们效率所必需的那种消费。在研究物质财富的积累时，这个名词也许是有用的。但它易于令人误解。因为消费是生产的目的，一切有益的消费都是产生利益的，而其中有许多最有价值的利益却都不直接有助于物质财富的生产。[h]

## 第 3 节　维持生活的必需品与维持效率的必需品

这样就要求我们来考虑必需品这个名词。必需品、舒适品和奢侈品的区别是简单的：第一类包括满足必须满足的欲望所必需的一切物品，后两类包括满足不像第一类那样迫切的欲望的东西。但在这里又有一种麻烦而含糊的意思了。当我们说到一种欲望必须得到满足时，如果得不到满足的话，我们心目中的结果怎样呢？这种结果是不是包括死亡在内呢？还是这种结果只是造成力量和精力的丧失呢？换言之，必需品究竟是维持生活所必需的东西，还是维持效率所必需的东西？

“必需品”这个名词，像“生产”的这个名词一样，是被省略地使用的，它所指的东西要由读者自己加上去的。这种暗含的东西既有不同，读者就往往加上一个不合作者原意的东西，因而误会了作者的用意。在这里，正像以上的情况一样，在每一紧要的地方，清楚地说明要使读者了解的东西，才能消除产生混淆的可能。

必需品这个名词的较老用法，是限于足以使劳动者大体上能维持自己和家庭生活的那些东西。亚当・斯密和他的追随者中较为谨慎的人，的确看到“舒适”和“高雅”的标准不同，并且他们认识到，气候的不同、风俗的不同，使得东西在有些情况下是必需的，而在别的情况下则是多余的。[i]但是，亚当・斯密受到重农学者的理论的影响。这种理论是以十八世纪法国人民的情况为根据的，那时法国大多数人除了为了生存所必需的东西外，就不知道还有什么必需品。然而，在较为幸福的时代，较为仔细的分析就使我们明白：在任何时间和地点，对于每一种产业，有一种多少是明文规定的收入，这个收入是仅仅维持这一产业中的人员生活所必需的；同时，另有一种较大的收入，是维持这产业的充分效率所必需的。[j]

任何产业阶级的劳动者，如果能够十分明智地花费他们的工资，则他们的工资足够维持较高的效率，这样说也许是对的。但是，必需品的一切估计必须是与一定的地点和时间有关，除非有相反的特别解释语句，否则，我们可以假定，他们在花费工资上的明智、远见和无私的程度，恰与所说的产业阶级的实际流行的情况一样。明白了这一点，我们可以说，任何产业阶级的收入是在它必需的水平以下的，劳动者收入的增加经过相当时间会使他们的效率有超比例的提高。习惯的改变也许可以节省消费，但必需品的节省却是不经济的。[k]

## 第 4 节　当任何人所消费的东西少于维持效率所必需的时候就会有损失
## 习惯上的必需品

当我们研究决定有效劳动供给的原因时，我们必须对维持各种工人效率的必需品加以详细的研究。但是，如果我们在这里考虑一下什么是维持这一代英国的普通农业劳动者或不熟练的城市工人及其家庭效率的必需品，就可使我们的观念得到明确。我们可以说，这种必需品是由以下的东西构成的：一所有几个房间和良好下水道的住宅；温暖的衣着以及一些换洗的内衣；干净的水；供给丰足的食物和有适当补充的肉类和牛奶以及少量的茶；一点教育和娱乐，等等。最后，他的妻子在工作之余有充分自由使她能适当地尽她做母亲和料理家务的职责。在任何地方不熟练的工人如果缺少其中任何一样东西，他的效率将受到损害，正像一匹马饲养不良或一架蒸汽机没有充足的煤供给一样。达到这种限度的一切消费都是必需的生产的消费。这种消费的任何节省都是不经济的，而且是会造成损失的。

此外，烟酒的若干消费和喜欢穿着时髦的衣服，也许在许多地方成为习惯了，因此它们可以说是习惯上必需的，因为，为了得到这些东西，普通的男子和女子将要牺牲一些维持效率所必需的东西。所以，他们的工资就要少于实际上维持效率所必需的了，除非他们的工资不但可以满足严格必需的消费，而且还包括一定数量的习惯上的必需品在内。[l]

生产工人习惯上的必需品的消费，通常列入生活的消费一类，但严格说来，它不应列入这类消费；在文章中紧要的地方，应当加上特别的解释语句来说明习惯上必需品是否包括在内。

然而，我们还应注意，许多被正确地称为多余的奢侈品的东西，在某种程度上也可

视为必需品。在那种程度上，当这种奢侈品是被生产者所消费的时候，它们的消费也是生产性的。[m]

## 【注释】

a 培根在他所著的《新工具》第 4 章中指出："人类在进行工作时只能把自然物拿拢或分开，其余的一切要自然物在内部进行。"（波拿:《哲学与政治经济》）

b 从狭义来讲，生产是改变了产品的形态和性质，贸易和运输是改变了产品的外部关系。

c 参阅西尼尔:《政治经济学大纲》。他习惯用"使用"这个动词来代替"消费"这个动词。

d 这样，要做糕饼的面粉，已经在消费者家中的，有些人当它是消费者财物，而在糖果商手中的，不但是面粉，就是糕饼本身也被当做生产者财物。卡尔·斗格尔说（见他所著《国民经济学原理》第 1 章），面包属于第一级财物，面粉属于第二级财物，磨粉机属于第三级财物，等等。如果一节火车载有游客，也有若干铁罐饼干、磨粉机器和用来制造磨粉机的机器，则这节火车就似乎同时是第一级、第二级、第三级与第四级财物了。

e 这是杰文斯的定义（见他所著《政治经济学理论》），不过他只包括痛苦的努力在内，但他自己又指出懒惰往往是怎样的痛苦。如果人们只考虑从工作中所得到的直接愉快的话，大多数人会比平常多做一点工作；但是，在健全的状况下，在大部分工作中——即使是被雇用的工作——愉快仍是胜于痛苦。这个定义当然是有伸缩性的：一个农业劳动者晚上在他的园子里工作，主要只想到他的劳动成果；一个技术工人在厂里坐着操作了一天后回到家里从事园艺工作也得到绝对的喜悦，但他也很关心他的劳动成果；而在园中工作的一个富人，虽然在做得好的时候也许自鸣得意，却很可能不注意他由此得到的任何金钱上的节省。

f 重商主义者便是这样，他们认为贵金属最可称为财富，一部分因为贵金属是不会损坏的，而将一切不是用来生产货物作为输出以换取金银的劳动看做不生产的或"徒劳无益的"。重商主义者以为一切劳动都是徒劳无益的，因它所消费的价值与它生产的价值相等。而将农民看做唯一生产的劳动者，因为只有他的劳动（照他们所想）增大了积蓄起来的财富的纯剩余。亚当·斯密调和了重农主义的定义，但他仍然认为农业劳动比其他劳动是更为生产的。他的追随者抛弃了这种区别，但他们一般仍然坚持这样的概念：生产的劳动总会增加积蓄起来的财富，虽然在细节问题上还有许多不同意见，这个概念在《国民财富的性质和原因的研究》的著名的一章中是暗示的，而不是明说的，这一章的名称就是《论资本的积累，并论生产的和不生产的劳动》(参照特威斯:《政治经济学的进步》以及穆勒的论文和他的《政治经济学原理》中对于生产的这个词的讨论)。

g 生产资料包括劳动的必需品，但不包括暂时的奢侈品，因此制冰者被列入不生产的一类，不论他是为糕饼厨师工作还是在乡村住宅中做私人的佣工。但从事建造一所戏院的瓦工是被列入生产的一类。毫无疑问，永久的和暂时的享乐源泉的区别是含糊的和不切实际的。但是，这种困难存在于事物的性质之中，不是用任何文字的方法所能完全避免的。我们可以说长人比矮人多，而不能决定是否五尺九寸以上的人都列入长人一类，或只是五尺十寸以上的人才算是长人。我们可以说生产的劳动是以牺牲不生产的劳动而增加的，而不能在它们之间确定任何严格的、因而也是武断的分界线。如果为了任何特殊目的需要这种人为的分界线，它就必须被清楚地划出来。但事实上这种情况是很少或从不会发生的。

h 在使用“生产”的这个词上的一切区别都是很空洞的，且有一种不真实的感觉。现在说明这些区别似乎是不值得的，但它们却有悠久的历史，使它们逐渐消灭而不是突然废弃恐怕较好。在本来没有真正中断的地方，而要划出一条固定不变的分界线，虽然有时对“生产”这个名词所下的严格定义往往会造成较大弊端，但从不会比这些定义导致更为离奇的结果。例如，有些定义导致这样的结论：歌剧中的歌唱者是不生产的，而歌剧入场券的印刷者是生产的；同时，引导人们入座的招待员是不生产的，除非他刚巧出售节目单，他就是生产的。西尼尔指出：“我们不说一个厨师‘制’(make)烤肉，而说他是‘煮’(dress)烤肉；但我们说他是‘制’布丁……我们说一个裁缝用布‘制’一件衣服，我们不说一个染匠将未染之布‘制’成已染之布。染匠所造成的变化也许大于裁缝所造成的变化，但是经过裁缝的手的布改变了它的名称；而经过染匠的手的布却没有改变它的名称：染匠没有制造一个新的名字，因此也没有生产一祥新的东西。”(见西尼尔:《政治经济学大纲》)

i 参照卡弗:《政治经济学原理》；它使我注意到亚当·斯密的意见：惯常的高雅实在也是必需的东西。

j 好像在近百年中英国南部的人口增加相当快，移民尚未计算在内。但是，劳动效率从前是与英国北部一样高，而现在低于北部了，因此南部的低工资劳动往往比北部的高工资劳动还要昂贵。这样，除非我们知道必需品这个词的使用是指这两种意义中的哪一种，否则，我们就不能说南部的劳动者是否已经获得了必需品，他们只有维持生活和人口增加的必需品，但显然没有维持效率的必需品。然而，我们必须记住：南部最强壮的劳动者不断地移往北部，北部劳动者的精力，因为具有较大的经济自由和地位提高的希望，已经增大了。参看麦克 1891 年 2 月在《慈善机关杂志》上的文章。

k 如果我们所考虑的是一个具有非常能力的人，我们就必须考虑这样的事实：他对社会所做的工作的真正价值，与他由此而得的收入之间，恐怕不会像任何产业阶级中一个平常人在这两者之间那样相符合。而且我们应当说，他的一切消费都是严格地生产的和必需的，因为只要他的消费减少一点，他的效率就会减少，而减少的这一部分效率，对于他或是世界上其余的人，与他从消费中所节省的相比，具有较大的真正价值。一个像牛顿或瓦特这样的人，他的个人费用如果加倍而能增加他的效率 1% 的话，他消费的增加就是真正生产的。我们以后就会知道，这样的情况与出高昂地租的肥沃土地的耕种要多花费用是相似的；虽然它的报酬在比例上较以前的费用所得的报酬为少，但仍会是有利的。

l 参照詹姆斯·斯图亚特：《政治经济学原理之研究》（1767 年版）第 2 篇第 21 章关于“物质的必需品与政治的必需品”的区别。

m 这样，三月里的一盘青豆也许花费十先令，就是一种多余的奢侈品，但它仍是有益的食物，也许和值三便士的卷心菜的功用一样；或是因为食物的交换花样无疑地有益于健康，甚至功用比卷心菜稍大。所以，也许可将四便士的价值列入必需品一类，而将其余九先令八便士的价值列入多余品一类，而它的消费可以被看做其中有四十分之一是严格地生产的。也有例外的情况，例如当青豆是给病人吃的时候，则十先令的全部花费也是值得的，而且重新生产了它们本身的价值。为了使这个观念得到明确，要将必需品加以估计也许是适当的，虽然这种估计必然是粗略和杂乱的。或者按照现在的价格来算，一个普通农民家庭严格的必需品每星期有十五或十八先令就够了，习惯上的必需品大约有五先令多一点也够了。对于城市的不熟练的劳动者，严格的必需品还要多几个先令。住在城市中的熟练工人的家庭，严格的必需品也许是二十五或三十先令，习惯上的必需品是十先令。对于一个不断紧张运用脑力的人，如果是未婚的，严格的必需品也许每年要二百或二百五十镑，但如果他有一个要花很多教育费用的家庭，就要这个数目的两倍以上。他习惯上的必需品决定于他职业的性质。一先令是十二便士，十先令共一百二十便士，一盘青豆的功用以等于三便士的卷心菜来计算，恰为四十分之一。

# 第4章　收入 资本

## 第1节　货币收入与营业资本

在原始社会中，所有家庭差不多都是自给自足的，它自己的食物和衣服以至家具大部分都是自己供给的。家庭收入只有极小部分是货币的形式。如果有人想知道他们的收入，他计算他们从烹饪用具所得的利益，恰如他们从耕犁所得的利益一样。那么在他们的资本与包括烹饪用具和耕犁在内的他们其余积累起来的资产之间，就看不出有什么区别。[a]

但是，随着货币经济的发展，就发生了将收入的概念限于那些货币形式的收入的强烈倾向，其中包括实物工资（如免费使用房屋、煤、煤气和水），它作为雇工报酬的一部分，以代替货币工资。

符合收入的这种意义，市场的用语通常是把一个人的资本看做他的财富中用于获得货币形态收入的那一部分，一般地说，就是以营业的方法获得收入的那一部分。有时，称这一部分为他的营业资本也许是便利的，这种资本可以说是由一个人用于他营业的那些外在的货物构成的，他或是持有这些货物以便出售而换得货币，或是将它们加工为可以出售以换取货币的东西。属于这种资本的显著要素是工厂和制造商的营业设备，就是他的机器、原料和他可供他的雇工使用的食物、衣服和房屋，以及他的营业的信誉。

对他所有的东西还要加上那些属于他的权利和他由此获得收入的东西：包括他以抵押或其他方法所放的贷款，以及在近代金融市场的复杂形态下他拥有的对资本的一切支配权；另一方面，他所欠的债务必须从他的资本中减除。

上述从个人或营业的观点来看的资本定义，在日常用法中是牢固地建立起来了。每当我们讨论关于一般营业的问题，特别是关于在公开市场中出售的某一类商品的供给问题时，本书始终都将采用这个定义。在本章的前一半，我们将从私人营业的观点来讨论收入和资本，然后将从社会的观点来考虑这个问题。

## 第 2 节　从日常营业观点来看的纯收入、利息和利润的定义纯利益，经营收入，准地租

一个人如果营业，他必定要付出一些费用来购买原料、雇用工人，等等。在这种情况下，他真正的收入或纯收入，是从他总收入中减去了产生总收入的费用得到的。[b]

一个人为了直接或间接获得货币报酬而做的任何事情，增大了他的名义收入，而他为自己所做的事情，通常是不算做增大他的名义收入。但是，如果它们是一些琐碎的事情，最好不要过问。不过，当它们是这样一种工作，就是人们做这些事情通常要付出代价，那么，为了一致起见，应当考虑它们。这样，一个为自己做衣服的女子，或是一个在自己的园中掘地或修理自己房屋的男子，都是获得收入的；正像雇用裁缝、园丁或木工来做这种工作能获得收入一样。

关于这一点，我们可以介绍一个我们以后将常用的名词。使用这个名词的需要是由以下事实产生的：每种职业除了其中不能避免的工作疲劳之外还有其他的不利，而每种职业除了货币工资的收入之外还有其他的利益。一种职业对劳动所提供的真正报酬，必须从它的一切利益的货币价值中减去它的一切不利的货币价值才能计算出来，我们对这种真正的报酬可称为这种职业的纯利益。

借款人为了使用贷款——比方说是一年——所付的报酬，表明这种报酬与贷款的比率，称为“利息”。这个名词也较为广义地使用以代表从资本中得到的全部收入的货币等份。它通常表明对于贷款的“资本”额的某一百分比。每当这样的情况，我们不能将资本看做现有的一般东西，而必须将它看做代表一般东西的现有的一种特殊东西，就是货币。这样，一百镑可以百分之四的利率贷出，就是每年有四镑的利息。又如，一个人如果用于营业的各种货物的资本额，估计共值十镑，假定构成这资本额的货物总货币价值没有变动，则我们可以说，一年四百镑就是代表这资本百分之四利率的利息。然而，除非他期望从这资本所得的全部纯利益会超过按现行利率计算的资本利息，否则，他恐怕不愿意继续这种营业。这些利益就称为利润。

对于具有一定货币价值的货物支配权，而能用于任何目的话，常称为“自由”或“流动”资本。[c]

当一个人营业的时候，一年中他的利润，就是同年中他从营业中所得的收入超过他为营业的支出总数。他现有的设备、材料等的价值在年终和年初的差额，依照价值的增减而成为他的收入或支出的一部分。从利润中减去按现行利率计算的他的资本利息（如

有必要，还要减去保险费）之后，所剩下的通常就称为他的企业收入或经营收入。一年中他的利润与他的资本的比率，就称为他的利润率。但是这种说法，如关于利息的那种说法一样，也是假定构成他的资本的种种东西的货币价值已经估定了，而这种估计通常有很大困难。

当任何特殊的东西，如一所房屋、一架钢琴或一架缝纫机租出去的时候，为它所付的报酬常称为租金（Rent）。当经济学家们是从个别商人的观点来考虑收入的时候，他们也可依照这种习惯而没有什么不便利。但是，正如现在所要论到的，每当营业事务的讨论从个人观点移转到社会全体观点的时候，将“租金”这个名词留做代表从自然的赠与中所得的收入之用似乎更为有利。为了这个理由，从机器及其他人工所做的生产工具中所得的收入，在本书中将用准地租这个名词来代表。就是说，任何特殊的机器可以产生一种具有地租性质的收入，而有时也称为地租，大体上称它为准地租似乎是有利的。但我们却不能说机器产生利息，这样说是不适当的。我们如果使用“利息”这个名词，它必然不是与机器本身有关，而是与机器的货币价值有关。例如，一架值一百镑的机器所做的工作如果一年净值四镑，那机器就产生四镑的准地租，它等于原来成本的百分之四的利息。但是，如果现在这机器只值八十镑了，则它就产生机器现在价值的百分之五的准地租。然而，这一点引起了原理上的一些难题，在第五篇中再加以讨论。

## 第 3 节　从私人观点来研究资本分类

我们再来考虑关于资本的一些细节问题。资本会被分为消费资本和工具资本两类。在两类资本之间虽不能作出清楚的区别，但我们如果了解它们的意义是含糊的，则使用这些名词有时也许是便利的。在需要明确的地方，我们应当避免使用这些名词，并应有明白的详细叙述。关于这些名词所要表达的区别的一般概念，能从以下近似的定义中得到。

消费资本是由具有直接满足欲望的形态货物构成的：就是直接维持工人们的生活的货物，如食物、衣服、房屋等。

工具资本之所以如此称呼它，因为它是由在生产上帮助劳动的所有货物构成的。属于这一类的资本是工具、机器、工厂、铁路、码头、船舶以及各种原料，等等。

但是，一个人的衣服当然在他的工作上对他有所帮助，并且有助于使他温暖，他从他工厂的劳动保护中所得的直接利益，与他从他的房屋保护中所得的直接利益一样。[d]

我们可以遵循穆勒对流动资本与固定资本所作的区别，前者经过一次使用，就完成了将它用于生产的全部任务，而后者以耐久的形态存在，要经过相应的耐久的年限才能还原为资本。[e]

## 第 4 节　从社会观点来研究资本和收入

当我们研究为销售而生产货物和支配货物的交换价值的原因时，商人通常的观点是经济学家最便于采取的观点。但是，当商人研究支配整个社会的物质福利的原因时，他和经济学家都必须采取一种较为广泛的观点。平常的谈话可以从一种观点转到另一种观点，而不需对这种转变作任何正式的说明。因为，一旦有误会发生，这种误会很快就会澄清，提出一个问题或主动的解释便可消除混乱。但是，经济学家却不可冒这种危险，他必须说明他的观点或名词用法上的任何改变。他如果不加说明地从一种用法转到另一种用法，他走的道路也许一时似较平稳，但毕竟在每一个有问题的情况下对每一名词加以清楚的说明，就会取得较大的进步。[f]

因此，在本章以下各处，就让我们有意识地采取与个人观点对比的社会观点，让我们研究整个社会的生产，以及可用于一切目的的社会全部纯收入。这就是说，让我们几乎回到原始人类的观点，他们主要是关心希望得到的东西的生产以及这些东西的直接用途，而很少交换和买卖。

从这个观点来看，收入被看做包括人类从学会利用自然资源的时间起——过去和现在——所得到的一切利益在内。从彩虹的美丽或是清晨新鲜空气的芬芳中所得到的愉快，是不算做利益的，不是因为它们不重要，也不是因为把它们计算在内会使估计不准确，而只是因为将它们算做利益不会有好的结果，反会大大地使我们的文句冗长，讨论烦赘。为了同样的理由，我们也不值得去分别考虑几乎每个人都会为自己做的简单事情，如自己穿衣服等，虽然也有一些人情愿花钱雇用别人来做这种事情。所以，把这种事情不算做利益并不是一个带有原则性的问题，有些喜欢争论的著作家讨论这个问题所花的时间实在是浪费的。把它们除外不过是遵照“法律不问小事情”的格言。一个驾车的人没有注意到路上的积水，因而溅到了一个行人的身上，在法律上并不认为他加害于人。虽然他的行为，与另一个人同样因为不注意对别人造成重大伤害的行为在原则上并无区别。

一个人以他现在的劳动作为自己之用的时候，这劳动就直接为他产生收入；如果他以这种劳动作为服务别人之用，他希望由此获得某种形态的报酬。同样地，他过去制成或获得的任何有用的东西，或是由原来制成或获得的人根据现行财产制度遗留给他的任何有用的东西，通常直接地或间接地成为他物质利益的源泉。他如果把这种东西用于营业的话，所得的收入通常表现为货币的形态。但是，“收入”这个名词较广的用法有时是需要的，它包括一个人从他的财产所有权中所得到的各种利益的全部收入在内，而不论他的财物是怎样使用的。例如，他使用自己的钢琴所得到的利益，等同于与一个钢琴商人出租一架钢琴可得的利益。日常生活的用语，即使在讨论社会问题的时候，也与“收入”这个名词这样广义的用法不合，但习惯上却包括货币收入以外的若干形态的收入。

所得税委员们将房主自住的房屋也算做可征税的收入源泉，显然这房屋不过直接使房主得到舒适而已。他们之所以这样做，并非根据任何抽象的原理，而是一部分因为房屋的实际重要性，另一部分因为房屋的所有权通常是以营业方式来看待的，并且一部分因为由此产生的实际收入能够易于分开和估计。对于包括在他们课税条例之内与条例之外的东西，他们并不要求建立任何种类上的绝对区别。

杰文斯从纯粹数学的观点来考虑这个问题，把在消费者手中的一切商品归入资本一类是有道理的。但是，有些学者非常巧妙地发展了这种意见，已经将它当做一个重要的原理，这就似乎是判断上的错误了。比例关系的真正意义不是要我们以不断列举次要的细节问题来加重我们的工作，这些细节问题在平常谈话中是不加考虑的，甚至叙述它们就要打破普通的惯例。

## 第5节　续　前

这就使我们从研究整个社会的物质福利的观点来考虑“资本”这个名词的用法。亚当·斯密说过，一个人的资本是他从他的资产中期望获得收入的那一部分。历史上所知道的关于“资本”这个名词的用法，与“收入”这个名词的相同的用法，多少是密切相关的；差不多在每种用法上，资本都是一个人从他的资产中期望获得收入的那一部分。

“一般资本”这个名词——从社会观点来看的资本——最重要的用途，是在于研究生产的三个要素——土地（即自然的要素）、劳动和资本怎样有助于产生国民收入（或以后称为国民总所得），以及国民收入怎样分配于这三个要素。这是使得“资本”和“收入”这两个名词从社会观点和从个人观点来看都是相互关联的另一理由。

因此，在本书中，对土地以外的一切东西，凡能产生在平常谈话中算做收入的那种收入以及属于公有的类似的东西，如政府工厂等，从社会观点来看，都算做资本的一部分。“土地”这个名词则用来包括一切产生收入的自然赠与，如矿山、渔场等。

这样，资本就包括为营业目的所持有的一切东西在内，不论是机器、原料或制成品，戏院和旅馆，家庭农场和房屋，但使用者所有的家具或衣服是不包括在内的。因为前者是被世人通常看做产生收入的东西，而后者却不如此，正如所得税委员们实行的方法所表明的那样。

这个名词的这样用法，是与经济学家们首先概略地研究社会问题，而将次要的细节问题留到以后研究的通常实践相符的；它也与经济学家们把被看做广义的收入源泉的种种活动——只有这些活劫——包括在劳动之内的通常实践相符的。劳动和照这样解释的资本和土地是计算国民收入时通常被考虑为一切收入的源泉。[g]

## 第6节　续　前

社会收入可以把社会的个人收入加在一起来估计，不论它是一个国家或是任何集团。然而，我们绝不能把同一样东西计算两次。我们如果计算了一条毯子的全部价值，我们就已把制造毯子所用的纱线和劳动计算在内了，这些东西就绝不能再计算进去。而且，如果这毯子是用上年所存的羊毛制成的，则要求得这一年的纯收入，必须先将羊毛的价值从毯子的价值中减去。同时，用于制造毯子的机器及其他设备的损耗同样也要减去。我们之所以要这样做，是根据我们开头提出的一般法则，就是真正收入或纯收入是从总收入中减去产生总收入的费用而得到的。

但是，这毯子如果是由家中仆人或蒸汽清洗厂洗干净了，则用于洗涤的劳动的价值必须分别计算进去，否则，这种劳动的结果就会从构成国家实际收入的那些新生产的商品和便利的目录中完全遗漏了。家庭仆人的工作在专门意义上常被归入“劳动”一类，因为这种工作能以他们所得的货币和实物报酬的价值来全部估定，不必逐一列举，所以将它包括在社会收入之内不会发生很大统计上的困难。然而，在不用仆人的地方，由家庭内妇女及其他人所做的繁重的家庭工作如果漏算的话，就前后不一致了。

其次，假定一个地主每年有一万镑的收入，以五百镑的薪水雇用一个私人秘书，而后者又以五十镑的工资雇用一个仆人。这三个人的收入如果都计算进去作为国家纯收入的一部分，有些收入似乎要计算两次，有些似乎要算三次。但事实不是这样。地主把从土地的生产物中所得的购买力的一部分移转给他的秘书，作为对他的帮助的报酬；而秘书又把其中的一部分移转给他的仆人，作为对他的帮助的报酬。农产物（它的价值作为地租归于地主）、地主从秘书的工作所得的帮助以及秘书从仆人的工作所得的帮助，都是国家真正纯收入的独立部分。所以，一万镑、五百镑和五十镑是这三个部分的货币衡量，当我们计算国家收入时，必须将它们都计算进去。但是，这地主如果每年给他儿子五百镑的津贴，那就绝不能算做独立的收入，因为对这五百镑并没有作出什么贡献，它也不会被征所得税。

因为一个人从利息或其他方面所得的纯收入——所谓纯，就是减去了他欠别人款项之后的数额——是他收入的一部分，所以一国从别国纯收进的货币和其他的东西，也是国家收入的一部分。

## 第7节　续　前

财富的货币收入或财富的流入是对一国繁荣程度的衡量标准，这种衡量标准虽然不可靠，但在有些方面仍然要以一国现有财富的货币价值所提供的衡量为准。

因为，收入主要是由直接产生愉快的商品构成的，而国家财富则绝大部分是由生产资料构成的，生产资料只是在有助于生产供消费用的商品范围内才对国家有所贡献。而且，供消费用的商品便于携带，与生产它们的东西相比，在全世界都有较为一律的价格，虽然这是不甚重要的一点。例如，在焉尼托巴和肯特的上等土地每英亩价格的差别，大于这两地所生产的一蒲式耳小麦的价格的差别。

但是，如果我们主要是研究一国的收入，则我们必须减去产生收入源泉的折旧。如果一所房屋是用木材建成的，则从它所产生的收入中所减去的折旧，必须比用石头建造的房屋大一点。因为石建的房屋比有同样优良设备的木建房屋，对于一国的真正富裕价值较大。又如，一座矿山一时可以产生大笔收入，但几年后也许就开采完了。在这种情况下，它必须被算做与年收入少得多、但却能永远产生收入的田地或租金相等。

## 第8节 生产性和预见性在资本的需要及供给上是资本的两个对等的属性

在纯粹抽象的尤其是数学的推理上，“资本”和“财富”这两个名词差不多是作为同义词用的，除了固有的土地为了某些目的可以从资本中略去这一点之外。但是，有这样一种清楚的传统：当我们把东西作为生产要素来考虑的时候，我们应当说是资本；当我们把东西作为生产的结果、消费的对象和产生占有的愉快的源泉来考虑的时候，我们应当说是财富。这样，对于资本的主要需求，是由于资本的生产性和它所提供的服务而发生的，例如，这种服务使羊毛的纺织能比用手工来做较为容易，或者使水在需要的地方可以自由流出，而不必辛苦地用水桶来提送（虽然资本还有别的用途，如将它贷给一个浪费的人，就不能归入这一类）。另一方面，资本的供给是由下一事实所控制的：为了积累资本，人们必须未雨绸缪。他们必须等待和节省，他们必须为将来而牺牲现在。

在本篇的开始我们已经提到，经济学家必须放弃求助于一整套术语的想法，必须依靠限制形容词或上下文中其他说明的帮助，使用普通所用的名词，以达到表达正确思想的目的。如果有一个名词在市场的用法上有多个是含糊的意义，而他对它武断地规定一种固定的正确用法，这样不但使商人感到迷惑，而且他自己也有处于困境的危险。所以，对像“收入”和“资本”这样的名词选择一种正常的用法，必须经过在实际使用中对它的考验。[h]

## 【注释】

a 由于这个类似的事实，有些人不同意将近代分配和交换的分析中某些部分适用于原始社会，这是对的，但认为这种分析的重要部分无一可以适用，这就不对了。这是以下这种危险的一个显著例子：如果自己甘于相信文字记载，而不肯进行发现贯通形式变化的实质的统一性所必需的艰苦工作，就要发生危险了。

b 参看1878年英国科学协会委员会关于所得税的一篇报告。

c 克拉克教授曾经提出区别纯粹资本与资本货物的建议：前者相当于静止的瀑布，而资本货物则是出入于企业的特殊东西，像经过瀑布的点滴之水一样。他当然是把利息看做与纯粹资本而不是与资本货物有关。

d 参看本篇第3章第1节。

e亚当·斯密对于固定资本和流动资本的区别，取决于这样的问题：货物是否“产生利润而未改变它的所有者”。李嘉图认为这种区别应取决于货物能否“慢慢地消费还是需要常常再生产”；但他认为这是“一种非本质的区别，且不能由此正确地划出分界线”。穆勒对这种区别的修正通常是为近代经济学家所接受的。

f参照本篇第1章第3节。

g为了实际的目的，我们不必费事来逐一列举一个人从早晨刷帽子的劳动中所得到的利益的那种“收入”，同样地，我们也不必过问投入在他刷子的资本的那种因素。但是，在只是抽象的讨论中，这种考虑是不会发生的。所以，杰文斯的“在消费者手中的商品都是资本”这样的意见的逻辑上的简明，对于用数学来解释经济学说，是有利无弊的。

h在这里我们可对这种工作的某些部分作一简短的预测，以后我们将会知道，怎样需要从资本的使用中体现可得的利益的总数和从产生资本所需要花费的努力与节省所体现的总数两方面来考虑资本。我们还将表明，这两个总数怎样趋于平衡。因此在第五篇第4章中——在某种意义上这一章可看做本章的继续——我们可以看得出来：在一个像鲁宾孙这样的人的测量中，这两个总数会直接平衡；在一个近代商人的测量中——至少大部分是这样——它们会以货币来表现平衡。不论是哪一种情况，计算上两方面必须采取同一日期，在那日期之后发生的要在计算中“减去”，在那日期之前所发生的要“积累”计算。

在资本全部利益和费用上也有同样的平衡，这种平衡将是社会经济的主要基石：虽然由于财富不平均分配的结果，从社会观点所作的计算，的确不能得到像在个人的情况下——不论是一个像鲁宾孙这样的人还是一个近代商人——所能得到的那样清楚的轮廓。

在我们研究支配生产资源的积累与使用的各种原因时，这种研究的每一部分都表现出以下特点：采用迂回生产方法比直接生产方法更为有效，关于这一点是没有普遍的规律的；为获得机械和为将来的欲望花费很大的努力，在某些条件下是经济的，而在别的条件下则非如此；资本的积累一方面与人的预见性成正比，另一方面与采用迂回生产方法有利的资本吸收成正比。特别参看第四篇第7章第8节、第五篇第4章、第六篇第1章中的第8节和第六篇第6章中的第1节。

# 第三篇

# 论欲望及其满足

# 第1章　绪论

## 第1节　本篇与以下三篇的关系

较早时代的经济学认为经济学就是研究财富的生产、分配、交换和消费的科学。后来的经验表明，分配与交换的问题是如此密切相关，以致打算将它们分开研究是否有利，着实让人怀疑。可是，关于需求与供给的关系的一般推论是很多的，这种推论是用来作为价值的实际问题的基础，并起着基本骨干的作用，使经济学推论的主体具有统一性和一致性。这种推论具有广泛性和一般性，这使它与它所说明的分配和交换的较为具体的问题截然不同，所以将它完全放在第五篇《需求，供给与价值之间的一段关系》之中，而这一篇是为第六篇《国民收入的分配》铺平道路。

但是，首先是现在的第三篇的研究需求及其满足，就是对需求与消费的研究；第四篇是生产要素的研究，就是用来作为满足欲望的手段的那些要素，包括人自己在内——人是生产的主要要素和唯一目标。在一般性质上，第四篇相当于生产的研究过去两代中在所有英国的关于一般经济学的著作中占重要地位，虽然它与需求和供给问题的关系并未十分清楚地说明。

## 第2节　直到最近才对需要和消费加以足够的注意

在以前，需求或消费这个问题有些被忽视。因为，如何最好地利用我们的资源的研究虽属重要，但就个人的费用而论，这种研究却不适合于经济学的方法的研究。一个具有丰富的生活经验的人的常识，与精细的经济分析相比也能让他得到更多的指导。之前经济学家对这个问题说得很少，除了一切有常识的人共有的东西以外，他们也实在没有太多的话好说。但是，到了最近，由于下述几个原因合在一起，这个问题在经济研究中更具有重要性。

第一个原因是，经济学家日益相信，当分析那些决定交换价值的原因时，李嘉图的注重生产费用方面的研究实属有害。因为，他和他的主要追随者虽知道在决定价值上，需求的条件与供给的条件同样重要，但他们都没有十分清楚地表明这样的意思，于是，除了最细心的读者外，大家都对他们产生了误解。

第二个原因是，经济上精确思考习惯的成长，使人们更为注意要准确叙述他们推论的前提。这种注意的增加，一部分原因是有些作家应用数学语言和数学的思考习惯。复杂的数学公式的使用究竟有多大好处，固然令人怀疑。不过，数学的思考习惯的应用已有很大贡献。现在人们在研究一个不太明白的问题时在进一步研究之前，一定要知道什么是需要假定的，什么是不需要假定的。

我们不得不又回到对于经济学的一切主要概念上了，尤其是对需求的概念，不得不作更为仔细的分析，因为单单是企图清楚地说明怎样衡量对--样东西的需要，就已开辟了经济学主要问题的新的方面。需求的理论虽然还在幼稚时期，但我们已能知道，通过收集和整理消费统计来解释对公共福利极为重要的难题，也许是可能的。

第三个原因是，时代的精神使我们对以下这个问题更为密切注意：我们日益增长的财富是否可以比现在更进一步地提高呢？这个问题又迫使我们去研究，不论是公共使用还是个人使用的财富，其交换价值究竟能准确地代表幸福和福利的增加到怎样的程度呢？

在这一篇中，我们特地从对各种人类欲望的简短研究开始，从它们与人类努力和活动的关系来考虑。因为人类进步的本性是一个整体，为了便于研究，我们把人类生活的经济方面孤立起来作单个研究，但这只是暂时的，然后仔细地进行总体方面的研究。正是现在我们特别需要坚持这一点，因为对李嘉图及其追随者之比较忽视欲望研究的反应，出现了走向相反极端的迹象。维护他们稍为偏激的重要真理仍然是重要的，这个真理就是：欲望在低等动物中是生活的主宰，但当我们探求人类历史的基本原则时，我们必须研究努力和活动的形式的变化。

# 第2章　欲望与活动的关系

## 第1节　多样化的欲望

人类的欲望和需求在数量上是无穷的，在种类上是多样的，但总的来说它们是有限的，并能满足的。野蛮时代的人欲望的确比野兽多不了多少。但是，向前进展的每一步都促进了他的需求的多样化，以及满足需求的方法的多样化。他不仅希望他惯常消费的东西有较大的数量，而且希望那些东西有较好的质量，他还希望东西有较多的花色可供选择，并且希望有满足他心中产生的新欲望的东西。

因此，虽然野兽和野蛮人都同样喜欢精美的少量之物，但它们都不大注意为多样化而多样化。可是，随着人类的文化的提高，随着人类的智力的发达，甚至人类的性欲也开始与精神活动相结合，人类的欲望就很快地变得更为精细和更为多种多样。在人类没有自觉地摆脱习惯的束缚之前，对于生活上的细小事情，就已经开始因为希望得到变化而求变化了。

当一个人的财富增长时，他的食物和饮料就变得更为丰富和昂贵了，但他的食欲是受到生理限制的，当他花于食物的费用达到奢侈浪费的程度时候，更多是为了满足招待客人和夸耀的欲望，而并非放纵他自己的感觉器官。

这一点使我们注意到西尼尔所说的："多样化的欲望尽管是强烈的，但与优越感的欲望相比却是微弱的。如果我们考虑后一种欲望的普遍性和永久性，就是它在一切时间影响一切的人，从我们生下地它就随之而来，直到我们进入坟墓它才会离开我们，则这种情感可以说是人类情感中最有力的了。"这个重要的真理，从人类对精美而多样食物的欲望与对精美而多样衣服的欲望的比较中，便足以证明了。

## 第2节　自豪感的欲望

由于自然变化产生的对衣服的需要，是随着气候和季节而变化的，并随着人的职业性质而稍有不同。在衣服方面，习惯上的需求却胜过了自然的欲望。这使得在许多较早的文明时期中，法律和风俗的关于节俭的规则，会严格规定每一社会阶级或产业阶层成员的衣服所必须达到的式样和费用标准，而且不可超过。目前这些法令的实质虽已有了很大的变化，但有一部分现在还保留着。例如，在亚当·斯密时代的苏格兰，许多人出门不穿鞋袜是风俗所允许的，而现在他们也许不会这样做了，但在苏格兰许多人也许仍然这样做，而在英格兰恐怕就不会这样了。又如，在英国，现在一个生活水平达到小康的工人可以在礼拜日穿了黑色上装出去，而在有些地方还戴丝帽。但在不久之前，这种装束就会使他遭到别人的讥笑。风俗所要求的作为最低限度的那种多样化和消费，和风俗所容许的作为最高限度的那种多样化和奢侈度都在不断增大；要从衣服上得到自豪感欲望的满足，这种观念正在英国社会的下层阶级中逐渐流行。

但在上层阶级中，虽然女子的衣服仍是多种多样和昂贵的，但如与不久以前欧洲的衣服和目前东方的衣服相比，男子的服饰是简单而廉价的。因为，那些靠自己的本领出类拔萃的男子，自然不喜欢只是因为他们的衣服而受到别人的关注，因而他们就树立了这种风尚[a]。

## 第3节　续　前

房屋满足遮蔽风雨的需要，但这种需要在对房屋的有效需求上却不起什么作用。因为，一所规模小但建筑结构良好的屋子虽然可以遮蔽风雨，但它令人窒息的空气、不清洁的环境和缺少生活上的高雅和安静，都会对人产生很大的害处。这些害处不仅造成身体上的不舒适，而且将阻碍个人才能的发展，并限制了人们进行较为高尚的活动。这些活动每有增加，对较大房屋的需求就变得更为迫切[b]。

所以，比较宽敞而设备完善的房屋，即使对于最低社会等级的人，也是一种“维持效率的必需品”，而且是在物质上求得社会声誉的最便利和最立竿见影的方法。即使在那些已有足够自己及家庭进行较为高尚活动的房屋的社会阶级中，仍然希望房屋有进一步的、几乎是没有限制的增大，作为发挥许多更高尚的社会活动必不可少的东西[c]。

## 第4节　为自豪感而求自豪感的欲望　消费理念在经济学中的地位

再者，还有一种发挥和发展活动的欲望，遍布于社会中每一等级的人，这种欲望不但导致人们为科学、文学和艺术的本身而追求它们，而且导致为职业而追求它们的那些人的工作的需要迅速增大。空闲被用来作为休息的机会越来越少了；对于娱乐活动（如运动比赛和旅行），人们越来越需要将其发展成为活动，而不是只满足感官的需求。[d]

因为，为优越感而求优越感的欲望，在范围上的确与较低的需求的欲望差不多广泛。正如需求的欲望可分为等级那样：上自那些希望名垂后世和声名远扬的人的雄心壮志，下到乡下姑娘希望在复活节所戴的新缎带会受到邻人注意的需求；为优越感而求优越感的欲望也可分为等级：上自像牛顿或斯特拉迭凡立斯义那样的人和优越感的欲望，下至渔夫的优越感的欲望——即使在没有人看见他，而他也不忙的时候，他对于巧妙地驾驭他的渔船，并对这船的建造良好很听从他的指挥也感到高兴。这种欲望在最高的才能发挥方面和最大的发明的创造方面都产生很大的影响。而在不同需求方面，它也是重要的。因为，对于自由职业者非常熟练的服务和技术工人的最优秀的工作的需要，大部分是来自于人们对他们自己才能的训练的爱好，并借助于最巧妙地适用的工具以发挥这种才能。

所以，总的来说，在人类发展的最初阶段中，虽然是人类的欲望引起了人类的活动，但以后每前进一步，都被认为是新活动的发展引起了新的欲望，而不是新欲望的发展引起了新的活动。

如果我们抛开新活动不断发展的健全生活状态看看别处，就可以清楚地看到这一点。我们看到西印度群岛的黑人并没有使用新的自由和财富去获得新欲望的满足，而是用于并非休息而是因为怠惰而停滞不前的生活状态上；或者我们再看一下英国工人阶级中迅速减少的那一部分人，他们没有大志，对他们才能的发挥和活动的发展也不感到自豪和高兴，而将他们的工资除供给恶劣生活的最低必需品之外，所剩下的都花于狂饮上面。

所以，"消费理论是经济学的科学基础"[e]这句话是不对的。因为，在研究欲望的学问中最容易让人产生兴趣的东西，很多都是从研究努力与活动的学问中得来的。两者互相扑充，缺一就不完全。但是，如果两者之中有可以称为人类历史——不论是经济方面还是任何其他方面——的解释者，它是研究活动的学问，而不是研究欲望的学问；麦卡洛克在研究"人类进步的本性"时[f]，说明了两者的真正关系，他说："一个欲望或需求的满足不过是向某一新的追求前进了一步而已。在人类进步的每一阶段中，人类注定是要进行设计和发明，从事新的事业；而在完成这些新事业之后，还要以新的精力从事其他新的事业。”

由此可知，在我们工作的目前阶段中所能做的关于需要的研究，必须限于近乎纯粹是形式上的初步分析。关于消费的比较高层次的研究，只能放在经过分析的主体之后，而不应在它之前；这种研究虽可在经济学固有的范围内开始，但却不能从那里得出结论，而必须远远超出那个范围。[g]

## 【注释】

a 一个女子可以用她的服装来炫耀富有，但她却不能只以服装来炫耀，否则就达不到她的目的了。她必须还要以性格和财富来暗示某种优越感。因为，她的服装也许应归功于她的裁缝，但有一种传统的假定：女子没有像男子那样忙于对外事务，因而就能花较多的时间去研究她的服装，即使在摩登时尚的影响下，“穿得好”——而不是“穿得贵”——对于那些要以才干和能力表现卓越的人也是一种合理的小目标。因为，整理衣服使它美观、多样化而又很适合需要，是一个值得努力的目的，这与画一幅优美的画属于同一种类，虽然工作性质不同，但本质是一样的。

b 确实有许多积极的工人，宁愿住在城市中狭隘的寓所，而不愿住于乡村中宽敞的房屋。不过那是因为，对于他们所酷爱的活动乡村提供的机会很少。

c 参看第二篇第 3 章第 3 节。

d 我们可以注意一个小问题：那些刺激情绪的饮料，正在疯狂地代替着那些仅仅满足感觉器官需要的饮料。茶的消费增加很快，而酒的消费却是静止不变；在社会的一切阶级之中，对于各种较贵和较易麻醉的含酒精的饮料的需要日益减少。

e 这个学说是班菲尔德创立的，而为杰文斯所采用作为他立论的要点，不幸的是，在这里也像在其他地方一样，杰文斯喜欢强调说明他自己的情况，以致使他所得出的结论不但错误，而且因为对前代经济学家的缺点含有言过其实之处，甚至产生流弊。班菲尔德说：“消费理论的第一命题，就是在欲望等级上每一较低欲望的满足创造一种较高性质的欲望。”如果这是真的，则他以这一点作为根据的上述学说也是确实的了。但是，如杰文斯却指出了这一点的不对（见杰文斯：《政治经济学理论》，第 2 版），他以这样的说明来代替它：一种较低的欲望的满足容许一种较高的欲望表现出来。这是一个真实的而实在是同样的命题，但它却不足以证明消费理论应居于首要地位。

f 见麦卡洛克：《政治经济学原理》，第 2 章。

g 欲望在形式上的分类是件有趣的工作，但因为我们的目的这项工作并不需要进行。在这方面大多数近代工作的基础，见于赫尔曼的《国家经济学研究》第2章。在这一章中，他将欲望分为以下各类："绝对的与相对的；高级的与低级的；迫切的与可缓的；积极的与消极的；直接的与间接的；一般的与特殊的；经常的与中断的；永久的与暂时的；平常的与非常的；现在的与将来的；个人的与共同的；私人的与公共的。"关于欲望和愿望的一些分析，即使在上一代的法国和其他大陆国家的大多数的经济学著作中也可看到，但英国作家将他们的经济学限于严格的范围，因而这种研究就被排除在外了。边沁在他的《政治经济学纲要》一书中没有提到欲望的需求，虽然在他的《道德与立法原理导论》和《人类活动的起源表》两书中，他对欲望的深奥的分析产生了广泛的影响，这是一件独特的事实。赫尔曼曾经研究边沁。另一方面，班菲尔德的讲授恐怕是英国大学中首先直接大大得利于德国经济思想的讲授，他也承认特别得利于赫尔曼。为杰文斯的关于欲望理论的优秀作品开辟道路的是边沁自己；还有就是西尼尔——他对这个问题的简短评论富于深邃的暗示——和班菲尔德以及澳洲学者赫恩。赫恩的《经济学或满足人类欲望的努力的理论》一书简明而深奥。它对以下这样的方法提供了绝佳的例子：详细的分析可为青年人提供一种很高级的训练，使他们熟悉生活的经济状况，而不是强迫他们对那些他们尚不能作出独立判断的较为困难的问题，加以具体的解决。大约在杰文斯的《政治经济学理论》一书出版的同时，卡尔·门格尔对奥地利学派的经济学家所作的欲望与效用的精细和有趣的研究给予了很大的帮助。这种研究已由屠能开端，这一点在本书的序文中说过了。

# 第 3 章　消费者需求的等级

## 第 1 节　欲望饱和律或效用递减律　全部效用　边际增加量　边际效用

当一个商人或制造商购买东西用于生产或转卖的时候，他的需是要以他预期由此所能获得的利润为依据的。这些利润在任何时间都要看投机的风险及其他种种原因而定，我们以后还得要考虑这些原因。但是，从长期看来，一个商人或制造商对一样东西所能付给的价格，毕竟要看消费者对这样东西或用它所制成的东西肯付的价格而定。所以，一切需要的最终调结者是消费者的需要。本篇中我们专门研究消费者需要。

效用是被当做与愿望或欲望相关的名词看待的。我们已经说过，人的欲望是不能直接衡量的，只能通过欲望所引起的外部现象加以间接的衡量，而且在经济学主要研究的那些事例上，是以一个人为了实现或满足他的愿望而愿付出的价格来表现的。他也许有一些不是有意识地要得到满足的愿望和抱负，但是，现在我们主要涉及的是想得到满足的愿望和抱负。我们认为，一般来说，由此而得的满足大体上相当于购买东西时所预期的满足。[a]

欲望是无止境并且多种多样，但每一个别人的欲望却是有其限度的。人类本性的这种平凡而基本的倾向，可用欲望饱和规律或效用递减规律来说明：某物对任何人的全部效用（即此物给他的全部愉快或其他利益），随着他对此物所有量的增加而增加，但不及所有量的增加那样快。如果他对此物的所有量是以同一比率增加，则由此而得的利益是以递减的比率增加。换句话说，一个人从一件物体的所有量有了一定的增加，便会得到部分新增加的利益，而这部分新增加的利益会随着他已有此物的数量的每一点增加而递减。

在他买进东西的时候，他因为被吸引购买的那一部分，可以称为他的边际购买量，因为他原本是犹豫不决是否花钱购买它的。他的边际购买量的效用，可以称为此物对他的边际效用。或者，如果他不购买此物，转而自己制造它，那么，此物的边际效用，就是他认为值得他去制造的那一部分的效用。这样，刚才所说的规律可说明如下：

一个物体对任何人的边际效用，是随着他已有此物数量的每一次增加而递减[b]。

可是，应当加以说明，在这一规律之中有一个暗含的条件。就是，我们假定，不容许这其间有机会使消费者自己在性格和爱好上发生任何变化。所以，这规律没有这些例外：一个人越多听优美的音乐，他对音乐的爱好就会越是强烈；贪婪和野心往往是不会有满足之时的；或者，整洁的美德和酗酒的恶习同样是愈演愈烈。因为，我们的观察时间长达若干时期，而且被观察的人在这个时期的开始与结束具有不同的性格或爱好。我们如果当一个人就是像他现在这样，而不容许有时间让他的性格发生任何变化，则一物对他的边际效用，就会随着这件东西供给的每一次的增加而不断地递减。[c]

## 第 2 节　需求价格

现在让我们以价格来说明这个效用递减律。以茶这种经常需要的，而且能够小量购买的商品为例。假设某种品质茶每磅 2 先令可以买到。一个人也许愿出 10 先令买五磅茶，每年一次，而不愿终年不喝茶；但是，如果他能不花代价而得到任何数量的茶，他也许一年之中不会只耗用 30 磅以上的茶。但是，实际上，他也许一年中只买了 10 磅。就是说，他买 9 磅所得的满足，与买 10 磅所得的满足之间的差额，足以使他愿付 2 先令的价格。同时，他不买第 11 磅的茶，这一事实表明他不认为买第 11 磅多花 2 先令对他是合算的。这就是说，一磅 2 先令衡量了处于他购买的边际或末端上的茶对他的效用。这个价格衡量了茶对他的边际效用。如果他对任何一磅的茶刚好愿付的价格，称为他的需求价格，那么，2 先令就是他的边际需求价格。这个规律可说明如下：

一个人所有某物的数量越大，假定其他情况不变（就是货币购买力和在他支配下的货币数量不变），则他对此物稍多一点所愿付的价格就越小。换句话说，他对此物的边际需求价格是递减的。只有当他愿出的价格达到别人愿意出售的价格时，他的需求才是有效的。

这最后一句话提醒我们：我们还没有考虑货币或一般购买力的边际效用。在同一时间中，如果一个人的物质资财不变，则货币的边际效用对他是一个固定的数量，那么，他对两样商品则愿付出的价格的相互比率，是与那几样商品的效用的比率相同的。

## 第 3 节　对于货币效用的变化必须加以考虑

同样一个物品，对穷人比对富人要有较大的效用。我们已经知道，一年有一百镑收入的职员比一年有三百镑收入的职员，更可能会在雨下得大的时候仍然走路去上班。[d] 虽然在穷人心目中，2 便士所衡量的效用或利益，比在富人心目中，同样以 2 便士所衡量的效用或利益更大。但是，如果富人一年中乘车一百次，而穷人一年中乘车二十次，则刚好使富人乘第一百次车的效用同穷人乘第二十次车的效用相等。对他们之中每一个人，边际效用衡量起来都是两便士，但这边际效用对穷人却比对富人来得更大。

换句话说，一个人越是富有，货币的边际效用对他就越小；他的资产每有增加，他对任何一定的利益所愿付的价格就随之增加。同样地，他的资产每有减少，货币对他的边际效用就随之增大，他对任何利益所愿付的价格也就随之减少。[e]

## 第 4 节　一个人的需求表　“需求增加”这句话的意义

为了完全了解我们对于某物品的需求，我们必须确定在此物可能被供应的每一价格上，一个人愿意购买多少。如某人对茶的需求情况，能由他愿付的价格表——他对不同数量的茶的几种需求价格——来最清楚地表明。这个表可称为这个人的需求表。

例如，我们可以看到，他去购买：

每磅 50 便士时——6 磅；每磅 24 便士时——10 磅。

每磅 40 便士时——7 磅；每磅 21 便士时——11 磅。

每磅 33 便士时——8 磅；每磅 19 便士时——12 磅。

每磅 28 便士时——9 磅；每磅 17 便士时——13 磅。

如果对上述一切中间程度的购买数量对照了相应的价格，那么我们就准确地了解了他的需要。[f] 我们不能只用“他愿购买的数量”或“他要购买某一数量的渴望强度”来表明一个人对一物的需要，而不说明他要购买这一数量和其他数量的各种价格。我们只有列举他愿购买一物不同数量的各种价格，才能正确表明他的需要。[g] 当我们说一个人对一物的需要时，我们是说：如果价格不变，他对此物会比以前多买一点；如果价格较高，他会像以前买得一样多。他的需要总的增加，就是他愿购买此物不同数量的全部价格的增加，而不仅仅是按现行价格他愿意多买。[h]

## 第 5 节　市场的需求　需求律

以上我们所研究的只不过是单个人的需求。在像茶这种东西在特殊情况下，单个人的需要能代表整个市场的总需要。因为对茶的需要是一种经常的需要，而且，茶能小量购买，它的价格每有变动，就会影响一个人购买的数量。但是，即使在那些经常使用的东西之中，也有许多东西，个人对它们的需要是不会随着价格上每有小的变动而改变的，只有在价格大有变动时才会改变。例如，帽子或手表的价格稍有下跌，不会影响每个人的购买力，但会影响那些对是否要买一顶新帽子或一只新手表还在犹豫不决的少数人。

就任何一个人而言，他对许多种类的东西的需要不是经常的，而是偶尔的和不规则的。对于结婚蛋糕或外科专家的服务，就不会有个人的需要价格表。但是，经济学家对于个人生活中的特殊偶然事件是不加过问的。他所研究的是“在某些条件下会有的一个产业集团的成员的活动过程”，但以那种活动的动机能以货币价格衡量为限；而在这些广泛的结果之中，个人活动的多样性和易变性就在多数人的活动的比较有规则的总体之中消除了。

因此，在大的市场中——那里富人和穷人，老年人和青年人，男子和女子，各种不同嗜好、性情和职业的人都混合在一起——个人欲望上的特点会在总的比较有规则的等级之中互相抵消。如果其他情况不变，在普遍使用中的一样商品的价格每有下跌，不论这个跌幅怎样微小，也将增加它的总销售量；正如有碍健康的秋季气候增加一个大城市的死亡人数一样，虽然有许多人并未遭受其害。所以，如果具有必要的了解，我们就能做出一张价格表，按照表上不同的价格，一样商品在一定的地方和一年（比如说）之中的每一数量都能找到购买者。

在这个地方对茶（比如说）的全部需求，就是那个地方一切个人的需求的总和。有些人会比我们上面所记录的那样需要的个别消费者富有，而有些人则比他贫穷；有些人对茶的爱好比他强，有些人则比他弱。让我们假定这个地方有一百万购买茶的人，并假定他们的平均消费额在各种不同的价格上与他的消费额相等。那么，这个地方的需要就能以与上述相同的价格表来表明，只要把茶一磅改为一百万磅就行了。[i]

因此，就可得出一个普遍的需求律：要出售的数量越大，为了找到购买者，这个数量的售价就必然越小；或者，换句话说，需要的数量随着价格的下跌而增加，并随着价格的上涨而减少。但在价格下跌与需要增加之间并没有什么一致的关系。价格下跌十分之一，也许会增加销售二十分之一或四分之一，或者干脆会使销售翻倍。不过，当需求表上左面一栏的数字增大时，右面一栏的数字总是减少的。[j]价格可以衡量商品个别地对每一购买者的边际效用，但我们却不能说价格可以衡量一般的边际效用，因为每个人的欲望与环境是不同的。

## 第 6 节　对于竞争商品的需要

在上述需求表中的需要价格，是在一定时期中和一定条件下市场中能够出售的一物不同数量的价格。如果任何方面的条件发生了变化，这个价格也要发生变化；当人们对某物品的欲望因风俗的改变，或因一种与之竞争的商品减价供应，或因一种新商品的发明而发生重大变化时，价格也不断地发生变化。例如，茶的需求价格表是在假定我们知道咖啡的价格下做出的，但如咖啡歉收，就会提高茶的价格。对煤气的需要因电灯的改良就容易减少；同样地，某一种茶的价格之下跌，就可使它代替一种质量较差但较便宜的茶。[k]

我们下一步就要研究某些立即消费的重要商品需要的一般性质。这样，我们将继续前一章中关于欲望的多样化和饱和性的研究，但我们将以不同的角度——从价格统计的角度——来研究这个问题。[l]

## 【注释】

a 直接地或从本身来衡量欲望或是由于欲望的实现而产生的满足，即使不是不可想象的，也是不可能的，我们对这一点不能过于坚持。换句话说，即使我们能够这样做，也应当从两方面来考虑：一方面是欲望，另一方面是已获得的满足。这两方面也许大不相同。因为，即便不说高尚的抱负，就是经济学主要研究的那些欲望，尤其是与好胜心有关的欲望，有些是由于一时的情感冲动，有许多是由于习惯的力量，有些是病态的，而且只会引起危害，还有许多是基于永远不会实现的期望（参看第一篇第 2 章中的第 3、4 两节）。当然，有许多满足并不是普通的愉快，而是属于人类的较高本性的发展，或者说是人类的祝福，而有些满足也许甚至在部分上是由于舍己为人而产生的（参看第一篇第 2 章中的第 1 节）。因此，这两方面的直接衡量方法是不同的。但是，两方面的直接衡量既然都是不可能的，那我们还是采用经济学所提供的对活动的动机或动力的衡量。这种衡量虽有种种缺点，我们仍可用它来衡量鼓舞活动的欲望及这些欲望所产生的满足。（参照庇古教授在 1903 年 3 月号《经济杂志》上所著的《关于效用的一些评述》一文）

b这一规律在地位上比土地的报酬递减律占先，虽然在时间上后者占先；因为半数学性质的严密的分析，首先用于前一规律。如果我们预先借用它的一些术语，我们可以说，一个人从一样商品每增加一剂所得到的愉快的增加是递减的，直到最后达到都要这种商品不再上算的边际。边际效用这个名词最初用在这方面的是奥地利学者维塞尔。威克斯提德教授曾经采用这个名词。它相当于杰文斯所用的最终效用这个名词。维塞尔在其序文中承认归功于杰文斯。1854年，他提出的他的学说的先行者的名单，以戈森为首。

c在这里，我们可以注意以下这样一个事实，虽然它实际上并不太重要：一样商品数量很少，也许不足以满足某一特殊的欲望；因此，当消费者得到足够的数量，使他能达到所要达到的目的时，他的愉快就有超过比例的增加。例如，如果糊满房内的墙壁需要十二张糊壁纸，十张就不够，则任何人从十张糊壁纸所得的愉快，比从十二张湖壁纸所得的愉快在比例上为少。又如，一个很短的音乐会或一天的假期，恐怕不能达到慰藉和消遣的目的，而加倍长的音乐会或假期恐怕会有超过加倍的效用。这种情况相当于我们将研究的与报酬递减的倾向有关的下一事实：已经用于任何一块土地的资本和劳动，也许不足以发挥土地的全部效用，以致进一步把费用投于土地，即以现行的农业技术而论，也会产生超过比例的报酬，而且从农业技术的改良可以阻止报酬递减倾向的事实中，我们可以找到与正文中刚才说过的暗含在效用递减律中的条件相似的条件。

d参看第一篇第2章中的第2节。

e参看附录二。

f这样一个需求表，根据现在惯用的办法，可以改为一条曲线，这条曲线可称为他的需求曲线。0x画成横线，0y画成直线，0x线的一寸长代表茶10磅，0x线的一寸长代表40便士。

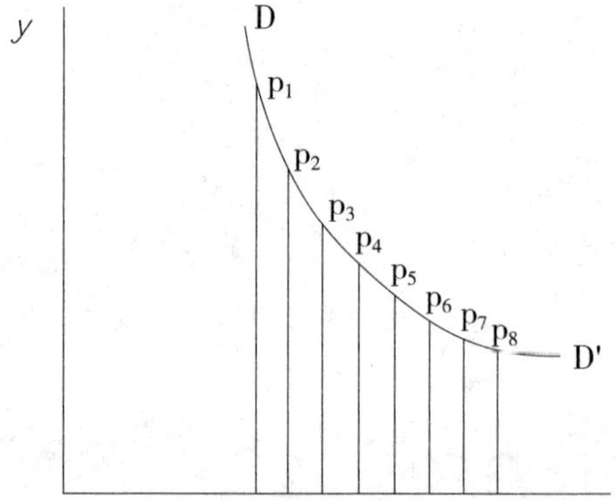


图（1）

$m_1$ 在 Ox 线上，$m_1p_1$ 是从 $m_1$ 垂直画成的；以下都是如此。于是，$P_1P_2 \cdots\cdots P_n$ 就是他对茶的需求曲线上的各点，或者我们可称之为需求点。如果我们以茶的每一可能购买的数量都能同样地找到需求点，我们就得到如图上这条完全连续的曲线 DD'。需求表和需求曲线的这种说明是暂时性的，与它有关的几种困难在第 5 章中再加说明。

g 穆勒这样说："我们对需要这个词，必须意指所需要的数量，而且要记住，这个需要量不是固定的数量，而通常是随着价值变动的。"（见穆勒著《政治经济学原理》第三篇第 2 章第 4 节）这个说明实质上是科学的。但是，它没有被清楚地说明，因而被大大地误解了。凯恩斯喜欢这样解释："需要作为对商品和服务的欲望，是以提供一般购买力而求达到目的，供给作为对一般购买力的欲望，是以提供特殊商品或服务而求达到目的。"他这样说，是为了他也许能说出需要与供给的比率或等式。但是，两个人的两种欲望的数量是不能直接比较的，对它们的衡量虽可加以比较，但它们本身是不能比较的。实际上，凯恩斯自己也不得不说到供给是"受到供出售的特殊商品数量的限制，而需要是受到为购买这些商品而提供的购买力数量的限制。"但是，卖者并不是不论他能得到什么价格，都把一定数量的商品无条件地卖出去；而买者也不是不论价格多少，都把一定数量的购买力用来购买这些特殊商品。因此，为了补充凯恩斯的说明，不论在哪一种情况下，我们必须考虑数量与价格的关系，当这样做的时候，我们就回到穆勒所采取的方法上去了。诚然，凯恩斯也说："照穆勒所解释的需要，与我的定义所要求的不同，不是由支持对商品的欲望所提供的购买力的数量来衡量，而是由这种买力所提供的商品数量来衡量。"

h 有时我们也许觉得对这一点称为他的需求表的提高来得便利。在几何学上，用提高他的需求曲线来表明这一点，或者使它向右移动，将它的形状略加改变，也可同样表明这一点。

i 这个需要由与以前相同的曲线来表示，只是在 *Ox* 线上的一寸长现在不是代表十磅而是代表一千万磅，对于市场需求曲线的正式定义可说明如下：在一定的时间单位内市场中对任何商品的需求曲线，就是对这一商品的需要点的轨迹。就是说，它是这样一条曲线，如从这条曲线上任何一点 *P*，引一条直线 PM 与 *Ox* 垂直，*PM* 就代表购买者对 *OM* 所代表的商品效量将付给的价格。

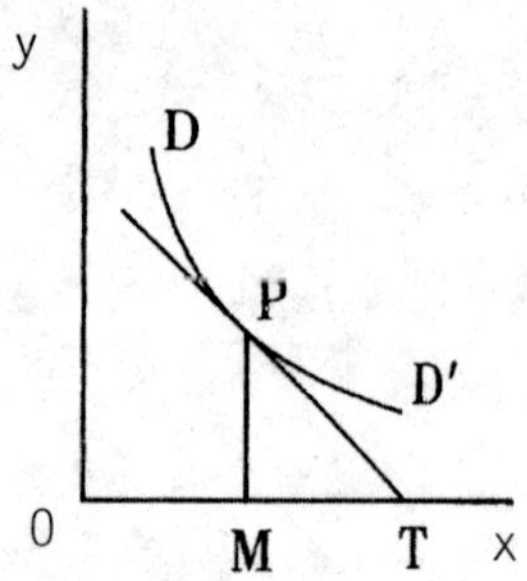


图（2）

j这就是说：如果一点从Oy沿着曲线向外移动，则它将不断地接近Ox。所以，如果引一条直线PT，在P与曲线相切，在T与Ox相交，则角T是一个钝角。如有简便方法用来表明这个事实将是便利的。我们如说PT是负倾向，便可达到这个目的。这样，需求曲线所遵循的一个普遍规律，就是这种曲线的全部长度都是负倾向的。当然不言可喻的是，“需求律”不适用投机者集团之间竞争时的需要。一个集团要想在市场上抛出大量货物，往往先公开地买进一点。当此物的价格因此抬高时，它就设法悄悄地和通过不常用的渠道将货物大量卖出。参看陶西格教授在《经济季刊》（1921年5月号）上的一篇文章。

k在价格上所有种类的茶同时按比例降低，能够减少对某一种茶的需要，虽然这种情况不可能发生，也是能够想象的；假如茶的价格大幅度跌落导致以上等茶替代这种茶的人，比以这种茶替代劣等茶的人多，就会产生该情况。各个商品间的分界线应在哪里划分的问题，需要通过具体研究加以解决。为了某种目的，可能最好把印度茶和中国茶，甚至把一种优质的香红茶和红茶，视为不同的商品，每个商品都有单独的需要价格表。另外，为了其他某些目的，可能最好把不同的商品，如羊肉和牛肉，甚至咖啡和茶归为一类，用一张需求表代表合在一起的两种商品的需要。然而在此情况下，对于多少两茶等于一磅咖啡，当然一定要有规定。

此外，一种商品可以由于几种用途而同时需要。比如，为了制造行囊和鞋子，皮革就有了“复合需要”。而且对一物的需要可能以另一物的供给做条件，缺失后者，前者的用处就很小了，如对纺纱工人和棉花工人的劳动，就有“联合需要”。再次，商人购买一样商品目的仅为将其转卖出去，他对该商品的需要，背后即使受最终消费者需要的支配，也有着它自己的特性。但是，对于上述各点最好留以后再做研究。

l现在经济思想方法有了很大的变化，是因为以下两个事实：第一，数学用语的普遍使用，被用来表示一方面是一样商品的少许增加，与另一方面是对此商品所支付的总计价格的少许增加间的关系；第二，在形式上把价格的这些少许增加称为衡量愉快的少量增加。前一步骤——也是十分重要的步骤——是古尔诺所运用的（详见古尔诺:《财富理论中数学原理的研究》于1838年出版）；下一步骤是杜波伊（详见他所著的一篇文章《公共工程的效用的衡量》于1844年发表）和戈森（详见他所著《人类交换法则与由此而生的人类行为标准的发展》，于1854年出版）所运用的。然而，他们的工作却被淡忘了，这份工作的一部分由门格尔、瓦尔拉和杰文斯在1871年几乎同时重做、发展和出版，不久后瓦尔拉也做同样的工作。杰文斯的著述畅达美妙和风趣的文笔几乎立刻吸引了公众的注意。他非常巧妙地引用了“最终效用”这个新的名称，以至于令那些一点都不懂数学的人，对在因果关系方面逐渐相互变化的两样东西的少许增加间的一般关系，也能有一个清楚的概念。他的缺点甚至也帮助了他的成功。由于他的确相信李嘉图及他的追随者因为不注重欲望饱和而使他们对于决定价值的因素的解释极端错误，他让很多人认为他是在纠正大错误，而事实上他仅是增添了很重要的说明罢了。他的出色的工作是由于坚持了以下的事实：市场中需要一物的数量的减少，表示在个别消费者的欲望达到饱和点后，他对于此物的欲望强度的减低。他的前辈学者，即使是古尔诺，都觉得这个事实十分明白而不用给予清楚的说明，事实上它并不由此而不重要。然而，因为杰文斯把他喜爱的词句的应用夸大，没有限制地说一种东西的价格不仅可以对此物对个人的最终效用做衡量，并且能衡量它对一个贸易团体的最终效用。前者是有能力做到的，而后者却是没有能力做到，所以就使得他的读者当中，有很多对经济学的范围与伦理学的范围搞不清楚了。上述各点在附录九关于李嘉图的价值理论中再作出研究。应当附加说明一下，塞利格曼教授以前提过（详见1903年《经济杂志》），劳埃德教授于1833年在牛津大学所著的一篇已被人遗忘很久的演讲，已经预测到如今效用学说的很多中心概念了。

费希尔教授所著的有关数理经济学的一个很棒的书目，以附录形式放在古尔诺的《财富理论中数学理论的研究》一书的培根的英译本中，关于较早的数理经济学的著作，以及威克斯提德、奥斯皮茨、埃杰沃斯、帕累托、利本和其他学者的著作的比较详细的叙述，读者可以参阅那个书目。庞塔勒奥尼所著的《纯粹经济学》一书有许多可借鉴之处，其中之一就是首先使戈森那富于创造性和略为抽象的推论能被普通人所容易理解。

# 第4章　欲望的弹性

## 第1节　需求弹性的定义

我们已经知道，一个人对一样商品的唯一的普遍规律就是：如果其他情况不变，这种欲望会随他对这商品的所有量的增加而递减。但是，这递减也许是缓慢的，也许是迅速的。如果它是缓慢的，则他对这商品所出的价格，就不会因为他对这商品的所有量的大量增加而下降很大；而且价格的下跌会使他的购买量有较大的增加。但是，这种递减如果是迅速的，价格的小幅下跌也只使他的购买量有很小的增加。在前一种情况下，他只要受到一个很小的引诱，就会非常愿意购买某件商品。这样的情况下，我们可以说，他的欲望的弹性大，在后一种情况下，由于价格的下跌所造成的额外引诱，没有使他的购买欲望有任何扩大：也就是他的需求弹性小。假定每磅茶的价格从16便士跌到15便士，会大大增加他的购买量，那么，价格从15便士涨到16便士，也会大大减少他的购买量。这就是说，当价格下跌时需求是有弹性的，价格上涨时需求也是有弹性的。一个人的需要是如此，整个市场的需要也是如此。我们可以概括地说：市场中需求弹性（或感应性）的大小，是由需要量在价格的一定程度的下跌时增加的多少，和价格的一定程度的上涨时减少的多少而定的。[a]

## 第2节　对富人相对低的价格，对穷人来说也许是高的

富人也许毫不在乎的价格，对穷人来说也许高到了无力购买的地步。例如，穷人从未尝过葡萄酒的滋味，但非常富有的人也许可以随时随地喝到，而毫不计较它的价格。所以，我们整体考虑社会上一个阶级，我们就会得到关于需求弹性规律的最清楚的概念。当然，即使是在富人之中，也有不同程度的富有；正如在穷人之中也有不同程度的贫穷，但目前我们可先忽略这些细小的区别。

当某件物品的价格对任何阶级的人都非常高的时候，人们对此物的购买力就会很小；

而在某些情况下，即在它的价格大大下跌之后，风俗和习惯也会使他们不会随便购买和使用此物。此物也许仍然留作特殊场合之用，或是在重病时刻使用等。但是，这种情况虽不是罕见的，却没有成为一般法则。总之，在此物一旦成为日常用品时，它的价格的大跌就会使它的需要有很大增加。需求弹性对高价的东西来说是很大的，而对中等价格的东西来说也很大，至少是相当大的；但是，需求弹性随着价格的跌落而下降，而且如果价格的下跌达到顶点，需求弹性就逐渐消失了。

这个法则对于几乎一切商品与每个阶级的人的需求都是有效的；只有遇到以下两种情况才是例外：第一，不同阶级的人的高价格终点和低价起点的水平是不同的；第二，不同阶级的人的低价格点和更低价起点也是不同的。可是，在细节问题上有许多变化，主要是由于以下这个事实引起的：有些商品是人们容易达到饱和点的，而有些商品——主要是用作炫耀的东西——人们对它们的欲望是无穷尽的。对于后者，不论价格怎样下跌，需求弹性仍是相当大的；而对前者，一旦达到低价时，需要几乎完全失去弹性了。[b]

## 第 3 节　续　前

在英国，某些东西的现行价格对较穷的人也是很低的，例如，食盐、许多种的香料和廉价的药品就是如此。这些东西的价格下跌是否会引起消费的大量增加，着实可疑。

拿肉类、牛奶和牛油、羊毛织品、烟草、进口水果以及普通医疗用品的现行价格来说：价格每有变动就使得工人阶级和下层中等阶级对这些商品的消费发生很大变化。但不论它们有多便宜，富人却不会大量增加他们自己的消费量。换句话说，工人阶级和下层中等阶级对这些商品的直接需要是很有弹性的，然而富人并不如此。但是，工人阶级为数如此之多，以至他们对这些商品力所能及的消费，比富人的消费要大得多；所以，对于所有这一类东西的总需要是很有弹性的。不久之前，食糖也属于这一类商品。但糖现在的价格，在英国已经跌得很多，以致对工人阶级来说也是较低的价格了，因此英国人对糖的需要就没有弹性了。[c]

我们再拿温室贮存的水果、上等的鱼类以及其他颇为昂贵的奢侈品的现行价格来说：这些商品的价格每有下跌，就使得中产阶级的人对这些东西的消费量有很大增加；换句话说，中产阶级对于它们的需要是很有弹性的；而富人和工人阶级对这些东西的需要都没有什么弹性，对富人而言，对这些商品的需求已经几乎达到饱和了，但对工人阶级而言，即使商品降价价格仍然太高。

像名贵的酒类、时令的水果、高水平医疗和法律服务等事物的现行价格仍然非常之高，以致除了富人之外，其他的人对于它们几乎没有什么需要。但是，如果有需要的话，这种需要往往具有很大的弹性。对于较为昂贵的食品的需要，其中有一部分实在是一种对获得社会声誉的手段的需要，而且这种需要几乎是不会达到饱和的。[d]

## 第 4 节　影响需求弹性的一般因素

必需品的情况是例外的。当小麦的价格很高或是很低的时候，需求几乎没有弹性，至少如果我们假定：即在缺少的时候，小麦也是人最廉价的食物；即在最丰富的时候，小麦也不会用于其他的消费。我们知道，4 磅重的面包的价格从 6 便士跌到 4 便士，对于增加面包的消费没有什么影响。至于相反的情况，就较难断定了，因为自从废止谷物条例以来，英国的小麦从未发生过供应不足。但是，按照不太繁荣时代的经验来看，我们可以假定，小麦的供给减少十分之一，会使价格上涨十分之三，供给减少十分之二、三、四或五，会使价格上涨十分之八、十六、二十八或四十五。[e]

的确，比这个大得多的价格变化也不罕见。如 1335 年伦敦的小麦，每蒲式耳售 10 先令，而在下一年就跌到 10 便士。[f]

如果不是必需品，而是易腐坏的和且需求无弹性的东西，则它的价格的变动甚至会比上述的更为剧烈。如鱼的价格在某一天也许很贵，而两三天后就会当肥料出售了。还有少数东西，我们能在各种价格上观察其消费需求——从最高的价格到完全不值钱，水便是其中之一。在适中的价格上，人们对水的需要是很有弹性的。但是，水的各种用途是能够得到完全满足的。因为水的价格降到近于零，对水的需要就失去弹性了。食盐差不多也是同样的情况。英国食盐的价格是如此之低，以致作为一种食物人们对它的需求是非常没有弹性的。但在印度食盐价格比较高，人的需求也比较有弹性。

另一方面，除了在居民自己放弃的地方之外，住房的价格从来没有跌得很低。在社会情况良好、经济繁荣的地方，住房的需要似乎总是有弹性的，因为住房为人们提供了真正便利和社会地位。对于不是用于炫耀目的的那种衣服的欲望，是能达到饱和的：当这种衣服的价格低廉的时候，对它的需要就没有什么弹性了。

对于高品质的东西的需求大部分要看感觉而定：有些人如能得到大量的酒，就不管它的味道如何了；有些人渴望得到高品质的酒，但这种需求容易达到饱和。在普通工人阶级的区域里，次等的和上等的肉片的售价几乎是相同的，但是英国北部的一些高工资的技术工人已经养成要吃最好的肉的嗜好，而且会以与伦敦西区几乎同样高的价格购买最好的肉。在伦敦的西区，由于次等的肉片必须运往他处出售，价格人为地抬得很高。习惯也引起了后天养成的厌恶和爱好。一本书上的插图会使许多读者觉得这本书是有吸引力的，但会使那些看惯较好的作品而不喜欢插图的人感到厌恶。一个具有高度音乐欣赏力的人在大城市中不会去听不好的音乐演奏，但是他如住在一个小城市就也许高兴地去听了，在小城市里不会听到好的音乐演奏，因为愿意付出高价格去听音乐演奏的人是不多的。对一流音乐演奏的有效需求只有在大城市里才有弹性，而对二流音乐的有效需求则在大小城市里都是有弹性的。

一般说来，那些能用于许多不同用途的东西的需求是最有弹性的。例如，水首先是作为饮料而为人所需要的，其次在烹饪和各种洗涤上也是需要水的，等等。如果没有特别的干旱，水是一桶一桶地出售的时候，价格也许低到使较穷的人也能尽情饮用，而在烹饪上他们有时一桶水要分两次用，在洗涤上他们用得很少。中等阶级的人在烹饪上也许不会一桶水分两次用，但他们将一桶水用于洗涤时，会比他们如能无限制地用水要省得多了。当水是以水管供给，并照水表以很低的比率收费时，许多人即使在洗涤时也会任意地使用它；当水不是按水表计算收费，而是每年所应交的水费固定，并且在需要的地方都装了水管的时候，那么一切用途的水的使用就达到完全饱和的限度了。[9]

另一方面，对于绝对必需品（与常规必需品和维持效率的必需品是不同的）的需要，以及对于富人所用的奢侈品中花费收入不多的东西的需要，都是非常没有弹性的。

## 第 5 节　与时间因素有关的种种困难

直到这里为止，我们还未考虑作出精确的需求价格表和正确地解释这些价格表的种种困难。我们必须考虑的第一个困难是由于时间因素而引起的，时间因素是经济学上许多困难问题的根源。

一个需求价格表——假定其他情况不变——就是代表一样商品能被出售的价格上的变化，而这种变化是因为该商品供出售的数量上的变化而引起的；但事实上，在足以收集到完全和可靠的统计的长时间内，其他情况不会不发生变化。妨碍研究的原因常常出现，这些原因的结果与我们所要分开的那个特殊原因的结果，混合在一起而不易区分出来。这种困难由于以下的事实而加倍放大：在经济学上，一个原因的全部结果很少立即表现出来，而往往在这个原因消灭之后才表现出来。

首先，货币购买力是不断变化的，我们从货币保持一致价值这个假定中所得到的结果，就有改正的必要。然而，当我们能够正确地知道货币购买力的较为广泛的变化，就能相当妥善地克服这种困难。

其次，就是繁荣程度和整个社会所支配的全部购买力的变化。这些变化的影响很重要，但没有一般想象的那样重要。因为，当繁荣时代衰落时，价格下跌，这样就增加了那些有固定收入的人的资财，而以那些依靠营业利润作为收入的人则会为此付出代价。繁荣的衰落，一般完全是以后一种人所遭受的显著损失来衡量的。但是，对像茶、食糖、牛油、毛织品这些商品的全部消费量的统计，证明了人们的全部购买力并不是同时很快地下降。下降仍然是有的，但我们必须尽可能多地比较东西的价格和消费量才能确知这种下降的程度。

最后，就是由于人口和财富的逐步增长所引起的变化。对于这些变化，如果知道事实的话，我们就能很容易作出数字的改正。

## 第 6 节　风尚的变化

此外，我们还必须考虑风尚、爱好和习惯上的变化[h]，而对一样商品的新用途的产生，以及能代替它的其他东西的发现或改进都要加以考虑。在这一切情况上，对经济原因与其结果之间所经过的时间的考虑，具有很大的困难。因为，一样商品的价格上涨要对消费发挥出它全部的影响是需要时间来完成的。消费者对于代替品感到习惯也是需要时间的，而生产者养成生产大量代替品的习惯，恐怕也是需要时间的。熟悉新商品的习惯的成长，和节省使用这些新商品的方法的发现，也都是需要时间的。

例如，当木材和炭的价格在英国较为昂贵的时候，人们用煤作为燃料的习惯就慢慢地形成了，而火炉对煤使用的适应却是缓慢的。即使是在水运便利的地方，有组织的煤的贸易也没有迅速地发展起来。工业上用煤作为炭代替品的方法的发明甚至更为缓慢，的确到现在还没有完成。其次，近年中当煤的价格变得很贵的时候，节省用煤方法的发明得到很大的促进，在铁和蒸汽的生产方面尤其如此；但一直到煤的高价已成过去之后，这些发明之中的一些才获得很大的实际效果。又如，当开通新的电车路或郊区铁路的时候，即使住在靠近这条路线的人也不会马上养成利用它的习惯，而在工作场所靠近这条路线的一端的那些人之中，有许多人为了要住在路线的另一端而搬家，这更要经过长得多的时间。再如，当石油最初供应很多的时候，愿意随便使用它的人很少：渐渐地社会上一切阶级的人对石油习惯了。所以，如果把消费的增加全归功于那时以来所发生的价格下跌，那就过于看重价格下跌的影响了。

还有属于同一种类的另一困难是由于以下事实所造成的：有许多要购买的东西能够容易地短时间延缓购买，但却不能长时期延缓下去。关于衣服及其他逐渐损坏、而在高价的压力下能设法比平常用得长久一点的东西，往往是这样情况。例如，在“棉花荒”开始的时候，英国棉花的有记录的消费量是很小的。部分原因是零售商减少了他们的存货，但主要是因为人们一般都设法尽可能长久使用而不买新的棉制品。然而到了1864年，许多人觉得不能再等下去了；虽然那时的价格比以前任何一年都高得多，那一年国内消费的棉花增加很多。以这类商品而论，突然的减少不会使价格上涨完全达到相当于供给减少的水平。同样的，在美国1873年商业大萧条之后，我们看到制靴业比一般服装业率先恢复。这是因为人们繁荣时代积累了一定数量的闲置衣服和帽子，但是靴子却没有保留得这样多。

## 第7节　在获得必要的统计方面的困难

以上的都是基本的困难，但还有其他种种困难，与我们的统计表上多少不能避免的缺点同样明显。

首先，如果可能的话，我们希望得到同种商品在不同数量上，以及在一个市场的一定时间内能够找到买主的一系列价格。一个完善的市场就是一个大的或小的区域，在这区域里有许多买者和卖者都是彼此密切注意和熟悉彼此情况的，这样，同种商品的价格在整个区域中实际上总是相同的。但是，那些为自己的消费而不是以贸易为目的而购买的人，常常不留心市场中的每一变化，他们也没有方法正确地知道在许多交易中付给什么价格，我们姑且不管这个事实。而且，除非以海洋或以海关边界划分外，一个市场地理上的界限也不能划分得很清楚。没有一个国家对于本国生产供本国消费的商品能够做出正确的统计。

其次，即在现有的统计中通常也有模糊之处。一旦货物入了商人之手，这些统计就把货物记入消费额内。因此商人存货的增加，与消费的增加就不能轻易地区别开来。但是，这两种增加是受不同原因支配的。价格的上涨势将遏制消费。但这种上涨如果继续的话，则如前所述，它可能会使商人增加存货。[i]

再次，我们很难保证所说到的商品总是具有相同的品质。比如，经过一个干燥的夏季之后，小麦依然是小麦，但品质却特别优良，下一收获年度的小麦价格就似乎比应有的价格高了。对这一点加以考虑是可能的，特别是因为现在干燥的加利福尼亚的小麦已经成为标准的小麦。但是，对许多种类的工业品品质的变化加以考虑几乎是不可能的。即使对像茶这类东西，也存在这种困难。近年来，较浓的印度茶代替了较淡的中国茶，已经使得消费量的实际增加大于统计所表示的增加了。

## 第 8 节　消费统计的说明　商人的账册　消费者的预算表

许多国家的政府发表关于某些种类商品的一般消费统计数字。但是，一部分因为上述的理由，这些统计几乎不能帮助我们探求价格变化与人们将购买的数量的变化之间的因果关系，或者与社会不同阶级中各种消费的分配上的变化之间的因果关系。

关于这两个目的中的第一个目的——就是价格的变化所引起的消费的变化的规律之发现，我们如果明了杰文斯（见他所著《政治经济理论》）提出的关于店主的账册的暗示，似乎会有很大益处。在一个工业城市中的工人居住区里，一个店主或合作社经理，常有方法相当正确地知道他的大多数顾客的经济情况。他能知道有多少工厂在开工，一周中工人工作多少小时，而且他能详细打听到工资率的重要变化：事实上他把打听这种事情当做他的业务了。他的顾客照例是很快地知道他们日常使用的东西的价格上的变化。所以，他往往会知道，一样商品的消费之增加是因为它的价格下跌所造成的，这个原因迅速并单独地发生作用，并没有其他干扰的原因掺杂在一起。即使在有干扰因素存在的场合，他也往往能够考虑这些原因的影响。例如，他会知道，当冬季到来的时候，牛油和蔬菜的价格上涨，因为寒冷的天气使人们比以前要有较多的牛油和较少的蔬菜；所以，在冬季蔬菜与牛油的价格都上涨的时候，他会料到蔬菜消费的减少将大于仅仅由于价格上涨所造成的减少，但牛油消费的减少则不会这样大。不过，在接连两年的冬天里，如果他的顾客的人数大致相同，而他们的工资收入也大致相同；如果一个冬天的牛油价格比另一个冬天高得很多，则对两个冬天中他的账册加以比较，就可得到价格变化对消费的影响的正确说明了。供应社会其他阶级的人的店主有时必定也能提供关于他们的顾客的消费的相同事实。

我们如能获得足够多的社会各个部分的人的需求表，这些表就可提供间接衡量价格有极大变化时所引起的全部需要的变化，从而达到其他方法所不能达到的目的。因为，一样商品的价格通常只是在狭小的限度内变动；所以，如果它的价格是它原来价格的五倍或五分之一，统计就不能给予我们推测它的消费会变成怎样的直接方法。但是，我们知道：如果它的价格非常高，则它的消费者差不多只是富人，如果它的价格很低，则就大多数情况而论，它的消费者大部分是工人阶级。因此，如果现在的价格对于中产阶级或工人阶级都是相对很高，我们就能从现在价格上他们的需求律来推测：如果价格上涨到即使对富人而言也是相对很高时，富人的需求会是怎样。另一方面，如果现在的价格对富人而言是相对适中的，我们就能从富人的需要来推测：如果价格下跌到对工人阶级而言也是相对适中的水平，工人阶级的需求会是怎样。只有这样将不完全的需求律结合在一起，我们才能有希望得到关于差别很大的价格的接近正确的规律。（这就是说，直到我们能将社会上各种阶级的人的片段的需求曲线结合成为总的需求曲线，才能根据接近现行价格的价格，可靠地画出这种商品的需求曲线。参看本章第 2 节。）

当我们在对于用作直接消费的商品的需要变化总结规律的工作上获得某些进步时，则这时——而且非到这时不可——对于那些依赖这种商品的次要的需求进行同样的工作，才会有用处——次要的需求就是：参加销售用的东西的生产技术工人和其他工人的劳动的需要，以及对机器、工厂、铁道材料和其他生产工具的需要。对医务人员、家庭仆人以及直接对消费者服务的一切人的工作的需要，在性质上是与用做直接消费的商品的需求相同的，这种需求的规律也可用同样的方法来研究。

要确切地了解社会上各阶级的人在必需品、舒适品和奢侈品之间怎样分配支出，在仅仅提供目前愉快的东西与增进身体和道德的力量的东西之间怎样分配支出，在满足低级欲望的东西与鼓励和培养高级欲望的东西之间按照什么比例分配的支出，是一项很重要而又很困难的工作。过去五十年之中，在欧洲大陆对于这方面的研究做了种种努力。近来，不但在欧洲大陆，而且在英美两国，人们已经越来越努力地在研究这个问题了。[j]

## 【注释】

a 我们可以说，假如价格的小幅降低会使需要量有同样比例的增加，那么需求弹性是 1，我们也可以概括：假如价格降低 1％，会使销售增加 1％，假如价格降低 1％使需要量分别增加 2％或者 0.5%，那么需求弹性是 2 或 0.5，由此类推。（这个说明是简略的，因为 98 对 100 跟 100 对 102 的比例，不是正好相同的）借助如下的法则，我们能从需求曲线上找出需求弹性。曲线上任取一点 $P$，引一直线与该点相切，与 $Ox$ 相交于 $T$，再与 $Oy$ 相交，那么，在 $P$ 点的弹性的计算即 $PT$ 与 $PT$ 的比率。假如 $pT$ 是 $pt$ 的两倍，那么价格下跌 1％，需要量会增加 2％，需求弹性就是 2。假如 $PT$ 是 $Pt$ 的三分之一，那么价格降低 1 % 需要量会增加百分之 0.3；需求弹性即为 0.3，由此类推，采用另一方法也能达到相同的结果：在 P 点的弹性是由 *PT* 与 *Pt* 的比率来计算的，即以 MT 与 MO 的比率来计算（由于 *PM* 垂直于 *OM*）；因此，当角 *OPM* 与角 *TPM* 相等时，弹性就等于 1。当角 *TPM* 比角 *OPM* 扩大时，弹性也往往扩大，在相反的时候也是这样。

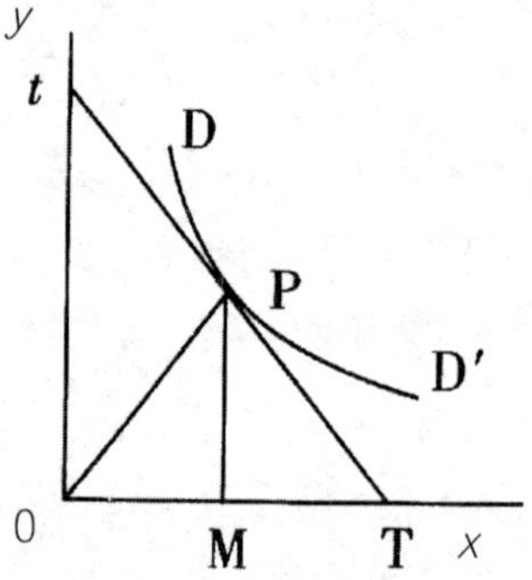


图（3）

b 让我们举个例子来说明：在一个镇市中假设所有蔬菜买卖都在一个市场里完成，让我们以这个镇市的青豆的需求做例子说明。在青豆成熟季的开始，可能每天有一百磅青豆送入市场，每磅卖 1 先令，之后每天有五百磅运入市场，每磅卖 6 便士，再然后有一千磅，卖 4 便士，后来又有五千磅，卖 2 便士，最后到一万磅，仅卖 1 便士半。如此，需要用图（4）来显示，

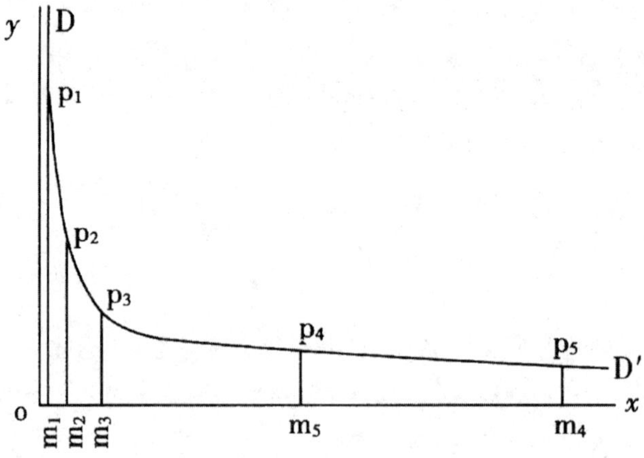


图（4）

*Ox* 线上的一英寸表示五千磅，*Oy* 线上的一英寸表示十便士。于是，像上图所显示的那样，通过 $P_1P_2 \cdots\cdots P_6$ 的这条曲线，即所有需要曲线。然而，这个需求是由富人、中产阶级以及穷人的需要组成的，他们各自需求的数量或许可以通过下表表示：

| 每磅价格（便士） | 富人 | 中产阶级 | 穷人 | 总计 |
|---|---|---|---|---|
| 12 | 100 | 0 | 0 | 100 |
| 6 | 300 | 200 | 0 | 500 |
| 4 | 500 | 400 | 100 | 1000 |
| 2 | 800 | 2500 | 1700 | 5000 |
| 1.5 | 1000 | 4000 | 5000 | 10000 |

我们可把上表转化为图（5）、图（6）、图（7）的曲线，代表富人、中产阶级以及穷人的需求，与图（4）的大小相等。这样，比如AH、BK、CL分别代表2便士的价格，长度是0.2英寸：那么$OH=0.16$英寸代表一千七百磅，而且，$OH+OK+OL=1$英寸，就是与图（4）中的$OM_4$相等，它们就应该是这样。这可成为以下这个方法的一个例子：根据同一尺度的几条部分的需求曲线可以相互横叠在一起，来使全部需求曲线表示部分需求的总和。

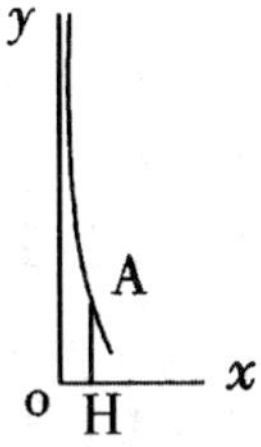

图（5）

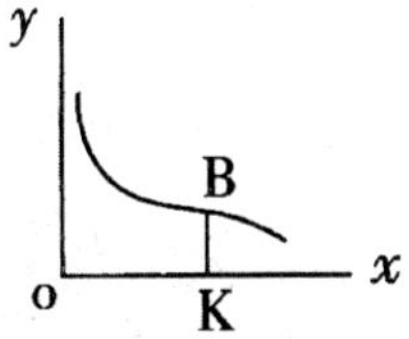

图（6）

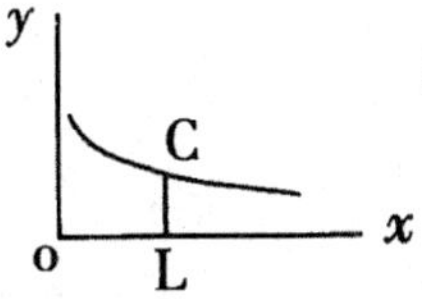

图（7）

c 然而，我们必须记住，任何商品的需求表的性质在很大程度上要看它的竞争品的价格是被当做固定的还是随之变动的。我们如把对牛肉的需求和对羊肉的需求分开，并假定牛肉的价格上涨时羊肉的价格是固定的，则牛肉的需求会变成非常有弹性。因为，牛肉的价格稍有下跌，就会使它大大地被用来代替羊肉，从而导致它的消费量有很大增加；而另一方面，价格即使有小幅上涨，也会使许多人几乎完全不吃牛肉而改吃羊肉，但是，以包括一切种类鲜肉在内的整个需求表而言，假定它们的价格彼此总是保持大约相同的关系，而与现在英国一般的价格没有很大差别，则这个需求表不过表示适中的弹性而已。这种解释同样适用于甜菜根和蔗糖的关系。

d 参看本篇第2章第1节。例如，在1894年4月，这个季节中最早上市的6000个鸡蛋在伦敦每个售价是10先令6便士。第二天，蛋的供应多了，售价跌到5先令，再过一天跌到每个3先令，一星期后跌到4便士。

e 这个估计通常认为是格雷戈里·金所作的。关于它和需求律的关系，罗德戴尔勋爵所作的研究是令人钦佩的（见他所著《公共财富的性质及其增加的方法和原因之研究》）。图（8）中 *DD'* 这条曲线是代表它的，*A* 点相当于普通的价格。我们如果考虑以下的事实：在小麦价格很低的地方，例如 1834 年的情况那样，小麦也许用作牛羊和猪的饲料，和作为酿酒之用，则这曲线的下段会成为图中虚线的下段那样形状。如果我们假定：当小麦的价格很高时，而能有较为廉价的代用品，则这曲线的上段会与图中上段虚线那样的形状相同。

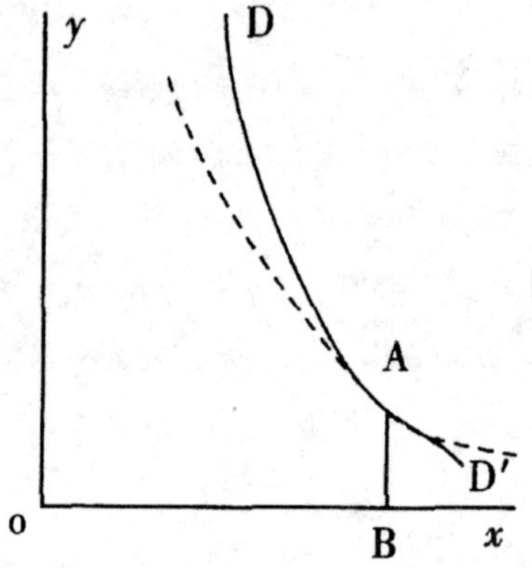


图（8）

f 据普雷西奥圣（1745 年）所说，1336 年伦敦的小麦价格低到每夸特 2 先令，而在莱斯特某一个星期六的小麦售价是 40 先令，下一个星期五只售 14 先令。

g 这样，任何一个人对于像水之类东西的总需求，是他对水每一用途的需求的总和（或复合，参看第五篇第 6 章第 3 节）；正像有的财富属于不同等级的一群人对只能用于一种用途的商品的需求，是这一群人之中每个人的需求的总和一样。再者，正像富人对豌豆的需要，即在价格很高时也是相当大的，但到了价格对于穷人的消费仍然相对的高时，就完全失去弹性那样；个人对于作为饮用水的需求，即在价格很高时也是相当大的，但到了价格对他打扫房屋用水的需求仍然相对的高时，就完全失去弹性了。正像不同阶级的人对于豌豆的需求总和，在较大的价格变动幅度内，比任何个人的需求都能保持弹性那样，一个人对水的许多用途的需要，在较大的价格变动幅度内，比他对水的任何一种用途的需要都能保持弹性（参照克拉克在《哈佛经济学杂志》第八卷上所著的一篇论文：《经济变化的普遍规律》）。

h 关于风尚影响的特例，参看福莱女士在《经济杂志》第三卷上的著述，和毕克女士在《第十九世纪》第二十三卷上的著述。

i 在检查课税的结果时，通常是比较增税前后列入消费的多少。但这是不可靠的。

因为，如果商人预料税将增多，就会在增税之前购进大量储存的货物，而且在以后的一些时间内不再购进。而当减税的时候，正是相反的状况。其次，重税导致不可靠的报告。比如说，1776 年罗金江内阁将糖汁的税从每加仑 6 便士降低到 1 便士，结果波士顿的糖汁进口额表面上增加了 50 倍。但是，这主要是在减税之后付 1 便士的关税比走私更有利润的缘故。

j 这里我们可以引用杰出的统计学家安格尔在 1857 年对萨克森地方的下层阶级、中产阶级和工人阶级的消费所制的一张表，因为这张表已经成为以后这方面研究的指南和对比的基准了。这表如下：

| 支出项目 | 三类家庭支出的比例 | | |
|---|---|---|---|
| | 1<br>每年有 45 ~ 60 镑收入的工人家庭 | 2<br>每年有 90 ~ 120 镑收入的工人家庭 | 3<br>每年有 150 ~ 200 镑收入的中产阶级家庭 |
| 1. 食物一项 | 62.0% | 55.0% | 50.0% |
| 2. 衣着 | 16.0% | 18.0% | 18.0% |
| 3. 居住 | 12.0% | 12.0% | 12.0% |
| 4. 照明与燃料 | 5.0% | 5.0% | 5.0% |
| 5. 教育 | 2.0% | 3.5% | 5.5% |
| 6. 法律保护 | 1.0% | 2.0% | 3.0% |
| 7. 保健 | 1.0% | 2.0% | 3.5% |
| 8. 舒适与娱乐 | 1.0% | 2.5% | 3.5% |
| 合计 | 100% | 100% | 100.5% |

该预算表经过了多次资料收集和对比。但是，这种预算表与同类的其他数字相同，因以下的事实而受至影响：那些不怕麻烦而主动作这种报告的人不是一般的人，那些记有详细账目的人也不是一般的人；而且当账目必须依靠回忆来补充的时候，这种回忆容易介于家庭经济与公共经济范围之间的状况，就使很多不愿从事较为普通的思考而抽象的思考的人有了可做突出工作的境地。

关于这个问题，许多年以前已由哈里逊、配第、坎悌恩（在他的已散失的《补遗》中似已包含一些工人的预算表）、马尔萨斯和其他经济学家加以归纳了。在十八世纪末，工人的预算表已由伊登归纳；在研究贫困救助、工厂委员会的过程中有很多关于工人阶级的支出的各种资料。确实，我们从公共方面得到的有关这些总量的重要资料，差不多每年都在增多。

# 第5章　一物不同用途的选择，立即使用与延缓使用

## 第1节　一个人的财产分配于不同欲望的满足，因此同一价格在各种购买量的边际上就测量出相等的效用

原始时代的家庭主妇知道当年的羊毛收获只够打很少几卷毛线之后，就考虑全家对于衣着的一切欲望，并设法将这一点毛线分配于这些不同的欲望，以求尽量有助于家庭福利，如果在分配之后，她有理由懊悔她没有多用一点毛线做袜子（比如说），而少用一点做背心，她会认为她失败了。这个意思是说，她算错了袜子和背心的制造各应需要多少毛线的比例关系；她在背心的制造上用得太多了，而在袜子的制造上用得不够；所以在她制作停止时，制成袜子的毛线的效用大于制成背心的毛线的效用。但是，另一方面，如果她刚好在该停止处停止下来，那么，她就刚好制成了一定数量的袜子和背心，以致她用于袜子的最后一卷毛线和用于背心的最后一卷毛线得到了同额的效益。这说明了一个一般的原理，这个原理可表明如下：

如果一个人有一样东西而能用于几种用途，那么他会把它分配于这些用途，以使它在一切用途上具有相同的边际效用。因为，如果这样东西在一种用途上比别种用途具有较大的边际效用，他会从前一种用途上取出此物的一部分用于后一用途，因而获得利益。

几乎没有自由交换的原始经济的一大缺点，就是一个人可以很容易地过多拥有某一样东西，比如说羊毛，以致当他将它用于每一可能的用途时，在每种用途上它的边际效用很低；同时，他所很少拥有的另一样东西，比如说木材，它的边际效用对他却是很高的。同时，他的邻人中有些也许非常需要羊毛，而他们所有的木材则比他们能充分利用的还要多。这种情况下，如果每个人放弃对他是效用较低的东西，而接受效用较高的东西，那么每人都将因交换而得到利益。但是，以物物交换的办法来进行这样的调节，不免麻烦和困难。

在只有几样简单商品，而每样商品能以家庭作业来适应几种用途的地方，物物交换的困难诚然不是很大的；会织布的妻子和会纺纱的女儿适当地调整羊毛各种用途的边际

效用，同时，丈夫和儿子对木材的各种用途也可同样调整。

## 第 2 节　续　前

但是，当商品交换非常多而且高度专门化的时候，对货币或一般购买力的自由使用就有迫切的需要了。在货币经济中，良好的支配表现于调整每种支出上的停止边际，以致在每种支出上值一先令的货物的边际效用都是相同的。每个人都可获得这种结果，只要经常注意他是否花费在某一样东西的费用过多，以致从一种支出中取出一点用于别种支出他就会得到好处。

例如，职员对坐车进城还是步行进城而午饭吃得稍为丰富一点犹豫不决，这就是他正在权衡两种不同花钱方法相互之间的（边际）效用。又如，当一个有经验的主妇告诫一对年轻夫妇仔细记账的重要性时，这个劝告的一个主要动机，在于使他们可以避免不假思索地把许多钱花于购买家具和其他东西；因为，虽然这些东西的一定数量实在是必需的，但如果买得太多，这些东西就不能按照购买它们的费用的比例产生很高的（边际）效用。这对年轻夫妇年最终看一下他们一年的预算表，也许发现在某些地方必须节省他们的支出，他们会比较各项支出的（边际）效用，对从这里节省一镑支出所造成效用的损失，与从那里节省一镑支出所造成效用的损失权衡轻重：他们努力调整他们的削减额，以使总的效用损失可达最低限度，而他们所保留的效用的最高限度。[a]

## 第 3 节　现在的需要与未来的需要之间的分配　未来的利益是要打折扣的

一种商品被分配于各种不同的用途，而这些用途不一定完全是现在的用途；有些也许是现在的，而有些也许是将来的。一个谨慎的人会努力把他的财产分配于一切不同的用途——现在的和将来的，以使他的财产在每一用途上都有相同的边际效用。但是，在估计现在的边际效用方面，必须要有双重考虑：第一，考虑它的不确定性（这是一切有见识的人都会同样估计的一种客观的特性）；第二，考虑遥远的愉快与现在的愉快，比较在价值上对他们的差别（这是不同的人会依照他们不同的个性和他们当时的环境以不同的方法来估计的一种主观的特性）。

如果人们认为未来的利益与现在的利益同样需要，他们大概会在一生中平均地分配他们的愉快和其他满足。所以，如果他们有把握得到未来同样的愉快，通常会为了这种愉快而愿意去放弃现在的愉快。但事实上，人类本性是如此的，以致大多数人在估计一种未来利益的“现在价值”时，通常是以我们可称为“折扣”的形式再减少它的未来价值，利益延缓的时期越长，这种折扣就越大。一个人会把一种遥远的利益与现在的利益一样当做对他几乎有相同的价值；而另一个人由于想象未来的能力较低，耐心和自制力也较小，对于不是眼前的利益就并不是很关心。即使同一个人的心情也会发生变化，他有时急躁而贪图眼前的享乐；有时他的心情又寄望于未来，对一切能方便地等待的享乐都愿意延缓。有时他的心情对其他事情都不关心，有时他像从糕饼中拣出梅子马上就吃的孩子一样，有时又像将梅子留到最后吃的孩子一样。不论在哪种情况下，当计算未来利益的折扣率时，我们必须仔细考虑期待的愉快。

不同的人对于未来的折扣率，不但会影响他们节省的倾向——照这个名词平常的含义来说，而且也会影响他们具有持久愉快的东西，而不购买那些提供较强但较为短暂的享乐的东西的倾向；例如，有的人宁愿买一件新衣服而不去沉湎于一次狂饮，有的人宁愿选择耐用的简单家具，而不选择很快就会损坏的漂亮家具。

特别与这些事情相关的就是占有的愉快。许多人仅从所有权的感觉中，就比从狭义的普通愉快中得到更大的满足，例如，占有土地的愉快往往使人们为土地付出高价，而这么高的价格对他们的投资往往只产生很低的报酬。有一种占有的愉快是为了占有而占有；还有一种占有的愉快是因为占有可产生自豪感。有时后者比前者强，有时比前者弱；恐怕没有人会对他自己或别人了解到能在这两者之间十分肯定地划分界限的程度。

## 第 4 节　要打折扣的未来愉快与要打折扣的未来可得愉快的事件的区别

前面已经说过，即使同一个人在不同时间所享受的两种利益的数量，我们也不能加以比较。当一个人延缓可得愉快的事件时，他并不是延缓愉快；他不过是放弃现在的愉快而代之以另一愉快，或代之以将来可以得到另一愉快的期望。我们不能说他所期望的未来愉快是否大于他所放弃的愉快，除非我们知道这件事的一切情况。所以，即使我们知道他对将来可得愉快的事件的折扣率，如同他花费一镑而得到立即的满足一样，但我们还是不知道他对未来愉快的折扣率[b]。

然而，我们如作两个假定，就能获得一种他对未来利益的折扣率的人为衡量法。第一个假定就是，他期望在将来和在现在大约是同样的富有；第二个假定是，他从货币可购买的东西中可以得到利益的能力，虽在有些方面会有增加，有些方面会有减少，但大体上保持不变。在这两个假定下，如果他确信一年后会有一个金币（一个金币值 21 先令——译者）的收入（为他自己或他的后嗣的使用），而愿意——不过只是愿意而已——从他现在的支出中节省一镑，则我们就可说，他对完全有保障的（只受死亡条件的限制）未来利益的折扣率是每年 5%。而且在这两个假定下，他对未来的（确定的）利益的折扣率就是在金融市场上他对货币会打的贴现率。[c]

以上我们已经单独地考虑了各种愉快，但人们所购买的东西中有许多是耐用的，就是说，不是一次使用就消耗掉的东西：一样耐用的东西，如一架钢琴，可能成为比较长久的愉快源泉；它对购买者的价值，是使用或所有这些愉快对他的价值的总体，但对这些愉快的不确定性和非常遥远的问题却要加以考虑。

## 【注释】

a 第 4 章第 8 节中所说的工人附级的预测表，在帮助他们明智地在不同用途方面特别适用的分配资产，从而使得他们为每一目的之边际效用几乎相同。但是，家庭经济的重要问题与明智的行动有关，正如与它同明智的花费有关一样。英美的家庭主妇在利用很少的财产来满足欲望方面比不上法国的主妇，这并不是因为她们不知道如何购买，而是因为她们不能像法国主妇那样以便宜的肉片、蔬菜等原料做出精美的成品。家庭经济通常被说成属于消费的研究，但这只说对了一半。在家庭经济中的最大麻烦——至少在英国工人阶级中喝酒有节制的人是这样——与其说是消费上的缺陷，还不如说是生产上的缺陷。

b 在分类上将一些愉快列入比别种愉快迫切的一类时，人们往往会忘了以下的情况：一个可得愉快的事件的推迟，可以改变这个事件发生时的境况，因而改变愉快本身的性质。例如，我们可以说，一个青年渴望在发财后自己能有力量完成阿尔卑斯山的旅行，他对这旅行的折扣率是特别高的。他宁愿现在就能有这个旅行，一部分因为现在这旅行会给他带来很多的愉快。其次，也许会发生这样的情况：愉快事件的延缓引起一些东西在时间上不平均的分摊，而对于这样东西，边际效用递减律会发生剧烈的作用。例如，有时我们说吃东西的愉快是很迫切，如果一个人一星期中六天没有吃晚饭，却在第七天吃了七顿晚饭，毫无疑问他损失很大；因为当他不吃六顿晚饭时，他并不是推迟吃六顿晚饭的愉快，而是代之以一天过度的饱餐的愉快。再比如，一个人将鸡蛋留到冬天吃的时候，他并不是希望这些鸡蛋到冬天时会比现在好吃，而是预测到冬天鸡蛋会缺少，因而鸡蛋的效用会比现在多。这表明了在对未来的愉快打折，与对从一样商品的一定数量的未来使用中所得到的愉快折扣之间区分清楚区别的重要性。因为，在后一情况，我们应当分别考虑这样商品在两个时间中边际效用之间的区别：但在前一情况，在估计愉快的多少时这种差别已被思考，因而不必再加考虑了。

c 除了在这两个假设之外，在货币贷款的贴现率与未来愉快的折扣率中间是没有直接联系的，记住这一点很重要。一个人也许对推迟愉快特别没有耐心，以致十年后某种愉快的可靠渴望也不能使他放弃他认为仅仅是未来愉快四分之一的眼前的愉快。可是，如果他担心十年后他可能会缺少金钱（因而钱的边际效用就高了），导致到那时半个皇冠币（每个值 5 先令）会比现在一镑给他更多的愉快或使他免除较多的痛苦，即使是要把货币埋藏起来，他也能节省一些以供将来使用，这个道理同他储存鸡蛋到冬天吃的道理是一样的。

我们再从不同的角度来考虑这些问题。然而，假设我们知道：（1）未来愉快的多少，（2）它会到来的日期——假如它的确到来的话，（3）它会到来的机会，（4）所说到的这个人对将来愉快的折扣率，在这里我们就可以考虑怎样在数字上衡量将来愉快的现在价值。

假如可被享受的一种愉快的可能性是三比一，也就是四个机会中有三个是对这种愉快有好处，它的期待的价值是它可有的价值——假如它是可靠的话——的四分之三，如果这种愉快被获得的可能性只有七比五，也就是十二个机会中只有七个是有利的，则它的等待的价值只是它可有的价值——如果它是值得信赖的话——的十二分之七，以此类推。这是它的保险会计上的价值。但我们还要考虑下面的事实：不确定的利益对任何人的真正价值一般是小于它的保险会计上的价值。如果预期的愉快既不确定而且遥远，我们就要对这种愉快的所有价值打双重折扣了。

# 第 6 章　价值和效用

## 第 1 节　价格和效用以及消费者剩余

现在我们可以进一步考虑，对一个物品的实际支付价格达到什么程度表示占有此物所得到的利益。这个问题很广泛，然而经济学对这个问题讲述得十分少，这很小的一部分却有着很大的重要性。

我们已经了解到，一个人对某东西付出的价格绝不会超过，且很少达到他宁可支付也不愿得不到此物的价格。所以，他购买该物所获取的满足，一般超过他由于付出此物的代价而放弃的满足；如此，他就从这购买中获取一种满足的剩余。他宁愿付出也不愿得不到此物的价格，超出实际支付价格的部分，就是此剩余满足的经济衡量。该部分可叫做消费者剩余。

从某些商品中所获取的消费者剩余与从其他商品相比所得到的要大得多，这是显而易见的。很多奢侈品和舒适品的价格，和很多人宁可支付也不愿意得不到这些东西的价格要低很多；所以这些东西提供的消费者剩余是很大的。食盐、火柴、售 1 便士的报纸或者一张邮票都是特别好的举例。一个人从以低价购买他宁可付出高价也不愿得不到的东西中获取的利益，可以叫做他从他的环境或机会，或者借用以前常代用的一个词，即从他的时机中获取的利益。我们本章的目的就是要利用消费者剩余这个概念，来帮助我们大概计算一个人从他的时机或环境中获取的某些利益。[a]

## 第 2 节　消费者剩余现象需要的关系

为了明确我们要讲述的概念，我们对供家庭消费所用而购买的茶的情况进行考察。以个人为例，假如茶的价格是 20 先令 1 磅，这个价格恰好令他每年购买 1 磅：假如价格是 14 先令，恰好让他买 4 磅，假如价格是 10 先令，那么买 3 磅，假如价格是 6 先令那么买 4 磅，假如价格是 4 先令，那么买 5 磅，假如价格是 3 先令那么买 6 磅，而事实上价格是 2 先令，他确实买了 7 磅。我们需要对他从以每磅 2 先令的价格购买茶的能力中所获取的消费者剩余进行研究。

价格假如是 20 先令，恰好令他购买 1 磅，这个事实表明，他从那 1 磅所获取的所有享乐或满足，以及他把这 20 先令用在其他东西的购买上所能获取的所有享乐或满足，是同样的。当价格降低至每磅 14 先令时，如果他愿意的话，依然可只买 1 磅。因而他就以 14 先令拿到了对他来说至少值 20 先令的东西，他将从中获取对他而言至少值 6 先令的剩余满足，也就是说，消费者剩余至少是 6 先令。但实际上，因为他自己的自由选择他买了 2 磅，由此表明他觉得 2 磅茶对他而言至少值 14 先令，这一点表示 2 磅茶对他所扩大的效用。他以 28 先令获得对他而言最少值 20 先令加 14 先令，也就是 34 先令的东西。不管怎样他的剩余满足不会由于购买 2 磅茶而有所缩减，对他而言这种满足仍至少值 6 先令。这 2 磅茶的所有效用至少值 34 先令，但他的消费者剩余至少是 6 先令。[b] 每次购买量的增加对他曾经决定的购买量的效用起相反的作用，在作出需求表时已考虑到这个事，所以不能计算重复。

当价格下降至 10 先令时，如果他愿意的话，依然可仅买 2 磅；而以 20 先令获取对他至少值 34 先令的物品，从而获取至少值 14 先令的剩余满足。但实际上，他宁可购买 3 磅，由于他一点都不在乎地这样做了，我们就明白他买 3 磅并没有缩减他的剩余满足。现在他以 30 先令买下 3 磅；其中对他来说第一磅最低值 20 先令，第二磅最低值 14 先令，第三磅最低值 10 先令。三磅的所有效用最低是值 44 先令，由此类推。最后价格降低至 2 先令时，他买下 7 磅，这 7 磅对他的价值不会低于 20、14、10、8、4、3 和 2 先令，也就是总共 59 先令。这个总数算出这 7 磅对他的所有效用，而他的消费者剩余（最低）是这总数超过他事实上为这 7 磅所付出的 14 先令的数目——45 先令。此 45 先令即他从购买茶所获取的满足，超出他花这个 4 先令购买其他物品所得到的满足，由于他认为以其他商品现在的价格多买一盒这些商品是不合算的：假如以现行价格多买其他商品就使他不会获取消费者剩余。换句话说，从他的时机，以及从在茶这类东西上环境与他的欲望适应，他赚取了值 45 先令的剩余享乐。要是没有这种适应，不管他出什么价格也得不到茶，那么他就接受没有被满足的损失，这种满足至少与 45 先令购买其他东西所能得到的满足相等，而这些东西对他来说恰好只值他所付出的价格。[c]

## 第3节 消费者剩余和市场的关系 我们考虑大多数人的平均数时，个人性格上的差异可以不加考虑；假如这大多数人包括相同比例的穷人和富人，那么价格就成为对效用的一种准确的衡量

同样地，如果我们暂且忽视以下这个事实：同额货币对不同的人代表不同数量的愉快，那么类似的，按照对茶的所有需要价格表中所标明的价格超出茶的销售价格的总计总额，我们可以来衡量（比如说）在伦敦市场中茶的出售所提供的剩余满足。[d]

此分析连同其新名称和精细的方法，一开始看起来可能是费事的和不真实的。但经过仔细研究后，我们就能了解到它并没有带来新的困难，也未作出新的假设；仅是对市场平时用语中潜在的假定和困难做说明罢了。因为，在此情况下，如同在其他情况一样，平常用语的单纯表面遮住了真正的复杂，学术研究的意义就是要把这种潜在的复杂揭露在这种复杂面前，并尽可能减少这种复杂。所以在此之后的阶段中，我们就能够坚决地对日常生活中所不能完全了解的模糊的思想及言语加以处理。

在日常生活中往往有这样的说法：衡量某物对一个人的真正价值，并不是通过他对该东西所付出的价格。比如，即使他买茶比买盐所付出的费用大得多，然而盐对他有着更大的价值；假如他得不到盐的话，上述观点就可明显地看出来了。在提出我们不能相信一样商品的边际效用能表示它的所有效用时，仅是把这种说法转化为精密的专门形式而已。假设有些乘船遭遇难境的人，估计要等一年后才能被救，有几磅茶和几磅盐要在他们之间分配，盐就会被视为更加贵重，当一个人料想在一年中只能获取少许盐的时候，一两盐的边际效用与在同样情况下茶的边际效用相比要大。然而，在通常情况下，盐的价格是很便宜的，每个人都买了很多盐，以至于再多买一磅也不会增添什么满足感：对他的全部效用来说，盐诚然是非常大的，然而盐的边际效用却是低的。一方面，由于茶的价格是极其昂贵的，大多数人用茶较少，而用水泡茶的时间较长，假如茶的价格几乎能像盐那样便宜的话，他们就不用如此节省了。茶对他们的欲望还没有达到饱和，其边际效用是高的，他们对多买一两茶与多买一两盐或许愿意支付一样的价格。我们开始所提到的日常生活中的一般说法提示了这全部的道理，然而不是以一种精密和准确的形式来表述的——像之后工作中我们经常使用的叙述所需要的那种形式。起初就使用专门名词不去扩展知识，然而能使我们掌握的知识拥有稳定的简洁形式，作为进一步研究的基础。[e]

或者，一种东西的真正价值不是研究它与个别人的关系，而是研究它与一般人的关系；这样当然就会假设，“第一点”，对一个英国人值 1 先令的满足可视为与对另一个英国人的 1 先令的价值相同，及“直到找到相反的原因为止”。然而，每个人都清楚，只有假定盐的消费和茶的消费者都是属于同一等级的人，且各种性情的人包括在内，这样说才算合理。[f]

这样说也包括如下的考虑：对一个普通的穷人，值一镑的满足比对一个普通的富人值一镑的满足要大很多。假如我们不是比较所有等级的人所大量使用的盐和茶，而将其中之一与菠萝或香槟酒比较，那么为此而作的纠正就更重要了，会改变这种估计的全部性质。在前几代中，很多政治家，甚至某些经济学家，对这种原因都不充分注意考虑，特别是在制订课税计划时；他们的言行可能对穷人的痛苦没有同情心，即使较多的时候他们这样做仅是因为没有想到。

然而，大体来说，经济学所研究的多数事件，是以差不多相同的比例对社会上一切不同等级的人的事件产生影响，所以，由两个事件所产生的幸福度的货币衡量假如相等的话，那么这两个事件的幸福的多寡一般来说就不存在很大的差异。由于这个原因，在一个市场中正确衡量消费者剩余才有很大的理论上的趣味，并且有很大的实际重要性。

但是，我们要注意的是：我们对各种商品的消费者剩余和全部效用的估计是按照它的需求价格来进行的，当这商品的价格增加到很少见的价值时，是在其他情况不发生改变的假设下有了这种需求价格：当用于同一目的的两样商品的全部效用按照这个方法来计算时，我们不能说，两样商品结合在一起的所有效用与每样商品所有效用的总和相等。[g]

## 第 4 节　续　前

对以下事实的考虑也不会使我们的论断受到实质性的影响：一个人在某物品上花的钱越多，他多买此物或者其他物的能力就越小，而货币对他的价值就越大（用专门语言讲，即每一新的支出使货币对他的边际价值增加）。虽然它的实质不变，但它的形式变得更为复杂，且没有应有的收获；这是由于，在这个题目下的纠正拥有重要性的实际问题是极其少的。[h]

然而，也存在些例外。比如，像吉芬爵士所提到的那样，面包价格的提高使贫困的劳动者家庭的财源变得枯竭，而且大大地提高了货币对他们的边际效用，以至于他们必须节省较贵的淀粉性食物和肉类的消费。而面包依然是他们所能得到和要购买的最便宜的食物，他们对面包的消费不是更少而是更多了。当然这种情况是很少见的；假如碰上这种场合，我们应当按照各种场合的实际情况来进行研究。

前面已经提到，我们根本不能准确地推测假如一物的价格与人们惯常给它支付的价格相差很大时，人们将买多少；换言之，假如销售量跟它平时销售的数量有很大差异时，此物的需要价格又将是如何。因此，我们的需求价格表除了靠近平常的价格外，是非常有推测性的。然而，事实上这种困难并不重要。这是因为，消费者剩余学说的主要运用，是关于随我们所指出的商品价格在靠近平常价格的变化上而产生的消费者剩余的变化：也就是说，此应用只要使用，我们就十分容易地获得资料。这些话用于必需品上尤其有说服力。[i]

## 第5节　以上两节所说的是在假定已考虑共同财富的前提下进行的

在估计物质财富对福利的影响时，总有一种考虑易被忽视：一个人的幸福依靠的往往是他自己的身心健康，而不是那些外在条件。有些条件是大自然的惠赠；如果它们对每个人都是一样的话，既使不加过问也不会有很大害处；但事实上它们在各地是大不相同的。然而，这些条件中还有更多是属于共同财富的因素，在计算个人的财富时这种共同的财富常被遗漏未算；但当我们比较近代文明世界的各个部分时，共同的财富就变为重要，而当我们把我们自己的时代与前代比较时甚至更为重要。

在我们研究的最后，我们将对为了保证共同福利的共同活动——例如街道的灯光和洒水——加以详细研究。为令人消费而购进东西的合作社，在英国比在别处更有进步：但为贸易目的而购进为农民及其他人所需要的东西的合作社，在英国至今都很落后。两种合作社有时都称为消费者的组织。但它们其实是为某些企业部门省力的组织，与其说它们是属于消费问题，不如说是属于生产问题。

## 第6节　贝诺利的意见　财富效用较为广泛的方面

当我们说到福利要依靠物质财富时，我们是指以收的财富与由此而产生的使用和消费这种财富的能力来衡量源源流入的福利的。一个人通过对现有的财富的使用而产生了幸福，占有的愉快当然也计算在内。但是，在他现有的财富总额与总的幸福之间没有什么直接关系。因为这个缘故，我们在这一章和前几章中说到富人、中产阶级和穷人时，都是说他们各有大的、中的和小的收入，而并非财产。[j]

依照丹尼尔·贝诺意所提出的意见，我们可以认为，一个人从他的收入中所得的满足，在他的收入足以维持生活时就开始了，以后他的收入每以陆续相等的比例增加时，满足也随着有同额的增加，在收入减少时，满足也随着相应减少。[k]

但是在过了一定时间后，新的财富往往失去它的大部分吸引力。这在部分上是人习以为常的结果。习以为常之后就使人们从惯用的舒适品和奢侈品之中不再会得到更多的愉快，但他们如果失去了这些东西，就会感到更大的痛苦。一部分是由于以下的事实：财富的增加往往与年老厌倦或至少是神经紧张的增加一同而来；甚至随着财富的增加，还会养成降低身体的活力和减少对愉快的享受能力的生活习惯。

在各个文明国家里，都有一些佛教信徒，佛教的教义认为：淡泊宁静是最高尚的生活理想；智者应做之事是要尽量从本性中根除一切欲念和愿望；真正的财富不是在于多财，而是在于寡欲。另外一些人的意见则极端相反，他们主张：新的欲念和愿望的发生总是有益的，因为它鼓励人们更加努力奋进。像斯宾塞所说的那样，这些人似乎错误地以为生活是为了工作，而不是工作是为了生活。[l]

实情似乎是这样：照人类本性的构成来看，除非人有某些艰苦的工作要做，某些困难要克服，否则就会迅速堕落；而且发愤努力对身体和道德的健康发展也是必要的。充实的生活在于尽可能多地发展高尚的才能。在对任何目标——不论这目标是经营的成功，艺术和科学的进步，还是人类状况的改善——的热烈追求中都有强烈的愉快。各种高尚的建设性工作必然在过度紧张时期和在疲惫及停滞时期中交集；但是，以平常人和没有雄心大志（不论是高等还是低等的雄心大志）的人而论，从适中和相当稳定的工作中所获得的适中的收入，对身心和精神的习惯的养成提供了最好的机会，只有在这些习惯之中才有真正的幸福。

社会上一切等级的人，对财富都有某种误用的情况。一般我们虽然可以说，工人阶级的财富每增加一次，就使人生活得更加富裕和高尚，因为所增加的财富主要是用于满足真正的欲望；但是，即在英国的技术工人之中——在新的国家中恐怕更是如此——以财富作为炫耀手段的有害的欲望已有增长的迹象，这种欲望早已成为各文明国家中小康阶级的主要祸根了。禁止奢侈的法律是无效的；但是，如果社会上道德的力量能使人免去对个人财富的各种炫耀的话，那就有利了。虽然有人能从得当的豪华中得到真正的、可贵的愉快。但是，只有在一方面不存在个人虚荣而另一方面不存在他人妒忌时，这种愉快才会达到最大限度，如集中在公共建筑物、公园、公共收藏的美术品和公共竞赛及娱乐上的愉快。只要财富是用来对每个家庭供给生活和文化上的必需品，以及为共同用途的许多高尚形式的娱乐，对财富的追求目的就是高尚的；而这种追求所带来的愉快，就可随着我们用财富所促进的那些高尚活动的发展而增加。

一旦有了生活必需品之后，每个人就应设法增加他现有的种种东西的美观标准，而不应增加它们的数量或奢侈程度。家具和衣着的艺术性改进，训练了制成它们的人的高等才能，而且对使用的人是一种日见增长的幸福源泉。但是，如果我们不去寻求较高的美观标准，而把我们增长的资源用来增加家庭用品的复杂性和错综性，则我们就不能由此得到真正的益处和持久的幸福。如果每人购买的东西数量少些并且简单一些，而为了真正的美观情愿费点事来挑选东西，这当然要使物有所值；如果他宁愿购买少数由高工资劳动者精工制造的东西，而不愿购买由低工资劳动者粗制滥造的东西，那么这个世界就会好得多了。

但是，这个话题我们已超出本篇应有的范围了：各人花费其收入的方法对于福利影响研究，是把经济学应用于生活艺术中的一种较为重要的应用研究方法。

## 【注释】

a 这个名词是德国经济学中一个实用的名词，它适应了英国经济学所深切感受到的那种需要。因为，唯一可用的代替词“机会”和“环境”有时令人相当费解，据瓦格纳说（见他所著《政治经济学原理》第 3 版），时机“就是技术、经济、社会和法律的条件的总和：这些条件在基于分工和私有财产上——特别是在土地和其他物质的生产资料方面的私有财产——的国民经济之下，货物的需要和供给取决于他，从而决定货物的交换价值：这种决定一般或至少大体上，是与货物所有者的意念、活动和疏忽无关的”。

b 对于这个解释可再加一些说明：虽然事实上这种解释也就是用其他的话重复一下已经提过的事情。正文中有一个条件，就是他买的第三磅是基于他自己的自由选择，这个条件的重要性可通过下面的理由来说明：如果以他买 2 磅当成向他开价 14 先令的条件，则他必定在以 20 先令买 1 磅与以 28 先令买 2 磅之间做出选择，于是他买了 2 磅，这个事实不能说明他以为第二磅的价值对他来说超过 8 先令。但是，实际上他无条件地花费 14 先令买了第二磅，由此可推出第二磅对他至少值 14 先令。有时有这样的不同意见：因为他的购买量增加了，他对从前各次购买的需要之紧迫程度就递减了，各次购买量的作用也随着降低了，所以，当我们向需要价格表中很低的价格前进时，我们应当持续地把表中从前购买的部分重新放在需要曲线的较低水平上（这就是说，当我们沿需要曲线向右前进时，应该把这条曲线重新回在较低的水平上）。可是，这种意见却错解了作出价格表所依赖的办法。倘使对茶的各磅所定的需求价格是代表各磅的平均作用，这种意见也许是对的。因为，假如他买一磅刚好支付 20 先令，买第二磅刚好支付 14 先令，则他买两磅刚好付 34 先令，即每磅大约 17 先令，这是对的。如果我们的价格表与他所支付的平均价格有关，并对第二磅的价格定做 17 先令；则当我们持续向低价推算时，无疑地应当重画需要曲线。因为，当他买第三磅时，这三磅中每磅对他的平均作用将小于 17 先令的平均效用。如照我们以前假设的那样，倘使他对第三磅只付 10 先令，则实际上平均效用是 10 先令 8 便士。但是，依据这里我们采用的作出需要价格的方法，这种困难就可完全避免了；按照这个办法，他的第二磅不是因为代替两磅中每磅的平均价格之 17 先令而买进的，而是因为代表第二磅对他增加的作用之 14 先令而购买进的。因此当他买第三磅时，这种增加的作用保持不变，而第三磅所增加的作用是以 10 先令来衡量的。第一磅对他可能值 20 先令以上，我们所了解的只是第一磅对他的价值不少于 10 先令而已。纵然 20 先令而论，一点剩余的满足可能也可以得到一点。其次，第二磅对他可能值 14 先令，而不会值 20 先令。因而，他在这个时间会得到至少 6 先令的剩余满足，可能更多一点。当我们关注从每磅 20 先令下降到 14 先令那样大的改变效果时，这种出入总是可行的，这一点数学家是明白的。假设从一个很高的价格开始，而实际上价格是以每磅减少一个小铜币极小的变化下降，并注意在他的消费上每次只有减少一磅几分之几的极小改变，则这种出入就会不见了。

c 教授尼尔森（见他所著《政治经济学原理》第一卷和《经济杂志》第四卷）对消费者剩余这个理论曾经提出不同意见，而爱德华教授在《经济杂志》上已经做了回答。尼尔森教授说："说一年收入（假如说）一百镑的作用值（比方说）一千镑一年，到底有什么用处呢？"可能这是没有什么作用的说法。但是，当我们对中非的生活与英国的生活加以对比时，这样的说法也许是有作用的，在中非货币所能得到的东西平均虽像在英国同样廉价，但在中非有许多东西根本买不到，因此在中非一个人有一千镑收入就比不上在英国有三四百镑收入的人那样舒坦。如果一个人付了 1 便士的过桥税却能节省多花 1 先令的车费，我们不是说这 1 便士等值于 1 先令，而是说这一便士和这桥给他的报酬（这桥在他的时机中所起的作用）合在一起的那一天是等值于 1 先令。倘若在他需求的那一天这桥被水毁掉了，他就会处于最少与失去 11 便士同样坏的境况。

d 那么，就让我们研究在任何大的市场中对茶的需求曲线 *DD'* 吧。我们把一年作为时间单位，如果 *OH* 是这市场在 *AH* 价格上茶每年售出的数量。在 *OH* 线上取任何一点 *M*，向上画直线 MP，在 P 点与曲线交接，另画一条横线通过 A 和 R 点，我们假设购买的磅数是依照条例购买者的需求程度来排列的，所有一磅的购买者的需要程度是把他对那一磅只愿支付的价格来测量的。

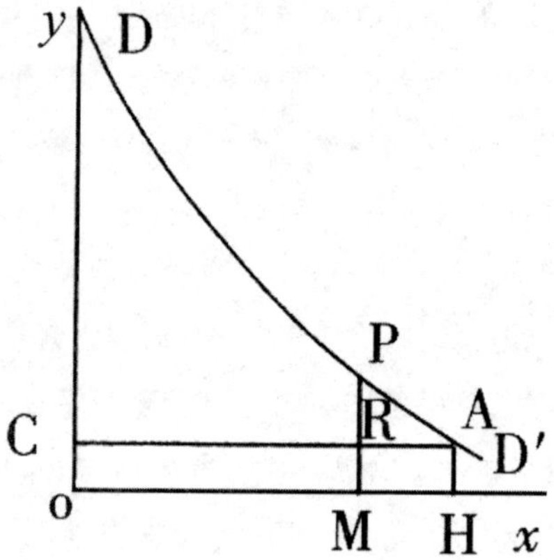


图（9）

上图告诉我们：在 PM 的价格上，能售出 *OM* 这么多的数目，但如价格高于 *PM* 则不能售出去这么多的数目。因此，一定有一个人在 *PM* 的价格上比在较高的价值上买得多，我们就可认为第 *OM* 磅是卖给这个人的效能。例如，假定 *PM* 代表四先令，*OM* 代表一百万磅。正文中提到的购买者在价格为 4 先令时，只愿购买第五磅茶，我们能够说第 *OM* 磅或第一百万磅是要卖给他的数目。如果 AH——因而也是 RM——代表两先令，则他从第 *OM* 磅所获得消费者剩余，就是 PM 或 4 先令——购买者其实愿意支付的价格——高过 *RM* 或 2 先令，他实际付出的价格之数。如果画一个垂直的平行四边形，其高度为 *PM*，某底面是 *Ox* 线上测量一个单位或一磅茶的距离。则以后价格不是以像 *PM* 那样不具备厚度的数学上的直线来衡量，而是以一个很细的平行四边形——还有可称为有厚度的直线——来衡量，如此就会方便了，它的宽度在任何情况下都是等于 *Ox* 线上衡量一个单位或一磅茶的长短。这样，我们可以说，从第 *OM* 磅茶所得的全部享受是以有厚度的直线 *MP* 来代表的（或者依据正文的最后一段中所作的假设，是用它来衡量的）；对这一磅所付的价值是以有厚度的直线 *MR* 来表示的，而从这一磅所得到的消费者剩余是利用有厚度的直线 *RP* 来体现的，现在让我们假设这种细的平行四边形或有厚度的直线，从 *O* 到 *H* 之间所有 *M* 的位置上都描绘出来，每条线代表各磅茶。像 *MP* 一样，从 *Ox* 向上 *C* 到需求曲线所画出来的有厚度的每一条直线，各代表一磅茶。所得的享受的总数；这些直线合起来就占据了和几乎填满了 *DOHA* 的所有面积。所以，我们能够说，面积 *DOHA* 代表着茶的消费所得的满足之总体。其次，像 MR 一样，从 *Ox* 向上到 *AC* 为止所画出来的每一条直线，代表对一磅茶事实付出的价格。这些直线合在一起就组成 *COHA* 的面积；因此这个面积代表对茶所付出的全部价格。最后，像 *RP* 一样，从 AC 向上到需求曲线为结尾所画出来的各条直线，表示从相应的各磅茶所得的消费者剩余。这些直线组成在一起就构成了面积 *DCA*。当价格是 *AH* 时，这个面积就表示从茶所得的全部消费者结余。但必须重复说一下，除了正文中所作的假设之外，这种几何学的测绘不过是测量利益的总体，而这些利益不是全部按照同一尺度来衡量的。除非作了那个设定，这面积不过是代表满足的总体，而对满足的各别数量却未加以正确的测量。只有在那个假设之下，购买者从前所得的全部纯收入的数量才能由这个面积测量。

e 哈里森 1775 年在《货币论》一书中写道："一般东西的价值，不是按照这些东西在供给人们必需品方面的真正作用来估计的，而是依照生产它们所需求的土地、劳动和技能的比例来评估的。东西或商品的互相交换几乎就是依照这个比例，大多数东西的实际价值主要就是根据上述的标准来评估的。水有很大的作用，但通常价值很少或完全不具有价值：因为在大多数地方，水是自然地大量流出，以致不能放在个人财产的范围之内，大家都可有充足的水，除了在需要管理和输送水的时候支付费用外，没有其他费用。钻石是稀少的东西，尽管不具备什么用处，因稀少之故却有极大价值。"

f 可以想象得到高敏感的人可能是有的，这些人对缺少盐或茶会感到十分痛苦。或者有些人普遍是敏感的，对失去他们收入的一部分会比同样地位的人更感苦痛。但是，不论在哪一种状况下，我们既是思考大多数人的平均数，我们就可假设，对个人之间的这些差异可以忽略不计：如果我们相信（比方说）那些特别重视茶的人确是一种十分敏感的人，当然要去考虑是否有什么其他理由。如果能如此做的话，则在把经济分析利用于伦理学或政治学的事实问题之前，我们就要对这一点做其他考虑了。

g 在本节的前几版中，某些含糊的表达似乎向有些读者提示了不同的意见。但是，将所有商品的全部效用加在一起以便取得一切财富的所有效用之总和的工作，除了采用最精密的数学公式之外，是没有办法做好的。几年之前，以数学公式来做好这项工作的目的使作者认为：即使这项工作在理论上是可以实现的，其结果也会受到许多假定的阻碍，以致实际上毫无作用。

我们已经注意到了以下的事实：为了某些追求，像茶和咖啡这种东西应当合在一起当做一种商品：假如得不到茶，人们就会增强咖啡的消费，反之则增加茶的消费，这是很显然的。人们从得不到茶和咖啡两样东西所受到的损失，比只是得不到其中一样所受到的损失的总和更大：所以，茶和咖啡的所有效用，比在人们能得到咖啡的假设下所计算的茶的全部作用的总和，以及在人们能得到茶的假设下所计算的咖啡的所有效用的总和更大。如把这两样“竞争性的”商品合在一个相同的需求表之中，这种困难在理论上就能免除了。另一方面，如果我们思考没有燃料就不可以得到开水以把茶叶泡成茶的事实而测算了燃料的所有效用，如果我们再把依据同样考虑的茶叶的全部效用加到燃料的所有效用中去，则我们就是把一物计算两次了。再如，农产品的所有效用包括犁的所有效用在内；尽管研究犁的全部效用也许与某一个困难有关，而研究小麦的所有效用可能与另一个问题有关，但这两种效用却不可加在一起。这两种难题的其他方面在第五篇第6章中再加研究。裴登教授在有些富含深意的杰作中曾经竭力主张上面两个难题中的后一个问题。可是他要表明所有形式的财富的总效用的计划，似乎忽视了许多阻碍。

h 用数学的术语来说，被忽视的因素一般是属于小量的此等东西：假如不是尼科尔森教授有不同的意见，那么无视这些因素的常用的科学方式的妥当性好像是不成问题的。艾奈华斯教授在1894年3月的《经济杂志》上对尼科尔森教授已作了简短的回答；巴罗奈教授在1894年9月的《经济刊物》上也有比较详细的答复，赛格先生在1895年3月的《经济杂志》上对这篇回答有说明。

i 消费者剩余这一理论现在可对我们有点帮助：当我们的统计知识更有改进时，这个概念可以大大地帮我们决定：每磅茶增税6便士还有运费增加十分之一对公众会造成多大的损害。即使这个概念不大能帮助我们可能每磅茶课税30先令或运费上涨十倍时所出现的损失，但它的价值并不必然减少。

我们再看一下图（9），可用以下的话来解释这个问题：如果A是曲线上的一点，类似于这市场上经常销售的数目，则我们就能获得充足的资料，在A点两边的不远之处比较正确地出一曲线；即使我们不能比较正确地将这曲线向上面到D为止。可是，实际上这一点是不重要的，因为，在价值观点的主要实际应用方面，纵然我们了解需求曲线的全部形状，我们也很少加以应用。我们需要的只是我们所能获得的资料，就是对靠近A点的需要曲线的形状有比较正确的了解。我们不需要知道DCA的所有面积；为了大多数的目标，我们只要知道因为A点在曲线的任何一面有短距离的不同而在这个面积内所引起的改变就够了。在预计某些商品——它们的一部分的供给是生活上所需的——的作用之总和时，却有特别的困难。假如我们打算如此做的话，最好的方法也许是把那一所需供应的部分当做没有问题，而只预计超过这个数目的那一部分商品之全部作用。可是，我们必须记住：对任何一物的希望在很大程度上要看取得此物代替品的难度而定。

j 参看附录七。

k 这就是说，假设三十镑代表必需品，则一个人从他的收入中获得的满足就从这一点开始：当他的收入到达四十镑时，再增多一镑就是对代表产生幸福的那个镑收入加多十分之一。可是，他的收入显然是一百镑，就是超越必需品水平七十镑，在收入四十镑时再加多一镑获得的幸福，现在需要再增加七镑才能获得。相似的，如果他的收入是一万镑，就需要再加强一千镑才能产生相同的结果。诚然，这种估计是极其随便的，也不能适应私人生活的种种不同状况。以后我们会明白：现在最通行的赋税制度，通常是遵循贝诺意的意见中的指导。以前的赋税制度向穷人所收取的赋税，比按照贝诺意的办法计算的多许多。同时，累进税制度在几个国家中已有被应用的预兆，即在贝诺意必需品已经作了改正之后，这个制度在一定程度上还是基于以下的假设：有巨大收入的人如增加 1％的收入，他因此而增多的幸福，不及收入较小的人增多 1％收入所增加的幸福那样多。我们可以顺带说一下：增加一镑对任何人的作用是随着他已有的镑数而递减的，从这个普遍规律中得出了两个重要的实际理论：第一，即使在完全公正和平等的条件下开展的赌博，也会有经济上的损失。比如，一年有六百镑的人，公正平等地与人赌一百镑，这时他所期待的幸福，等于从七百镑所获得的幸福之一半和从五百镑所获得幸福之一半，而这幸福是少于他期待从六百镑所得的幸福，因为，依据上述的假定，从六百镑和五百镑所得的幸福之间的区别，是大于从七百镑和六百镑所得的幸福之间的区别。第二个原理与第一个不同，就是对风险的论断上是公正的保险，常有经济上的私利，然而，各保险公司计算了理论上是公正的保险费后，除了保险的费用之外肯定必须分出充足的款项，以支付它自身资本的利润和它自身的营业费用，而通常将广告和欺诈损失的巨额支出也算在营业费用以内。所以，支付保险公司事实所收的保险费是否合适的问题，是一个必须依据各种情况的真相来决定的问题。

1参看他的《养生之道》。

# 第四篇

## 生产的要素
## ——土地、劳力、资本和组织

# 第1章　绪　论

## 第1节　生产的要素

生产要素通常分为土地、劳动和资本三类。土地是指大自然赐予人类的，有助于人类的陆地、海洋、空气、光和热各方面的物质。劳动是指人类的经济工作，不论是体力方面的还是脑力方面的。[a]资本是指为了生产物质产品以及为了获得通常被算做一部分收入的利益而储备的一切源泉，还不如将它看做生产的一个要素。

资本绝大部分是由知识和组织构成的，其中有一部分是个人所有，其他部分则不是个人所有。知识是生产力的保障，它使我们能够征服自然，并迫使自然满足我们的需求。组织则有助于知识，它有许多形式，比如说单一的企业组织、同一行业中不同企业的组织、相互有关的不同行业的组织，以及对公众保障安全和为其他公众提供帮助的社会组织。知识和组织的公有和私有的区别具有重要意义。在某些方面，甚至比有形物质的公有和私有的分别更为重要。为了这个原因，有时把组织分离出来算做一个特别的生产要素，似乎才最稳妥。我们要到研究的后期阶段，才能对组织这个要素加以特别的研究，但在本篇中也必须提到一些。

在特别意义上，生产要素不过两个，即自然与人类。资本与组织是人们在自然的帮助下，在人类推测将来的能力和甘愿为将来作预期的心理的指导下，进行工作的结果。假如自然和人类的本性和力量是永恒不变的话，则财富、知识和组织的成长就随之发生，就像原因产生结果一样。然而，另一方面，人类自己在很大程度上是因为环境而形成的，且在环境中发生巨大的作用。可是不论从哪一个观点来看，人类是生产问题的核心，也是消费问题的核心；而且进一步又是生产与消费之间的联系的问题——也称为分配与交换的问题——的核心。

人类在数量上、在健康和体力上、在知识和能力上，以及在性格上的发展，是我们进行一切研究的目的。然而这个目的，经济学所能研究的不过是一些重要的因素而已。所以，从经济学的范围方面来看，这种发展的研究加入属于经济学著作的一部分，就该放在最后，不过即使放在最后也是不合适的。同时，我们不能不考虑人类在生产上的特殊作用和决定人类——作为生产者——的效率的所有条件。因此，大体上把关于人类在数量和性格上开展的一些说明，包括在关于生产的一般研究之内，当做它的一部分，估计是最便利的方法，而且的确最符合英国经济学传统的办法。

## 第2节　边际反效用
## 虽然工作有时就是它本身的回报，但在某些特定条件下，我们可以认为，工作的供给是受对工作所能得到的回报之支配
## 供给价格

在目前这个阶段中，我们只能稍稍说明需求与供给的一般关系以及消费与生产的一般关系。但是，当对效用和价值的研究在我们心中还记忆犹新时，略微说一下价值与反效用或负商品的关系也未尝不可。为了得到具有价值的货物——这种货物之所以具有价值是因为既是需要的，又是不易得到的——我们必须克服这种反效用或负商品。现在我们所说的一切必然是暂时性的，甚至是引起困难的，而不是解决困难的。但在我们面前，能有一个研究范围的框架——即使是不充分和不完全的——也有意义。获得商品的目的是基于需要，而供给主要是决定于克服不愿遭受“负商品”的想法。这种负商品一般可分为两类：劳动和延缓消费所引起的代价。这里只要大概说明一般劳动在供给方面所发生的作用就足够了。关于经营管理工作和为了积累生产资料所造成的等待而引起的代价（有时如此，但不总是这样），以后也会加以相似的——虽然不是完全相同的——解释。

劳动的负商品的发生也许是由于身体或精神的劳累，或是由于在有碍健康的环境中持续劳动，或是由于与不受欢迎的同事共同工作，或是由于占用了娱乐、社会或智力活动所需的时间。但是，不论这种负商品的表面如何，它的强度差不多总是随着劳动的紧张和持续而加强的。

当然，有很多努力是为了工作的本身而进行的，比如登山、竞赛以及从事文学、艺术和科学的活动就是这样，但有很多艰难的工作是在让别人获益的欲望的影响下进行的。[b] 但是，就以我们所说的“劳动”这个名词而言，大部分劳动的主要动机都是为了某种物质利益的满足；这种利益在世界的现状下通常表现为获得一定数额的货币。就算一个人是因受雇用而工作时，他也往往从劳动中得到愉快，这是确实的。可是，在做完工作之前他通常觉得如此疲乏，以至停工时他就觉得高兴了。可能他失业一段时候之后，以

他所得到的舒服而论，他宁愿工作而无回报，也不愿没有工作。不过，恐怕他还是不愿意以比一般价格低得多的价格出卖劳力，以破坏他的市场，正像一个制造商那样。对于这一点，在另一册书中将加以解释。

以专业术语来说，这可称为劳动的边际反效用。因为一种商品的数量没有增加，其边际效用随之下降，需要没有降低，不光是对这商品的最后部分而且对他的全部所能得到的回报就随之下跌。同样的，劳动的边际反效用总是随着劳动量的加强而增大。

所有已经有了职业的人具有不愿更加努力的心理，这源于人的本性像杰文斯所说的那样，[c]在开始工作之前，往往有一些阻力要加以解决。开始工作时往往要付出一些努力，但这种令人崩溃的努力逐渐降低到零，但随之而来的是愉快。每个健康的人都会保留一定的精力，劳累过后都需要适度的休息，精力才能得到恢复。因此，如果一个人长时间工作多、休息少，他的健康就要亮红灯了。因此，超过一定限度的劳动时间每增加一点，对休息的需求就随之更为迫切。对工作增加部分的厌倦之所以加大的一部分原因是，当留做休息的时间被过多的工作占用，那么对空闲时间的增加就显得非常的乐于接受了。

因为上述及其他一些阻碍，无论哪一类工人所作的努力是随着给他的回报增减而增减，这一点确实存在。正像吸引购买者去购买一定数量的某种商品所需的价格，称为那个数量在一年或一段时期中的需要价格一样，对生产一定数目的某种商品必须作出的努力需要的价格，可称为在同一时期中对那个数目的供给价格。如果我们暂时设定，生产完全依赖于经过训练和培训的工人完成，则我们就可得到一张供给价格表，相当于我们从前考虑过的需要价格表。在理论上，供给价格表在某一数字栏内表明各种工作量，也就是生产量，而在另一面的数字栏内表明工人各种工作量所应当支付的各种价格。[d]

但是，这种研究任何一种工作的回报，并从而研究由这种工作所制造的货物的供给的简单方法，是假设胜任这种工作的人数是特定的，但这个假定只能在短期内采用，因为人数的变化是受很多不同因素影响的。在这些原因中，只有一部分是经济因素，而在经济因素中，平均劳动收入占有特殊的地位，虽然它对人口增长的影响不是固定的。

但是，人口在各种行业间的分布却更加容易受到经济因素的影响。任何行业的劳动供给毕竟多少是密切适应劳动的需求。深谋远虑的父母总想将孩子培养成将来能够得到如何职业的人，好的职业意味着劳动数量不多、性质不难、所需的技能也不太难学，而在工资的回报上却有最好的收益。但是，劳动供求之间的适应是不会这样完美的，需求的变动可使这种回报暂时，甚至许多年——比刚足以使父母为儿女选择某一行业而不选择同类其他行业的那种回报高得多或低得多。所以，任何时间中任何一种工作可得的回报，虽与学到必需的技能的难度以及工作本身所包含的强度、乏味、缺少空闲等困难的确有一些关系，但这种适应容易受到很大的阻碍，这种妨碍的研究是一项困难的工作。在我们后一阶段的学习中将对这个问题再解释，但本篇是以叙述为主，并没有讲到什么困难的问题。

## 【注释】

a 当劳动“是部分的或者全部分为了获得直接从劳动中所得到的愉快以外的某种好处而进行”时，劳动就可进入经济工作一类。参看第二篇第 3 章第 2 节及注释。我们所探究的生产是只限于以平常意义说明的生产。因而，凡是不能直接或间接促进物质生产的那一类活动，例如学生的课业，我们都不加以探究。从一些观点——但不是从一切观点——来看，假如把劳动解释为劳动者——也就是人类——的意思，则土地、劳动、资本这三个词就比较对称了。参看华尔拉斯所著的《纯政治经济学》第 17 讲和教授费希尔在《经济杂志》上的文章（第 6 卷）。

b 我们已经了解（见第三篇第 6 章第 1 节），假如一个人以他对最后购买的数目只愿支付的价格买进了全部东西，则他从前的购买量中获得了剩余满足。因为他购买全部东西所支付的价格，是低于他宁愿支付的而不希望得不到这些东西的价格。相同的，如果付给他的所有工作的价格，是他最不希望做的工作的充分的回报。而且，像通常发生的那样，假如对他比较愿做的和对他自己事实用力较少的那种工作，也付给相同的价格，从这种工作中他就得到生产者结余。关于生产者结余这个概念的一些困难在附录十一中加以思考。

c 见杰文斯：《政治经济学理论》第 5 章。这个理论已被英国和美国的经济学家加以增强和开展了。

d 参看第三篇第 3 章第 4 节。

# 第2章　土地肥力

## 第1节　土地是大自然的恩赐，而土地的产物是人类工作的回报，这个概念是不完全正确的，但却含有道理在内

我们通常说生产要素有土地、劳动和资本三类，凡是依靠人类劳动而成为有用的物质都归入资本这一类，而不用依靠人类劳动就成为有用的物质则归入土地这一类。这个区别显然不够精确。因为，砖头只不过是稍作加工的泥土而已；而久已有人居住的地方的土壤大部分是经过人类多次耕作的，其现在的状态归功于人类劳动。可是，这个区别却包含科学原理在内。人类没有创造物质的力量，只是有把东西变为有用形态而创造效用的能力；如果这种效用的需求有所增加，那么人类所创造的效用的供给也能增加：这种效用就有了供给价格。但是，还有别的效用的供给是人类所不能控制的；这种效用是由大自然以固定的数量供给的，因此就没有供给价格。“土地”这个属于的含义已被经济学家扩大使用。包括这种效用的永久源泉在内[a]，不论这效用是出现在“土地”这个词的通常用法上，还是出现在“海洋”与“河流”“日光”与“雨水”以及“风力”和“瀑布”等词的用法当中。

假如我们研究了什么是土地与我们当做土地产物的那些有形的物质的区别，我们就可知道，土地的基本特点就是它的广袤性。使用一块土地的特权就是对一定的空间——地面的某一部分——的支配权。地球的面积是有限的，地球上任何一个部分与其他部分的几何学的关系也是固定的。人类无法控制这种关系，而这种关系也几乎不受需求的影响，它没有生产它的费用，没有生产它的供给价格所需的费用。

使用地球上的有限场所，是人所能做的所有事情的初步条件，这种使用使他具有了他自己活动的场所，获得使用自然给予这个场所的热和光、空气和雨水的权利，并决定了他与其他物质和其他人的距离，而在很大限度上决定了他与其他东西和另外的人的关系。我们将会知道，土地的这一属性虽还没有受到十分关注，但它却是所有经济学家对于土地与其他物质不得不加以区别的最后因素。这个特性被作为经济学中最有兴趣和最为困难的问题的根基。

地球表面有些部分是有助于生产的，主要是对航海者所提供的服务；某些部分则对

开矿者具有主要价值，还有一部分——虽然这种选择是人类而不是自然作出的——对建筑者具有主要价值。然而，说到土地的生产力时，我们第一想到的就是它在农业上的作用。

## 第2节　土地肥力中机械的和化学的条件

在农业家看来，一定面积的土地是维持一定数量的植物生命——也许最终是动物生命——的手段。因为这个目的，土壤必须具有某些机械的和化学的性质。

用机械条件做例证，土壤必须非常松软，植物的细根才能在土中自由延伸，但它又必须坚实，足以很好地支撑植物。它既不可以太松，比如说沙土，会使水在土中流失得太快，这会导致土壤干燥，而植物的养料在土中一经形成或是被投入土中，基本上马上就随着水流失了。土壤又不能过于坚硬，这样会使得水在土壤中不能自由延伸，因为新鲜的水要不断流入土中，加上随着水的注入而混入土壤的空气，都是不可或缺的。因为土壤的作用，水和空气把矿物和气体变成了植物的食物，否则它们就会变得无用乃至有毒。新鲜空气、水和霜的作用，是大自然对土地的耕作，即使没有人类的帮助，它们也可使地面的所有部分变得相当肥沃，只要它们所产生的土壤能停留在原来的地方，而不是一经形成立即就被大雨或洪水冲毁。但是，对于土壤的这种机械的产生，人类给予很大的帮助。人类耕作的主要追求就是最大限度地使土壤松软并且可以支撑植物柔软的根部，并使空气和水能在土中充分地延伸。绿肥使黏性土壤分化而变为松软，说到沙性土壤，绿肥使它的构造具有较强的坚实性，而且应用机械和化学方面帮助它保持作为植物养料的物质，否则这种物质就会迅速地从土中流失。

从化学角度来说，土壤必须具有植物需要的，并处于符合它吸收状态的无机成分。在某些状况下，人类只要花一点劳动就能使土壤发生很大的改变。因为，人类只要加进一点正是土壤需求的东西，就可使不毛之地变得非常肥沃。在很多情况下，人类或是使用不同形态的石灰，或是使用近代化学所提供的不同的人造肥料，也可使不毛之地变得肥沃。为了帮助农业工作，人类现在开始利用细菌。

## 第3节 人类改变土壤性质的能力

靠这些的方法，人类就能随心所欲地控制土壤的肥力。依靠充分的劳动，人类几乎能使任何土地生长出不同的作物。人类能从机械上和化学上使土壤符合下一次要种植的任何作物的生长。人类也能使作物符合土壤的性质，使双方互相适应。选择这样一种播种的办法，使每次耕作的土地保持这样一种状况，以致土地能被轻松地耕作成为下一作物的适宜的苗床。人类甚至利用排水的方法，或是混合两种土壤以补充土壤成分缺失，就能永远改变土壤的肥力。迄今为止，这只是在小范围内进行，石灰、黏土和泥灰石只是简单地撒在田地上，在除了园圃和其他得到优待的地方之外，其他地方很少能改造成新的土壤。但是，大规模地应用建造铁道和另外大的土木工程所用的机械动作，以混合两种具有相反弱点的贫瘠土壤来造出肥沃的土壤，到将来是可能的，更有甚者认为这是可以实现的。

这一切变革到将来可能会更为广泛和彻底地实行。但是，在当下，古老国家里大部分土壤的性质要取决于人类的活动，刚好在地面之下的所有土壤，其中有很大的资本因素——人类过去劳动的产物。被李嘉图算做土壤的“固有的”和“不灭的”特性中的那些自然的回馈，已经大有不同了。那些自然的回馈一部分由于人类世世代代的耕作而荒瘠，一部分却因而肥沃了。但是，地面上的物质却不相同。人类还不能很好地控制自然对每亩土地的地面每年赠与的热和光、空气和湿气。诚然，人类可用大规模的排水工程、植林、森林采伐等方法简单地改变气候。但是，大体上，太阳和风雨的活动是每年自然对每块土地固定赐予的。土地所有权就是每年拥有土地的这种活动，并对植物和动物的生活与运动提供了所需要的空间。但这场所的价值很受它的地理位置的影响。

因此，我们要区分土地从自然界所获得的原来的或固有属性，与土地由于人类活动而造成的人为特性之间的区别，前提是我们要记住以下情况：前一种特性包括所论的地方的空间关系和自然每年给它的日光、空气和雨水，并且在许多情况下，这些是土地固有特性中主要的特性。田地所有权含有它的特殊意义，地租理论也具有它的特性，主要就是从这些东西中得来的。

## 第 4 节　因资本和劳动的增加而增加的报酬，不管在何种情况下，迟早是要递减的

关于自然所赋予的土壤的肥力其固有特性的缘故到如何程度和关于人类对土壤所起的作用到何种程度的问题，如果我们不考虑从土地所获得的是哪一种产物，就不能进行充分研究。人类促进作物生长所能做的，比对另外一些作物大得多。人类最没有办法的是那些自然成林的树木。既使合理地种植橡树，它也无法从人力的帮助中获得什么好处，人类要对它使用劳动以得到巨大的收获，是没有任何的方法的。有些肥沃的河边低地具有丰饶的土壤和良好的天然排水条件，那里所长的草差不多也是无人看管，野兽以这种没有人看管的草作为食物，并且野兽看管这种草几乎与人看管得同样好。英国最肥沃的田地（一英亩给予六镑及六镑以上的地租）中，有很多凭着非人力帮助的天然特性所产生的报酬，差不多与现在从这种田地获得的报酬一样大。另外，就算是不像上述土地一样肥沃，但仍可以作为永久牧场的土地。再次，就是耕地，人类并不依靠自然进行播种，而是为不同作物准备苗床以适合其特殊需求，人类自己播种，再除去对种子有害的东西。人类所播的种子经过了选择，使得这些种子具有快速成熟和充分发育成对人类最为有用的部分的特性。这种仔细选种的习惯，虽然不过是不久之前才有的，但是即使现在尚不普遍，而几千年的不断耕作使人类拥有了与原始野生植物不大一样的植物。最后，在人类劳动和看管中获益的产物，就是具有优良品种特性的水果、鲜花、蔬菜和牲畜，尤其是作为改良品种的那种产物。因为假如人类不加过问的话，自然就会选择符合自然规律的那些物种，而人类则选择那些能以最快速度大量给予人类最需要的东西。在最优良的产物范围内，有许多如没有人类的看管，自身是完全不能生存的。

因此，人类在帮助自然种植不同农产物上所起的作用是有很多形式的。在各种情况下，人类持续操作，直到资本和劳动的加强所产生的报酬的增加变得逐渐减少，再增加资本和劳动不会再增加报酬为止。在这个限度快到的地方，人类几乎把一切工作都托付给自然，而在有些地方则对生产有帮助，那是因为人类能够长久工作却不会达到这个程度。因此，我们就要进一步研究报酬递减律了。

注意以下一点，现在我们所学习的资本和劳动的回报，是以所获的产物的数量来预测的，这个时候可能发生的产物在交换价值或价格上的所有变化无关。例如，如果在附近的地方建成了一条新的铁路，或是一个城市的人口大量增多而农产品却不易输入时，

就会发生这种改变。依据报酬递减的规律来推测，特别是当我们研究人口增加对生活资料的影响时，这种变化就将非常特别了。但是，这种变化与报酬递减律本身并无联系，因为报酬递减律与所得的产物的价值无关，仅仅是与它的数量有关。[b]

## 【注释】

a 用李嘉图的名言来说，即“土壤的固有和不灭的力量”。屠能对地租论断的根据，还有对亚当·斯密和李嘉图有关地租理论所采取的立场的探究是值得关注的，在之前的研究中他说到“土地本身”（DerBodenansich），不幸这句话无法用英文解释出来，意思是说，土地假如没有人类活动加以更改的话，它还是从前的样子（见屠能:《孤立国》第1篇第1章第5节）。

b 仍可参看本篇第3章第8节的后一部分。

# 第 3 章　土地肥力（续前）报酬递减的趋势

## 第 1 节　土地也许耕种不足，因而由于资本和劳动之增加而提供的报酬就会递增，直至达到最大的报酬率，到达了最大的报酬率后，报酬就重新递减了 耕作方式的改良可使更多的资本和劳动能被有利地使用 报酬递减律是关于生产物的数量，而不是在于它的价值

报酬递减律或报酬递减趋势的叙述可暂时说明如下：用来耕种土地的资本和劳动的增加，一般使所获的农产物数量的增加在比例上是较低的，除非同时发生农业技术的改良。从历史的观察中我们得知：各时代和各地方的每个农民都渴望使用大量土地。当他不能无条件地获得土地时，他若有钱，就会付钱去买。倘使他认为，因购买一块很小的土地而耗光他所有的资本和劳动，也可得到与购买大量土地同样良好的结果，在这块很小的土地之外，他就不会再出钱去买其他土地了。当不需要开垦的土地能无条件地获得时，每个人使用土地的数量，仅仅是他认为会给他的资本和劳动以最大回报的数量。他的耕作是“广耕”不是“精耕”，他的目的不在于能从一英亩的土地上获得大量谷物，如果是这样的话，他只需耕种一英亩土地就行了。花费一定数量的种子在大量的土地上耕种而得到尽可能多的收获才是他的目的。所以，只要在粗耕条件下他能管理得过来，他就会在特别多英亩的土地上播种。当然，他可能会做得过头——他所耕作的面积可能太大了，以致把资本和劳动集中用于较小的面积会更有利。在这种情况下，如果他能控制较多的资本和劳动，因为多用了每一英亩的土地，则土地就会给他以递增的回报。这就是说，土地对他现在的花费所给予的报酬在比例上小于报酬的增加。但是，如果他的计算是正确的，他正好利用了那么多的土地，使他有最大的回报。如果他把资本和劳动集中用于较小的面积却要受到损失了，那么他将能支配的资本和劳动全用在现有的土地上，他所得的利益就会不高于他耕种更多的土地所能获得的回报，即他就会得到递减的回报。

这就是说，他现在报酬的增加在比例上小于上一次应用的资本和劳动所能得到的回报。当然，这是假定于此同时他的农业技术并无明显的改良。等到他的下一代长大后，他们会有更多的资本和劳动用于土地上；为了避免获得递减的回报，他们就要耕种更多的土地。但是，可能到那时所有邻近的土地都已有人耕种了，为了得到更多的土地，他们就不得不购买土地，或付给租金租用土地，或迁居到不出代价也能得到土地的地方去。[a]

报酬递减的趋势是亚伯拉罕与洛特分手的原因，[b]也是历史上大多数人进行移民的原因。凡是在极其渴求耕种权利的地方，我们可以相信，报酬递减的趋势是充分发挥作用的。如果不是因为这种倾向的原因，每个农民除了他的一小块土地之外，放弃所有的租地，并把他一切的资本和劳动用于这一小块土地，就能节省差不多的全部地租。在这种情况下，如果他耕作这一小块土地付出的资本和劳动所产生的回报，与他现在用于这块土地的资本和劳动所产生的回报在比例上是一样的，则他从这一小块土地上所得的产物，就可与他现在从所有的田地上所获得的产物一样多。这样，除了他保留的那一小块土地的地租外，以前付出的地租都可变为他的纯利了。

农民的奢望往往使他们耕种的土地的数目超出了他们能够管理的数目，这一点是可以确认的：诚然，差不多杨格以后的所有农业学者都对这一错误加以痛斥过。然而，当他们告诉农民说，把资本和劳动投入到较小的土地是有利的，他们的意思不一定是说，这样就会得到更多的总产量。如果地租的节省能超过农民从土地所得的所有报酬，这个缺点足以推翻他们的论据。假如一个农民以他的产物的四分之一当做地租，假定他投入每英亩土地的资本和劳动增加，使他现在所获得的报酬比他从前所获得的回报，在比例上至少超过四分之三，这样，他把资本和劳动集中投入到较少的土地才会是有利的。

其次，即使在像英国这样发达的国家里，仍有很多土地在使用技术上是如此的不熟练，以致如果以当前技术的两倍熟练地投入到土地中，则这些土地的产量可达两倍以上，这一点也是可以确认的。有些人提议，如果所有的英国农民都是最优秀的农民，不仅能干、聪明而且精力充沛，他们就可将现在的资本和劳动提高两倍，这些人很可能是正确的。假定地租占目前总产物的四分之一，他们现在所获得每四英担产物，就会增加到七英担。可以假设，如果采用更加进步的耕作方式，他们就会得到八英担可能更多。但是，以现状而论，这一点并不能证明多用资本和劳动就能从土地得到递增的回报。事实是这样的：我们以现在那样的农民和他们实际具备的技能与精力而论，我们一般观察的结果，觉得即使他们放弃大部分土地，而把所有资本和劳动集中用于余下的土地，除了这一部分土地的地租外，节俭下的地租都归他们自己所有，对他们也没有一条富有的捷径。他们之所以不能这样做，就是因为有报酬递减律的原因，如前所说，这种报酬是以它的数量来判断，而不是以它的交换价值来衡量的。

现在我们可以清楚地说明以上在关于报酬递减率中说明的“一般”这个词的局限性了。报酬递减律是一种趋势的叙述，这种趋势诚然可因生产技术的改进和开发土壤全部作用的时断时续的过程而暂时受到阻碍，但是，如果对产物的需要无限制地增加，则这种倾向最终必然成为不可阻挡的。对这种趋势的叙述我们分成以下两部分：

第一，尽管农业技术的改进一般可以提高土地对一定数量的资本和劳动的付出所提供的回报率：虽然已经用于任何一块土地的资本和劳动可能远不足以开发土地的全力，以至不对这块土地增加经费，即使在现有的农业技术下，也可得到超越按照比例的报酬。但是，这种情况在一个古老国家里是少见的。除了存在上述这种状况之外，用于土地的资本和劳动的增加，使所得到的产物数量的增加在比例上是很低的，除非个别耕作者的技能同时也有提升。第二，不论农业技术的将来发展如何，用于土地的资本和劳动的不断增加，结果必然造成因增加一定数量的资本和劳动所能得到的产物增加量的递减。

## 第 2 节　一个增量的资本和劳动<br>增加额，边际报酬和耕作边际<br>边际剂不一定是时间上最后一个增量<br>剩余生产物与地租的关系

李嘉图所关注的只限于一个古老国家的状况。如果采用詹姆士·穆勒提出的一个名词，我们可以理解为用于土地的资本和劳动，是由等量的持续使用的各剂构成的。[c]我们已经知道，最早使用几剂所产生的报酬是很小的，而以后的许多剂就可产生大于按照比例的回报。在例外的情况下，持续使用的各剂所产生的回报，严重的情况下交替增减。但是，根据报酬递减律所说，迟早（总是假定同时在耕作技术上没有变化）务必达到某一点，过了这一点，一切增加的各剂所产生的回报，在比例上就会小于以前各剂所产生的回报。这剂总是指劳动和资本合在一起的一剂，不论它是由在各自独立土地上耕作的自耕农所应用，还是用来表示自己不从事耕作的农业资本家的经费。在后一情况，货币形态为费用主体的表现。在研究有关英国状况的农业经营的经济收入时，依照市场价值把劳动折为货币等价物来衡量，只说各剂资本而不说各剂劳动和资本，是因为一般是便利的。

刚好相抵耕作者的费用的一个增量，可以称为边际增量，它所产生的回报可称为边

际报酬。假如正好有已经耕作的土地，但这土地只是刚能补偿它的费用，而没有剩余费用作为租金之用，我们就可认为，用于这土地的费用就是边际增量。这样，我们可以说，投入这土地的边际增量，就是用在耕作边际上的土地，这种讲法具有透明的好处。但是，这一论断却不需要假定存在这样的土地的条件：我们所要关注的只是边际剂所产生的回报，不论它是用于贫瘠之地还是肥沃之地都没关系，主要的是：它应当是能被有利地应用在耕作边际上的土地的最后一个增量。[d]

当我们说到投入在土地的边际或“最后”增量剂时，不是我们所认为的时间上的最后一剂，而是说在有利的支出的边际上的那一增量，也就是说，使用这一增量刚好使耕作者的资本和劳动获得一般的回报而没有剩余。以具体的例子来说，我们假定一个农民想到再次派些刈草的人到田地里去除草，犹豫一下之后，他认为这是不亏本的，不过这样做只是不亏本而已。因此，花在这上面的一增量资本和劳动，即我们所说的最后一增量，虽然在以后收割时还要使用很多增量。诚然，这最后一剂所产生的报酬，与其他的报酬是相连的。然而，如果他认定不增加这次刈草，我们觉得，这一部分生产物就不会出现，因此，我们就把这一部分产物全都当做最后一个增量所产生的。

那么，耕作者的费用，他应用各增量的总数所产生的各边际回报的总和，也仅可补偿他的所有资本和劳动。他所得的回报若超过这个数目，这超过的部分就是土地的剩余生产物。假如土地是耕作者自己所有，则这余下生产物也归他所有。[e]

我们应该关注以下一点：上面关于剩余生产物的性质的论述，不是地租理论。我们要到很后的阶段才会提到地租理论。这里所能说的仅仅是：这剩余生产物在一定条件下可以变为土地租金，而地租是土地所有者为了应用他的土地可向佃户强行获得的。但是，我们将会在后来知道，一个古老国家的田地全部的租金，是由三个因素组成的：第一是由于自然所产出的土壤的价值；第二是由于人类对土地所作的改进；第三也是其中最重要的因素，是由于稠密和富裕的人口的增加，以及公路、铁道等方便的交通。

还有一点要关注的是：在一个古老国家里，要了解土地耕种之前的原来情况如何，是不可能的。某些人类工作的后果，不论是好是坏，已经融于土地之中，而且与自然工作的结果无法分辨，两者的分界线是不清晰的，多少只能是武断地加以区分。但是，为了多数的目的，最好是把征服自然最初的困难，当做在我们考虑农民的耕作之前已经完全解决了。这样，我们当做最初使用的各种资本和劳动所产生的回报，一般是一切回报中最大的，而回报递减的倾向立即就体现出来了。我们主要是想到英国的农业，像李嘉图那样把英国的农业作为典型事例也是我们可以做的。[f]

## 第 3 节　凡对土地肥力的测量必然与地点和时间相关

下面让我们来探究陆续使用的各剂资本和劳动所产生的回报的递减或递增的比率是怎样确定的。我们已经知道，对于生产物中的一部分，人类可能看做人类增加自己的工作，超过了各自由自然所能生产的产物的后果，但在这一部分生产物上，却有很大的区别。这一部分生产物的大小，在很大程度上要看是何种作物、土壤以及耕作方法而定。总体上看，从森林到牧地、从牧地到耕地，再从犁耕地到锄耕地，这部分生产物是逐渐增多，这是因为报酬递减率往往在森林最大，在牧地较小，在耕地更小，而在锄耕地最小的原因。

土地的丰饶或肥沃不存在绝对的尺度。即使农业技术上没有改变，仅仅是生产物需要加强，也可颠倒两块邻近的土地在肥力上的级别。当两块土地都未耕作时，或者都是同样加以简单耕作时，其中一块土地的生产物减少，但当两块地都是一样的精耕时，这一块土地就会超过另一块，而公平地列为比较肥沃的土地。换句话说，有许多土地在只是广耕时，是最不肥沃的，但在精耕时就变成最肥沃的了。比如说，本身能排水的牧地，仅仅花费极少的资本和劳动，就可得到较大比例的回报，但再投入费用，回报就迅速递减了。等到人口增加，开垦一部分牧地，利用根菜、谷物和牧草混合耕种的方法，就会逐渐变为有利。所以，增加使用各剂资本和劳动所产生的回报，那种像以前一样迅速递减的情况就不会存在了。

有些土地当做牧地用是不够肥沃的，但对用于这种土地的耕作和施肥的大量资本和劳动，却多少能产生丰富的回报。这种土地对于最初使用的各剂所产生的回报并不很大，但回报却是极慢地递减。

再者，有些土地是低温的。这样的土地，像英国东部的沼泽地一样，除了柳条和野禽外，不在生产什么东西。再者，像许多热带地区的情况那样，那土地也许草木繁盛，可是瘴气密布，人要在那里生活是艰难的，工作就更为艰难了。在这种情况下，资本和劳动的回报起初是小的，但因后来排水设施的进步，回报就增加了，而此后或许又下降了。[g]

但当这种改变一旦实现时，投于土壤中的资本就不再变化了。耕种的初期历史是不可能重演的。因增加使用资本和劳动所获得的产物，就表现出回报递减的趋势。[h]

已经种得很好的土地，会发生类似的，但不像这样明显的变化。例如，土地高湿，就需要做些稍许的排水工作，以排出积水从而使新鲜的水和空气能够通畅。或者，下层的土壤可能正好比地面的土壤肥沃；或是下层的土壤并不肥沃，但也许正好具有地面的土壤所缺少的某些特性，所以，用蒸汽犁彻底深耕的方式，就可永久性地改变土地的固有性质。

这样，当资本和劳动增加所产生的回报开始递减时，我们就不必认为回报常常会不断地减少。生产技术的改进——我们总是这样认为——通常可以提升任何数额的资本和劳动所能产生的回报，但这里所说的不是这样的意思。这里所说的意思是这样：农民的知识的增进暂且不论，他只使用他早已了解的那些方法，在他控制下的资本和劳动若能增加，纵然在他耕作的后一阶段，有时他也可获得递增的回报。[1]

像一条链索的力量与它最弱一环的力量相同，土地的肥力也是被它最缺少的成分所影响，这样说是很对的。那些匆忙的人不要应用一条有一两个环节是很弱的链索，不管其余的环节的链索是如何坚固，宁愿使用比它细得多、却没有毛病的链索。可是，如果要做繁重的工作，他们有时间进行修整，他们就会修好那条有毛病的链索，这种情况下它的力量就会超越另一条链索的力量。这个事实可以用来说明农业史上许多似乎是怪异的事情。

一个新的国家中开始的移民，一般都不选择不宜马上耕种的土地。如果自然生长的植物碰巧不是他们所要的那一种，那样他们往往对这种植物的茂盛感到厌烦。无论经过细耕会变为如何肥沃的土地，他们也不愿意耕种难耕的土地，他们更不去耕种积水很多的土地。他们一般选择容易耕种的土地，这种土地仅仅要用两把犁就能容易地耕作了，之后他们广泛地播种，因此，作物在生长时就可获得丰富的阳光和空气，并可从广阔的面积中吸取养料。

当美洲最初被人居住时，很多现在用马力机械做的农业工作，当时依然用手工去做。现在农民虽然很喜欢平坦的草原，没有断树和石块，机器可以容易行驶并且没有危险，但那时的农民也不大厌烦山地。他们的收获与耕作面积的比例是小的，然而这个比例栽种植物所用资本和劳动的比例上是很大的。

因此，当我们知道一些关于耕作者的技能和进取心和他能用的资本与劳动的多寡，且知道对生产物的需要使他以他有的资源进行精耕是否有利时，我们才能说一块土地比另一土地肥沃。如果对生产物的精耕需要更为有利条件，则给大量资本和劳动以最大的平均回报的土地，就是最肥沃的土地。不然，给予最初使用几剂资本和劳动以最好的回报的土地，就是最肥沃的土地。肥力这个词语，除了与一定的时间和地点的特殊状况有关外，是没有价值的。

但是，纵然有这样的限制，这个名词的用法还有一些不确定的地方。有时在于土地利用很大的剩余生产物或地租的能量，即使对于他的总产物来说数量不大，例如，依照前一意义来说，英国目前的丰饶的耕地是很肥沃的，而依照后一意义来说，牧地是肥沃的。为了更多的追求，这个名词不论解释为哪一种意义，都是没有联系的，但在少数情况下却有关系，因此在上下文中一定要有解释的词语。[j]

## 第 4 节　因为人口压力的加大，贫瘠土地的价值一般比肥沃土地相对地增大

可是，再进一步说，各种土壤的肥力大小的等级，是易于因耕作方式及各种作物的相对价值的变化而变化。例如，在十九世纪末，科克先生解释怎样用选种三叶草的方法使小麦在松软的土地上生长顺利，因此，松软上地的价值就比黏性土地相对地增多了。目前，这种土地有时虽然照旧称为瘠地，但当中有一部分，即使顺其自然，也比很多曾经细耕的土地具有更高的价值，而且较为肥沃。

其次，在中欧对于当做燃料和建筑材料的木材的需要的增加，已经使得有松树的山坡地的价值，几乎比其他各种土地的价值相对地提高。但在英国，由于煤代替了木材成为燃料，铁代替了木材成为造船材料，以及因为英国输入木材特别方便的缘故，山坡地价值的增高就受到阻挠了。又如，稻和黄麻的耕种，往往是那种积水太多使不能生长其他大多数作物的土地有了很高价值。再如，自从《谷物条例》摒弃以来，英国的肉类和乳品的价格比谷物的价格相对地上涨了。若与谷物轮种就可盛产饲料产品的耕地的价值，比冷的黏性土地相对地加大了。固定牧地的价值比耕地相对地大大下降，但由于人口的增加，这减少的价值已有一部分回升了。[k]

对于普遍种植的作物和耕作方式适合特殊土壤的所有变化，姑且不论，也有一种持续的使各种土地的价值趋向均等的倾向。如果没有任何不同的特殊原因，人口和财富的增长会导致贫瘠土地达到肥沃土地的价值。一度完全被人忽略的土地，由于投下了许多劳动，就可种植丰饶的产品。它在一年中所获得的阳光、热和空气，可能与肥沃土地一样多，而它的缺陷能通过劳动来大幅度降低。[l]

正如土地的肥力没有肯定的标准一样，良好的耕作也没有肯定的标准。例如，海峡群岛的最肥沃的地方的耕作，也要对每英亩土地花费很大的资本和劳动：因为这些地方靠近大的消费群体，而且在气候稳定和作物早熟方面得天独厚。假如听其自然的话，那里的土地就不会特别肥沃，它虽有很多优点，但也有两个薄弱环节（不富含磷酸和碳酸钾）。可是，海岸上生长着茂盛海草的原因，这两个薄弱环节就增强了，因而这条链索就变得非常牢固。因此，精耕——在英国一般称为“良好的”耕作——会使每英亩土地生

产出一百镑早熟的马铃薯。可是，美洲西部的农民如对每英亩土地也花费相同的支出，就会使他破产了。以他的状况而论，精耕不但不良好，也是不利的耕作。

## 第 5 节 李嘉图曾说过，最肥沃的土地首先耕种以他说这句话的意思来判断是对的可是，他低估了稠密的人口对农业所提供的间接回报

李嘉图对回报递减律的讲法是不准确的。然而，这种不准确大概不是因为思想的疏忽，而只是因为措辞的疏忽。无论怎样，以他写作时英国的特殊情况而论，以及为了他心目中一些实际问题的特殊目的，他都认为回报递减的情况并不具有很大的重要性，这一点可能已不成问题了。当然，他不会想到有很多的发明，而这些发明准备产生新的供给源泉，并依靠自由贸易的帮助，也可以革新英国的农业，但曾经他可能也因为英国和其他国家的农业史而特别注重某种变化的可能性。[m]

他说过，一个新国家中最早的移民必然选择最肥沃的土地，由于人口的增加，逐渐地就对越来越贫瘠的土地同样加以耕种了，他这样随便一说，就像土地的肥力有了绝对的标准一样。然而，我们已经知道，在不花代价就可以获得土地的地方，各人选择最适合他自己的目标土地，以及在思考了一切事情之后会给付他的资本和劳动以最好的回报的土地。所以，他找寻马上能够耕种的土地，而忽视在肥力因素链条上有一点薄弱环节——不论其他环节如何坚固——的土地。但是，除了必须回避瘴气之外，他必须考虑他与市场和资源基地的交通状况，而在某些情况下，最重要的问题是对敌人和野兽的袭击的回避。所以，我们不能期望开始选择的土地常会成为最后被认为是最肥沃的土地。李嘉图没有想到这一点，因而受到凯里和其他人的打击，这种攻击虽然大部分由于错解了李嘉图的见解，但其中也有一些实际的东西。

在新的国家中，会被英国农民认为是贫瘠的土地，有时可能比他认为是肥沃的邻近土地最先耕种，这个事实，不像某些外国作家所理解的那样，是与李嘉图学说的要旨相抵触的。这个事实的重要性与这样的条件相关：在这种条件下，人口的增长必定造成对生活资料的压力的增强。这种重要性使探究兴趣的中心从单是农民生产物的数量移转到它的交换价值，而交换价值是以农民邻近的工业人口所供给的与农产物交换的东西来表明的。[n]

## 第6节　续　前

李嘉图和他同年代的经济学家从回报递减律中推出以上这个结论，一般都过于冲动：他们没有完全考虑来自组织方面的能量的增大。但实际上，每个农民都因为有了邻人——不管是农民还是镇市居民——而获得帮助。° 纵然大多数邻人都和他同样从事农业，他们也慢慢供给他以良好的道路和另外的交通工具。他们还使他有一个市场，在这市场上他能以合适的条件购买他渴望的东西，供他自己和家庭使用的必需品、舒适品和奢侈品，还有农业上的不同必需品。他们使他获得知识，给他以医疗、教育和娱乐的方便。他的胸襟日益宽厚了，他的效率在许多方面都加强了。如果附近的市镇发展为一个大的工业核心，他的利益就加大了。他的所有生产物更值钱了，有些他通常丢掉的东西也可以高价卖出。在牧场经营和园艺经营方面，他取得新的机会，由于生产物的范围渐广，他就采用轮种的方式，使他的土地可以持续利用，而不会失去土地的肥力所必需的任何一种成分。

还有一层，我们以后就会了解，人口的增加势将提升贸易和工业的组织。所以，回报递减律的适用比花在某个区域的所有资本和劳动，就不像适用于花在一块田地上的所有资本和劳动那样准确。纵然耕作已经达到了某一程度，在这阶段之后，用于田地的接连每剂资本和劳动，都会产生比前一剂较少的回报，可人口的增加也许可能导致生活资料有超过比例的加强。诚然，不祥的日子不过是延缓而已，但它确是延缓了。人口的增长，如没有受到另外因素的阻碍，最终肯定会为获得农产物的困难所阻挠。可是，虽然回报递减律发生效能，但人口对生活资料的压力，在相当长时期内，仍可为开辟新的给付范围、铁路和轮船交通的低廉与组织和知识的进步所控制。

与上述不同的，肯定是在人口稠密的地方，取得新鲜空气和阳光以及——在某些状况下——新鲜的水的困难日见加强。名胜之地的天然美具备不能忽视的直接金钱价值，然而，为了实现男女和儿童能游玩不同美丽风景的真正价值，却要做一些工作。

## 第7节　渔场、矿山和建筑用地的回报规律

如前所解释，经济学用语中所指的土地包含江河与海洋在内。在江河捕鱼方面，加强使用资本和劳动所增加的回报，表现出急剧减少。至于在海洋捕鱼方面，意见有很多分歧。海洋的容积特大，鱼类非常丰盛。有些人觉得，人类能从海洋中得到实际上是无

限的回报，而不会明显地影响海洋中剩余的鱼类数目；或换句话说，回报递减律对于海洋捕鱼差不多是不适用的。同时，另一些人觉得，凡是竭力捕捉特别是用蒸汽渔船捕捉的渔场，其生产能力是下降的。这个问题是主要的，可是，将来的世界人口，在数目上和质量上，将会明显地受到现有的鱼类给付的影响。

矿山的生产物——石矿和制砖场也应当在矿山之内——据说也是按照回报递减律的，但这种讲法是令人费解的。除了只有依赖矿业技术的改变，以及有关地壳含有物的知识的增加，我们才能取得对自然蕴藏的极大的控制能力外，此外在取得矿产的进一步的给付上，我们会遇到不断加强的困难，这一点是肯定的；而且毫无疑问，假如其他状况不变，对矿山不断应用资本和劳动后果会造成生产物的递减率。不过，这生产物不是像我们在回报递减律中所说的回报的纯产物。那种回报是不断循环发生的收入的一部分，可是矿山的生产物不过是从它富含的财富中所取出的一部分而已。田地的生产物是土地以外的产物。因此，田地如被恰当地耕作，仍然保持它的肥力。但矿山生产物却是矿山自身的一部分。这个问题也能够用另外一番话来表示，农产物和鱼类的供给是持续不断的河流，而矿产则就像是天然的蓄水池。蓄水池越接近干枯，则从池中抽水所花的劳动就越大。即假如一个人十天能抽完池中的水，而被十个人一天就抽完了，所以一旦抽完，蓄水池中就不再有水了。因此，今年正在开发的矿山，如在许多年前开发也许同样的容易。如果事先合理地订好计划，并准备好开采工作所需的资本和技能，则供十年用的煤，就可在一年中采集出来，而不会增加任何阻碍。可是矿藏一旦开完，它就不能再有产出了。这种分别还可用下一事实来诠释：矿山的地租与田地的地租是以不一样的原理来计算的。佃农在契约上能够订明归还与原来相同肥沃的土地，可是矿山公司则不能这样做，佃农的租金是以一年计算的，而矿山的租金主要是由“租用费”组成的，这种租金是按照从自然的储藏中所取出的物品的比例收取的。[p]

另一方面，土地给人类以空间、阳光和空气上——有了人类能够用于生活和工作——所提供的资源，的确在严格地依照回报递减律。对于具有位置上的特殊益处——自然的还有人为的——土地使用的资本持续增加是有利的。建筑物高耸入云，自然的光线以及通风就以人为的方法来弥补，而且电梯减少了房屋在最高层的不利条件。关于这种支出，方便的回报有了增加，但它是递减的回报。建筑用地的地租不管怎样高，最后总要达到一个程度。超过这个程度，与其再一层一层地造上去，不如支付较多的地租以获得较大的面积来得合理，正像农民知道最后总要达到一个程度，超过这个程度，进一步精耕也无法提高产出，与其对原有的土地使用更多资本和劳动而得到递减的回报，还不如支付较多地租来获得较大的土地来得合理一样。[q] 由此可知，地皮地租的论断与田地地租的论断实质上是相同的。这个以及类似的事实，目前就使我们能够简化和拓展李嘉图与穆勒所提出的价值论断。建筑用地是这样，其他许多东西也是这样。如果一个制造商有（比方说）三台刨床，他就容易用它们得到一定数目的作业。假如他要从它们处获得更多的作业，他就必定在平常工作时间内努力增加它们的操作时间，一分钟也不浪费，可能还要加班工作。这样，它们一旦被充分使用之后，接连每次对它们用力，都给他以递减的回报。最后，纯回报是如此之小，因此他觉得购买第四台机器比用他的旧机器做很多工作更加合理，就像一个农民已经充分耕作了他的土地，觉得与其硬要目前的土地生产更多的生产物，比不上购买更多的土地来得合理一样。诚然，从某些观点来说，从机械所得到的收入多少连带一点地租的性质，在第五篇中再加解释。

## 第 8 节　回报递减律和一剂资本与劳动的说明

在这里，我们不可以充分考虑报酬递减理论的伸缩性，因为这个理论不过是在投资方面有关资源的经济的分配这个大问题中的一个主要的细节而已，而这一问题是第五篇的重要论述的中心，其实也是全书大部分的核心。但是，有关这个概念，现在在这里好像需要略加说明，由于在卡尔教授有力和有启发性的提倡下，近来对这个理论极为重视。[1]

假如一个制造商将他的资本应用在单一机械方面为数过大，导致有很大一部分机械经常空着不利用，还有在建筑物方面的情况同上，导致有很大一部分的地方不存在充分使用，还有用于雇用职员方面为数太多，导致所用的职员中肯定有一部分人的工作抵不过给予他们的工资。因而，像这样在这一方面过度的付出，就不像以前的支出那样有利可图了，因而我们可以说，这种支出对他产生了“递减的回报”。可是，这个名词如此的用法，虽然非常正确，但除非谨慎利用，否则就容易令人错解。原因是，当用于土地的劳动和资本的增多所产生的回报递减倾向，是被看做所有生产要素，在与其他要素的比例上用得太多时所发生的一般回报递减倾向的一个特别的例证时，人们就容易认为，其他生产要素的供给是可以增加的。这就是说，人们容易否认在一个古老国家中现有的所有可耕土地的固定性如此条件的存在，而这个条件是我们刚刚考虑的关于回报递减律之主要的古典研究的重要基础。纵然当个别农民要在靠近他私人田地的地方增多十英亩或五十英亩土地时，除了能出高到使人不敢过问的价格，不然恐怕总不能得到它们。纵然从个人观点来看，在这方面，土地也是与其他很多生产要素不同的。这种区别对于个别农民，应当可看做没有多大关系。可是，从社会的观点，从以下各章有关人口的观点来看，这种区别却是重要的。下面，让我们来探讨这个问题。

在任何生产部门的各个方面，都要将资财分配于不同支出，因而就存在某种分配的方法能比其他所有分配方法产生较好的结果。管理企业的人越能干，他就越能接近完美的分配。就像在传统经济时代，一个主妇管理一个家庭所有的羊毛的使用方面的能力越强，她就越接近羊毛在家庭的各种需要之间的理想的分配。[s]

假如他的营业发展了，他就要以合适的比例来增加大各种生产要素的利用，但不是像有时所提的那样，按照比例来扩大。比如，手工操作与机器操作的比例，在一家小的家具厂里适当时，而换在一家大的家具厂里，这一比例可能就不适当了。如果他对他的资财的分配做到尽可能的合理，他就会愿意以低于平常的价格出卖劳动力，与制造商不想以低价出售货物以打乱市场是一样的，即使以特殊的交易来说，制造商宁愿忍受低价而不想让工厂停工。

从他的不同生产资料中得到他的企业所能获得的最大（边际）回报。如果他使用任何一个生产资料过多，他就从这种生产资料中得到递减的回报。因此，其他生产资料与它不能合适配合，这种递减回报与农民所得到的递减回报是同样的，假如农民对土地如此地细耕，以至从土地获得递减的回报。假如农民能以与付给以前土地的同样的地租而获得更多的土地，他就会租用很多土地，不然，他就会受到责难，被看做一个无能的经营者。这就证明了以下的事实：从个别耕作者的角度来看，土地不过是资本的一种状态而已。

可是，前代的经济学家说到回报递减律时，他们不但从个别耕作者的视角，而且从整个国家的视角来研究农业问题。当前，如果整个国家发觉它拥有的刨床或耕犁为数过多还是过少，它就能再次分配它的资源。它能增加它所没有的东西，同时逐步减少过多的产物：但对土地它却不能如此做。它对土地可以更加精耕细作，但却不能得到更多的土地。由于这个原因，前代的经济学家力言以下一点是对的：从社会观点来看，土地的地位与其他人类可以无控制地增加的生产资料的地位，不是完全一样的。

毫无疑问，在一个新的国家中，还有大量的肥沃土地未加耕作，因此，现有的所有土地的固定性是不起效用的。美国经济学家说到土地的价值或租金时，往往认为它是随着土地与良好市场的长短而不同的，而不是随着土地的肥力而有区别；因此，即使现在，在美国还有很多肥沃的土地未被充分利用。同样的，他们不大看重以下一事实：在像英国那样的国家里，细心的农民用于土地的劳动和资本一般所产生的递减回报，不同于不谨慎的农民的过多的耕犁或制造商不合适的投资所产生的递减回报。有一点可以确定：

当回报递减倾向变得平常时，回报就更多的以价值而不是以数量来表示。可是，必须承认这一点：用数目来衡量回报的老方法，往往碰到没有货币测量的帮助就不能合理解释一剂劳动和资本的困难；并且，这个方法虽有助于广泛的初步衡量，但不能供深入探究之用。

可是，假如我们要把往昔的或将来的土地的生产力都归入一个共同的价值体系，即使采用货币测量的方法也无济于事。所以，我们必须重新采用策略的、多少是武断的测量方式，这种方法不求数字精确以下这些事实：一剂中的劳动和资本的相对数目有很大不同。资本利息这一项目，一般远不及在农业的发展阶段如此重要，即使利率在后一阶段一般是低得多了。为了大多数的追求，以具有一定效率的一天的不熟练劳动当成共同标准，大概最够稳妥。这样，我们认为一剂是由一定数量的不同劳动和资本的使用及偿还的一定费用所组成的，而合在一起就相当于十天（比如说）如此的劳动的价值。这些因素的相对比例和以如此的劳动代表的它们个别的价值，是依照每个问题的特别情况来确定的。

关于在不同状况下使用劳动和资本所获得的回报加以比较，也有相同的困难。只要产物属于同一种类，一种回报的数量就能与另一种回报的数量比较：可是，如果作物属于不同的种类，则要把它们化为一个相同的价值尺度之后才能类比。比如，当我们提到土地对某种作物还有某种作物轮种，比对另种作物或另种轮种，能应用于土地的资本和劳动产生较好的回报时，我们应当理解，这样讲法仅仅以当时的价格为根基才是对的。在这样的状况下，我们必须把整个轮种阶段合在一起计算，并假设在轮种之初与轮种之末土地的情况是相同的，一方面计算在整个轮种时期所使用的一切资本和劳动，另一方面计算一切作物的总回报。

我们必定记住，一剂劳动和资本所产生的回报，在这里不是被当做包含资本本身的价值在内。假如，如果用于田地资本的一部分是通过若干头两岁的牡牛组成的，则一年的劳动和资本所产生的回报，并不是包括年终这些牡牛的所有重量在内，而只包括这一年内所增多的重量。又如，当我们说到一个农民耕种土地的资金是十镑时，这十镑包含他的田地所有的全部东西的价值在内。可是，一年（比如说）之中用于田地的各种劳动和资本的总数，并不包含像机械和马达这样的一定资本的所有价值在内，而只包含扣除了利息、折旧和修理资金之后的它们的应用价值，即使这一总数包含像种子这样的流通资金的全部价值在内。

以上所说是一般所使用的衡量资本的方式，如果没有不同的意见，这个办法可以看做没有阻碍了。可是，另一种方法有时更为合适，有时对所用的所有资本，说成好像全是一年之初或一年之中所用的不固定资本，是方便的。在这种状况下，年终时，凡是田地上的物品都是生产物的一部分。如此，幼小的家畜可以看做一种原料，而经过一定时间将它生产成为肥壮的家畜以供屠宰。关于农具，甚至也可相同处理，年初时农具的价值当做用于土地的一定数目的流通资本，到年终时就看做一定数额的生产物。这个方法使我们可以避免一再重复地应用关于折旧等方面的假定词语，并在很多方面能省去许多话。关于具有抽象性质的一般论断——特别这种推论是以数学方式来表示时——这个办法通常是最妥当的。在每个人口密集的国家里，有思想的人都应当研究回报递减律。正如凯南教授所说，回报递减律最早是由杜阁加以清楚解释的（见他所著《生存》），而它的主要应用则是由李嘉图发展的。

## 【注释】

a 在耕作的初期阶段中，回报的递增一部分是因为组织上的经济，这与使大规模的工业取得利益的那种组织上的经济是一样的。可是，一部分这也由于以下的现实：在土地耕作极粗的地方，农民的收入易为天然生长的莠草所控制。递减的回报与递增的回报之间的联系，在本篇的最后一章中再详加论述。

b “如果他们住在一起的话，那个地方容不下他们：由于他们的财物很多，所以他们不能住在一块。”见《旧约》中《创世记》第 13 章第 6 节。

c 关于这个名词，参看本章第 8 节。

d 李嘉图对这一点是非常理解的，即使他没有加以着重解释。那些反对他的学说的人觉得，对于所有土地都要付租金的地方，他的学说是不合适的，这些人错解了他的论断的本质。

e 让我们用图形来解释。我们要牢记，图形的例解不是说明。它不过是大略等同于一些实际问题的重要条件的图表而已。它只是要求轮廓清楚，而未考虑随着事实问题变化的很多事情，关于这些事情，农民在他自己的特别事件上肯定加以充分考虑。假如在某一次田地上用了五十镑的资金，就可从这块土地得到一定数量的产物。假如在这土地上用了五十一镑的资金，则可获得大于上述数目的生产物。这两个数量的区别，可以理解是第五十一镑所增强的生产物，如果我们假设，以后持续使用的各剂资金都是一镑，我们就可以说，这区别是第五十一剂所增强的生产物。设以 OD 线代表持续用于土地的各剂，依照先后次序加以同等的划分。再从表示第五十一剂的 M，画一条直线 MP 与 OD 成直角，在厚度上 MP 相等划分的这些部分中的长度，如此，它的长度就表明第五十一剂所增加的生产物之数目，假设在OD线上划分的各部分都如此做以代表各剂的产量，直到等同于最后一剂的那部分为止，而这最后一剂使用在土地仍是有利的。假设这最后一剂是第一百个剂，在D点上，而DC表明刚好补偿农民支出的回报。这些直线的顶端就构成了曲线APC。这些直线的总和就表明生产物的总量：就是说，各直线的厚度既相当于它所划分的各部分的长度，生产物的总数就是由ODCA面积所代表。作CGH横线与DO平行，在G与PM相切；这种情况下，MG等于CD；DC既是刚好补偿农民一剂的支出，MG也是刚好补偿他的另一剂的支出：在OD与HC之间所作的有厚度的各直线也都是这样。所以，这些直线的总和，即ODCH面积，就表明补偿他的支出所需的生产物的部分，而剩下AHGCPA这一部分，就是剩余生产物，在一定的条件下，这种余下生产物就变为地租了。

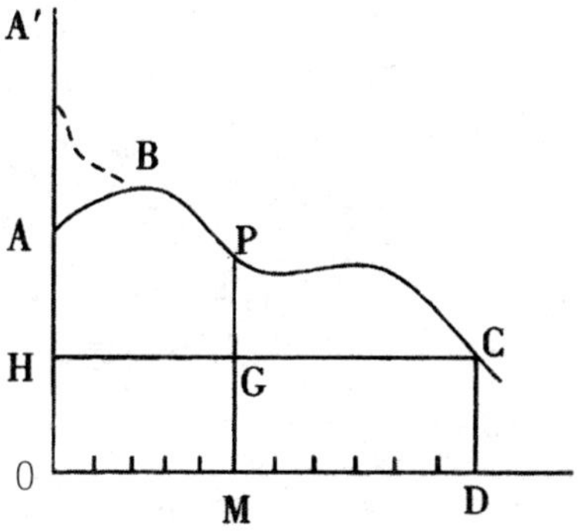


图（10）

f这就是说，我们可用虚线BA′代替BA（见图（10）），而将A′BPC当做应用在英国农业的资本和劳动所产生的回报之典型曲线，无可否认，小麦和其他一年生长的作物之获得不费相当大的劳力是得不到的。可是，自己播种的天然生长的草类，不费什么劳力就会像粗野的家畜那样产生很好的回报。我们已经了解（见第三篇第3章第1节），回报递减律与需求律是非常类似的。土地对一剂资本和劳动所产生的回报，可看做土地对这一剂所出的价格。土地对资本和劳动的回报，就可称为是土地对它们的有效需要：土地对任何一剂的回报，就可称为是土地对这一剂的需求价格，所以，土地对持续使用的各剂所产生的回报的一张表，就可当做土地的需要表；但为了规避混淆起见，我们称之为土地的“回报表”。等同于正文中土地的状况的，就是前述某人购买糊墙纸的例子。此人关于可以糊满他的房间的所有墙壁的一张糊墙纸，比只能糊一半墙壁的那张糊墙纸，情愿支付超过按照比例的价格。所以，他的需求表在一小阶段中对于数目的增多，就表现出需要价格的渐增而不是渐减。可是，在许多个人的总需求中，这种区别就互相抵消了。因此，一群人的总需求表常表现出需求价格每随供应数目之增加而逐步下降。同样的，如把许多块土地放在一块，我们所得到的一张回报表，就会表现出回报每随所用的资本和劳动之增强而不断递减，但是，个别需求的变化，在许多土地方面，比在许多人方面较易了解，而且在一些方面加以注意也较为重要。因此，我们的典型报酬表所表现的回报递减，就不像典型需求表所表现的需要价格那样整齐一律了。

g 这种状况可用图形来表明。假如生产物的实际价值，是以 OH′ 与 OH 的比率增加（因此弥补农民的一剂资本和劳动所需求的金额就从 OH 下降到 QH′ ），余下生产物只增长到 AH′ C′ ，比从前的数额 AHC 大得不多，图（11）表明这第一种状况。图（12）代表第二种状况，在这种状况下，生产物价格的相同变化，使得新的余下生产物 AH′ C′ ，比从前的余下生产物 AHC 大约大三倍；图（13）代表第三种状况。最早用于土地的各剂资本和劳动所产生的回报之少，导致除非要想进一步耕作，不然，使用它们是不上算的。可是，以后各剂却产生了递增的回报，达到最高点 P 之后又递减了。假如生产物应当得到的价格是这样之低，以导致需要 OH″ 的数额才能补偿耕作者所用的一剂资本和劳动，所以耕种这土地不过才上算而已。因为，这样耕作就获得 D″ ；最早使用的各剂之亏损，是由 H″ AE″ 的面积表示的，后来各剂的剩余则由 E″ PC″ 的面积代表。由于这两个面积几乎相等，土地的耕作在这一点上也单单是够本而已。可是，假如生产物的价格上涨了，OH 的数额就足以补偿耕作者所用的一剂资本和劳动，则最早使用的各剂之亏损就减少到 HAE，以后各剂的剩余就扩展到 EPC：纯剩余（土地如果租出则为真正的地租）就是 EPC 超过 HAE 的部分。假如生产物的价格再上涨，OH′ 的数额就足以相抵耕作者所使用的一剂资本和劳动，那么，纯利润就增加到很大的数目，而由 E′ PC′ 超过 H′ AE′ 的方面来代表。

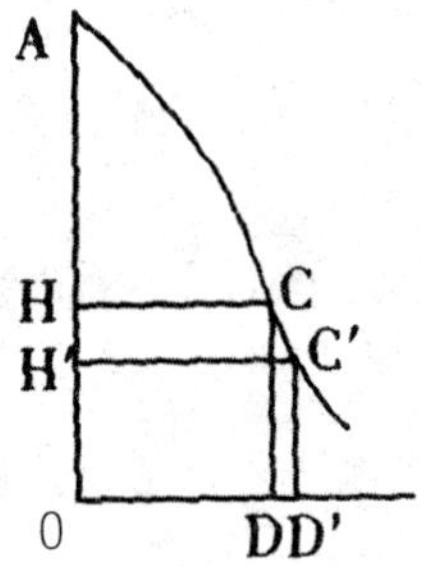


图（11）

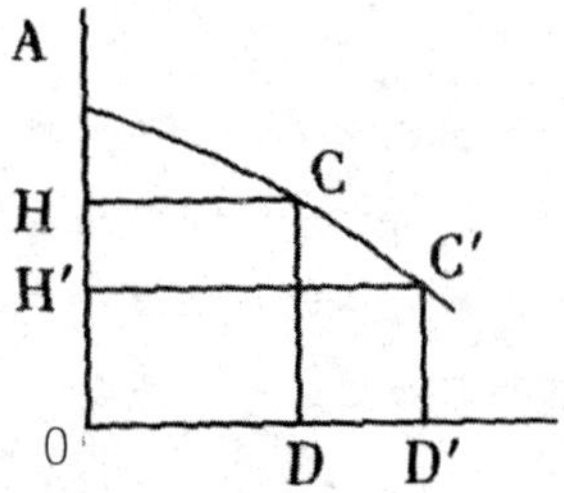


图（12）

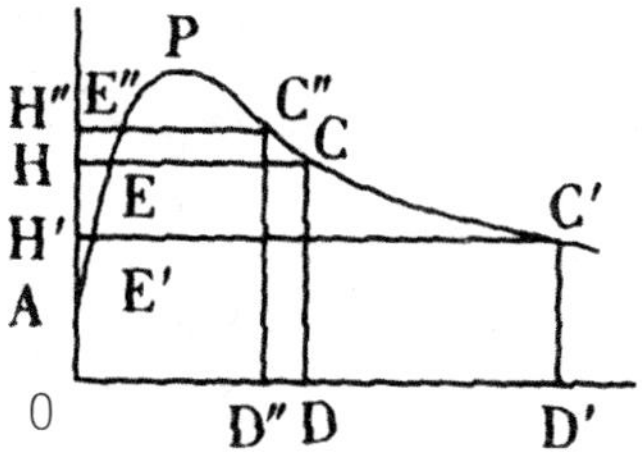


图（13）

h 在这种状况下，最早使用的各剂资本和劳动的确是与土地合在一起而不能回收。如果土地是租出的话，则所付的真正地租，除了图（13）中所代表的剩余生产物还有真正的地租外，还包含最早使用的各剂资本和劳动的利润在内。对于地主的资本所产生的回报，也能简单地用图形来表明。

i 当然，他的回报可能先递减后递增，然后再递减；可是当他能实行一些进一步的大面积改进时又再递增，像图（10）所说明的那样。可是，像图（14）所说明的这种较为特别的例子，也不是很少见的。

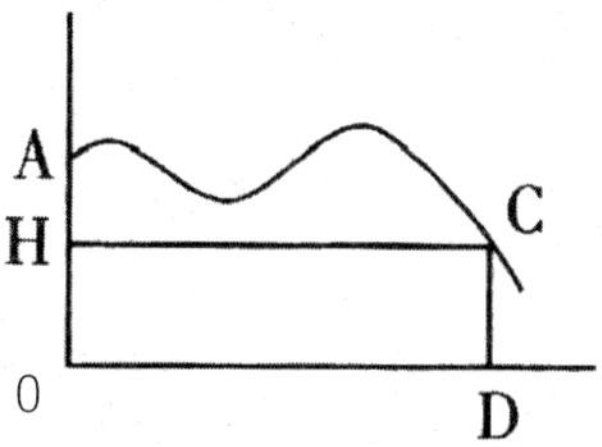


图（14）

j 假如生产物的价格是如此，以后需求 OH 的数目［见图（11）、图（12）、图（13）三图］才能抵偿耕作者的一剂资本和劳动，于是细耕就会扩大到 D；而所得到的生产物 AODC，在图（12）中最大，在图（11）中其次，在图（13）中最小。可是，假如对农产品的需要增多了，以致 OH 的数目就足以补偿耕作者的一剂支出，于是细耕就达到 D，而所得到的生产物 AODC，在图（14）中最大，在图（12）中其次，在图（11）中最小。假如我们考虑余下生产物，则这种对比就会去更加鲜明，余下生产物是减去足以补偿耕作者的支出之后的剩余，而在一些条件下就变为土地的地租。因此，在第一种状况下，剩余生产物在图（11）和图（12）中是 AHC，而在第二种状况下，是 AHC；而在图（13）中，在第一种状况下，余下生产物是 AODCPA 超过 ODCH 的部分，也就是说 PEC 超过 AHE 的部分；而在第二种状况下，就是 PEC 多于 AHE 的部分。

k 据罗杰斯测算（见他所著《六个世纪的工作和工资》），如使用谷物估计，肥沃的牧地在五六世纪以前，就具备与它现在大概一样的价值；但相同用谷物估计，耕地的价值在相同时间内增高了大概五倍。这一部分由于在其根可食的植物和其他近代的不同家畜冬季饲料还不被了解的时候，干草是特别重要的东西。

l 如此，我们可以比较图（15）和图（16）所代表的两块土地。关于这两块土地，回报递减律发生一样的作用，所以它们的生产物曲线状况也是相同的，但前者在不同程度的细耕上都比后者具有更大的肥力，土地的价值通常可由它的余下生产物或地租来表示。在这两种状况下，当需要 OH 的数目以补偿一个增量的资本和劳动时，余下生产物就由 AHC 来表示；当人口和财富的增加使图（15）、图（16）OH′ 的数额就足以弥补一剂资本和劳动时，则由 AH′ C′ 来表示。很显然，图（16）中的 AH′ C′ 同图（15）中的 AH′ C′ 对比，就比图（16）中的 AHC 同图（15）中的 AHC 相比来得有利。相同的——即使程度不同——图（16）中的所有生产物 AOD′ C′ 同图（15）中 AOD′ C′ 对比，就比图（16）中的 AODC 同图（15）中的 AODC 对比来得方便（在威克斯地德所著的《分配规律的坐标》一书上巧妙地论到地租可以变成负数。当然，赋税可以吸收地租。然而耕作得不到回报的土地，就会生长树木和杂草了。参看以上本章第 3 节）。波流（见他所著《财富的分配》第 2 章）从前收集了不同的事实，以表明贫瘠地的价值比肥沃地相对地增加这个倾向，他引用下列数字，表示 1829 年和 1852 年代尔和瓦兹两县中几个区的五种土地每公顷（相当于二英亩半）的地租额（以法郎计算）。

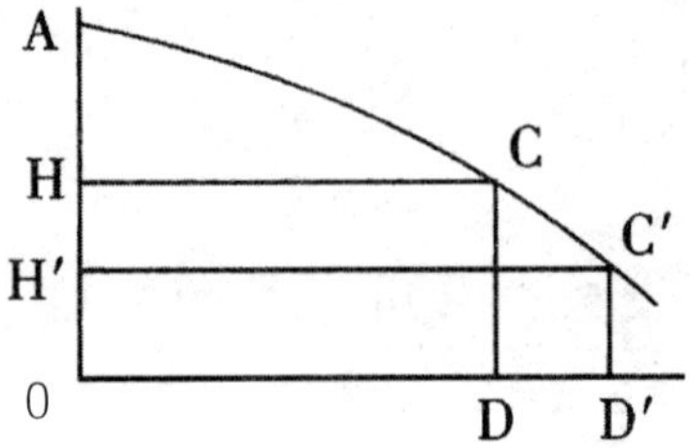

图（15）

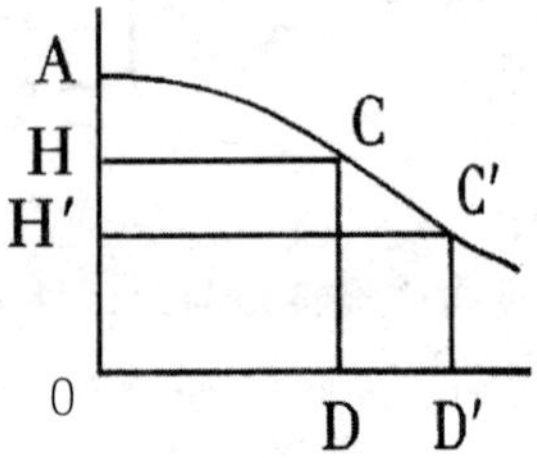

图（16）

| 年份 | 第一种 | 第二种 | 第三种 | 第四种 | 第五种 |
|---|---|---|---|---|---|
| 1829 | 58 | 48 | 34 | 20 | 8 |
| 1852 | 80 | 78 | 60 | 50 | 40 |

m 正如罗雪尔（见他所著《政治经济学》）所说："在批评李嘉图时，我们不能忘记，他的意愿不是要写一本政治经济学的教科书，而仅仅是尽可能简洁地将他探究的结果，告知精通政治经济学的人。因此，在他的著作中往往采用某些假定，只有通过适当考虑之后，我们才能把他所说的话延伸到其他情况上去，还不如重新写过，以适应已经变化的情况。"

n 凯雷断言他已经说明了以下一点："在世界各地，耕作是从山的两旁开始的，那里的土地很贫瘠，地位上的自然利益很小。随着财富和人口的增加，人类就从两面接连山谷的高地下来，聚集在于山脚。"（见他所著《社会科学原理》第 4 章第 4 节）他甚至如此论述：每当一个人口稠密的地方受到糜烂时，"当人口、财富和联合的力量衰落时，人类所丢弃的却是肥沃的土地，再逃避到贫困的地方去"（前书第 5 章第 3 节）；躲藏着野兽和盗贼的丛林的快速成长，或是瘴气的发生，都使肥沃的土地受到困难和危险。然而，新近在南非及另外地方的殖民者的经验，通常都没有证实他的论断，可是他的结论的确大部分是由于有关热带地方的事实。可是，热带地方的外表上的吸引力有很多是不靠谱的：热带地方可能会使艰苦的工作得到非常丰富的回报，但在那里，艰难的工作现在仍是不实际的，纵然医学的进步，特别是细菌学的发展，在这方面可能会造成某种改变。凉爽的微风是活泼生活的必需品，与食物本身几乎一样。能生产很多食物，但其气候却是毁坏人的精力的士地，比生产特少的食物但有合适的气候的地，不会生产更多的有助于人类福利的物品。

o 在一个新的国家中，如此帮助的一个重要方式，就是使他可以敢于耕作肥沃的土地，不然，因为害怕敌人和瘴气，他就会知难而退了。

p 正像李嘉图所说（见他所著《政治经济学及赋税原理》第 2 章）："对煤矿或石矿所付的回报（由租用矿山的人支付的），目的是从矿山中可以开采出来的煤或石的价格而付给的，与土地固有的或不灭的能力没有联系。"可是，在把回报递减律使用在于矿山的探究上，李嘉图和其他学者有时好像都忽视这种区别了，李嘉图对亚当·斯密的地租论断的批评，特别是这样（见《政治经济学及赋税原理》第 24 章）。

q 诚然，用于建筑物的资本所发生的回报，对于较早使用的各剂资本是渐增的。纵然在差不多不花代价就能取得土地的地方，建造两层高的房屋也比一层价廉；迄今为止，建造大概四层高的厂房被感觉是最便宜的。可是，在美国出现这样一种意见：在土地不是很昂贵的地域，厂房应当仅有两层高，一部分是为了回避高层建筑的震动和防止这种震动所需的高价的地基和墙壁有害的后果。这就是说，建造两层高的房屋需要的资本和劳动花在这土地上后，方便之回报已经是显然递减了。

r 参照布洛克教授和兰德里教授的著作。

s 在这方面，他会充分利用以后所提的"替代"原理，就是以较为合适的方法来替代较不合适的方法。与这一段有直接关联的探究，见于第三篇第 5 章第 1~3 节，第四篇第 7 章第 18 节、第 13 章第 2 节，第五篇第 3 章第 3 节、第 4 章第 1~4 节、第 5 章第 6~8 节、第 8 章第 1~5 节、第 10 章第 3 节，第六篇第 1 章第 7 节和第 2 章第 5 节。效用递减趋势和回报递减倾向是各有依据的，一在于人类本性的品质；二在于工业的技术条件。可是，这两种趋势所指的资财的分配，刚好是受同一规律的控制。用数学的话来说，这两种趋势所产生的在最大数和最小数上的各种问题，是由同一的特殊方程式来证明的。

# 第 4 章　人口增长

## 第 1 节　人口学说发展史

生产财富是人类为了满足人类的物质需求所进行的身体、精神及道德等方面的一系列地活动，生产财富是人类的最终目的[a]。本章及以下两章将研究劳动的供给，即研究人口在数量上、体力上、知识上和性格上的发展。

在动物界和植物界中，动植物的繁殖一方面受个体繁殖自身种类的倾向的支配；另一方面又受生存竞争的支配。这种竞争或许会使年幼者还没有完全成熟就遭到淘汰。只有在人类中，这两种相反力量的冲突会因其他影响而变得复杂：一方面，对将来的顾虑使许多人控制他们的自然冲动。有时是为了尽父母之责这一目的，有时则处于卑鄙的动机。例如古罗马帝国时代就是如此。另一方面，社会以宗教、道德和法律制裁对个人施加压力，以达到时而加速、时而阻碍人口增长的目的。

人口增长的探究，通常被说成是近代的探究。可是，具有多少是模糊方式的人口探究，早已受到世界上所有时代的有思想的人的关注了。在东方和西方世界中，由立法者、道德家和如此无名的思想家——这些思想家的远见的智慧已对国民的习俗发生影响——所制定的法规、风俗和礼仪，对于其中的大部分，我们能溯源于人口探究的影响，但这种作用往往未被认可，有时甚至未被清楚地了解。在强盛的民族中和在重大的军事冲突阶段，他们力求增强能负荷武器的男子的给付，而在进步的高级时期，他们谆谆教导对人类生活的圣洁不可侵犯，要有特大的尊重。但在进步的低级时期，他们又鼓励甚至强迫对老弱的人，有时对一部分的女孩，加以惨无人道的屠杀。

在古代的希腊和罗马，为了保持开拓殖民地的能力，并且因为战争的持续发生，市民人数的增多，是被看做一种公共力量的源泉。舆论鼓励结婚，而且在很多情况下，甚至由法律附加鼓励：即使连那时有思想的人也认为，假如要减轻父母的负担，不同的行动可能是必要的[b]。在以后的时代里，就像罗雪尔所提的那样[c]，国家应该鼓励人口增长的见解就时盛时衰了。在英国都铎尔王朝最早两王的统治下，这种见解最为盛行。可是在十六世纪期间，这种见解就减弱和不同了。当废除了僧职的单独生活和国家状况的稳定已对人口给予明显的刺激时，而同时牧场的增多，以及工业体系中僧院所设立的那一部分工业的瓦解，都降低了对劳动的有效需要，这种意见就开始衰落了。以后，人口的增长因生活舒适这个标准的增强而受到遏制，这种提高的作用就是在十八世纪上半叶英国人民通常采用小麦作为重要食物。在那时，甚至还有一种担忧，认为人口确实是减少了，以后的研究证明这种恐惧是没有依据的。凯雷和威克斐尔德有关人口稠密的利益的理论，已为潘提[d]提前说出一些了。蔡尔德也说："所有可以使一国人口减少的物品，都可以使一国贫穷"，又说："世界上文明地区的很多国家的贫富多少是与人口的多寡成正比的，却不是与土地的肥瘠成正比的[e]。"在对法国的世界斗争达到顶点时，渐渐需要越来越多的军队，而制造商也需要更多的人来利用新机械，统治阶级的偏见就十分赞成人口增长。这种意见的流行相当普遍，以致皮特在 1796 年宣布，所有以几个孩子报效国家的人，享有国家补贴的权利。在 1806 年军事紧急中所应用的一项条例，规定凡有嫡出的孩子两人以上的父亲，能够享受免税的权利，但当拿破仑被安稳地幽禁在圣赫勒拿岛上的时候，这个条例就废除了。[f]

## 第 2 节　续　前

在整个这一年代里，在那些最认真地考虑社会问题的人之中，渐渐感到人口过度增加，不管是否已使国家强大，都肯定会造成巨大的困苦，并且国家的统治者无权以毁掉个人的幸福来增强国家的。我们已经了解，尤其是在法国，官员及其随行者为了他们个人的奢侈和军事上的光荣而毁掉人民的幸福，如此残酷的剥削引起了人民的抗议。假如在十八世纪，重农主义者的仁慈和同情心战胜了法国特权阶级的奢侈与苛刻，当时可能就不会以骚乱和流血结束了；同时期在英国，自由的进程就没受到阻碍，前进至少一代了。事实上，当时对于魁奈的慎重而有力的抗议，差不多未加关注，他抗议说："一个人应当志在增多国民收入，而不应求人口的增多，由于相对于人口超过收入而常常处于迫切需要生活资料的状况，从优厚的收入中所获得的较大的舒适的状况是可取的。"[g]

亚当·斯密对人口问题说得很少，尽管他著作的时代，正是英国工人阶级最繁荣的时代之一；可是他所说的的确是明智的、不偏不倚的，而在理论上是现代的。他接受重农学说作为他的依据，而加以如此的修正：他力言生活必需品不是一个特定的和固定的数量，而是随时随地改变的，并且会有更大的改变[h]，可是他却没有充分说明这个暗示。当时不具备什么事情使他会想到重农学说的第二个大控制，到了我们的阶段，由于小麦从美洲的中心运到利物浦的资金，比它过去在美国国内的资金还少，这个控制就变为突出了。

十八世纪慢慢过去，直到终了，下一世纪起航了，年复一年，英国工人阶级的情况变得更为悲惨。惊人的一连串的歉收[i]，精疲力竭的战争[j]，还有在工业方法上打破旧日束缚的改变，再加上不合适的救贫法，就使得工人阶级陷于空前的困苦——至少是英国社会史上自有可靠资料以来的最大困苦[k]。特别是善意的热心者，主要是在法国的影响下，倡导共产主义的方法，使人们能把抚养孩子的所有责任归之于社会[l]。

如此，当募兵的军曹和劳动者的雇主需求会是人口增长的方法时，较有远见的人开始探究民族是否能够规避堕落的问题，如果人口像从前那样长久持续增加的话。在这些探究的人之中，重要的是马尔萨斯，他所著的《人口论》是有关这个问题所有近代理论的起点。

## 第 3 节　马尔萨斯

马尔萨斯的理论是由三个部分构成的，而这三个部分必须分别开来。第一部分是有关劳动的供给。依据对事实地细心研究，他证明了一点：凡有可靠的历史标记的民族，都是如此生育繁多，导致如果不是由于生活必需品的缺少，或其他因素——就是疾病、战争、杀婴儿，最后是情愿的节制，则人口的增长就会是迅速和连续的。他的第二个观点是关于劳动的需求，像第一部分一样，它也是以实际为根据，不过是用一类不同的事实来表明。他证明，到他著作的时候为止，没有一个国家（与罗马或威尼斯那样的城市是不一样的），在它的领土上人口变得十分稠密之后而能获得生活必需品的丰富供给。自然关于人类工作所酬予的生产物，就是它对人口的有效需要。他又证明，到那时为止，已经稠密的人口的快速增加，还没有引起这种需求的按比例的增长[m]。

于是，他获得了以下的结论：从前发生的事情，未来也可能发生；人口的增长会受到贫困或某种其他困苦的阻碍，除非用自愿的节制来阻碍它。所以，他力劝人们采用这种自觉的节制，并且要过道德上纯洁的日子，力戒早婚[n]。

他的有关人口供给的观点实质上依然是有效的，在本章中仅仅这一部分与我们直接有关。形势的发展使人口学说所发生的改变，主要是有关他的推论的第二和第三阶段。我们已经了解，十九世纪前半期的英国经济学家，有关人口增加对生活资料所产生的压力的趋势过高地估计了；马尔萨斯不能想到海陆运输应用蒸汽的巨大进步，这不是他的过失，这种进步使当代的英国人能以比较小的费用，获得世界上最肥沃田地的生产物。

可是，他没有预料到这种变化的事实，却使他的推论的第二和第三阶段在方式上过时了。即使实质上它们在很大程度上依然是有效的。确实，除非在十九世纪末所实行的对人口增长的遏制有效（在尚未完全变为文明的地方，这种控制必然要改变方式），否则，盛行于西欧的舒适风俗，要推广于全世界并持续好几百年，将是不可能的。可是，有关这一点，以后再加详论[o]。

## 第 4 节　结婚率和人口出生率

一个民族的人口增加，首先取决于自然增加，就是人口出生超越人口死亡之数；第二取决于移民。

人口出生率主要是看有关结婚的习惯而定，如此习惯的古代历史之中是富含经验教训的；但这里我们所探究的，不得不受困于文明国家的结婚状况。结婚的年龄随着气候而区分，在气候温暖的地方生育开始得早，停止得也早；但在气候寒冷的地方，生育开始迟，停止也迟[p]；但不管在哪一种状况下，结婚延迟到这个地方的自然婚姻年龄以上的时间越长，人类出生率就越低。诚然，妻子的年龄在这方面比丈夫的年龄重要得多[q]。假设气候没有改变，则平均结婚年龄主要是看年轻人能够自立和依赖他们的朋友与相识的人之中所实行的舒适标准以保持家庭的难易而定。因此，对于身份不同的人，平均结婚年龄也不相同。在中等时期中，一个人的收入在他四十或五十岁之前，很少达到最大限制。抚养孩子的费用相当大，而且要保持许多年，技术工人除了升到负责人的地位，不然，在 21 岁时他的收入几乎是最大的了，但在 21 岁之前，他却赚得不多：他的孩子大概在 15 岁之前，对他可能是极大的负担。除非他将孩子送入工厂做工，让他们在很年幼时就可以自己谋生。最后，不纯熟的劳动者在 18 岁时差不多就赚到最大的劳资，同时，他的孩子在很年幼时就开始自己独立生活了。结果，平均结婚年纪在中等阶级中最高，在技能工人中次之，而在不纯熟的劳动者之中最低[r]。不纯熟的劳动者，假如不是穷到无以为生，或没有受到任何外部因素的抑制，具有在 30 年内增长一倍的能力，也就是在六百年中增长一百倍，在一千二百年中增长一万亿倍，他们表现出来的低于这种技能的增加，即使有也是很少的。因此，可从演绎上推知，不纯熟的劳动者的增长，从来没有不加控制地长时间继续下去，这一推断被一切历史的经验所证实。在中世纪的全部欧洲，乃至在现在欧洲某些地方，未婚的不熟练的劳动者一般住宿在田舍内或与父母住在一起；而已婚的男女一般需要自己住的房屋。当一个乡村能聘用尽可能多的工人时，房屋的数量却没有增强，年轻人不得不尽可能地苦等了。

纵使现在，在欧洲许多地方，风俗还具有法律的力量，一个家庭中不允许有一个以上的儿子结婚，结婚的儿子一般是长子，也有些地方是最小的儿子。如果有另外的儿子结婚，他就要离开这个乡村。在旧大陆的旧式乡村里，假如经济上突然繁荣起来，就会给这种残酷的风俗致命一击[s]。确实，这种风俗的严酷性可以由移民的能力来缓和，但在中世纪，人们之间的交往被法规所阻碍。自由的镇市确实通常鼓励乡村人民的转移。可是，行会的规矩对于要从故乡逃出来的人，在一些方面与封建地主所实行的法律差不多是同样残酷的[t]。

## 第5节　续　前

在这方面，被聘用的农业劳动者的位置已经发生很大的改变。城市现在对他和他的孩子一直是开放的。假如他到新大陆去，他就可以比其他所有种类的移民得到更大的成就，可是，另一方面，土地价值在渐渐上涨，以及土地的日见稀少，在一些盛行自耕农制度的地域里，势将控制人口的增加，而在这些地区，创办新的交易或向外移民的进取心是很小的，父母觉得到他们孩子的社会位置将取决于他们的土地的多少。他们喜欢人为地控制家庭人数的增加，对待婚姻极像是商业合同，一直设法使他们的儿子与有继承权的女了联姻。佛兰西士·威尔顿曾经指出：一般来说，即使英国贵族的家庭是特大的，但是，使长子与一些生育不多的家族的女继承人结婚的习俗，以及有时劝阻幼子结婚的习俗，已经使得很多贵族的家系断绝了。在法国农民中也有相似的习惯，再加上他们喜欢小家庭，让他们的人口数几乎没有变化。

另一方面，以人口快速增长的条件而论，几乎没有比新的国家中农业区域的条件更为便利了。土地特多，铁路和轮船运出土地的生产物，运回新式工具还有许多生活舒适品和奢侈品。因此，“农民”——在美国这是对自耕农的称法——觉得大家庭不是一种重担，而是对他的帮助。他和家人过着健康的户外生活，没有东西会控制人口的增长，而很多因素都会刺激人口的增加。外来的移民加速了自然增长。这样，即使美国大城市的居民中一些阶级的人，据说不希望有很多孩子，可是，美国的人口在近百年中已增加了十六倍[u]。

总体上，以下一点似乎已经得到了印证：人口出生率在富有的人之中，比在那些为自己和家庭的未来不作过多的准备与过着匆忙生活的人之中，通常是较低的，而且奢侈的生活习俗使生殖力降低了。严重的精神紧张也可能会使生殖力降低，这就是说，假设父母的固有的体力没有改变，他们的“有一个大家庭”的期待，就会因精神紧张程度的大大增长而减少。当然，那些高度智力工作的人，当做一个阶级来说，具有平均以上的体质和神经的能力。威尔顿曾经就说，他们作为一个阶级而论并不是生殖力有问题，但是，他们往往都是晚婚的。

## 第 6 节　英国的人口史

英国人口增长历史，比联合王国人口增加的历史更为清楚，对于探究它的主要改变，我们会觉得颇有感觉。

在中世纪时期，对人口增长的控制，在英国与在别国是相同的。在英国，也像在别国一样，僧人这个职位是没能力成家立业的人的避难所。宗教上的独身主义必然在某种程度上对人口的增加起到一种独立的控制作用，但就总体而言，独身主义是被当作那些势将遏制人口增长的广泛的自然力量体现出来的一种方式，而不是被当做一种新的自然力量。传染性和流行性的疾病是由不讲卫生的生活习俗所造成的，这种习俗在英国比在欧洲南部甚至更坏。农业无法丰收和交通困难造成了饥荒，虽然这种灾害在英国还不像在别国那样大。

像在别国那样，乡村生活在习俗上是刻板的，年轻人很难成家立业，除非已婚男女的死亡导致了他们教区内的空缺。因为，在一般的情况下，一个农业劳动者极少会想到迁往另一教区的。所以，当疫病、战争或饥荒使人口减少时，总有很多人等着结婚，他们弥补了这些空缺。他们可能比通常的新婚夫妇更为年轻和强壮，所以有了较大的家庭[v]。

可是，纵然农业劳动者，也有些人会向受疫病、饥荒或战争的毁坏严重且较邻近的区域转移。而且，技术工人通常是各处流动的，特别是那些从事建筑业、五金业和木材业的人。毫无疑问，即使“漫游年”主要是青年人的事，但在漫游年之后，漫游者就会在他成长的地方定居下来了。最后，即使行会的利己的排外性与日俱增，英国的城市，也像别国一样，变成了很多人的避难所——他们在故乡不能取得工作和结婚的好机会。因为这种种状况，呆板的中世纪的经济制度就有了一些伸缩性。因为知识的进步、法律和秩序的设立以及海外贸易的发达，对劳动的需要就渐渐增加，而在一定程度上劳动需要的增强对人口是有利的[w]。

在十七世纪下半叶和十八世纪上半叶，中央政府竭力以关于居住的法律来阻挠国内各地人口的供给与公共需要相协调，这种法律规定，所有人如在某一教区住了40天，就归该教区控制，但在这40天内随时可被强制遣回以前所属的教区[x]。各地主与佃农尽力防止外来的人在他们的教区内取得居住权，所以就对建造茅屋施加很大的困难，有时甚至将茅屋彻底毁坏。所以，英国的农业人口直到1760年为止的百年之中没有改变。同时，工业还不特别发达，因此不能吸收大量的人口。这时人口增加得缓慢，一部分是因为生活水平的提升所造成的，同时一部分也是生活水平提升的因素。生活水平提升的一个重要因素，就是一般人民大多用小麦替代次等谷物当做食物[y]。自1760年以来，在故乡不能谋生的人，到新的工业区域或者矿业区域去找职业没有什么难度，在这些区域里，对工人的需求常常使地方当局不能执行居住条例中遣回原籍的原则。年轻人自由地到其他区域去，因此那里的人口出生率就变得十分高，可是死亡率也十分高，其后果则是人口十分迅速地增长。在十八世纪末，当马尔隆斯写书时，救贫法重新开始改变结婚的年龄，可这时却使结婚年龄趋于不合适地早了。这年的饥荒以及对法国的战争所造成的工人阶级的苦难，使得某种救济措施成为必然。而大量补充海陆军兵员的需求，更使慈悲为怀的人感觉应对大家庭稍微增加补助，而事实的结果，让有许多孩子的父亲通常不必工作而能获得很多好处，假如他没有结婚或仅有一个小家庭，纵然辛苦工作也不能获得这么多的好处。最会使用这种补助的人，肯定是最懒惰和最卑鄙、最没有自尊心以及进取心的人。因此，在工业城市中虽有恐怖的死亡率，特别是婴儿的死亡率，可是人数还是增加很快。但在1834年通过新救贫法以前，人的品质即使有增进也是很少的。自从那年以后，城市人口的快速增加——在下一章我们就会了解——就趋于增大死亡率，可是这一点已为节欲、医学知识、卫生和普通清洁的进步所抵消了。向外移民增加了，结婚的年龄稍微提高，并且在所有人口中已婚的人所占的比例也稍有下降。可是，另一方面，生育对结婚的比率却提升了[z]，结果人口差不多是慢慢地日见增长[@7]。以下就让我们稍微详细地探究新近变化的过程。

## 第7节 续 前

在十九世纪初的时候，当工资低小麦贵的时候，工人阶级花在面包的费用一般占到他们收入的一半以上。所以，小麦价格上涨大大减少了他们的结婚率，这是说，大大减少了在教堂中举办结婚预告的数目。可是，小麦价格的上涨却提升了富裕阶级中很多人的收入，因此往往增加了实际结婚的次数[@8]。可是，这些人不过是所有人口中的一小部分，其后果却是减少了结婚率[@9]。可是，时过境迁，麦价降了，而工资涨了，目前，工人阶级花在面包上的资金平均还达不到他们收入的四分之一。所以，商业繁荣的改变必然对结婚率发生压倒所有的影响[⊠]。

自 1873 年以来，英国公民的平均实际收入纵然确有增加，可是它的增加率却低于前几年，同时物价持续地下跌，所以社会上很多阶级的货币收入就持续地减少。这时，当人们思考是否能结得起婚的时候，他们不是为货币收入的购买力的改变的细密考虑所控制，而是为他们期望可以得到的货币收入所控制。因此，工人阶级的生活水平快速提高，可能比英国历史上其他所有时代更为快速：他们的家庭费用若以货币测算大致没有改变，而以物品计算则增长很快。同时，小麦的价格也大大下降，全国结婚率的明显降低通常随着小麦价格的明显下跌而发生。现在结婚率是依据以下的办法来测算的：每次结婚包含两个人，所以应当以两个人测算。英国的结婚率在 1873 年是 17.6‰，到了 1886 年降低到 14.2‰，1899 年又增长到 16.5‰；1907 年是 15.8‰，然而在 1908 年只有 14.9‰[⊠]。依据苏格兰和爱尔兰的人口史，可以学到很多东西。在苏格兰低地、高等的教育水平、矿产资源的开采，还有与富裕的英国邻居密切联系等因素合在一起，就使快速增长的人口的平均收入大大增长。另一方面，爱尔兰在 1874 年马铃薯荒之前，人口的过度增长，还有那年之后的慢慢减少，将永远是经济史上的重要事件。

比较了各国的习俗之后[⊠]，我们了解：在中欧和北欧的条顿民族的国家中，婚姻年龄是比较晚的，一部分原因是男子在壮年早期要服兵役。可是在俄国，结婚年龄是特别早的，在俄国，最少是在旧政权之下，家庭力主儿子尽早娶妻以帮助家务活动，纵然儿子必须短暂离开妻子出外谋生，同样要早婚，联合王国和美国没有强制兵役，男子就会早婚。在法国，正与普遍的意见不同，男子早婚是很常见的。可是女子的早婚，除了最盛行早婚的斯拉夫族的各国外，比任何有记载的国家更具备条件。

结婚率、出生率和死亡率几乎在各国都在减少。可是，在出生率高的地方，通常死亡率也高。比如，在斯拉夫民族的各国中，两者都高，而在北欧，两者都低。在澳洲死亡率是低的，可是“自然的”增长率特别高，即使出生率是低的而且下降得很快。实际上，在 1881 年至 1901 年时期，澳洲各州出生率减低了 23% ~ 30%[⊠]。

## 【注释】

a 参看第四篇第 1 章第 1 节。

b 正如亚里士多德（见他所著《政治学》第二篇第 6 章）不同意柏拉图的平分财产和消灭贫困的方法。原因是，除非国家对人口增加加以坚决地抵制，不然，这个方法是不能实行的。正像周维持所提出的，柏拉图自己也了解这一点（见他所著《法律》以及亚里士多德的《政治学》第七篇第 16 章）。从前认为，希腊的人数是从纪元前七世纪降低的，罗马的人数是从纪元前三世纪降低的，这种观点近来已经成为问题了。参看《社会科学大辞典》中麦耶所写的《古代人口》一文。

c 见罗雪尔所写《政治经济学》第 254 节。

d 他辩称说，荷兰若与法国相比则好像更富裕，由于荷兰人所获得的许多回报，是住在贫瘠的土地，所以是较为分散的人们所不能获得的。“肥沃的土地比产生相同地租的劣等土地更好。”见他所写《政治数学论》第 1 章。

e 见蔡尔德所写《贸易论》第 10 章。哈里斯士在他写的《货币论》中也有相同的议论，而且建议“对有孩子的人给予一些特权，以鼓励在下层阶级中的结婚”等。

f 皮特说：“在有很多孩子的状况下，让我们使救济变成权利和荣誉的问题，而不是耻辱和藐视的因素。这将使大家庭变成幸福而不是祸患，并且在能以劳动来自己保持生活的人，与以几个孩子回报国家之后有权请求国家帮助以保持生活的人之间，就可加以合适的区别了。”诚然，他希望“在不需求救济的地方，就不鼓励救济。”拿破仑一世原来愿意以他自己的资金来抚养任何有七个男孩的人家中的一人。在残杀人民方面是拿破仑前辈的路易十四，对于凡在二十岁以前结婚的人，或所有有十个以上嫡出的孩子的人，都豁免所有公税。德国人口的快速增加与法国人口相比，是法国国王在 1885 年颁布一项法令的重要动力，这项法令规定由公费给付穷困家庭的第七个后代的教育费和膳宿费。在 1913 年又通过这一项法律，规定在特殊的条件下，对大家庭的父母发放津贴。1909 年的英国预算法案，也稍微减少家庭中父亲的所得税。

g 重农学派有关人口有增加到生活资料的边际的趋势的学说，可用杜阁的话来说明：“雇主由于总有大量工人让他选择，就选择肯最价廉地工作的工人。因此，工人由于互相竞争而不得不减少他们的价格。不管哪一种劳动，必定会达到——并且事实上已经达到了——下面的结果：工人的工资被控制在取得生活资料所必需的工资数上。”（见杜阁所编写《财富的生产和分配的研究》，第 6 章）。同样地，詹姆士·斯图亚特爵士也说（见他所写《政治经济学原理的研究》第一篇第 3 章）：“生殖力就如装有重量的弹簧，它的伸张常常与阻力的减少成反比的。当食物短时间没有增减时，生殖数就会尽可能地高：假若以后食物变为降低了，弹簧被压得过重，生殖力就减少到零点以下，人口至少将依照超重的比例减少。另一方面，假如食物增多了，在零点的弹簧，就会开始伴随阻力的减少而伸张，人们开始吃得更好，人口就会增多，食物就会依照人口增加的比例重新变成不足。”斯图亚特很受重农学派的影响，但是在某些方面，确是受到欧洲大陆的政治观念影响，却不是英国的政治观念的熏陶：他的人为的减少人口的办法，好像现在对于我们很不适合。参看他的《政治经济学原理的研究》第一篇第12章：“为了增多人口，把易于解释的理论和有关事实的完善知识，与政府的真正职能结合起来的巨大回报。”

h参看《国民财富的性质和原因的探究》第一篇第8章和第5篇第2章。

i在亚当·斯密编写时的1771年至1780年的十年间，小麦的平均价格为34先令7便士；1781年至1790年为37先令1便士；1791年至1800年为63先令：1801至1810年为83先令11便士，1811年至1820年为87先令6便士。

j在上一世纪早期，帝国税——大部分为战争税——数额达国家所有收入的1/5，但目前只占二十分之一多一点，并且当中有大部分用于那时政府不提供的教育还有其他利益。

k参照以下第7节和以上第一篇第3章第5、6节。

l尤其是葛德文在他所著的《政治正义之研究》(1792年)中有如此主张。把马尔萨斯对于这书的批驳(《人口论》第三篇第2章)和亚里士多德关于柏拉图的《理想国》的批驳(特别参看亚里士多德所著的《政治学》第二篇第6章)作一类推，是很有趣的。

m然而，批评马尔萨斯的人中，有很多人认为他说明他的观点远不如他所做的来得直接。他们忘记了以下这样一番话了：“回顾了从前的社会状态，并与现代的社会状态相比之后，我可以绝对地说，由于人口因素所发生的灾害，纵然在几乎完全不知这种灾害的真正原因的不利状况下，也已减少，而未增多。如果我们能怀有如此无知且将会逐渐消失的希望，则我们希望如此灾害仍会进一步减少，似乎也不是不正常的。人口绝对数的增加肯定是会发生的，但这种增加明显不会削弱这种渴求，因为，一切都取决于人口与食物的相对比例，而不是取决于人口的绝对数。”见《人口原理》第四篇第12章。

n马尔萨斯在1798年《人口原理》第1版中，对他的理论没有给予任何有关事实的详细解释，虽然他开头就觉得必须把他的论断与事实的学习直接联系起来：他对普来姆(后来他变成剑桥大学的第一个政治经济学教授)说过的就可证明这一点，他说：“在和他的父亲讨论其他某些国家的状况时，他较先想出了他的论断。”(见普来姆所著《回忆录》)美国的阅历表明，人口如不加以控制，每二十五年至少会增加一倍。然而，劳动再加倍也不能够使生产物再加倍。“那么，让我们以这一点当做我们的法则，即使很不切合事实。假设每二十五年（即每次伴随人口的加倍），英国的所有生产物所增加的数量，可以相比现在它生产的生活资料的数目。”像瓦格纳在他对人口探究的卓越的绪论中所提到（见他所著《经济学原理》第3版）那样，马尔萨斯要让自已被人清楚明白的愿望，“使他对他的学说加上了相对来说尖锐的论点，并且以公式说明他的学说过于绝对了。”他说到生产可以用算术比率增加，就成习惯了。很多作家认为他看重这句话的本身：事实上这不过是他说明他了解任何有理性的人都能强迫他承认的极端的捷径之一而已。用现代的话来说，他的意思就是：他的论断中所始终使用的报酬递减倾向，在英国的生产物增加之后，就开始充分发挥效能了。加倍的劳动也许会产出加倍的生产物，但四倍的劳动不会使生产物加强三倍，八倍的劳动不会使生产物加强四倍。

2003年《人口原理》第2版中，他所根据事实的叙述是如此广博和谨慎，使他在历史派经济学的创始者之中可以占据地位。他虽然没有抛弃（如本节的前几版所暗示的）使用“算术比率”这句话，但已缓和与解释了他的老学说中许多尖锐的论点。特别是他对于人类的未来，从前那种失望的观点已不存在了，并抱有以下的希望：道德的控制可以阻止人口的增加，即“罪恶与困苦”因此就可停止了。佛兰西斯·普雷斯并不是不知道马尔萨斯的许多缺点，可在1823年写了为马尔萨斯辩护的文章，关于马尔萨斯作品的论调与判断是良好的说明，见于波拿所编写的《马尔萨斯及其著作》、凯南所著的《1776—1848年英国政治经济学中生产与分配学说史》以及尼科尔森所著的《政治经济学》第一篇第12章。

o 目前全世界的人口若以15亿计算，假设人口现在的增加率（每年1000人中大概增加8人，参看斯泰恩1890年在英国协会所宣读的论文）依然继续下去的话，则可推知在不到200年内，世界人口将可达60亿；或者说，人口是以特别肥沃的土地每一平方里大概200人的比率增加（参照斯泰恩计算，特别肥沃的土地有2800万平方里，贫瘠草地有1400万平方里。很多人以为第一个估计太高。但是，想到这一点：把相对来说不很肥沃的土地的价值计算在内，则结果将是以上所假设的约为3000万平方里）。同时，在农业技术上可能会有很大的改进。如果是这样，人口对生活资料的压力可被控制为时大约200年，但不会再长了。

p 诚然，一代人的时间长短间隔对于人口的增长也有一些作用。在一个地方，假如一代是25年，但是在另一个地方，假如是20年：假设两地的人口在1000年中每两代增多一倍，则第一个地方的人口增多将为100万倍，可是在第二个地方为3000万倍。

q 据奥格尔博士测算（见《统计杂志》第53期），假如英国女子的平均结婚年龄推迟五年，则每一婚姻所生产的孩子数，便会从现在的4.2降低到3.1。科勒西依据布达佩斯的气候比较温暖的情况，论证18岁至20岁是女子生育最多的年纪，24至26岁是男子生殖力最强的年纪。然而，他得出结论说，结婚比以上年龄略为推迟是适宜的，主要因素是：20岁以下的女子所生的孩子的生命力通常是小的。参看1892年在伦敦公著的《卫生学与人口学会议记录》以及《统计杂志》第57期。

r 正文中婚姻这个词语必须作广义的说明，以包含不但是合法的婚姻，并且是所有那些非正式的组合——这种组合在性质上是永久的，足以蕴涵至少是几年结婚生活的真正责任在内。这种非正式的结合通常早年就发生，而通过若干年之后成为合法的婚姻，也是普遍的事。因为这个理由，广义的婚姻——我们在这里所提的只是这种婚姻——平均年龄，是不高于合法婚姻的平均年龄的。在这一方面为整个工人阶级所作的考虑可能是很大的，但关于不熟练的劳动者，这种考虑比对另外所有阶级大得多。以下的统计应当按照这种意见和下一事实来说明：任何英国的工业统计因在官方报告中关于工人阶级的划分并不特别注意，而变为不完全可靠。按照户籍局长第49次年报记载，往某些通过选择的区域里，探究了1884—1885年的结婚报告，得到如下的结果：每种职业后的数目是该职业中未婚男子结婚时的普遍年龄（括弧内的数目），则是和从事该职业的男子结婚的未婚女子的普遍年龄：矿工24.06（22.46）；纺织工人24.38（23.43）；鞋匠和裁缝24.92（24.31）；技术工人25.35（23.70）；不熟练的劳动者25.56（23.66）还有商业职员26.25（24.43）；店主与店伙26.67（24.22）；农民及其子29.23（26.91）；自由职业以及独立阶级31.22（26.40）。奥格尔博士在前面提到的论文中说明，在英国，15岁至20岁的女子在工厂中工作所占的百分比最大的地方，一般就是结婚率更高的地方。这无疑的一部分是因为——如他所提示的——男子想以妻子的货币收入来填充自己的货币收入；但这可能一部分还因为在这些区域内已届结婚年龄的女子很多的缘故。

s 比如说，大约在1880年前到德国巴伐利亚的阿尔卑斯山中的吉刻诺山谷游历的人，看到这种风俗依旧盛行。当地的居民以前采取有近见的有关森林的政策，因为近来他们的森林的价值大涨，他们富足地住在很大的房屋里，年纪小的兄弟姊妹们在他们自己的家里以及别的地方做仆人的工作。他们和邻近山谷中的劳动者属于区别的种族，后者过的生活是穷苦以及艰难的，但似乎认为吉刻诺居民获得物质繁荣付出代价太大了。

t 参看——比如——罗杰斯所写的《六个世纪的工作以及工资》中。

u 亚当·斯密说，苏格兰高地的贫穷妇女通常生产二十个孩子，当中达于成年的最多两个（见《国民财富的性质还有原因的研究》第一篇第8章、贫穷刺激繁衍的概念是道布尔台所坚决提出的，见他所著的《人口的真正法则》，并参照赛德勒所著的《人口的法则》）。斯班塞认为，文明的发展自然就会完全抑制人口的增长。可是，马尔萨斯认为野蛮民族的生殖力不如文明民族高，这个意见已由达尔文普遍地应用到动物和植物界了。查尔斯·布思先生（见1893年《统计杂志》）把伦敦划分为二十七个区（特别是登记区）；依照贫穷、人口过多、高出生率和高死亡率的顺序加以排列，他发现这两种先后的次序通常是相同的。在很富和很穷的区域里，出生率多于死亡率，但都是最低的。英国和威尔士的出生率，在城市和乡村中表面上都是以可能相同的比率降低。然而，年轻人持续从农村移入工业区域，让农村中年轻的已婚女子的人数大大减少，假如考虑了这个事实，我们就了解，在乡村中到达生育年龄的女子的生育百分比比城市高得多了。法国人口的改变已被非常细心地探究了：勒瓦瑟有关这个问题的伟大作品《法国的人口》，不仅是有关法国并且是关于其他国家的宝贵资料的源泉。孟德斯鸠可能是从演绎上来推断，因而谴责当时法国所实施的长子继承法，这种法律使家庭中孩子的人数降低了：娄帕雷关于强制分产法也有相同的指责。（见勒瓦瑟：《法国的人口》第三卷）则叫人关注相反的方面，并说马尔萨斯关于民法对人口影响的期望，符合孟德斯鸠的推断，而不符合娄帕雷的推断。但是，实际上，法国各地的出生率是大有区别的。在大部分居民都有土地的地方，出生率比其他这样的地方为低。可是，假如法国的各县按照遗产由少到多的次序划分排列，则相应的出生率几乎是一律下降的，在有遗产48~57法郎的十县，在15岁到30岁的已婚女子中，每百人的生育率是23；但在各县，遗产是412法郎，然而生育率却是13.2。并且在巴黎本身，在富人居住的各区，有多于两个孩子的家庭所占百分比，比贫民居住的各区小。勒瓦瑟有关经济状况和出生率的关系所作的细心的分辨非常有趣。他总的结论是，这种联系不是直接的，而是间接的，是通过它们两者有关生活方式和习惯的相互影响而产生的。他似乎认为，法国的人口还有邻近国家相比纵有很大降低，从政治和军事观点来看也许引以为憾，可是人口减少关于物质的舒适，甚至社会的进步的影响却是利多而害少。

v 比如，我们听说，1349年黑死病之后，很多的婚姻都是生育特多的（见罗杰斯所著《农业与价格史》第一卷）。

w 有关十八世纪前英国人口的密度，无从确实了解。然而，下面从斯特芬（见他缩写的《英国工资劳动者的历史》第一篇）的作品中所记载的，恐怕是目前最好的了。据《土地测量簿》所载，1086年英国的人数是在二百万到二百五十万间。而在黑死病（1348年）前，英国的人口在三百五十万以及四百五十万之间。黑死病刚刚过去的时候，大约是二百五十万。以后英国的人口开始快速恢复。但在1400年至1550年间只有缓慢地增多，而在后面的一百年之中增加颇快，1700年达到五百五十万。假如我们相信哈里逊（见他所写的《描写英国》第二篇第16章）所说的，1574年英国可以服兵役的男子总数有一百一十七万二千六百七十四人。黑死病是英国的大灾难。英国与欧洲其他国家不同，没有受到像三十年战争那样的战争摧残，这场战争摧毁了德国人口的一半以上，这个损失需求整整一个世纪才能恢复（参照申贝尔格编的《手册》中吕梅林所写的《人口论》）。

x 亚当·斯密对这类型法律特别愤慨是对的（参照《国民财富的性质以及原因的研究》第一篇第 10 章第 2 部分，第四篇第 2 章）。居住条例规定："因为法律上的一些缺点，穷人在各教区间来往是无从禁止的，所以他们总是力图居住在财源最大、有最大的荒地或者公地可建造茅屋，还有有最多的森林可供他们作燃料及采伐的教区，等等。"因此，就有以下这样的命令："所有这样的人或人们照以上所提的那样居住在所有年值少于十镑的出租屋后四十天内，假如有人控告，负责治安的法官将如此的人或人们遣回他更近居住的教区，法律上认为是可能的。"在亚当·斯密的时代以前，以前通过几个条例，意在缓和这种法律的严酷性，但都没有效力。可是，到了 1795 年，又有下面的命令：在一个人事实上未被控告之前，他不应被遣回以前的教区去。

y 伊登对这个事情有一些有趣的论断，见他所写《穷人的历史》。

z 可是，这种提升照数字所表明的，一部分是因为人口出生登记的改良（见法尔所著的《生死统计》）。

@7 下表表明自十八世纪之初后英国和威尔士的人口增加。1801 年之前的数字，是从出生和死亡登记簿还有人头税和炉税的报告中计算出来的。1801 年以后的数字，是从人口普查报告中计算出来的。从表中可以得出，1760 年以后的二十年中人口数的增长，与 1760 年以前六十年中所增长的几乎一样多。拿破仑战争和高昂的谷物价格的压力，体现在 1790 年与 1801 年之间人口地缓慢增加，一视同仁的救贫补助的后果。尽管那种压力更大，体现在其后十年之中人口的迅速增长。但自 1811 年至 1821 年的十年间，当那种压力已经消除时，人口增加就更大了。第三栏说明每十年之初的人口，比前十年人口增长的百分比。

| 年份 | 人口数（千人） | 增加的百分比 | 年度 | 人口数（千人） | 增加的百分比 |
|---|---|---|---|---|---|
| 1700 | 5 475 | | 1801 | 8 892 | 2.5 |
| 1710 | 5 240 | −4.9 * | 1811 | 10 164 | 14.3 |
| 1720 | 5 565 | 6.2 | 1821 | 12 000 | 18.1 |
| 1730 | 5 796 | 4.1 | 1831 | 13 897 | 15.8 |

| 年份 | 人口数（千人） | 增加的百分比 | 年度 | 人口数（千人） | 增加的百分比 |
|---|---|---|---|---|---|
| 1740 | 6 064 | 4.6 | 1841 | 15 909 | 14.5 |
| 1750 | 6 467 | 6.6 | 1851 | 17 928 | 12.7 |
| 1760 | 6 736 | 4.1 | 1861 | 20 066 | 11.9 |
| 1770 | 7 428 | 10.3 | 1871 | 22 712 | 13.2 |
| 1780 | 7 953 | 7.1 | 1881 | 25 974 | 14.4 |
| 1790 | 8 675 | 9.1 | 1891 | 29 002 | 11.7 |
| | | | 1901 | 32 527 | 11.4 |

因为在近年中向国外移民有很大的增加，修正表中最后三十年的数字，以说明“自然增加”，即人口出生多余死亡之数。是主要的是，1871 年至 1881 年的十年中，和 1881 年到 1891 年的十年中，从联合王国向国外移民的纯人数，各为一百四十八万人以及一百七十四万七千人。

**@8** 参看法尔任户籍局长时所提出的 1854 年第十七次年度报告，或是他所著的《生死统计》中这个报告的摘要。

**@9** 比如，小麦的价格以先令来体现，英国和威尔士的结婚数以千来说明，1801 年小麦是 119，结婚数目是 67；1803 年小麦是 59，结婚数目是 94；1805 年两数是 90 和 80；1807 年是 75 和 84；1812 年是 126 和 82；1815 年是 66 和 110；1817 年是 97 和 88，1822 年是 45 和 99。

**#0** 自 1820 年来，小麦的通常价格很少超过 60 先令，并且从未超过 75 先令。持续的商业膨胀，在 1826、1836—1839、1848、1856、1866 和 1873 各年达于顶点而后降低，有关结婚率所发生的作用，与谷物价格变化的影响大一样。当这两个因素一同发生作用时，其影响是非常明显的：如在 1829 年与 1834 年之间，因为小麦价格的逐步下跌，繁荣恢复，结婚数目就从十万四千增多到十二万一千。1842 年至 1845 年间，小麦价格比前几年减低，全国的商业复兴时，结婚率再度快速提高：而在 1847 年和 1853 年之间，以及 1862 年与和 1866 年之间，在相似的情况下结婚率又有提升。罗森爵士在 1885 年 12 月份《统计杂志》里，对 1749 年至 1883 年瑞典的结婚率和农业收获作了一个对比。农业收获的丰歉，等到一年的结婚数目的一部分测定之后才会知道；而且收获的不平均在相当程度上是由储备的谷物来弥补的。因此，个别的收获数字与结婚率不是十分合适的。但是，当几次丰收以及歉收接连发生时，它关于提高或降低结婚率的作用就非常明

显了。

**#1** 奥格尔在以前引用的那篇文章中，解释了结婚率与每人所占输出额的相符合。参照勒瓦瑟的《法国人口》第二卷的图例，还有威尔科克斯在《政治学季刊》第8期的有关马萨诸塞州的文章。奥格尔的探究，已被胡克1898年1月在曼彻斯特登统学会所宣读的一篇论文所扩大和修改了。胡克指出，假如结婚率有变动的话，则在结婚率处在上升时期的出生率，不是和处于上升时期的结婚率相符合，而是易于与从前处于下降时期的结婚率相符合；反之抑然。"因此，当结婚率上升时，出生对结婚的比率就降低，当结婚率降低时，出生对结婚的比率就升高。表示出生对结婚比率的曲线的改变，是与结婚率不同的。"他又指出，出生对结婚的比率的降低是不大的，这是由于私生子快速减少的原因，合法的出生对结婚的比率并未明显下降。

**#2** 以下的解释主要是依据已故博迪奥、勒瓦瑟（见他著的《法国的人口》）及英国户籍局长（见他的1907年的报告）所编的记述。

**#3** 与本章主题有关的很多有益的和可供参考的内容，包含在1909年地方政治局所发售的《关于公共健康及社会状况的统计记录与图表》一书当中。

# 第 5 章　人口的健康和强壮

## 第 1 节　健康和强壮的条件

接下来，我们必须考虑健康与强壮，还有身体、精神与道德所依赖的种种条件。这种条件是工业效率的基础，而物质财富的生产又取决于工业速率。物质财富最重要的一点是，如果能够明智地使用物质财富，就可以增进人类的身心健康。

在很多职业中，工业效率，除了身体活力——就是肌肉的强壮、健全的体格以及奋发有为的习惯以外，不需要什么其他东西。在预测肌肉力量还是其他任何类型的与工业有关的力量时，我们应当考虑这种肌力在一日之中可以用出来的小时数、一年当中的日数以及一生之中的年数。有了这种思考，我们就能预测一个人的肌力了，假如他的肌力是直接用在举重上，我们就能以他举起一磅重量所达到的尺数来测量；或换句话说，即以他所做工作的“尺磅”数来估测他的肌力[a]。保持大的体力操作的能力，虽然好像有赖于体力和另外身体的条件，可是，它也依赖意志的力量以及性格的坚强。这一类的精力——也许可看做人的坚强，但是与他身体的强壮不一样——是属于道德的，却不是身体的；然而，它依然依靠神经强健的身体条件。这种人的坚强、决心、精力和自控力，简而言之，这种“活力”，是所有进步的源泉：它在伟大的事业中，伟大的思想中，还有对于真正的宗教感情的能力中体现出来[b]。

活力发挥效能有许多种方式，所以要对它简单地测量是不现实的。可是，我们大家都在不断地预计活力，以为某人比另一人更为“坚强”，更多“优良品质”或是“一个较为强有力的人”。纵然从事不同行业的商人，与从事不同探究的学者，也着手估计对方的力量。假如一种探究要做到出类拔萃比另一种研究所需要的力量较少，则不久就会使人知道的。

## 第2节 续 前

在探究人口增长时，经常会附带地简单说到决定生命长短的不同因素。可是，大体上，它们与决定体力和活力的不同原因是一样的，在本章中我们将再来探究。

这些因素中的第一个原因即气候。在温暖的国家里，我们看到早婚现象和较高的出生率，因此就对人们的生命不够重视，这估计是大部分高死亡率的原因，而高的死亡率通常是被归咎于气候对健康的损害[c]，活力一部分则要看人种的特征而定。可是，这些特征——就其中那些能被说明的而论，好像主要是因为气候的缘故[d]。

## 第3节 生活必需品

气候关于决定生活必需品也有很大的影响，生活必需品的第一样即食物。食物的调制是否合适关系很大，精明的主妇一星期有十先令用在食物，比一星期有二十先令的不聪明的主妇，通常更能增进家人的健康和强壮。穷人中婴儿的极高死亡率，大多是因为在食物调制上缺少注意和判断。那些完全缺少精明母亲的照料而没有死亡的婴儿，长大以后一般也体质虚弱。

除了现在的时期以外，在世界上所有时代中，食物的匮乏会使人们大量死亡。即在十七世纪还有十八世纪的伦敦，死亡率在粮食价格高的年份高出粮价年份的8%[e]。但是，慢慢地，财富增加和交通工具改进的影响，几乎全世界都感觉到了，纵使在像印度那样的国家里，饥荒的困苦也减轻了，但在欧洲和新大陆已不存在饥荒了。现在，在英国，食物的匮乏几乎已不是死亡的直接因素。可是，食物的缺乏往往是身体普遍衰弱的原因，而使身体不能防御疾病，也是工业没有效率的一个重要原因。

我们已经了解，保持效率的必需品是随着要做的工作的特性而变化的，但目前我们应当略为详细地探究这个问题。

一个人全部的食物供给与他可用的力气间有密切的联系，而在体力操作方面特别如此。假如工作是间歇的，像有些码头工人的劳作那样，则一份廉价但有营养的谷类食物就够了。然而，对于十分繁重的持续紧张的工作，像炼铁工人和最艰苦的铁路工人的工作所蕴涵的紧张那样，则需要纵然在身体疲劳时也可以消化和吸收的食物。由于这种劳动者的工作使其神经紧张，他们的食物就更需求具有这种质量，即使他们所需求的食物数量通常并不多。次于食物的生活和劳动的必需品，就是衣着、住屋和燃料。当这些东西缺少时，精神就变得迟钝，体质也受到影响。当衣着十分缺乏时，一般衣服日夜穿在身上，皮肤就会受到肮脏东西的侵入。住屋或燃料的匮乏，使人们生活在不利于健康和活力的污浊空气当中；英国人民从煤的廉价之中得到了好处，但纵然在冷天也要使房间有良好通风的英国人所特有的习俗，却是这些好处当中较大的一件。建筑很坏的房屋，排水也不健全，造成了疾病，这些疾病纵然较轻，对生命力的削弱也是惊人的。居住得过于拥挤，导致道德的败坏，导致人口的减少和降低人们的素质。休息与食物、衣着以及其他属于物质的必需品，同样是强壮人口的增加所需要的。不同程度的工作都要降低生命力；同时，忧虑、烦恼和过度的精神紧张，对损害体质、损伤生殖力和减少民族的活力，都有很大的作用。

## 第 4 节　希望、自由以及变化

其次就是有关活力的三个密切联系的条件，即希望、自由以及变化。所有的历史都充满了有关在不同程度上由奴隶制度、农奴制度还有其他各种社会通常的和政治的压制与迫害所造成的无效率的记述[f]。由于生活上的希望、自由以及变化，在所有时代中，殖民地人民在活力和精力方面通常都超过在本国的人民[g]。这里所说的自由是被当做不受外界束缚的自由，可是，由自制力而来的更高的自由，对最高级的工作甚至是一个更加重要的条件。这种自由依赖于生活理想的高尚，但生活理想的高尚一方面是因为政治和经济的原因，另一方面是因为个人和宗教的作用，其中幼年时代母亲的作用是最大的。

## 第 5 节　职业影响

身体的和精神的健康与强壮受职业影响是较大的[h]。在本世纪早期，工厂工作的条件对任何人（特别是幼童）来说都是相当不健康的。可是，工厂和教育的法令，已把这些短处中最坏的从工厂中清除出去了，即使其中许多短处在家庭工业和较小的工厂中依然存在。

城市居民的工资更高，知识更多，医疗更为便利，这些条件使得城市中婴儿死亡率比乡村中低更多。可是，它却比一般的更高，特别在很多母亲为了取得货币工资却忽视家务的地方，更是这样。

## 第 6 节　城市生活的作用

几乎在所有国家中，都在不断地朝着城市迁移[i]。各大城市，特别是伦敦，从英国其他所有地方吸收最优良血统的人、最有上进心的人、天才最高的人、有最健全的体格和最坚强性格的人，都到大城市去找寻提升能力的机会。在那些最能干和性格最坚强的人中间，住在郊外的人数日见增多，郊外有优良的排水、供水和灯光设施，还有优良的学校和户外郊游的好机会，这些条件能提升活力，至少与乡村中所有的条件相同。虽然现在仍有很多城市区域，若干年前的大城市只是比其中有害于生命力的略微多一点，但大体上，人口密度的增加会成为危险的源泉，以目前而言似乎减少了。近来为了向在远离工商业重要中心的地方去居住所得到的种种便利的快速发展，迟早会减慢的。但是，工业向郊外转移，甚至向新的田园都市转移，以找寻和招用强壮工人的运动，好像没有任何减缓的现象。

统计的平均数绝对是非常有利于城市的状况，一部分因为在减少活力的城市的作用之中，有很多对死亡率的影响是不大的。一部分因为向城市移居的人，绝大部分是年富力强的青年，具备一般人以上的精力和魄力。同时，年轻人的父母居住在乡村，当他们有重病时，一般就回到故乡去[j]。

公私资金用于以下的方面是最好的：在大都市中建立公园和运动场，与铁路方面立约增加供工人们出行的列车的数量，帮助工人阶级中那些希望离开大城市的人出行，而且帮助他们与企业一同搬走[k]。

## 第 7 节　如不加干预，大自然就会淘汰掉弱者　但很多善意的人类活动阻碍强者的增加，并使弱者可以生存

此外，尚有其他值得忧虑的因素。因为，在斗争和竞争淘汰制的影响下，在文明的较早时期，使最强壮和最有力的人生存的机会最多。这种因素对人类进步的影响比其他任何因素都大，但这种影响现在几乎已经消失了。在文明的较后时期中、上层阶级结婚很迟，所以他们的孩子就比工人阶级少，这的确早已成为习惯了。因此，在上层阶级中趋向熄灭的国民活力，就为不断从下面涌出的新生力量的源流所弥补。

因而，有以下这样的恐惧，原因就日见增加了：当医学和卫生的发展把身体和精神衰弱的人的后代，从死亡中救出来的人数不断增多时，最有思想和最富有精力、进取心

和自制力的人，却要推迟结婚，并以其他方法来控制他们留下的孩子的人数。有的时候这个目的是自私的，而苛刻和轻浮的人留下像他们自己那样的后代很少，也并非不是好事。可是，更多的时候他是出于为自己的孩子获得更好的社会地位的愿望。这种奢望包括许多不能称之为人生目标的最高理想的原因在内，而在某些状况下，还包括一些显然是卑鄙的原因在内；但它毕竟是进步的主要原因之一，在为这种愿望所影响的那些人之中，有很多人的孩子可能会列入最优良和最强壮的族群之中。

我们必须记住：大家庭中的成员彼此教育，他们一般在各方面都比小家庭中的成员聪明、活泼，并且比别人强壮。无疑地，一部分是由于他们的父母非常具有活力，由于同样的理由，到了他们自身事业会有一个强壮的家庭。人种的进步，在比初看起来大得多的程度上，归结于几个非常大的和强壮的家庭的后代。

可是，另一方面，毫无疑问，父母对于一个小家庭，比对一个大家庭通常在许多方面能照顾得较好。假如其他情况不变，则所生的后代数的增加，就使婴儿的死亡数也增加：这显然是一种缺陷。孩子因缺乏照顾和缺少充分的收入而夭折，对于他的母亲来说无疑会产生一种紧张，而对家庭中其他的人，也一种损害[1]。

## 第8节　续　前

除以上所提的之外，还有其他应当加以考虑的原因。但是，就本章所论的各点而言，下面的结论表面上好像是可取的：人们在能有把握给予孩了至少与他们自己所受的一样良好的身体和精神的教育之前，不应生育孩子；如果自制力足以使家庭维持在必要的限度内，而不触犯道德上的规律，则合适地早婚是最好的事。一般采取这些行动的规则，为城市人口充分供给的新鲜空气和健康的娱乐也包括在内，则人种的强壮和活力就不会得不到改良。现在我们有理由相信：如果人种的强壮和活力增加了，则人口的增加在一个相当长的时间内就不会减少人们的实际平均收入。

因而，知识的进步，尤其是医学的进步，政府在有关保健的一切工作上不断增加的活动和明智，还有物质财富的增加——这些因素都会降低死亡、增进健康和延长寿命。再者说，城市生活的迅速增加，而且人口中门第较高比较低的人结婚迟和孩子少的倾向，却使生命力降低，也使死亡率上升。假如发生作用的只是前一种原因，但加以调节以避免人口过剩的危险，则人类应当很快就会达到前所未有的身心上的净化；但如后一类原因发生效能而不加以遏制的话，则人类就会迅速地退化。

实际上，这两类原因的作用差不多相同，而前一类原因略占优势。当英国的人口几乎与过去一样地迅速增长的同时，身体上或精神上不健康的人在所有人当中确实没有增加，剩下的人的衣食都好得多了，并且，除了人口过于臃肿的工业区域外，他们在强壮上一般也是逐渐增加的。男女的平均寿命许多年来已经稳定地提高了。

## 【注释】

a 这种估测方法可以直接适用于铁路工人和脚夫的多种工作，且能间接应用于很多种类的农业工作。在重大的农业暂停之后所发生的有关英国南部和北部的不熟练劳动的对比效率的争论中，最可靠的估测就是一个男子一天中能装入货车的材料的吨数。另外的测量方法是依据收割或刈芟的亩数，或者收割谷物的英斗数等，然而这些测量是不能让人满意的，特别是在比较不同的农业条件的时候，由于使用了农具，作物的性质及操作方法都有极大的不同了。所以，在我们还没有方法去思考农业方法变化的影响以前，依据收割、刈芟等工资所作的中世纪和近代的工作与工资的所有比较都是没有价值的。比如，以手工收割生产谷物一百英斗的作物花费的劳动，现在比从前少了，是由于现在所用的农具比从前进步了。然而，现在收割一英亩的谷物花费的劳动不一定比从前少，是由于收获量比从前多了。在落后的国家里，特别是在使用马匹或其他驮兽很少的地方，男子和女子的工作，大部分都能够用它所包含的体力操作来十分良好地测量。但在英国，目前从事这种工作的人在工业阶级中不及六分之一，同时，仅是蒸汽机所做的工作，相当于所有英国人的体力所能完成的二十倍以上。

b 这必须和神经过敏区分开来，神经过敏常常表现为神经力量一般的不足。纵然有时它是因为神经刺激或失去平衡而产生的。一个人在某些方面有极大的神经力量，而在另一些方面可能很小，尤其是艺术家们常常只注重发展一类神经力量，而忽略其他神经力量。然而，神经过敏的产生，不是因为某些神经的强健，却是由于某些神经的衰弱。最完美的艺术家的本性好像不是神经过敏的：达·芬奇和莎士比亚即是例子。“神经力量”这个名词在一定程度上相当于安格尔的有名的分类中的心情，他把效率的原因分为（1）身体（2）理智（3）心情三类。他对活动的分类是依照 a，ab，ac，abc，acb；b，ba，bc，bca，bac；c，ca，cb，cab，cba 这样的排序：各组的次序是按相对的特别性来排列的，在某一因素只有极小作用的地方，其相同的字母就略去了。在 1870 年的战争中，柏林大学的学生好像比普通兵士衰弱，但却更能忍受疲劳。

c 温暖的气候对活力是有阻碍的，对于高度的智力及艺术工作不是完全不相容，但却让人不可以长时间地忍受任何类别的非常艰苦的劳作。在温带较为凉爽的一半地方，比另外任何地方都能做比较持久的艰苦工作。最好是在英国这样的地方，那里海风让温度几乎保持一致。欧美很多地方的平均温度是合适的，但冬寒夏暑让一年之中可以工作的时间大概减少了两个月。极端的和持续的寒冷会使人精力衰颓，可能一部分由于它使人们把更多时间花在密不通风和狭小的寓所里的原因：北极地区的居民通常是不能忍受长时间的剧烈操作。在英国，通常的意见认为“温暖的耶稣圣诞节让很多人死亡”；但统计却无疑地证实它有相反的效用：平均死亡率在一年中最冷的季节是很高的，但在寒冷的冬季又比温暖的冬季更高。

d 人种史对于经济学家是一种具有诱惑力的、却令人失望的探究：因为战胜的种族一般与被征服者的种族的女子结婚。在他们迁移时常常把很多男女奴隶带走，但奴隶在战争中被杀或者去当僧侣的可能性比自由民更小。所以，几乎在每一种族之中，都有奴隶的血，也就是混血。由于在工业阶级中奴隶的血很多，有关工业习惯的人种史好像是不可能有了。

e 这一点已为法尔所证实了。他以有益的统计方法消灭了种种妨碍的因素（见他所写的《生死统计》）。

f 自由和希望不仅增加人类乐于工作的心理，并且增大人类的工作力量。生理学家告诉我们，同样的劳作，如在愉悦的刺激下来做，比在痛苦的刺激下来做，所耗费的人类特有的神经力更少。没有希望，就不含进取心。这种希望及自由的两个条件，即人身和财产的保障。可是，保障总包含对自由的控制在内，文明的最困难的问题之一，即去发现如何得到保障——这是自由的条件，而不太牺牲自由本身。工作、地点和个人接触的改变，带来新的思想，唤起对旧方法缺点的关注，鼓励一种“神圣的不满”，并从很多方面发展创造性的精力。

g 旅行家和来自不同地方及具有不同风俗的另外的人晤谈后，就知道把很多思想上和行动上的习惯实验一下，他们就会一直赞成这样的习惯，把它们看成是自然的法则。并且，地方的调动使比较有能力和开创精神的人能有充足发挥精力的机会，并能跃居主要的地位。不同的是，那些留在故乡的人通常依然故我毫无长进。在故乡成为预言家的人是极少的，邻居和亲戚通常是最后才会原谅那些不像旁边的人那样驯服，但进取心较强的人的缺点，将会认识他们的优点。毫无疑问，主要是因为这个理由，几乎在英国的每一部分，精力最强及进取心最大的人，很多是在生长在外地的人之中发现的。漫游在新国家的人的极端的希望及活动中，让他们在一半取得技术和一半完成工作上的努力有极大的浪费，由于他们为了转到某种新的职业上去，就很快会放弃这个技术和工作。

h 牧师和教师当中，在农业阶级当中，还有在其他像造车工人、造船工人及煤矿工人那样的工业当中死亡率很低。在铅矿业和锡矿业当中，在制造纸业和陶器业当中，死亡率高。可是，这些行业和其他所有正规的行业，都没有体现出像伦敦的一般劳动者和小贩之中如此高的死亡率。同时，死亡率更高的是旅店中的仆人，这样的职业不是直接有害健康，它却吸引体质和性格上都极弱的人，并让他们养成不规则的习性。有关职业对于死亡率的作用的良好的说明，载于户籍局长第四十五次（1885 年）年报的附录当中。再参照法尔的《生死统计》、汉佛莱在 1887 年 6 月号《统计杂志》上的文章《附录死亡率统计》，还有一般有关工厂法令的著述。

i 达芬南（见他所编写《贸易平衡》）继金格雷后，证实以下一点：按照官方数字，伦敦每年死亡人数比出生多两千人，但移入的仅五千人，后一数字等同于他以颇为冒险的方式计算出的英国人口的真正纯增加数的一半多。照他计算，常住在伦敦的有五十三万人，而住在其他都市和镇市的仅八十七万人，住在各个乡村的有四百万人。将这些数字与英国和威尔士 1901 年的公民调查比较之后，我们清楚那时伦敦有四百五十万多的人口，另有五个城市平均有五十万多的人口。还有超过五万人口的六十九个城市，平均有十五万以上的人口。不仅如此，由于人口没有被计算在内的很多郊区，通常是大城市的一部分。而在某些状况下，几个毗邻城市的郊区纵横交错，组成一个很大的但较为分散的城市。曼彻斯特郊区有居民二十二万人，能称得一个大镇市；伦敦郊区西哈姆有居民二十七万五千人，也是这样。有些大城市的边界，每隔不确定的时间就会把这样一类郊区包括进去。后来，一个大城市的实际人口可能增长很快，但名义上的人口却增长很慢甚至减少，然后又急速跃升。好比利物浦名义上的人口，在 1881 年为五十五万两千；1891 年为五十一万八千；但在 1901 年上到六十八万五千。相似的变化在其他国家也有出现。例如，十九世纪中巴黎人口的增加，比整个法国人口的增加快二十倍。德国城市的人口是通过每年减少农村人口的 1.5% 来增长的。美国在 1800 年没有一个城市的居民在七万五千人之上；到 1905 年三个城市的居民有七百万人以上，另有十一个城市，各有人口三十万往上。维多利亚的人口中三分之一以上集中在墨尔本。伦敦居民通常必须走得很远才能接触乡村的安闲以及幽静的音调和景色。因此，有四百五十万居民的伦敦，比只有四万五千居民的乡村，使英国生活的都市性增长了百倍以上。

j 为了这种理由，威尔顿（见 1897 年的《统计杂志》）提出了极端的想法，主张在考虑城市的死亡率时，简略所有 15 岁到 35 岁的人。因为伦敦的 15 岁至 35 岁女子的死亡率非常的低。威尔顿选择考文垂作为典型城市，按照他的计算，城市居民中技术工人的成年的儿童，相当于住在健康的乡村区域中劳动者的成年的儿童人数的一半多一点。

当一个地方衰败的时候，身强力壮的青年流浪他处，余下老弱的人，所以出生率一般是低的。另一方面，诱惑人口的工业中心会有极高的出生率，由于在那里活力充沛的人很多。在煤业和铁业的城市中特别突出，一部分由于这些城市，不像纺织业的城市一样有男子不足之患，而一部分由于矿工作为一个阶级看是早婚的。在这些城市中，一些城市的死亡率纵然是高的，可是出生率超过死亡率的仅为人口的20‰以上。在第二流的城市中，死亡率通常是最高的，主要由于它们的卫生设备还没有像那些最大的城市一样好。海克拉夫教授（见他所编写《达尔文主义与人种进步》一书）有不同的见解。他相当注重降低像肺痨和瘰疬这类疾病对人类所产生的危险，由于这类疾病主要是侵袭体质虚弱的人，所以对人种发生淘汰的影响，除非在其他方面也有相同的改进。可是，肺痨病不是使所有的患者全部死亡的；所以减少它的使患者衰弱的力量最终是有些好处的。

k 参照作者在1884年2月号《当代评论》中的文章《叫伦敦的穷人住在何处》。

l 由于可遇见的种种因素所引起的婴儿死亡率的大小，可从下面的事实来推测：未满一岁的婴儿的死亡还有出生的百分比，在城市区域一般高于乡村区域大概4/3倍：但在有富裕人口的很多城市区域中，这个百分比低于一般的平均数（见1905年户籍局长的报告）。不满五岁儿童的每年死亡率，在贵族家庭中只有约2%，在全部上层阶级中是3%以下，但是在全国是6%与7%之间，这是几年前所了解的。另一方面，波流教授说，在法国，仅仅一两个孩子的父母容易溺爱孩子，但过于关心孩子却会损害他们的勇气和进取心（参看《统计杂志》第45期）。

# 第 6 章　工业训练

## 第 1 节　“不熟练的劳动者”是一个相对的名词
## 对于我们所熟悉的技巧，我们通常不当做技能
## 单纯的手工技艺与一般智慧和活力相比，日见失去重要性
## 普通能力与专门技能

在研究了众多的人口增长的原因之后，下一步我们就要考虑发展工业效率所需要的训练。

使一个人在某种事业上获得很大成就的天生的活力，一般来说，它几乎在其他任何事业上都有用，不过也有例外的。例如，有些人似乎生来就适合从事艺术工作，而不适合其他工作；而有时一个很富有天才的人，却几乎完全缺乏艺术感。但是，神经非常强健类型的民族在有利的条件下，几乎能在几代人之内，就发展起他们特别重视的任何一种能力。一个在战争中或在比较简陋的工业形态中获得活力的种族，有时很快就获得了高级的智力和艺术能力；古代和中世纪几乎每一个文学和艺术新纪元都归功于神经非常强健型的民族，他们在养成极其嗜好舒适品和奢侈品之前，曾接触过高尚的思想。

在我们的时代里，这种嗜好的发展，让我们不能充分地应用我们逐渐增强的资源所给予我们的机会，把种族的最高能力用于最高尚的追求。可是，因为科学事业的发展，当代知识上的活力，看起来比实际所有的要少。因此，在艺术和文学方面，当天才还保持青春的诱人外表时，一般就已有成就；但在近代科学方面，需要如此多的阅历才能有所创造，以致一个学者在成名以前，他的精神就通常失去了最初的旺盛，并且他的工作的实际价值，不像一幅画或一首诗的价值一样，常被大家所共知。[a] 同样地，近代管理机器的记忆工人的坚实品质，被看得比中世纪手工工人的不值一提的美德还低。这一部分是因为我们容易把我们时代中所常见的长处当做平凡的，而且易于忽视“不熟练的劳动者”这个名词的意义是持续变更的事实。

# 第2节 续 前

十分落后的种族不能长时间地连续进行任何种类的工作，虽然我们认为是不需要技能的工作中最简便的工作，对于他们，也相对地是使用技能的工作；由于他们没有那些必要的孜孜不倦的精神，在经过长期训练的情况下，他们才能养成这种精神。然而，在教育普及的地方，纵然需要懂得阅读和写作的工作也可列入不需求技能的工作一类。再说，在一向是工业所在地的区域，负责任的态度，还有在处理高价的机械和原料上的谨慎和敏捷的方式，已成为大家共同的特征了；所以，在管理机械的工作中，有很多据说是完全机械的和不需要技艺的，而且不需要值得重视的人类技能。可是，事实上，在现在世界的人口中，具备这种工作所需要的智力和道德的能力、智慧和自制力的人，可能不到十分之一。通过两代切实训练之后而能肩负这种工作的人，可能不到一半，即在工业人口之中，能够承担许多初看起来可能是完全单调的工作的人，也只有一小部分。比如，机器织布的工作看似很简单，但也区分高级和低级的工作，在担任低级工作的那些人之中，大多数都不具有织几种颜色的布所需要的那种“本质”。在从事牢固材料、木材、金属或陶器的工业中，这种区别甚至更大。

有若干种的手工工作，在某一类动作上需求持久的练习，可是，这种状况不是常有的，并且日渐少见了。因为，机械不停地代替这种需要手工技艺的工作。对于手指的通常运用自如，是工业效率的一个十分重要的因素，这诚然是对的；但这大部分是神经强健和自制力的后果。当然，它是由训练所积累的，但其大部分可能是属于一般的性质，却不是某一特定职业所特有的；就像一个打棒球的人很快学会打网球一样，一个熟练的技术工人通常能转到其他行业，而效率纵然丧失也不会很大或持续长久。

手工技能是特别而专门地导致完全不能从一种职业转移到另一种职业，所以逐步变成生产上越来越不重要的原因了。对艺术感受和艺术创造的能力暂且不论，则我们可以说，一种职业高于另一种职业的原因，一个城市或国家的工人比另一个城市或家国的工人富有效率的原因，主要不是因为某种职业所具备的一般聪敏和精力上的优越。这些优越性不是某一职业所特有的，而是为一切职业所需求的。假如他们不能简单地从一种行业转移到其他同类的行业，主要的原因就是由于他们对原料的一些知识的匮令和对特别方法的不熟悉。所以，我们可用“一般技能”这个名词，来表明在不同程度上作为所有高级工业的共同特性的那种才能，还有一般的知识和智慧；同时，为个别行业的特别目的所需要的那种手工技艺和对特殊精神及方法的熟知，则可归入专门技能一类。

## 第 3 节 普通教育和工业教育、学徒制度

一般技能大多要看幼年和少年阶段的环境。在这方面，最早和最有力的影响是母辈的影响，[b] 然后是父亲和其他孩子的影响，而在特定情况下，还有仆人的影响，[c] 随着年龄的增大，工人的孩子从他身边所看到的和听到的事情中学到许多东西；当我们谈及富裕阶级的孩子相对于技术工人的孩子，还有技术工人的孩子相比不精干的劳动者的孩子，在开始独自生活时所有的种种利益时，我们就应当比较详细地考虑这些家庭的作用。可是，现在我们可以转而考虑比较一般的学校教育的影响。

有关普通教育，我们没必要说什么了，纵使普通教育对于工业效率的作用，也比表面上较大。工人阶级的孩子仅仅学习了读书、写字、算术和图画的早期知识之后，通常就不得不失学了，这也是确实的；有时也有人感觉，花在这些课程上的这一点时间的一部分，还是用于现实工作来得好。可是，在学校中取得的进步之所以重要，除了由于它自身的缘故之外，更多的是由于学校教育所培养的将来发展的能力。所以，真正高级的普通教育，使人能在业务上应用最好的才能，并能用业务本身作为改进教育的一种手段，即使普通教育与特殊行业的细节没联系，那也是区别于工业教育的方面。[d]

## 第 4 节 续 前

近年来，工业教育同样提升了它的目的。以前工业教育的价值，不外乎是传授一个聪明的人在他最初工作时自身学会的那种手工的技艺和有关机械及方法的初步知识。即使他事先学会了这种工作，在最初时他就可能比完全不懂的人多挣几个先令。可是，这样所谓的教育没有促进才能，而是有点阻碍才能的发展。一个青年自己学到了知识，他这样做就已培训了自己，他比一个在旧式学校读书的人在未来会有较好的发展。然而，工业教育的进步已经可以纠正他的缺陷，其目的在于让人对两眼和手指能普遍地运用自如（即使已有迹象表明，一般教育正在接替这种工作，而它属于一般教育是适当的）。然而，还要记住：自动器械的精密和用途越有发展，就越缩小特别注重用于运用手工操作的范围，通过最好形式的一般教育所训练出的那些才能的特别性正日见增多。[e]

依照英国最好的见解，为高级工业而设的工业教育，应像一般教育那样，以持续发展才能为追求。它应当与完善的一般教育建立在相同的基础上，但应进一步详细制定出特别的学科，来服务于特别的行业。我们的追求应当是把科学训练——在这方面，西欧

各国已走在我们前面了——增加到敢作敢为以及顽强的精力、实践的能力中去，假如青年时代不是在工厂中度过，则这种精力和本能是极少旺盛的。我们常要记住：一个青年在管理工厂中，自己从直接的经验所得到的东西，比在工业学校中教师以标准方式所教给他的，对他更加有用，并更能刺激他的智力运动。[f]

旧的学徒制度不完全适合近代的情况，已经被废除了，但却需求一种替代的制度。在最近几年中，最能干的制造商已经开始建立这样一种风气：让他们的后代在企业中不同部分相继地工作，而这企业最终是他们的后代管理的，但这种巧妙的教育只有极少人能够得到。所有大的近代工业往往特别多而且不同，以致雇主们要像过去那样，维护他们所照顾的每个青年能学会所有是不可能的，并且一个能力平常的青年会为这样的尝试所迷惑。可是，恢复学徒制度而在方式上加以改进，也许并不是不行的。[g]

工业上特别的划时代的发明，到新近为止，几乎都发生在英国。可是，现在其他各国也参与发明的竞争了。美国人的学校优良，生活丰富多彩，他们之中各种民族的思想交流，还有他们的农业特有的条件，已经表明出一种顽强的探究精神；同时，工业教育目前也正在极其有力地前进之中。另一方面，在德国的中产阶级，甚至在工人阶级之中，科学知识的推广，加上他们通晓近代语文，还有他们求学旅行的习惯，让他们在机械学方面可以和英美并驾齐驱，而把化学应用到企业的很多方面，他们是领先的。[h]

## 第5节　续　前

的确，有很多种类的工作，能为不具备知识的工人所做好，而与有知识的工人所做的一样有效；并且教育的高等学科，除了对雇主、工头还有比较少数的技术工人之外，没有什么直接用处。然而，优良的教育，纵然对于普通工人也予以特大的直接利益。它刺激他的智力运动，使他养成擅长研究的习惯，让他在日常工作上更加聪明、更为敏捷、更为可靠，在工作时间内和工作时间外还提升他的生活风格。所以，它是物质财富生产上的一个特别手段。同时，纵然它被当做为了本身的追求，它也不比物质财富的生产所能促成的任何事情更为低劣。

但是，我们应当从另一方面来探究国家从很多人的普通教育和工业教育的改进上所获得的直接经济利益的一部分——可能是大部分。我们要重视以前属于工人阶级的那些人，但更应重视出身低微却升到高级熟练的技术工人、变成工头或雇主，或扩大科学的范围，可能在艺术和文学上增进国家财富的那些人。

支配天才产生的法则是不可思议的。工人阶级的孩子富有最高级天赋才能所占的百分比，可能没有在社会上已经得到或承袭高位的人的孩子具备这个才能所占的百分比一样大。但是，手工劳动阶级的人数，比另外一切阶级加在一起多四五倍，因此，一个国家中所生出的最优秀的天才，一半以上属于他们，而其中一大部分由于缺少机会而未得到结果。出身卑微的天才，任其消磨于低级工作间却置之不问，确实是一种更有害于国家财富增加的浪费。有利于物质财富的快速增加的改变，无利于我们学校的改进，特别是中等学校的改进，假如这种改进能与一般的奖学金制度相连接，这种制度使工人聪明的儿子渐渐升学，直到他获得当代所能给予的更好的理论和实际的教育为止。

中世纪的自由城市以及近代苏格兰的成就，大部分可归功工人阶级孩子的才能。即在英国，也可得到相同的经验，在英国进步最快的地方，即工业领导者是工人的子弟所占比重很大的地方。比如，在工业时代早期，社会地位的悬殊，在英国南部比北部更加显著和更加牢固。在英国南部，有一种略似世袭社会阶级的精神，让工人还有其子弟不能得到领导地位；但古老的家庭缺乏仅是天赋的，却不是社会利益所能提供的那种灵活以及清新的精神。这种世袭社会阶级的精神，还有工业领导者之中欠缺新的血液相互支持，英国南部城市的衰落，以活人所能记忆的而言，有不少在更大程度上可归咎于这个因素。

## 第 6 节　美术的教育

美术教育和艰苦思考的教育的地位稍有差别：由于后者常让性格坚强，但前者通常做不到这一点。但是，人们的美术才能的前进，本身就是一个最重要的追求，并成为工业效率的一个重要因素。

我们在这里所探究的，几乎完全是取决于视觉美术的学科。由于文学和音乐虽与这种学科一样有助于生活的美满并有过之而无不及，可是，它们的发展却不直接影响，也不依赖经营的方法、制造的方法还有技术工人的技能。

中世纪的欧洲还有现在东方各国的技艺工人，素以富有创造力著称于世，可能实在不如所传之甚。比如，东方的地毯充满了宏伟的想象。然而，假如我们探究一下任何一地的美术品的很多样品——可能是从几个世纪前的作品中选择出来的，我们通常发现，在它们的基本理念上没有什么区别之处。然而，在有各种快速变化——有些是因为风尚所造成的，有些是因为工业和社会进步的有利运动所产生的——的近代，每个人都可自

由开创新的局面，各人大体上应当依赖他自己的才力，由于没有缓慢成熟的公众的批评来引导他。[i]

但是，这不是我们时代中的美术设计所经受的唯一的或重要的不利。没有好的原因使我们相信：中世纪的一般工人的孩子，比现在一般的乡村木匠或铁匠的孩子具备较大的美术创造力。可是，假如那时一万人中可巧有一个人是天才，则在他的作品中，天才就体现了出来，而为此还有其他方面的竞争所激励。然而，近代的技术工人易于从事机械的掌控，即使他所发展的不同才能，比他的中世纪的前辈的审美力和想象力会更加坚实，毕竟会更为有利于人类的最大进步，但这些才能却不直接有利于美术的进步。倘使他觉得自己比同事具有更高的能力，他可能会力图在工会还有其他组织的管理上得到领导的地位，或者集中小量资本，从他所学的那个行业中开阔起来。这些都不是卑微的目的。可是，假如他仍干他的本行，而努力创造不朽的美术作品，则他的目标也许会更为高尚，对世界会更加有利。但是，应当承认，他要这样做会有极大的困难。现在我们所包容的装饰方法的改变在时间上是暂时的，时间短暂的害处和这种变化遍于世界广阔的面积上所造成的害处差不多。因为，这样就迫使设计师持续关注美术品的供给还有需要在世界上的改变，他的草率还有仓促的努力就更加分散了。这是一种对于以自己的双手工作的技术工人不甚合适的工作。所以，现在一般的技术工人觉得最好是跟在潮流后面，而不是领先。纵然里昂的织工的卓越技能目前也表现为几乎完全是继承精致的手工的能力以及色彩的优秀的感觉力，所以使他能完美地实现专业设计师的理想。

财富的增加使人们能根据自己的喜好来购买不同的物品，而关于这些物品是否经用却被看做次要的事，因此，在不同的衣着和家具上，东西的销售取决于式样变得越来越风行了。已故威廉·摩里斯和另外一些人的影响，加上很多英国的设计师从东方——尤其是波斯和印度的研究色彩的好手——所取得的指导，让法国人自己承认，某些类型的英国织物和装饰品已达到极致了。但在另外方面，法国还是首屈一指的。据传，有些在世界上维持自己地位的英国制造商，假如还是依靠英国的式样，即会被赶出市场。这一部分是因为以下的现实：巴黎在时尚方面处在领导地位，这是它关于妇女服装一向具有敏锐却细致的审美力的后果。巴黎的设计会与快要到来的时尚相合，而比来自另外地方的具有相同真实价值的设计有更好的销路。[j]所以，工业教育虽不能直接大大增长美术方面天才的供给，比它在科学以及企业方面所能增长得更多，但它却能使很多美术天才不改变为无用。由于旧式的手工业所实行的训练一定不能大规模地恢复，工业教育的这种结果就更加需要这些技术了。[k]

## 第 7 节　教育当做国家的投资

所以，我们可得出下面的结论：把公私资金应用在教育上是否明智，不能仅以它的直接结果来评估。教育仅仅作为一种投资，使更多人有比他们自己平常能利用的大得多的机会，也是有利的。由于依靠这个手段，很多原来默默无闻的人就能得到发挥他们潜在能力所需求的开端，并且一个伟大的工业天才的经济价值，足够抵偿整个城市的教育费用。由于像白塞麦的重要发明那样的一种新思想之所以能增长英国的生产力，相当于十万人的劳动那样多。医学上的发现——像吉纳或巴士特的发明那样——能增进我们的健康和工作能力，还有像数学上或生物学上的科学探究工作，纵然也许要通过很多代以后才能显出增多物资福利的功效，它们对生产所提供的帮助虽没有前者那样直接，但重要程度却是一样的。在很多年中为大多数人举办高等教育所花的所有费用，假如能培养出像牛顿、达尔文、莎士比亚或者贝多芬那样的人，就足以弥补了。

经济学家关于实际问题中具有直接关注的，无过于有关在国家与父母之间应当如何分配儿童教育费用的理论的问题了。然而，不论父母负担多少费用，我们目前必须考虑决定父母负担这些费用的力量以及意志。

大多数父母极愿用他们自己的父母对待他们的方法去对待自己的后代；假如他们发现邻人中可巧有标准更高的，则他们对待孩子可能甚至更好一点。然而，要父母对待孩子比此再进一步，则除了无私的道德品质，还有热烈的情感——这两点可能不是罕见的——之外，还需求某种精神上的习惯——这一点仍不是很普遍的。它要有清楚地预测未来和把遥远的事件当做像与眼前的事件几乎具有同样重要性（就是以低的利率对以后加以折扣）的习惯。这种习惯是文明的重要产物，也是文明的重要原因，除了在比较文明的国家的中等和上层阶级中之外，它是极少得到发展的。

## 第 8 节　流动性在职业的等级之间和等级之内日具增长

父母平常培养自己的孩子，让他们从事自己等级的工作，因此，在一代中所有等级的劳动者的所有供给，在更大程度上为前一代中该等级中的人数来决定，但在该等级本身之内却有更大的流动性。假如该等级内有某种职业的利益超越平均的利益，则青年人就从同等级内另外职业迅速转入这一职业。从一个等级到另一等级的垂直变动，不是快速的或大规模的；然而，当一个等级的利益比它所求的工作上的困难相对地增大时，则青年和成年的劳动者很多就会三三两两地开始流入这一级别。虽然流入的人数可能不是很多，但合起来人数就多了，很快就足以满足这个等级的劳动者增加的需要。

我们要到将来的阶段才对以下两点加以比较详细的探究：第一，所有地点和时间的不同条件对劳动者的自由流动所加的阻碍；第二，这些条件对所有人所供给的引诱以变更他的职业或培养其子从事和他自己不同的工作。但是，以我们已经了解的而论，足以得出下面的结论：假如其他情况不变，则由劳动所获得收入的增加，提升劳动的增长率；或换句话说，劳动需求的价格上涨，增多劳动的供给。假设知识的情况、伦理的、社会的和家庭的习俗的情况固定不变，则全体人民的活力——纵然不是他们的人数——和尤其是所有行业的人数和活力，在下面的意义上可以说是具备供给价格：需要价格的某种水平让上述的人数和活力维持不变；需要价格较高会使它们增多；需要价格较低会让它们减少。所以，经济原因在影响整个人口的增长和所有特殊等级内劳动的供给上就产生作用了。然而，经济原因关于整个人口多寡的作用大多是间接的；是经过生活上伦理的、社会的和家庭的习俗而发生的。由于这些习惯自身受经济原因的作用虽然很慢，却是很深，而在形式上有些是难以探究的，也是不可能预知的。[1]

## 【注释】

a 在这方面，值得关注以下一点：一种划时代的思想的全部的重要性，在它出现的这一代之中常常未被人认识：它让世界的思想走上新的道路，然而，方向的改变要过了一些转折点之后才会了解。同样地，每一时代的机械上的发展，比前代的发展易于被人看低。因为，一项新的发明要到有关它的很多较小的改良和辅助性的发明已经具备之后，对实际使用才能十分有效：一项划时代的发明，通常发生于它所划的时代的前一代。所以，状况就是这样：每一代好像主要是从事于实现上一代的思想。同时，它自身的思想的所有重要性，尚未被人明白地了解。

b 照威尔顿的见解，所有伟人都出于伟大的母教的说法是言之过甚的，但这只是说明母亲的影响没有超越其他所有影响，而不是说它不比另外影响中的所有一种影响更大。他说，母亲的作用在神学家和科学家之中最容易探溯，由于一个热诚的母亲引领她的孩子对伟大事物加以思考，而一个有思想的母亲不是控制孩子，而是鼓励孩子的好奇心，这种好奇心是科学的思考习惯的动力。

c 在家庭伟人当中，有很多具有优良品行的人。然而，生活在十分富有的家庭中的伟人容易染上放纵的习性，对财富的重要性评估过高，并通常重视低级的生活追求，这种状况对于独立的劳动人民是不常有的。在某些很好的家庭中，孩子大部分时间所交往的人没有一般家庭往来的人一样高尚。但在这些家庭之中，不是合格的仆人，是不准看管一头小的猎犬还有小马的。

d 有关工人阶级的孩子欠缺细心的一般教育之所以有害于工业的前进，与中等阶级的旧式教拉丁语学校的教育的狭窄范围的害处几乎一样。当然，在近代之前，这种教育是一般教师所能诱使他的学生把心力用于吸取知识外的任何东西的唯一的教育。隐私，称它是高级普通教育是比较对的，由于它是所能得到的较好的教育了。然而，它在让市民熟悉伟大的古代思想的追求上是失败的：一般学校的时代一过去，它就被遗忘了，并且它在营业与教育之间造成了不利的对抗联系。但是，现在知识的进步，使我们能用科学和艺术来填补这种学校的课程，对能进如此学校的人给予某种教育，以发展他们更好的才能，并让他们养成更能刺激他们的心思在往后生活中的高级活动的思维方法。花在学习拼字上的时间几乎是浪费的：假如能让英语中的拼字和发音和谐一致，像很多别国语文那样，则不必增多什么费用，有效的学校教育大概延长一年就行了。

e 正像史密斯所说：假如一个青年在桌上随便落下两颗豌豆之后，而能简单地把第三颗豌豆放在前两颗之间的连线的中间，他将来就会变成一个优秀的技师。在英国的通常竞赛中所学到的眼和手的应用，与在幼儿园的游戏中所取得的一样。绘画常是介于工作和游戏当中。

f 一个更好的办法，就是在学校毕业后，把几年中的六个冬月花在大学中研究科学，而把夏天的六个月花在大工厂当中实习。本书作者四十年前曾在布里斯托尔的大学学院（即现在的布里斯托大学）运用这个办法。然而，它是有实际难度的，仅有大企业的首脑与大学当局的中肯和慷慨的合作，方能克服这种难题。另一个好的方法，即曼彻斯特的梅瑟·马瑟和帕莱特工厂的附属学校所应用的办法。“学校中所做的绘图作业，即是工厂中实际进行的绘图工作。某日，教师作必需的解释和计算，次日，学生就看见——好似早有准备的——教师讲授的问题中的那些东西。”

g 雇主有责任在工厂中彻底教授学徒他的行业中一个大部分当中的很多小部分的工作，而不是像目前所常有的那样，仅让学徒学会这些小部分当中的一部分工作。有关要想学习在一个新国家的特别情况下的农业经营的英国青年，目前已经风行一种类似旧学徒制度的方法。有迹象显示，这个方法可以推广到英国的农业经营，由于它在很多方面与英国的农业非常合适。然而，除此之外，仍有很多适合农民还有农业的聘用劳动者的教育，最好可以在农业大学和制酪业学校中进行。同时，有关成年人的工业教育的很多大的机构正在快速发展，比如展览会、同业公会和同业杂志等。它们分别有各自的工作。

在农业和另外某些工业方面，对进步的更大帮助，恐怕是公开的展览会。

h 在欧洲大陆上，几乎每个进步的企业的首脑，都曾在外国细心探究制造方法和机械。英国人是有名的旅行家。然而，可能一部分是因为他们不懂外国语言的原因，所以他们并不重视对旅行的明智应用所能获得的工业教育。

i 实际上，原始时代的各个设计师都是为前例所支配的，仅有非常敢作敢为的人才不受前例的拘束，可他们也没有过于违反先例，而他们的革新要受到经验的影响，经验毕竟是准确无误的。由于艺术和文学上的最粗糙和最可笑的时尚，由于社会上有势力的人的提倡，即使一时会为人们所认可，但只有真正的艺术的优雅才能使一首短歌或曲子、一种服装的样式或一种家具的样式，在全国之中盛行很多代。所以，凡与真正的艺术精神不相调和的革新就被压制了，遵循艺术途径的那些革新就被存留下来，并成为很大进步的起点。这样，传统的能力在存留东方各国的工艺的纯粹性上会有更大的作用，而在某一程度上，在中世纪的欧洲也是这样。

j 法国的设计师觉得最好居住在巴黎。假如他们长久不与时势的重要变动接洽，他们就好像落后了。他们当中的大多数人所受的教育是要当艺术家，然而他们最高的志向却未取得成功。那些已经成为艺术家的人，感觉从事设计工作是值得的，可这只是例外的状况，假如像色佛尔的瓷器业那样。可是，英国人在为东方市场的设计任务上还能维持自己的地位，而英国人在创造力方面最少不低于法国人，也有了例证，即使在怎样配合式样和色彩以取得有效的结果方面，英国人还不具备法国人那样的敏锐（参看《工业教育报告》第 1 卷以及第 3 卷）。近代设计师的职业可能还没有达到它所能维持的最好的地位。由于它在过大的程度上还处在一个国家的影响之下，但那个国家的最高艺术学科的作品，原本就是不能移植的。这些作品在以前诚然常为其他各国所赞美和模仿，然而它们还很少成为后世更优秀的作品的基调。

k 画家自己在图画陈列室中也记述以下的现实：在中世纪——可能较晚——他们的艺术比以前能吸引更多的最优秀的智士。而目前却是这样：青年人的志向为近代企业的兴奋的事所诱惑，建树不朽事业的热诚在近代科学的发展上得到活动机会，最后，为定期刊物随便写些浅薄的文章就可取得报酬，所以，很多优秀的人才就在不知不觉中改进高尚的目标了。

l 一个父亲想要培养他的儿子从事一种和他自己的职业在特性上大不一样的职业，会遇到各种困难，穆勒对这些困难印象很深刻，所以他说（见穆勒所著《经济学原理》第 2 篇第 14 章第 2 节）：“确实，各种等级的劳动者间的悬殊向来是如此彻底，他们之间的分界线是那样明显，以至几乎等于世袭的社会阶级了。不同职业所需的人，重要是由已经从事于如此职业的人的子弟来充实，或者由在社会地位上与如此职业属于同一等级的其他职业中的人的子弟来填充，或是通过以前即使等级较低、而依靠自己的努力而提升地位的人的子弟来填充。自由职业所需的人，很多是由自由职业阶级或有用阶级的子弟来填充；需求高度技能的手工职业，由熟练的技术工人或者与他等级一样的商人阶级的子弟来填充。等级更低的需要技能的职业也是这样；而不熟练的劳动者，由父及子依然维持他们以前的样子，但偶有例外。所以，各个阶级的工资通常是为它自己的人口的增长所限制，而不是为全国总人口的增加所控制。”然而，他接着说：“然而，在习惯和观念上现在快速发生的变化，日渐打破这一切的区别。”自从他著书以后，他的先见之明已被改变的进程所证明了。在本章开头时我们已经说过，有各种原因使得一些职业所需求的一定程度的熟练和能力有所降低，另一些职业所需求的一定程度的熟练和能力有所增长，因为这些原因快速发生作用，他所指出的明显的分界线几乎已被消灭了。我们不可以再把不同的职业看做分属于四个大的平面。然而，我们也许可以感觉不同的职业类似梯级宽度不等的一座长楼梯，当中有些梯级非常广阔，可以当做梯顶之用。或者我们不如把各种职业想象为两座楼梯则最好，一座代表“难做的工业”，另一座代表“易做的工业”；由于这两者之间直接的划分，实际上是与所有两个等级之间的横的划分相同广泛和明显。穆勒的分类在被凯恩斯使用时已失去它的大部分的价值了（见凯恩斯所著《政治经济学主要原理新论》)。较为适合我们现在状况的分类是吉丁斯所提出的（见《政治学季刊》第2期)。对这个分类的不同意见是如此：它在大自然原来没有划分明显分界线的地方描画了明显的分界线。然而，这个分类可能不亚于把工业分为四个等级的更好的分类。他所分的等级是：(Ⅰ）自动的手工劳动者，包含普通劳动者和管理机器的工人在内；(Ⅱ）负责的手工劳动者，包含那些能付以某种责任和自行管理的劳动的工人在内；(Ⅲ）自动的脑力劳动者，比如会计员；(Ⅳ）负责的脑力劳动者，包含监工和董事在内。有关人口在等级之间或上或下的很多和持续的流动的条件与方法，在以后第六篇第4、5、7章中再加以比较详细的探究。有关供差遣和做另外没有教育价值的工作的男仆的需求的增长，增加了这样的危险：父母会将他们的儿子送上未来没有获得良好职业希望的道路。公共机关在这方面做了一些工作，但是私人团体因为其中人们的热心和努力，在这方面做得很多，都警告人们不要从事这种“死胡同”的职业，并帮助青年准备从事技术性的任务。这些努力也许具备很大的国家价值。可是，应当注意：这种指导和帮助不仅要给予工人阶级人口中出身更低的人，而在必要时一样要给予出身较高的人，不然，民族就会退化。

# 第 7 章　财富的增长

## 第 1 节　在近代以前没有使用什么高价形态的辅助资金，但现在它正迅速增长，积累的能力也快速增加

在本章中，不需要区别将财富看做消费对象的观点与将财富看做生产要素的观点，我们只是研究财富的增长，并不需要注重财富作为资本的各种用途。

最早的财富形态，恐怕是渔猎工具和个人装饰品；而在气候寒冷的地方，则是衣着和茅屋。[a] 在这个阶段中，人们开始驯养动物。但是，最初人爱护动物恐怕主要是因为动物本身的缘故，因为它们外形美丽，驯养它们令人愉快。就像个人装饰品一样，人要获得动物，并不是为了准备应付将来的需要，而是因为拥有动物就能立刻得到满足。[b] 渐渐地，驯养的动物增多了。而在畜牧时代，动物既是令所有者愉快和引以为豪的东西，又是社会地位的体现，已成为准备应付将来的需要而积累的最重要的财富。

由于人口渐密，人们定居下来从事农业，耕地就在财富的目录中占了第一位；但在土地的价值中，因为各种改进（其中井占有明显的地位）而得到的那一部分价值，成为狭义的资本的重要因素。属于次要的是房屋、家畜，但在有些地方是小舟和船只；然而，生产工具——不管是供农业还是家庭工业之用——在长时间内一直不具备什么价值。可是，在有些地方，不同的宝石和贵金属早已变成欲望的重要对象和公认的储藏财富的手段。同时，帝王的宫殿肯定不必说，即在很多比较幼稚的文明阶段中的社会财富，大部分体现为公共建筑物——重要的是供宗教、道路和桥梁、运河和灌溉工程的形态所用。

依靠上述这些东西积累的财富的重要形态，已有几千年了。在城市中，房屋和家具诚然是占第一位，昂贵原料的储备也十分重要。但是，城市居民每人具有的财富，虽然通常比乡村居民较多，但城市居民的所有人数不多，所以他们的财富总额比乡村的财富总额少很多了。在整个这时代中，唯一的应用高价工具的行业，是海上运输；织工织机、农民耕犁、铁匠铁砧都是结构简单的东西，与商人的船只相比几乎无足轻重。但到了十八世纪，英国开始了利用高价工具的时代。英国农民的工具的价值在很长时间中上涨慢，但到十八世纪进步飞速。不久，首先利用水力，其后利用蒸汽力，使生产部门纷

纷地以高价的机械快速代替廉价的手工用具。像以往最高价的工具是船舶，还有在某些情况下是供航行和灌溉用的运河相同，现在最高价的工具也是普通的交通工具——铁路、电车、运河、码头、船舶、电报和电话系统，还有自来水厂。煤气厂几乎也可归入这类，由于它的设备大部分是应用在运输煤气的。再次为矿山、铁厂和化工厂、造船厂、印刷厂，还有其他有很多高价机械的大工厂。

不管我们看哪一方面，我们都认为：知识的进步和普及，持续地导致新方法以及新机械的应用，假如在人类的努力尚未达到目的前很长时间内花费一番努力的话，那么这种新方法和新机械就能有效地节约人力。要正确衡量这种进步是不简单的，因为在古代是没有与很多近代工业差不多的工业的。然而，我们可以对比一下产品的通常性质没有变更的两大产业的过去和现在的状况：它们是农业、建筑业、织布业和运输业。在前两种产业当中，手工操作仍占主要地位。但即使在它们当中，高价的机械也有较大的发展。比如，可把即使现在的印度农民的简单工具与进步的苏格兰低地的农民的机械比较一下，‘并可思考一下近代建筑业者的制砖机、制灰泥机、锯木机、刨木机、嵌线机、凿孔机，还有蒸汽起重机和电灯。假如我们再看一下纺织业，还有至少是制造比较简单的产品的纺织业的状况，我们看到过去每个工人对工具是感觉满意的，这些工具的成本不过相当于他的几个月的工作，而在近代，单是工厂设备所占的资本，以雇用的各个男工、女工和童工来估计，各占两百镑以上，即等同于每人五年的劳动。又如一条汽船的成本，可能相当于驾驶这船的那些人的十五年或者更多的劳动：同时，投于英国和威尔士的铁路的资本约为十万镑，等同于铁路所雇用的三十万工资劳动者二十年以上的劳动。

## 第2节　续　前

随着文明的前进，人类常发展新的欲望及满足这些欲望的比较高价的新方法。进步的速度有时候是缓慢的，并且偶尔甚至也有特大的退步。然而，目前我们正以一年比一年迅速的快步发展，我们无法预测将在何处停下来。在各方面，进一步的机会肯定会发生的，这些机会都会更改我们的社会和工业生活的性质，使我们能使用巨额储存的资本来供给新的满足，并将它应用于预料遥远的欲望来提供节约人力的新方法。好像没有充分的原因使人相信：我们已接近静止的情况，在这状态下，不会有新的主要欲望要得到满足，把现在的努力有效地投于防备以后不会再有机会了，并且财富的积攒也不再会有任何回报了。人类的所有历史表明，人的欲望是随着他的财富及知识

的增长而扩宽的。[d]

随着投资机会的增加，生产物超过生活必需品的剩余也持续增加，这种剩余产生了储备的能力。当生产技术落后时，剩余是极少的，只是在强大的统治民族以很低的生活必需品强迫臣服的民族艰苦劳作的地方，还有在气候温和、由于生活必需品很少且容易取得的地方才有例外。然而，在生产技术方面，还有在为了帮助和支援将来生产的劳动而积累的资本方面每有增加，就会增加剩余，从这剩余中就可以积攒较多的财富。很快，在气候温暖的地方，甚至在很冷的地方，就可能出现文明了；但物质财富的增长，在不折磨工人因而也没有破坏它所依赖的基础之条件下，也成为可能了。[e]如此，财富和知识就一步步地增加了，储蓄财富还有普及知识的力量也随着一步步地增加。

## 第3节　续　前

旅行家告诉我们，假如有些部落只要提前应用一点他们的力量及知识所能及的手段（比如，将他们的小菜园围起篱笆以防野兽的入侵），他们就可让他们的资源和享乐倍增，而不必增长他们的所有劳动。

但是，纵然这种漠不关心的态度，若与目前我们自己国家中所见到的一些阶级的浪费对比，可能是不足为奇的。人们有时一星期赚两三镑，有时濒于饥饿，这样的情况不是少见的。[f]在不同的极端方面，即守财奴，当中有些人的爱财近于疯狂的程度；另一方面，即在自耕农和另外某些阶级中，我们也经常看到有些人非常节省，连必需品也节省了，以致影响了他们将来工作的能力。这样，他们就到处吃亏，他们从未真正享受生活的快乐。同时，他们从他们所储备的财富所获得的收入，比从他们的赚钱能力的增长所能得到的收入还少，假如他们把从物质形态所积攒起来的财富应用在他们自己身上，则他们从赚钱能力的增长所得到的收入可能会较多。

在印度，我们看到有的人的确节制当下的享乐，以很大的自我牺牲节约了巨额款项，但却把他们的所有的储蓄都用于婚丧的花费的排场上，在爱尔兰也有类似的人，不过在程度上赶不上印度。他们只是为不久的未来作间歇的准备，但对遥远的未来，却不作任何永久的预备，巨大的公共工程让他们的生产资源有极大的增加，但这些工程主要是由克已能力很差的英国人的资本来举行的。

这样，控制财富积累的不同原因，在不同国家及不同时代中也大不一样。在所有两个民族之中，这些因素也不是完全一样的，即在同一民族的所有两个社会阶级中，可能也不是完全一样的。它们很大程度上有赖于社会及宗教的制裁；当风俗的约束力稍微松懈时，个人性格上的差别，如何会使得在等同条件下长大的邻居，在他们的奢侈或节俭的习俗方面各不一样，比在差不多另外任何方面的不同更加普遍和更加常见，这一点是值得关注的。

## 第 4 节　保障是储蓄的一个条件

过去的不事节俭在极大程度上是缺少保障的原因，由于那些为未来作准备的人是要享受保障的：只有那些已经富足的人，才有力量维持他们所积蓄的东西；勤劳及克己的农民积蓄了一些财富，却眼看它被强有力者夺走，这种状况对他的邻居持续提出警告，叫他们在能享受时便享受快乐和安逸。在英国及苏格兰的边境，只要抢劫一天不停止，就不会有丁点儿进步；在十八世起中法国农民的储蓄是极少的，当时他们只被人当做穷人，才能逃避官吏的掠夺，爱尔兰齐多田地的佃户们，即在四十年前，为了面对地主对地租的过高要求不得不这样做。

如此没有保障的情况在文明世界几乎已成过去了。然而，在英国，我们依然受到《济贫法》的影响之害，《济贫法》盛行于上一世纪早期，为工人阶级带来了一种新类型的风险。因为，它规定：工人阶级工资的一部分，要以贫穷救济金的方法拿出来，而这种救济金在他们当中的分配，是与他们勤劳、节俭及远见成反比例的。所以许多人认为，为将来作准备是愚笨的事。由如此有害的经验所形成的传统和本能，即使到现在，依然是对于工人阶级进步的一大阻碍；并且，至少名义上作为当下的《济贫法》的基础原理，即国家只思考贫穷却完全不考虑功绩，也发生相同的作用，即使作用较小。

这种没有保证也正在减少：国家和私人对贫民的责任的开明观点的发展，足使让以下一点日益明确：自力更生及努力为自己的未来作准备的人，比懒惰及不动脑筋的人，会得到社会的较好照顾。然而，这方面的进步依旧缓慢，要做的事情还有很多。

## 第 5 节 货币经济的发展给予奢侈以新的引诱，但它使没有经营能力的人可以得到储蓄的好处

货币经济和近代经营习惯的前进，的确因对于爱过奢侈生活的人产生新的引诱，而阻碍了财富的积攒。在古代，一个人假如要住一所好的房屋，他应当自己动手建造；而目前出租的好房子特别多，仅仅付房租就能租到。以前他要喝好的啤酒，他要有好的酿造场，而目前他能买到比自己酿造的更好而且更廉的啤酒。他也可以向图书馆借阅书籍，而不必自己采办；在他准备购买家具之前，他也可以用家具布置他的房屋。如此，近代的买卖制度、借贷制度还有新欲望的发展，在很多方面引起新的花费，并将目前的利益置于未来的利益之上。

另一方面，货币经济增长了用途的多样化，在这些用途之间，一个人可以分配他未来的支出。在原始社会情况下，一个人储备了一些东西以备不时之需，他可能觉得他对他所储备的那些东西的需求，可能没有像对他所没有储备的东西那样大：有很多未来的欲望，是不可能以储备货物来直接满足的。然而，假如他积蓄了资本，并从资本中取得货币收入，他却能需要什么就购买什么。[9]

其次，通常的经营方法，带来了安全投资的机遇，使得没有好机会进行任何经营——甚至没有经营农业的机遇，在农业中，土地在某些条件下具备一个可靠的储蓄银行的效用——的人也能取得收入。这些新的机会已让有些人积攒若干东西以供老年之用，假如没有这些机会，他们可能不会这样做的。财富的增加还有一个更大的后果，就是它使一个人准备死后供给妻子儿女以可靠的收入简单得多了，因为，家庭情感毕竟是储蓄的重要动机。

## 第 6 节 家庭情感是储蓄的重要动机

确实有一些人看见他们所积攒的财富在自己手下增加而感到强烈的愉悦，但几乎没有想到由他们自己或别人从财富的应用中所能获得的幸福。他们之所以这样，一部分是因为追求的本能、胜过竞争者的愿望，还有表现取得财富的能力及因富有而取得势力和社会地位的雄心。有时，在他们真正需求货币时所产生的习惯的力量，因为一种反射作用，在为积聚财富而积聚财富方面，使他们产生一种人为的和不合理的愉悦。但是，假如不是为了家庭感情，现在很多艰苦工作和小心储蓄的人，只要可以获得供他们自己生

活之用的舒坦的年金，就不会更努力了；他们可能是向保险公司求购年金，或是安排好他们退职以后每年花费他们的资本及其他所有收入的一部分。在前一种状况下，他们身后就一无所有了；而在后一种状况下，他们仅留下从他们所希望的高寿中由于早死而多余的那一部分储备。人们工作和储备主要是由于他们的家庭，可由以下的事实来证实：在他们退职之后，他们的费用极少超越从他们的积蓄中所得的收入，而甘愿把他们所储存的财富原封不动地遗留给他们的家庭；仅仅在英国，每年就有两千万镑以保险单的形式储存起来，并且只有在储蓄的人死后才可以动用。

最能刺激一个人的精力及进取心的，无过于在生活中提升地位的希望，还有使他家里的人从比他创业时高的社会地位开始的渴求。这种希望甚至给他以一种不可抵挡的热情，而这种热情让他对求得安逸和一切一般的愉快的愿望都变得毫不足道了，有时甚至打破了他内在的优美感觉及高尚憧憬。可是，像现代美国的财富的惊人的增加所表明的那样，这种渴望让他成为一个有力的生产者及财富积累者。确实，假如他不是急于攫取财富所能给他的社会地位，那么他的雄心就会让他走上巨大的奢侈之途，正像不顾未来和放纵自己的脾气所能影响的那样。

以下这种人才会有很大的储蓄：他们出身清寒，长大后从事苛刻且艰苦的工作，他们虽在企业上取得成就，但仍保持朴素的习俗，他们对挥霍加以鄙视，并怀有死后他们会比为人所预测的更为富有的希望。这种性格在古老但富有活力的国家中比较闲静的地方是常见的，但受到重大的对法战争还有随之而来的重税的压迫之后，历时一代以上，在英国乡村区域的中等阶级当中，这种性格也是很常见的。

## 第 7 节　积累的源泉<br>公共积累合作事业

其次是有关积累的源泉。储蓄的能力要看收入越过必需的支出部分而确定；在富人当中，这个部分是极大的。在英国，大部分的巨额收入是从资本中得到的，但小额收入中仅有一小部分是从资本中得到的。在二十世纪早期，英国的商人阶级有比乡村绅士或工人阶级都更具有储蓄的习惯。这些因素合在一起，就使得上一代的经济学家把储蓄看做几乎全是从资本的利润中取得的。

然而，即在近代英国，地租与自由职业者和雇用劳动者的收入，都是积攒的一个重要源泉，而在所有文明阶段的初期中，它们是积攒的主要源泉。[h] 然而，中等阶级，特别是自由职业阶级，为了把资本投在他们孩子的教育，自己总是十分刻苦；同时，工人阶级工资的大部分，是用在加强他们孩子的身体健康和强壮方面。以前的经济学家不太思考实际：人类的才能与其他所有种类的资本，依然是重要的生产手段。与他们不同，我们可得出以下的论断：财富分配上的所有变化，仅是工资劳动者多些，给资本家少些，假如其他情况不变，就会快速增加物质生产，而不会明显地延迟物质财富的储备。当然，假如这种改变是以暴力的手段来实施，而使公共安全发生动摇，则其他情况就不会没有改变了。可是，对物质财富积累的轻微和暂时的控制，即使从纯粹的经济观点看，也不一定是坏事，假如这种控制是平静地实行而没有引发骚扰，并对很多人提供更好的机会，提升他们的效率，在他们内心养成自尊的习性，以便在下一代中产生效率高得多的生产者。假如这样，这种控制比大量增长我们现有的工厂和蒸汽机，要更能促使物质财富的增加。

财富分配得很好及有高尚志向的民族，就会积攒巨额的公共财产，有些富裕的民主政体单从这种形式所作的积累，就构成了我们的时代向前代所继承的最好的财产的大部分。不同形式的合作运动的发展，建筑协会、友谊会、职工会、工人储备银行等的发展，都说明了以下一点，即以物质财富的直接积攒而言，国家的资源应用在支付工资也不完全是损失的，就像以前的经济学家所认为的那样。[i]

## 第 8 节　目前的满足与延缓的满足间的选择　财富的积累通常含有满足的某种等待或延期之意　利息是它的回报

在探究了储存方法和财富积累的前进之后，现在我们回头分析目前的满足与延缓的满足之间的关系，在从前研究需求时，我们是从其他观点开始这种分析的[j]。

在探究需求时我们了解：所有人如存有可做几种用途的物品，他就力图把它分配于所有用途以让他得到最大的满足。假如他认为把这商品的一部分从一种应用转到其他用途而能得到极大的满足，他就会这样做。因此，假如他所作的分配是合适的，他就停止在把这商品应用在各种不同用途的某一点，在这一点上正好使他从把这商品用在各种不同用途上获得相同的好处（换句话说，即他把这商品分配于很多不同用途，让它在每种用途上都有一样的边际效用）。

并且我们了解：不论所有用途都是现在的，还是有些是现在的、有些是延缓的，上述的原理都一样有效；但在后一状况下，却有一些新的思考，其中重要的是：第一，满足的延缓肯定引起关于以后取得满足是否可靠的问题；第二，依照人类本性来看，现在的满足通常地——虽然不是经常地——比渴望与它一样的，而在人类生活中是一样可靠的满足更加可取。

一个谨慎的人假如认为在他生活的所有阶段中，他会从一样的财产中取得相同的满足，他可能会力图把他的财产普遍地分配于他的一生：假如他认为他的赚钱能力在未来会有降低的危险，他就一定会储存一些资财作为未来之用。不但在他认为他的存款在他手中会增长时，他会这样做；在他认为他的存款会减少时，他也会这样做。他会储存一些水果和鸡蛋以备冬令之需，由于到了冬天这些东西就会欠缺，即使它们不会因为冷藏而变得更好。假如他不知道如何把他的收入投于贸易或者放款以得到利息或利润，他也会学我们的祖先的榜样：他们积攒了少数金币，当他们从忙碌的活动退休时，就把这些金币带到乡野中去。他们觉得，在收入多的时候多用几个金币的增长，对他们的帮助没有像老年时的金币所能供给他们的舒适一样让他满足。保管这些金币使他们有更多的麻烦。毫无疑问，假如有人能为他们减少这种麻烦，而不让他们遇到任何风险，他们就会愿意给他一点回报。

因此，我们能想象这样一种状况：储存的财富几乎不能作很好的应用；很多人要为未来作准备；而要借人财物的人极少能提出可靠的担保——未来仍归还这种货物或者等价的货物。在这种状况下，享乐被延期或等待，与其说是一种获得回报的行动，不如说是一种受罚的行动；一个人把他的财产交付于别人保管，而只能渴望得到这样一种可靠的诺言：归还的东西是少于他所借出的东西，所以利率就会变为负数了。[k]

这样一种状况是可以设想的。然而，人们可能如此渴望工作，导致宁愿受一些惩罚而允许他们工作的条件，这样的状况也是可以设想的，而且几乎一样是可能的事。因为，正像推迟一部分财产的消费，是一个谨慎的人为了他自身的缘故而愿意做的事一样，进行一些工作也是一个健康的人出于他本身的因素而愿意做的事。比如，政治犯如被准许做一点工作，他通常认为这是一种照顾。照人类本性的状况来看，我们可以说，资本的利息是享受物质资源的等待所包含的牺牲的回报，因为，假如没有报酬，极少人会大量存钱。正像我们认为工资是劳动的回报是一样的，因为，假如没有报酬，很少人愿意卖命工作。

为了以后而牺牲现在的愉快，对于这种牺牲，经济学家称做“节欲”。然而，这个名词却被误会了：因为，财富的最大积累者是极其富有的人，当中有些人过着奢侈的生活，肯定不去依照这个名词的同义词“节俭”的意义进行节欲的。经济学家的意思是说，当一个人在他消费能力内开始变得节制消费，目的在于他的未来的资源时增长，他对这一特别消费行为的控制就增长了财富的积累。这个名词既易被人错解，我们还是不用的好，我们说，财富积累通常是享乐的延期或者等待的后果。[l]换句话说，是财富的积累依靠于人的先见，即是他想象未来的能力。

财富积累的“需求价格”——环境让人从他的工作和对以后的等待所能获得的未来的愉快——体现为很多形态，但其实质总是相同的。一个农民建设了一间可防风雨的茅屋，但他的邻居们在建设他们的茅屋时却没有花像他这样多的劳动，所以，当风雪吹入他们的茅屋时，这个农民从他的茅屋的利处上所得到的愉快的增长，即是他的工作和等待所获得的价格。这种愉快的增长，若与因一时冲动而攫取面前的满足所能取得的愉快对比，是代表明智地用在防备遥远的祸患或者是准备满足未来的欲望的各种努力的生产力的增加。退休的医师把资本借与工厂或矿山，使它可以改进机械，而他从资本中取得利息，上述令人愉快的增长在所有基本方面都与利息类似；由于利息具有数字上明确性的表象，我们可以觉得利息是从财富中所获得的其他形态的利益的典型，并代表这一利益。

对于一个人来说，劳动几乎是所有享受的最早的源泉，这是由他以交换或者继承、合法的贸易或者毫无顾忌地以抢劫或欺诈的方式从别人那里得到的。着手于我们目前的目的是没有联系的，我们目前所探究的唯一问题仅是：财富的增加通常是包含一干人在眼前有力量（正当或不正当的）控制的愉快的有意识的等待中，和他愿意等待的心理依靠于他的生动地想象未来和为将来作准备的习惯。

## 第 9 节　报酬越多，通常储蓄率就越高，当然也有例外

但是，让我们较为详细地研究以下的叙述：正像人类本性所生成的那样，由于现在一定的牺牲，将来能获得更大的愉快，因此，一般来说人们会愿意暂时作出更大的牺牲。例如，假如乡村里的居民必须到森林里去取材来建造房屋，那么森林越远，他们所能获得的报酬就越小，同时每天的劳动所产生的财富就越少。在这种情况下，每天所作出的牺牲所获得的未来的回报就很少，人们就不愿意扩大木屋，而总的来说，他们取木材的劳动量也许会因此减少，但是这一法则也不是没有例外的。如果由于一定的风俗习惯，人们只熟悉一种式样的木屋，那么在他们远离森林的情况下，从一天的劳动中获得的利益越小，他们花在这项工作上的天数就会越多。

同样，如果一个人不愿意自己花费财富，而选择放款取利，那么他的储蓄回报会随着利率的升高而升高。如果合理的投资利率为 4%，那么，如果他现在放弃 100 镑的享乐，来年就会有 104 镑的享乐。但如果利率为 3%，那么来年他只能得到 103 镑的享乐。同时，这一边际会随着利率的降低而有所下降：此边际刚好让一个人会觉得不值得去为

了它作储备。这样一来，人们的消费在一定程度上会随着利率的下降而增加，而同时为将来的享乐作准备就会越少。同样，这一法则也并无例外。

首先，在两个多世纪前蔡尔德爵士曾说，利率高时，商人“当已积有巨资时就脱离贸易”，而放款取得利息，“由此而得到的利益是如此容易且客观。但在利率较低时，他们将世世代代继续做商人，使他们自己和国家变得更富有”。有许多人，当他们还在壮年时，当他们懂得了待人接物、比以前更为有效地经营企业时却退职不干了，过去有这种情况，现在也同样有这种情况。其次，正像萨金特所指出的那样，如果一个人已决定继续他的工作和储蓄，直到他准备了一定的收入作为老年或死后他的家庭之用为止，他就会感觉到，利率低的时候必须比利率高时储蓄更多。例如，假定他希望每年有四百镑的收入才能退职，或是每年保四百镑的险作为他死后妻儿之用；如果现行的利率是 5%，他只要储蓄八千镑，或保八千镑的寿险；但是，如果利率是 4%，他就必须储蓄一万镑，或保一百镑的寿险。

因此，利率的连续下降，世界资本就会随之增大，这是可能的事。但是，由一定量的工作和对将来的等待所得到的遥远的利益下降，大体上会减少人们为将来所作的准备；或用较为近代的话来说，利率的下降势将遏制财富的积累，这也是同样确实的事。因为，虽然人类对天然资源的支配会日见增大，即在利率低时人们也许继续大量储蓄，但是，只要人类本性不变，利率每有下降，就会有更多的人比利率高时储蓄较少而不是较多。

## 第 10 节　续　前

控制财富积累和它与利率的联系的不同原因，与经济学的各个部分都有很多相关的地方，所以，这些因素的研究就不易于完全包含在我们探究的一个部分之内。在本篇中，即使我们所探究的主要是在于供给的方面，然而在这里略为解释资本的需要与供给之间的普通关系，似乎也是肯定的。

我们已经了解，财富的积累是为种种因素所支配的：风俗、自制及想象未来的习惯，特别是家庭情感的力量。保障是财富积累的必要条件，而知识和智力的进步在很多方面促进财富的积攒。

对资本所提供的利息——储蓄的需要价格——的上升，势必使储蓄额增加。由于即使有少数人决定为他自己还有家庭要获得固定数额的收入，在利率高时比在利率低时会少储存一点，但利率的上升增加储蓄的愿望几乎是普遍的法则；并且利率的上升通常会增加储蓄的能力。然而，应当记住：每年的投资仅仅是已有的资本额的一小部分，因此，每年的存款率即使有颇大的提升，资本额在任何一年中的增长，也不容易被人们感觉到。

## 第 11 节 有关财富增加统计的注释

财富增加的统计史，是十分贫乏和使人误解的。这一部分是因为要进行引用于不同的地点和时间的财富的数字的衡量存在着固有的困难，一部分因为缺少收集必要的事实系统性的打算。美国政府的确是收集每个人的财产报告，由此而得的后果虽不让人满意，但可能是我们所有的最好的后果了。

其他各国财富的评估，几乎完全是以收入的估计为依据，但收入的估计是依照不同收入的年数化为资本测算的；这个年数的选择是依照：（Ⅰ）当时通行的一般利率，（Ⅱ）从所有特殊形态的财富应用所取得的收入达到怎样的程度；（a）因为财富本身的永久产生收入的能力；（b）因为使用财富所费的劳动或者资本本身的消耗。最后这个项目，对于折旧费很大的铁厂尤其重要，而对于即将开采完的矿山更为重要；两者应当只以几年的收入当做资本。另一方面，土地之产出收入的能力是会增加的；而在这种状况下，土地所得的收入，应该以很多年的收入数当成资本（这些收入在（Ⅱ）（b）项目下可当做负数）。

土地、房屋和牲畜在所有地方和所有时间，都是头等重要的财富的三种状态。但是，土地与内外东西的区别之处在于：土地价值的增加，通常主要是因为土地变得稀少；所以，土地价值的增加，与其说是满足欲望方式增加的尺度，不如说是欲望增加的尺度。比如，1880 年美国土地的价值，算起来和联合王国土地的价值大概相等，而大概是法国土地价值的一半。土地的货币价值在一百年前是根本不重要的。倘使二三百年后美国的人口密度和联合王国大约相等，则前者的土地的价值会比后者最少大二十倍。

在中世纪早期，英国土地的所有价值，比冬天饿死在土地上的骨瘦如柴的动物的价值还低得多。目前，即使最优良的土地有很多已列入房屋、铁道等项目之下；即使现在牲畜总的重量可能增加十倍以上，并且质量较好；即使现在有各种为中世纪所不了解的大量农业资本，然而，现在农业土地的价值比农业资本大三倍往上。几年与拿破仑战争的压力，让英国土地的名义上的价值几乎增加一倍。自那时以来，自由贸易、运输的改进、新国家的开发还有其他不同的原因，应用于农业的土地的名义上的价值降低了。这些因素使得以货物计算的货币普通购买力，在英国比在欧洲大陆相对提升。在上一世纪早期，在法国和德国，二十、五十法郎能购得比在英国一镑所能购得的东西——特别是工人阶级所需求的东西——更多。可是，目前这种利益却在英国方面，这就让法国和德国近来的财富增加，若与英国相比好像较大，而事实上则不是如此。

假如我们考虑这类实际和以下事实：利率的降低增加收入的年数，但在这年数中所有收入必须被化为资本，因而就增加产生一定收入的财产的价值，我们就可以了解，纵然国民财富的估测所根据的收入统计是准确的话，这种估测也会是很令人费解的。可是，这样的估计仍不是完全不具备价值的。

吉芬爵士所写的《资本的增长》和莫耐先生所写的《财富与贫困）两本书，包含关于下表中的可供参考的很多数字探究。可是，他们的意见分歧表示所有这样的估测都很不确切。莫耐先生对于土地——农业土地——和农业建筑物的价值的评估可能是太低了。吉芬爵士估测公共财市的价值是五亿镑，他忽略了国内所持有的公债数，原因是在公共财产的项目下写入借方的数额和在私有财产项目下写入贷方的数额相同，把公债数记入账内就会相互抵消。可是，莫耐先生把公路、公园、建筑物、桥梁、门沟、灯水设备以及电车等的总价值算做十六亿五千万镑，从当中减去公债十二亿镑，则公共财产的余额是四亿五千万镑；如此，他就能够在私有财产的项目下测算国内所持有的公债数了。他估测联合王国所拥有的外国股票证券和其他外国财产的价值为十八亿两千一百万镑。财富的这些估测数主要是依据收入的估计数。有关收入的统计，我们可以注意鲍利在他所著的《1882 年以来的国民进步》当中，还有在 1904 年 9 月份《经济杂志）中所著的有益的分析。

| 国家及估计者 | 土地（百万镑） | 房屋等（百万镑） | 农业资本（百万镑） | 其他财富（百万镑） | 财富总额（百万镑） | 人均的财富（镑） |
|---|---|---|---|---|---|---|
| 英格兰 | | | | | | |
| 1679 年（佩蒂） | 144 | 30 | 36 | 40 | 250 | 42 |
| 1690 年（格雷戈里·金） | 180 | 45 | 25 | 70 | 320 | 58 |
| 1812 年（科尔基豪恩） | 750 | 300 | 143 | 653 | 1846 | 180 |
| 1885 年（吉芬） | 1333 | 1700 | 382 | 3012 | 6427 | 315 |
| 联合王国 | | | | | | |
| 1812 年（科尔基豪恩） | 1200 | 400 | 228 | 908 | 2736 | 160 |

| 国家及估计者 | 土地（百万镑） | 房屋等（百万镑） | 农业资本（百万镑） | 其他财富（百万镑） | 财富总额（百万镑） | 人均的财富（镑） |
|---|---|---|---|---|---|---|
| 1855 年（埃德斯顿） | 1700 | 550 | 472 | 1048 | 3760 | 130 |
| 1865 年（吉芬） | 1864 | 1031 | 620 | 2598 | 6113 | 200 |
| 1875 年— | 2007 | 1420 | 668 | 4453 | 8548 | 260 |
| 1885 年— | 1691 | 1927 | 522 | 5897 | 10037 | 270 |
| 1885 年（莫奈） | 968 | 2827 | 285 | 7326 | 11413 | 265 |
| 美国 | | | | | | |
| 1880 年（户口调查） | 2040 | 2000 | 480 | 4208 | 8728 | 175 |
| 1890 年— | | | | | 13200 | 208 |
| 1900 年— | | | | | 18860 | 247 |
| 法国 | | | | | | |
| 1892 年（福维勒） | 3000 | 2000 | 400 | 4000 | 9400 | 247 |
| 意大利 | | | | | | |
| 1884 年（庞塔勒奥尼） | 1160 | 360 | | | 1920 | 65 |

有关英国各部分的对比财富的改变的尝试性的历史，已由要杰斯为了征税的追求从各郡的课税额中测算出来。戴维纳尔子爵的名著《1200—1800 年的财产经济史》包含关于法国的富足资料；而勒瓦瑟、博留、南马克和福维勒则作了有关法国与其他国家的财富增加的比较探究。

克莱蒙先生 1919 年 3 月在银行学会的演讲之中，估测联合王国的国民财富为二百四十亿镑，国民收入是三十六亿镑。照他推算，联合王国的国外投资的净值已下降至十六亿镑，它近来售出的证券数目达十六亿镑；另外又借入十四亿镑。收支对比，联合王国好像是有二十四亿镑的债权人，然而这个数额的大部分都不可以算为有充分的保证。

## 【注释】

a 在泰勒所著的《人类学》之中，关于原始形态的财富的增进和生活方法的简单足供参考探究。

b贝奇特特（见他所著《经济研究》）在引用了威尔顿所收集的证据——关于野蛮民族豢养宠爱的动物——之后提出，在这里我们找到了很好的例证来证明以下的事实：野蛮民族不管是对未来多么漠不关心，也不可能不为将来作一些准备。一张弓或一个渔网，不仅是为今天获取食物，在未来肯定也是有用的。今天可以供人代步的一匹马或一只独木舟，必然会成为很多未来的享乐的源泉。野蛮的暴君中最不防患于未然者，也会建造一大批的建筑物，因为这些是体现他现有的财富和权势的最显著的证明。

c最多有六七个成年男子在内的头等印度农民的家庭所用的农具，主要是由木料做成的几把轻便的犁和锄，它所有的价值加起来大概是十三卢比（见菲尔爵士所著《雅利安人的乡村》），这差不多就是他们一个月的工作。同时，在一个条件优秀的近代大农场里，光是机械的价值每英亩就达三镑（见马登所编《农场的设备》一书），这些差不多是农场里所雇用的每个人一年的工作。这种机械包括开沟犁、蒸汽机、掘底土犁和普通犁，有的是由蒸汽运转，有的是由马力运转；各种掘土机、碎土机、滚筒、耕耙、播种机和施肥机、钉耙、马锄、干草机、收割机、刈草机、蒸汽或马力打谷机、压草机、切萝卜机、切饲料机，还有其他很多机械。同时，使用地窖保藏和有遮蔽的庭院越来越多，牧场和其他农业建筑物的设备也持续改进，这些毕竟节省了大量的人力，但是需要花费比较大的人力为农民种植农产品的直接工作提供便利的条件。

d比如，最近在一些美国城市所作的改良体现了以下一点：如果支出充分的资本，每个家庭就能获其所需，并可以除去它多余的东西，比现在有效得多，以让大多数的人口能住在城市里，而能避免很多现有的城市生活的害处。第一步就是在一切道路之下开掘大的隧道，让许多管子和电线都能被铺设在隧道之中，就算有损坏也能加以修理，而不会影响一般的交通，花费也不大。然后动力甚至是热力，就可以从离城市很远的地方（在有些情况下是从煤矿中）产生，凡是有需要的地方都可铺设淡水、泉水，甚至那些海水和臭氧化的空气，就可以经由个别的管子装到几乎每个家庭；同时，冬天热气管可以放送暖气，夏天可以压缩空气降低热度，或者是由装在特别管子里的有很大热力的煤气来提供热力，同时，也可从这些特别装置的煤气或电力中得到灯光；并且每个家庭可以与城市中其他的家庭通电话。所有对健康有害的煤烟，包括那些仍在使用的家用燃料所制造的煤烟在内，可先通过长的导管用强大的气流送出去，然后通过大的炉子过滤，再通过大烟囱散入高空。如果要在英国城市实行这样的计划，需要的花费得比我们用于铁路的还要多。这样的关于城市改良的最终途径的推测可能远离了事实，但是，过去的经验体现出现在的努力可以提供满足我们将来欲望的很多途径，上述的推想就是表明那些途径之一。

e 参照附录一。

f 他们以每年百分之好几千的比率，对未来的利益加以“折扣”（参看第三篇第 5 章第 3 节）。

g 参照第三篇第 5 章第 2 节。

h 参照琼斯所著《政治经济学原理》。

i 可是，必须认可：所说的公共财产，通常不过是以将来的公共收入作为抵押而借入的私有财富而已。比如，公营的煤气厂，往往并不是公共积累的结果。这种煤气厂是用私人所储蓄的，但借别人的财富来做公共用途的建设。

j 见以上第三篇第 5 章。

k 关于利率在想象上能变为负数的意见，1886 年 1 月福克斯威尔在银行学会所宣读的一篇题为《银行业务的若干社会方面》的论文中曾加研究。

l 卡尔·马克思和其追随者，在研究由崇尔德男爵的节欲所产生的财富积累时，觉得很可笑，他们拿这种节欲与一个劳动者的奢侈相比，那位劳动者以每星期七先令的工资养活七口之家，他依靠他的所有的收入为生，经济上没有一点的节欲。麦克文曾在 1887 年 7 月的《哈佛经济学》杂志中提出，有利息作为报酬，而且是生产的一个要素，不是节欲而是等待的论述。

# 第 8 章　工业组织

## 第 1 节　“组织增加效率”的学说是旧有的，可是亚当 · 斯密给它新的生命 经济学家以及生物学家原来共同探究生存竞争关于组织的影响；这种竞争的最残酷的特性已为遗传性所缓解了

自柏拉图时代以来，社会学家都喜欢研究组织提高劳动效率。但是，就像其他情况一样，在这方面，亚当 · 斯密以他解释旧学说所用的透彻的哲学概论，还有他说明此学说时所应用的实际知识，使这一学说有了新的而且更大的意义。他坚持分工的各种利益，并指出这些利益如何会使增加的人口在有限的领土上过上舒适的生活，之后他得出这样的论断：人口对生活资料施加的压力会淘汰那些由于缺乏组织或其他原因而不能尽量利用其所在地的优势的种族。

在亚当 · 斯密的著作没有受到大众的青睐之前，生物学家有关区分高等动物与低等动物的组织上的各种差别的实际的理解，已开始有了较大进步；而在两代多以前，马尔萨斯所著的人类生存竞争的渊源的叙述，让达尔文著出有关动物界和植物界的生存竞争之后果的研究，这个探究终于让他发现了生存竞争持续起着淘汰的作用。自那时以来，生物学承担它应尽之责而有余：经济学家由于社会组织——特别是工业组织——与高级动物的身体组织间所出现的很多奥妙的相似点而获益匪浅。诚然，在有些状况下，表面上的类似点经过较为细致的研究之后就消失了，可是，在初看起来好像是幻想出来的那些类似点之中，有很多逐渐被其他的类似点所补充，而最后足可说明物质界与精神世界中各种自然法则之间影响的基本统一性。这个核心的统一性可通过以下的一般理由来说明：有机体——不管是社会的有机体还是自然的有机体——的扩展，一方面使它的各部分之间的效能的再分部分有所增多，另一方面使各部分间的联系更为密切，这个理由是没有多少例外的。[a] 每一部分的自给自足越来越少，但为了它的福利却越来越多地依赖其他部分，所以，一个高度发达的有机体的部分出了毛病，就会影响另外各部分。

这种机能的再分的增长，或称为“微分法”，在工业上体现为分工、专门技能、知识和机械的改进等形式；而“积分法”——即使工业有机体的各部分间的联系的密切性和稳固性的增长——表现为商业信用的保障的增加，海上和陆地、铁道和电报，以及邮政和印刷机等交通工具和习惯的增长等形式。

最高度发达的——按照我们刚才所说的意义———有机体，即使在生存竞争中更会生存的有机体的理论，本身还在发展过程当中。它与生物学或经济学的联系，都还没有完全思考出来。可是，我们可转而思考下一法则在经济学上的特殊意义：生存竞争使最合适于从环境中取得利益的有机体的增加。这个法则需要详细解释：由于某物有利于它的环境的真正本身不能确保它在物质世界或精神中的存在。“适者生存”的法则是说，那些最适合用于利用环境为了它们自己的目标的有机体趋于生存。最能借用环境的那些有机体，通常是最有利于周围物体的有机体；可是有时它们却是有害的。相反的，生存竞争可能不能使之成为十分有利的有机体生存。在经济界中，对于所有工业设施的需求，不一定会导致供给，除非它不光是对这种设备的一种愿望或必要而已。它应当是一种有效的需求，即它应当对供给的人提供充分的回报或有另外某种利益才会有效。[b]仅仅是雇工们要参与他们工作的工厂的经营和赚钱的愿望，还是聪明的青年对于优良的工业教育所感到的需要，假如按照我们使用需求这个名词的意义———供给自然而又必然地随着需要而变化——来说，都不是一种需要。这好像是一个苛刻的事实，然而，这个法则的最残酷的特点因下一事实而得到缓和：其成员不强索回报而互相帮助的那些种族，不但在当时最可能兴旺发达，而且最可能抚养很多继承他们的有益的习惯的后代。

## 第2节　续　前

纵然在植物界中，不顾自己的种子好坏的那种植物，不管其生长如何茂盛，不久便会从地球上灭亡。在动物界中，家庭和种族的责任标准通常是很高的；纵然那些被我们看做残酷的典型、凶暴地利用环境而不给任何回报的捕食生物的猛兽，作为个体来看，也肯定是愿意为它们后代的利益而努力的。从家庭的狭隘的利害到族群的利害，我们看到，在像蜜蜂和蚂蚁一样的所谓社会动物之中，生存下来的族群就是其个体最努力为社会尽不同义务而不是为它自身获得直接利益的种族。

然而，当我们说到具有理性和语言的人类时，民族的责任感对增强民族的影响，是有不同形式的。诚然，在人类生活的原始阶段中，个人对他人所提供的服务，有很多几乎像蜜蜂和蚂蚁那样，全部是由于遗传的习惯和毫无理性的冲动。然而，有意识的、因而是道德上的自我让步不久就出现了；这种自我让步是由预言家、僧侣和立法者所具备的远见而指导所造成的，并为寓言和传说所谆谆教导。渐渐地，起源于下等动物的毫无理性的同情心的范围逐渐扩大，并作为人有意识地活动的根基；民族情感的出发点并不比一群狼或一群盗匪的集体感高，民族情感渐渐发展成为高尚的同情心了，但是宗教的理想也得到提高和变得纯洁了。凡是这些特征得到最高度发达的民族，假如其他状况不变，在战争还有与饥饿和疾病的斗争中，肯定比其他民族坚强，最终一定占优势。所以，生存竞争最终使人类中这样的族群获得生存：个人为了他周围的人的利益最想牺牲自己，因而是最合适于共同利用环境的族群。

但是，不幸的是，让一个民族能胜过另一民族的所有特征，并不是都有利于整个人类的。好战的习俗曾经常让半野蛮的民族可以征服以和平美德著称的民族，但过于看重这个事实，无疑是不正确的；由于这种征服已经渐渐增大了人类的体力以及创立伟大事业的能力，而最终可能是利大于害。可是，一个民族与另一个民族共同繁荣或凌驾这个民族上繁荣兴旺，假如仅仅由于这个事实就说它不能够有利于世界，则对这个说法是无必要加以上述的附加条件。由于生物学和社会科学虽都表明，寄生的种族有时也意外地有利于他们所依赖的繁盛的民族，但在许多状况下，寄生的民族为了他们自身的目的，充分利用那个民族的特征而不给予任何好的回报。在东欧和亚洲，有关犹太人和阿米尼亚人放高利贷需求，或者在加利福尼亚州，关于中国人的劳动，也有经济上的需求，可是，这种事实自身并不是一个证据，甚至也不是一个较充分的理由会让人相信：这样的办法会提升整个人类生活的品质。由于虽然一个完全依赖自己资源的民族，假如不是十分具有最重要的社会美德，就无法兴盛；然而，没有这些美德、不能独立完成伟大事业的民族，也会能依赖与另一民族的联系而繁荣。然而，大体上——可有重大的例外——在取得生存和占有优势的那些种族中，最优良的素质是最具有发展的。

## 第 3 节　古代的社会阶级以及近代的阶级

这种遗传性的作用在社会组织中表现得最为明显。因为社会组织肯定是发展缓慢的，并且是许多代人的产物：它必须依赖于大多数不能迅速改变的风俗和癖好。在古代，当宗教的、礼仪的、政治的、军事的和产业的组织密切相连，并且的确不过是同一种东西的不同方面时，作为世界所有进步的先驱国家，几乎都采取多少有些严格的社会阶级制度。这个事实本身就证明：社会阶级的区分是极其适合它的环境，而大体上它增强了采取阶级制度的民族或国家。因为，它已是生活的一个支配性原因，假如它所发生的影响大体上是不利的，则依赖阶级制度的国家通常就不能胜过其他的国家了。这些国家的卓越成绩并不是证明阶级制度毫无缺点，而是证实它的优越性超过其缺点。

另外，我们知道，一种动物或者植物会以具有两种特征而与它的竞争者不一样，一种特性是对它非常有利的，而另一种的重要性较低，甚至或许是稍微有害的；纵然有后者存在，前者依旧会使这种动物或植物取得成功，后者的存在就不能证明它是有利的。相似地，生存竞争使很多特性和习俗存在于人类之中，它们自身不是有利的，但却与成为能量的巨大源泉的其他特征和习俗成为一条多少带点永久性纽带联系在一起。在主要是由于军事胜利而取得进步的国家中，有关坚忍的勤劳有压制行为以及蔑视的倾向存在；再次，在商业国家中，有偏重财富以及使用财富作为炫耀的趋势，在这两种趋势中都可找到以上这样的例子。可是，最明显的例子还是见于某些组织的问题之中；阶级制度虽有极大的缺点，其重要缺点是它的严厉性和为了它的社会利益——或不如说是为社会的一些特殊的紧急之事——而牺牲个人，然而，阶级制度与它所必须做的特殊工作极其适应，因而使它可以盛行不衰。

越过当中的阶级而马上说到西方的近代组织，我们看到，近代组织与社会阶级制度形成了显著的对照，并且具有明显的相似之处。一方面，严厉性已被变通性所替代，过去固定不变的工业方式，现在是以令人眼花缭乱的速度而改变了；阶级的社会关系，以及个人在他的阶级内的地位，以前是被传统的规则所明确地规定，而现在是完全可以变化的，并且随着当代的变化状况而改变它们的方式。但是，另一方面，个人在有关物质财富的生产上为社会紧急之事的让步，在有些方面，好像是一种隔代遗传的情况，又回到古代在阶级制度统治下所盛行的情况了。因为，不同工业等级间的分工，还有同一等级内个人之间的分工，是如此彻底而且无法协调，以致生产者的真正利益——为了加大他的工作对物质财富的总生产所作的增加起见——有时反有要牺牲自己的真正利益。

## 第 4 节　亚当·斯密是严谨的，但在他的追随者之中，有很多人夸大了自然组织的经济<br>才能因使用而取得发展；才能的承袭则靠早年的训练或其他方式

亚当·斯密力言他的时代中以惊人的速度发展的精细分工和精密的工业组织的总体利益，但同时他也详细说明，这个制度在很多方面是失败的，还有它所包含的很多附带

的害处。‘然而，在他的追随者之中，有很多人由于哲学的见解较差，而在有些状况下，有关世界的实际知识也较差，他们大胆地辩解说，现有的一切都是对的。比如说，他们说假如个人有经营企业的能力，他就肯定会利用这种才能为人类谋福利；同时，同样的追求他自己的利益，会让别人提供给他能充分利用的资本供他应用；并且他自己的利益会使他这样安排他所雇用的人，导致各人都能做他所能做的最高工作，而不是做其他事情，并且他自己的利益会使他采购和应用所有机械还有其他有助于生产的东西，在其手中这些东西所产生的回报，就能超过它们自身满足世界的欲望的费用的等价物。这种自然组织的论断，几乎比其他所有同样会为讨论重大的社会矛盾而不作充分探究的人所无法理解的学说，富含更多的对人性相当重要的真理：有关诚挚和深思的人，它具有很大的魅力。然而，夸大这个学说却有很大的不利，对于最爱好这个学说的人更是如此。所以，在他们的周围所发生的改变之中，有利也有害，这个学说会让他们不能看见也无法消除当中的害处。它也阻碍他们研究这样的问题，纵然在近代工业的广泛特点中，有很多是否也会是过渡性的，即使当初它们发生了良好的效果，像阶级制度当时具有的效果一样；然而，也像阶级制度一祥，它们主要是有利于引向对一个比较幸福时代较好的安排。而且，这个学说因容易引起对它的夸大的反应而产生了害处。

## 第5节　续　前

另外，这个学说没有考虑到器官因使用而得到增强的状况。斯宾塞会曾经尽力主张以下规则：假设任何身体或精神的运用产生了愉快，并且习以为常，则用于这种运用的身体或精神的器官就会快速发达起来。当然，在低等动物中，这个法则的效用与“适者生存”的效用是如此密切地联系在一起，以致常常不必着重说明了两者的分别。因为，生存竞争会使低等生物在运用无助于它们的福利的机制上不能得到更大的愉快，这一点可用演译法来推测，而且好像可被观察所证明。

然而，人类具有坚强的个性，所以有较大的自由。人类乐于因使用才能而使用才能；有时是高尚地应用才能，不论是纵情于发扬高尚的希腊生活的精神，还是处在为了重要目的而作的审慎和坚决的努力的控制之下；有时是卑鄙地使用能力，好比是饮酒嗜好的病态发展。工业进步所依靠的宗教的、道德的、智力的和艺术的才华，不是完全为了这些才华所可取得的东西而形成的，而是为了它们自身所带来的愉快和幸福；相同的，经济繁荣的较为主要的原因——井井有条的国家的组织——是无数动机的产物：当中有很多动机与追求国民财富不存在直接的联系。父母在一生中所生成的身体上的特点，纵然遗传给他们的子孙也是极少的。然而，他们断言身体上和精神上都过健康生活的后代，假如其父母是在不健康的环境下长大的，而这些影响使家长的精神和身体实际上是衰弱的，则生下来的孩子就不会有比较坚实的体质，这一点好像没有确实的事例。而以下一点是可信的：在前一状况下，儿童生下后比在后一状况下会有较好的营养，较好的教育，会养成比较健全的本能，而且对他人具有更多的关怀和自尊心。[d]

所以，需要尽力探究一下：改变目前的工业组织以增多机会，使低级工业能够使用潜在的智商，从这种应用中获得愉快并因应用而加强这些智力到底是否有利？由于对以下的判断必须摒弃：假如这样的改变是有利的话，那么它早已被生存竞争所实现了。人类的特权，由于对未来的预测和对下一步的准备，而扩大了对自然发展的有限而有效的控制。

在经济界中，自然是不能飞跃的。[e]进步肯定是缓慢的，然而，仅仅只是从物质的观点来看，也要牢记：只是增进一点生产的直接效率的改变，假如能使人类准备拥有一种在财富生产上较为有效和在财富分配上比较平均的组织，也是值得有的；还有凡在低级工业中的高级能力任其浪费的制度，是极易令人怀疑的。

## 【注释】

a 参考赫克尔所编写的一篇题为《在人类和动物中的分工》的论文和夏福尔所著《社会本身的结构现生活》。

b 像所有其他同类的学说一样，这要依靠下面的事实来解释：购买者的财产和欲望决定了他的有效需求，富人的小欲望在支配世界的企业设施上比穷人的大欲望还有要效力。

c 参看以上第一篇第 4 章第 8 节和以下附录二中第 3、6 节。

d 人类因为有很多动机，就是可以有意识地着手促进一种特性的发展，也可以同样地着手另一种特性的发展：在中世纪中进步的比较慢的一方面的原因是对学问的有意识的厌恶。

e 参照附录一第 16 节。

# 第9章 工业组织、分工以及机械的影响

## 第1节 熟能生巧

有效率的工业组织的第一个条件，就是应当使每个受雇者都能担任力所能及的工作，并为受雇者备好工作所需的最好的机械和其他工具。暂时我们先不研究那些进行细节生产工作的人与那些做一般管理生产工作并承担风险的人之间的分工问题，而只限于研究不同等级的工人之间的分工问题，特别是研究有关机械的影响。在下一章中，我们将研究分工与决定工业地点之间的相互影响。再在下一章中，我们将研究分工的好处是以何种程度依靠大量资本集中于个人或个别企业的手中的；或者按通常所说的，是以何种程度依靠大规模的生产的。最后，我们将研究发达的企业管理工作的专门化。

人人都熟悉如此的事实："熟能生巧"，它使开始好像是困难的工作，不久之后做起来就可以比较省力，并且比以前好得多。生理学在某些程度上解释了这个现象。因为生理学举出的证据使人相信：这种改变是由于多少是有"反射的"或自动的影响的新习惯之渐渐的发展而引起的，与被当做存在于大脑中的思考力的最高中央机关没有关系。然而，一切有意识的行动，都要重要的中央机关加以关注：它从神经中枢或局部机关——在一些情况下也许直接从感觉神经——得到消息后，就对地方机关，或在一些情况下直接对筋肉神经，发回详细并且复杂的指示，它们的行动十分调和，因此就能实现所需要的结果。[a]

纯粹脑力工作的生理学的依据，还没有被很好地理解。然而，我们所了解的有关头脑结构发展的极少的知识，好像说明了以下一点：不同种类的思考的练习，发展了头脑各个部分之间的新的联系。不管如何，我们确信：练习可以让一个人迅速解决在之前以很大的努力也应付得不好的问题，而不费什么力气。商人、律师、医师和科学家的心中，渐渐有了丰富的知识和直觉的才能，除了以一个强有力的思想连续许多年对极小的一类问题不断地做很大的努力外，是无法得到这种知识和能力的。诚然，人的精神在一天的很多小时中不能在某一方面过量使用：一个勤劳的人有时对与他无关的工作会感到愉悦，但是终日做这种工作的人，则会感到疲劳。

诚然，有些社会改革家曾经主张：做最重要的脑力劳动的人，也可适当地做一些手工作业，而不会降低他们取得知识和解决困难问题的能力。然而，经验表明：减轻过度疲劳的最好方式，在于做情绪一来即开始、情绪过去马上停止的工作，或是做通常的本能当做“消遣”一类的事情。所有工作假如都如此具有营业特性，导致一个人有时肯以意志的力量强迫自己持续去做，则这种工作就要耗尽他的神经力。因此，从社会的角度来看，它是不廉价的，除非它的价值能够补偿他的主要工作所受到损害而有余。[b]

## 第 2 节 在低级工作中，极端专门化能增加效率，但在高级工作上，则不尽如此

在最高级的工作部门当中，应当实行专门化到何种程度，是一个还没解决的难题。在科学探究中以下一点好像是一个正确的法则：探究的范围在青年时代应该广泛，但随着年事渐增，就应当渐渐缩小。例如，一个医师总是专门探究某一种疾病，而另一个医师靠了丰富的经验来探究这种疾病与普通健康的联系，然后渐渐越来越多地集中于这种疾病的探究，因而积攒了丰富的专门经验和细致的本能，在这种状况下，前者纵然对他的专门问题的见解，可能都不及后者那样高明。然而，在光是对手工技能有很大需求的职业中，效率能由于分工而大大提高，是毫无疑问的。

亚当·斯密以前指出，一生中不做其他的事情而只制钉的少年，在制钉的速度上，能比只是有时制钉的第一流铁匠快两倍。如果一个人每天都对着形状相同的东西做着一样的动作，那么产生的速度自然远远快于那些每个动作都必须等待大脑来发号施令的动作，渐渐地，他就能对手指应用自如了。一个人所共知的例子，即是纱厂中童工所做的绕线工作。还有在服装厂或制靴厂中，一个工人每日每时对一块大小完全一样的皮或布，用手工或机械缝完全一样的接缝，他做这种工作比一个眼光和手工快捷得多、并且普通技能高得多、惯于制成一件完整衣服或一双完整皮靴的工人，能更加省力、迅速。[c]

再次，在木材业和金属业中，假如一个人对同一块物质反复地做完全相同的工作，则他就养成了如此的习惯：拿住料正像他所需要的那样，把工具还有其他要用的东西放在合适位置，便于取用，时间和他自己身体运动的力气的消耗都是最少的。他的双手习惯于在同一位置、并依照同一次序取用这些物品，因而就能相互协调地工作，几乎变成自动的了。通过不断的练习，他的神经力的减少，甚至比体力的减少更加快速。

然而，当动作因此成为例行的工作时，它大概就达到能由机械来替代的阶段了。所

要解决的重要难题，就是使机械能把材料牢牢地固定在合适的位置，刚好让机械工具能顺利地对它加工，而不会花费太多的时间。然而，假如对这种机械花费某些劳动和费用是恰当的话，则这种困难通常是能设法解决的；然后所有工作就通常能由一个工人来管理了，他坐在机器面前，用左手从一堆材料中取得一块木材或金属，把它放在机器上的凹进的地点，同时用右手拉下开关或者以其他方法发动机械工具，最后，用左手把刚好依照一定式样切好或凿好、钻好或刨好的材料投入另一堆材料中去。特别是在这些工业中，我们看到近代工会的报告中有许多这样的怨言：原来需要训练有素的技师的能力和判断能力做的工作，已经由于机械的改良改进和再分工的精细程度的持续提高而变为简单的例行工作了，所以，不熟练的劳动者，甚至他们的妻子以及孩子，都被雇用做这种工作。

## 第3节　机械让人类生活的品质所发生的改变，一部分是好的，一部分是坏的

所以，我们就得到一个普通的法则，其作用在某些工业部门更为明显，但它对所有工业部门都是合适的。这法则就是：所有工业上的操作如能变成千篇一律，完全相同的事情一再地用同一方式来做，则这种操作早晚要为机械所替代。耽搁和困难是会有的，然而，假如要由机械来做的任务具有相当规模的话，金钱和发明的作用将被毫不吝惜地用于这种工作，直到成功为止。[d]

这样，机械的改进与分工的日益精细，是实时前进的，并且在某种程度上是相关的，但这种联系并不如通常所认为的那么密切。引起进一步再分工的因素是：市场的扩大，还有对于同一种类的各种物品，在有些状况下是对于制造特别精密的东西的需求的增加。机械改良的主要作用，在于使进一步分工的工作价钱更加便宜以及更加精密。比如，波尔顿和瓦特在沙河设立工厂时，觉得分工应当达到所能实施的最大限度。那时还没有像目前这样在机械构造上几乎没有问题的滑动车床、刨床或钻孔工具，所有工作都依赖个别技师的眼和手的精确；然而那时的技师通常远不及目前的技师熟练。[e]瓦特克服这种难题的方法，就是限定工人做特别种类的工作，使他们尽可能成为这种工作的专家。由于持续应用同一工具制造相同的东西，他们每个人都很熟练。这样，机械就有了代替那种完全手工的能力，并使它变为不需求了；即到亚当・斯密的年代，分工的重要利益就是在于取得这种完全手工的技能。然而，机械使工业程度扩大，并使工业更为困难因而

增多各种分工——特别是企业经营上的分工——的机会，已抵消了上述的作用。

## 第 4 节　用机器制造机械开创了零件更换制度的新时代

需要更大精密性的工作不能通过手工来做，但机械做这种工作的能力，在零件更换制度快速发展的金属工业的一些部门中可能是最显著的。只有经过长期训练，并以更大的细心和劳动，手工才可以把一片金属做成和另一片金属精密得相同或彼此适合，但这种精密必定是不完美的。然而，这正是优良的机械能更容易和更完美地来做的工作。比如，假如播种机和收割机用手工来做的话，那么它们开始费用就会很高；当它们的某一部分发生损坏时，只有把机器送回制造厂，或是请来高度熟练的技师花很大费用才能调试修好。然而，事实上，制造厂备有很多由同一机械制成的、与损坏的部分相似的机械，因而就能调换上去使用。美国西北部的农民，离先进的机械商店有百里之遥，但可以放心使用不简单的机械。这种零件配换理论的重要性，只到近来才被了解。但是，有很多迹象表明：把机器制造的机械的推广应用到各生产部门，甚至包含家务工作和农业工作在内，这个理论比其他东西更为有用。[f]

机械对于近代工业的作用，在制表业中得到很好的表现。若干年以前，这个行业的主要中心是在瑞士邻近法国的地方。那里分工的精细达到非常高的程度，纵然大部分的工作是由分散的人口来做的。这个行业大概有五十个不同的部门，每个部门承担工作的极小部分。这些部分几乎都需要高度专业的手工技能，但却不需要什么判断力；工资通常是低的，因为这行业由来已久，从事这行业的人没有任何可垄断的地方，并且培养正常智力的儿童从事这个行业也并不困难。然而，这个工业现在正被以机械制表的美国方法压倒，这种方法是不需要什么专门的手工技能。实际上，机械渐渐自动化，越来越不需要手的帮助了。然而，机器越精密，管理机器的人就要有更强的判断力和细心。现以一种精美的机器举例，它从一端吸入铜材，从另一端送出精美小螺丝；它替代了许多的工人，这些工人的确已经形成了一种高度的和专业的手工技能，可他们过着久坐不动的生活，从显微镜中细看，感觉他们的工作除了运用手指之外，没有其他发挥才能的机会。可是，这机器是复杂的和昂贵的，管理它的人应当具有智慧和强烈的责任感，但这种智慧和责任感对于形成优良的性格大为有用；虽比以前普遍，但具备智慧和责任感的人依旧很少，所以能赚很高的工资。毫无疑问，这是种极端的状况，在制表厂的工作中，大部分是轻松多了。可是，其中很多工作却比旧的方法需要更高的才能，而从事这种工作的人，所得的回报平均较高；同时，这种工作降低了准确可靠的表的价格，使社会上最贫穷的人群也可购买，且它表明，人们不久就能完成更高等的任务。[g]

那些做完一个表的各部分并把它们组装在一起的工人，肯定具有高度的专门技能；但在制表厂中所使用的机器，大部分与其他轻金属工业所用的机器，在一般特性上并无不同。实际上，有很多不过是一般机械行业中常见的车床、凿削机、打洞机、钻孔机、刨床、成形机，还有旋力精削机及其他一些机器的改进而已。这是以下事实的一个很好的证明：当分工的精细不断增加时，名义不同的不同行业间的分界线，有很多正在缩小，并且不难越过。往昔，制表匠苦于表的需求的减少，听到制造枪炮业需求增加人手的信息，对他也不会有多少安慰；然而，现在制表厂中的工人，假如转入兵工厂、缝纫机制造厂或纺织机械制造厂工作的话，就会看到许多机器与他们所熟悉的机器十分相像。一个制表厂连同在厂中工作的工人都能改成缝纫机厂，而不会有太大的损失；几乎唯一的条件就是在新工厂中，对以前做惯某种工作的工人，不应该叫他去做需要更高智力的工作。

## 第 5 节　以印刷业当做例证

有关机械的改进和产量的增大所造成的分工更加精细的状况，印刷业提供了其他例证。很多人都熟悉美国新开拓区域的报纸编辑的工作状况，他在写文章的同时就能排活字，依靠一个男童的帮助，他印出报纸，并分发给分散的读者。可是，当印刷的秘密尚未公开时，印刷业者不得不自己做所有的事情，此外，还要制造他自己的所有工具。[h]现在，这些工具已由简单的“辅助”行业提供给他了，即使在边陲森林地带从事印刷业的人，也能从这样行业得到他要用的所有东西。但是，即使它可从外面得到帮忙，一个大印刷厂也应当在自己厂内拥有各种种类的工人。纵然不说那些监督企业的人，办公和管理物料的人，纠正校样上可能存在的错误的熟练的校对，工程师和机械修理工人，铸造铅版和改正及协助铅版的人，管理仓库的人和帮助他们的男女童工，以及另外一些次要等级的工人，以及排活字的排字工和担任印刷的机器工人和印刷工人两大类。这两大类分别分为很多小类，而在印刷业的大中心特别如此。比如说，在伦敦，惯于管理一种机器的工人或惯于一种作业的排字工，假如失业的话，不会希望放弃他的专门技能，而去寻找应用另一种机器的工作或其他作业。[i]一个行业中的精细的再分工之间的分界线，非常准确地说明了很多工业专门化种类的现代趋势；在一种程度上这是对的，由于这些分界线，导致一个人如在一个小的部门中失了业，就能找到与它邻近的小部门中去工作，而不会有很大的效率损失，然而，他仍设法要在他的本行中找工作，通过一些努力没有成功，他才会这样做；因此，就每星期的行业中的细小改变而论，这些分界线与较强的分界线是一样有效的。[j]

在印刷业中，像在制表业中那样，我们看到机械和科学的工具取得了很多没有它们就不可能取得的结果；同时，它们持续地代替一向需要手工技能和熟练，而不需要太多判断力的工作；另一方面，它们把确实需要运用判断力的那些工作让人类的手去做，并且衍生出很多特别需要判断力的新职业。印刷业者的工具每有改进和跌价，对校对者的判断力、鉴别力以及文学知识的需要，还有对那些知道如何排成优美的内封面或如何在纸上印刷雕刻物，以合适地配合色彩明暗的人的能力和审美力的需求就越多。它又增加对于在木、石或金属上面绘画以及雕刻的有天才以及有高度训练的美术家的需求，并增加对于知道如何在十行文字之内作出十分钟演讲内容和正确报告的人的需求，这是一种智力的技能，其困难为我们所低估。其次，它会增多摄影师、电版工人、铅版工人、印刷机械制造工人还有其他很多人的工作，这些人比以前堆放和取出纸张的工人，还有折叠报纸的工人——他们的工作已被机器所替代——从工作中获得更好的训练和更丰富的回报。

## 第 6 节　机械降低了人类体力的紧张，从而使工作的单调不会引发生活的单调

现在我们可回头思考机械减轻了怎样的体力紧张。在几代人以前，就算在像英国这样的国家，这种紧张也是一半以上的工人的相似命运。机械力最为骇人的例子，在于大钢铁厂，特别是制造钢板的工厂，那儿所用的力是这样之大，以致人的体力是无关紧要的，所有动作——不论是横的还是直的——都得用水压力或蒸汽力来做，人仅是站在旁边管理机器，清除灰烬，或完成一些类似的次要工作。

这类机械的确增强了我们对自然的控制力，但却没有直接地深度改变人类工作的性质。因为这些工作，假如没有这类机械的话，人就不能做了。可是，在其他行业中，机械降低了人类的劳动强度。比如说，建造房屋的木匠，建造与我们祖先所用的相同的东西，但省力很多了。他们现在的重点是做工作中最为愉快和最有兴趣的那些部分；同时，在各个乡镇，甚至在各个村落，都有为锯、刨和铸造而设的蒸汽厂，这样的工厂减轻了

不久以前让他们未老先衰的那种难忍的疲劳。[k]

新的机械在刚发明时，往往需要更多的爱护和注意。然而，管理这种机器的工人的工作经常被划分出来。但凡动作一律和单调的作业，渐渐由机器来代替，因此，机器就变得越来越自动并可自行操作了；到后来，除了按时加料和取出成品外，人的手简直无事可做了。人依然负责注意机械是不是良好，运转是不是正常；可是，连这种工作也常常因采用自动的机件而降低了，这种自动机件能使机器一有阻碍马上停止运转。

在以前，素色布匹织工的工作最为狭小和单调。但如今一个女工就可管理四架或更多的机器，一天中每架机器所完成的工作，比旧式手动机器提升许多倍；而她的工作远不像以前那样单调，不过却需要更多的判断力。所以，在所织的每一百匹的布之中，人类所完成的完全单调的工作，可能不到以前的二十分之一。[l]

正如罗雪尔所说，生活的单调比工作的单调恐怖得多：工作的单调，只有在引起生活的单调时才是更可怕的害处。目前，当一个人的职业需求更大的体力劳作时，他在工作后就不可以做什么事了；除非他的智商在他的工作中用得着，否则他的智力几乎就没有什么发展的机会。工厂生活的社会环境，在工作时间的内外都刺激智力活动；在职业好像是单调的工人之中，很多人具有很高的智力和智谋。[m]

确实，美国的农民是肯干的，他们子女的地位也快速提高。然而，一部分是由于土地丰富，并且他所耕种的土地通常是自有的，他就比英国的农民具有更好的社会条件；他必须常常为自己打算，并且早已使用和修理复杂的机器了。英国的农民要应付更大的不利情况。在不久之前，英国的农民没有受到什么教育，而在很大程度上还是处于半封建的统治之下，如此统治虽不是没有好处，但却抑制了进取心，甚至在某种程度上抑制了自尊心。如今这些不好的原因已经消除了。现在英国的农民在青年时代就受到相当优秀的教育。他们学习使用不同机械，依靠某个乡绅或某一群农民的帮助也不像以前那样多了；由于他们的工作比最低等的城市工作更为多样化，并更能培养智力，他们的地位就趋向绝对地和相对地提升了。

# 第7节　专门技能与专门机械的对比 外部经济与内部经济

现在我们需要考虑，在什么条件下最能取得分工所形成的生产上的经济。很明显，专门机械或专门技能的效率怎样，只是对它进行经济使用的一个条件；而另一个条件，就是使用足够的工作使它得到充分应用。正如拜比吉所提出的，在一家大工厂中，“厂主把要做的工作分成不同的工序，每一工序所需求的技能或力气的程度是有别的，这样，他就需要了解每一工序所需求的技能和力气的准确数量；同时，假如所有工作是由一个工人来做的话，那么这个人必须具有足够的能力，才能做这个工作所分成的不同作业中最困难的作业，必须具有足够的力气，才能做当中最艰苦的工作。”生产上的经济，不但需求各人在狭小的工作范围内持续操作，并且在需要各人担当不同的工作时，各种工作都应当让他的技能和能力不断地尽量地施展出来。

因此，这里以生产上的经济而论，人和机器是处于非常相似的地位。然而，机械仅仅是生产的工具，而人类的福利却是生产的最终目的。我们已经研究过这样的问题：职务的专门化使所有最困难的工作由少数人来完成，这种专门化假如达到极点的话，是否所有人类都有好处？接下来，我们必须特别从企业管理工作方面来更为详细地考虑这个问题。以下三章的主要内容，是探究哪些原因使企业管理的种种方式最合适于从它们的环境中得到益处和最能胜过另外方式；但同时我们也应该注意这样的问题，这些方式对于环境的适宜程度。

在平常被认为是只有很大的工厂才能取得的专门的技能与机械的那些经济当中，有很多并不取决于个别工厂的大小。有些取决于种类相近的生产的总数，而有些——特别是与知识的发展以及艺术的进步相关的那些经济——主要是取决于整个文明世界的生产总量。在这里，我们可提出两个术语。

我们可把因任何一种货物的生产规模的增大而发生的经济分为两种：第一是依赖于这工业的整体水平提高的经济；第二是依赖于从事这工业的个别企业的资源、组织和经营效率的经济。我们称前者为外部经济，后者为内部经济。在本章之中，我们主要是探究了内部经济；现在我们要继续研究非常重要的外部经济，这种经济常常能因很多性质类似的小型企业集中在特定的地方——平常所说的工业地区分布——而取得。

## 【注释】

a 比如，一个人刚开始学溜冰时，他一定要全神贯注来保持身体的平衡，因此他就不能分心去做别的事了。但是，如果经过很多次的练习以后，动作变为半自动了，局部神经中枢几乎担任一切调节肌肉的工作，大脑就自由了，而此时这个人就能不断地自由思考，他还能变换他的方向，以躲开途中的障碍，或者遇到高低不平的路段而使身体失去平衡，他不去打断他的思路也能恢复这种平衡。在大脑直接指挥下的神经力的运用，似乎已经慢慢地在神经与有关的神经中枢之间，构建了一种可能包含明显的身体变化的关系，而这种新的关系可当做神经的一种资本。局部神经中枢可能有点像一种有组织的政治制度：脊骨神经、骨髓和较大的神经球，一般有省级机关的作用，不久之后能够节制区级和乡级的机关，而不用麻烦中央政府。它们会发出关于工作进行的消息。可是如果没有发生重大事情，这些消息是不怎么会受到注意的。但是，当一定要完成一项新的事业时，比如溜冰时要学习倒退，全部思考力就会马上集中起来；神经与神经中枢的特别的溜冰组织已经在日常溜冰中构建起来，靠着这种组织的帮助，思考力此时就能做那些如果没有这种帮助是绝对不可能的事了。再举一个比较高级的例子来说：当一个艺术家很有兴致作画的时候，他的大脑全部用于他的工作，他的一颗心全部都放在作画上面，但由于紧张过度所以不能维持很久。在几小时的愉快的灵感之中，他可能表达了对后世的人的性格具有很大影响的思想。但是，他的表达的能力是因为长时间地辛勤工作所得到的，在这种工作中，他慢慢建立了眼和手之间的密切关系，能够让他即使在专心谈话而一点也不觉得有笔在手的时候，也能将他十分熟悉的东西刻画出美丽的轮廓。

b 詹姆士·穆勒甚至觉得他在东印度公司的职务，一点也不会妨碍他的哲学研究。但是，他最旺盛的精力就因此而分散，所以使他的最好的思维质量降低了，连他自己也没有察觉，这大概是可能的，虽然它只不过把他在自己一代中的伟大贡献略微减少了一点，但是可能会大大影响他所做的影响后世的思想途径的那类工作的力量。达尔文之所以能做这么多的工作，是因为他尽可能地少用他微弱的体力。一个社会改良家如果榨取了达尔文为社会作贡献的空闲时间，那他就是在为社会做一件坏事。

c 最高档的和最贵的衣服，都是由十分熟练和工资很高的裁缝做的，他们每人先做一件衣服，接着再做另一件衣服；而最廉价的和最不好的衣服，是由那些为了赚一点低薄工资、不熟练的女工所做的，她们将布带回家去，所有的缝纫工作都是她们自己做的。但是，中等质量的衣服，是在工厂或工场里做的，职工人数的多少决定了那里分工的精致程度；这些方法在各个方面都已经迅速推广，远远地超过了其他方法的运用。兰德戴尔勋爵（在他所著《公共财富的性质及其增加的方法和原因之研究》）引用色诺芬的结论说，把工作细分一个人只做一部分工作时，才可以做出最好的工作，比如一个人专门做男鞋，另一个人专门做女鞋，或者是一个人只缝鞋子或衣服，另一个人专门剪料会更好。皇帝的厨师比其他任意一个厨师好得多的原因，即是因为有一个厨师只煮肉，另一个厨师专门烤肉，煮鱼和煎鱼都是由不同的厨师分开做的；不是由一个人做各种面包，而是每一种特殊品质的面包都只有一个专人来做。

d 某个大发明家花费了三十万镑去做纺织机械的实验，听说他的投资已经获得了丰富的利润。在他的发明中，一部分只是一个有天赋的人才能做出来的。这些发明必须要等到适当的人出现才可以成功。他每一架梳毛机都是收取一千镑作为专利权的使用费，这也没什么不合理的。有一个毛织品制造商有很多的工作，在专利权还有六个月就要满期之前，又多买一架机器，即使付出一千镑专利的使用费，他还是认为很值得的。但是，这是种特殊情况。一般专利的机器往往都没有那么贵。在有些情况下，某地都是用专门的机械来生产这些机器，这样是那么的经济，导致取得专利权的人认为，就算以低于被它们所代替的次等机器的老的价格出售这些专利机器，对他来说还是有利可图的。因为老的价格给他的利润实在是很高，导致他觉得进一步降低价格以吸引这种机器为了新的目的和在新的市场上采用还是值得的。大部分在各行业中，很多事情还是用手工做的，虽然大家知道，只要稍加改装那个行业或其他行业中已经使用的机器，这些事情用机器来做就会很简单，而没有这样做的原因，只是因为使用这些机器还不够抵偿制造它们的麻烦和费用。

e 斯迈尔斯：《波尔顿与瓦特》，第 170 ~ 171 页。

f 在很大程度上这个制度是发源于怀特华斯爵士所制定的标准化。但在美国，这种制度实行得最为果断、彻底。对于和其他东西用在一起制作而成的复杂机器、桥梁和建筑物等所用的各种东西，标准化是非常有帮助的。

g 机械已经到了非常完美的程度，可让下一事实来证明：1885 年在伦敦举办的发明展览会上，一家美国制表厂的代表，在采取旧式制造方法的英国代表面前，把五十只表全部拆开，然后把表的各种零件分别堆放在一起之后，就让英国代表为他从各堆中先后选出一样零件，然后他就把这些零件装配在一个表壳内，还给他一只完整的表。

h “铸字工人应该是最先脱离印刷所的人。然后，印刷业者就托付给别人制造印刷机了，后来，油墨和滚筒也分门别类的单独制造了。所以就产生了这样一类人，他们虽然属于别的行业，但却让制造印刷工具成为专门的行业，如印刷锻工、印刷工程师、印刷细木工等。”（见《英国百科全书》中索思沃德先生所著“印刷术”一条）

i 比如，索思沃德先生曾告诉我们说："一个管理机器的工人，可能只懂得书籍印刷机或报纸印刷机，他可能知道所有关于平面印刷机或圆筒印刷机，或者是只了解圆筒印刷机的一种。有了完全新式的机器，就有了一类新的技术工人。有些人完全能够胜任管理瓦尔德式印刷机，但却不知道改如何使用双色印刷机或精巧的书籍印刷机。在排字的部门，分工程度会更为细致。一个老式的印刷工人，对招贴纸、内封和书籍样样都要排。如今我们则有散工、报纸工人和书籍工人，'工人'这个词使印刷业具有工厂性质。散工专门招排贴纸一类的东西，书籍工人包括作品本文和排标题的工人。而在前者之中，还有一个人排字，而另一个人整理页数，就是整理工。"

j 让我们进一步来关注一下，机械在有些方面代替了手工操作，另一方面，为使用机械的进步开辟新机会。让我们看一下，一家大报馆发行大量份数的报纸，然而在几小时之内就可以排好印制的方法。首先，通常大部分的排字本身是由机械操作的，但不管怎样，活字刚开始是排在平面上，所以就不可能印得很快。因此，下一步便把活字制成纸板，再将纸板卷在一根圆筒上作为模型，铸成一块新的金属版，装到印刷机的圆筒上去。装好以后，这块金属版就轮流地向油墨滚筒和纸张旋转。一大张的纸张放在印刷机的底层，会自动地伸展开，先是朝着使纸潮湿的圆筒，然后就朝着印刷圆筒旋转，第一只印刷圆筒印好纸的一面，而第二只则印好另一面，再转到切纸回筒，然后切成一样大小，最后放到折叠的机械，将它折好后就可销售了。

近期，铸造活字也采取新的方法了。排字工人在好像打字机那样的键盘前面操作，把对应的字母的字形排成一行，留出字母之间的衬铅，将熔化的铅凑于各行字型上，一行固体的活字就制作成功了。进一步的改良以后，有些字母分别铸成字型：机器会计算字母所占的地位，在能够排成一行时便中止，并把多余空白的地方平均地分为文字所以需要的位置，最后就铸成了一行活字。听说一个排字工人，能通过电流同时运转在距离很远的城市中几架这样的机器。

k 刨平做地板还有其他用途的大木板所使用的租刨，从前常造成心脏病，使木匠常常到四十岁时就变成老年人了。亚当·斯密告诉我们说："工人如有优厚的工资，就很容易过度工作，而只要几年就会损害他们的体质。在伦敦还有其他某些地方的木匠，连续保持他这样最大精力的时间不会超过八年。几乎各类技术工人，都是因过度致力于他们所独有的这类工作而产生某种特殊的疾病。"（见《国民财富的性质和原因的研究》第1篇第7章）

l 在近70年内，织布的劳动效率有了十二倍之多的提高，纺纱的效率提高了六倍之多。在以前的70年里，在纺纱技术上的改进已经提高了劳动效率200倍之多（参看艾利生所著《英国的棉布业》第 4、5 两章）。

m 可能纺织工业对过去用手工做而现在用机械做的工作，提供了最好的范例。纺织工业在英国是特别突出的，英国的纺织业聘用了近乎五十万的男工和五十万以上的女工，就是每十个有独立收入的人中，有很大一部分是纺织工人。尽管在对付那些软质的材料上，人类人力劳动负担的减轻也可以由以下的事实来证明，在这一百万工人中，每人大概只运用一匹马力的蒸汽力，即如果他们都是身强体壮的人，每个人所运用的蒸汽力相当于他们可用的力气的十倍之多；这些工业的历史令我们想起，在做制造工作中进行较为简单的工作的那些人之中，往往有很多并不是较高级的熟练工人降低去做这种工作，而是不熟练的工人升上来做这种工作。在兰开夏纱厂做工的人，大部分是从爱尔兰贫苦的地方到那里去的，而其他的人则是黄种人和体质虚弱的人的后代，这些人是在十九世纪初由于最贫穷农业区域中最恶劣的生活条件的原因，而被大量地送到那里去的，在这些区域里劳动者的生活条件几乎比他们所照料的牲畜还要差。其次，假如对新英格兰纱厂工人的文化水平要求没有一个世纪之前那样高而表示惋惜的话，则我们应当谨记，这些工厂工人的后代，已经升到较高和较为重要的地位，其中包括很多美国最能干和最富有的市民。那些代替他们的人地位也正在逐步提高，他们差不多都是法国血统的加拿大人和爱尔兰人，虽然他们在新的家乡可能会染上一些不文明的恶习，但比在故居的处境好多了，而且大体上具有较好的机会来发展他们自身和孩子的较高的才能。

# 第10章　工业组织（续前）专门工业集中于特定的地方

## 第1节　地方性工业：它的原始形态

在早期文明阶段时，各地必须依靠它自己的资源来消费大部分其他的笨重货品，除非它可以有特别的水运便利。但是，欲望和风俗渐渐地发生变化了。这就让生产者易于满足于即便是与自己没有什么关系的消费者的欲望，并使得比较穷的人也能购买来自远地的少数高价货品，因为他们深信这些货品会让他们一生中——甚至两三代中——的节假日更加的愉快。因此，衣服和个人装饰品等较为轻巧和高价的物品，与一切阶级的人所用的香料和某些种类的金属工具，以及其他很多富人特别使用的东西，常常来自极远的地方。其中，部分东西只产于几处地方，甚至有的只产于一处地方。它们之所以行销于整个欧洲，一方面是由于定期集市[a]和专门的商贩媒介；一方面则依靠生产者自己，这些生产者徒步旅行好几千里来出售他们的货物并观光世界，从而变换他们的工作。这些顽强的旅行家自己承担小买卖的风险，他们使某些种类货物的生产能维持正常，以此来满足远地购买者的需要，而且他们在集市中或自己的店铺里摆放了来自远地的新货品，从而使消费者产生新的欲望。集中于某些地方的工业通常——虽然可能不是十分确切地称为地方性工业。[b]

这种工业地区的初步分布，逐渐为机械技术和企业管理分工方面近代的很多进步铺平了道路。就在现在，我们还看到原始形态的工业集中在中欧一些偏僻的村庄中，它们所生产的简单货品甚至会被送到近代工业最热闹的地方去。在俄国，家族集团之扩大成为村落，通常是地方性工业的原因。在俄国有很多的村落，每个村落只经营一个生产部门，甚至只经营一个生产部门中的一个部分。[c]

## 第 2 节　地方性工业的各种起源

很多不同的原因引起了工业的地区分布，但主要的原因是自然条件，如气候和土壤的性质，在附近地方的矿山和石坑，或是水陆交通的便利。所以，金属工业一般选择在矿山附近或是在燃料便宜的地方。英国的炼铁工业最开始寻求木炭丰富的地区，之后又迁到煤矿的附近。[d]斯塔幅德郡生产各种陶器，一切原料都由远地输入，但是该地有廉价的煤和制作重型的“火泥箱”——就是烧制陶器用的箱子——所需要的优良黏土。只德弗德郡是制草帽用的麦秆的主要产地，这里的麦秆含有适当的二氧化矽，强韧却不脆；白金汉郡的掬树作为威科姆制造椅子所需要的原料。设斐尔德的利器业，主要是由于该地生产利器业做磨刀石用的优良砂石。

另一个主要原因是宫廷的庇护。在宫廷聚集的那群富人，需要品质特别高级的货物，这就吸引了很多熟练的工人远道而来，而且也培养了当地的工人。东方的君主迁都的时候，一部分是因为卫生的理由，迁都是持续进行的，旧都通常要依靠起源于宫廷的存在而发展起来的工业。但是，统治者有意地邀请远方的技术工人，并让他们住在一起，也是常有的事。这样，兰夏人的机械才能，就应该归功于威廉第一时为卢普斯所定居在沃临顿的诺尔曼人的铁匠。在工业革命时代来临之前，英国制造业的大部分是由法兰德斯人和其他技术工人来支配；在这些地方中，有很多是在泼来特格耐脱和图德尔王朝诸王的直接指挥下所确定的。这些外来的移民教我们怎样编织羊毛和绒线的东西，尽管在很长一段时间里我们还是常常把布送到荷兰去上浆和染色。他们还教我们怎样腌鱼，怎样制丝，怎样制造花边、玻璃和纸张，并且满足我们很多其他的欲望。[e]

但是，这些外来的移民是怎么样学到他们技能的呢？他们的祖先毫无疑问地得益于地中海沿岸一带和远东古代文明的传统技术：因为，几乎一切重要的知识都有深远的根源，要从很遥远的时代开始追溯；这些根源分布很广，随时可以发出蓬勃生命的嫩芽，所以，如果民族的性格和他们的社会与政治制度有利于精美和高度熟练的工业的发展，那么在旧大陆上没有一个地方不是在很久之前就会出现很多这种工业繁荣的现象了。这种或那种偶然事件，可能会决定某种工业是否能在某一城市繁荣起来；甚至于整个国家的工业性质，也会为它的土壤、矿山的富饶，商业的便利所影响。这样的自然利益本来就会刺激自由的工业和企业的产业。但是，具有商业的便利，不管它是因为什么方法所增进的，都是生活艺术的高尚形态的发展之最好的条件。在略述自由的工业和企业的历史时，我们大概附带地研究过使世界的工业领导权有时在这国、有时在那国的原因的梗概了。我们已经了解，自然的性质怎样对人的精力产生作用，人是怎样为富有生气的气候所刺激，以及怎么样为对他的工作开辟丰富的机会所鼓励而去大胆地去做冒险事业：可是，我们也知道，人对这些利益的利用决定于他的生活理想。因而我们又知道，世界历史上政治的、宗教的和经济的线索怎样交织在一起而难以分辨；同时，这些线索又通过这些或那些方式为重大的政治事件和个人的坚强性格所影响。

决定各国经济进步的原因，这是属于国际贸易的研究，所以不在我们目前的范围之内。但是，我们暂时不研究这种工业地区分布的广泛运动，而来研究聚集在一个工业城市或人口稠密的工业区域的很小范围内熟练工人集团的命运。

## 第 3 节　地方性工业的利益　祖传的技能　辅助行业的发展　高度专门机械的使用　专门技能在本地有市场

当一种工业已经这样选择了自己的地方时，它是会长时间设在那里的。所以，从事一样需要技能行业的人，彼此从邻近的地方所获得的利益是很大的。行业的秘密不再是秘密，而似乎是公开了，孩子们慢慢也学到很多秘密。优良的工作受到正确地赏识，机械上以及制造方法和企业组织上发明与改良的成绩得到迅速的研究。如果有人有了一种新思想，就会被别人所采纳，并与别人的意见结合起来，所以，它就成为了新的思想源泉。不久，就在附近的地方产生了辅助的行业，供给上述工业以工具和原料，为它组织运输，在很多方面有助于它的原料的经济。

其次，在同一种类总量很大的生产区域里，就算用于这个行业的个别的资本不是很大，高价机械的经济使用有时也可以达到很高的程度。因为，辅助工业从事于生产过程中的一个小的部门，为很多邻近的工业进行工作，这些辅助工业就能不断地使用具有高度专业性质的机械，虽然这种机械的原价可能很高，折旧率可能很大，但也能够本。

再则，除去最早的阶段之外，在一切经济发展的阶段中，地方性工业因为不断地对技能提供市场而得到很多的利益。雇主们通常到能找到有专业技能的优秀工人的地方去；同时，寻找职业的人，自然到有很多雇主需要像他们那样的技能的地方去，所以在那里，技能就会有良好的市场。一个孤立的工厂，就算他能得到一般劳动的大量供给，也常常因为缺少某种专业技能的劳动而束手无策；而熟练的工人如果被解雇，也很少有别的办法。在这里，社会力量与经济力量合作；在雇主与雇工之间常常有强烈的友谊；但是，如果他们之间发生了任何不愉快的事件，双方都不愿感到他们必须继续互相摩擦；如果他们的旧关系只剩下互相厌恶，双方都会想能容易地中断这种关系。这些困难对于任何企业来说，都需要专门技能，但在周围地方却没有其他同样的企业的成功显然是一大障碍。但是，这些困难正在因铁道、印刷机和电报而减少。

另外一方面，在地方性工业中所做的工作，如果主要只有一种，比如只有强壮的男子才能做的工作，那么它在作为劳动力的市场方面就有一些不利之处了。在没有纺织厂或其他可以雇用女工与童工的炼铁业区域里工资是高的，对于雇主来说，劳动成本是高的，但是每个家庭的平均货币收入却是低的。

但是，这种弊端的补救办法很简单，只要具有补充性质的工业在附近地方建立起来就行了。所以，纺织工业常是聚集在矿山和机械工业的周围，而在部分情况下，它是不知不觉地被吸引到那里去的；但在其他地方，它是被有意识地大规模建立起来，让原来对女工和童工的工作没有什么需要的地方具有职业的多样化，例如，在巴罗就是如此。

在有些工业城市，职业多样化的利益与地方性工业的利益越来越多，这是它们持续发展的主要原因。但是，另一方面，今天大城市的中心地带所有用于贸易目的的价值，使它的地皮租金能比工厂的厂址所值的高得多，就是把上述兼有的两种利益考虑在内，也是这样。在商店职工与工厂工人之间，对于住宅地位也有类似的竞争。结果是：现在工厂集中在大城市的郊外及其周围的工业区域，却不是集中在大城市之中。[f]

主要是依赖于一种工业的区域，如果对这种工业的生产品的需求减少，或者是它所用的原料的供应减少，那么它就易于遭到极度萧条的影响。有几种不同工业高度发展的大城市或大工业区，在很大程度上就可以避免这种害处。如果其中有一种工业暂时失败了，其他的工业就能在此时支持它，并使本地的店主能对这个工业中的工人继续给予帮助。

上面我们从生产经济的观点研究了地区分布问题。但是也要对顾客的便利加以考虑。顾客为了购买零碎东西会到离自己最近的商店；但是如果要购买重要的东西，他就会不怕麻烦，到他所觉得对他的目的特别好的商店去。因此，经营高价和高档物品的商店就会集中在一起；而供应日常家庭必需品的商店则不需如此。[g]

## 第 4 节　交通工具的改良对于工业地理分布的影响以英国近代史作为例证

每当交通工具跌价时，和远地之间的思想自由交流每有新的便利时，便会使工业分布于某地的各种因素的作用随着变化。通常，我们必然这样说：货运的运费和关税的降低，会使得每个地方更多地从远处购买它所需要的东西，因此就会使得特殊的工业集中在特殊的地方；但在另外一方面，凡是增加人们从一处迁往别处的便利事情，会使熟练的技术工人更加接近购买他们货物的消费者，而竭力使用他们的技能。这两种矛盾的倾向，在英国人的近代史中就能得到很好的证明。

一方面，运费越来越低，从美国和印度的农业区域到海岸铁路的开通，还有英国所采取的自由贸易政策，已使英国输入的农产品大大地增加。但在另一方面，国外旅行的日益低廉、快捷和舒适，对英国训练有素的商人和熟练的技术工人是个极大的诱惑，诱使他们到别的国家去创办新的工业，帮助这些国家制造一向都是从英国购入的货物，以供给他们自己使用。英国的机械工人几乎教会世界各地的人如何使用英国的机械，甚至于怎样制造类似的机械；英国的矿工在国外开发了矿藏，因此减少了外国对于英国很多产品的需求。

根据历史记载，一国的工业趋于专业化的最显著的运动之一，就是近代英国的非农业人口的迅速增加。可是，这种变化的正确性质容易被人误解。不仅仅是这种变化的本身，而且因为它对前章和本章所讨论的一般原理提供了例子，它的意义是非常重大的，以致我们在这里停下来考虑这种变化的意义，可能是有好处的。

第一点，英国农业实际的减少没有起初看起来那么多。确实，在中世纪时，四分之三的人民可以称为是农民的；从近期人口调查的报告中得到，九个人中只有一个人从事农业，可能在下一次人口调查的报告中，十二个人中未必有超过一个人是从事农业的了。但，我们一定要记住：中世纪时所谓的农业人口，不是专门从事农业的；他们自己做了现在的烘面包工人与酿酒工人、纺织工人、木匠和泥水匠、男女成衣匠和其他很多行业的工人所做工作的大多数。这些自给自足的习惯逐渐地消灭了，而其中大部分到十九世纪之初差不多已绝迹，可能那时用于土地的劳动在英国全部产业中所占的部分，并不比中世纪少很多；因为，即使英国停止输出羊毛和小麦，但用人力从土地中所得的产物的增加是非常大的，以致英国农民在技术上的迅速改良不足以遏制报酬递减律的作用。但是，大多数的劳动逐渐从田地转向制造供农业用的高价机械。这种变化对于那些被称做农民的人，没有产生很大的影响，只要机械是用马匹来拖动，这些人总是算做农民的，因为照管马匹和喂料工作也是农业工作。但是，在最近几年中，在田地上使用蒸汽力的飞速发展，与农产品输入的增加同时发生。以燃料供给这些蒸汽机的煤矿工人，还有制造这些蒸汽机和在田地上掌握它们的机械工人，都不能算做从事农业的人，即使他们的最终目的都是为了促进土地的耕作。所以，英国农业的实际减少，就没有最初看起来的那样大了；但是在农业的分布上发生了一种变化。一度为农业劳动者所做的很多工作，现在是由专业的工人来做了，而这些工人则属于筑路业或建筑业、搬运业等类。一方面因为这个理由，从事农业的人数就迅速减少，而居住在完全农业区域的人数却没有迅速减少，反而常有增加。

农产品的输入对于改变各种土地的相对价值所产生的影响，我们都已经加以注意了，其中主要是依赖小麦收获的土地价值下跌最大，虽然用高价的耕作方法也可以使这种土地产出相当好的收成，但不是天然肥沃的土地。这种土地的很多区域，对于迁到大城市的大部分农业劳动者非常有益；所以，就进一步改变了国内工业的地理上的分布。有关于新运输工具的影响的一个显著的例子，在位于联合王国偏僻地方的畜牧区域，这些区域用特别快的车把乳品送到伦敦及其他大城市，同时从大西洋甚至是太平洋沿岸远道运回它们所需要的小麦。

但是，其次，近期中的种种变化不是像最初看起来所可能的那样，会使从事工业的英国人的比重增加。现在英国工业的产量，比十九世纪中叶确是增加了很多倍，但是，虽然制造机械和工具的那些工人——这些机械和工具担任英国农业工作的大多数——使得工人的人数有所增加，但从事各种工业的人数在人口中所占的百分比，在1851年和1901年中都没有变。

这一结果的主要原因，在于最近几年中机械力量之惊人的增大。这令我们能够生产越来越多的各种工业品，以供自己使用和输出，而不需大量增加管理机器的人数。因此，我们就能把从农业中解放出来的劳动，主要用于满足那些从改良机械中有得到什么帮助的欲望：机械的效率已经让英国的地方性工业，不会变为像这些工业在相反的情况下那样的完全机械化。从1851年以来，在英国的以农业为牺牲而迅猛增加的职业之中突出的职业，除了建筑业、矿业、贸易和公路铁路运输业之外，还有中央和地方政府的职务；各级教育事业，医疗业务，音乐、戏剧和其他娱乐业。这些职业都没有从新发明中获得很直接的帮助：在这些职业之中，现在人类劳动的效率，比一个世纪以前也没有提高多少；所以，如果由这些职业来满足的欲望增加，是和一般财富的增加成正比的话，那么这些职业所吸收的工业人口的比例不断增大自然是意料中的事。家庭仆人的人数急剧增加，已经有很多年了；一向由他们所做的工作的总量，现在比以前增加得更快了。但是，这种工作的很大一部分通常是依靠机械的帮助，现在是由各种衣服商人、糖果商人、旅店老板所雇用的那些人来做了，甚至由杂货商、鱼商还有其他如果不是电话购货则上门接受订货的商人所派出的各种售货员来做。这种变化已经趋于增进工业的专门化和地方性。

讲过近代的种种因素对于工业地理分布的作用的上述例证后，我们再来重新研究：

把大量类别相似的小型企业集中在同一地方，所能得到分工上充分的经济，达到怎样的程度；和只把国家的大多数企业集中在比较少数的富有和强大的公司手中，即往往所说的大规模生产所能得到的分工上的经济，达到怎样的程度；换言之，就是大规模生产的经济必定是内部的，达到什么程度？和它能够是外部的，又达到什么程度？[h]

然而，必须承认：所谓公共财产，通常不过是以将来的公共收入作为抵押而借入的私有财富而已。比如，公营的煤气厂，往往并不是公共积累的结果。这种煤气厂是用私人所储蓄的，但为了公共用途而借入的财富来建造的。

## 【注释】

a 例如在对剑桥附近的斯托布里奇集市的记载中，我们看到有无数种类轻巧而贵重的货品是来自东方和地中海沿岸的古代文化中心的；而有些则是由意大利的船只运来的，有些是由陆路从北海沿岸运来的。

b 不久以前，到蒂罗尔西部去旅行的人在一个叫伊姆斯特的村落中，能看到这种奇妙而独特的遗风。村中的人不知怎样学到了饲养金丝雀的特殊方法：年轻人到欧洲遥远的地方去旅行，每个人都在一根竹竿上挂上大约五十个小鸟笼挑在肩上一路走着，直到卖完为止。

c 例如，有五百个以上的村落专做木工活并有各个部门：一个村落只做车轮上的辐，一个村落只做车身，等等；在东方文明史与中世纪欧洲史中，也有与上述相似的情况。例如，我们读到大约在 1250 年写的一个法律家的手册（见罗杰斯所著《六个世纪的工作和工资》第 4 章），它记载着这样一些地方的东西，如林肯的红布；布利的毯子；贝弗利的地榆；科耳切斯特的土布；沙夫茨伯里、刘易斯和艾尔沙姆的细麻布；沃里克和布里德波特的细绳；马斯蒂德的小刀；威尔顿的针；莱斯特的剃刀；考文垂的肥皂；唐卡斯特的马肚带；切斯特和施鲁斯伯里的兽皮和皮货，等等。关于十八世纪初英国贸易的地区分布，在迪福著的《英国商业计划》和《英国的商人》两书中都有很好的叙述。

d 以后炼铁工业又从威尔士、斯塔福夏郡和希洛普夏郡迁往苏格兰和英国北部，在贝尔爵士新近呈给工商业萧条委员会的报告中，详细指出了这种迁移。参看该委员会第 2 篇报告中的第 2 编。

e 据富勒说，弗莱明斯人在诺威奇创办了织布和粗斜纹布工业；在萨德伯里创办了粗呢工业，在科尔切斯特和汤顿创办了哔叽工业；在肯特、格洛斯特夏郡、伍斯特威郡、威斯特摩兰、约克郡、汉慈、伯克斯和萨斯克斯等地创办了织布业，在德文郡创办了粗绒布工业，并在兰开夏创办了东方棉布工业。参看史马尔斯所著《英国和爱尔兰的新教徒》；并参看莱基所著《十八世纪英国史》第2章。

f 这种移动在纺织业中特别明显。曼彻斯特、利兹和里昂仍然是棉织业、毛织业和丝织业的中心，但这些地方所赖以成名的货物，现在有许多并不是当地生产的。另一方面，伦敦和巴黎仍然是世界上两个最大的工业城市，费城位居第三。工业的地区分布，城市及城市生活的发展与机械进步的相互影响，在霍布森著的《资本主义的进化》中有很好的研究。

g 参照霍布森著《资本主义的进化》。

h 在联合王国中，从事纺织业的人口百分比，在1881年是3.13%，到1901年降低到2.43%；这部分原因是人们做的大部分工作由于使用半自动化机械而变得非常简单，甚至连工业条件比较落后的地区和民族也能做得相当好；部分原因是主要纺织品仍然保持30年前，甚至3000年前那样简单的性质。另一方面，钢铁工业（包括造船业在内）的产量和复杂性都大有增进，因此，从事钢铁工业的人口百分比，从1881年的2.39%上升到1901年的3.01%。虽然钢铁工业用的机械和方法比同一时期的纺织业的进步大多了，但其余工业雇用的人数占的人口百分比，在1901年与在1881年大约相同。同时，从英国港口开出的英国船只的吨数增加了一半，而码头工人的人数也增加了一倍，但海员的人数略为减少。这些事实可通过以下的原因来解释：部分是因为船只以及一切与船有关的工具建造上的巨大改良，部分是因为几乎所有与装卸货物有关的工作——其中有些工作甚至在不久前还由船员来做——现在都交给码头工人去做了。另一个显著的变化就是工业中雇用的女工的总数增加了，虽然已婚女工的人数似乎已有所减少，但童工的人数却大大地减少了。1915年发表的《1911年人口调查摘要表》表明，1901年以来的分类已有很大改变，因此就不能对新近发展的可靠地作一般性的观察。但是，该报告中的表-64，与琼斯教授1914年12月在皇家统计学会上宣读的一篇论文都表明：1901—1911年的发展与以前的发展的不同之处是细节问题，而不是一般性质。

# 第11章 工业组织（续前）大规模生产

## 第1节 制造业是典型的产业，也是我们现在的首要目的原料经济

大规模生产有时在制造业上表现得最清楚。我们可以把从事原料加工，并将原料加工成各种成品，拿到远方市场出售的所有企业包括在制造业这个行业之中。制造业规模优势的最好例证，是制造业具有自由选择地点的能力。制造业一方面不同于农业及其他在地理分布上由大自然决定的天然产业（如矿业、采石业、渔业等）；另一方面也不同于制造或修理适合个别消费者特殊需求的东西的产业，这种产业不能远离这些消费者，即使能够远离，至少也要不会有很大的损失才行。[a]

大规模生产的主要利益，是技术的经济、机械的经济和原料的经济，但最后一项与另两项相比，正在迅速失去它的重要性。的确，一个孤立的工人常常会丢弃一些零碎的东西，但在工厂里，这些东西则会给人回收起来，再加以很好的利用；[b]但是，这种浪费在地方性工业中，就算它是在小制造商手中，也是不会发生的；在近代英国的任何工业部门中，除去农业和家庭烹饪之外，这种浪费也并不多。毋庸置疑，在近年最重要的进步之中，有很多是因为废物利用才得到的；但这往往是由于化学上或机械上的特殊发明，这种发明的使用很明显是由精细的再分工所促进的，但是并不是直接依靠这种分工。[c]

其次，当一百套家具或衣服一定按照完全相同的式样来开料的时候，要花费很大的心思来计划把木板或衣料裁开，所以只浪费了少许碎料，这很明显是值得的。但是，这应该是属于技术的经济；一种计划如果可以用于很多工作，它就能被很好地和仔细地实行。我们就可转而研究机械的经济。

## 第 2 节　大工厂的利益在于：专门机械的使用与改良、采购与销售、专门技术和企业经营管理工作的进一步划分　小制造商在监督上的利益　近代知识的发展在很大程度上有利于小制造商

在属于同一生产部门的很多小型工业所集中的附近地方，虽然辅助工业能给予它们帮助，[d] 但是由于机械的日新月异和昂贵的价格，这些小型工业还是处于非常不利的地位。因为在一家大工厂中，通常有很多为同样小用途而专门制造的高价的机器，每种机器都需要光线充足的环境，因而就使得工厂的地租和一般费用有了很大的增加；就算不算上利息和机器修理所需要的费用，由于机器恐怕不久就要加以改进的缘故，必须要花费很大的折旧费用。[e] 所以，一个小制造商必定要用手工或不完善的机械来做很多东西，虽然他知道使用专门机械就能让这些东西做得比较好、比较廉，当然如果他能持续不断地使用这种机械的话。

但是，其次，一个小制造商可能并不熟悉符合他的目的的最精良的机械。确实，如果他所从事的那种工业早就已经实行大规模生产，只要他有能力购买市场上最优秀的机械，他的机械完全就可以达到标准。例如，在农业和棉纺业，机械的改良几乎专门由机器制造商来设计；这种经过改良的机械每个人都可以买到，最多不过是要付给专利权使用费。可是，还处于发展初期阶段的工业，或者是正在迅速改变形态的工业，比如化学工业、制表工业和麻织及丝织工业的很多部门，以及为了满足某种新的欲望或使用某些新的原料而不断产生的很多行业，情况都不是这样的。

在上述这些行业之中，新的机械和新的制造方法大多数是制造商为了他们自己的用途才设计出来的。每种新的改变可能都是一次失败的新试验，那些获得成功的试验必须承担它们自己和其他试验失败的费用。虽然今天的小制造商会觉得他知道怎样改良，但是他必须考虑，只能尝试地实行这种改良，风险和费用都非常大，而且对他别的工作也有很大的影响；即使他能完成这种改良，他也不一定就可以尽量加以利用。例如，他可能发明了一种新的很特别的东西，如果他能让它受到公众的注意，就会有很大的销路，但要这样做，可能要花费好几千镑。如果是这样的话，他也许只能放弃了。因为，对他来说，如果要履行罗雪尔称为是近代工业家的特殊任务几乎是不可能的，这个任务就是做人们从前从没有想到的东西给他们看，从而创造新的欲望；但是对人们提示了一种概念，他们马上就要得到这种东西：比如，在陶器业中，小制造商除去只是尝试一下之外，

甚至于无力进行新的式样和花样的试验。可在已经有很好销路的东西制造上的改良，他的机会就会是比较好的。但是，就算如此，他的发明也不能够得到充分的利益，除非他能得到发明的专利权，或者是卖出它的使用权，或者是借入很多资本来扩充他的营业，或者是最后改变他营业的性质，并且将他的资本用在应用他的改良的那些特殊的制造阶段。但是，这些情况毕竟都是特殊的：机械的越来越多样化和昂贵的价格，处处对小制造商施加很重的压力。这些情况已经将他从某些行业中完全排挤出去，而在另外的其他一些行业中，也正在很快地将他排挤出去。[f]

但是，在某些行业中，大工厂从机械经济所得到的各种利益，一旦工厂达到中等规模时几乎就消失了。例如，在棉纺业和花布织造业中，比较小的工厂可以维持它自己的地位，而且可以使每个生产程序不断使用最好的机器。所以，一家大工厂不过是一所房屋内几个平行的小厂而已。的确，有些棉纺业者在扩充他们的工厂的时候，觉得最好的是增加织造部分。在这样的情况下，大企业很少能得到或没有得到机械的经济。不过，在建筑上，尤其是在烟囱的建筑上、蒸汽力的经济上、引擎和机械的管理和修理上，它常常也有一些节省。大的轻工业工厂自己有木匠和技师的部门，因而减少了修理的费用，并在设备发生故障时立刻去修理。[g]大工厂——其实几乎任何种类的大企业都是这样——差不多总有很多与上述最后的利益相似的利益，而为小厂所没有。大企业大量采购，所以价格低廉；它运费的支出是低的，而在运输上有很多方面也是节省的——尤其是它如有铁路侧线直通厂里的话。它常常大量销售，因此免掉麻烦，同时还可以有很好的售价。因为它的存货很多，很方便顾客，顾客能从这些存货中选择，并且配齐各种订货；同时，大企业的声誉让顾客对它有信心。它能以聘用旅行各地招来生意的人和其他方法来花巨额的广告费用；它的经销店给予它返地的贸易和私人事情的可靠消息，而它自己的货品也互相宣传。

极有组织的采购和销售的经济，是现在同一工业或行业中很多企业合并成为一个大的联合组织的倾向的主要原因之一，也是包括德国的卡特尔和集中的合作组织在内的各种同业联合的主要原因之一。这种经济还往往引起营业风险集中在把工作分给小资本家去做的大资本家的身上。[h]

## 第3节　续　前

其次，是有关于技术的经济。大工厂因为有能力购买专门机械因而具有各种利益，关于这些利益所说过的一切也适用于高度专业的技术。大工厂能设法让它所聘用的每一个人不断地从事他能够胜任的最困难的工作，并且缩小他的工作范围，这样能够使他获得由于长期不断的实践而产生出的熟练和优良。但是，关于分工的利益已经说得非常多了，我们可转而研究，制造商因为雇用很多人而得到的虽是间接但重要的利益。

大制造商在得到非常聪明的人，担任他的工作中最困难的那一部分方面——他的企业的声誉主要是依赖于这部分工作——具有比小制造商好得多的机会。光是关于需要很大的审美力和独创力的行业——如房屋装饰业和需要非常精良的做工的行业，如精细的机械构造的制造业的手工方面，这一点有时是重要的。[i]但是在大部分的企业中，它主要的重要性，在于使雇主拥有以下便利：选择有能力而可靠的人担任工头或各部分的首脑，这些人是能让他信任的，而他们也会信任他。因此，我们就要研究近代工业组织的中心问题——关于企业经营管理工作的进一步划分的利弊问题。

## 第4节　续　前

大企业的首脑能保留他的所有力量，以来应付他的企业的最广泛和最基本的问题：很显然，他必须考察他的经理、职员和工头有没有称职，工作是否良好。但是除此之外，他不必在细节问题上过于操劳。因此，他能使他自己的精神保持愉悦，以便来解决他的企业的最困难和最重要的问题；以便研究市场的较广泛性运动和国内外时事的还没有发生的结果，以便设法改良他的企业的对内和对外关系的组织。

对于大多数这种工作，小雇主就算有能力，也没有时间去做；他对他的行业不能加以很广泛的观察，或者是看得那样远；他常常要以步别人后尘来满足需要。而且他必须花费很多时间去做他应该做的工作；因为，如要得到成功的话，他的精神在某一些方面必须拥有很优秀的品质，而且必须具有很大的创造和组织的力量。但是，他仍然要做很多日常例行的工作。

另外一方面，小雇主也会有他自己的利益。他处处都可以亲眼看到，工头或工人不会偷懒，也不会不分清责任，含糊的话也不会在各个部门里传来传去。他省去很多记账工作，在大企业中，麻烦的核对制度是很有必要的，则他差不多都可以省掉；从这个来源所得到的利益，在使用贵金属和其他高价材料的行业中，都具有极大的重要性。

即使在获得消息和进行试验方面，小制造商必然总是处于极大的不利地位中，但是，在这一方面，进步的大势对他仍然是很有利的。因为在关于营业知识的所有事情上，外部经济与内部经济相比较，正不断地增大其重要性。报纸以及所有种类的行业和专门的出版物，不断地为他打听消息，并供给他很多他所需要的知识。不久前，如果你无力在很多遥远的地方雇用报酬很高的代理人，是不可能得到这种知识的。其次，营业秘密大体上是减少了，方法上最重要的是改进，经过试验的阶段以后，很难长久地保守秘密，这些对小制造商都是有利的。工业上的变化只依赖实际经验的已较少了，而依靠科学原理的广泛进步比较多；在这些进步之中，有很多是为求知识的求知者所作出的，并且为了公众的利益，很快加以发表，这些也都是对他有利的。因此，小制造商在进步的竞赛中虽然不能领先，但是如果他有时间和能力来利用近代各种便利获得知识的话，那么他也不一定会是很落后的。但是，如果他可以做到这一点，而且不忽略企业中细小而必要的细节问题，那么他必然是个非常了不起的人。

## 第 5 节　在对大规模生产提供很大经济的行业中，倘使一个企业能容易地销售货品，则可迅速发达，但他往往不能做到这一点

在农业和其他行业里，经营的人不会因为扩大他的生产规模而获得很大的新的经济，因此，其中的企业常常很多年（如果不是很多代的话）保持大概相同的规模。但是，在大企业能得到各种很重要的利益，这些利益都是在小企业所没有的行业中，情况就不是这样的了。一个新经济的企业管理人，如果要在这样的行业中谋发展的话，就必须用他的精力和适应的能力、勤劳和对细小问题的关心，来应付具有较大资本、专门化程度比较高的机械和劳动与较大的营业联系的他的竞争者的较广的竞争。如果以后他能让他的生产加倍，并且可以与旧价相差不是很远的价格出售货品的话，那么他所得的利润会在一倍以上。这将会提高他对银行家和其他精明的贷款者的信用，使他能够进一步扩大他的营业，能获得更大的经济和更多的利润，同时，这又将扩大他的营业，如此反复循环。刚开始似乎看不出哪里是他必须要停止的地方。确实，当他的营业扩大时，如果他的才能可以适应较大的范围，并与它以前适应较小的范围一样，如果他连续很多年保持他的创造性、多才多艺和创始力、毅力、机警及好运气，那么他可能会把在他区域内的这个

行业部门的所有的生产量集中到他的手中。如果他的货品的运输并不会很困难，销路也挺好的话，他可能可以从这个区域扩充到很远，达到一种有限的垄断。所谓有限的垄断，就是受到以下的原因限制的垄断：很高的价格以引起竞争的生产者的出现。

可是，在没有达到这个目很久以前，他的进步就会因为他对努力工作的爱好的衰退——就算不是才能的衰退——而停止。如果他能把他的企业，交给几乎与他有同样能力的继承者去经营的话，那么他企业的兴盛就可以历久不衰。[j]但是，他的企业要想持续地迅猛地发展，必须要具有难得的在同一工业内能同时存在的两个条件。在很多行业中，个别生产者可以用生产量的大大增加来得到很大的“内部”经济；而在其他很多行业中，个别生产者可以很容易地销售那种产品。但是对这两件事能够做到的，在个别生产者中却寥寥无几。这并不是一个偶然的结果，而几乎是一个必然的结果。

因为，在大规模生产的经济拥有头等重要性的那些行业中，大部分行业的销路是困难的。毋庸置疑，重要的例外是有的。比如，对于单纯和一律能大量批发的货物，生产者就可得到很大的销路。但是，大部分这种货物是农产品，其余的差不多都是单纯和普通的东西，例如钢轨或花布之类。也正因为如此，它们的生产就能成为例行工作。因此，在生产这些东西的工业中，很少有企业能保持它自己的地位，除非在主要工作上它能有最新式的高价设备；同时，一切附属的行业能由辅助工业来做。总的来说，在大企业与很大的企业可得的各种经济之间，并没有很大的区别。然而大企业排挤小企业的倾向，已经走得太远，以致用尽了最开始促进这种倾向的各种因素的力量。

但是，报酬越来越多的倾向对之发生强烈作用的许多商品，大体上总是特殊的货物。其中，部分东西的目的是在于创造新欲望，或者是在于以新方法来满足旧欲望。其中，有些货品是为了满足特殊嗜好，所以绝不会有很大的销路；有些则拥有不易被人发觉的优点，只能慢慢地博得公众的欢迎。在所有这种情况下，各个企业的销路——大体上要视情况而定——是以企业用了很多花销逐渐得到的特殊市场为限的。虽然生产本身可能使经济增加很快，但销路却不可以这样。

最后，使一个新企业能迅速得到新的生产上经济的那种工业的条件，也就是使那个企业迅速地为使用更新的方法的更新的工厂所取而代之的条件。特别是在大规模生产的强有力的经济，与新机械和新方法的使用相结合的情况下，一个企业如果失去使它能发达的非凡的精力，那么不久就会很快衰落。大企业的全部生命能维持很久是非常少的。

## 第6节　大商店与小商店

大企业在工业上的各种利益很明显胜过小企业，因为正如我们所说过的那样，大企业拥有把许多工作集中在小面积之内的特殊便利。但是，在其他许多行业中，也常有小企业被大企业所排挤。尤其是零售业正在变化之中，小店主的优势逐渐失去。

让我们看一下大的零售商店在与其邻近较小零售商店的竞争上所获的利益。首先，很明显它能以较好的条件购货，它能使货物的运费较为低廉，且能提供较多的花色品种，以满足顾客的需求。其次，它具有很大的技术经济。小店主与小制造商一样，必须花费很多时间去做不需要判断力的例行工作；而大商店的首脑——在有些情况下——甚至他的得力助手，把他们的全部时间花在使用他们的判断力上。直到最近，这些利益一般已为小店主所具有的以下较大的便利所胜过：小店主能把货物送到顾客门上，能适应顾客的不同嗜好；对顾客个别地非常熟悉，因而就能以赊欠的方式放心地把资本借给他们。

然而，近些年中所发生的许多变化全都是对大商场有利的。赊欠买卖的习惯逐渐消灭，店主与顾客之间的私人关系越来越疏远。前一种变化很明显前进了一步；而后一种变化在某些方面是可惜的，但也不是绝对的；因为一部分是由于这些事实：在富裕阶级中真正自尊心的增强，使他们不再关心他们过去所需要的那种阿谀的殷勤。其次，时间越来越宝贵，使人们不愿像从前那样花几个钟头去买东西；他们现在往往宁愿花几分钟从各种详细的价目表中列出一张很长很长的订货单；伴随邮购和邮寄包裹以及其他方法的日益便利，他们就能很自如地这样做了。当他们确实想上街买东西的时候，公车和地铁往往就在附近，他们能方便快捷的坐车到附近城市的大中心商店去。一切这些变化，即在食品业和其他不必有很多种存货的行业中，也使小店主比过去更难维持自己的地位。

但是，在许多行业里，商品越来越多样化，以及时新式样的急剧变化的有害影响（现在达到社会上差不多各种等级的人），都为小商人带来很多不利，因为他不能有足够的各种款式的存货让顾客来选择，如果他要时刻紧密地跟随时势的任何变动，那么可能他的存货因过时而销不出去所占的比例比大商店还大。再则，在家具业、服装业和其他行业的某些部门中，机制货品越来越低廉，使得人们更喜欢去大商店购买现成的东西，而不愿到他们附近的小制造商或小商人那里去定做了。再次，大店主不会满足于招待制造商所派来的招徕生意的旅行者，而是他自己或派代理人到国内外最重要的工业区域去旅行，因此那些与制造商之间的中间人他往往就不需要了。有中等资本的成衣匠，把好几百种的最新衣料的样品拿给顾客看，或许选用电报购买的顾客所选定的衣料，用邮包寄来。妇女们通常都是直接向制造商购买衣料，接着交给那些没有资本的成衣匠去做。小店主好像在小的修理行业中还常可以保持一些地位，在容易腐坏食品的销售上——特别是卖给工人阶级的时候——他们保持相当好的营业，一方面因为他们能以赊欠方式销售货品，还能以此收取小额债款。可是，在许多行业中，有巨额资本的企业，宁愿开设许多小商店，也不愿开设一个大商店。采购——只要生产上有需要时也是如此——集中于总店的管理之下，额外的需要由总店的存货来供应，各分店因此会有大量货物，而不用保持大量存货的费用。分店的经理就可一心放在招待顾客上；如果他是一个有活动能力的人，十分用心地打理他的分店，则他可成为小店主的一个可怕的劲敌。在许多与服装和食品有关的行业中，已经出现这样的情况了。

## 第 7 节　运输业<br>矿山与石坑

再下来我们可考虑地理的位置是由工作的性质所决定的那些行业。乡村的搬运夫和一些马夫，差不多是运输业中小行业仅有的残存形式。铁路和电车的规模日益扩大，经营它们所需的资本也随之增加。一个大的商船队，在统一的经营管理之下，可以从它迅速地和负责地在许多港口装卸货物的能力中获得种种利益，而商业的不断复杂化和多样化更增加了这些利益。以船舶的本身而论，时代对大船有利，客运业更是如此。[k]所以，在运输业的某些部门中，赞成由国家经营企业的议论，除了在运输垃圾、自来水、煤气及其他同类的企业之外，比在其他任何行业中都更强烈。[l]大石坑与小石坑、大矿山与小矿山之间的竞争，没有那样明显地表现出一种倾向。在矿山国营的历史中，有许多非常黑暗的不幸之事。因为矿业的经营源于主持人的正直和对于细节问题及一般原则的判断太多，所以导致国家官吏不能经营得好。由于同一理由，如果其他情况不变的话，我们非常希望小矿山或小石坑在与大矿山或大石坑的竞争上，保持它自己的地位。然而，在某些情况下，深的竖坑和购买机械及交通工具的花销太大，如果不是很大的企业是难以负担的。在农业方面，没有很多的分工，也没有大规模生产，那是因为所谓“大农场”所雇用的劳动比一个集中在一个中等规模工厂的劳动的十分之一还要少。这一部分是由自然造成的，季节的变化和在一个地方集中大量劳动者的困难，但一部分也与各种租地法有关。对于这方面的一切问题，等到我们在第六篇中研究与土地有关的需求与供给时再加以讨论更为妥当。

## 【注释】

a“制造业”这个名词早已与原来的用法没有关系了，现在此词用来指以机械，而不是以手工为主的生产部门。罗雪尔曾经打算将它用于家庭工业，以区别于工厂工业，从而使它接近旧的用法，但现在这样做已太迟了。

b 参看巴比奇举的制造号角的例子，另见他著的《工业的经济》第 22 章。

c 这类例子有棉花、羊毛、丝及其他织物原料的废物利用；还有冶金工业、苏打、煤汽工业、美国的石油工业以及肉类包装工业对副产品的利用。

d 参看前一章中的第 3 节。

e 一架机器在报废前所能使用的平均年限，在许多行业中不会超过十五年，而在有些行业中，只有十年或更少。如果一架机器每年不能赚进其成本的 20% 的话，那么使用它往往亏本；如果它做的工作要花费五百镑，而这工作对于使用此机器的原料的价值相比而言只增加了 1%——这不是极端的情况，那么使用这种机器就要亏本，除非能用它每年至少生产值一万镑的货物。

f 在许多企业中，只有一小部分的机械、技术改良取得了专利权。这些改良是由许多小的步骤构成的，如果一次取得一个小步骤的专利权是不值得的，或者，这些改良的主要目的在于使人们注意到某件事情应当做了；而取得做这件事情的一种方法的专利权，只是使别人也设法想出做这件事情的其他方法，那么对于其他方法，专利权是不能保护的。如果取得了一项专利权，那么以取得达到同一结果的其他各种方法的专利权来“封锁”前一项专利权，这就是必要的。取得专利权的人并不一定要自己使用这些方法，而只是要防止别人使用它们。这一切包含着烦恼和时间及金钱的损失。因此，大制造商宁愿去改良成果，并获得使用这种改良带来的利益。如果小制造商取得了一项专利权，就会遇到侵犯专利权的麻烦。即使他在设法保卫自己的诉讼中，也许花了诉讼费而胜诉，但如果这种诉讼太多，他就一定会因此而倾家荡产。通常为了公众的利益，一项改良应当发表，虽然已同时取得了专利权。但是，假如这项改良在英国取得了专利权，而没有在别的国家取得专利权——往往有这样的情况——那么即使英国的制造商在它取得专利权之前作出改良，也不会使用它，而外国的制造商只要了解了这种改良，就可以随便地使用它。

g 每个工人需要的资本在大工厂中一般比小工厂大，这个法则对棉纺织厂和其他纺织工厂来说却是例外，这是一个显著的事实。理由是：在大多数其他的企业中，大工厂有许多要用高价机器来做的工作，而在小工厂中则用手工来做。因此，工资额与生产量的比例在大工厂中虽比小工厂低，但机械和它在工厂中体现的价值却大多了。不过在纺织业比较简单的部门中，小厂与大厂具有同样的机械。这是因为小型蒸汽机等设备在比例上比大型蒸汽机更昂贵，而小厂需要的固定资本在与生产量的比例上就比大厂大，同时，小厂所需的流动资本在比例上也比较大。

h 参看本篇第 12 章中的第 3 节。

i 例如，波尔顿在 1770 年雇用七八百名金属技术工人以及玳瑁、宝石、玻璃和珐琅工人的时候，曾经写道："我已经训练了许多，而且正在训练更多的普通乡村少年成为优良的工人。每当我看到他们表现出有技术和能力的时候，我就鼓励他们。我也几乎与欧洲的每个商业城市都建立了通信联系，因此我经常得到一些东西的订单。这样，我才能雇用那么多的工人，使我能充分选择技术工人去做精细的工作。因此，我受到鼓励，就去装备并使用更多的比生产精致东西更要谨慎使用的机械。"（见史马尔斯：《波尔顿传》）

j 达到这个目的的各种手段以及这些手段的实际限制，将在下一章的后半部分进行研究。

k 船只运输能力的大小，是与其体积的立方成正比的。而水阻力的增大，只比船只体积的平方略快一点。因此，大船需要用的煤，在与它的吨数的比例上，比小船少。大船需要的劳动也比较少，尤其是驾驶船的工作。同时，大船使乘客更安全舒适。同船的人数多，招待比较周到。总而言之，在大船容易驶进的各港口之间，如果客货运力足以使大船能迅速装满的话，那么小船就没有与大船竞争的机会。

l 以下的事实足以表明近百年中重大经济变化的特色：最初通过的《铁道法案》，曾规定准许私人在铁道上行驶他们自己的车辆，正如现在在公路或运河上行驶一样。现在我们实难想象他们怎么能期望这个办法得以实行，但当时他们必然怀有这样的期望。

# 第 12 章　工业组织（续前）企业管理

## 第 1 节　原始的手工业者与消费者直接交易，现在博学的职业通常也是如此

以上我们已经研究了主要与制造业或其他雇用许多体力劳动者的行业有关经营管理的工作。现在我们必须比较仔细地考虑一下商人履行的各种职能，以及这些职能在一个大企业的领导者之间，还有在相关的生产和销售部门中进行协作的各种企业之间如何分配的问题。我们还要附带研究这样的问题：至少在制造业方面，虽然几乎每个企业——只要经营得好——规模越大就会越兴隆。虽然我们因此在表面上可以预料到大企业会把小竞争者从许多工业部门中完全排挤出去，但实际上却不一定这样做。

原始的手工业者一般都自己管理其全部营业。可是，因为他的顾客都是他的近邻，只有少数一些是例外，他只需要很少的资本，生产的计划是以风俗为他安排的，除了他的家属之外，他不需管理劳动者，所以，对这些工作并不需要花费很大的心思。他不能一直享受繁荣；战争和持续饥荒对他和他的邻居施加压力，阻碍他的工作，也使他的邻人对他的商品的需求停止了。但是，他一直都认为好运和坏运就像晴天和雨天一样，是他所不能控制的：他的十指虽然在不停地工作，但他的脑子却很少疲劳。

就在近代英国，我们有时也看到乡村中的技术工人，大多数是墨守原始的方法，制作东西卖给邻人，是为了他自己的缘故；他自己打理他的营业并担当一切风险。但是，这种情况是很少有了。博学的职业提供了墨守旧式经营方法的最显著的例子。因为，一个医生或律师往往自己管理他的生意，并做一切工作。这种办法还是有些缺点的，有些具有高超本领的自由职业者，因为没有招揽生意所需要的特殊才能，而让很多宝贵的活动变为无用，或者得到的效果并不明显；假如他们的工作能由某种中间人为他们安排的话，那么他们会得到较好的报酬，过比较幸福的生活，而且也会对世界作出较大的贡献。但是，总地说来，现在那样的情况可能是最好的了：需要最高级和最精细的才能的那些服务，只有在对个人有绝对的信心时，才能体现它们的全部价值，在这种服务的供给上，人们在心理上对于中间人的参与是不信任的，而出现这种

心理也是有正当理由的。

然而，英国的律师，就算不充当雇主或企业家，也会担任最高级和最费心思的法律事务的顾问。其次，很多优秀的青年教师并没有直接向消费者出卖他们的服务，而是卖给一个大学或学校的管理机构，或者是卖给那些安排购买他们服务的校长：雇主供给教师可以突出他的劳动市场；而对购买者——他自己或许不是很好的判断者，则给予关于所供给的教课工作质量的某种保证。其次，各种艺术家，不论是否著名，常常认为雇用别人为他应付顾客对他是有利的。同时，声誉不好的艺术家，有时则依赖着商业资本家为生，他们自己并不是艺术家，但知道应该怎样才是最有利地出卖艺术作品。

## 第2节　但是，在大多数营业中，都有企业家这个特殊阶级参与其事

但是，在近代的大多数营业中，能够如此地指导生产以致一定程度的努力就能最充分地满足人类欲望的任务，必须要分裂开来，而转入专门的雇主手中，或换用较为普通的名词来说，由商人来经营。他们“冒着”或“担当”营业的风险，他们抓住了工作所需要的资本和劳动，他们安排或计划营业的例行日常打算，并监督它的细小事情。从一方面来看，我们可以将商人当成一个技术高度熟练的产业阶级，而从另一方面来看，则可以当做介于手工劳动者和消费者之间的中间人。

有某些种类的商人，冒着很大的风险，对于他所经营的商品的生产者和消费者，具有很大的影响，可是，他们在很多时候并不是劳动的直接雇主。这些商人的极端典型，就是证券交易所和商品市场的商人，他们每天买卖的数额很大，但是他们既没有工厂，也没有仓库，最多只有一个写字间和几个职员而已。但是，像这种投机者的买卖的结果好坏是很复杂的。现在我们非常注意那些最注重经营管理，可最不注重技巧的投机方式的企业形态。所以，让我们以较为普通的企业形态作为例子，并注意商人担当风险与其余工作的关系。

## 第3节　在建筑业和其他一些行业中，营业的主要风险，有时与经营管理的细节工作无关 企业家不是雇主

建筑业非常适合我们的目的，一方面，是因为它在某些地方仍是墨守成规的经营方法。在中世纪后期，很多私人都不靠营造师而自己建造房屋，这种习惯即使在现在还没有完全消灭。自己造房的人，还要分别雇用一切工人，他还要一直注意他们，核对他们的工资；他必须向很多方面购买材料，而且他必须租用高价的机械，要不然就只能省去不用。他所付的工资，可能比现行的工资较高。但在这里，他有所损失，别人就会有所得。然而，在和工人谈价钱上，在以其不齐全的知识来考察和指导工人的工作上，他必须花费很多的时间。其次，在了解他所要的各种材料的种类和数量上，还有到哪里去才可以买到最好的之类的问题上，也是要花费很多时间。这种浪费可由以下的分工来避免：由专门的建筑业者来担任监督细节工作的任务，由专门的建筑师来担任设计的任务。

如果房屋不是由要住进去的人出资建造，而是当做建筑的投机事业来建造的时候，分工往往会更为精细。如果大规模这样做的话，比如，开辟一个新的郊区，可能得到的利益非常大，导致为强有力的资本家提供了有吸引力的机会，这些资本家具有很高的经营能力，但可能是没有很多关于建筑业的专门知识。他们依靠自己的判断思考得出关于各种房屋将来的供求关系会是怎样的决定，但是，细节工作他们则委托别人管理。他们雇用了建筑师和测量员，根据他们的一般指示进行设计；接着与专门的建筑业者订立合同，按照设计进行施工；但由他们自己担当营业的主要风险，并且掌握营业的一般方针。

## 第4节　续　前

众所周知，在大工厂时代刚开始之前，在羊毛业中盛行下述的责任划分：由企业家担当采购和销售上的较有投机性的工作和较大的风险，但企业家本身并不是劳动的雇主；同时，小包工者则担当[a]管理上的细节工作和履行一定的合同的较小风险。在纺织业的某些部门中——特别是那些在对未来的预测难以作出预测的部门中——还是广泛地实行这个办法。曼彻斯特的批发商人专心研究时势的变动、原料的销路、金融市场、贸易和政治的一般情况，还有其他会影响将临的季节中各种货品的价格变动的种种原因，如果

有必要的话，他们雇用了优秀的设计师来实行他们的计划之后（就如前例中建筑业的投机者雇用建筑师那样），他们就与世界各地的制造商订立制造货物的合同，而对于这些货物，他们决定冒险投资。

特别是在服装业中，我们看到所谓家庭工业的复兴，这样子的工业很久以前盛行于纺织业：这是一种大企业家把工作分给单独操作的人，或者找几个家属帮助的人，或者可能雇用两三个助手的人，到小屋和很小的工场中去做的制度。[b]英国很多各郡的偏远乡村中，大企业家的代理人往来其间，把各种货品——特别是像衬衫、衣领和手套这些衣着——的半成品的材料，分给乡村里的人去做，然后取回制成品。可是，在世界各大首都和其他大城市中，特别是在古老的城市，那儿有许多体质和德行都不好的不熟练的和无组织的劳动者，可是这种制度最为发达，而在服装业——光是在伦敦一地，这个行业就雇用了两百人——和廉价的家具业中，更是如此。在工厂和家庭工业之间不断地有竞争，有时前者得势，有时后者得势。比如，现在由蒸汽力运输的缝纫机的使用日益变多，加强了制靴业工厂的地位；同时也巩固了工厂和工场在农业中的地位。另一方面，制袜业则因手织机近来的改进而又回到家庭工业中；煤油、煤气及电力发动机所引起的动力分配的新方法，对于其他很多行业发生同样的影响也是可能的。

或许会发生趋于折中办法的运动，就像设斐尔德的利器业所普遍实行的那些办法。比如，很多制造利器的企业，把碾磨和其他部分的工作以计件的价格分给工人去做，这些工人与他们签订合同的工厂或其他的人，租用他们所需的动力，有些时候他们也雇用别人来帮助他们操作，但有时则单独操作。再如，外国商人常常自己没有船只，但专心研究贸易的趋势，自己承担贸易的主要风险，同时，他让别人来替他做运输工作，虽然这些人要有较好的经营能力，但不需要像他那样有预测贸易的细微变动的能力，虽然作为船只的购买者，他们确实是有他们自己的重大和困难的营业风险。又如，书籍出版中较大的风险，是由出版商——可能与作者一道——来承担的；而劳动的雇主是印刷业者，给予这种营业所需的高价的活字和机械。在金属业和家具、服装等行业的很多部门中，也都采用类似的办法。

这样，主要承担采购和销售风险的人，有很多方法可以避免为他们工作的那些人的住宿和监督的麻烦。这些方法都有它们的优点；假如这些工人像设斐尔德的工人那样具有坚强的性格，则其结果大体上还是可以的。但不幸的是，流入这种工作的那些人，通常是工人中最弱的，而且智慧和自制力都是最差的。这种制度被企业家采用的原因，是因为它具有伸缩性，而这种伸缩性实在能够让他——如果他愿意这么去做的话——对为他工作的那些人施加不适宜的压力的一种手段。

因为，一个工厂的成就，有很大的原因是拥有一班坚持工作的工人，可把工作分给工人到家里去做的资本家，在他的名单上保留很多人是有利的；他就可偶尔对其中每个人给予一点工作，挑拨他们互相竞争。他这样做是很简单的，因为他们相互之间并不认识，也不能采取一致的行动。

## 第 5 节　理想的工业家所需的才能

如果讨论到营业的利润时，在人们心目中，利润总是与劳动的雇主有关的。雇主通常是指那些实际上获得营业利润的人。但是，我们刚才举过的那些例子，足够证明以下的道理：劳动的监督只不过是管理工作的一方面，而且一般都不是最重要的方面。担当一切营业风险的雇主，实际是为社会履行两种完全不同的职务，并且有双重的能力。

让我们回到已经说过的那一些原因（见本篇第 11 章第 4 节和第 5 节），制造商生产货品，不是为了应付那些特殊的订货，而是为了一般市场。第一，就他作为商人和生产组织者的作用来说，他一定要具有他自己行业的透彻的知识。他一定得具有预测生产和消费的广泛变动的能力，还有具有知道哪里有供给一种新商品以满足实际欲望的机会，或是哪里有改良旧商品的生产计划的机会的能力。他一定要能谨慎地判断，大胆地承担风险；他当然也必须要了解他的行业中所用的原料和机械。

但是，第二，就他作为雇主的作用来说，他必须是一个天生的领导者。他必须要先选择他的得力助手，并且能充分地信任他们；而且一定要有办法使他们关心营业和信任他，以很好地发挥他们内在的进取心和创造力；同时，他自己总得掌握一切事务，并且保持营业的主要计划井井有条和前后一致。

成为一个理想的雇主所需要具备的条件和能力实在很多，导致很少人能在很大程度上具备这些能力。但是，这些能力的相对重要性，是随着工业的性质和营业的大小而改变的；一个雇主可能擅长某些方面的才能，另一个雇主可能在别的才能方面优越，而很少见到有两个雇主的成功是由于同一个优点，有些人的成就依靠的是他的高尚品质，而有些人的兴隆是因为除了机警和意志坚强之外，并没有什么其他令人钦佩的才能。

上文所述的是企业经管管理工作的一般性质，接下来我们必须要研究一下：各种阶级的人有怎样的机会去发展经营能力以及他们得到机会之后，他们又有什么能力来支配发挥经营能力所需的资本。这样，我们就可稍微接近本章开头所提到的问题，而且可以研究一个企业在接连几代中发展的过程了。这一研究能方便地与企业经营的各种形态结合起来。以上我们所考虑的，很多完全是全部责任和经营集于单独一个人手中的那种组织形式。可是，这种形式正被各种其他组织形式所压倒，在这些形式中，最高的权力是分散于几个合伙人的手中，或者甚至于分散于大部分的股东手中。私人企业与股份公司、合作社和公共企业在企业经营中所占的地位，正在渐渐地增大。这件事的一个主要原因，是因为它们对具有优秀经营能力但没有承受任何巨大的经营机会的那些人，提供了具有吸引力的机会。

## 第6节　商人之子开始就有很多利益，以致人们也许期望商人会形成一个世袭的阶级 这种结果是没有理由发生的

已经在营业上有成就的人的儿子，开始就具有很大超出别人的优势，这是很明显的。他从青年时代起就有获取知识和发展才能的特殊便利，然而这种知识和才能都是他父亲的企业的经营管理上所需要的：他安心地而且差不多是慢慢地获悉他父亲的行业以及与之有买卖关系的行业中的人物和情况；他日渐从中认识到他父亲所思索的各种问题和忧虑的相对重要性与真正的意义；他学习到了关于这个行业的制造方法和机械的专门知识。ʿ他所学到的东西，有些可能只适用于他父亲的行业，但大多数对于与这个行业稍有联系的行业都是有用的；同时，由于与任何一个行业掌握大计方针的人的接触所渐渐养成的判断力和智谋、进取心和谨慎、毅力和谦虚等一般才能，对于使他适合经营很多其他的行业，都是很有用处的。而且，成功的商人的孩子，除了在天性和教育上似乎不喜欢和不适合经营企业的人之外，在刚开始就具有差不多比其他任何人还多的物质资本，如果他们继承父业的话，他们就具有稳固营业关系的有利地位。

因此，刚开始看起来商人们可能会成为一种世袭的阶级，会把管理上的重要位置分给他的儿子们去担当，建立世袭的王朝，而联结很多代统治某些商业部门。但是，实际情况却并不是这样的。因为，当一个人建成了一个大企业时，他的子孙虽然是有很大的利益，但通常不能继承同样成功地经营这个企业所需的杰出才能和特殊的意志及气质。他自己可能是由具有坚强和诚恳的性格的父母所抚养长大的，并为父母的人格魅力所影响和幼年时与困难的斗争所教育。但是，他的儿子们——至少在他富有后所生的儿子们和他的孙子们——可能大多是由家内仆人们照顾的，这些仆人却没有像他的父母那样的优秀品质，而他自己是受他的父母的影响长大的。他的最大的志向可能是营业上的成功，而他的子孙对

于社会或学术的名望的渴望有过之而无不及。[d]不可否认的是，一切事情可能一时都很顺利。他的儿子们有了稳固的营业关系，甚至也许更为重要，有许多能够胜任工作的一批下属。只要勤勉和谨慎，并利用企业的传统，企业就可能长久地发展下去。但是，经过整整一代之后，已经不能仅仅只是依靠旧的传统了，维系老职员的纽带也已消失殆尽，这时，这个企业的瓦解基本上是不能避免的，除非这个企业能注入新鲜的血液，比如有新人在企业中参加合伙，同时企业的经营管理工作也实际上交给新人来做。

可是，在很多情况下，他的子孙经常是走一条捷径来达到这种结果。他们宁愿自己不努力而得到可观的收入，而不愿通过不断的努力和操劳才能得到两倍的收入。他们把企业卖给私人或股份公司，或者是他们变成企业的隐性合伙人，只是分担企业的风险和分配利润，但是不参加企业的经营管理，在这两种情况下，他们的资本的实际支配权，最终是落于新人之手了。

## 第 7 节　私人合伙组织

要想恢复一个企业力量的最古老和最简单的办法，就是从它的最优秀的雇工中提拔若干人参加合伙。大工厂或大商店的专制的老板和经理，因为年事日增，认为必须把责任越来越多地托付给他重要的下属。这一部分是由于要做的工作日益繁重，一部分则是因为他自己的精力较前衰弱。虽然他仍然掌握最高的管理权，但很多事情却必须要依靠他下属的精力和正直。所以，如果他的儿子们还未长大，或是因为其他的理由还不能为他分担责任，那么他就可能决定从他的可靠助手中提拔一人参加合伙。这样，他就减轻了他自己的工作，同时他也可以放心，他自己一生的事业也由那些人——这些人的习惯是他所培养的，他对他们也许会有父亲般的情感——所继承下去了。[e]

但是，如今有——曾经也常有——条件差不多的私人合伙组织，两个或更多的具有差不多相同的财产和能力的人，把他们的资财合在一起后开展有难度的大事业。在这种情况下，经营管理工作通常有明确的划分，比如，在工业中，有时由一个合伙人专门担任采购原料和销售成品的工作，而由另一个合伙人负责管理工厂。在一个商店中，由一个合伙人管理批发部门，而由另一个合伙人管理零售部门。用这些办法和一些其他办法，私人合伙组织就能适应很多不同的问题。它是非常有力和非常有伸缩性的，它不仅在过去发挥了很大的作用，而且现在它也富有生命力。

## 第 8 节　股份公司组织国营事业

可是，从中世纪末到现在，在有些行业中，已有公开的股份公司替代私人企业的变动，前者的股票可以在公开市场上卖给任何人，而后者的股票如果没有得到一切有关的人的许可是不能转让的。这种变化的结果，是让很多没有特殊营业知识的人，把他们的资本交给他们所雇用的人去运用，企业管理上各部分工作的新的划分就由此产生了。

最终承担股份公司所遭受到的风险的人是股东。但是，股东往往并不积极参加企业的规划经营和支配它的一般方针，而且完全不参加管理上的细节工作。企业如果只要脱离了它创办人的手之后，它的管理权主要还是落入董事们的手中。如果是一个很大的公司，董事可能只占有很小的股份，而他们大多数都不具备关于管理工作的专门知识。往往并不需要他们在公司中全天办公，但他们被认为是以广泛的一般知识和正确的判断，来解决公司方针上的较大问题。同时，他们要确信公司的“经理”对工作兢兢业业。‘经理和他的助手们担任大多数经营的工作和全部管理工作，但他们不需要拿出资本，而且他们被认为是由于他们的热心和能力而从低级升到高级地位的。因为在联合王国中，股份公司组织在国内所经营的各种企业中占到很大部分，它给予那些具有经营管理的天才，却没有继承任何物质资本或营业关系的人提供了很大的机会。

## 第 9 节　续　前

股份公司有很大的伸缩性，假如它所从事的业务提供广大的活动范围，它就可以无限制地扩充，而且基本在任何方面它都占优势。但是因为承担主要风险的股东，缺乏对企业的充分了解，所以股份公司有一个很大的弱点。确实，由大的私人企业的首脑来承担营业的主要风险，他把企业中的许多细节工作委托别人去做。但是，因为他具有对他的下属是否对他忠诚，以及是否谨慎地为他的利益服务，作出直接判断的权力，所以他的地位是稳固的。如果他所委托为他经营货品采购和销售的人，从与他们交易的人那里收取佣金，他就能发现和处罚这种欺诈行为。如果他们徇私和提任他们无能的亲友，或者是他们自己推卸责任，甚至他们没有表现出使他们刚开始被提升的那种非凡的能力，他就能发现错误所在之处并加以纠正。

但是，在上述这些事情上，股份公司的大部分股东——除了少数的例外情况外——很多都是无能为力的。虽然有少数大股东，通常竭力要知道工作的情况，从而就能对企业的一般管理经营加以有效和明智地控制。大部分公司的领导人员因为受到他们工作上所遇到的很大的诱惑而去做欺诈之事是很少的，这非常有力地证明了商业事务上的诚实和公正的精神在近代有惊人的发展。如果他们刻意利用职务上的便利去营私舞弊，就像早期文明的商业史中的情况，则他们误用他们的信任，就会达到很大规模，以致会阻碍这种民主的企业组织形式的发展。我们非常有理由希望：商业道德的进步将继续下去，未来——也像过去一样——商业秘密的减少和各种事情的不断公开，也将有助于这种进步。所以，共同的和民主的企业组织形式，可能就能在以前它们所失败的很多方面稳妥地进行推广，并且可以大大超过它们对于没有荫庇的人在创业方已经作出的巨大贡献。关于中央和地方的国营事业，也许也有同样的情况：它们也可能会有远大的前途，但是，直到如今，承担最终风险的纳税人，一般还不能对它们加以有效的控制，也还不能得到办事能力像私人企业中那样具有精力和上进心的官吏。

然而，在大股份公司和国营事业中管理的问题，都包含了很多复杂的争论问题在内，现在在这里我们还不能加以研究。这些问题都是非常紧急的，因为近来有很多大的企业在迅速增加，虽然可能不像通常所认为的那样迅速。这种变化的原因主要是因为没有大资本就不能够经营的工业和矿业、运输业和银行业的程序与方法的改进；还有是因为市场的范围和作用，与处理大量货品的技术上的便利的增大而造成的。民主的因素在国营事业中刚开始时差不多是很有生气的。但通过经验表明，经营技术和企业组织上的创造性的思想和试验，在国营事业中是非常少见的，在私人企业中也并不是很普遍，然而私人企业因为年代久了和规模大了，就会陷入官僚的方法中去，会使得小企业努力发挥创造性的工业活动范围的缩小，就有可能会引起新的危害。

最大规模的生产，主要是见于美国，在那里，巨大企业中带有垄断色彩的，往往称为“托拉斯”。这些托拉斯之中，有的是从一个企业发展起来的。但是，大部分的托拉斯是由许多独立的企业的合并所发展起来的；走向这种合并的第一步，一般是一种颇为松弛的营业联合，或者用一个德文名词来说，就是“卡特尔”。

## 第10节　合作社<br>利润分配

合作制度的原因就是想避免上述两种企业管理方法的弊端。在很多人仍然抱有很大的期望，可实际上却很少实现的理想形式的合作社中，承担营业风险的一些或全体股东，本身也是企业所雇用的。只要是被雇用的人，不管有没有拿出企业的物质资本，都可以分到利润，在社员大会中也有一些选举权，社员大会制定营业方针的纲领，并且任命职员去实行这个方针。所以，他们是他们自己的经理和工头的雇主与主人。他们有很好的办法来判断企划经营上的高级工作是否忠诚及有效地执行，而且他们能轻易地查出管理上细节工作的松懈和不称职。最后，他们使得某些次要的管理工作不再需要，而这些工作在其他企业中是必要的。由于他们自己的金钱上的利益和他们对自己的营业荣誉感的骄傲，使得他们十分厌恶他自己或他的同事在工作上的不力。

不幸的是，这种制度的本身就存在着很大的问题。因为，以人类本性的现状来说，被雇用者本身通常不是他们自己的工头和经理的最好的主人。斥责所引起的妒忌和愤怒，易于产生像复杂的大机器的轴承中与沙油混合的作用。企业管理中最困难的工作，往往是表面上最看不出来的工作；用手操作的人，容易低估企划经营的最高级的工作中所包含的工作强度，而且因为这种工作的报酬与其他地方所能得到的基本上一样高，他们也容易怨恨。事实上，合作社的经理很少具有机警、创造性和多才多艺，例如那些生存竞争所挑选出来的人，与私人企业的自由和没有约束的责任所训练出来的最能干的人所具有的那种特性。一方面因为这些理由，合作制度很多都没有得以全部实行；而它的部分应用，除了用于工人所消费的商品的零售方面外，还未取得显著的成功。但是，在最近几年中，真诚的生产联合，即“合股经营”的成功，已经显露出较有希望的迹象。

确实，具有浓厚的个人主义性格思想，只在意自己的事情的那些工人，达到物质成功的最快捷和最适宜的途径，可能常是作为独立的小“企业家”来创办企业，或者是在私人企业或股份公司中力求上进。但是，某些工人的性格中社会因素较强，不愿离开他们的老伙伴，而要作为领导者与他们一起工作，合作制度对于这种工人具有特殊的魅力。合作制度的理想，在某些方面可能比它的实践更为高尚。但毫无疑问地，它在很大程度上有赖于道德的动机。真正的合作社员，具有敏锐的经管才能和充满信心的精神，有些合作社被十分聪明和具有良好道德品质的人经管得非常好——这些人为了他们自己内在的对合作社的信心，十分公正、兢兢业业地工作，虽然他们的报酬比他们自己经管，或是在私人企业中担任经理所能得到的还低，但他们始终感到满足。这种类型的人，在合作社的职员中出现的多于在其他职业。就算在合作社的职员中，这种人也不多见，但我们可以希望，通过对真正的合作社原理更好地了解和传播以及普通教育的提高，会使大多数的合作社员越来越善于解决企业管理上的复杂问题。

同时，合作原理的许多部分的应用，正在各种条件下试验，每种应用都表现出企业管理的新气象。比如，在利润分配的办法下，私人企业保持经营管理上的自由权，但付给被雇用的人的工资全部都会按照市场标准，不论是计件工资还是计时工资。另外，还同意分给他们企业所能获得的在最低限定数额以上的任何利润的一部分。因此，企业就可希望从以下某些方面得到物质的和精神的报酬：摩擦的减少，被雇用的人特别愿意多做些力所能及的而且对企业有利益的事情，并且最后吸引具有中等以上的能力和勤劳的工人到企业来工作。[9]

还有一种部分合作的办法，就是奥耳德姆的某些纺织厂所实行的办法。这些工厂实际是股份公司。而在股东之中，有很多是具有这个行业的专门知识的工人，虽然他们通常不愿为他们自己有股份的工厂所雇用。还有一种部分合作的方法，是消费合作社的本部通过它的代理——批发合作社——创办生产事业的方法。在苏格兰的批发合作社中，工人们以工人的身份参与工厂的管理和利润分配，但英格兰的批发合作社却和这不一样。

在以后的阶段中，我们要较为具体地研究各种不同的合作和半合作的经营形式，并研究在批发和零售以及工业、农业、商业等各种营业上它们成功和失败的原因。但是，现在我们不必进一步研究了。上面所说的已经足以表明：世界不过刚刚开始着手于合作运动的高级工作，因为我们有理由期望，合作运动的很多不同的形式，在将来会比在过去获得的成功还大，并对工人们在企业管理工作中磨炼自己、得到别人的重视和信任逐步提高到可发挥他们的经营能力的地位，会提供很好的机会。

## 第 11 节　工人地位提高的机会 工人因缺乏资本所受到的妨碍没有初看起来那样大；因为贷出资本正迅速增加，但是经营管理的日益复杂对他是不利的

在说到工人提升到可充分发挥他的经营能力的地位的困难时，主要的原因往往是放在他缺乏资本方面，但是这一点常不是他最主要的困难。比如，分配合作社积累了大量资本，而它觉得这项资本很难获得很大的利率；它很愿意把这资本借给任何一个能处理在经营管理上遇到困难问题的人。如果合作者不仅具有高级经营能力和正直，还具有在他的同事中对于这些品质享有很大声誉的“个人资本”，那么他在创办大企业所需的足够的物质资本上，就不会有困难。反而真正的困难是在于让他周围的许多人相信他具有这些难能可贵的品质。如果一个人试图从平常的来源中得到创办企业所需的资本的贷款，情况也是如此的。

的确，几乎在一切的经营之中，顺利创办企业所需要的资本数额都在日益增大。但是，自己不需要使用资本的人所拥有的资本数额却有更快的增大，这些人非常急于贷出资本，因此他们愿意接受日渐下降的利率。这种资本的大部分到了银行家之手，而银行家又迅速地就把它借给他们认为经营能力和信用都很可靠的人。在很多营业之中，能从供给必需的原料和商品的人那里得到赊欠，所以不必说了，就是直接借款的机会，现在也是非常的多，以至对于曾经克服获得善于运用资本的声誉的最初困难的人来说，创办企业所需要的资本额的适度增大，并不是很大的障碍。

但是，对于工人的地位提高虽然没有那样明显却可能较为重大的障碍，就是企业经营得越来越复杂。企业的总裁现在务必要考虑许多从前他从未感到麻烦的事情；然而这种困难正是工厂的训练所最没有准备的困难。要克服这种困难，必定要迅速改进对工人的教育，不但要改良学校中的教育，而且更重要的是，用合作社、报纸和工会的工作，还有其他方法来改良以后生活中的教育。

英国全部人口中的大约 3/4 的人，都是依靠工资为生的阶级；起码当他们丰衣足食，居住情况和所受的教育都很良好的时候，他们具有成为经营能力源泉的神经强健。假设没有误入歧途的话，他们都是——有意识地或无意识的企业领导地位的竞争者。普通工人如果有能力，通常就可变为工头，由工头就可升为经理，并可以与他的雇主合伙经营。或者积蓄了一点钱之后，他会设立一家在工人区域内还能维持的小店，店中的货物主要是靠赊欠购进的，白天让他的妻子来照料，晚上由他自己来管理。用这种或其他方法，他会增加他的资本，直到他能开设一家小的工场或工厂为止。一旦有了良好的开端之后，银行就会非常希望能给他慷慨的信用贷款，他必须要有时间才能这样做，因为要到中年之后他才去创建企业，他必须活得很长久而且很强壮，但是，如果他有了勇气，而又具备有“耐心、天才和好运气”，那么在他死之前，他一定可以获得很大的资本。[h] 在工厂中用手操作的人，比会计员和其他许多在社会传统上认为是地位较高的人，更有好的机会升到领导地位。但是在商店中却不是这样；商店中所做的手工工作，通常都没有训练的性质，而事务工作的经验对于经营工业而言，更为适合经营商业。

因此，总体上有一种自下向上的广泛变动。从工人的地位一跃而成为雇主的人，可能没有以前那样多了，但是，地位提高到能够使子弟能有达到最高地位的良好机会的人却比以前多了。完全的地位提高在一代之中就完成的，往往很少；而在两代中完成得比较多；但地位提高运动的整个规模之大，可能是前所未有的。而且，对整个社会来说，地位提高分为两代完成，可能会更好。在 19 世纪之初，工人升到雇主的地位，人数虽然很多，但适合于领导地位的人却很少，他们通常都很粗暴专横。他们丧失了自制力，既不是真正高尚，也不是真正幸福快乐；他们的子弟往往是高傲、挥霍和放纵，把他们的财富滥用于低级和粗俗的娱乐中，具有从前贵族的最坏的缺点，却没有他们的那些美德。工头和监工既要服从，也要发号施令，他们的地位正在提高，而且看到他的子弟会升到更高的地位，在某些方面使人对他比对小雇主更为羡慕。他的成功虽没有那样显著，但他的工作一般是较为高级，且对世界较为重要，同时，他的性格较为温文尔雅，而且像以前一样的坚强。他的子弟们有很好的素养；如果他们获得财富，他们就能更好地利用。

然而，还是要承认：在众多工业部门中巨大的企业——特别是股份公司——的迅速扩充，会让那些对儿子抱有很大期望的能干和节俭的工人，为其子谋求事务工作。在事务工作中，他们就有关于用手做的建设性工作所固有的体力和性格上力量的危险，而且变为较低的中等阶级中的平凡人。但是，如果他们能够保持这种力量，使它不受损害，他们就会变成世界上的领袖人物，虽然通常并不在他们父亲的行业中，因而就得不到特别适当的传统和才能的益处。

## 第 12 节　一个能干的商人迅速增加他所掌握的资本；而对于无能的人，营业越大，他通常损失资本就越快。这两种力量会使资本适应善于运用资本所需的才能，在像英国这样的国家中，具有相当明确的供给价格

当一个相当有能力的人，不管是采取什么办法，一旦居于一个独立企业的领导地位时，如果能有相当好的运气，不久就可证明他具有善于运用资本的才能，因此使他能有办法借入他所需要的几乎任何数额的款项。如果他获得厚利，就可增加他自己的资本，而自己这些增加的资本，是以后借款的物质保证。他自己赚钱的事实，往往会使贷款者对于坚持贷款的担保不像从前那样小心谨慎了。当然，运气在经营中也很有必要，一个很能干的人可能觉得事情的发展对他不利，他亏本的事实会使他的借款能力降低。如果他经营资本中的一部分是依靠向别人借款的话，这甚至可能会使贷款者拒绝继续贷款，这样，如果他只使用自己的资本，可能遭遇一点不幸就会使他垮台。[1] 如果想竭力恢复，他就会过一种充满担忧甚至不幸的盛衰无常的生活。但是，他在苦难中也能像在成功中那样展现出他的能力。人类本性是乐观的，人们非常愿意把资本借给那些曾经度过商业上的灾难而还没丧失营业声誉的人，这是人所共知的。因此，虽然盛衰无常，有能力的商人一般认为，他所掌握的资本还是会与他的才能成正比例地增长。

同时，我们已经知道，能力薄弱却掌握大资本的人，会很快地损失资本。他可能是一个能够和会很好地经营一个小企业的人，这企业在他离开时会比他初去时资本较为雄厚，但是，如果他没有解决重大问题的才能，那么企业越大，他破坏企业的速度就越快。因为大企业的交易，在周详地考虑了平常的风险之后，剩下的利润并不多，而大企业往往只有依靠这种交易才能维持。从迅速成交的很大营业额中所获得的微薄利润，在能干的商人手中却可产生丰富的收入：有些营业的性质能使巨大资本有活动的余地，在这些营业中，竞争往往使得营业的利润率变得很低。一个乡村中的商人，能让比他较为能干的竞争者从他的营业中少赚取5%的利润，却还能维持，不会破产。可是，在获得利润很快、而纯然是例行工作的大工厂或大商店中，营业的全部利润往往是非常少的，以致一个人如果比他的竞争者即使是少赚那么一点，在每次营业上都会有很大损失；而那些经营困难和不是依靠例行工作的大企业，对于真正有经营才能的人，可获得很大的营业利润；但如果是只有普通能力的人，要想经营这种企业，必然是不会获得利润的。

这两种力量，一种是让有经营能力的商人所掌握的资本增加的力量，另一种是使得能力较为不足的商人手中的资本损失的力量——产生以下的结果：在商人才能的高低与他们所经营的企业的大小之间的一致性，比初看起来所觉得可能密切得多了。一个天生的有经营才能的人，在私人企业和股份公司中能够有很多步步高升的途径，我们已经说过了，如把上述结果与这很多途径加在一起考虑，我们就可以获得以下结论：在像英国这样的国家里，只要是进行大规模工作的地方，它所需要的才能和资本势必很快就会出现的。

而且，正如工业技术和能力正逐渐越来越多地依赖于智谋、敏捷、判断、细心和毅力等广泛的才能一样——这些才能不是某一行业所特有的，而这些是对一切行业都是多少有用处的经营才能也是这样。事实上，经营才能比低级的工业技术和能力，包括更多的这些非专门的才能。经营才能的等级越高，它的应用就越多样化。

于是，因为运用资本的经营才能从这种才能过多的行业向为它提供良好机会的行业作横的移动很容易；而它作直的移动也并不难，就是比较有能力的人在他自己的行业中升到较好的地位，所以，就在我们研究的初期阶段中，我们也非常有理由相信：在近代英国，运用资本的经营才能的供给，往往能适应对它的需求，所以就有相当明确的供给价格。最后，我们可以认为这种运用资本的经营才能的供给价格，是由三个因素构成的。第一个是资本的供给价格；第二个是经营才能和精力的供给价格；第三个是把适当的经营才能与必备的资本结合在一起的那种组织的供给价格。我们对这三个因素中的第一个因素的价格已称为利息；对单独第二个因素的价格可称为纯利润，而对第二和第三个因素合在一起的价格就称为总的经营收入。

## 【注释】

a 参照附录一第 13 节。

b 德国经济学家称这种制度为具有工厂性质的家庭工业，以区别于国民的家庭工业，后者是利用其他工作的空余时间（特别是农闲的冬季）来做纺织品和其他物品制造的辅助工作（参看舍恩伯格在他编著的《手册》中的“论工业”一文）。后一类的家庭工人在中世纪的整个欧洲都很普遍，但现在除了在山区和东欧外，日见稀少了。他们选择工作并不总是很专心，他们做的大部分东西，在工厂中却能花少得多的劳动而做得更好，因此就不能有利地在公开市场上出售。但这些东西大部分是为他们自己或邻居用而做的，因而就可节省许多中间人的环节而产生的利润了（参照冈纳在《经济杂志》第 2 期所著的“家庭工业的遗风”一文）。

c 我们已经说过，制造商的儿子们如何在工厂中担任几乎所有重要的工作，这足以使他们在以后的年代中了解所有雇工的困难，并对他们的工作作出公正的判断，这几乎是近代唯一完善的学徒制度。

d 不久以前，在英国的学术研究和商业之间常存在一种矛盾。现在由于著名的大学越来越多，主要商业中心的大学也在发展，这种矛盾日渐减少。商人的儿子们被送进大学之后，再不像前一代那样，往往学会鄙视父业。诚然，其中有许多人因为想扩大知识面而脱离商业，但是，那些不光是批评性而且是建设性的高级智力活动的形式，会促进人们欣赏干得好的商业工作的高尚性。

e 最幸福的生活逸事以及从中世纪到现在的英国社会史中许多最耐人寻味的事，都与这种私人合伙的事有关。歌谣和故事叙述忠实学徒的种种困难和最后胜利，他也许因为与雇主的女儿结婚而最终参加合伙。这些歌谣和故事鼓舞了许多青年去创立伟业。在对于国民性格所产生的种种影响中，这一种影响对形成有志青年志向的影响最大。

f 贝奇霍特喜欢这样争辩说（例如，见他所著《英国的宪法》第 7 章），内阁大臣往往因为缺乏有关他那一部事务的专门知识而获益。因为关于详细情况，他能从常任秘书和其他下属那里得到报告，对于他们所精通的问题，他不会作出任何与他们意见相反的判断，而对于公共政策上的重大问题，他那不偏不倚的常识却足可克服官僚习惯。同样，一个公司的利益，有时反而会极大地受益于那些对营业的细节工作最缺乏专门知识的董事。

g 参照施洛斯著的《工业报酬的方法》和吉尔曼著的《劳动者的盈利》。

h 德国人说，经营的成功需要金钱、耐心、才能和运气。工人地位高的机会，是随着工作性质而不同的。在那最注重细节工作而最不注重科学和世界投机运动知识的行业中，这种机会最多。因此，例如，节俭和实际的细节工作知识，是陶器业中平常工作成功的最重要的因素，因而在这个行业获得成功的人当中，大多数人“都像乔西亚·韦奇伍德一样，是从工人起家的”（见G.韦奇伍德对技术教育委员会提出的证明）；关于许多设菲尔德的利器业，也可作类似的说明。但是，工人阶级中有些人养成了一种冒险投机的本领，如果他们具有指导投机成功所必需的种种实际知识，往往就会胜过从比他们高的地位起家的竞争者。在像鱼类、水果等易变坏商品的最有成就的批发商当中，有些人是从市场搬运工起家的。

i 当他正是最需要资本的时候，却不能再继续借款的危险，这使他比只使用自己资本的人相对处于不利地位，这种不利比单纯的借款利息所表明的要大得多。当我们说到分配学说中研究经营收入的那一部分时，我们将会知道因为上述及其他的缘由，利润不仅仅是那应当包括商人的才能所产生的纯经营收入与利息。

# 第 13 章　结论　报酬递增倾向与报酬递减倾向的相互关系

## 第 1 节　本篇后面几章的摘要

在本篇的开篇，我们知道，自然界对资本和劳动的使用的增加所导致农产物收获的增加，假如其他情况不变，最终会怎样趋于递减。在本篇其他各章中——尤其是最后四章中——我们研究了问题的另外一面，知道人类生产工作的能力，是如何随着人类所做的工作的数量而递增。首先，在思考了支配劳动供给的各种原因之后，我们知道，一个民族的身体的、精神的和道德的力量每次增加时，如果其他情况不变，他们应该如何才能把大多数的强壮儿童抚养长大。其次，说到财富的增长，我们看到，财富每有增长，在许多方面怎样使得财富能比以前容易有更大的增长。最后，我们知道，财富每有增加，还有人口和人们的智力每有增长，怎样增加高度发展的工业组织的便利，而使得工业组织又转过来大大增进资本和劳动的共同效率。

在较为认真地研究了任何一种货物的生产规模之扩大所产生的经济之后，我们了解，这种经济分为两类，一类是依赖于工业的一般发展，一类是依赖于从事这工业的个别企业的资源和共经营管理的效率；总体来说就是分为外部经济与内部经济两类。

我们知道，如果以任何个别企业而言，内部经济怎样易于发生不断的变动。一个有能力的人，可能忽然由于好运气的帮助，让他在他的行业中打下了稳固的基础，他勤劳地工作，而在生活上则很节俭，他自己的资本就迅速地增大，从而使他能够向别人借用资本的信用增大得更快；他的下属都有超过普通人的热心和能力；因为他的营业扩大了，他们的地位也与他一同提高，他们之间相互信任，他们每个人都是尽心尽力地从事于恰好是他们特别适合的工作，因此，高级的才能就不会浪费在简单的工作上，有难度的工作也不会委托不熟练的人去做了。

随着这种技术的经济的逐步增加，他的营业的增加，也带来了专门的机器和各种设备的相似的经济；非常快地采用每种改良的制造方法，并且使它成为进一步改良的基础。成功带来了信用，信用又带来了成功；信用和成功会留住老顾客和吸引来新顾客。他的营业的增加，使他在采购上也有很多的好处。他的货物互相宣传；因而为货物找寻销路也并不是很困难。他营业规模的扩大，使得他胜过竞争者的利益也迅速地增大，并且使价格降低，他能按照这个价格出售货物也不会亏本。只要他有十足的精力和进取心，以及他的创造性和组织力持续旺盛，如果营业上不可避免的风险不会使他遭到特别的损失，上述的情况就会持续下去；如果这种状况能维持一百年的话，那么他和其他一两个像他这样的人，就可瓜分他所经营的那个工业部门的全部营业了。大规模的生产，会使他们获得很大的经济。如果他们竭力互相竞争的话，则公众就会是这种经济主要利益的受益者，因为商品的价格会降低非常低。

但是，在这儿，我们可以从森林中新生的树木，在老树的浓荫中用力向上挣扎的情况得到经验。很多新生的树木中途夭折了，只有很少一部分得以生存；这些少数生存的树木一年比一年高大，只要它们的高度增加，就可多得一些阳光和空气，最终能耸然高出邻近的树木之上，好像它们会永远这样生长下去，随着它们如此生长，好像会永远壮大下去。但是，它们并不是这样子的。虽然一株树比另一株树能维持活力较久和较为茂盛，但是，早晚年龄对它们是有影响的。虽然较高的树木比它的竞争者能得到的阳光和空气会多一些，但它也逐渐失去生命力，慢慢地让位于物质力量虽然小而青春的活力却较强的其他树木。树木的生长是这样，在近代大股份公司的巨大发展之前，企业的发展原理上也是如此，而大股份公司往往是营业不振，不是突然间倒闭。现在，这个原理已不普遍了，但在很多工业和商业中，它仍然是相当奏效的。大自然以限制私人企业的创办人的寿命，甚至比对他的生命中最能发挥他的才能的那一部分限制得更加严格，来压制私人企业。因此，没过多久，企业的管理权就落到那些尽管对企业的繁荣同样积极关心但是精力和创造的天才都比较差的人手中了。如果这企业变为股份公司组织，那么它可保持分工和专门的技术和机械上的利益：如果再增加资本的话，它甚至可以将利益增大；并且在有利的条件下，它在生产工作上就可保持永远突出的地位。但是，它可能已丧失了很多伸缩性和进步的力量，导致在与新兴的较小对手竞争时，它不再处于绝对有利的地位了。

所以，当我们思考财富和人口的增长对生产上的经济所产生的广泛结果时，我们结论的一般性质受到以下两个事实的影响不是很大的：第一，这些经济中有很多要直接看从事生产的个别企业的大小而定：第二，几乎在每个行业中，大企业不断地兴盛和衰落，在任何时间里，有的企业正在兴盛，有的企业正在衰落。因为，在一般繁荣的时代，一方面的衰败远远超过另一方面的发达。

同时，总的生产规模扩大，当然增加那种是间接有依赖个别企业大小的经济。这些经济中最重要的，是因为相关的工业部门的发达而产生的，这些部门互相帮助，可能集中在同一地方，但不管怎样，它们都利用火车、轮船、印刷机、电报等近代交通所提供的便利。像这种来源所产生的各种经济，是所有生产部门都可获得的，而不是全都依靠它自己的发达。但是，这些经济肯定是随着它自己的发达而迅速、稳步地增大；如果它衰败的话，这些经济在某些方面——虽然不是在所有的方面——务必是会是缩小的。

## 第 2 节　生产费用应当以一个代表性企业来说明：这个企业能正常地获得属于一定的总生产量的内部经济与外部经济　报酬不变与报酬递增

当我们研究支配一种商品供需价格的各种原因时，这些结果相当重要。我们必须认真分析生产一种商品与一定的总生产量有关的正常花费；因为这个目的，我们将要研究那个总生产量的下一个代表性生产者的费用。一方面，我们不能选择某一个才刚起步、竭力投身营业的新生产者为代表，他在很多不利的条件下经营，一时也只能满足于很少的利润或没有利润，可他对下面的事实是满意的；他正在建立营业关系，对于创立成功的营业正有头绪；从另一角度来讲，我们也不能采用这样一个企业为代表：因为非常持久的能力和好运气，它已经拥有了很大的营业和井然有序的大工程，而就是这些大工程使得它比它的全部竞争者都占有优势。但是，应该由这样一个企业来做我们的代表性企业：它已经具有一定的历史和相当的成功，它是由正常的才能来经营的，它能够正常地得到属于那个总生产量的外部经济和内部经济；而对于它所生产货物的种类，货物的销售情况和一般经济环境，也是要认真考虑的。这样，一个代表性企业，在某些意义上，就是一个普通的企业。但是，营业上常说的“普通的”这个词语，却有很多不同的解释。而一个代表性企业就是特殊的普通企业，为了要知道大规模生产的外部经济与内部经济在所说的工业与国家中，一般已经达到什么样程度，我们必须要研究这种普通企业。假如我们随便用一两个企业来研究的话，我们就不能够明白这一点：但是，经过大量的调查以后，选择某一个企业来研究，不管它是私人经营还是股份经营（或者一种以上更好），以我们所能判断的而言，它能够代表这种特殊的普通企业，我们就能非常清楚地明白这一点。

本篇的一般论点体现以下两点：第一，所有货物总生产量的增加，一般都会使这样一个代表性企业的规模增大，所以就会增加它全部的内部经济；第二，增加了总生产量的话，常常会增加它所得到的外部经济，因而使它在比例上比以前的劳动和代价来制造货物所需要的花费还会少。

换句话讲，我们可以归纳地说：自然在生产上所起到的作用体现出报酬逐渐递减的趋势，而人类所起的作用则呈现出报酬逐渐递增的趋势。报酬递减律可表明如下：劳动和资本的增加，一般会导致组织的改良，而组织的改良会增大劳动和资本的使用效率。

所以，在那些不是做农产品生产的产业里，劳动和资本的增加，一般会让报酬有超过比例的增加：并且，这种组织的改良，趋向减少甚至还超过自然对农产品产量增加所能增大的所有阻力。假如报酬递增律与报酬递减律的作用能互相抵消的话，我们就会有报酬不变律，劳动和牺牲的增加，使产品恰好有同比例的增加。

因为，报酬递增与报酬递减这两种趋势，不断地互相抑制。比如，以小麦和羊毛的生产而言，报酬递减倾向在不可以自由进口的古老国家里，几乎完全占有优势。如果把小麦制成面粉，或者是把羊毛制成毛毯，那么总生产量的增加，就会带来若干新的经济，可是并不多。因为面粉业和毛毯业的规模已经非常大，导致它们所可以获得的新的经济，恐怕是新发明的结果，而不会是组织改良的结果。不过在毛毯业有些发展的国家里，组织的改良可能是很重要的；于是就会这样：毛毯总产量的增加所减少的制造上的困难的比例与它所增大的原料生产上的困难的比例恰好相等。在这种情况下，报酬递增律与报酬递减律的作用就会刚好相互抵消；毛毯生产就会与报酬不变的规律相符合。但是，在大多数原料费用无关紧要的较为精致的工业部门中，以及在绝大多数近代运输业中，报酬递增律所带来的影响，几乎是无法抵抗的[a]。报酬递增说明努力和牺牲的数量与产品的数量之间的某种关系。这些数量是不能正确计算出来的，因为生产方法的改进，需要机械，和需要各种新的以及与以前大相径庭的比例之不熟练和熟练的劳动。但是，从总体来看，我们或许可以含糊地说：工业生产中一定数量的劳动和资本所得到的生产量，在最近 20 年中增加了四分之一或三分之一。用货币来衡量费用和产量，是一种诱人但是危险的方法：因为，货币支出与货币收入相比，容易变成一种对资本利润率的估计[b]。

## 第 3 节　人口如有增加，共同效率一般就随着有超过比例的增加

我们现在可以暂时将工业扩充与社会福利的关系总结一下。随着人口快速的增长而导致的，通常是人口拥挤的城市中的不健康和损害人精力的生活习惯。有时，人口增长

一开始就非常不好，使得人们的物质资源供应不足，使他们用不完善的工具过度地利用土地；因此引起报酬递减律在农产品方面的强烈影响，却没有使这规律的结果缩小到最低限度。如此，开头就产生贫困，人口增加就会持续对性格上的那种弱点产生非常常见的后果，这种弱点对于一个民族发展组织完善的工业是不合适的。

上面所说的这些是人口增长的严重危害。但是，一个拥有一定程度的个人力量和能力的民族，它们共同效率的增加，在比例上就可以超过他们的人口增加，这一点还是真实的。如果他们可以用简易的条件输入食物和其他农产品，便可暂且避开报酬递减律的压力；假如他们的财富没有消耗在重大的战争上，那么财富增长的速度至少会与人口增加的速度一样；如果他们纠正那些会使他们身体衰弱的生活习惯，则当他们的人口增加时，使他们得到物质货品的力量就会暂时随着有超过比例的增加。因为，人口的增加能使他们得到专门技能和专门机械、地方性工业和大规模生产的很多不一样的经济。它使他们能增加所有种类的交通便利，同时，他们靠得很近，他们之间的各种交易所要花费的时间和努力因此就减少了，而且使他们能有得到各种形式的社会享乐和文化生活的舒适品和奢侈品的新机会。毫无疑问的，对于获得幽寂和安静，甚至新鲜空气的越来越困难，也需要加以考虑，但是，在很多情况下都是比较有利的[c]。

如果考虑到人口密度的增加常常会带来新的社会享乐的事实，对刚刚我们上述所论可以稍扩大而这样说：人口增加和随之带来的相等的享乐之物质源泉和对生产的帮助的增加，就会使所有种类的享乐的总收入有超过比例的增加，可是，要有两个条件才能达到：第一，能很容易地就获得农产品的充分供给；第二，人口过多不会因为缺乏新鲜空气和阳光，和缺乏对青年的健康和愉快的娱乐而影响到身体和道德。

文明国家所积累的财富，比现在人口增长速度还要快；如果人口的增加不是这么快的话，则人均所拥有的财富就会增加得快一点，这可能是对的。但是，事实上，一旦人口数量有所增长，对生产的巨大促进作用就会随之而来。在现在的英国，不包括能够简易从国外得到的大量供应的原料，随着人口的增加，对阳光、新鲜空气等自然条件的需要除外，就是满足人类欲望的手段在成很大的比例增加着。然而，构成这种增加的大部分，不是由于工业效率的提高，而是因为随着人口增加而带来财富的增加。所以，人口增加就可能对那些在财富增加中没有份的人不利。而且，英国从外国所得的农产品，随时可能因为外国贸易条例的变化而受到不利的影响，也可能因为发生大战而面临断绝的局面，同时，为了保障国家的相对安全、减少战争危险所必需的海陆军费，显然也会缩减英国从报酬递增律的作用中所得到的报酬。

## 【注释】

a 布洛克教授在 1902 年《经济季刊》上发表的一篇题为《生产力的变化》的论文中，建议以“组织的经济”这个名词来代替报酬递增。他清楚地表明：促成报酬递增的种种力量，与促成报酬递减的种种力量不属于同一类。毫无疑问，对于有些情况，应说明原因而不是说明结果，以组织的经济与大自然对精耕的反应的无弹性来着重说明这种差别会更好。

b 关于发生报酬递增的工业同时又表现出利润增加，这一点并没有什么一般法则可言。无疑，一个生机勃勃的企业如果扩大营业规模，并获得所特有的重要的（内部的）经济，就会表现出报酬递增和利润率同时提高。这是因为产量的增加实际上不会影响产品的价格。但是，我们以后将可以知道，在像织素色布这样的工业中，利润会趋于下降，因为这些工业的巨大规模，已使生产和销售组织改进很大，且成为经常性的工作了。

c 英国人穆勒在说到（见他所著《政治经济学》第四篇第 6 章）他独自欣赏美丽风景所产生的愉快时不禁热情奔放；而许多美国作家则热烈描写人类生活的日益富裕，因为起先森林中的居民看到的只是在周围定居的邻居，而森林地带发展成为乡村，乡村发展成为城市，城市又发展成为大都市（例如，参看凯雷的《社会科学原理》和亨利·乔治的《进步与贫困》两本书）。

# 第五篇

# 需求，供给与价值之间的一般关系

# 第1章　引　论　论市场

## 第1节　生物学和机械学关于相反力量均衡的概念　本篇的范围

任何一个企业都要经历成长、壮大，也许以后会停滞甚至衰朽。在其转折点存在着生命力与衰退力之间的平衡或者均衡。第四篇的后几章讨论过的均衡，主要是指使人口增减或工商业兴衰的这类力量的均衡。随着研究的深入，我们越来越有理由认为，经济力量实际上也类似于这样的一些自然力量，这些力量使青年人成长到壮年，而此后他们的身体逐渐变得僵硬，不爱活动，直到最后将事业等让位于其他生气勃勃的年青一代。但是为了更好地理解这种深奥的研究，我们首先需要看一下相对简单的力量的均衡，这种均衡是和某种平衡力大体上一致的：一根有弹性的线所系的一块石子或一个盆中彼此相依的许多小球所保持的机械均衡。

现在我们来研究需求和供给之间一般的关系，特别是与供求借以保持“均衡”的价格调节相关的关系。“均衡”这个名词是一个通用的名词，所以现在可以不加特殊解释地来使用。然而这个名词涉及的难题众多，而这些难题只能一步一步地来解决。鉴于这种情况，本篇中将会用很大篇幅来同大家讨论这些难题。尽管有时例证取自某一类经济方面的问题，而有时也会取自另一类经济方面的问题，主要的推理过程是和任何特定情况下所特有的那些假设无关的。

所以，本文的例子既不是在叙事，也不会起到积极地解决实际问题的作用，而是揭示了我们研究的关于支配价值的因素的主要理论根据，从而为下篇行将建立的结构做好准备。与其说它的目的是为了获得知识，不如说是为了获得和总结出某些用来解决问题的理论，比如迫使人类进行经济上的劳作和牺牲的行为，以及使他终止的那两组相反力量的知识。

首先，为了使本篇和下篇中的概念更加准确，我们必须在此对市场进行简略的叙述，这一点是很有必要的。市场的组织在原因和结果上都是与货币、信用、对外贸易密切联系着的。鉴于此，我们就只好留待下一卷对它进行充分的研究。在那里，我们把市场结合工商业的变动、生产者和商人的联盟、雇主和员工的联盟联系起来进行研究。

## 第 2 节　市场的含义

当我们谈到供求之间的相互关系时，所指的市场当然必须是同一个市场。正如杰文斯所说："最开始的市场，是一个城中买卖粮食和其他物品的公共场所，但是这个词的意义被推广了，从而用来指任何一群商业上有密切关系并进行大量商业交易的人。一个大城市有多少重要行业，就可以有多少个广义的市场，而这些市场可以有也可以没有固定的场所。交易所、市集或售卖所是市场的中心，商人们都约定在那里相会和进行交易。伦敦的股票市场、糖果市场、小麦市场、煤炭市场和许多其他市场都各自有固定的场所；曼彻斯特的废棉市场、棉布市场和其他的市场亦是如此。但场所上的这种区分是没什么必要的，交易者如果借助于市集、约会、已公布的价单、邮政和其他办法而彼此取得密切联系的话，即使散布于整个城市或是郊区，但他们仍能形成一个广义的市场。"[a] 又如古尔诺所说："通常经济学家所说的市场，指的是任何一个地区的全部，在这个地区中，买主与卖主彼此之间的往来自由到相同的商品的价格几乎会迅速相等起来，而并不是指任何一个特定的供货物进行交易的场所。"

因此，当一个市场越完全时，这个市场的各个分散的部分在同一时间内对同种商品支付的价格也就越趋于相同。当然，如果市场很大，则把货物运给不同买主的运输费用便必须考虑在内；各个买主，除了市场价格外，还必须得支付一些额外的运费。

## 第 3 节　市场在空间上有一定的局限性<br>影响这种商品市场大小的一般条件<br>适于分等分级和选样<br>易于运输

把经济学的论点运用于实践上时，往往很难准确地知道某地供求变动在多大程度上受着其他地方供求变动的影响。很显然，电报、印刷行业和蒸汽运输的一般趋势会在很大范围内扩大这些影响，并加强它们的力量。从某种意义上来说，整个西方世界可以被看成是各种股票证券和贵重金属的市场，从小的方面来说，可以被看成是羊毛、棉花、甚至小麦的市场。当然必须将运费考虑在内，其中也要包含货物通过海关时所缴纳的关税。因为在所有这样的情况下，包括关税在内的那些运费并不大，还不足以阻止西方世界各地的买家彼此竞相购买相同的供应品。

也有许多特殊的原因可以扩大或缩小某种特定商品在某地区的市场。但是几乎所有拥有广阔市场的商品，都具有普遍的需求，且会容易被他人识别出来。有很多商品都是满足人迫切的、几乎是普遍的需要的，比如棉布、小麦、钢铁等。由于它们易于被人识别出来，所以，它们就能够大范围地进行买卖，由那些彼此相距很远，以及和商品相隔也很远的人来进行买卖。当有必要的时候，从这些商品中可以被选取出真正典型的样品，它们甚至可以由一个专门的机构或人物来进行“分级”，像美国对谷物进行等级划分那样；这样，买主就可以确保自己所买的商品是达到一定的标准的，即便他还并没有见过他所要买的商品的样本，而相反，如果他见了这样本，也许他却不能作出判断。[b] 所以那些地域上拥有广大市场的商品，也同时必须是经得起长途运输而质量不会变坏的商品：它们必须有相当可观的耐久性并不会摔坏，同时它们的价值要比体积大得多。如果一种商品相当的笨重，那么在运往离产地很远的地方去销售时它的价格势必会或多或少的有所提高，这样的商品一般来说只有很狭窄的市场。比如，普通砖头的市场实际上一般仅限于砖窑的周边地区，因为砖块都不堪通过陆路来运送到那些没有砖窑的地区。然而某些特殊品种的砖头则在英国的大部分地区拥有了市场。

## 第 4 节　建立、维持完善的市场

有些东西是用特殊的方法来满足普遍的需求，具有易于识别和便于携带等优势，让我们进一步来考察这些东西的市场。正如我们曾提到的，它们就是有价证券和贵重金属。任何一张某政府的公债票，某公司的股票或债券，都同其他任何一张收益相等的股票或债券具有完全相同的价值。买家究竟会购买哪一种，对他来说没有任何区别。整个英国都是米德兰铁路这个大铁路公司的股票和债券的市场。一个平常的经纪人即使没有它的股票，也会出售这种股票，因为他知道这种股票总会流入市场，并且确信还能买到它们；而有些证券主要是那些规模较小的轮船公司、煤业公司和其他公司发行的，需要与当地情况有关的知识，并且在附近城镇的交易所以外的范围是很难推销的。

有种证券叫做“国际”证券，因为它是最有力的证券，因为世界各地都对它们的需求很大。“国际”证券就是一些重要国家的债券和大公司的债券，如苏伊士运河公司和纽约的中央铁路公司发行的债券。对于这类“国际”债券来说，全世界交易所中的价格由于电报的作用，几乎保持在完全相同的水平上。例如，当其中一种债券的价格在纽约、伦敦、巴黎或柏林有所上涨时，仅仅是涨价的消息就会使其他市场的价格有上涨的趋势；如果因为某种因素价格上涨趋势受到阻碍，则其他市场多半也会通过电报预售的办法立即将该种类的债券在价格相对较高的市场上抛售，而前面一个市场的经纪人会在其他的市场进行电报预购。价格到处趋于一致的倾向就在这种买卖中加强了；然而当有些市场正处于非常状态下时，这种倾向就会立刻不可抗拒。

一般说来，商人即使在交易所中也能确保按照与买价相差不多的价格将证券售出，为了购买头等股票，商人们往往会甘愿以低于他在同一时间所能卖的价格的 0.5%，或 0.25%，或 0.125%，有时甚至 0.0625%的价格出售。假设有两种同样安全的证券，其中一种是一个政府发行的小额债值券，而另一种是发行额大的债券，从而后一种债券会不断流入市场，而前一种债券却很不常见，那么，光是由于这个原因，商人们所取得的买价和卖价之差在后一场合要比前一场合小些。[c]这正说明了一个强大的法则：一般说来，当某种商品的市场越大时，它的价格波动范围越小，而在经营此商品中商人所取的利率也就越低。

可见，证券交易所无论曾经还是现在，都是用来借以形成各种易于识别、便于携带并能满足人们普遍需求的产品的市场。在最大限度上具有这些性质的商品是一些贵重金属，如黄金与白银。它们正是因为这种原因才曾经被选做货币使用，以它们来代表其他货物的价值。世界金银市场已经被组织得相当完美了，它可以为我们提供许多奇妙例证，以理解所讨论的那些原理的作用。

## 第 5 节 即使只是一个小市场，也往往会受远处的间接影响

有些东西的市场和国际证券与贵重金属市场是两个截然相反的极端，首先是适合特定的人的那些定做的东西，如定制的衣服，它很难说有一个批发市场；其次是那些容易腐烂变质或体积庞大的东西，如新鲜蔬果之类，这些东西不便于长途运输。零买和零卖的条件是决定它们价格的条件，而我们可以忽略而不去讨论这些条件。[d]

的确存在第二类商品的批发市场，但它们的买卖只局限于很小的范围内。这样的典型事例很容易找到，我在乡镇出售较普通的蔬菜中就可以找到，附近的菜商如果在双方都无外部条件干扰的情况下准备把菜卖给镇中居民。卖方和买方都可以对过高的价格起

到某些节制作用，因为买方可以选择向别处购买，但通常情况下这种节制似乎不起作用，而相反可能发生的是：菜商们能够联合起来，从而制定一种人为的垄断价格，在这种情况下，这种价格与生产成本就无直接关系了，而主要决定于对市场负担能力的考虑。

另一种可能，有些菜商和第二个乡镇的距离几乎一样远近，有时他们把菜送到这个镇，有时又送到那个镇；而有时在头一个镇买菜的人也同样可以到第二个镇去买；即便价格上的差异是相当小的，他们还是愿意到相对较好的市场去，从而，两个镇中的交易就在某种程度上相互依存起来了。还有一种可能，第二个镇是和像伦敦那样的中心市场密切联系起来的，因此，它的价格决定于中心市场的价格，在这两种可能下，第一个镇的价格也势必会有很大的变动，以便和其他市场相一致。消息会一传十、十传百，直到消息远散到各地，因此，即使再偏僻的市场也会容易被本市场未曾觉察到的那些价格波动所影响，而这些变动从远方而来，然后逐渐波及各个市场。

可见，经济学家和企业家必须研究的一个现象是：有两个极端，一个极端是世界市场，在那里直接来自世界各地的竞争起着重要作用；而另一个极端就是那些偏僻的市场，其中没有来自远方的像世界市场那样的各种直接的竞争，但在这些市场上甚至也可以感受到间接传来的竞争。当然，绝大多数的市场是处于这两个极端的中间的。

## 第 6 节　时间对市场的局限

进一步说，市场不但因地区而产生差异，而且也因时间产生不同，如使供求力量彼此达到均衡点所需要的时间的长短。当前这种时间因素比空间因素需要更多的注意。因为市场所占用的时间的长短对均衡本身和决定它的那些因素的性质起着重要的作用。我们稍后将会知道，如果时期很短，则供给受到现有存货的限制；如果时期较长，那么供给局面或多或少将受该商品成本的影响；而如果时期很长，则供给关系将又或多或少受生产该商品所需要的劳动力资源的影响和物质资料的生产成本的影响。而这三类当然又是相互交织在一起的。为了充分理解，让我们来分类讨论，首先讨论第一类，我们将在下章中考察那些供给和需求之间的暂时均衡，其中说的供给，实际上只指市场上可供出售的货物量，因此，它不是直接受生产成本影响的。

## 【注释】

a 见《政治经济学理论》第 4 章。

b 例如，某粮仓经理收购到农户的粮食时，把粮食分成不同的等级，再按他所提供的粮食的数量和质量等级发给他凭据，然后再把其他农户的粮食和他提供的粮食混在一起，在真正到达要验收粮食的买主手中之前，他的凭据多半会转手几次，所以该买主所收到的粮食很少是或几乎都不是凭据的原农场主所生产的粮食了。

c 在一个无名的小公司的股票面前，某经纪人所愿给出的买价和售价之间的差额甚至可以达到售价的 5% 或 5% 以上。在他买了这种股票以后，也许要经过很长一段时间，他才能将该股票卖给另一个人，在这段时间内，该股票价值也许会下跌。而如果他预售那种不是在市场上每天出现的但他自己没有的证券，则如果没有很大的精力与财力，也许也不能履行他的合同。

d 在小额的零买上，通常人们并不会过分计较。比如，他也许用两个半先令在一个铺子里买一打纸，而在另一个铺子里这些纸用两个先令就可以买到。但批发价格却不是这样。任何厂商都不会以六先令的价格出售别的邻厂里只卖五先令的同样的纸，因为纸商们如果知道可以进到同一种纸的最低价格，当然不会接受高于这种行市的价格。该厂商就必须保持与同行业价格相近的价格。

# 第2章　需求和供给之间的短暂平衡

## 第1节　物欲和劳动之间的平衡<br>真正的均衡一般不存在于偶然的物物交换中

一个人用自己的劳动来满足自己的一种需要时，就可以发现欲望和劳作之间均衡的简单例证。当一个小孩采摘黑莓以供自己食用的时候，采摘工作本身也许暂时让他觉得有趣，时间稍长，吃的快乐可以大大补偿采摘工作的辛苦。但是当他大吃了一顿以后，就不愿多吃了。对采摘工作开始产生厌倦，它也许是一种单调的而不是疲劳的感觉。最后当他的玩兴和对采摘工作的厌恶与吃的欲望相抵消时，就达到了均衡，而他从采摘黑莓所能得到的满足达到了最高限度。因为，那个时刻之前，每次采摘使他得到的满足多，而失去的满足少，而自那以后，任何一次采摘都使他得到的满足少，而失去的满足多。

在两个人的偶然交换中，所谓的真正的供求平衡是极其罕见的。例如，两个林中居民用枪交换小船。因为也许双方都有满足不了的情况：前者如果能用别的方法得到船，他也许愿意用除枪外的某种东西来交换小船；而后者在必要的时候也许愿意用船以外的东西来交换枪。

当然，在某些极特殊的情况下，物物交换制下也会出现真正的平衡，虽然在历史上物物交换比买卖早些，但在某些方面却更加复杂；而在较高文明程度的市场上，可以轻易看到真正均衡价值最简单的体现。

这类曾经引起许多讨论的交易我们先撇开不谈，因为它们实际上并不重要。它们与名画、古钱和无法划分等级的其他东西有关，其中各种商品的售价将取决于欣赏它的有钱人是否在场，它也许在某些场合下会被那些指靠它牟利的商人买去。同一张画的价格在前后两位买家购买时差异已然很大了，但如果没有专业买主的稳定影响，价格差也许还要大得多。

## 第2节　在谷物市场上一般可以建立暂时的真正均衡

现在，让我们以某镇的谷物市场为例来讨论生活中的日常交易。为简单点起见，我们假定市场上所有谷物的质量都是相同的。各个农户或别的卖主销售的数量和价格，决定于他需要的现款数和他对有关的市场目前情况的看法，以及对未来情况的预计。有些价格会被所有卖主所接受，而另外一些价格会被所有卖主所拒绝。当然，还有一些价格介于两者中间，这些价格，卖主愿意接受的数量各不相同。人人都试图摸透市场情况，并以这些知识来支配自己的行动。例如，谷物所有者愿意以三十五先令的低价出售六百夸脱的谷物，但是三十六先令的价格会使谷物所有者愿意出售七百夸脱，三十七先令会使他们出售九百夸脱。然而在买主的角度，三十七先令的价格下他只买六百夸脱，而三十六先令时他会买七百夸脱，按三十五先令他会买九百夸脱。这些假设情况可用如下表来说明：

| 价格 | 令买主愿意卖的数量 | 令买主愿意买的数量 |
| --- | --- | --- |
| 三十七先令 | 一千夸脱 | 六百夸脱 |
| 三十六先令 | 七百夸脱 | 七百夸脱 |
| 三十五先令 | 六百夸脱 | 九百夸脱 |

当然，实际上会有些卖主宁愿接受三十六先令也不要一无所售就离开市场，当然很可能他们并不会立即表示乐于接受那个价格。同样，买主们也会表现出不十分想要的模样。这样，价格就像一个毽子，随着两方的讨价还价而摆来摆去。但是几乎可以肯定，收市时价格大致接近三十六先令，除非一方对对方的力量估计不足，或不幸估计不中，那么价格多半就与三十六先令相差很远了。因为当某卖主估计买主们将能以三十六先令来买他们按该价格所愿买数量的谷物时，他绝不愿意放弃以更高价格出售的任何机会。

当然，买主也会作同样的估计，在任何时候如果价格远高于三十六先令，则他们会认为在这个价格下供给将远大于需求。因此，任何买主都在等待，即使是那些宁愿支付该价格也不愿空手回家的人，价格会在他们的等待中下降。相反，如价格远低于三十六先令，则即使是那些宁愿接受该价格也不愿一无所售就离开市场的卖主，也会认为在该价格下需求将远大于供给。所以，他们也将有所等待，这样，价格在他们的等待中上涨了。

由此可见，三十六先令这个价格堪称是真正的均衡价格，因为它恰使供求相等（在该价格下，买主们所愿购买的数量与卖主们所愿卖的数量相等）。这个价格是各个掌握市场情况的交易者所希望的。如果他所见到的价格与均衡价格相差很大，则他料想不久后价格将有所变动，这种预期促进该价格迅速实现。对于我们的论证，不必要求买主与卖主都完全掌握市场情况。也有很多买主可能低估了卖主们的出售意愿，从而，暂时价格保持在较高水平上，这样，价格还没有降到三十七先令以下，就可以出售五百夸脱的谷物。但价格随后势必下降而以三十六先令左右的价格收市，很有可能再出售二百夸脱。因为在出售了七百夸脱之后，没有一个卖主急于以低于三十六先令的价格多卖一些，也没有一个买主急于以高于三十六先令的价格多买一些。同理，如果卖主低估了买主的购买意向，有些卖主不愿将谷物留在自己手中，也许会按他们所愿索取的最低价格来出售，在这种场合下，他们会以三十五先令的价格销售出很多的谷物；但市场最终也许将以三十六先令的价格、七百夸脱的销售总额而收尾。[a]

## 第 3 节　货币需求的变化程度在谷物市场上通常小，而在劳动市场上却很大[b]

上面的例证暗含着一个假设，它符合大多数市场的实际情况，但为防止它潜入那些不应有的场合，我们应当加以明辨。我们曾假定，对于交易的第七百夸脱谷物，买主们所愿付的货币额和卖主们所愿收取的货币额不受之前交易的影响，无论之前是按较高还是较低的价格成交的。我们考虑到了买主们对谷物的需求（谷物对买主的边际效用）是随着购买量的增加而减少的，而我们同时也应该考虑到，在他们不愿出手货币（它的边际效用）方面的明显变化；我们曾假定货币的边际效用不随以前支付的多少而改变。

这个假设在实际上所涉及的大多数市场交易中都是站得住脚的。当一个人购买某种东西的目的在于消费时，他花费在那种东西上的钱只占他总资金的一小部分，而如果他的购买目的是经商，他还会再卖它，这时实际上他的资金并没有减少。无论是哪种情况，他出手货币的意向不会有明显的变化。也许这对一些人并不适用，但在场的拥有大量货币的人对市场起着稳定作用。[c]少数例外在商品市场上并不重要，然而在劳动市场上，例外却屡见不鲜，而且也是重要的。如果一个工人生活困顿，则他对货币的需求量（货币对他的边际效用）是相当大的。假如他在一开始议价时就处于劣势，他对货币的需要依然是相当大的，他可能继续按低工资出卖自己的劳动。这是由于在劳动市场上，议价方面的主动权往往掌握在买主手中而不是卖主手中，而在商品市场交易中，一般来说买方和卖方机会是均等的。这两种市场的另一个事实上的区别在于各劳动卖主只可以出售给一个劳动单位。这是许多事实其中的两个，我们将用它们来大体说明一个现象：工人阶级对经济学家特别是雇主阶级把劳动看做商品，且认为劳动市场无异于一般商品市场的这种做法会产生本能的反抗。而事实上劳动市场和商品市场的区别，虽然从理论的观点来看并不显著，也没有根本上的区别，但在实践中却往往是十分重要的。

因此，当边际效用取决于商品量和货币量两者的时候，交易中的理论就变得更加复杂了，然而实际上这种考虑的重要性并不是很大。在附录六中我们对比一下物物交换以及在每次交换中一方总以一般购买力形式出现的交易。在物物交换中，某人对商品的个人需求量决定了所交换的商品量。如果他的某商品存量太少，就很难找到一个人用自己所剩余的商品来满足他的需要的人。如果他的存量太多，他也许没有合适的用途。但是不论是谁，只要他拥有一定的购买力，就能从有多余东西的人那里获得他所需要的东西，他无须找到一个既是卖家也是买家的人，他可以提供别人所需要的，而获取他所多余的。因此，各经商户能存住大量的货币，从而能在不用尽存款的前提下大量购买，或使它的边际价值变动很大。

## 【注释】

a 这个例证是一个指出主观意见对交易者的行动以及对市场价格的影响的简单形式，我们以后还要详细讨论它较复杂的发展。

b 参阅附录六。

c 例如，某买主因资金匮乏，不得不放弃某些他曾乐于接受的其他的交易。因为他自己的钱已经用完，为了借到钱，他只能接受乍看起来利润微薄的交易。但是若真正是一宗有利可图的交易，其他不缺乏现金的买主应该总是要买的。此外也有可能，有些卖主是情愿以三十六先令的价格出售的，即使他们被认为是迫不得已的，唯一的因素是他们急于需要一定数量的资金。如果他们能以较高的价钱售出一部分谷物，那么他们受现金边际效用的影响也许会显著减少；因此，他们可能会拒绝以三十六先令一夸脱的价格出售，尽管原先很乐意以这个价格出售。在这种场合下，由于卖主们一开始在市场交易中占了优势，也许他们会将高于均衡价格的价格坚持到底。收市时的价格就几乎是一种均衡价格。相反地，如果一个市场对卖主们很不利，并且使得他们以低于均衡价的价格出售了一部分谷物，那么他们对现金的需求量仍然很大，这么下去，货币对他们的最后效用也许总会这么大，这样在买主买够所愿买的数量之前，他们不得不继续按远原价出售谷物，该市场也许在收市之前也没有达到真正的均衡，但是差距不大。

# 第3章 正常需求和供给的平衡

## 第1节 对未来的预测影响着几乎所有不易遭到毁坏的商品的交易

让我们继续来研究价格受什么因素的影响，也就是卖主们愿意接受以什么价格购买多少数量的商品。上章中我们只研究了一天这么短时间的交易，并且在待售的谷物数量是已经存在了的情况下。我们在本章中所要讨论的重点是，待售谷物的数量取决于前一年所收获的谷物的数量，而农户预测的他们在本年内所能得到的谷物价格又很大程度上影响着待售谷物的数量。

对生产和消费未来关系的预测对均衡价格的影响很深，即使是在一个镇上的谷物交易所中。期货买卖在欧美的主要谷物市场上已占绝对优势，并且以迅雷不及掩耳的速度把全世界谷物贸易的主要路线紧密地联系在一起了。但“期货”买卖中有些确实纯属投机行为，但它们大体上决定于对世界消费量的估计和对现有数量与南北半球未来收获量的估计。商人们都会考虑到各种谷物的播种面积如何分配，以及作物的早熟及其收成，还要考虑到可以充做谷物代替品的那些东西的供给，和谷物可以作为别的东西的代替品的那些东西的供给。例如，在进行大麦买卖交易时，他们要考虑像糖这类东西的供给情况，因为糖在酿造业中可以充当大麦的代替品，同时商人们还要考虑到各种动物饲料的供给，因为如果饲料缺乏了，大麦的价值就会升高了。假设世界某地某种谷物的种植者认为种那种作物亏本，并且未来这种谷物的播种面积势必会减少，在这种情况下，则人们就可以推断，一旦有这种谷物出现在市场上，价格势必上涨，因为物以稀为贵。期货的预售受到价格上涨这样的预期影响，而反过来这又影响着现价；这样对未来供应品生产费用的估计，这些价格就间接地受着影响。

但在本章和接下来的几章中，我们要特别讨论的是价格在哪些时期内会变动，而这些时期往往长于最有远见的期货商人一般情况下所能预料的时期。我们必须考虑市场状况下自己所相适应的生产量，还要考虑决定于正常需求与供给的稳定平衡位置的正常价格。

## 第 2 节　货币成本与生产的实际成本，生产费用和生产要素

在讨论这样的问题时，我们就必须经常使用诸如生产成本和生产费用这样的名词。而为了更好了解，在进一步讨论之前，我们必须对这些名词进行简略的叙述。

我们可以重新说一遍某种商品的供给价格和它的需求价格的之间的相似处。我们姑且假定生产效率完全决定于工人的努力，我们在第四篇中知道了，供给价格可以是指引起生产任何一定数量的某种商品所必要的努力而需要的价格。但是我们现在必须考虑到劳动和资本是生产一种商品的必备条件。商品生产的实际成本是指直接或间接用于生产某种商品的各种不同的劳动和储存生产商品中所用资本所需要的等待这些劳作和牺牲加在一起，同时，商品生产的货币成本（商品的生产费用）是指对这些劳作和牺牲所必须付出的货币额。生产的货币成本是在生产商品所需要的各种劳作和牺牲的适当供给上必须付出的成本；换言之，生产的货币成本就是商品的供给价格。[a]

我们要追溯很远来分析商品生产费用，不过这种做法并不值得，例如，我们不用把供给价格分解成构成它们的几种成分，只要把所用生产中的所有原料的供给价格加起来就可以了，否则我们的分析也许永远都没有尽头了。我们可以本着方便的原则把生产某商品所需要的东西划成某些种类，并称之为商品的生产要素。这样，当生产一定数量的任何商品时，它的生产费用就是它的生产要素的相应数量的供给价格。

## 第 3 节　替代原则

人们常常认为，在典型的现代市场上，厂商把货物售与批发商，而其中几乎没有商业费用。但是从另一个较为广泛的角度来看，我们认为一种商品的供给价格就是我们所考察的市场上的价格，即指我们考察的将要售与的并需要该商品的那群人的价格。至于供给价格中有多少是商业费用，这就决定于那个市场的性质了。[b] 例如，加拿大林区周边的木材供给价格往往完全是由伐木工人的劳动价格决定的。但同一种木材在伦敦批发市场上的供给价格就高了，其中有很大一部分就是运费；而它对镇上零星的买主的供给价格，铁路运费和把他所需要的东西送上门以及那些中间人来样存有该种木材以供他买所收取的费用就占了一半以上。此外，由于某种原因，某种劳力的供给价格是由培养费、普通教育费和专门教育费构成的，虽然各种结合都可以有它自己的枝节，但这种可能的结合有无数种，我们要分别对待这些枝节，才能彻底解决和它有关的任何问题，但就本

篇的一般推理而论，所有这些枝节是可以忽略的。

在计算某商品的生产费用时，有些事实我们必须好好考虑：产量的变动很容易引起商品的几种生产要素的相对数量的变动，即使在没有出现新发明的情况下。例如，如果生产规模增大，手工劳动多半会被马力或蒸汽机来代替。原料多半是从较远的地区大量运来的，从而导致生产费用增加了，这些费用是由搬运工人的工资和各种中间人与商人所收取的费用所构成的。

在生产者的知识和经营能力的范围内，在每一场合下，他们都会尽量选择那些最适合他们的生产要素。他们所使用的生产要素的供给价格的总和达到最小值，任何其他一组可以用来替代它们的生产要素的供给价格的总和都不会小于它；一般说来，一旦生产者发现不一样的情况，他们一般情况下总会设法用费用低一些的其他方法来取代。以后我们还会看到，社会是如何采取大同小异的办法，使得一个企业主代替另一个企业主的，因为从后者向社会索取的代价的角度来说，它的效率是比较低的。为了方便引证，我们姑且称它为代用原则。这个原理在经济研究的各个领域之中都是适用的。

## 第 4 节　一个有代表性的企业的生产成本

在企业最一般的形态上考察正常需求和正常供给的平衡，这是我们的出发点。我们暂且先不谈经济学中的特殊部门的特点，将注意力集中在所有经济科学所共有的那些关系上。假如需求和供给自由地发挥作用，买卖双方各自都没有密切地结合在一起，每一个个体都是单独地在市场中行动着，这样就存在着很大的自由竞争。这就是说，买主间有很大的自由竞争，卖主间同样也存在着很大的自由竞争。虽然市场中的每个个体都是单独地行动，我们假设他会对别人产生影响，一般人拥有的基本的认识使得价格相互间不至于太悬殊。我们暂时假定这适用于各种生产要素及其成品，适用于劳动的雇用和资本的借贷。这些假设究竟有多么符合现实生活，我们已经有了一定程度的研究，并且还要加以进一步的研究。但目前我们先就这一假设出发，假定市场上同一个时间只有一个价格，必要时我们还要考虑货物运输途中的运费以及市场各处的交易人的手里的种种差别，而在一个零售市场中，我们还须考虑到零售业务的特殊费用。这是不言而喻的。

同时，商品的每个数量对应一个需求价格，也就是说，一种商品在一个价格下，特定数量在一日、一周或一年内都能售出的量。而支配该商品的一定数量的价格的情况，尽管性质上会有所不同，但在各个场合下，一个市场上供出售的东西越多，价格也将越低。换而言之，很多商品的需求价格是随着供出售的数量的增加而递减的。

时间单位的选择根据具体情况灵活把握，可以是一日、一月、一年，甚至是一个世纪。但是不论如何，它相对于所述市场的期间来说必须是短暂的。我们假定，市场的一般情况在此期间始终不变，没有趣味或式样上的变动，没有新的影响需求的代替品，没有打乱供给的新的发明。

我们对正常供给的情况将留待以后各章加以充分研究，因为它们是相对不确定的。它们在细节上会因所述时期的长短不同而发生变化；主要是由于机器与厂房的物质资本和营业技能与组织的非物质资本的逐渐地成长和衰亡。

我们已经知道那个“代表性企业”在生产上的内外部经济都取决于所生产的商品的生产总量。暂时先不谈这种依存性的进一步研究，让我们假定该商品的某数量的正常供给价格时该厂对它的正常生产费（包括经营方面赚取的毛利），[c]暂时先不谈这种依存性的进一步研究。这就是说，我们假定这种价格的预期正好能维持当前的生产总量，在这种情况下，有些企业蒸蒸日上，产量逐年递增；而有些企业正好相反，正在衰落，产量不断减少，但生产总量却保持不变。相对较高的价格会加速正在兴盛的企业的发展，缓和（但是不会挽回）正在衰颓企业的瓦解，总的来说生产总量是增加的。反之，相对较低的价格会促进衰颓企业的瓦解，削弱正值兴盛企业的发展趋势，总的来说生产量是减少的。对那些停滞不前但很少彻底破产的大股份公司来说，价格的上涨或下降，也有相同的、程度不等的影响。

## 第 5 节　供给价格表

让我们以毛布纺织业为例，来使我们的概念明确。我们假定，一个熟悉该行业的人想要调查年产数百万码的某种毛布的正常供给价格。他必须计算：（1）织造这种毛布所需羊毛、煤炭等原料的价格；（2）厂房、机器等固定资本的磨损和折旧；（3）工厂员工的工资；（4）全部资金的利息和保险费；（5）承担风险、规划并监督业务的人们的经营毛利（其中包括损失和保险费）。当然，他会假定供给情况正常的情况下，根据所需的各种要素的数量来计算各自的供给价格，毛布的供给价格即为这些供给价格的总和。

我们假定，我们的需求价格表与供给价格表（或供给表）制定的方法相同。[d]并且与一年或任何一个单位时间内的商品的某个数量的供给价格相并列。[e]供给价格会随着商品年产量的增加而增加或减少，或者交替增减。[f]因为如果自然界几乎无力提供更多原料，而同时工业中又没有采用新的重要的经济方式，则供给价格就会上升；但是如果大量采用机器来代替手工劳动使生产量增大且符合市场要求，则我们这个代表性企业的生产费用将会降低。但是供给价格随产量增加而下降的情况，又必然会造成其他特殊的困难，我们将在本篇的第12章中讨论这些困难。

## 第6节　市场的均衡产量与均衡价格<br>某商品的供给价格和它的实际生产成本的关系并不密切<br>正常均衡情况的真正内涵　“长时期”的意义

因此，如果在一个单位时间内的产量使得需求价格高于供给价格，则卖主会拿更多需求价格大于供给价格的货物运往市场去卖，会有一种倾向于增加出售数量的积极力量。反之，当产量使需求价格小于供给价格时，则卖主的所获就不足以促使他们把货物运往市场，这时有些人处于怀疑的边际，犹豫是否应当继续生产，他们就会决定停产，从而就有一种倾向于减少出售数量的力量在起作用。如果需求价格等于供给价格，产量并没有增加或减少的趋势，这时它处于均衡状态。

当供求处于均衡状态时，单位时间内所生产的商品量就是均衡产量，它的售价就是均衡价格。

这种均衡是稳定的，这就是说，如价格背离于它，就会有恢复的趋势，像钟摆来回摇摆于它的最低点一样。我们可以看到，所有稳定的均衡都有一个共同点：均衡状态中的需求价格大于供给价格的范围的数量，恰恰也就是小于均衡数量的数量，反过来同样适用。产量在需求价格大于供给价格时有增加的趋势。因此，当使得需求价格大于供给价格的那些数量与小于均衡产量的数量相等时，如果生产规模短时期内减至均衡产量以下，它就有恢复的趋势。可见，就移动方向来说，均衡是稳定的。

在供求处于稳定的均衡状态下，如有生产规模由于特殊原因离开它的均衡位置，那么将有某些力量会立即发生作用，它们会使它恢复均衡位置，这好比一条线所悬着的一块石子，一旦离开了它的均衡位置，就会在地心引力的作用下恢复均衡位置。生产数量在它的均衡位置附近波动着。[9]然而在现实生活中，这种摆动很少会像一条线悬着石子的摆动那么有节奏。假如这条线被悬在水车沟的浑水中，沟中的河水有时是自由地流着的，而有时却被割断，那么也许这种比较会是更加确切的。然而纠缠经济学家和商人的那种种干扰，即使是这种错综复杂也不足以解释。由于实际上需求表和供给表并不是长期不变的，而是不断变动着的，如果持线人的手部分有节奏地摆动，部分采用任意动作的摆动，这个例证也不能克服现实中有些实际价值所遇到的困难。均衡产量与均衡价格会随着它们的每种变动而有所变动，从而产量和价格借以摆动有了一个新的中心。

上述考虑表明对于供求间因素是很重要的，现在我们就来研究一下。我们将逐渐发现许多不同的限制存在于这个原理中：一种东西的实际生产成本可以用生产它的价格来代表，也就是说，在它生产方面的那直接的和间接的种种努力和牺牲。

因为我们所生活的时代瞬息万变，从某商品消费中所得到的满足总量与生产它所用的努力与牺牲总量与正常需求和正常供给的均衡是不一致的，即使正常收入和利息——付给这种努力和牺牲的货币报酬——是努力和牺牲的精确尺度时。亚当·斯密和其他经济学家的一个原理的真正含义是：商品自然产生的正常价值就是“在长时期内”各种经济力量倾向于使之产生的价值。如果一般生活状况保持静态的时间长得足以使这些力量充分发挥它们的作用的话，那正是经济力量导致的平均价值。然而这个原理经常被援引，也经常被曲解。

但是料想不到的事是会发生的，我们不能完满地预测将来，现有的各种趋势也是可以改变的，在它们来不及发挥现在看似可以充分发挥作用的时候。一般生活状况都不是静态的，这是一个事实，将经济学原理运用于实际问题时所遇到的种种困难的源泉也在于此。

当然，正常价格并不一定要竞争。许多因素影响着市场价格和正常价格，其中有些是建立在物质基础上面，有些是建立在道德基础上面，有些具有竞争性质，而有些却不具有。当我们区别市场价格和正常价格以及区别“正常价格”一词的广义和狭义的用法时，要注意的正是所考虑的那些影响的持久性及其发生作用所必需的时间。

## 第 7 节　价值在短时期内主要取决于效用，而在长时期内主要取决于生产成本

商品的价值在长时期内趋向于它的生产成本，本书其余各章将主要讨论这一原理，并对这个加以限制。特别是在本篇的第 5 章和第 12 章中将更仔细地研究本章曾初步讨论的均衡概念，并将在附录一中讨论关于“生产成本”或“效用”决定价值的争论。但是关于最后这个问题，也许可以在这里略叙一二。

价值取决于效用还是取决于生产成本这个话题类似于一块纸是由剪刀的上边裁还是

由剪刀的下边裁的。因此，当剪刀的一边不动时，是通过另一边的移动来剪裁纸的，我们似乎可以说，是第二边将纸裁剪的。但是这种说法又不是十分确切，因为不能把它当做一种精确的科学解释，而只是当做对现象的一种通俗的解释，才可以那样说。

同样地，当必须销售一种成品时，人们要想得到它的愿望和他们对它所能承担的花费决定了人们对它所愿支付的价格。他们想要得到它的愿望一部分取决于一个机会：如果他们在这种情况下不买这个东西，而能按同样实惠的价格买到另外一个和它相似的替代品。而支配着后面这一种东西供给的那些因素和生产成本决定着这种机会。但是有时待售的数量实际上是固定的，例如，在鱼市场上，当天的鱼价几乎完全取决于需求数量。假定鱼的数量固定，有人说价格是被需求支配的，那么，他的这种简单说法是可以原谅的，只要他不自命它是一种严格的确切的说法。同样地，如认为克利斯蒂售卖行前后出售珍本书时所取的价格不同完全是由需求所决定的，这说法绝不是十分确切的，但也是可以原谅的。让我们举一个极端的反面例子，有些商品是遵守收益不变规律的，也就是不论商品的产量为多少，它们的平均成本是大致相等的，在这种场合下，市场价格波动的正常水平将会是明确的和固定的（通过货币来表现）生产成本。如果需求偶尔很大，则市场价格会短时间内超过正常水平，而结果生产会有所增加，但市场价格就会下降。相反，如果在某一时间内需求低于它的正常水平，情况就正好相反。这时如果有人忽略市场的种种波动，认为无论如何，对于某种商品都有足够的需求来保证该商品或多或少的某一数量可以在价格等于生产成本的情况下找到买主，那么即使他忽略需求的影响，但只要他不自命他在这一说法方面的措辞是科学上精确的，并在适当的场合说明需求的影响，就算说（正常）价格是由生产成本决定的，也是可以原谅的。

因此，我们可以说，一般情况下，在我们的考虑范围内的时期越短，我们就越需要关注需求对价值产生的影响；时期越长，生产成本对价值的影响就越重要。因为与需求变动的影响比较起来，生产成本变动对于价值的影响一般需要更长的时间来表现。比起那些一时的事件和一些间歇性和短期性的因素的影响，任何时候的实际价值（市场价值）往往比较少受那些持久性的因素的影响，但在长时期内，在很大程度上这些无常间歇性和不规则的因素所产生的影响是相互抵消的。因此，在长时期内，价值完全由持久性因素支配着；但是即使是持久性最强的那些因素也容易产生变动。由于整个产业结构的变动，从一代到另一代，各种东西的相对生产成本都在不断地发生着变化。

我们从资本家雇主的观点考察成本时当然要用货币来衡量它们，因为它们直接关系着工人为完成工作而必须作出的努力、资本家必须付出的货币资金方面。而资本家的努力以及这种努力所必须要有的复杂的实际成本的关系却只是间接的，虽然对某些问题来说，如我们以后将要看到的一样，资本家必须用货币来衡量自己的劳动。但是当我们从社会的角度来考虑成本，并研究达到一定结果的成本是否随着经济条件的变化而增减时，与我们有关系的则是各种不同性质的努力和等待的实际成本了。如果用努力来衡量的货币购买力是大致不变的，等待的报酬率也稳定，则用货币衡量的成本等同于实际成本，但我们不能轻易假定二者是相等的。这些考虑一般也足够解释下文中“成本”一词，虽然在上下文里并没有清楚地指明。

## 【注释】

a“生产成本”一词在穆勒和其他经济学家看来，按照日常生活中用法的两种意义：有时指生产一种东西所遇到的困难，有时又指人们克服这种困难来生产这种东西所必须付出的金钱。但是如果他们在不对读者作明白的交代时，就从一种用法转向另一种用法，会引起许多误解和无谓的争议，凯思斯在穆勒死后不久在发表的《基本原理》一书中攻击穆勒关于生产成本和价值的关系的学说。然而遗憾的是，由于凯恩斯被认为是穆勒的弟子，通常人们认为他对穆勒文句的解释是权威的。但在拙著《穆勒的价值理论》一文中曾指出，凯恩斯对穆勒有误解，事实证明他比穆勒所掌握的真理不是更多而是更少。任何数量的原料品的生产费用最好的算法是根据不付租金的“生产边际”来计算。但是有些商品是遵守报酬递增规律的，则这种说法对他们是有许多困难的。似乎顺便提到这点就足够了，以后在第12章中特别还将对它加以充分的讨论。

b我们在第2章中已经知道，“生产”一词在经济学上的使用广泛，还包括因把一种东西从需求较小的地方运往需求较大的地方，或对助于消费者满足自己的需要而生产的新的效用。

c参阅第四篇第12章的末尾。

d参阅第三篇第3章第4节。

e与在需求曲线中的情况相同［见图（17）］，以0x轴代表商品的数量，以0y轴代表商品价格，在0x轴上取任意一点M作一垂线MP，与曲线交于点P，则P点即表示测量数量OM的供给价格；价格MP是指组成OM的各种生产要素的供给价格的总和。P的轨迹即为供给曲线。例如，一家代表性企业生产毛布任一OM数量时，它的生产费用的构成分为：（1）所需的羊毛和其他流动资本的供给价格$Mp_1$；（2）厂房、机器和其他固定资本的耗损和折旧$p_1p_2$；（3）全部资本的利息和保险费$p_2p_3$；（4）工厂员工的工资$p_3p_4$；（5）承担风险和监督经营者的费用$p_4p$。从而，随着M从0向右方越来越大的移动，$p_1$、$p_2$、$p_3$、$p_4$都各有一条曲线，p所成的供给曲线可以是毛布的各生产要素的供给曲线对应点的和。千万不要忘记，这些供给价格是生产一码毛布所需要的那些要素的数量的价格，而不是几种生产要素的单位的价格。例如，$p_3p_4$是生产总产量OM码中的一码毛布所用的劳动量的价格（参阅上面第3节），而不是任何一定量劳动的价格。我们以后再讨论工厂地租是否必须另列一类，我们还要注意并加以计算各种税捐。

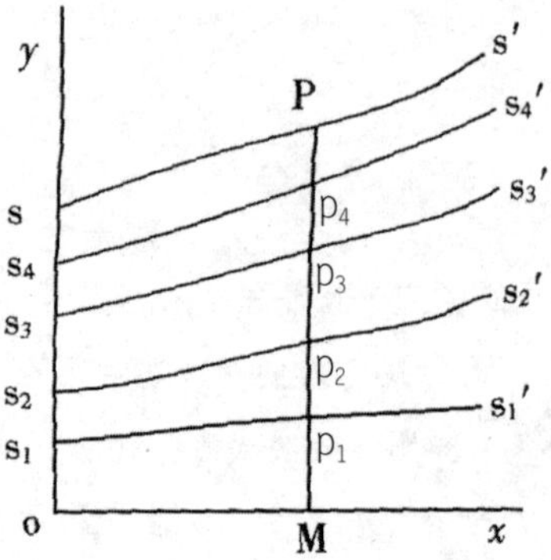


图（17）

f这就是说，沿着供给曲线向右移动的一点有可能是上升的、下降的，也可能交替升降；换而言之，供给曲线可能是上升的，也可能是下降的，也可能某些部分是上升，而另一些部分却是下降。

g比较第四篇第1章第1节。为了将供求的均衡用图形表示出来，我们作出供给曲线和需求曲线[如图（18）]。如果以OR来表示生产的实际进行速率，当需求价格Rd大于供给价格$R_s$时，对生产是十分有利的，并会逐步增加。我们所谓的产量指标R增大。反之，如果若Rd小于$R_s$，则R减小。当Rd与Rs相等时，也就是说，如果R所在位置低于供求曲线时供求均衡。

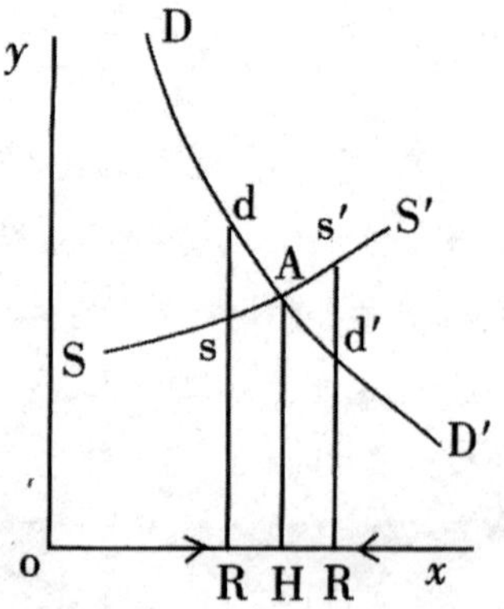


图（18）

# 第 4 章　资金的分配与投资

## 第 1 节　某人在自己生产自己使用的场合下的投资动机<br>未来与现在满足的均衡

在研究正常价值时，关于支配那些为了未来的收益而投资的动机的性质是我们必须阐明的第一个难题。首先我们来观察以下一种行为：一个人只是自给自足，既不买他所需要的东西，也不出售自己所生产的东西，这时他一方面要权衡他的劳作和牺牲，另一方面要考虑他从这些劳作和牺牲中所能得到的满足，其间没有任何货币报酬。

那么，假如有一个人建造自己的房屋，他所用的土地和建筑材料来源于自然界的恩赐；施工时的工具是他自己制造的，而建造房屋的劳动包括制造工具的劳动。他势必要预算按照某方案进行建筑时所需要的劳作，并几乎本能地考虑房屋落成前的各种劳作所经过的时间按几何比例（一种复利）增加后的数量。房屋落成以后，他的效用和等待都将从房屋中得到补偿。[a]

当望而生畏和迫不及待这两种动机几乎是势均力敌时，他就会犹豫不决。就房屋的某些方面来说，他所得的利益也许远远大于他所用的“实际”成本。但是当他越来越转向于更加庞大的计划时，他会发现任何扩大所带来的利益与它所需要的劳作与牺牲相互抵消；而那种扩建就处于他的有利边缘或投资的外限（outer limit）。各个部分的房屋建造也许有多种方法。例如，有些部分在质量几乎相等时，既可以使用木料，又可以使用石块。我们要比较按照各种设计对房屋的各个部分进行的投资与它所提供的利益，并将各种投资推到它的外限或有利边际。这样，有利边际也许有很多：其中每个边际是和提供不同房屋的不同设计相一致的。

## 第 2 节　过去收支的累积与未来收支的折扣<br>将经常支出与资本支出的困难区分开来

我们通过上述例证获知了这么一个原理，作为某种东西的货币成本的那些费用的基础是实际生产成本的劳作和牺牲。但是从上面可以看到，现代企业家一般对工资或原料都是用货币来支付的，但从不计算作为劳作和牺牲的尺度这些货币报酬究竟是精确到什么程度。他们的经费一般都是一点一点慢慢支出的。对每项支出的收益的期待越长，收益就越多，这样就会对他有所补偿。然而预想的收益未必都能实现，他在这种场合下还须考虑增加损失的风险。这样，此项支出的预计收益必须多于支出本身，所超过之额并不是以他的报酬为转移的，而是按复利比例随他等待的时间增加的。[b]这个项目还要加上各个企业在建立它的商业往来时所必须直接或间接支出的巨额费用。

为简单起见，我们把加上复利并包括企业家自己的报酬在内的任何支出要素叫做累积要素，就好比我们用“贴现”一词来表示未来满足的现值，因而从被使用到获得收益期间各种支出要素势必是累积的。而企业的总支出就是这些积累的要素的总额。各劳动和它所产生的满足可以结算到任何一天，只要我们认为合适。但选择任意一天我们都必须遵守一个简单的准则：从那天以前开始的每一要素都必须给它加上这个时期的复利，不论是劳作，或是满足。而从那天开始，以后的每一要素都必须具有这个期间内的，从该要素折成的复利。如果选择的那天为企业开张之前的某一天，那么各要素都必须折合成现值。但是如果像这些场合所常见的，那天是劳作结束和房屋落成的一天，那么劳作必须有直到那天的复利，而也必须满足都折合到那天的现值。

如同劳作是成本的要素一样真实，等待是成本的一种要素，在累积起来以后就被列入成本，因而它不是分别加以计算的。同样，另一方面，不论任何时期的货币或对满足的支配的收益都应该是那时期收入的一部分，那个时期如果先于结账口，则它必须累积到那一天；如果后于结账日，则它必须被折合成那天的现值。而如果它不是直接用于享受，而是为了取得未来收入而被存起来，那么这种收入就不能当做投资的追加报酬。[c]

假设一个企业承揽了开掘船坞这项工程，一到竣工就要付款，假定如果用于这项工程的厂房设备在施工过程中被使用得破烂不堪，那么在工程完毕时就变得一文不值，那么，如果付款时所积累的支出总额等于此项款额，则该企业的盈利只是刚刚够本。

我们必须拟作一个瞻前顾后的资产负债表，因为销售所得是逐渐进来的。如果向后看，我们就要把各种纯支出加起来，并加进去各支出要素的累积复利。如果向前看，我们就应该把各种纯收入相加，并将各个值的延期的复利减去。这样折算的纯收入总额势必等于累积支出的总额，那么如果二者刚好相等，则企业收入刚刚够本。在计算支出时，企业负责人必须加入自己劳动的价值。[d]

## 第 3 节　代用原则在其上发生作用的有利边际，是与所有路线相切的一线

机警的企业家在创业以及以后的各个阶段，都力图修改他的计划，来用一定的支出获得更大的成果，或说用较少的支出获得相等的成果。也就是说，他为了增加他的利润不断地运用着代用原则，而他在这个过程中，总会提高总的工作效率，加强人类用组织和知识来控制自然界的能力。

各个地方都具有自己的特色，而这些特色通过不同的方式影响着这个地方所从事的各类商业，在同一个地方的同一种职业中，目的相同的两个人所采取的方法也不尽相同。差异的趋势导致进步，一个行业中的企业家越能干，这种趋势就越强。在某些行业中，如棉纺业，可能的差异仅局限于很狭隘的范围内，一个人如在工作中不使用机器，也不使用新式的机器就无立足之地。但在其他行业中，例如五金业的某些部门以及农业与零售业，这就会产生很大的差异。例如，从事于同业的两个厂商，一个厂商也许工资总额方面付出较多，而另一个厂商却在机器用费方面付出较多。两个零售商，一个零售商积压存货上的资本较多，而另一个零售商在广告上，以及在建立有利的商业往来之类的非物质资本上资本较多。在细节上的差异是数不胜数的。

特殊机会和资金以及人的个性联想影响着人们的行动，但是所有人都会考虑自己的资金，把资本投入他的企业中的各个方面，直到他认为几乎达到了界线或有利边际，换句话说就是，直到他认为在该特定条件下不确定进一步投资所带来的利益能够补偿他的支出。就同一工业部门或分部来说，有利边际也不会是任何可能投资的固定线上仅有的一点，而是一条不规则的和各种可能投资线相切的界线。

## 第 4 节　企业经济中资源分配与家庭经济的对照

这种替代原理是和那个一般经验来说，在某方面密切联系着运用了过多的资源或精力而引起的报酬递减率的趋势，而且部分的也确实是以这个作为基础的，从而它和古典经济学中起着重要作用的那个报酬递减这一普通趋势联结起来，那就是在早开发国家的土地上不断增加投资。替代原理极其类似于因增加支出而引起边际效用的递减这一原理，这两个原理的某些方面的运用几乎是相同的。我们已经知道，新的生产方法要么创造新的商品，要么降低旧商品的价格，从而使得更多的消费者能够消费它们。另一方面，消

费方式和消费量的变动也会使生产产生新的变化，使生产资本有新的分配。虽然最有助于人类更高尚生活的某些消费方式会在轻微程度上促进物质财富的生产，但是生产和消费总是毕竟密切相关的。但我们现在需要仔细考虑的是，消费者在各种不同种类商品之间的购买额的分配如何被生产资金在各种不同工业部门之门的分配所反映。

我们来看一个原始的家庭妇女，她“通过本年所剪的羊毛制成的毛线数量是有限的，她考虑着家庭衣着各方面的需要，并力求尽可能地把毛线在这些需要的基础上分配得能有利于家庭的幸福。如果分配以后，她后悔没有用较多的毛线做短袜而用更少的毛线做背心，那么，她会认为自己失败了。但相反，如果她计算得恰到好处，恰恰做了意料中的背心和短袜，结果是该家庭主妇从用于做短袜用的和做背心用的最后一束毛线中获得的利益相等”。[e] 如果做一件背心有两种同样令人满意的方法，但是其中的一种方法消耗的毛线比另一种方法稍多，就会引起较少的麻烦，那么，她的问题就与较大企业界的问题本质相同了。有三方面决定了这些问题：第一，不同目的的相对重要性；第二，达到各个目的所用的不同手段的相对优势；第三，以前两者为基础，她能把各种手段最有利地用于各种目的。

企业家必须在较大的规模上考虑以上三点，而在作出每一个决定之前，他要多方调整、反复权衡。我们以建筑业为例，我们来看一看所谓的“投机建筑商”的工作吧。这就是说，他预料到普遍需求而投身于建造房屋，如果他判断错误，他会付出沉重的代价；如果他判断正确，则他会给自己给社会带来福利。假定他在决定究竟是建筑住宅、货栈、工厂还是商店时，他能在最宜于每类建筑的工作方法上提出最佳的意见，并能大致准确地估计它的成本。他估计用于各类建筑的不同地基的成本，并且他的资本支出的一部分包括对任何地基所必须支付的价格，这与他把奠基等费用列入这种支出是一样的。他把这种成本的估计值与他从该建筑物及其地基所能得到的价格的估计值进行比较。如果他发现需求价格总是小于他的支出，而不足以提供他理想的利润，不能补偿风险，那么他就不会动工。当然，也许是为了留住他那些最可靠的工人，并使他的厂房设备和员工有工可做，那么他也许会冒着某些风险动工，对于这点以后再详细讨论。

假定他断定，在某块他所能买的地基上建筑的某种式样的房屋将会给他提供理想的利润。这样，他既已决定了主要追求的目的，接下来就是细心地研究一些手段来达到这种目的，与此同时，还要考虑在设计细节方面等各种可能的改动。

在确定了待建的房屋的一般性质之后，他接下来要考虑的是，各种不同的建筑材料如砖、石头、钢、水泥、灰泥和木料等，按照什么比例来使用才能收到相应的成本下最能促使房屋去满足买主的艺术欣赏和生活舒适方面的效益。在这样决定如何把资金用最好的方法妥善地分配在各种商品之间时，企业家所处理的问题本质上就类似于那个原始的家庭妇女的问题：这个妇女必须考虑把她的毛线以最经济的方式分配于全家不同的需求方面。

同理，企业家不得不考虑的是所有特定用途所产生的利益，因为它直到某一点是相对最大的，以后会逐渐递减。和主妇一样，他必须计算好把他的资金分配得在各种用途上都具有相同的边际效用，他必须把各处削减一点经费所受的损失和别处增加一点经费所得的利益加以比较。实际上他们所遵循的原理类似于指导农场主的原理，目的为使得他投于土地的资本和劳动既不会限制到使土地在能提供那种丰富报酬的额外耕作，也不会有因投资过多而引起报酬递减趋势在劳动中发生强烈作用的危险。[f]

因此，正如上面所说的，正是那精明的企业家，他们“在认为似乎达到了外限或有利边际前，把资本投向他的企业中的各个方面，即直到在他看来在该特定方面进一步投资所带来的利益不再能够补偿他的支出为止”。他认为迂回的方法终归不是有利的。但是他又总在寻求一些迂回的方法来产生比直接的方法相对于其成本而言更大的效果。如果他力所能及的话，就会采用其中最好的方法。

## 第 5 节　补充成本与直接成本之间的区分，因事业时间的长短不同而不同：正是这种差异导致我们难以研究边际成本和价值的关系

我们在这里讨论有关成本的几个术语。当企业家对经营某种产品的企业进行投资时，他当然期待从该企业的各种产品中得到补偿，他希望对其中每一种产品在正常情况下都能取得一个充分的补偿；这就是说，这种价格不仅要用来补偿直接成本、特殊成本或主要成本，而且对于它所应分担的一部分企业上的一般费用也要进行分担，而我们可以把这些费用叫做它的补充成本或一般成本。总成本就是主要成本和补充成本的总和。

对于“主要成本”一词的用法在企业上是很不一致的，但这里是指狭义的用法。因为企业的这种薪水支出一般是不能迅速地适应他们工作量的变动的，企业对那些机器厂房上所投入的维修费用以及高级职员的薪水总称为补充成本。除此之外，就是生产商品时所用的原料（货币）成本以及那些劳动的计时工资或计件工资与机器设备的额外耗损（货币）成本。厂商在工厂部分开工时和当生意冷清时、计算最低价格时必须考虑的一些特殊成本。他觉得在这种最低价格下，某种订货值得接受，而忽略行为可能会损害未来

的订货市场。但实际上这种影响是他通常必须得考虑的。因为如我们以后将看到的那样，即使在生意冷清时，他会觉得对应的值得生产的价格，实际上一般都远远高于这种主要成本。[g]

## 第6节　续　前

在短时期内一般售卖价格在很大程度上必须要对补充成本加以补偿，而在长时期内就必须全部补偿；因为如果不这样的话，产量就会减少。补充成本包括多种不同的种类，其中一些和主要成本只在程度上有区别。例如，假如某机械厂正在考虑是否要以相当低的价格去承制一辆机车，那么，绝对的主要成本是由原料的消耗和制造机车的员工的工资组成的。但关于领薪水的职员，却不存在明确的准则。因为如果工作较空闲，则他们就会有一些空余的时间，这样一般就可以把他们的薪水都列入补充成本中或一般成本中。然而这种界限往往却是含糊不清的。例如，仅因工作暂时不多而解雇工头和可靠的技工的情况实不多见。因此，为了使他们有事可做，企业主也会接受这种订货，即使偶然订货的价格不能补偿他们的工资。那么，它们在这种场合下就不是主要成本了。但在某种程度上当然可以和该厂工作的变动相调节办公室的人员，方法就是在生产任务不紧张的时候不增加人员，或者是精减一些不称职的人，在生产任务重的时候临时增添人员或把一部分工作委托给其他厂商。

例如履行几年以内逐渐交出许多机车的合同时，如果我们从一些工作转向另一些较大的、耗时较长的工作任务，那么，和订货相关的大部分行政工作都可以看做它所特有的工作：因为如果没有接受这种订货，而又没有别的订货来代替的话，行政人员薪水项下的这笔费用几乎会相应地减少。

如我们考虑的是任何一种主要工业品在长时期内的一个相当稳定的市场，则上述例证就显得格外突出。因为在那种场合下配备专门技能和设置组织以及长期的行政人员与车间耐久装备所需要的支出，都可以看成是生产过程所必要的成本部分。那种支出将一直被增加到某种边际，在该边际，此工业部门对它的市场来说似乎有发展过快的危险。

对于第3章和本章的论点，我们将在下章继续进行讨论。需要进一步指出的是，最有影响的那些成本，在承制一部机车的情况下对供给以及对价格如何局限于狭隘而武断的范围，但它们的范围在不断供应一个普通的相当稳定的市场的情况下要大得多，而且和工业经济的一般特点比较相同。生产成本对于价值的影响除在比较长的时期内不能明显地表现出来，这种成本不是就某特定机车或某特定组的货物，而是就整个生产过程加以计算的。因所述市场期间的长短不同，至于那些由生产工具的投资利息（或利润）构成的主要成本与补充成本的性质而会有所不同，对此，我们将在第 8 章至第 10 章中加以类似的研究。

同时应该指出的是，各个文明阶段都存在主要成本和补充成本的区别，虽然它在资本主义阶段之外多半不会引起广泛的注意。实际成本和实际满足是和鲁宾孙・克鲁索有关的，当不买不卖的旧式农家采取几乎相同的方式把现在的“劳作和等待”用于未来的收益时。但是如果他们都怀疑出外采摘野果时使用一个梯子是否值得，那么就要将主要成本和他们所期待的利益进行比较了。除非它的生产成本足以被它在许多细小工作的总量中所预期提供的服务所补偿，否则就没有人会去制造它。在长时期内，它必须补偿它的总成本（主要成本和补充成本）。

即使是现代的雇主，也首先必须把他自己的劳动计入实际成本。如果他认为某种事业可以提供一种货币收入超过货币支出的剩余（适当地考虑减少风险与对未来意外的折现之后）。但是又认为他花在此项事业上劳动的货币等价将大于这种剩余的数量，那么将回避该种事业。[h]

## 【注释】

a 因为这些劳作或与其相等的劳动可以提供他当前的需要，而如果在他计算到等待的弊端之后，仍认为这些满足会超过它们所能代替的那些先前的满足，他就会选择延期的满足。因此，他对这些劳作总和的估计是使他不倾向于建筑房屋的动力，其中每种劳作的弊端或负面效用应是依它的等待时间按几何比例（一种复利）来递增的。另一方面，他从房屋落成后所获得的那种满足的预期是迫使他建筑房屋的动力；而这又可以归结为他从总共的使用中预期获得的遥远和一定的满足的总和。如果他认为房屋给他提供的这种未来满足的折现值总和远远多于补偿他所用的各种劳作和等待，他才会决定建筑房屋（见第三篇第 5 章第 3 节、第四篇第 7 章第 8 节）。

b 我们可以认为企业家的劳动价格属于原始支出的一部分，并且它的复利息包括其余支出，如果我们愿意的话。我们也可以用“复利润”来代替复利息。以后我们就会知道这两种方法并不是完全相同的，有时第一种方法较好，而有时第二种方法却较适用。

c 总的来说，来自储蓄的收入在数量上一般大于储蓄，差额即为利息（对储蓄的报酬）。但是它的贴现时间将较长，因为这种收入在用于满足上所需要的时间要长于原有的储蓄，如果用它来代替原有的储蓄并列入投资借贷对照表中，则它所代表的将是原有储蓄（对于储蓄起来的原始收入和它以后所赚取的收入都要征收所得税，所根据的理由类似于勤劳的人应被征较多的所得税，而懒惰的人应被征较少的所得税）。

d 由于磨损、时间因素、新的发明和贸易方向的改变而产生的折旧和贬值，差不多各个行业在预测投资的价值和资本都有各自的困难和习惯，某些固定资本的价值可以暂时由于新的发明和贸易方向的改变而有所提高，同时其他固定资本的价值也可以降低。而一些由于性情不同或在这个问题上兴趣各异的人对下述问题的看法往往是仁者见仁、智者见智，即在决定使厂房设备适应商业情况的变动所需要的支出中，有些部分可以当成新的投资，而有些部分当成折旧，在计算企业所获得的纯利润或实际收入时，首先要从当时收入中作为支出扣除这些因素。就说投资于建立企业的往来，这些困难以及所产生的意见分歧是相当严重的，而估计一个企业的商誉或它“作为一个有利厂”的价值的方法也是这样的。如有兴趣请参阅马迪生的《工厂的折旧及其估价》一书来充分理解这个问题。货币购买力的变动也会产生其他一些困难。如果货币的购买力有所下降，也就是说，如果一般物价涨高了，则一个工厂的价值在表面上看似上涨了，而其实质上却是下降了。由此种混乱而产生的误差，在计算各种企业的实际盈利程度方面比想象中要大些，但是在讨论货币理论以前，我们只好撇开不谈所有类似的问题。

e 见第三篇第 5 章第 1 节。

f 见第三篇第 3 章第 1 节。

g 尤其是在第五篇第 9 章中，“有很多重要的成本制度盛行（我们所称的重要成本），事实上这个词所寓意的，仅仅指原始的生产成本或者直接生产的成本；然而在有些行业中，生产成本中如果含有一点间接的费用以及厂房设备折旧的费用，可能也会是一种很方便的事情，可是它绝不会包含资本的利息或是利润”（葛尔克、费尔斯合著：《工厂会计》第 1 章）。

h 工厂主预测也许附加在产品的重要成本上的补充成本，是一种将给他提供准租的可靠来源。假如它们可以达到他的预期指标，那么，他的企业就可以得到很合理的利润，但如果它们远远低于预期之下，那么他的企业就面临着江河日下的风险。可是他的结论只是与其长期的价值方面有关，所以单从这方面考虑的话，主要成本与补充成本的区分并没有什么特殊的价值，而它们之间存在的区别很大程度就在于其短期价值的问题。

# 第5章　正常需求与供给的平衡（续）关于长期与短期

## 第1节　“正常”一词作为日常用语和作为科学用语的区别

第3章曾说过，“正常”一词如果时期的长短不同，那么其范围亦不相同。那么就让我们先来认真地研究一下它们。

如同其他情况一样，在这样的情况，经济学家也只能披露些日常谈话中隐藏了的困难，从而通过直视这些困难来彻底地克服它们。考虑到在平日生活中人们习惯于根据时期的不同而对“正常”一词的用法也不尽相同，所以就要通过语义来阐释一个时期到另一个时期是如何过渡的。经济学家严格按照生活中的这种方式，同时在苦心经营得出这种过渡的时候，或许会造成他曾在客观上所揭露的那种复杂性。

举个例子，如果人们说，某一天的羊毛价格出奇的高，但可能全年的平均价格却低得不正常。1872年那些矿工的工资非常的高，而1879年却低得不像话，十四世纪末工人的（实际）工资高得离谱，然而十六世纪中叶却又非常低。那么每个人其实都明白，在不同的场合，“正常”一词的范围也必定是不一样的。

加工工业就能非常好地证明这一点。加工业中机器设备的寿命一般都很长，然而产品的寿命却很短。当某种新的纺织品刚刚上市，而能够生产出它的机器设备又不多时，在几个月期限内，其正常价格可能会是那些在生产上有同样困难，但却有大量可用的机器设备及技术的其他的纺织品价格的两倍。如果考察长时期，我们就能说，它的正常价格与其他的纺织品的正常价格是一样的。然而，假如头几个月会有大量这样的纺织品让破产者来卖，即便它的价格只是其他纺织品的一半，我们同样要说，它的价格是过分低廉的。每个人都觉得在这样的场合下，其语意显示了“正常”这个词的特殊用法，就可以省掉正式的注释，因为通过我们日常的谈话，这个误解是可以通过间接回答来马上解决的。可是我们一定要非常谨慎地考虑这个事情。

我们应该了解，[a] 毛布的生产者一定得根据生产毛布所需的不同种类的要素的数量来计算一下生产这些要素所需的费用；我们暂且假定其供给的情况是正常的。当然，我们还不得不注意这样的现实情况：他必须依据他所预测的时间或远或近，然后给“正常”一词赋予较广或较窄的范围。

比如，关于在那些使用某类织机而使用的适当劳动供给所需要的工资的计算方面，他可能也会采纳附近地区同样工作现在的工资数目，或者他认为，附近地区很缺少这种特定种类的劳动供给，所以它现在的工资要比英国其他的地方高一些，但如果展望未来的几年，就会有很多劳动者流入，到时他也许就会采取一种和当时当地现行工资比起来要略低的正常工资率；到最后，或者他会认为，可能是五十年前人们对毛布的前景估计得过分乐观，现在全国织工的工资与其他同级劳动工人的工资相比是低得不正常的。他们可能会认为，涉足这个行业的人太多了，于是父母们就开始为他们的子女挑选那些纯利益较多但又不是特别艰难的职业；这样的话，织工的劳动供给在几年后就会有所减少，因此，如果把目光放得长远一点，他就势必要采用一种要高于现行平均工资的所谓的正常工资率。[b]

另外，计算正常的羊毛价格时，他会利用近年的均价。他还预测到这个很大程度上会影响到最近一段时间关于羊毛供给的一切变动。他需要考虑到干旱以及干旱所产生的后果，例如澳大利亚及其他地区；这些地区的干旱是正常现象，故不可称其为反常。可是他并不考虑战争可能导致的澳大利亚羊毛供给中断。他认为，这些应列入风险项的状况不应计算在羊毛的一般供给价格中。

他或许会同样对待因国内或劳动市场动乱而引起的风险。在他看来，这或许会导致劳资纠纷从而引起工作中断，但这些纠纷的产生是时常出现的，也是常态，换言之，不可把它看为不正常的。

在这些计算上，他注重研究人们自利或自尊动机的影响力。或许他知道，愤怒、嫉妒、虚荣心以及自尊心的伤害，就像追求财富，是构成罢工或怠工的常见原因，但他并不考虑这些。他所想知道的，是它们是否具有影响工作中断和提高产品价格的规律性。[c]

## 第 2 节　正常价值这个复杂的问题必须经过合理分析第一步是静态的模拟；它的修改也许会让我们通过静态假设的辅助来看待其价值问题

时间这个因素成为在经济研究里遇到的所有阻碍中的一个十分棘手的问题，然而就是这些困难使那些能力十分有限的人有必要走循序渐进之路——将一个十分复杂的事物划分成几个部分，一次只分析其中一部分，最后的时候将解决过的局部综合起来，就可以把整个问题或多或少地全面解决了。开始就把问题划分成几个部分时，他就先把那些可能一出现就很麻烦的干扰项暂且搁置在那些所谓的其他条件保持不变的这个范围之内。因为有些趋势的研究必须在其他条件不变的这个假设的前提上开展，当然我们也并不否认其他趋势的存在，我们只是把它们的干扰作用暂时地忽略掉。因为问题范围越小，我们就越能精准地处理它，可是这样一来它与现实的生活就越不符合。然而，每次精准地解决一个小问题，都有助于处理蕴涵它的那些大问题，而且这种处理要比其他情况作出的处理精确得多。而且还可以逐步使更多的事物丢弃关于其他条件不能变的范围的局限；确切的探讨可以比先前的阶段开展得更为具体，而且其实际的探讨也能够进行得比较准确。[d]

如果要探讨时间因素在生产成本及其价值间的关系所产生的影响，当然要先考虑那个很少受过上述影响的非常著名的关于“静态”的假设；而且要将在其中总结的结果与现如今世界中的结果来比较一番。

“静态”一词来源于这样的事实：那就是在这种情况下，生产和消费以及分配和交换的一般条件必须是静止的；然而它却时刻运动着；因为恰巧它是一种生活的方式。虽然人口的平均年龄可能不会变，但每个人都是从青年长到壮年，最后又会到老年。大部分时代，同样的阶级采用相同的方法制作出来，根据人口计算的平均等量产品，所以，我们有充分的时间来适应生产工具供给的稳定需求。

诚然，我们可以设想一下，在我们存在的静态中，每个企业都始终具备一样的规模以及相同的商业交易。当然，我们没有必要真去做这样的事；我们相信这个假设就足矣了：有一部分企业处在上升阶段，也有企业正在衰退，可是，如同处女林中的那些典型的树一样，“具有代表性的企业”通常是具有相似的规模，所以，这个企业所拥有的资源产生的效益相同。因为其生产总额是不变的，所以附近辅助工业引起的经济也就不变（换个说法，“具有代表性企业”的内部和外部经济都是不变的。而且它的预期恰好是那个可以吸引人们加入这个行业的价格，而且在较长时段内一定得有足够的资金来补偿其建立商业往来的支出；其中一定的比例部分就一定要加入总生产成本之中）。

静态状况下，有个很明显的规律就是：其价值取决于生产成本。所有的结果可能主要是因为某一个原因，而其因果之间根本不会有那么多复杂的作用和反作用。每个成本的要素都是通过“自然”规律来确定的，而且都处于某些固定习惯的操控之下；而且不存在需求的反作用是其经济原因中的直接结果与后来结果相比应该是很相似的。总而言之，假如我们设定在那非常单一的世界里我们可以收获到同样的东西，那可能就不会有关于长期正常价值与短期正常价值区别的存在了：由于具有代表性企业的规模大多是一样的，而且经常会用一样的方法，在某种相同程度上经营同样的交易，可能不存在旺季，也没有什么淡季，因为是正常供给的价格，所以它那正常费用大部分都是一样的。需求价格表一般是不变的，其供给表也不变；所以导致正常价格也会永不改变。

可是，对于我们生活的现实世界，这当然是非常不真实的。因为在现实世界中，每种经济力量总是受着那些围绕它才能发挥作用的其他经济力量的影响，不停尝试变换着自己的作用。而且在这其中，其生产量、生产方法以及生产成本的变化一直都是互相制约的；它们一直都对需求的性质和程度产生着很大的影响，而且后者也影响着它们。除此之外，这一切影响都要通过时间来展现自己，但照一般情况，没有两种影响并驾齐驱的情况。所以，在现实世界里，一切对于生产成本、需求和价值之间只存在着简单联系的说法是必然错误的：如果仅通过一种高明的叙述从而可以让它变得很容易理解，那么它的危害也会更大。一个坚信自己拥有的知识和直观的观察能力的人，强于那些自以为研究并总结了价值理论并坚决相信它是非常容易的经济学家。

## 第3节　续　前

以上所述的静态是指总人口不会变的静态。可是几乎它所有的明显特征都能够在这样的地方显现出来，其人口和财富都是处于增长状态，暂且设定它们有着大致相等的增长率，而且土地也并不是很少；再来假定它的生产方法和商业状况也基本保持平衡，特别是那里人的性格也可以称得上是一个不变的量。然而在这样的情况下，生产和消费之间以及交换和分配之间最重要的条件仍然是具有着相同性质的，而且它们之间也存在着相同的一般关系，即使它们都在量的方面增长着。[e] 如此放宽对于纯静态严格的限制，就可以让我们与现实生活更近一步；而且放宽得越多，我们就可以越来越接近。如此，我们就可以慢慢解决那些在无数的经济原因互相作用下的困难问题。所以在静态情况下，其生产和消费的一切要素都成了静止状态，然而我们可以用所谓静态的方法（这种称呼可能不是很精确）来提出一些还算可行的假设。通过这种方法，我们就可以把我们的注意力集中在某个中心点上：所以我们暂且假定它是纳入静态之中的，从而来研究与之相关的能够影响到它周围那些事物的那些力量以及能够让这些力量趋于平衡的一切趋势。像很多这样关于局部的研究，就能够把那些有些困难但却不能够一举解决的问题解决掉。[f]

## 第 4 节　对正常需求和正常供给的均衡的研究，可以划分为长期均衡和短期均衡的研究

我们可以将与渔业有关的所有问题大概地分成那么几类，一类是那些因为迅速的变化——如同天气变化那般无常——所导致的问题，再有一类是因为时间太长所导致的对变动的影响的问题。举个例子，在牛瘟之后的一两年内会因为缺乏肉类而造成对鱼的需求的增加，这样就会引起一些问题；否则到最后，我们也可以假设这样的情况，目前需用脑力的技术人口呈增长趋势，也许会造成整个时代里对于鱼的大量需求。

由于天气变化无常以及其他相似的原因而导致鱼价天天变动，十分不稳定。而在现代的英国，就如同我们所设想过的静态状况一样，会受到实际上相同原因的控制。在我们周围，其一般经济条件的变化是十分迅速的；可是它们还不能够很明显地反映到价格上，每天涨落会围绕着短期的正常水平。当我们在研究价格涨落的原因的时候，它们当然是可以被忽视的（限于其他条件都不改变的范围）。

让我们继续这个话题的假设，先设想对鱼的需求迅速增加，举个例子：在长达几年之久的时间因为发生了家畜传染病从而使肉类变成了昂贵且十分不安全的食物，所以导致了对鱼的一般需求的急速增加。现在我们试着把那些天气造成的变动放到其他条件都不变的范围中，暂时且忽略不论，由于这些变动是非常迅速的，所以很快就会彼此抵消，因此从这类问题来讲，它们是不太重要的。正是因为这些相反的原因，我们会暂且忽略那些被培养成渔民的数量的变化，不过由于这些变动跟不上速度，所以在缺少肉类的一两年内不会产生太大的影响。忽视这两类变化，我们就可以集中全部的注意力在这样的一些影响上：假如给船员以合理的工资来吸引他们，让他们在一两年内保持从事渔业，而不至于到航船上去另谋出路。在我们看来，有一些旧的渔船，甚至是那些不是专门制作的渔船是可以经过一些整修来用于捕一两年鱼的。我们需要的一切每日鱼的供给的正常价格就是这样的价格，它能够极快地吸引渔业中大量的劳动力和资本，它能够在其平常的捕鱼日里得到那种供给；所以这鱼价对于渔业中可用的资本和劳动力的影响就是由像这样一些狭窄的因素所决定的。在需求非常大的这些年里，其价格就是围绕着均值上下波动的一个新水平，自然要比先前的高一些。从这里我们将看到一个经过普遍规律论证的事实，这个规律就是：“正常”这个词是指在短时期内，随着需求量的增加，其正常的供给价格也会增高。这个规律甚至对于那些长期都严格按照报酬依次增加的工业来说也是同样适用的[9]。

可是，假如我们转变角度来观察长期的正常的供给价格，我们可能就会明白这种价格是由不同的原因所支配的，与此同时会产生不同的后果。如果我们不吃肉，然后都对肉类产生了厌倦，设想我们对鱼增加需求的状况要持续多长的一段时间，长到足以使那些支配鱼的供给的力量能够把它的作用发挥得淋漓尽致（不可避免，逐日和逐年的波动会一直存在，但我们要暂时将它们放到一边）。有一天，海中鱼类的资源可能会有枯竭的现象，那么渔户就不得不前往离海岸较远的、水更深的海洋去捕捞鱼，这都是由于自然界将对那些增加了一些效率的劳动或资本给予递减的报酬。然而从另一个角度想，那些人或许正期望这样，他们会认为人类对鱼类的不断减少只负极小的责任；在那样环境下，一只有同样好装备、工具加上有着同样工作经验的船员要起航去捕鱼的船，好像在渔业的总规模发展后，就可以有和以前差不多好的收获。但不管怎样，在渔业已被确定为现在有所增大的规模以后，那些很有经验的船员如果要装备一只好船所要用的正常成本肯定不会比以前高，有可能还会低一些。由于渔民所需要的就只是接受训练，然后掌握一些技能，不需要特别的天赋，而且他们用几乎不到一代人的时间就能够增加到符合需求所必的程度；然而和造船、织网等有关的工业，其现在的规模都是很大的，能够用很彻底和经济的方法把它组织起来。所以，假如海里的鱼类资源还没有什么枯竭的迹象，那么经过足够的能让经济原因自行发挥正常作用的一段时间，就可以用比较低的成本生产出更多的供给。另外，如果"正常"这个名词是针对长期而言的话，那么鱼的正常供给价格会随着需求的增长而减少。[h]

如此一来，我们可以重申曾说明的平均价格和正常价格所存在的不同之处，所谓平均价格就是能够择取一日、一周、一年或一切其他任何时间内的一组销售额的价格。它或许是一切时候很多市场上销售额的平均数，也或者会是很多像这些平均价格的平均数。可是对这样一类的售卖属于正常的条件，然而未必对其他类售卖就是正常的条件。所以，平均价格就是正常价格的情况只是一个偶然的现象；这只是某一组条件而导致的价格。像上面说过的，只有处于静态中，"正常"一词的意义才能够保持一致。在这样的状态中，恐怕只有在这样的情况下，"平均价格"和"正常价格"才可能是同义词。[i]

## 第5节　续　前

现在我们从另一个方面来研究这个问题。需求和市场现有商品的数量之间的关系决定了市场价值；"未来"的供给也对其多多少少有影响，同时协议也存在着某种影响。

可是现时的供给，它一部分是因为生产者以前的活动而导致的，生产者们当然是把他们的商品所期望的价格和他们生产出这些商品所需要的费用作了一番比较才决定投入资金开展这项生产活动的。所以他们考虑的花费的方面，要取决于他们只是打算依靠他们现有的设备来进行一些额外生产的额外费用，还是要为这个目的而打算新增建些设备。比如，在我们先前探讨过的那个定做一台机车的例子中，用调整设备这个方法来适应需求一般是不会产生什么问题的。其主要的问题或许是能否用现有的设备产生更多价值的问题。可是从定制的许多机车和在这几年中不断的交货情形来看，为达到这个目的而特别扩充了一些设备，并且因此确实把这种扩充当做主要的边际生产成本，毫无疑问我们是应该认真地加以考虑的。

从此得出的结论是，拥有市场的新生产不论是大还是小，其一般的规律是：除非预期的价格很低，要是用很少的直接的生产成本就能够非常容易地生产出那部分的供给，那么只有一种可能，这一部分的生产应该是不存在于生产边际的。当我们预测的价格有点起色的时候，增加的那些生产就会收到很好的盈余，或许还会是其直接成本的很多倍，当然其生产边际也会向外伸延。一般来说，如果预期价格每增加一点，对那些在其他条件下不生产一切东西的人来说都是一种很强的诱惑，他们也会来生产一些；而且会使那些在产品的价格不高时生产东西的人选择在价格较高时多生产一些。按照这种价格，对于那些正处在怀疑是否有投入生产的价值的人，以及与那些怀疑到底是否去生产的人的那一部分生产，联系在一起；两者加起来就构成了那种价格时的边际生产。那些正考虑是否需要生产一些的人，应该说是完全处于生产的边际（或者是耕作边际，当然如果他们是一些农业的经营者的话）上的。可是他们的人数一般不会太多，而且他们的行为可能也不会像那些无论在什么情况下都得开展生产作业的人的行为那样重要。

无论其所说明的是短期还是长期，“正常供给价格”一词的一般含义应该是不会变的；然而要是从细微的方面来说，却是存在着很大不同。其实在每一种场合，都是指一定的总生产率；也就是指每天或是每年的一定的生产总量。在每种场合中，其价格都是经过预期的，而且是那个能够很好地让那些费心想要去生产到这个总量的人得到合理补偿的价格。在所有情形下，生产成本就是指边际成本，也就是指那些处于完全不生产的边际。另外，如果它的预期要比它们所收到的价格要低，便不会再有生产那些商品的人了。然而，决定这个边际的因素不是一成不变的，它是会随着讨论时期的长短而发生改变的。就短期的而言，人们已经把现有的生产设备的数量看做与实际数量近似固定的。他们是因为受了他们预期的需求支配来决定运用这些设备的活动程度的。然而就长期来说，人们非常想去调整这些设备的数量，以便符合对它们所生产货物作出的提前的预期需求。让我们来认真地研究一下这其中的区别吧。

## 第 6 节　就短期而言，现有生产设备的数量实际上是不变的但它们的利用率是随着需求的变化而变化的

预测要涨价产生的直接结果就是会让人们十分积极地用他们所有的生产设备，在规定所有的时间内，甚至还会超过规定的时间来使用它们。此刻供给的价格就是指那些产品的货币生产成本，正是为了生产这部分产品让雇主不得不用非常高的工资来雇用这些效率很低的工人（也或许因为加班加点导致的疲累不堪），也给他自己和别人带来许多的压力和不便，导致他开始怀疑是不是真的值得去生产那部分产品。预测会跌价的直接后果就是会让许多的生产设备处于闲置状态，与此同时，也可能会放松对其他生产设备工作的关注，假如生产者们不害怕破坏他们的市场资源，那么，即使是一种暂时的用仅有的恰可以弥补它的直接生产成本和那些足以回报他们烦劳的这一切的价格来开展生产，这在他们看来也是很值得的。

然而实际上他们通常都在等待着一个更高的价格；因为每个人都担心这样会阻碍他今后从自己的顾客那里得到较好价格的机会，也许如果他要是为另一个大的或者公开的市场而生产的话，那么，他多少都会担心他如果以一种破坏了大家创建的共同市场的价格卖出的话，就肯定会引起其他生产者的责备。还有这样的情况，有的人只要是价格有一点降低，不管是出于对他们自己利益的考虑还是因为和其他的生产者所制定的正式或是非正式的协议，其总是会暂时停止生产的，防止会进一步破坏市场秩序；而且这些人所从事的生产，就是在这种场合的边际生产。正是因为这些，生产者们会反对生产到那个程度的价格，即真正的短期边际的供给价格。然而这种价格几乎总是高于而且通常是大大地高于原料、劳动力及设备的磨损（稍微地增多使用那些没有被充分利用的设备马上直接引起的磨损）的专用成本，就是指直接成本。这方面需要我们认真地进一步来研究。

在这个使用价值非常大的生产设备行业中，商品的直接成本只占其总成本的很小一部分。一单要比正常价格低得很多的订货，还能够大大地超过它们的直接成本，产生许多的盈余。可是假如生产者们非常急迫地想避免他们的设备被闲置的状况而决定接受这

种订货，那么，他们就会导致存货充斥市场，而且还会阻碍价格的恢复之路。当然，实际上他们是不会频繁地、无约束地采用这样的政策的。假如他们真的这样做，他们就会导致该种行业中的很多人濒临破产，说不定还会连累他们自己；在这样的情况下，恢复需求不会在供给上有什么反应，还可能导致该种行业产品的价格急剧提高。像这样极端剧烈的变动，说到底，既对生产者不利，也可能会损害消费者的利益；而社会舆论并不完全都反对这样的商业道德惯例：谴责任何人由于轻易接受一种仅能抵偿其货物直接成本，并远远不足以抵补其一般费用的价格从而“破坏市场”的那种行为。[j]

比如，假定一匹布在当下时候的直接成本（只是从它狭义的方面考虑）是一百镑，然后该布应承担的企业的一般花费（也包括企业主正常的利润）又需要一百镑，那么，在一般的情况下，即便是就短时期而言，事实上合理的供给价格也不见得就会降到一百五十镑以下；然而，我们也可以在对一般市场没有很大的影响的前提下，以较低的价格完成几笔特别的生意。

所以这样一来，除直接成本之外，再也不存在应该必然直接构成短期供给价格的要素，可是补充成本也的确断断续续地发生过一些影响。通常情况下，一个生产者不会把他生产的个别的一小部分产量的成本划分开来；他们一般会把大部分的产量，有些甚至在某些情形下会把全部的产量或多或少地把它当做一个单位来看待。他有时会研究在他现有的业务方面如果增加某种新的业务是不是有价值的，或是否有必要采用新的机器设备，等等。他首先预算一下用多少把这种变动所带来的额外产量来当做一个单位；然后他又或多或少参照被当成一个单位的额外产量的所有的成本，最后说出他乐意接受的那种较低的价格。

从另一个方面来说，在他大部分交易中，他是把他的生产过程中的增加部分，绝不是他产品的个别部分当做一个单位的。假如分析经济学家们要求密切地与实际联系，那么他一定要效法经济学家们。上述问题有着使用价值理论的模糊轮廓的趋势，然而它们倒并不会对它的本质产生什么影响。[k]

从短期方面来说，其总结如下所述：特别的技术和才能、适合的机器和其他的物质资本的供给和合理的工业组织的供给，都还不够充分地适应我们的需求；可是生产者不得不利用他们手头现有的生产设备尽最大努力使他们的供给跟上需求。一方面，如果生产设备的供给不足，因为时间不宽裕，所以也根本来不及去增加它们；另一方面，假设供给有剩余，它们也存在着有一部分只能被局部地利用，也是因为时间过短，所以来不及让它们慢慢地损耗，或是改变它们的用途从而大量地削减它们的供给。由这些设备而带来收入的种种变化，在较短的时期内对供给的影响还是不太明显，而且对它们所生产的那些商品的价格也不存在什么直接的影响；这种收入就是其总收入比直接成本多的那部分的剩余（这也就是说，它是具有像第8章中详细叙述的租金的某种性质）。但是，除非这种收入在长期内足以补偿企业一般成本的一部分，否则其生产就会慢慢减少下去。由此一来，那些长期潜藏其中的因素，就可能会对短期价格比较迅速的变动产生一种决定性的影响，而且害怕“破坏市场”的心理往往也会使这些因素在其他条件下更快地发挥作用。

## 第7节　可是在长期生产中所需设备的数量是依照这些设备的产品需求而展开调整的；生产单位是一个过程，而不是一组商品

从另一方面说，在一段时期内，为了供应物资设备和商业组织，以及为了得到职业知识和专门技能而投入的所有资本和心血，都能够有充足的时间来依照人们期望挣得的收入给予调整。所以，对那些收入的预测就直接决定着它们的供给，从而就形成了那些被制造出的商品的真正的长期供给价格。

我们向某个企业投入的资本，有相当的一部分通常是用在建设它内部的结构和外部的商业联系上。假设这个企业的经济效益不好，即使在出售它的物质设备上也能够收回原有成本的相当一部分，组织和联络上花费的那部分资本仍然会全部化为虚无。不管谁要在哪个行业中创办一个新的企业，都不得不预测这种损失发生的可能性。当然，假如他本人对这类工作具有很强的能力，他或许会希望在不久的将来他的企业可以成为一个具有相当程度的大规模的生产经济的代表性企业（就我们用到该词的意义而言）。如果在他看来，像这样一个具有代表性的企业的纯收益要比他在其他具有同等机会的行业投入同样资本但却可以获得更大的净收益的话，很明显，他肯定会毫不犹豫地选择这个行业。由此可以得出，在某行业中长期左右着所生产商品价格的投资原因，一方面是由对创办和经营一个具有代表性企业所需要的费用的估计来决定的，另一个方面就是由根据对这个价格在一个较长的时期里所获得的各种收益的预测来决定的。

在任何的时期里，总是有些企业是处于上升趋势的，而有些企业却处在崩溃的边缘。然而当我们全面系统地探究决定商品正常供给价格的原因时，我们就没有必要关注这些巨潮表面的旋涡。任何生产的增加也可能是因为出现了一个新的制造商在与困难展开搏斗，用不太充足的资本，经历了千辛万苦，希望能够逐步地建立起一个兴旺发达的企业。

也或许是因为有一个资金充足的工厂，扩大了它的不动产，从而得到了各种新的大规模的生产经济，导致了在相对低廉的成本上增加了产量。与此同时，因为与这个行业的生产总量相比，这部分新增加的产量是比较小的，所以不会导致价格跌落多少；因此，这个企业因为成功地适应了它的环境而取得了非常大的收益。可是，对某些个别企业的命运来说，它正在发生着种种的变化，作为生产总量增加的直接后果，其长期的正常价格是会有稳步降低的趋势。

## 第 8 节　价值问题的简单分类

当然，“长期”和“短期”并没有明确的分界线，并且在处理实际问题时也不需要它们。这正如我们把开化的种族和未开化的种族拿来比较一样，虽然不能严格地区分二者，但可以确立有关各自的许多一般性命题。所以我们将长期和短期进行比较，并不是企图在二者之间画出一条严格的界线。如果为了阐明一种特殊论点而必须把某事物截然分开的话，那么，我们可以通过一个特别的解释语句来达到这一目的，但必须这样做的时候既不常见，也不重要。倘若将其分为两种，每一种中供求关系都支配着价格。从市场的价格来说，现在手中所有的也就是供给，从而我们也可以认为是将要拥有的某种商品的数量。从正常的市场价格来说，如果我们把某几个月或是某一年作为“正常的”短期时间来看，那样，所谓的供给也就是指在我们所说的价格下，将现有的，包括所有配备在内的，在“正常的”的时间内某种商品可以生产出来的数量。从正常的价格来说，如果某几年是指“正常”时长，那么供给便是指一台本身就拥有且能够被利用的机器设备在这一“正常”时期内所生产出的某种商品的数量。最后的“正常价格”则是指处于演变性的或长期性活动中的价格，该活动是随着一个时期过渡到另一个时期的人口、认知水平以及资本的不断增长以及供需关系的变化而产生的。[1]

本书的其他几个部分主要谈论上述三类情况：讨论价格、工资及利润的变化在相当长的一段时间内的变化。当然，偶尔也会联系到一些长期的变化。

## 【注释】

a 见第五篇第 3 章第 5 节。

b 企业家为实现其制定的目标不得不预测得长远些，而且要让“正常”一词的范围延伸到一整个世纪的情况确不常见；然而对于经济科学的广泛运用，或者扩大范围还要考虑到那些在数世纪都对各业劳动供给价格产生影响，从而使其发生缓慢变动的，某些情况下也是十分必要的。

c 比较第一篇第 2 章 7 节。

d 就像序言所说的那样，本书主要讨论的是正常状态；而这些状态有时会被称为静态。可是照我看来，正常价值的问题是属于经济动力学的：有一部分原因是因为静力学从根本上说只是动力学说的一个分支，还有一部分原因是因为有关经济静止（静态是其主要的设想）的所有建议都只是暂时的，它仅仅存在于论证这一的特定阶段，等到这一阶段一结束，我们就应该马上丢弃。

e 参阅以下第五篇第 11 章第 6 节；可参照凯恩斯著《政治经济学的范围与方法》第 6 章第 2 节。

f 比较序言与附录八第 4 节。

g 参阅第五篇第 11 章第 1 节。

h 杜基（《物价史》第 1 卷）向我们讲述了："有一些用特种商品的，此种商品占总供给的很大比例，从而导致个人消费的减少跟不上政府需求的即时增加；所以，战争的爆发会使这类物品的价格提到一个相当的高度。可是即便这类物品的消费按累进比例增加也不应这么迅速，使相对高价的刺激下的供给不能和需求并驾齐驱，也会导致产量的增加，会导致价格复归原位的趋势（假定我们在生产或者进口这方面没有自然或人为的阻碍）。所以，我们可以从价格表中看出，硝、麻、铁等材料的价格在因军用需求大大增加的影响下而暴涨之后，如果需求不是节节攀升，那么它就会直线下降。"所以，需求的不断上升能够令一种东西的供给价格不断上涨甚至持续几年；尽管对该物品的需求不断增加（不是按供给跟不上的那种速率）可能会降低价格。

i 第五篇第 3 章第 6 节。此区别将在第五篇，第 12 章和附录八中展开进一步的讨论。可参阅凯恩斯著《政治经济学的范围与方法》第 7 章。

j 在有雄厚企业同盟（明的或暗的）的地方，有时生产者可以在长期内标定价格，而对生产成本很少考虑。假如同盟的领导者是有着优越生产条件的人，那么可以断定（表面上跟李嘉图的学说相对立，事实上却不然），价格的决定主要取决于最容易生产的那部分的供给。但实际上，财力最弱且为了避免破产而不得不坚持生产的那些生产者，常常把他们的政策强加到其他盟员身上，所以，在英国和美国有一句谚语：同盟的统治者经常是最弱的盟员。

k 在大多数场合下，这种一般的叙述可能就够了，然而在第 11 章中，将更周密地研究代表性企业生产过程的边际增加额这一极其复杂的概念；同时，尤其是当我们考虑那些出现报酬逐渐上涨趋势的工业的时候，对代表性企业的那些条件有必要作出针对性的较详细的解释与推理。

I同本章第1节比较。当然，几种生产要素适应需求而需要的时期是各不相同的；比如，熟练排字工的人数不能扩大到基本上同铅字和印刷机的供给同样多。仅是这个原因，就很难对长期与短期作严格的区分。但实际上，理论上完全的长期应当具有这样的时间，它不仅能使商品的生产要素同需求达到适应，同时也令那些生产要素同需求相适应等；而如照此逻辑推下去，就会推出工业静态的假设，其中未来一代的需求可以无限期地作出预测。虽然在李嘉图自己的叙述中没有这种假设，但也确实无意识地暗含在李嘉图价值理论的很多通俗解释中。我们以为正是这种原因使其轮廓简单分明，而这也是本世纪前半期所畅行的经济学说获得魅力及它们有大多数会导致错误的实际结论的趋势的根源。一般情况下，短期和长期问题遵循着相同的方式。在对某组关系进行具体研究时，二者都采用部分或者全体隔离的那种卓越的方法：两者都有机会比较和分析类似事件，并使其相互照应；以及排列整理那些有着同一性及在同一性中透漏差别性的材料。然而二者之间也存在着区别。在相对的短期问题上，把那些不注重加以考虑的力量暂时视为不起作用的这种假设是没有问题的。但是在比如像一整世代内因为那些广大的力量对所讨论的问题仅具有间接的影响而将它们放在其他条件不变的范围内，其妨碍作用是很大的。因为尽管是间接的影响，如果正好是积累性的，那么在一代人的过程中，它们也会造成严重的后果；在实际问题上将它们暂时忽略而不作具体的研究，也是危险的。所以，在有关很长时期的问题上应用静态方法是不安全的；每一步都应当谨慎、明辨与节制。这种工作的危险与困难，在关于遵守报酬逐增规律的那些工业中达到了顶点；而也恰是在这些工业中，这个方法才被运用得有声有色。这些问题我们决定留在第12章和附录八中再进一步讨论。

必须回答一个反对意见，那就是由于“经济世界处于不停的运动当中，而且变化十分频繁和复杂，时间越长，就越没有纠正的希望”。所以，谈论价值在长期内趋于达到的那种位置，就相当于将“变数看为常数”（德瓦斯：《政治经济学》，第4篇第5章）。我们把变数暂时当做常数，这是事实；但在曾经处理精神世界或物质世界中复杂多变的材料方面曾取得的巨大进步中，这是科学所凭借的唯一方法，这也是事实。

# 第 6 章　连带需求和复合需求，连带供给和复合供给

## 第 1 节　间接的派生需求及其规律连带需求建筑业中劳资纠纷的例解

直接满足人的需要的需求叫做直接需求，比如对面包的需求，但是用来制造面包的面粉机及烘炉间接满足人的需要，这种需求叫做间接需求。一般来讲，原料及其他生产资料的需求是间接的，是从利用它们生产可以直接使用的产品的需求中派生出来的。烘炉跟面粉机的服务一起连接在成品面包中，所以，它们的需求称为连带需求。另外，麦芽和蛇麻草是互相辅助的，是同时用来酿造麦酒的。所以，在几种辅助品当中，对每一种辅助品的需求是来自它们生产某种成品（像一块面包或者一桶麦酒）时所一起提供的那些服务的。也就是说，在生产某种直接满足需要、从而有直接需求的产品时，有一种对其中任何一种辅助品所提供的服务的连带需求。实际上成品的直接需求可分为生产它所用的那些东西的很多派生需求[a]。

再举一个例子来说明。由于房屋的直接需求，引起了对各种不同的建筑劳动、石料、砖和木材等的建筑需求。而这些都是各种建筑工作所需要的，或简单而言称为新房屋的生产要素。对其中任何一种要素，比如像泥水匠的需求，仅是一种间接或者派生需求。

现在我们把劳动市场时常发生的那类事件同上例结合起来加以研究，劳资纠纷延续的时间是短期的，而我们所必须考虑的调节供求的那些因素仅仅是在短期内产生作用的因素。

这个事例有着十分重要的实际意义，所以需要我们加以注意。然而我们应看到，既然指的是短期，那么它是本章及以下几章中的一些情况我们选例准则的一个例外，因为在那些场合有充分的时间使供给力量发挥足够长的作用。

让我们做一个假设，房屋的供求处于均衡的状态，一群工人，比如说泥水匠，要进行罢工，或有某种其他因素阻碍泥水匠劳动的供给。为将该要素的需求取出来进行单独研究，我们先假定，新房屋需求的一般条件不变（换句话说，新房屋的需求仍然适用），其

次假定，其他要素的供给的一般条件不变，其中的两种要素一者是营造商的营业能力，再一个是企业组织（也就是我们假定它们的供给价格表也有效）。那么，泥水匠劳动供给的短期减少，将造成建筑量有所减少。已减少的房数的需求价格就会比以前高一些，而其他生产要素的供给价格保持不变[b]。因此，那时所能出售新房屋的价格，除超过建造房屋所需其他要素的买价总额外还保留一定剩余，而此剩余就是泥水匠劳动价格可能提高的界限，如果泥水匠的劳动是必不可少的话。这种同泥水匠劳动供给的不同程度的减少相对应的不同数量的剩余，决定于这一准则：就某商品的各种不同数量而言，用于生产该商品的任何要素所提供的价格是以该商品数量能找到买主的价格减去生产它所用的其他相应要素得以供给的那些价格的总和的差额为限。用专业术语来讲，通过某商品的需求表可以求出该商品的任何生产要素的需求表，方法是用该商品的各个不同数量的需求价格减去其他要素对应数量的供给价格总额[c]。

## 第 2 节　减少供给来大大提高一个生产要素的价格的条件

然而，当我们在现实生活中应用这个理论的时候，要记住这一事实：如果一种生产要素的供给被扰乱，那么其他生产要素的供给也会大受影响。尤其是当供给受到扰乱的那种要素是同一种劳动（比如泥水匠的劳动）时，一般雇主的报酬起着缓冲作用。换句话说，损失首先是由他们承担。但是通过降低其他工人的工资和解雇他们的一部分员工，最终他们将大部分的损失转嫁到其他生产要素。达到这点的过程的细节是各不相同的，不但取决于商业同盟的行动，也由市场上的议价或其他的原因而决定，而这些我们现在不加以讨论。

让我们研究那样一些条件是什么，在这些条件下，一种东西的需要不是用于直接使用，而是作为某商品的一种生产要素，这种东西的供给减少会造成它的价格快速上升。第一个条件，这种要素是生产该商品所必需的，或基本上是必要的，因为以相宜的价格买不到恰当的代替品。

第二个条件，该商品（此要素是生产它所必备的一种要素）的需求弹性很小，所以，它的供给减少致使消费者宁愿出更高的价格购买也不希望空手回家；当然，这又包括另外一个条件：该商品的合适代用品是不能用比它的均衡价格略高的价格买到的。假如建筑房屋的减少使房价大大提高，那么，追求获取额外利润的营造商将会彼此抬升价格来竞相购买市场上现有的泥水匠劳动力。

第三个条件，这种要素的价格仅占该商品生产费用的很小一部分。既然泥水匠的工资只是建筑一所房屋费用总和的一小部分，就算工资提高百分之五十，对该房的造价也不会产生多大的影响，从而节制需求的程度极小[d]。

第四个条件，尽管需求量稍微减少，也会造成其他生产要素的供给价格大大跌落；因为这将扩大用来给该要素支付高价的差额。比如，如果砖匠和其他种类的工人或雇主没有别的工作又十分清闲，那么，他们可能宁可为比以前报酬低得多的工作而工作，而这会扩大用来给泥水匠支付较高工资的差额[e]。

此四个条件都是独立存在的，而且最后三个条件的结果是具有累积性的。

假如不用灰泥或者可以用很低的价格雇用粉刷业以外的人来进行这种工作，那么，就会限制泥水匠工资的上涨。在某些场合，通过派生需求的作用，某商品的一种生产要素对其他要素的压迫，由于替代原理而有所缓和[f]。

另外，在获取成品生产要素中的某要素方面碰见的严重困难，常常可以通过用改变成品的性质来消除。有些泥水匠的劳动或许是必不可少的；然而房中到底应当使用多少粉刷，人们常常是有所迟疑的，假如粉刷的价格提高，那么他们所用的粉刷就会变少。他们由于所用粉刷减少而丢失的那种满足的强度，就称为粉刷的边际效用。为了使用粉刷，人们正好愿意支出的价格是用在该使用量的泥水匠工作的真正需求价格上。麦芽和蛇麻草在麦酒方面给的连带需求也是这样。但是可以改变它们的比例。只由于含有较多的蛇麻草从而跟其他麦酒不相同的那种麦酒，能够获得更高的价格。这一差价即蛇麻草的需求[g]。

砖匠和泥水匠等人之间的关系，在关系紧密行业的职工会的联合与斗争的历史上，充分表现出那种既有教益又充满浪漫情调的现象。然而连带需求中的大部分是对某原料及加工工人需求的事例；比如像铜、铁、棉、麻和对这些原料进行加工的工人。另外，由于厨师熟练劳动供给的不同，各种不同食品的相对价格也出现很大的区别，比如：在美国，许多种蔬菜和肉基本上是没有任何价值的，因为那里缺少熟练的厨师，而且他们工资很高，然而在法国它们就具有一定的价值，因为那里烹饪技术相当普及。

## 第 3 节　复合需求

我们已经知道，任何商品的总需求是怎样由需要它的人们的需求所组成的。但是现在我们可以把复合需求这一概念推广到多组生产者所需要的生产必需品上。

几乎各种原料和所有劳动都被应用于不同的工业部门，从而生产出各式各样的商品。其中每种商品都有各自的直接需求；从那种需求中可以求出它生产中所用的任何一种东西的派生需求，而这种东西照我们曾述的方式分配在它的各种不同的用途上，这些不同的用途是彼此竞争的。相应，派生需求是彼此竞争的需求。但是在同产品供给的关系上，它们是相互合作的合成供给的总需求，如同各社会阶级对成品的局部需求加在一起合成它的总需求一样。

## 第 4 节　连带供给及派生供给价格

现在我们可以对连带产品做一考察：换句话说，独自生产它们是很困难的；它们是同时存在于同一来源的，所以，可以说具有一个连带供给，像小麦与麦草或牛肉与牛皮[h]。这种情况与有连带需求的那些东西的情况是大概一致的，只要“需求”用“供求”代替，基本上能够用一样的词句来讨论，反之也是如此。与那些共同应用在同一个目的上的东西有着连带需求类似，有着同一来源的那些东西同样也有着一个连带供给。出于同一来源的单一供给可以由很多来自它的那些东西的派生供给构成。开始时三种用途的需求价格比第一种用途的需求价格还要高些[i]。

比如，自废除谷物条例后，英国依靠进口大部分小麦用以消费，当然麦草不包括在内。这就造成麦草的缺乏，因而麦草的价格就会上涨。种植小麦的农户寄希望于麦草并从中获取这种作物的大部分价值。由此可见，麦草的价值在小麦输入国里是较高的，但是在小麦输出国里就比较低。类似地，在澳大利亚的产毛区，有一段时间羊肉的价格非常低。由于羊毛的输出，羊肉只能留在本国消费；由于羊肉的需求不是很大，因此羊毛的价格只得弥补大概所有肉与毛的共同生产费用。随后，肉价的低廉推进了肉类加工出口工业的发展，如今澳大利亚的肉价与以前相比已有所提高。

这种连带产品两者同时生产所用的成本及单独生产其中一个所用的成本大致相等的情况是寥寥无几的。如果某企业的所有产品都有市场价值，那么它几乎可以肯定在其上曾用过特殊的操劳与费用，如果该产品的需求快速跌落，那么这种操劳和费用就会随之减少甚至省掉。比如，如果麦草价值低廉，那么农户就会比平常更加努力来使麦穗尽量大得跟麦秆相称。再比如外国羊毛的输入曾经使英国羊通过利用合适选种和杂交的办法进一步改良，从而使它的体重快速增加，甚至降低毛的质量也在所不惜。只有在同一生产过程中生产的两种东西有一种价值低廉，卖不掉而清除它不需要任何费用的时候，才不会诱使人改变其数量。也只有在这些例外情况，对于连带产品中各自的供给价格，我们才无法确定。因为如果可能改变这些产品的比例，那么，通过这些比例的改变，使其中一种产品的数量稍微减少而不会特别影响其他产品的数量，在生产过程的全部费用中我们就能确定有哪部分被节省下来。而该产品边际因素的生产费用就是这部分费用，也就是我们所求的供给价格。

然而这些都是例外情况。一个企业乃至一种工业常常认为尽可能地使用相同的技术、设备和企业组织来制造产品是很有益的。在这些情况下，各种用途中所利用的每一种东西的成本，需要由它在这些用途中所生产的成果来弥补；然而几乎没有任何的自然规律来确定这些用途的相对重要性，以及总成本来分配的比例，很多都根据市场的变迁特点来转移[j]。

## 第5节　复合供给

现在我们可以讨论与合成需求类似的复合供给问题。根据替代原理，一种需求常常可以通过几种途径中的一种来得到满足。而这些不同的途径是相互竞争的；因而相应的商品供给也是相互竞争的供给。然而它们在对需求的关系上却是互相合作的；"复合"成满足需求的总供给[k]。

假如支配它们生产的理由基本相同，那么在很多情况下，它们能够被视为是一种商品[l]。比如，在许多场合，羊肉和牛肉都可以被视为一种商品的变种，然而在其他场合，比如在毛的供给问题的讨论中，我们需要对它们区别对待；但是，竞争品可不是制成品，它是生产要素，比如，用于制造普通印刷用纸的纤维就可以分成很多种。正如上述，当需求被可以代替它的那种竞争品的竞争供给满足时，对几种辅助品供给中的一种（比如对泥水匠劳动供给）的派生需求的巨大作用，是容易受到削减的[m]。

## 第6节　各商品之间复杂错综的关系

本章所提到的这四个主要问题和基本上决定每种商品的价值的那些因素都存在一些关系。在各个商品价值间最重要的错综关系中，很多关系都不是一看就明了的。比如，炼铁时通常使用木炭，皮革的价格在某种程度上由铁的价格决定；制革者以前要求不使用外国铁，以便英国炼铁者对橡树木炭的需求可继续维持英国橡树生产，从而使橡树皮的价格不会变贵[n]。通过这个事例我们可认识到这一情况，那就是：某种东西的供给来源会受到它的过度需求的破坏，以至于它可以有的那些连带产品严重缺少；由于英国炼铁者对炭的需求使英国很多森林遭到严重破坏。另外，对羊羔的过度需求一直视为几年以前普遍缺少羊的原因之一。然而有些人也有不同的看法。在他们看来，卖给富人的羊羔所得的价格越高，养羊就会越有利，因此供给人民食用的羊肉也就会更加便宜。实际上，需求的增加也可能造成相反的结果，这就得取决于它所发生的作用快得是否能够阻止生产者使其生产与之相适应。

再次，对某业如美国某些地区银矿业有利的铁路、小麦的种植业及其他交通工具的发展，使那些地区的大概所有产品的主要生产费用大大地降低。另外，以漂白材料、苏打和食盐作为主要原料的其他工业品的价格，基本上由于那些工业中改进所使用的生产方法，而都产生了相对的变动；而那些价格的变动对很多其他商品的价格产生影响，因为在许多加工工业部门中食盐工业的各种不同产品都是有着重要性的生产要素。

此外，棉子油和棉花是连带产品，近期棉价的下降，主要是因为棉子油加工的使用和改进。另外，正如棉荒史所表述的，毛、麻、布和其他同类商品的价格大都受到棉花价格的影响；而棉子油也作为新的竞争替代品越来越受到同类商品的关注。再比如在加工工业中麦草已经找到很多新的用途，而且使美国西部通常被烧毁的麦草获得价值，并且对小麦边际生产成本有阻止其上升的趋势[o]。

## 【注释】

a 比较第三篇，第 3 章，第 6 节。需谨记：具有现成使用形式的东西曾被称为一级财物或者消费财物；用来生产其他财物的生产要素叫做生产财物，或者二级财物跟中间财物：财物什么时候真正完成，也是很难确定的，在其真正用于消费之前，很多东西一般都视为已制成的消费财物，比如面粉。可见第二篇，第 3 章，第 1 节。工具财物（被当做价值由其产品而来的那些财物）这一概念的含义可见第二篇，第 4 章，第 13 节。

b 在通常情况下，不管怎么样这是真的：加班加点的额外费用会变少，砖匠、木匠及其他工人的劳动价格可能会下降而不上升，而且砖和其他建筑材料也是这样。

c 文中的一般叙述用于大多数场合或许就可以了；一般读者或许应删去本章其他注释。要记住，在下述假设条件下这种派生表是不能成立的，它们是：我们把这一要素抽出来加以单独研究；它的供给条件被扰乱；当时问题中没有影响其他成分的独立干扰；

所以，在其他各生产要素补的场合下，供给价格与售价总相等。为了方便，用图说明时，可以把某商品的生产费用分成由它的那两种东西构成的供给价格。我们假定将一把刀的供给价格当做刀身和刀柄的供给价格的总和，而且对于镶刀柄于刀身的费用暂不考虑。假设 ss′ 是刀柄的供给曲线，SS′ 是刀的供给曲线；由于 M 是 Ox 上任意一点，垂线 QqM 与 ss′ 交于 q，与 SS′ 交于 Q，因此，Mq 即刀柄 OM 的供给价格，qQ 即刀身 OM 的供给价格，MQ 即 OM 的供给价格，再设 DD′ 是刀的需求曲线，与 SS′ 交于 A，AaB 如图所示，系一垂线。那么，在状态均衡时，OB 数量的刀按照价格 BA 销售，其中 Ba 属于刀柄，aA 属于刀身［如图（19）］。（在此例解中，我们可以设定有足够的时间令支配供给价格的那些力量能够尽可能地发挥作用；这样我们的供给曲线就可以向下倾斜。这样的变动不会影响我们的论证，然而通常最好在我们的典型事例中供给曲线是向上倾斜。）

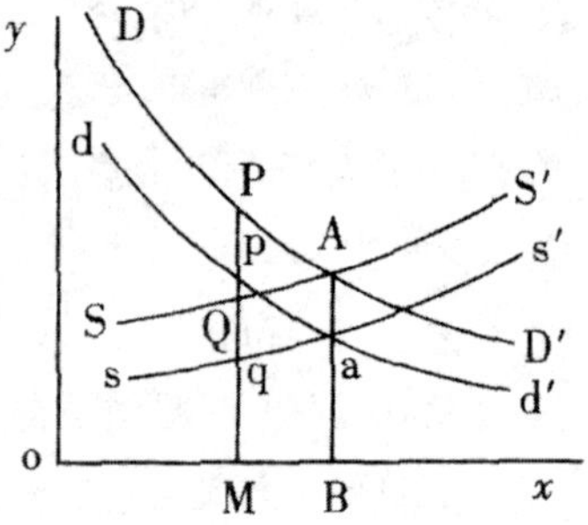

图（19）

现在我们对刀柄的需求进行单独研究。我们假定刀柄的供给和刀的需求遵循着其曲线分别代表的规律：假设刀柄的供给曲线仍有效，同时代表刀柄正常供给的各个情况，即使刀柄的供给受到暂时的干扰。设 MQ 与 DD′ 交于 P，则 MP 是 OM 刀的需求价格，Qq 是 OM 刀柄的供给价格。在 MP 上取一点 P 并让 Pp 等于 Qq，所以 Mp ＝ Mp−Qq；那么 Mp 就是 OM 刀柄的需求价格。设 dd′ 是 p 的轨迹；那么 dd′ 为刀柄的派生需求曲线，而且它通过 a。现在我们忽略图中的其他曲线，只是注意 dd′，ss′，假定在其他情况不发生改变的条件下，换句话说，在没有影响刀的需求规律和刀柄供给规律的干扰因素的条件下，把这两条曲线视为代表刀柄的供给和需求关系。那么，Ba 是刀柄的均衡价格，市场价格在供求（需求表由 dd′ 表示，供给表由 ss′ 所表示）的影响下按照上章中所研究的那种方式绕着它波动。我们已经指出，除在均衡点的附近，一般的供求曲线并不具有实际的价值。这在派生需求方程式中甚至更加适用。

（由于 Mp−Mq ＝ MP−MQ，所以，A 是稳定均衡点，a 点也是稳定均衡点。然而假如供给曲线是向下倾斜的，那么这种说法需略加改正，见附录八。）在上个例子中，不管商品的产量怎样，生产要素中的各要素的单位不改变，因为每把刀总是由一个刀柄和一个刀身构成；然而当商品产量的变动造成生产单位商品所需要的各要素数量发生变动时，用上述方法所作出的要素供给曲线和需求曲线就不可以用该要素的固定单位来代表了。而在使它们适于一般使用以前，需要将它们还原成固定的单位。

d 第三个条件，如果 PM 按一定比率超过 AB，那么 pM 也必须以较大的比率超过 Ba。在其他条件不发生改变的条件下，那 Ba 就需要仅是 BA 的一小部分。

e 换句话说，如果 Qq 过去与现在相比要小些，则那么 Pp 过去会小些，但 Mp 就会大些。

f 在庞巴维克的名著《经济财物的价值论纲要》(或者《经济学与统计学年鉴》，第 13 卷）中这样写道，假如除某商品的一种生产要素外其他所有的要素都存在永远可用的代替品，所以它们的价格一成不变，那么其余要素的派生需求价格就会与成品的需求价格与其他各要素由此而确定的供给价格的总和之差相等。在上述规律中这是一个有趣的特殊场合。

g 参阅附录三。

h 教授杜斯诺普（《美国经济评论》附刊，1914 年）说道，“凡产品由几个厂生产时的生产成本总和大于由一个厂生产时的总生产成本，就称为连带产品”。这个定义不如我们在本节结尾所述的那个定义普遍；但从某些特殊场合来讲，也是方便的。

i 如果想分开连带产品的供求关系，那么，派生供给价格的求法就和同在相似需求场合下求某生产要素的派生需求价格的方法相同。但需要假定其他条件不发生改变（整个生产过程的供给表必须仍旧有效，把分出去的除去，也必须是连带产品中的每个需求表有效）。求派生供给价格的方法是，它肯定与整个生产过程的供给价格同所有其他连带产品的需求价格总和的差额相等；其中各个价格基本上都对各种相应数量而言。再举一个简单的例子，假定两个连带产品的相对数量不改变。设 SS′ 是提供固定数量的皮和肉的牛的供给曲线，dd′ 是牛肉的需求曲线。在 Ox 上任意取一点 M，作垂线 Mp 与 dd′ 交于 p，且延长到 P 使 pP 指代 OM 皮的需求价格。那么 MP 就是 OM 牛的需求价格，而 P 的轨迹 DD′ 就是牛的需求曲线。它可以称为总需求曲线。假设 DD′ 与 SS′ 交于 A；作垂线 AaB。那么，在均衡时，以价格 BA 所生产和销售的牛是 OB，在价格 BA 中 Ba 属于肉，而 aA 属于牛皮［如图（20）］。

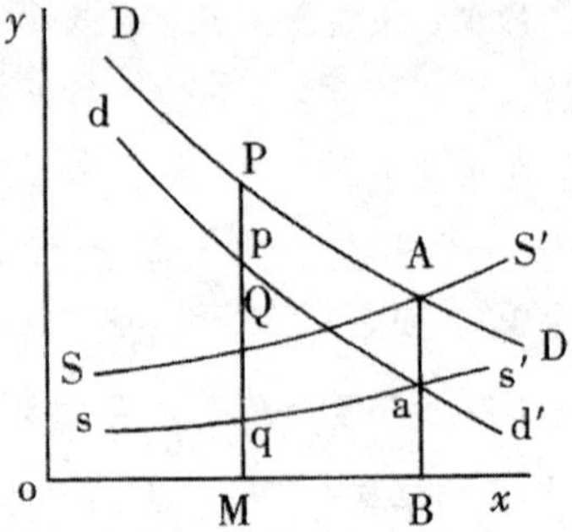


图（20）

设 MP 与 SS′ 交于 Q。从 QM 取一截线 Qq 等于 Pp；那么 q 是肉的派生供给曲线上的一点。由于如果我们设 OM 皮的售价总是与相应的需求价格 Pp 相等，那么可以推测，如果生产 OM 牛中每头牛所需的费用是 QM，那么剩余价格 QM-Pp，也就是 qM 将由 OM 肉中每头牛的肉负担。而 q 的轨迹 SS′ 与 dd′ 就是肉的供求曲线。

j 在下章中对此问题再略加讨论，以后在《工业与商业》中再对其做充分的讨论。

k“竞争品”一词出于费希尔教授所著的《价值与价格理论中的数学研究》一书中，此书对本章所研究的问题有很大的影响。

l 所有竞争品都接近于饱和的那种状态是由复合供给来满足的，在所有情况下价格的总供给应该是这一价格的部分供给的总数量。例如，于 Oy 上任意一点 N 作 $Nq_1q_2Q$ 平行于 Ox，使 $Nq_1$，$q_1q_2$ 和 $q_2Q$ 分别表示按价格 ON 所能提供的第一种、第二种和第三种竞争品。则 NQ 为这种价格下的总合成供给，而 Q 的轨迹为满足所述需要的手段的供给曲线。当然，各竞争品的单位的选择必须能满足相同数量的需要。在图（21）所代表的情况下，以这种价格所能供应市场的第一种竞争品的数量极少，这种价格太低，不能造成其他两种竞争品的提供，按价格太低而不能引出第三种竞争品供给的那种价格来供应市场的第二种竞争品的数量也很少。

m 当各竞争品的供给都不是受报酬递加规律的控制的时候，才有可能产生持续的竞争。只有当其中没有任何一种竞争品能够驱逐其他竞争品时，才能创造稳定的均衡；假如一切竞争品都遵守着报酬递减规律，则情况便是这样了。如果因为有某一种竞争品暂时获得优势，从而增加了对它的使用，则它的供给价格必然会上升，其他竞争品则会开始以比它低的价格出售。但是如果其中的一种竞争品遵守了报酬递加规律，则该竞争会马上停止；因为它只要暂时获得优势，对它的使用的增加就会减少它的供给价格，从而提高它的销售量，而它的供给价格持续下降，其余的以此类推。这样，它相对其他竞争品的优势不断增加，一直到某一天它把它们全部驱逐出这一领域为止。毫无疑问，这个准则是有很明确的例外的。有时那些遵守报酬递加规律的商品在这一领域竞争的时间貌似很长。比如说各种各样的缝纫机和电灯泡。但是在这些情况下，实际上那些东西适用于完全不相同的需要，它们多少适应不同的需求或爱好；大家关于它们各自的优点持有不同的见解；或其中也许有些东西取得专利权，或通过另外的途径为某些特定厂家所垄断。在这种情况下，习惯和广告的影响可以使许多竞争品长期存在于这一领域：尤其是如果生产那些按照生产费用来计算实际上质量非常不错的东西的生产者不可以非常成功地利用广告和行商及其他代理人来推广自己的产品。

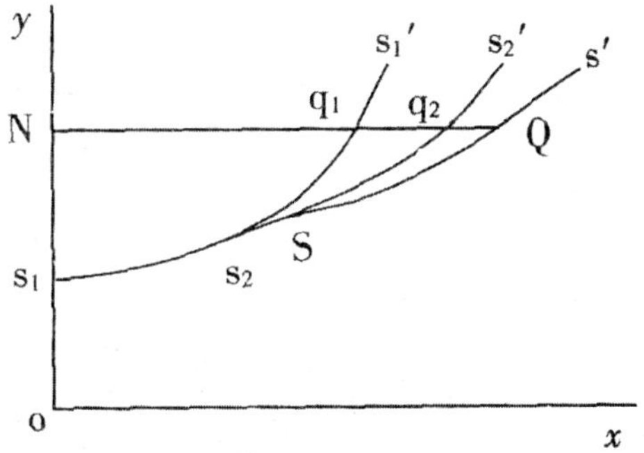


图（21）

n 汤因比：《工业革命》。

o 此外，因为牛羊需要竞用土地，所以在间接需求方面皮革和棉布也成了竞用一种生产要素的关系。但是，由于它们在家具店中也以原料的身份竞相满足同一种需求。所以，家具商和鞋匠也对皮革有了复合需求，比方说鞋的上半部分是由棉布制成的，所以鞋也对棉布也有了复合需求：鞋为棉布和皮革提供了连带需求，而棉布和皮革则成为相互补充的供应品，由这种方法可以类推，各种事物纠缠不清。本章所讲述的派生价值理论与奥地利学派所著的分成价值理论有异曲同工之妙。不管是使用哪一种理论，我们应当认识到新旧价值理论之间所具有的连续性；我们应当只是把分成价值或派生价值当做一些因素，这些因素和各种各样的其他因素一样都应该在一般的关于分配和交换的这个问题上占据应有的地位。新的名词则是可以将那些数学上特有的精确表述方式应用于日常生活。生产者一直在考虑那些对于他们所关注的原料的需求是怎样被取决于那些用于生产的商品的需求的，而那些影响它们的种种变动又是如何倒过来影响它的们；实际上这一问题是确定各种产生相同结果的众多力量中的任意的效率这一问题的一个特例。在数学方面来说，这结果可以说是各种力量的一个函数：对这种结果的（边际）来说，其中任意一种力量对其所作的贡献，是由该力量的极细微的变化所导致的，即是由那种力量的结果的微分系数来显示的。用另一句话说，对于一种生产要素来说，其分成价值或派生价值，如该要素仅仅用于一种产品，等同于关于该要素的那种产品的微分系数；以此类推。(埃杰沃思教授竭力反对维塞尔的分成价值理论中的某些部分，《经济学杂志》，第5期。)

# 第 7 章　直接成本与总成本同连带产品之间的关系　风险保险，销售成本和再生产成本间的关系

## 第 1 节　由混合企业的各部门适当承受生产费用，尤其是销售费用的困难

现在我们对再来考虑一下直接成本和补充成本，尤其注重于把补充成本适当分配到企业的连带产品。

一个企业的某部门生产出的一种产品通常在另一个部门作为原料来使用，由此只有通过精密的复式簿记制度才能对两个部门的相对赢利加以确定；但事实上以主观猜测得出概念更为普遍。尤其是在同一个农场把长期输种的耕地和永久牧场结合在一起时，更能说明这种困难[a]。

另一个事例来说明这种困难的就是船主需要把船的费用分给很重的货物还有体积大却不是很重的货物的事例。他想方设法载运这两种混合船货；那些港口所处的劣势是竞争港口生存斗争中的一个重要因素，它们要么提供体积大的船货，要么提供很重的船货；然而一个港口，它的主要出口品很重而体积不大，能把低廉的那些工业的出口运输业收到自己的附近。比如，斯塔福德郡各陶器厂成功的其中一个原因，就是以低廉运费把它们的货物通过从默尔西河来的载有铁及其他重船货的船载运。

然而在船业中存在着自由竞争，对于船的形状和大小，以及航线和通常的经营方法，它掌握很大的决定权；所以，在许多方面可以以下述一般原理应用，就是：某企业的连带产品的相对比例，必须调节得使各产品的边际生产费与它的边际需求价格相等[b]。也就是说，每种船货的载运量不断向均衡点倾斜，在正常商业状态下该点该数量的需求价格正好够弥补它的运费，这种运费的计算不止包括它的直接成本（货币），并且要含有企业长期由于运输而直接或间接产生的全部补充成本[c]。

在加工工业的一些部门中，对任何一类商品的总生产成本做初步计算时，一般是用

假设它们所承担的企业直接成本和它们补充成本的份额或生产它们所花费的特别工资额成比例的方式进行。随之再对那些比平均额需要更多或更少的场所，贵重机器或照明的使用的产品进行酌算。

## 第2节 续 前

需要特别注意企业补充成本的两个因素在各个部门间的分配，它们分别是推销成本与风险保险费。

有一种易于推销的商品；它们的需求稳定，为储备而生产通常是安全的。也就是由于此原因，它们的价格受竞争影响锐减，除生产它们的直接成本以外，不能再提供大量的剩余。有时生产和销售这些商品的工作基本上可以成为自动的，从而使它们不会负担多少管理和推销费用。然而事实上总是使这些商品甚至负担比它们所应担的还要小的很小份额，而且把它们作为一种建立和保持商业往来的手段使用，这种往来会方便推销其他类产品；就这些商品而言，是没有这样激烈的竞争的。厂商尤其是从事服装业和家具业的厂商以及几乎所有各行业的零售商，总是把这种做法作为上策——利用他们商品中的某一种作为宣传其他商品的手段，而且让第一类商品所承担的补充成本小于它们的比例份额，让第二类商品所承担的多于它们的比例份额。他们把那些性质非常一致、消费非常的普遍，使基本上所有买主都了解它们的价值的商品归为第一类；而归为第二类的产品是这样的：买主考虑更多的是这种产品能投其所好，而不是按尽可能低的价格来购买此物。所有这种性质的困难因为不稳定的供给价格而加剧，这种不稳定常出现在报酬递增的趋势发生强烈的作用时。我们已经明白，我们在这些场合找寻正常的供给价格时，需要选择一个按成长能力经营且有代表性的企业，从而获得工业组织所产生的平均的内外部经济，而这些经济即使随着特定企业的成败而不断变化，但当生产总量上涨时，它们通常也有所上涨。显然，假如一个厂商生产一种商品，而增产这种商品又会令他获取更多的内部经济，那么，为能在一个新市场尽力出售这种商品，就算有特别大的牺牲也是不惜的。如果他的资本雄厚，商品又是大量需求的商品，可能这种推销费用是相当大的，甚至会超过它的直接生产费用。实际上很可能，假如他同时推销几种别的商品，那么，对于这种费用的分配，本年度它们中间每种销量所负担的应是多少，以及尽力为它们建立的未来商业往来而负担的应是多少，他都只能给出一种大致的计算。

事实上，如果某种商品的生产遵循着报酬递增规律，由此给大生产者提供很大的优势，那么，这种生产很容易受到少数几家大厂的操纵；而正常边际供给价格是不能通过上述方法来求得的，原因是那个方法是假设有很多具有各个规模的企业的竞争者，其中有新企业，有旧企业，有些位于上升阶段，有些位于下降阶段。但其实在很大程度上少数家大厂的这种商品生产具有垄断的性质；它的价格大部分由那些争取扩大势力范围的竞争对手间的斗争来决定，很难存在一种真正的正常水平。

经济的发展为在远处推销商品提供了新的便利，降低运费是一个方面，更重要的是，使远处的生产者和消费者互相挂钩。即使这样，在当地居住的生产者在很多行业中都拥有着很大的优势。而这种优势能够使他同生产方法较经济的远方竞争者相竞争。他在他的周围地区可以卖得跟他们同样便宜，因为即使他的商品生产费用比他们高，但商品的大部分推销成本却能被省下。然而，时间是站在生产方法较为经济的一边；假使他或者某些新厂商不引进他们先进的生产方法，他的远方竞争者就会慢慢在该地插足。

此外还需要仔细研究的是，企业风险保险费与该企业生产的所有特定商品的供给价格之间的关系。

## 第 3 节　风险保险

厂商和商人通常都保火险和海上损失险，他们所支出的保险费列为补充成本，其中一部分需要加在直接成本上，从而方便决定他们货物的总成本。然而能够防止大多数企业风险的保险是没有的。

虽然从火灾损失和海上损失来讲，保险公司也应当考虑到可能的欺骗和不慎；所以，除去对它们自己的费用和正常利润的计算，还应当收取一笔保险费，这笔费用与那些妥善管理的建筑物或者经营有方的船只所冒风险的实际等价相比要大得多。然而海上事故或火灾所造成的损失（如果发生）多半是相当严重，所以额外支付这笔费用是很值得的；部分原因是因为特殊的企业理由，而主要原因是增加的财富的总效用与它的数量不能成比例地增加。但大部分企业风险与该企业的一般管理有着密不可分的联系，从而使承担它们的保险公司事实上是在为该企业负责。所以，从这些风险上讲，每个厂都应当做为自己的保险事务所。在此项目下支出的费用是它补充成本的一部分，其中一部分应当加在它的各个产品的直接成本上。

然而这里存在两种困难，在一些场合，人们常忽略风险保险费；而在另一些场合，保险费又常常被计算两次。比如，有时候一个大船主不愿意让海上保险者保他的船险；

且至少把他保险时所要支付的一部分保险费放在一边，从而建立他自己的保险基金。然而在对经营一只船的总成本计算时，他还需要把保险费加到它的直接成本上。对于那些他没办法以合理价格买到保险单来保的风险（就算他想买的话，他要以这样或者那样的形式作相同的处理。比如，他的某些船只，有时候会在港中闲置，或者只赚名义上的运费，而为了在长期内使他的企业有利可图，他需要以这样或者那样的形式对他的那些顺利航行获得一笔保险费，来补偿那些不顺利航行时遭受到的损失）。

然而这样做时，他所用的方法通常不是在他的账上正式记一笔保险费，相反则用一种简单的方法，就是：求出顺利航行以及不顺利航行的平均数；等求出平均数后，这些风险的保险费就不可以视为一个单独的项目而归属为生产成本，否则就会重复计算了保险费。在决定自己冒风险后，用于预防风险的费用与他的竞争者所用的平均费用相比好像是稍微多了一些；且以普通的方法将这种额外费用归到他的资产负债表。事实上它是保险费的另一种形式；所以，他根本不应该把这部分风险的保险费单独计算，因为这样他就会重复计算[d]。

当某厂商计算出在长期内他所卖衣料的平均销售额，而且把过去的经验视为他以后行动的借鉴时，他就已经计算了那些由于新发明而令机器接近陈旧所引起的机器价值下跌的风险，以及由于样式改变而令他的商品价值贬低的风险。如果他再对这些风险的保险费单独计算，就会把它重复计算了[e]。

## 第4节　续　前

由此可知，在我们在对一个风险性企业的平均收入做计算时，即使要计算因为不稳定而带来的费用，也绝不要再对风险保险费单独计算。确实，一种冒险职业像金矿业对某些人来说是有着特殊的吸引力的。其中损失风险的阻力比致富机会的吸引力小，就算以保险公司估计员的原则计算的前者的价值远远高于后者。如亚当·斯密提到的那样，具有一种传奇因素的风险性行业常常人满为患，从而使它的平均报酬与无险可冒时相比还要低些[f]。然而在大多数的情况下，风险的影响是朝着相反方向的；肯定会付四厘利的一张铁路股票，售价比同样可能支付一分、七厘或中间额的利息的股票的价格要高一些。

每个行业都有着其自己的特点，在大多数的情况下，即使不稳定的祸害算不了什么，也总存在些关系。在某些情况，诱惑一定支出所需要的平均价格（如很大悬殊和不稳定的结果的平均数），会稍微高于那种与该平均数差额极小的该冒险者自信收取的盈利。所以，我们必须把不稳定（如果它是特别大的）的报酬加到平均价格上；虽然加上风险保险费，我们也需要把它的较大部分计算两次[9]。

## 第 5 节　再生产成本　本篇某些章节暂而不论

对于企业风险的讨论向我们再一次表明这样一个事实，那就是：一种东西的价值即使有趋势和它的生产成本（货币）相等，然而除特殊情况外，也不是在任何特定时间都与之相同。凯雷发现这点时，建议过我们应当说价值和再生产成本（货币）的关系，而不是说价值和生产成本的关系。

然而就正常价值而言，这种建议是没有任何意义的。由于正常再生产成本与正常生产成本意义相同，一种东西的价值有与它的正常再生产成本（货币）相等，而不是同它的正常生产成本相等的趋势，这种说法实质上并没有什么改变。再生产成本一词要比生产成本一词复杂，但指的却是同一回事。

要求改变的这种论点，就算根据那个容易被接受的事实，也是站不住脚的，就是：在某些少数情况下，一种东西的市场价值与其再生产成本的差价很小，而与生产那个特定东西实际用的成本的差价很大。比如，在炼铁业大大改进以前，制造的一只船的现时价格同它的再生产成本（也就是用现代技术生产同样另一只船的成本）的距离，可能比它和过去生产那只船所用成本的差距要小些。然而旧船的价格可能小于船的再生产成本，由于船的设计技术获得了像炼铁方法那样快的改进；另外，钢已经代替了铁作为造船的材料。依旧可以断定，船的价格与一条按现代方法生产和现代设计的同样适用的船的成本相等。但是那和说船的价值等于它的再生产成本并不是一回事。实际上，如时常发生的，当船出人意料地发生缺乏而使运费快速上涨时，那些迫于想在生意中获取厚利的人，对一只可以航行的船所支出的价格会大大超过造船厂制造另一只一样适用，但在以后交货的船的价格。除非买主能方便地等待新供应品的生产，不然再生产成本对价值的直接影响便是微不足道的。

此外，在下述场合下再生产成本和价格是没有联系的；比如，被围困的城市中的粮食、拉斐尔的画、在疟疾流行的岛上供给缺乏的奎宁、不受欢迎的书籍、市场供应过剩的鱼、老旧的装甲船、市场似乎没有的鱼、哑钟、过时的衣料或废矿区中的房屋。

※※※※※

建议在经济分析上还没有经验的读者最好略过以下 7 章，直接读第 15 章，因为其中含有本篇的一个短小的结论。确实，讨论价值和边际成本的关系的那四章，尤其是第8章和第9章都与“劳动纯产品”一词所含的某些难处相关；而这个名词是使用在第六篇中。但那里作的一般解释暂时能够满足大多数场合的要求，对于与它相关的一些复杂情况需由经济研究的高级阶段追加讨论。

## 【注释】

a 可以应用上章所述之数学或半数学分析来解决各业复式簿记的某些实际难点。

b 比较第6章第4节。

c 当然，这不适用于铁路运价。由于铁路公司伸缩性的经营方法，而且从外来竞争也不会很多，所以我们尽力使它对各种运输方式所收取的运价和这些运输对它的成本相适应的原因是不存在的。实际上虽然它可以很轻易地确定各种情况所需的直接成本，但是它不能准确地确定长途运输与短途运输之间、轻运输与重运输之间的相对总成本，以及不能精确地确定运输的繁忙情况与运输清淡时的额外的运输的相对总成本。

d 另外，美国存在一些保险公司按比一般价低得多的钱保工厂中的火险，条件是：按规定履行预防措施，例如装置自动灭火机，墙与地板必须坚固。实际上这些措施所用的费用就是一种保险费。自己预防火险的工厂加在产品中的保险费，与用一般建筑的条件相比，这种方法要少得多。

e 另外，当农户计算平均年成中种植某一特定作物的花销时，他不会再另算一笔防预季节不适和歉收的保险费，因为在平均年成的计算中，他已经把非常适宜和非常恶劣的季节的机遇算进去了。同样当计算渡船夫的年平均收入时，他有时不得不空渡的那种情况也已经算了进去。

f《国民财富的性质与原因的探究》，第一篇第10章。

g 屠能在对大企业风险中不稳定所带来的祸害方面讲述得很好（《孤立国》，第2章第1节）。

# 第 8 章　边际成本和价值的关系　一般原理

## 第 1 节　各种产品的生成需要对其生产中用到的要素的价值加以估计

本篇至第 4 章一方面是探讨产品的边际成本与其价值之间的联系，另一方面是探讨边际成本和生产其所需的土地、机器及其他生产工具的价值之间的关系。这种研究与正常条件和长期结果有着极大的关系，这是一个不可忽视的事实。一切事物的市场价值可以远大于或小于它的正常生产成本：某特定生产者的边际成本无论在何时都与正常条件下的边际成本没有任何关系[a]。

我们在第 6 章末曾经指出，问题的一部分是不能和其余部分分开的。相对来说，这样的东西是没有的，它的需求不受使它有用的其他东西的需求的巨大影响。我们甚至可以说，大多数商品的需求不是直接的，而是从它们（作为原料或工具）促成其生产的那些商品的需求中派生出来的。由于这种需求是这样派生的，这种需求又多半取决于和它们共同生产那些商品的其他商品的供给。此外，可用来制造任何商品的任何东西的供给，往往受着那种东西需求的巨大影响，而这种需求又是从生产其他商品的用途中分出来的等。在迅速而通俗的有关世界商业的讨论中，可以而且必须忽略这些相互关系。但是任何称得起彻底的研究，对于这些关系的周密考察，是不能避而不谈的。这就要求我们同时记住许多事情，正因为如此，经济学永远不能成为一种简单的科学。

这几章所讲述的问题作出的贡献所包含的范围非常之小，但界定那个范围是困难的。我们必须要小心谨慎，并且因为其中遍布陷阱和绊脚石，所以我们还要从多个角度来看待问题。它主要谈论的是有关于土地、机器和其他物质生产工具的报酬问题。当然，对人的报酬问题它的基本论点也是适用的；但物质生产工具的报酬的某些原因要素是不会影响到这些报酬的。即使这些细枝末节的问题不会使其变得错综复杂，我们所讨论的问题也已经有了相当的难度了。

## 第 2 节　替代原则的又一例解

首先，让我们来回忆一下替代原理的用途。在现代，那些专职组织群众的经济力量的雇主和其他的一些企业家几乎经手了所有的生产资料。他们每一个人都在随时选择那些似乎最有利于他们的生产要素。他对他所用的那些生产要素所支付的价格总额，照例是小于他对那些可用来替代它们的其他要素所必须支付的价格总额。因为无论什么时候如果事情并非如此，则他将着手用比较廉价的措施或过程加以替代[b]。

上述观点和许多日常生活中的俗语相吻合，比方说“所有的事情都有发现自己最终目的地的趋势”，“绝大部分人之所得到的，差不多等同于他们的价值”，又如“如果某人比另一个人多赚一倍的钱，那么他的工作也比另一个人多值一倍的钱”，再如“只要能提供更便宜的劳务，机器将取代手工劳动”。这些道理刚开始传出时确实不是没有受到质疑。它也许因为某些创业信心而减弱，也许因不忍心散伙而变得和缓，也许是受到习俗或法律的限制，也许受到门户之见或工会章程的限制。但它总是有影响的，并渗透于现代世界的所有经济举措之中。

比方说，有几种田间作业，用马力明显地比用汽力更合适，或用汽力显然比用马力更合适。如果我们假设，人们不会在马拉农具或动力机器方面有建设性的发展；那么，假设过去积累的经验使农场主慢慢地学会运用替代规律；那么，根据这个假设，农场主对于汽力的应用无疑会被扩大到这样的一种地步，也就是再多使用任意一点汽力来替代马力劳动也不会造成纯利益。但是，这将会产生一个边际，在那个边际，它们都能毫无差别地被使用（正如杰文斯也许会说的那样）。在那个边际上，汽力或马力对总产值的纯增益的影响将与使用它的成本成比例[c]。

与此相同，如果有两种取得相同结果的方法，一种是使用熟练劳动，而第二种则是用非熟练劳动，那么，我们将采用那种效率比成本高的那种方法。将有那么一个边际，在这个边际，每种方法都将毫无差别地被使用[d]。当我们处在那条线上时，每种方法的效率和对它所支付的价格成比例，当然这也要把各种不同地区或相同地区的各种不一样工厂的特殊情况计算在内。也就是说，熟练劳动和非熟练劳动的工资比例与它们在无差异边际上的效率比例相同。

除此以外，手工劳动和机器劳动之间的竞争和不同种类的手工劳动或不同种类的机器劳动之间的竞争相似。手工劳动对于某些特定的操作，比方说对于除去不规则的生长在那些值钱的作物附近的杂草具有优势，而马力则更适合锄去一块普通萝卜地里的杂草；

在各自领域中每一种方式的应用将被扩大，以至于再用将不会带来纯利益为止。在手工劳动和马力劳动之间的无差异边际上，它们一定要和它们的效率成比例；可见，替代的影响应该在劳动工资和必须对马力支付的价格之间确立一种直接关系。

## 第 3 节　纯产品的定义

各种各样的劳动、原料、机器以及其他的生产设备和其内外部企业组织，一般都是用来进行商品生产的。经济自由的优势在这时表现得淋漓尽致，即一个有才能、有胆识的企业家会甘愿冒风险来试验某些新的方法或各种旧方法的融合是否能够强过旧的方法。事实的确如此，每个精明的企业家都通过利用他的精力和才能不断地尽自己所能来了解他现在所用的每种生产要素的相对效率，以及那些可能会代替其中某些要素的其他要素的相对效率。他尽自己可能预测额外使用某些要素所将要产生的纯产品（他的总量的纯增加量）；这里所说的纯增加量是指除去由于这种不可预测的变动而可间接造成的一切的额外费用，以及同时所造成的一切节约。他尽力把各种要素使用得恰到好处，在这个临界点，它所产生的纯产品将永远低于他对它所必须支付的数额。他一般是靠长久的摸爬滚打所训练成的本能来预测，而不是计算；但是这却和我们在研究派生需求时所用的方法有异曲同工之妙；从另一个方面看来，这些方法可以说是用一种繁杂而细致的复式簿记制度所能办到的[e]。

我们以前也做过一些简单的计算。比方说，我们改变麦酒中的蛇麻草和麦芽的比例，看到因为增加了蛇麻草的分量而使麦酒的额外价格是如何成为决定蛇麻草需求价格的一种典型因素。如果假设蛇麻草比例的增加并不引起额外的劳动或其他的花销，并且假设使用这个额外数量的大小值得考虑，这样的麦酒所具有的额外价值就是所谓的蛇麻草的边际纯产品。在这种情况下，与大多数情况一样，纯产品不是产品质量的提高的话，就是产品价值的一般增加。它一般是与其余产品不可分割的一个确定的部分，但在例外情况下它们却可以分开[f]。

## 第 4 节　过分使用任何要素可能会引起报酬递减这一事实和下述事实类似，但不尽然相同，也就是说：投资于土地的资本和相应的各种劳动的增加，会造成报酬递减

任何生产要素的边际使用这一概念，都意味着有可能由于它的使用递加而造成有报酬递减的情况。

在各个企业部门中，甚至说在任何日常生活事务中，各种为达到任何目标而过度使用任何手段的做法必定会造成报酬递减。对于那个已经被论证过的理论，我们可以再找一些示例来证明。就拿制造缝纫机来说，有些部分铸铁就可以胜任，而其他部件用普通钢也就可以了；但是还有一些部件则需要价格高昂的合金钢才可以，而且只有当所有的部件配合得平滑顺利，缝纫机才可以运转得灵活。如果有人用不合适的劳动和费用来选择原料，来迎合次要用途的需要，那么，毫无疑问，此项支出会造成急剧的报酬递减；把一部分此项支出用来使机器运转灵活，甚至以此来制造更多的机器，也许会对他更有好处。但是，若是他只是用那些过多的支出用于涂漆上光这些事项，并使用低等金属来代替不可取代的高级金属，则他会得不偿失。

这种考虑乍看似乎简化了经济问题；但事实恰恰相反，这却是造成困难和混乱的主要原因之一。因为一切的这些不同的报酬递减趋势虽然看来有某些相似的地方，但它们的实质却是不一样的。比方说，因为在特定工作上使用的各种生产要素的比例不当而造成的报酬递减，与因人口增加而造成的加于生活资料的压力这一明显趋势二者之间毫无相似之处。古典学派的那个无与伦比的报酬递减规律并不是主要应用于任意的某种特定的植物上，而是应用在一切主要粮食作物上。它认为农场主一般会种植那些对于他们的土地和资源来说最适合种植的作物，并且也会想到这些作物的相对需求；此外，它认为他们必然会合理地分配他们的资源到各种不一样的用途。这并不表示他们具有多大的聪明智慧，但是在分配这些资源的时候他们展现了相当的谨慎和聪慧。在这里所说的国家的情况是它的所有土地已经被现实企业家所操纵，只要他们能够证明贷款的用途是正当的，他们就可以用银行贷款来充实自己的资本。这个规律断言，增加该国农业总投资将造成一般农产品的报酬递减。这个论点虽然是和下述论点有些相似，但确实有些区别，即在各种不同的耕作计划方面，如果任何农场主对自己的资源分配不正确的话，那他从那些用得过分的支出方面将得到明显的报酬递减。

比方说，在某些特定的情况下，在最有利地用于耕地、耙地或施肥上的支出额之间相互存在着特定的比例。对于这个问题或许会有某些意见分歧，但是并不大。一个毫无经验的人多次耕耘一块已经以机械处理得非常好的土地，却很少施用它所急需的肥料，甚或压根就不施肥，那么他一定会受到指责，因为他耕的次数过多，导致了急剧的报酬递减。但这种错误使用资源的结果和一个早已被开发的并且在耕作中运用适当的国家的农业中那些资源的一般增加而造成的报酬递减趋势没什么关系。但是确实存在十分类似的情况，即就算是在那些只要加以适当的分配，增加的资本和劳动就会引起报酬递增的工业中，某些特殊的资源如果不按照合适的比例运用，就会造成报酬递减[9]。

## 第 5 节　价值虽然由各种边际用途来指明，但并不由其决定，而供求的一般关系决定边际用途和价值

在现代分配理论中，生产边际的纯产品所起的作用经常会引起误解。特别是许多有资格的学者曾认为它代表作为决定全体的价值的一种东西的边际使用。但这种看法是不正确的。这个理论说的是，我们应该在边际中探讨决定全体的价值的那些力量所起到的作用。而这则是另外一回事。当然，撤销（比方说）铁的任意一种必要的使用和撤销它的边际使用对它的价值的影响是完全一样的，就好像在一个高压状态下的锅炉中的压力的作用下，蒸汽从别处跑出和气从任意安全气门中跑出所造成影响是一样的。但实际上除了通过安全气门，气是不会随便跑出的。一样的，在一般情况下铁或其他任何的生产要素除了在使用时不能提供明显的剩余利润之外，是不会被放弃的；也就是说，它只是从它的边际使用中被排除了。

又如从表明的意义上，一个自动磅秤的指针决定所称物品的重量。同样，锅炉中的压力被从那被由每平方英寸一百磅压力的弹簧控制着的一个安全气门中的跑气所决定，这说明它已经达到每平方英寸一百磅的压力。压力是由热产生的；但是在现有热度下当气压超过了弹簧的阻力时，气门中的弹簧就会通过放气来调节锅炉的压力。与此相同的是，机器以及别的人造生产工具，也都有一种边际，通过这种边际，在克服了所谓生产成本这一弹簧的阻力之后追加了供给进来的。因为如果那些工具的供给和需求相比来说是如此之少而导致从新的所预期的供给报酬中除对它们的生产成本（除去折旧费用等）索取正常利息（或利润，如果算上经营上的报酬的话）外，还是有剩余的，那么，一旦气门敞开，新的供给便进来。如果报酬低于此数的话，则气门闭而不动。总之，随着使

用和时间的消逝因现有的供给在渐渐地毁灭，所以，当关闭着气门的时候，供给是在减少着的。气门是供给和需求的一般关系借以决定价值的那部分。但是价值并不决定于边际使用；因为边际使用和价值同样都是由供求的一般关系决定的。

## 第 6 节 利息和利润二词直接适用于流动资本，而根据特定假设，它们只间接适用于生产资本 这几章的中心理论

可见，如果生产者个人的资源是以采用一般购买力的形式话，那么他如果投资到某一边际，那么在该边际，他从那些别的材料、机器、广告或增加某些劳动的投资中所得到的纯报酬一般会高于对它所期待的纯报酬。每一种投资都像是将被推到了某一个气门，而该气门对他施加的阻力与它的扩张力等大。如果他对材料或劳动投资，而这又极迅速地在某种可卖的产品上反映出来，那么，该产品的销售额补充了他的流动资本，而它又被投资到那一边际，在这一边际，所有的追加投资只能带来微乎其微的收益。

但是如果他对土地或经久的建筑物或机器投资，那么，他从自己的投资中所得到的报酬却能够远远超过他的期望，这决定于他的产品的市场。在有机器的时期，市场的性质多半随着新的发明的出现或式样的改变而变化，而土地永存的时期就更不用说了。从他个人的观点来看，他这样从投资土地和机器中所获得的收入是不一样的，而它们的区别则主要在于土地具有更长的使用寿命。但是从普通的生产来看，这两种收入的主要差别在于这一事实，即土地的供给是固定不变的，虽然是在新开发的国家，人们可以增加那些用来为人们提供服务的土地的供给；但是机器的供给却可以无穷尽地增加。这种区别对于生产者个人是很有影响力的。因为如果没有很重要的新发明使他的机器报废，而人们对于那些机器所产出的产品又有一种平稳的需求，那么，他们将平稳地以大约与它们生产成本相等的价格出售商品；而他的机器大体上为他提供这些生产成本的正常利润（不算这些机器的折旧费）。

这样一来，利息率是一种比率，它所连接的是两宗货币额。如果资本是所谓的“自由”资本，而这宗货币的数额或它所支配着的一般购买力又已经知晓，则它的预期纯货币收入可以迅速地同这批货币用确定的比率（四厘、五厘或一分）换算出来。但是当自由资本已经被绑定在某些一定的物体上面时，它的货币价值，除了将它所带来的纯收入资本还原外，依旧是不能确定的。所以，支配它的原因和支配地租的原因在某些程度上

是相同的。

现在我们正应对着这部分经济学的中心理论，也就是：“把一切被正确地当做是‘自由’资本，‘流动’资本或新投资的利息的物品当做旧投资的一种租（准租）是比较正确的。但是，在流动资本和被某些特定生产部门所积累的资本之间以及在新旧投资之间，并没有存在着严格的分界。每种投资都可以渐渐演变成另一组投资。即使是地租也不能被当做一种独立的东西，而是应当作为一大部分中的一个主要的品种来对待；即使它确实是有它自己的特性，但是这些特性在从实际和理论的方面来看都是不能被轻视的[h]。”

## 【注释】

a 边际成本在现代分析中占据的重要地位曾引起众多异议。但大多数所依据的论点，在于把指正常价值和正常条件的论断改成指特殊条件和非正常条件的论断而加以非难。

b 请参考第五篇第 3 章的第 3 节；第五篇第 4 章的第 3、4 两节。

c 此边际会因当地条件，农场主个人的喜好、习惯与资源而不同。与劳力少的地区相比，在小块田与崎岖地上使用机器的困难比在劳力多的地区使用的困难要容易克服；如事实上很可能的，当前者比后者的煤炭较低贱而马料较昂贵时，尤其是这样。

d 娴熟灵活的手工劳动通常用于特殊订货及当中很多都不必规格相同的产品；可是辅以专门机器的非纯熟劳动却用于其他产品。这两种方法并存在各个大工厂的相同工作中。但两者间的界点在各个工厂也有所相异。

e 他所追求的改变可能仅是大规模的改变；比如某工厂中手工劳动由机器代替；在这种场合下，一些不稳定和风险会出现在改变过程中。如果我们注意个别人的行为，那么，不管是在生产还是在消费方面，中断都是难以避免的。如在一个大市场上一直会连续不断地出现对帽子、手表和喜饼的需求，即使没有一个人买得特别多。类似的总有些行业，其中使用机器的大企业和不用机器的小企业都可以获得最大的经济；但是中型企业则位于边际。另外，即使在已运用机器的大厂中，有些东西常常使用手工劳动，但在别处却使用机器等。

f 参阅第五篇，第 6、7 两章中的其他例证。边际牧者与工资之间的关系及其劳动纯产品的深层论证，详细请见第六篇，第 1 章，第 7 节。

g 参看上文第四篇，第 3 章，第 8 节。卡弗:《财富的分配》第 2 章。在现实社会经济方面，J.A- 霍布森是一位积极而有远见的经济学家。然而作为李嘉图理论的一个批判者，他常常低估了他所讨论的那些问题的难度。他断定，假如所有生产要素的边际使用都受到限制，生产将受到扰乱，从而使其他各要素的功效跟以前相比将有所下降；所以，由此引起的总损失将不止包括该要素的真正边际产品，同时也包括其他要素的一部分产品。然而他或许忽略了以下几点：（1）有一些常起作用的力量会使资源在其各个用途方面的分配得到调节的趋势，从而使任何分配的不当在不久后就得到纠正。而上述论点对过分分配不当的例外场合并不要求予以适用。（2）当分配相当恰当时，在要素使用比例方面会稍有变化，该分配的效率将减少；所减少的量与那种变动相比是非常小的（用术语表述，它属于“二级小数”），所以，相对于那种变动它是可以予以不计的（用纯数学术语而言，效率可以看为要素比例的一个函数。如果效率达到了最大限度，那么这些比例中的任何一种微分系数将是零）。所以，如果对霍布森先生所忽略的那些因素不加以考虑，那将会犯严重的错误。（3）变动在经济学跟在物理学中类似，一般是连续不断的。快速的变动确实可能发生，然而它们应当进行分别处理。来自急剧变动的例证还不能完全地解释正常稳定的进化过程。在这个具体问题上，这种警惕是十分重要的。因为如果任何一种生产要素的供给快速减少，就可能很容易地使所有其他要素实际上失去有用价值；所以，由此遭受的损失可以和下述边际上的该要素的供给由于稍有减少而导致的损失完全不相称。此边际是，因略微多用该要素而获得的额外纯产品是否有利，仍在犹豫不决。在复杂数量关系方面变动的研究，常常由于忽略这种考虑的原因而受到损害，而这点霍布森先生可能有所忽视；比如他在《工业制度》中对“边际牧者”的评论就是一个例子。参阅埃杰沃斯在《经济学季刊》（1904年）和《科学》（1910年）对本注涉及的两个事例所作的精练分析。

h 该段引自本书的初版序言。

# 第 9 章　边际成本和价值的关系一般原理（续前）

## 第 1 节　简述借租税转嫁价值的理由

地租是一种非常复杂的现象，为它而引起价值问题中的一些枝节问题的争论的实际问题也是不计其数，所以在这里需要对我们以前用土地所作的例证做进一步的补充。这次通过用想象的商品再来论证一遍，商品的选择必须得使它在问题的各个阶段都表现自己显著的特征，从而不至于引起在地主和佃户的现实关系中不会存在这些特点的矛盾。

然而在对这点讨论之前，我们可以用租税的归宿从旁对价值问题做以下说明。由于大部分经济科学主要从事对某特定生产或消费部门的经济变动在全社会普及的研究；任何经济原理都不能用某种租税“向前”的讨论给予适当的解释，即离开原料和生产工具的生产者而向最后消费者转嫁，或者按反方向“向后”转嫁。而我即将阐述的对于现在所讨论的那类问题是相当适用的[a]。

我们都知道一个普遍原理，就是：假如一种税加于某些人生产商品或服务的其中一种东西上，这样，这种税会出现使生产缩减的趋势。这就会使大部分租税负担向前转嫁给消费者，而剩下一小部分则向后转嫁给供应必需品的生产者。同样的道理，任何一种东西的消费税在不同程度上向后转嫁给它的生产者。

举例来说，印刷业所征的重税是料想不到的，从事该种行业的人会受到严重的打击，因为如果他们试图大大抬高价格，需求必定快速下降。而从事该种行业的各阶层所受的打击是各不相同的。由于除了在印刷业上，印刷机和排字工人都不容易得到雇用，因此，印刷机的价格和排字工人的工资会变得很低。反之，厂房和动力设备，以及工程师、杂勤人员与雇员是不会通过自然毁灭的缓慢过程使其数量与减少的需求相适应的；而且有些人会很快地在别的行业中找到新的出路，而长期由仍从事该种行业者所负担的部分特别少。另外，辅助工业像造纸业和铸型业负担很大一部分租税，因为它们产品的销路变得不畅。出版商和作者都会受到一些损失：销售量减少不是因为他们被迫提高书价，就是让成本汲尽他们的大部分总收入。从而使书商的总销售量有所减少，受到一些损失。

上面曾假定税的分布范围广阔，而且涉及所述印刷业容易迁入的各个地区。然而如果它只是一种地方税，那么排字工人必定要迁出租税所及的范围；而且印刷厂主所负担的税额也多于那些厂主，他们的资金更加灵活，便于调动。假如这种地方税不能从有吸引人口趋势的任何结果得到弥补，部分负担则将落在当地面包商或杂货商等人身上，因为他们的销售量将有所减少。

其次假设所课的税是印刷机税，并不是印刷品税。这样一来，只要印刷业者没有他们情愿毁坏或丢弃的半旧机器，这种税就不会打击边际生产。它不仅不会马上影响印刷量，而且也不会影响它的价格。它只会半路抽取印刷机所有者将获得的部分报酬，而且把印刷机的准租降低。但是它不影响过去诱导人们把流动财产投入印刷机所必要的纯利润率。所以，当印刷机坏掉后，这种税会增加边际生产费，也就是会增加令生产者感到犹豫不决而可以自由抉择的那种费用。这样，印刷供给减少，它的价格也就上涨。但是新印刷机的引用只能到达某一边际，在此边际，按照一般印刷业者的判断，除了能支付租税外，还能提供一定利润。达到这个阶段后，印刷机税和印刷税的负担分配就几乎大致相同，只除去一点，即从每一台印刷机攫取超大工作量的诱惑会增大。比如，印刷机较多时可以实行双班制，尽管夜班会花费特殊费用。现在我们就再来看看我们的主要例证中是如何应用租税转嫁的这些原理的。

## 第 2 节　例解地租和准租与价值的关系

先做假设，几千块比钻石硬的大陨石落在一个地方，人们马上就把它们捡起来，后来的人再捡就没有了。这些陨石能被切削成各种东西，势必会给许多加工部门带来巨大利益；那些陨石的所有者在生产上则拥有特殊优势，他会得到大量的生产者剩余。这种剩余一方面受陨石数量的影响，另一方面也是由对它们服务需求的迫切性来决定的。它不存在受取得更多供给所用成本的影响，因为花再多的钱也不能再多生产出一块来。生产成本确实能够间接地影响它们的价值，然而那是用硬钢及其他材料制成工具的费用，随着需求的增加，这些工具的供给也会增加。聪明的生产者如果习惯用一块陨石来完成用这种工具同样能完成的工作，那么那块陨石的价值就不会大大超过那些在次要用途上和它有同样效果的工具的生产成本（减去折旧）。

由于陨石非常坚硬，不会受摩擦的影响，因此，在全部工作日内它们也许都在被使用着。如果陨石确实有很大的价值，那么，为提供最大的服务而加班加点，甚至实行两班或三班制也是值得的。但是它们每次追加的服务所提供的纯报酬会随着它们被使用的频繁程度而变化，用得越厉害纯报酬也就越少；这就说明了一个规律，即不管土地，还是其他各种生产工具，只要被用得过于厉害，报酬就会递减。

陨石的总供给数量是一定的，但是当然任何特定厂商想要买多少就可以买多少。在长期时间内，他预期他用在陨石上的花费提供利润（也包括他自己工作的报酬），就好像他购买的是一架机器，可以无限增加它的供给，因此，它的价格跟它的生产成本大概一致那样。

但是一旦他购买陨石后，各个生产过程或用于它们所生产的那些东西的需求的起伏变化，可能会使陨石所提供的收入变成他预期收入的两倍，或仅有二分之一。在后一情况，它如同从没有最新改良的一架机器上得到收入，该收入也就是一架成本相等的新机器赚取收入的二分之一。陨石和机器的价值都是它们赚取收入的资本还原，但这种收入的决定因素与它们所提供服务的纯价值紧密相关。它们各自的价值不是取决于它生产的成本，却是取决于其产品的一般供求关系。然而在机器的场合下，那种供给受到和它效率相同的新机器的供给成本的制约，但在有关陨石的场合下，这种限制却不存在，只要是在现有的陨石用来做其他任何东西都不能做的工作的条件下。

再由另一种方式来说明上述论点。由于不论是谁购买陨石，都是取自其他生产者的，实质上他的购买不会影响陨石所提供服务的一般供求关系。所以，陨石的价格不会受到影响；但是这价格仍然是陨石在一些不迫切的用途上所提供服务价值的资本还原。断言买主从代表服务价值的资本还原的价格上对正常利息做推测，就等于断言陨石所提供的服务价值是由那些服务价值而决定，这即是一种循环论[b]。

此外让我们假定，这些陨石没有被立即发现，只是在公共土地的地面上随意散落着，如果大力搜寻，还可以在这里或那里找着一块。那么，人们的搜寻陨石只会到达某一点（或边际），也就是寻找陨石的可能利益的一点，在长时期内正好够补偿所用劳动和资本的支出；在这段时期内，陨石的正常价值就是使供求保持平衡，而每年所找到的陨石数量，在长时期内正好是正常供给价格等于正常需求价格的那一数量。

最后，让我们把平常用在加工工业中的小型机器和其他设备的情况同陨石这一情况加以等同对待，办法是假定陨石容易破碎，而且磨坏很快；并假定有一种取之不尽的源泉，从中可以按几乎不变的成本快速而有把握地得到追加的供给。这样，陨石的价值跟该成本大致相等；它们的价格受需求变动的影响极小，因为只要价格有所变动，市场上的陨石存量就会很快地发生巨大的变动。这样，从一块陨石所赚得的收入（减去折旧）总是和它的生产成本的利息相差无几的。

## 第3节 续 前

上述的许多假定是不断地从一个极端走向另一个极端的，在一个极端，从严格意义上说，取自陨石的收入是指地租；而在另一个极端，它又可以同流动资本或自有资本的利息归为一类。在第一个极端场合下，陨石是不能有所毁坏的，而且它的数量也是固定不变的。当然它们有被分配于各种不同用途的趋势，而在这些用途上，陨石是被这样应用的：如果要为适应某种用途的需要而增加陨石的供给，就得将陨石从提供至少具有同样价值的纯作用上撤走。由此可见，陨石的固定数量和在各个用途方面对它们的需求总额决定了几种用途的应用边际。这些边际一旦这么决定，对其使用将支付的价格将由它们在其中任何一个边际所提供服务的价值来显示。

对陨石使用者征收的统一税，会缩减陨石在各种用途上所发挥的作用，所减之数等于税额。这种税对陨石在各种用途上的分配将不会有任何影响；也许在因为重新调整摩擦阻力而导致一些延缓后，它将由陨石所有者全部承担。

在我们假设链条的另一个极端上，陨石会很快就毁坏，并按可以几乎不变的成本快速得到再生产，以致可用陨石数量会随着陨石所能承担的各种用途的迫切性和数量的变动而迅速地变动，所以，那些服务不可能提供一种大大超过或低于取得追加陨石所用货币成本的一般利息。在这种情况下，在一个企业家计算将要使用陨石的任何订货成本的时候，他在行将使用（与耗损）陨石的时期可以把利润（包括他自己的工作计算在内）列入，作为该订货的一部分直接成本或主要成本。此时对陨石所抽的税，会全部落在那个人身上，在实行这种税不久后他甚至还接受了一批借陨石来生产的订货。

假设新陨石得以供应的速度和陨石的寿命处于中间阶段；我们发现，陨石借用者的支出和陨石所有者在任何时候从它们所取得的收入可能与其成本利息（或利润）短时间内有差别。由于陨石所能承担的各个用途的迫切性和数量的变动，可能会令陨石在它们的边际使用上所提供的服务价值有很大的上升或下降，尽管在生产过程中的困难没有很大的变化。如果因为需求的变动，而不是因为陨石成本提高或下降的变动，在商量任何特定企业或任何特定价值问题期间大部分是大的，这样，对那种商业来说，用陨石所获得的收入与其说接近于陨石生产成本的利润，还不如说接近于地租。在这种情况下对陨石所课的税就有减少用户所付租金，从而进一步减少取得追加供应的投资诱惑的趋势。所以，供给减少就会迫使那些需要用陨石的人把租金慢慢增加到一点，在这一点，陨石的生产成本和租金完全相抵。但是这需要很长的时间来调节。在此期间，大部分税就会落在陨石所有者的身上。

假如同我们所述的使用陨石的那种生产过程相比，陨石的寿命是长的，这样，陨石的存量可能超过它们做很适宜的工作所需要的数量。其中有些基本上是闲置不用的，这些陨石的所有者在算计他如愿生产的边际价格时并不把陨石价值的利息列入。也就是说，有些成本从持续长时期的合同或其他事件来讲被归为直接成本，但如果就仅仅短时期的某特定事件来说，就被归类为补充成本，而这种成本在商业洽谈时是要考虑在内的。

当然，在长时期内，所索价格应当抵偿补充成本还是抵偿直接成本都是一样重要的。一种工业因为不能对投于发动机的资本提供低廉的利息，和因为不能补偿日渐消耗的原料和煤的价格一样，在此期间必定破产。就如同一个人由于没有食物或由于被带上镣铐一样，他势必停止工作。然而人不吃饭也能继续工作一天，但如果他被带上了镣铐，那就马上不能工作。类似地，一种工业在整个一年里或一年以上的期间可能总是十分活跃，尽管在那个期间除去主要成本外赚得非常少，固定设备也是不得不白白地使用。但是如果价格下降得十分厉害，导致它连当年用现金所购买的原料、工资、煤和照明等的费用也支付不起，那么，生产必定立即停止。

这就是生产要素所提供的被看做当前投资的利息（或利润）的那些收入（不算折旧和维修费用）与被看做地租或准地租的那些收入之间的根本差别。这虽说是根本差别，但它也只是在程度上的差别。生物学有发现证明，植物界与动物界有着共同的来源。可是，在树木和哺乳动物之间仍有着根本区别；从更为狭隘的意义上说，苹果树和橡树之间的差别也是根本差别。同样，从再进一步狭隘的意义上说，蔷薇和苹果之间的差别也是根本差别，即使它们同属于蔷薇科。由此我们的中心理论是，旧投资的准租和自由资本的利息会逐渐地结合在一起，尽管地租不是一种东西，而是一个大类中的一种。

## 第4节　续　前

另外，不管在精神世界还是物质世界中，自然界一直没有把纯粹因素与其他因素分割开来，严格意义上说，纯粹地租是非常少见的。几乎所有的土地收入都含有一些重要成分在内，而这些成分产生于建筑房屋、棚舍和排水等方面所投入的劳动。但是经济学家掌握了辨别平常说的地租、利润和工资等名词所指的那些混合物的各个性质。他们知道日常所叫的工资的这一混合物中存在着真正地租的成分，在日常叫地租的这一混合物中有真正的劳动报酬等。总之，他们懂得把化学家当做自己的榜样，他们研究各种元素的本性，从而处理商业上普通的氧与苏打，尽管它们包含其他元素的杂质°。

他们明白几乎所有实际使用的土地都存在资本的要素；因为人为了生产而投于土地的劳动价值和不是由于此原因而产生的价值是需要做出分别论证的；在讨论普遍意义上的"地租"，从较狭隘的意义上来说其实并不全都是在地租收入的任一特定场合下，需要把这些论证的结果加以总结。论证总结的方式由问题的性质而决定。有时候仅用机械的"力的合成"就足够了；很多情况下是要酌计各种力量之间类似化学的交互作用；而在基本上所有那些范围很广而特别重要的问题上，对生物学上的增长概念上必定要更加注意。

## 第5节　级差地租和稀有地租

最后，简述一下"级差地租"和"稀有地租"之间的区别。从某种意义上讲，所有的地租既是级差地租也是稀有地租。但在某些情况下，把用适当工具同样使用的某特定生产要素与劣等要素（可能是边际要素）所获得的收益作比较来算计该特定要素的地租，是比较方便的。而在其他一些场合，最好是直接考察用该要素来生产那些商品所需要的资料的多少与需求之间的基本关系。

比如，假设现有的陨石都是一样坚硬，不容易被毁坏的；而且这些陨石都掌控于个别人手中。再假定他决定不通过垄断权来限制生产，以便人为地提高其服务价格，而是把每一块陨石充分利用起来（换句话说就是使用到强度的最大边际，从而使产品只以一种价格售出，这种价格正好够它的费用和利润，而对陨石的使用没有丝毫剩余）。这样，陨石所提供的服务价格必定由对服务的需求和它们服务总量的自然稀缺性的关系而决定；而地租或剩余总额最容易被看做是陨石使用费总额和这种稀有价格之差。所以，它一般地被看做稀有地租。然而相反地，也可以将此租金看做是陨石发挥作用的总价值超过另一种总价值的级差差额，即假如陨石的一切用途像边际用途那样无利可图时达到的总价值。假如陨石由不同的生产者所拥有，而他们又由于相互之间的竞争而不得不把每块陨石使用到无利可图的边际，那么，上述论点也是完全适用的。

选择这样的上例主要是为阐明这一事实，即用"稀有"和"级差"的方法来计算地租是不随着劣等生产要素的存在而转移的，因为按在完全不值得使用的边际上的劣等陨石的使用和按优等陨石的边际使用，都一样可以清晰地作出有利于陨石在各个有利用途方面的级差比较。

由此看来，劣等土地或其他生产要素的存在有使优等要素地租上升的趋势，这一见解不只是个错误，也是真理的反面。因为假如劣等土地被淹而且无法再生产任何东西，那么，其他土地的耕作肯定会更加集约化；因此，该地提供少数产量时，产品的价格会较高，而地租也一般会有所增加[d]。

## 【注释】

a 本节内容摘自对皇家委员会关于地方税所提问题的答复。参阅《会议报告第 0528 号》，1899 年。

b 这种循环推理有时几无妨害，但往往有隐蔽本质问题的倾向。它们有时被公司创办人和力求影响立法以对自己有利的那些特殊利益的维护者加以非法的使用。例如，半垄断企业组织或托拉斯往往“抬高资本价值”。为此把时间选择在与其有关的生产部门极其发达的时候，而某些殷实厂也许只得 50% 纯利润率，这样弥补过去与未来不景气年月中所得几乎等于主要成本的缺额。创办人有时甚至会商定即将卖给公众的企业，要有许多价格非常有利的订货，损失由他们和他们所控制的其他公司负担。公司由半垄断的销售和可能由生产上更大的经济所获之利得，从而托拉斯的股票为公众抢购一光。如果最后有人反对托位斯的这种行为，特别是反对由于高关税或任何其他特权而使它的半垄断地位加强，那么，所得到的答复是，股东们收取的红利很少，这类事例在美国屡见不鲜。在英国，稍微提高某些铁路股票的价值，有时间接地用作防止减低运价而给股东造成损失的手段，因为减低运价有使虚拟资本的红利减至实际资本的合理收益以下的危险。

c 费特教授在《经济学季刊》（1901 年 5 月）所发表的《地租概念的过时》一文中似乎忽略了这点；在该文中他断言“如果只是那些非由劳动所生的东西算做土地，如果证明在已开发国家中没有劳动的物质东西是不存在的，那么，由此可以得出结论，所有的东西都必须算做资本”。此外，当他反驳“广袤作为土地的基本属性和地租的基础”时，他似乎不懂得他所攻击的那种理论的真意。事实是，土地的广袤（或“空间关系”的总体）是土地的主要属性，虽然不是它的唯一属性，这种属性使得自土地的收入（在早开发国家）含有大量真正地租的因素，而土地收入中所含的这种真正地租因素，或日常所需的地租，实际上比任何其他因素都来得重要，以致它给予了地租理论的历史发展以特殊的性质。如果有巨大需求而又无法增加的无比坚硬的陨石在世界经济史中所起的作用比土地来得大，那么，引起学者主要注意的那些真正地租因素势必和硬度这一属性有关；而这势必会给予地租理论的发展以特殊的性质。但是广袤或硬度都不是所有提供真正地租的那些东西的一种基本属性。费特教授似乎也不理解上面所说的关于地租、准租和利息的中心理论的要点。

d 比较卡塞尔的《全部劳动产品权》。甚至在许多有资格的经济学家的著作中所出现的关于准租性质的许多误解，似乎由于对价值与成本的长期和短期的差别注意不够。从而有所谓准租是一种“不必要的利润”，且是“非成本部分”的说法。就短时期而言，把准租描述为不必要的利润是正确的，因为生产那根据假设已经制成并等待使用的机器是无须“特别”成本或“直接”成本的。但是就那些其他（补充）成本而论，它是一种必要的利润，这些成本在长时期内除直接成本外是必须加以支付的；而这些成本在某些工业（例如海底电讯业）中是比主要成本重要得多的。不论在哪一种情况下，它不是成本部分：但是未来准租的预期是对机器投资和对一般补充成本支出的一个必要条件。

此外，准租曾被描述为租金“机遇”利润，并且几乎以同样的口吻被认为全然不是利润或利息，而只是一种地租。短时期内它是一种机遇所得，而在长时期内，预期它而且它一般也确实提供以生产它所投下的一定货币数量表示的自由资本的正常利息率（或利润率，如经营上的报酬计算在内）。根据定义，利息率是一种百分率，亦即两个数之间的关系。机器不是一个数：它的价值可以等于若干镑或元，但是除非它是一架新机器，它的价值是按其所得或准租（折现）的总额计算的。如果机器是新机器，机器制造商认为这总额对于可能的买主来说将表现为行将报偿制造商的那种价格的等价。因此，在这种情况，它照例既是成本价格，又是代表未来所得（折现）总额的一种价格。但是如机器是旧机器并且在式样上部分陈旧，则机器的价值与其生产成本没有密切的关系。它的价值只是预期所得的未来准租的折现值总额。

# 第 10 章　农产品价值和边际成本之间的关系

## 第 1 节　从新开发国家出现的地租和一般农产品中可以很明显地发现时间因素在这个问题上的影响

现在我们就由一般的讨论转向土地，首先讲述一个古老国家的农业土地。

假设发生了一场预料不会持续很久的战争，英国的一部分粮食供应因此而中断。英国人为了增加农业生产，一定会使用收效很快的额外资本和劳动。他们可能会考虑使用碎土机、施用人工肥料等。可是这些结果越有效，就会造成明年农产品价格的上涨越少，而这种价格在他们看来是值得在这方面追加投资的。然而，他们在战时没有收到成效的那些改良的决策受战争的影响是非常小的。从而，在研究任何关于决定短期谷物价格的因素中，土地通过不断改良而来的那种肥力，必须视为当时的既成事实，似乎和自然所提供的土地有同样的肥力。那么，来自这些永久性改良的收入，就会提供一种超过增产所必需的特殊成本（或主要成本）的剩余。可是这种剩余和地租本身不是等同的真正剩余，换句话说，它不是超过产品总成本的剩余；他们需要用这种剩余来补偿企业的一般成本。

说得更具体些：假如来自土地所有者的个人对土地所做过的某些改良的额外收入，被看做不包括任何利益，但这种利益是由社会的一般进步所给予土地的，而且不是由他的劳作和牺牲决定的，那么，为了补偿他的那些劳作和牺牲，这些额外收入照例是所必需的。他可能对这些额外收入的估计偏低，但同时也可能偏高，如果他估计得准确，那么一旦有利可图的迹象出现在投资中，他就会受利益的驱使来进行这种投资。如果没有相反的特殊因素，我们就可以推测他是这样做了。在长时间内，投于土地资本的纯收益，按照好坏收益来平均计算，不超过这种投资所必需的适当收益，假如预期收益比人们实际依以计算的收益偏低，那么改良就会变少些。也就是说：如果进行改良并使作用充分发挥所需要的时间比较起来是长的时期，改良后的纯收入，仅是用来支付改良者的劳作和牺牲所需要的价格。因而，用于改良的费用直接归类于边际生产费用，而且直接参与长期供给价格的决定。但如果在短期内，或者说，进行上述那类改良并充分产生效果所需要的时间是短的时期，这些改良在长期内所产生的纯收入足够提供改良费用的正常利润，而且供给价格不直接受到影响。所以，如果我们讨论的是短期，那么这些收入可以被视为是决定于产品价格的准租[a]。

因此我们可以得出如下结论：（1）农业产量和耕作边际的位置（或者在优劣等土地上资本和劳动都被有利运用的边际），都是取决于供求的一般情况。一方面它们是由需求，或者说，由消费农产品的人口数量，需求强度及其支付的能力来决定；而另一方面是由供给，或者说，由准备耕种的人数、可用土地的面积和肥力以及资金来决定。从而生产成本、生产边际、需求强度和农产品的价格都是彼此相制约的，说其中任何一种部分决定其他种，并不引起循环论。（2）当然，作为地租的那一部分产品，也在市场上出售，它对价格所起的作用和产品的其他任何部分全都一样。然而供求的一般情况，或它们之间的相互关系，与产品分割成地租部分以及使农户的支出有利可图所需要的部分之间是没有任何影响的。地租数量是不起决定作用的；它本身取决于土地的肥力、耕作边际和农产品的价格。它是对土地的投资和劳动所获得总收益超出它们在和耕作边际同样不利的情况下所获得总收益的差价。（3）如果对不属于边际的那部分产品的生产成本加以计算，当然，地租费必须加以在内；而如果这种计算是用来对决定农产品价格的原因做说明，那么，推理就变成循环的了。这是因为完全是一种结果的东西被算做导致这种结果的一些东西的部分原因。（4）可以对边际产品的生产成本加以确定，从而不会引起循环推理，产品其他部分的生产成本则不是这样。在供求一般情况的支配下，在资本和劳动有利应用的边际上的生产成本，是和所有农产品的价格有一样趋势的那种成本：它并不是价格的决定因素，但也集中了决定价格的某些原因。

## 第2节　续　前

之前存在一种观点，认为假定全部土地都有着相同的便利，而且都被占用，那么，土地所提供的收入就赋予了垄断地租的性质。当然，不论土地是否具有相同的肥力，土地所有者都尽可能集中起来，以便限制生产。利用这种办法，农产品所提高的价格就是垄断价格；土地所有者的收入将会是垄断收入，并不是地租。然而在自由市场的情况下，地租就是来自土地的收入，不论是在优等土地和劣等土地相交错的国家，还是在土地质量完全相同的国家，它都是由同样的原因及方式而决定的[b]。

确实，如果土地的肥力大致一样，除了足够使每个人获得他准备充分投资所需要的之外仍绰绰有余，那么，地租就不会被提供。然而这仅说明一个旧有的矛盾，也就是，水如果取之不竭，用之不尽，就会失去市场价值，尽管水有维持生命功能的某些功能，但每个人都可以不费吹灰之力地达到满足的边际，在这个边际有再多的供应也将是毫无用处。假如每个村民都有一口井，从自己井中他需要用多少就抽多少水，而且所付出的劳动与他从邻家井中抽水所付出的劳动要少，那么，井中的水就失去了市场价值。但如果出现旱情，从而浅井水竭，甚至深井也将临近缺水情况，那些有井的人则能向任何一个用水户对每桶水索要费用若干。人口越稠密，就有越多的收费机会（在没有开掘新井的条件下），最终，每个有井的人可能把井作为一个永久的收入源泉。

在一个新开发的国家里，土地的稀有价值渐渐出现了。早期的移民并没有行使一种专有权，他只是做其他任何人也同样能够做的事。他经历了许多艰难险阻，如果不是人身危险的原因，他可能去冒些风险，如土地不佳，他就可能不得不放弃他的改良。但是，他的冒险也可能成功，成群结队的人都纷纷而来，而他的土地价值会迅速提供一种超出他在土地上支出的正常报酬的剩余，就像一个满载而归的渔夫一样。但是这种剩余除了他的冒险所需要的报酬外就没有了。他以前从事的事业是有风险的，而这也是大家共同所有，他的运气和精力曾给他带来极其高的报酬，任何别的人可能跟他一样，拥有了同样的命运。由此，他所预期的土地以后提供的收入，归于他的计算之中，而且当他对事业到底进行到什么程度还在犹豫不定时，期盼就决定他行为的动机。如他用自己的双手进行改良，他把这种收入的折现值‘视为他资本的利润以及他自己劳动所得的报酬。

当一个移民占有土地时通常料想的是，在他占有的时间里，土地所提供的产品将不够适当地报酬他的辛劳、他的支出和他的劳动。他将他部分的报酬寄托于土地本身的价值上，可能不久他就可以把土地售给那些毫无机会过垦荒生活的后来者。这个新的农户，有时像英国农场主遭到损失后才知道的那样，几乎把他所生产的小麦视为一种副产品；他主要的企求是拥有一个农场，是由他对土地做出改良而行将拥有的农场所有权。他觉得土地的价值会步步上涨，这种上涨与其说是他自己的劳作的结果，还不如说是由于那种蒸蒸日上的社会繁荣而造成的资源的增长、市场的发达和安乐的增进。

换一种方式来说，人们一般不愿经历垦荒过程中的孤独和艰苦，除非他们有把握赚得比他们在本国更多的报酬（用生活必需品计算）。矿工们没有更高薪水是不会被吸引到一个与各种社会活动机会和文明及其他便利相隔绝的富矿来工作的，而且在矿场上监督他们自己投资的那些人也对高额利润有着很大的期待。因为理由一样，垦荒者需要有由出售他们农产品的所获得的高额总收益和拥有一份有价值的产权来回报他们的汗水与辛劳。当土地的使用是免费时，移民就进行到一种程度，在这一点，土地正好能提供这种收益，而不存在有支付地租的任何剩余。当收取费用时，则移民仅进行到此点，在该点，收益除了报酬垦荒者的辛苦外，还留有一种地租性质的剩余来补偿这种费用。

## 第3节　从生产者个人的角度看，土地只是资本的一种形式

即使这样，还须记住，从生产者个人的角度来看，土地只是资本的一种特殊形式。一个农户耕种的某特定地段能否达到他力所能及的那种有利程度，他是否应该尽量充分利用这块土地，或换种另一块土地的这种问题的性质，和他是否应当想办法使其现有各犁多干一些工作（有时当土壤的条件处于不是很有利的时候也使用它们）或者购买一架新犁，或是给他的马多喂食物这一问题，具有一样的性质。比较一下以下两种情况：一种是增加土地使用面积所得到的纯产品，一种是将这笔资本投资到其他用途的情况（这笔资本是为取得纯产品所花费必需的）。类似，把当条件不利时使用他的犁所得到的纯产品，同增加他的犁数使其在条件更有利的情况下使用它们而得到的纯产品加以比较。因为不知道究竟通过使用一个新犁还是额外使用他现有各犁而生产的那部分产品，可以说这是由犁的边际使用而产生的。这种使用对犁所提供的纯收入的影响毫无增益（或者说，除了实际的耗损费，所剩为零）。

再比如一个厂商或商人拥有土地和建筑物，把二者同他的企业看做是有相似的关系。开始时土地和建筑物都提供给他充足的便利和助力，后来随着他试图从它们中获取越来越多的便利和助力而出现了报酬逐渐减少的现象，直到最后他会疑惑是否是他的车间或货库的拥挤现象如此不便而导致只有扩大空间才能达到他的目的。而当他决定是否通过把他的工厂多盖一层或增加一块土地来增加空间时，他要把多建一层楼和增加一块土地的投资所获得的纯收入作个比较。他恰好从现有设备挤出的那部分生产（他不确定增加那些设备是否能比提高现有设备的利用率更为值得），对那些设备提供的纯收入的影响没有任何增益。这个论点没有涉及设备到底是人造的，还是一部分是由自然所给予的。对于地租和准租它同样适用。

但是从社会的角度观看却有这样的差别。如果一个人占有一个农场，那么供给其他人使用的土地就会减少，他对农场的使用不是增加了其他人对它的使用，事实上却是代替了这种使用。而假如他投资把土地改良，或者建造房屋，那么他不会明显地减少别人做同样投资的机会。由此可见，在人造设备和土地之间有着相同的一面，也有着相异的一面。不同的原因，是在一个早开发的国家里土地总额大概是（从某种意义上讲，绝对

是）恒久不变的；但人造的设备，不管是建筑物、土地的改良，还是机器等，都能随着借助于它们而生产产品的有效需求的起伏变动而不停地增加和减少。它的不同方面就在于此。然而，它也有相同的方面，由于不能迅速地生产出其中某些设备，从短时间来看，它们事实上是一个维持不变的数量。就短期而言，借它们生产的产品价值和得自它们的收入的关系，跟这些价值同真正的地租的关系是一样的[d]。

## 第4节　简要说明准租和单一农作物的关系

我们试着把这些考虑假设运用在对“谷物”（从古典经济学家简之用它来表示所有农产品的意义上讲）征收一种永久性租税上。很明显，农户力图让消费者负担一部分租税。然而向消费者索要价格的每次上涨，都会减少需求，对农户从而又有着反作用。为了确定到底有多少税给消费者转嫁，我们必须探究有利支出的边际，不管它是应用于劣质土地或者疏远有利市场上土地的少许支出的边际，还是应用于优质土地或者接近人口密集的工业区土地的大量支出的边际。

假如接近边际而生产的仅是少量的谷物，那么，农户获得的纯价格将会有一定的下降，谷物的供给不会锐减。所以，消费者所付的谷物价格不会立马上涨；而消费者承担的税也是有限。然而谷物的价值超出生产费用的剩余将会急速下降。假如农户耕种的是自己的土地，较大一部分租税就会由他负担，而假如土地是租来的，他就可以提出大大减少地租的要求。

反之，假如接近耕作边际而生产的是大量的谷物，那么租税就会使生产出现大大缩减的趋势，因此导致价格的上升会阻碍这种减少，因而农户进行和曾经差不多一样的集约经营，而在地租上所受的损失对地主的影响会极小[e]。

由此可见，一方面，如果一种税使土地的耕作或农场的建立受到限制，这种税就会呈现一种转嫁于农产品消费者的趋势；另一方面，对为土地的位置、广袤和空气、阳光、热和雨的那部分（年）价值而课的税，其负担者只能是地主，当然，在短时间内地主就是租地人。土地的这种（年）价值通常称为土地的“内在价值”或者“原始价值”。然而其中大部分是人为的结果，即使不是它的持有者导致的结果。举一个例子，灌木林地因为周围工业人口的增加而能马上拥有很高的价值；哪怕它的所有者将它丝毫不动地搁在一边。所以，可能更加准确的是，土地的这部分价值称为“公有价值”，把土地持有者的劳动和支出而产生的那部分价值称为“私有价值”。然而“内在价值”和“原始价值”这些旧名词依然可以保留，以供平常使用，但要说明它们的部分不确切性。当用以前用过的比它好的其他名词时，我们可以将土地的年公有价值称为“真正地租”。

对土地公有价值而课的税既不会对精耕土地的诱惑降低，也不会对建筑农场用房的引诱减少。所以，商品粮的供给不会因为这种税大大减少，农产品的价格也不会提高；因此它从土地所有者那里转嫁出去是不可能的。

假定对真正地租而课的税是根据土地的一般功能，而不是根据土地所有者对它的特殊使用来确定税额。如果土地的纯产品为一个具有企业心和正常能力，并凭自己的判断而擅长使用土地的耕户所获得的那种纯产品。假如土壤的潜力被一种先进的耕作方法发掘从而使收益得到增加，除了正常利润和报酬支出所需要的之外，仍保留许多的剩余，那么，正常利润和纯收益的这个差额该在真正地租的范围。然而假如人们知道，或可以料想到，对真正地租所课的那种很特别的重税将运用到这个收入差额上，那么此预料就可以使土地所有者因害怕重税的原因而选择放弃改良[9]。

## 第5节　续　前

我们以前有提到不同工业部门之间对生产工具或相同原料的竞争。但此时我们需要对不同农业部门对同一块土地的竞争进行考察。与城市土地的那种情况相比，这种情况要简单，因为就主要作物而言，农业是单一的经营，即使种植果树（葡萄树包括在内）、蔬菜和花草之类为发挥各种专业能力提供了机会。所以古典经济学家暂且假设所有的农产品都可以视为一定量的谷物，如果将占所有土地一个有限而基本不变的部分作为建筑地基除外，将所有的土地都用于农业是有一定道理的。然而当我们集中注意力到任何一种农产品上，比如在蛇麻草上时，也许是提出了一个新的原理，其实并非如此。让我们对其进行一次考察。

蛇麻草是用于跟其他作物输种的，农户总犹豫不决的是，在自己的某块土地上究竟是用来种蛇麻草，还是选择另外一种作物。因此这块土地被各种作物而彼此争用；假如有一种作物比其他作物能提供较大的利益，那么，在这种作物上农户将投入更多的土地和资金。这种变动可能因为习惯、固执、缺乏信心或农户的知识有限而受到阻碍，然而总体上仍是真的，就是每个农户（再一次重复起支配作用的代用原则）“当对他自己的资金估计时，将把资本投到他的各个方面经营中，直到他觉得貌似已经达到有利的边际为止；即直到他觉得似乎没有充分的理由说明在某特定方面每次进一步投资的收益能补偿他的支出为止”。

由此可见，在均衡时，蛇麻草和燕麦或另一种作物对正好诱使农户应用的那种劳动和资本将提供同样的纯收益，否则他肯定计算出现错误；从而得不到他的支出得以提供的最大限度报酬。通过重新分配他的作物，他仍然可以增加或减少他的燕麦或种植某种别的作物来提高他的收入。

这就需要我们对和各种不同作物对同一块土地的竞争有关的租税做深层考虑了。做个假设，不管在什么地方种植蛇麻草都必须纳税，它并不仅仅是一种地方税。农户通过降低他对蛇麻草地的集约经营程度的方法可以避免一部分税，种植另一种作物来代替曾计划种植蛇麻草的土地来逃避另一部分税。如果他认为种植无税的另一种作物要比种植有税的蛇麻草的收入多，那么他将采用第二种计划。在这种情况下，当他决定采用限制蛇麻草生产的方法时，他考虑的是他从种植其他作物（比如说是燕麦）所得到的剩余。然而尽管在这种场合，在蛇麻草价格所必须补偿的边际成本和种植燕麦的土地所提供的剩余或地租之间也不存在简单的数量关系。某农户以前土地上生产优质蛇麻草，而且那时候正好适合种植蛇麻草，他会不假思索地认为用它来种植蛇麻草是最好的，即使由于租税的原因，他可能决定在这方面的支出稍微控制一下[h]。

另外，如果限制蛇麻草的供给，一般会出现使其价格上涨的趋势。如果蛇麻草的需求没有弹性，同时质量相宜的蛇麻草从没有这种特别税的地区又不易输入，那么，价格的上涨就会同全部税额相等。在此状况下，就会限制蛇麻草供给的倾向，而所种植的蛇麻草基本跟没有征税前差不多。在这里同以前讲解印刷品税的情况相似，一般税和地方税的结果是完全相反的。除非全国这种税普及种植优质蛇麻草的绝大部分地区，否则它的结果必定将蛇麻草驱逐到无税的地区，如果税收减少，当地农户所遭受的损失就会很大，从而群众购买蛇麻草所付的价格也会有所提高。

## 第 6 节　续　前

就短时间而言，上节论点对农场建筑物的获利能力及其他准租都是一样适用的。当用以生产某一商品的现有农场建筑物或者其他设备，因为另一商品的需求可以使它们在它的生产上获得更高收入，从而转用到这种商品的生产时，在短时间内将会减少第一种商品的供给，而它的价格比这些设备不能用另一种用途获得更高收入时要高些。比如，如果生产设备可在一个以上的农业部门使用，那么各个部门的边际成本所受到的影响会由这些设备转用于其他部门的程度而定。即使报酬有所减少，其他生产要素在第一个部门中的利用强度会进一步提高；而它产品的价值就会增长，因为只有在较高的价值的情况下，价格才会处于一种均衡状态。因为外部需求使设备的获利能力提高，好像成为这种价值上升的原因，因为通过使那个部门的生产设备比较缺乏，从而提高它们的边际成本。这种论断表面上好像能够简单地过渡到另一种论断，也就是增加了的设备的获利能力归为决定价值的那些成本当中。然而这种过渡是讲不通的。所以第一种商品价格的上涨及设备转用于第二个产业部门而得到的收入，将不会产生直接的数量的关系。

类似地，假如对某工业所用的工厂课税，那么其中某些工厂将转用于其他工业，因此那些工业的边际成本及它们产品的价值就会下降。而且各种工厂的纯租价也会出现短暂下降。然而这些下降在量上各不相同，所以，在产品价格的下降和地租（确切地说是准租）的下降之间不存在数量关系。

这些原理不管短期还是长期而言都不适用于矿山。虽然矿山使用费常常被称为地租，但它不是一种地租。因为除非矿山或石场等实际上是取之不尽以外，它们的收入超出它们直接支出的差额，至少有一部分必须被视为出售储藏品（确实为自然界所储藏，而如今被视为私有财产）所得的价格；所以，除采矿的边际费用外，矿石的边际供给价格还包括矿山使用费。理所当然，矿山所有者希望能够按时获得矿山使用费。而他跟租用者所签订的合同，一部分是由于这种原因，常阐明不仅支付使用费也要支付地租。然而对一吨煤而收的矿山使用费本身，如果加以正确的解释，说明那被当做未来财富源泉的矿山的价值已稍微减少，而这种减少是由从自然藏量中取得的那吨煤而造成的。[i]

## 【注释】

a 当然改良的性质和程度部分地取决于租佃条件，以及在该时该地地主与佃户所具有的企图心、能力及所支配的资本。关于这点，当我们研究租佃关系时，我们将会知道，对于不同地区的特殊情况势必有所斟酌。但不妨指出，地租本身是在土壤的原始性质不变这一假设的基础上计算的。如改良所提供的收入被视作准租，则这些改良被认为是保有充分的效率。如果它们正在遭到破坏，则在我们求出作为它们的准租的纯收入以前，必须要从它们所提供的收入中减去因破坏而造成的损失的价值。用来补偿损耗的那部分收入和矿山使用费有某些类似之处，这种费用并不多于因采掘而对矿山所造成的损失。

b 比较第五篇，第 9 章，第 5 节。

c 比较第三篇，第 5 章，第 3 节与第五篇，第 4 章，第 2 节。

d 地租和利润的关系曾引起十九世纪经济学家的注意；其中特别应该提到的也许是西尼尔、穆勒、赫尔曼和莫高耳特。西尼尔似乎理解到困难的关键在于时间因素。但是在这里像在别处一样，他只满足于自己的建议；而并没有把它们加以系统化。他说（《政治经济学》），“就一切有用场合而言，一旦提供收入的资本——不论通过馈赠或继承——变成某人而不是从自己的节欲和劳作而来的财产，利润和地租的区别即行消失”。此外，穆勒说（《政治经济学》，第三篇，第 5 章，第 4 节），“任何有利于某些生产者或有利于在某些条件下生产的那种差别，就是某种利得的源泉，这种利得虽然不能叫做地租，除非由某人定期付给另一人，但它是受着与其完全相同的那些规律的支配的”。

不用错误情报或其他方法来操纵价格的投机家，如能正确地预料未来，并且在股票交易所或粮食市场通过巧买巧卖而获利，则他因促进所需要的生产和压缩所不需要的生产而一般地对社会有利；但早开发国家中的土地投机家却不能这样，因为土地的数量是固定不变的。充其量他只能使一块很有希望的地基不致因所有者的仓促、无知或无能而用于次要方面。

e 当然，使地租和土地的真正经济剩余相适应，实际上是缓慢无常的。这些问题将在第六篇，第 9、10 两章中加以讨论，某些相当武断的假设下的粮食税的归宿将在附录十一中加以研究。

f 对未利用的建筑用地豁免其全部价值税，对建筑有所阻碍。见附录七。

g 如农户生产原料，甚或粮食以供应市场，则他的资源在不同用途方面的分配是一个企业经济问题：如他的生产是为了自己的家庭消费，它至少是部分的家庭经济问题。比较以上第五篇，第 4 章，第 4 节。提供最大总报酬的那种支出在不同工作方面的分配，是由对解决家庭经济中的同一问题所需的那些方程组来决定的。穆勒（《原理》，第三篇，第 16 章，第 2 节）在讨论“连带产品”时指出，和作物争用特定土壤有关的一切问题因作物的轮种和类似原因而更加复杂化；对所轮种的各种不同作物需要有一种繁复的复式簿记。实践和妙算有可能使农户大致做到这点。整个问题可以用简单的数学公式表示，但这些公式是冗长的，也许是徒劳无益的。因此，当它们始终是抽象的时候，它们也就不会有多大的用处：虽然它们属于对高级农艺学最后也许有用的那一类，如果这种科学进步得足以适应现实细节的需要的话。

h 例如，如果他认为，尽管有税，但种蛇麻草使他除了费用（地租除外）还能得到三十镑剩余，而种任何其他作物，除了同样费用只能使他获得二十镑剩余，那么，实际上不能说该地种其他作物所提供的地租“列入”燕麦的边际价格。但是从并不正确的意义上解释“地租下列入生产成本”的古典理论比较容易，而从其原来正确的意义上解释则困难，因此，此语似乎最好避而不用。一般人都想不通地租不列入燕麦价格这句古语，因为他看到其他用途对土地需求的增加使附近所有土地的租值上涨，使种植燕麦的无租地减少；因此，使从所剩燕麦地攫取较多的产量，从而使燕麦的边际生产费及其价格上升是值得的。地租的上涨确实是一种媒介，通过这种媒介，可用于蛇麻草和其他农作物的土地的日益稀缺不得不引起他的注意；力求使他深入这些条件改变的现象去探求真正起作用的原因是不值得的。因此，认为地租下列入它们的价格是不相宜的。但是比不相宜更坏的是认为地租列入它们的价格，这种看法是错误的。

杰文斯问道（《政治经济学理论》序言）："如果把作为牧场时每亩一直提供2镑地租的土地改作麦田，难道不应该把这2镑（每亩）加在小麦的生产费用中吗？"答案是否定的。因为2镑这宗款额是和只能补偿其所应负之小麦的生产费用无关的。所应当说的是："如能用生产某商品的土地用来生产另一种商品，则第一种商品的价格因其生产范围的相应压缩而增加。第二种商品的价格将等于只能补偿其所应负的那部分小麦（在有利支出边际生产的小麦）的生产费用（利润和工资）。如果为了任何特定的论证我们把该地的全部生产费用加在一起，并使全部产品分担这种费用，那么，我们所应计入的地租并不是该地如用于生产第一种商品时所付的地租，而是用于生产第二种商品时所付的地租"。

i 亚当·斯密因把地租和利润与工资等同对待当做（货币）生产成本而受到李嘉图的攻击；无疑地他有时是这样做了的。但是他在别处说，"必须注意，地租构成的商品价格和工资与利润有所不同，工资和利润的高低是价格高低的原因，而地租的高低却是它的结果。正是因为使某特定商品上市而必须支付或低或高的工资和利润，它的价格才或高或低。但是正是由于它的价格比足以支付那些工资和利润所需之数或高或低得多、略多或不多不少，它才提供高额或低额地租，或完全不提供地租"（《国民财富的性质和原因的研究》，第一篇，第11章）。在这个情况像在其他情况一样，他在自己著作的某部分中所预见的真理，而在其他部分中似乎为他所否定。亚当·斯密讨论"煤在任何长的时间内所能出售的价格"，并且认为"蕴藏最丰富的矿决定附近其他各矿煤的价格"。他的意思含混不清；但他似乎并不是指任何暂时的廉价出售，而是指煤矿一年的租值。李嘉图遵循着显然相同的方式，得出相反的结论："决定价格的是贫矿"；这个结论也许比亚当·斯密的理论更加接近真理。但事实上当使用某矿所出的费用主要采取矿山使用费的形式时，两个命题似乎都不适用。李嘉图说地租不列入矿石的边际生产成本时，他在技术上是对的（无论如何不一定错）。但是他应该继续说，如果某矿不是实际上开不尽的，则它所提供的收入一部分是地租，一部分是使用费；虽然地租不直接列入而最低使用费却直接列入各部分产品的费用（不论是边际费用，还是非边际费用）。当然使用费是就矿中的那些煤层来计算的，这些煤层既不十分富饶而易于开采，又不十分贫瘠而难于开采。有些煤层只能补偿其经营费用；而有些煤层因缺煤或有严重缺点而甚至不能支付其劳动工资。但全部论证所暗中假设的是早开发国家中的情况。当陶西格教授指着新开发的国家的情况（《原理》，第2章），“怀疑最贫矿的所有者是否能取得任何报酬，假定他根本没有开发它”时，他也许是对的。

# 第 11 章　边际成本和城市土地价值的关系

## 第 1 节　位置对城乡土地价值的影响　地基价值

前 3 章我们考察了生产成本和来自土地“原始力”与其他自然恩赐品的占有的收入的关系，也考察了生产成本和直接来自私人投资的收入的关系。介于二者之间有一个第三类收入，这些收入是社会一般进步的间接结果，而不是私人为获利所投资本和劳动的直接结果。现在我们应该研究这一类，特别是关于城市地基的价值。

我们已经知道，虽然自然界所给予地报酬，如用农产量计算，差不多总是不能和投于农业中的资本和劳动的增加成比例的增加；但是另一方面，如果高度的集约经营是附近地区非农业人口增长的结果，那么，人口的密集多半有提高农产品价值的趋势。我们已经知道，当产品按其对生产者的价值，而不按其数量计算时，这种影响是怎样地同报酬递减规律的作用对立，并且往往超过后者的作用；农户既可以得到他借以销售农产品的好市场，又可以得到供给他必需品的好市场，他买贱卖贵，也越来越能得到社会生活的种种便利和享受[a]。

此外，我们也曾知道，高度工业组织所产生的经济[b]，是怎样往往只在很小的程度上取决于各个别厂的资源。各业为自己所必须安排的那些内部经济和工业环境的普遍进步所产生的那些外部经济相比，往往是微不足道的；一个企业的位置在决定企业利用外部经济的程度上，几乎经常起着重大的作用；由于附近勤劳富裕的居民的增多，或者铁路和通向现有市场的其他交通工具的开辟而产生某地基的位置价值，是工业环境的变动对生产成本所起的最显著的影响。

假设任何一个行业（不论是否农业）中的两个生产者在各方面都具有相等的便利，但第一个企业比第二个企业所占的位置较为便利，因此在相同市场上买卖所需运费较少，那么，它的位置所给予它的差别利益等于对方所多出的运费总额。我们可以假定，位置上的其他便利，例如靠近特别适合行业的劳动市场，同样可以变成货币价值。如把这换算成货币价值并加在一起，我们就得出第一个企业比第二个企业在位置的便利上所具有的货币价值；而如果第二个企业没有位置价值，它的地基只是按农业土地的价值计算，那么，这种价值就成为它的特殊位置价值。从更好的地基上提取的额外收入提供的是一种所谓特殊位置地租；任何一块建筑土地的总地基价值是拆除建筑物后在自由市场上出售时所具有的价值。“年地基价值”——用一种方便的，虽不十分确切的说法——就是那种价格按当前利息率所提供的收入。它显然超过特殊位置价值，所超过之数仅等于农业土地的价值，相较之下，它往往是一个几乎可以不计的数量[c]。

## 第2节　通过个人或集体的有意行动而创造的位置价值的一些例外情况

很显然，大部分位置价值是“公有价值”。但是也有一些需要注意的例外情况。有时全城甚或一个地区的住宅是按商业原则设计的，而且是单独由一个人或一个公司负担风险投资来完成的。后者的行动部分原因也许是由于慈善或宗教的动机，但是不论在任何情况，它的财政基础将见之于这一事实，即居民稠密本身就是经济效率增进的一个原因。在通常情况下，这种效率所产生的主要利得归那些已经占有该地的人所有。但那些从事于开拓一个新地区或建设一座新城市的人通常把自己的主要希望建立在获得商业成功的基础上面。

例如，当萨尔特和蒲耳曼决定把他们的工厂移到乡下并建立萨尔特和蒲耳曼城的时候，他们都预料到他们按农业用地的价值所能购买的土地会取得城市地产由于周围人口稠密而产生的那种特殊优置价值。同样的动机也曾支配了那些人，他们选定一块本来就适合成为避暑胜地的地基，然后购买了这块土地并且用了大批经费来开发它的资源。他们情愿长期等待他们投资的任何纯收入，以期他们的土地最后会因周围人烟稠密而获得很高的位置价值[d]。在所有这些场合下，得自土地的年收入（无论如何，超过农业地租的那部分收入）对许多情况来说应被看成利润，而不应被看成地租。不论建筑萨尔特城或蒲耳曼城工厂所用的土地，还是充作某店铺或商店的地基（它的位置将使它有可能和工厂工人做好买卖）而提供“高额地租”的土地，上述论点都同样适用。因为在这些情况下，势必冒很大的风险；而在有巨大损失风险的各种事业中，也必须有获重利的希望。一种商品的正常生产费用必须包括对生产它所需要的那种冒险的报酬，而这种报酬要足以使那些从事冒险与否尚在犹疑不决的人认为他们可能得到的利益净额（也就是说，除去他们可能受到的损失额后）是对他们辛勤和支出的报酬。这种冒险所提供的利益除足以供这种目的使用之外，是没有多大剩余的。这可以由它们仍然不是很常有的这一事实来说明。但在势力很大的公司所操纵的那些工业里，它们多半是比较常见的。例如，某大铁路公司可以建立一个克鲁或一个新斯温顿来制造铁路设备而不冒任何巨大的风险。

类似的例子有：一群土地所有者联合起来建筑一条铁路，并不指望铁路运输的纯收入支付投在建筑铁路上的资本以任何巨额利息，但是它将大大提高他们土地的价值。在这种场合，在作为土地所有者的收入的增加中，有一部分应当看成是改良他们土地所投下的资本的利润，虽然这种资本曾用于建筑铁路，而不是直接用于他们自己的土地。

具有相同性质的其他事例有：主要的排水工程和改善农业或城市土地一般状况的其他计划，倘这些计划是由土地所有者用自己的费用来实现的，不论这些费用是通过他们私下协议，还是向他们征收特捐得来的。此外，如一个国家在建立它自己的社会政治组织、普及国民教育和开发自然资源方面的投资，也属于这类事例[e]。

这样看来，增加土地和其他自然恩赐品的价值的那种环境的改善，在许多情况下部分地是由于土地所有者为提高土地的价值而故意投资造成的；因此，由此而增加的收入，其中一部分可以看成是利润，如我们考察长时期的话。但在很多情况下却不然；自然恩赐品所提供的纯收入的任何增加并不是由于土地所有者的特殊支出，而且也不提供使用这种支出的直接动机，这种增加对各种情况来说应当看做是地租。

当在某新兴城市的郊区拥有数十英亩土地的人为了建筑而“开发”它们的时候，就出现类似上面所说的那些情况。他也许设计了马路，决定哪里的房舍应当相连，哪里的应当分开；并拟定了一般的建筑式样，也许还规定了每种房屋所用的最低建筑费；因为每种房屋的美观增加所有房屋的一般价值。他这样所创造的集体价值具有公有价值的性质；它大半取决于潜在的公有价值，而这种价值是整个地基得自它附近的繁荣城市的兴起的。但是他的预见，组织能力和支出所产生的那部分价值应当看成是企业的报酬，而不应当看成是私人对公有价值的占用。

这些例外情况是必须加以考虑的。但一般准则是，每块土地上所建房屋的数量和性质大体上（在当地建筑法的许可下）是最有利的结果得以预期的那种数量和性质，很少或不考虑它对周围地区位置价值的作用。换句话说，那块地的地基价值是由这样一些因素决定的，而这些因素多半不能为决定建筑什么房屋的那些人所左右，他根据它上面各种房屋所提供的收入的估计来调节他的建筑经费。

## 第 3 节　决定永租地租的一些原因

土地的所有者有时用自己的土地建筑房屋，有时索性把它出售。最常见的是他按固定的地租出租他的土地，租期九十九年，期满之后，土地与其建筑物（根据契约，建筑物必须妥为修缮）归其遗产继承人所有。让我们考察决定他出售土地所得地价和他出租土地所取地租的那些原因。

任何一块土地的资本还原价值是其可能提供的所有纯收入的簿记折现值，所谓“纯”是指一方面减去包括收租费在内的各种意外费用，另一方面是加上它的矿藏，发展各种企业的能力和用于住宅时所具有的那些物质的、社会的与美观的有利条件。土地所有权所提供的那种社会地位和其他个人满足的货币等价并不表现为土地的货币收益，但可以列入它的资本货币价值[f]。

其次，我们考察什么决定土地所有者出租土地（例如，租期九十九年）所能得到的地租。全部固定租金折成现值有等于土地当前资本价值的趋势；但是必须酌减两项，一项是当租期终结时把土地和它上面的建筑物一并交还本主遗产继承人的义务；另一项是租约对土地使用的任何限制所引起的可能不便。由于这两项酌减，地租略小于该地的“年地基价值”，如果该地基价值被认为始终保持不变；但事实上由于人口的增长和其他原因，地基价值看涨，因此，在租期开始时，地租一般略高于年地基价值，而在租期终结时，则远低于年地基价值[g]。

在决定在任何一块既定土地上的建筑权利的价值之前，必须从建筑物的估计毛收益中减去预计建筑费用，在这些费用中还有租税（中央税或地方税），而这些税也许是向地产征收并由地产所有者交纳的。但这就引起一些困难的枝节问题，只好留在附录七中加以讨论。

## 第 4 节　报酬递减和建筑土地的关系

让我们重申这个事实，即报酬递减规律适用于各业中为了生活和工作而进行的对土地的使用[h]。当然，在建筑业，像在农业中一样，资本运用得过少是可能的。如某宅地所有者认为，只须耕种分给他的一百六十英亩土地的一半他就能生产出比耕种全部土地时更多的农产品，同样，即使当土地几无任何价值时，一幢很矮的住宅也可以昂贵得和它所提供的功能不相称。在农业中，一英亩土地运用一定的资本和劳动可以提供最高的报酬，而超过这点追加资本和劳动报酬就减少，建筑业亦是如此。在农业中，提供最大报酬的每英亩的资本量，是随作物的性质、生产技术状态和所供应的市场的性质而变化的。同样，在建筑业中，如果地基没有稀有价值，可能提供最大报酬的每平方英尺的资本，也是随着建筑物所要求的用途而变化的。但是如果该地基具有稀有价值，则超过这个最大报酬点继续使用资本而不支付扩大地基所需土地的额外成本是值得的。在土地价值高的地方，使每平方英尺土地提供两倍的便利，所用成本多于比在土地价值低的地方在同样场合所用成本的两倍。我们可以把建筑边际这一名词应用到那种便利上，这种便利是仅仅值得从某既定地基取得的，如果土地的稀有性减少，就不从它取得这种便利。为确定概念起见，我们可以假定，这种便利是建筑物的顶层所提供的[i]。

土地成本的节省是用建筑顶层，而不用较多地面扩大建筑来实现的，这种节省恰好能补偿该计划所用的额外费用和不便。顶层楼所提供的便利，如酌减它的偶然不便外，刚够值它的成本，而不留有任何剩余，以供地租之用。在顶层楼上（如系工厂的一部分）所制造的那些东西的生产费用，仅仅和它们的价格相抵，没有支付地租的剩余。因此，工业品的生产费用可以看成是建筑边际上制造的商品的生产费用，从而不支付地租。这就是说，地租不列入边际上的那组生产费用，在该边际，可以再清楚不过地看出供求力量在决定价值方面的作用。

例如，假定某人为计划修建一个旅馆或工厂考虑用多少土地。如果土地便宜，他将用大量土地；如果土地很贵，则他将用较少的土地，而把房屋建筑得高些。假定他计算建造并维持各自带有一个一百英尺前廊的两所铺面所需的费用，并使它们在各方面对他和他的客户与雇员都有相等的便利，从而对他也有相等的利益。设他认为，这两种计划的区别，如把未来支出加以资本还原之后，表明较大的面积有五百镑的利益，如果前廊每英尺可按少于五十镑的价格取得，则他将情愿用大面积的土地，而不用小面积的土地；五十镑将等于土地对他的边际价值。计算用同样的支出在较大地基上比在较小地基上从事其他方面的工作所增加的价值，或用较便宜的土地，而不用位置较差的土地进行建筑，他也许会得到同样的结果。但是无论他采用哪种计算方法，这种方法的性质和他决定是否值得购买任何其他企业设备的性质是相同的：他把他从每种投资所能预期的纯收入（减去折旧）看做和他的企业保有相同的一般关系；如果位置的优势使得处于该位置的全部可用土地都能得到各种不同的使用，那么以前每英尺五十镑的资本价值表示的是其边际使用等于该土地的当前价值。

## 第 5 节　各种建筑物对同一土地的竞争

这里假定各种不同用途的争用土地将把各处的建筑和各种用房一直扩大到这样一边际，在这个边际，对同一地基运用任何较多的资本，不再是有利的。随着一个地区对住宅和商业用房的需求的增加，为了避免在同一地面上增建房屋所引起的费用和不便，以越来越高的价格购买土地也是值得的。

例如，比方说里兹的地价因店铺、货栈和铁工厂等争用土地而上涨，那么，某毛线商发觉他的生产费用有所增加，也许会迁到另一个城市或乡下，从而把他过去使用的土地留下，以便建筑店铺和货栈，城市的位置对于它们比对于工厂更为有利。因为他也许认为，迁到乡下所节省的土地成本和迁移所带来的其他利益，除抵消其不利外，尚绰绰有余。在讨论这样做是否值得时，他的工厂地基的租值会算做毛织品的生产费用，而且也应当如此。

但是我们必须探求事实的真相，供求的一般关系把生产推到这样一个一边际，在这个边际，生产费用（不列入任何地租）是如此之高，以致人们情愿支付高价增加土地，以便避免在狭小地基上因工作拥挤而造成的不便和费用。这些原因决定着地基价值；因此，地基价值不应当看成是决定边际成本的。

由此可见，工业和农业对土地的需求在各方面都如出一辙。燕麦生产费用的增加是由于这一事实，即可以收获燕麦的土地为使它能提供较高地租的其他作物所急需；同样，在伦敦可以看到离地面六十英尺高的印刷机在工作，如果其他用途对土地的需求没有把建筑边际扩展到这样的高度，则印刷机所提供的工作就会便宜一点。又如某蛇麻草种植者也许认为，由于他支付很高的地租，他的蛇麻草的价格将不能抵偿他那里的生产费用，他也许不在那块地上种蛇麻草，或另找土地来种它；而他所留下的土地也会许租给一个菜商，不久，附近的土地需求又有增加，以致该菜商所得的菜价总额将不能抵偿菜的生产费用（包括地租在内）；因而他又把它出让，比方说，让给一个建筑公司。

在每个场合，日益增加的土地需求改变着集约使用土地的有利边际。该边际上的成本表明决定土地价值的那些基本因素的作用。同时这些成本又是供求的一般条件迫使价值与之相一致的成本；因此，直接研究它们对于我们的目的来说是正确的；虽然这种研究和私人资产负债表的目的毫不相干。

## 第6节 企业家的租金和他们所索价格的关系

对特别有价值的城市土地的需求，多来自各种批发商和零售者，而很少来自厂商；对他们所特有的那种需求的有趣特点，在这里值得一谈。

如果同一企业部门中的两个工厂的产量相等，则它们一定占有几乎相等的车间面积。但是商店建筑的大小和它们的周转却没有密切的关系。空间很大对它们来说是一件很好的事情，同时也是额外利润的一个源泉。但不是不可或缺的。但是商店的空间越大，它们手头所能保有的存货越多，从而，用以陈列样品的便利也越大。在受趣味和式样变动支配的那些商业里，尤其是这样。这些部门的商人在较短的时间内大力收集各种时髦商品，尤其是那些眼看就要流行的商品；他们的地基租值越高，他们也就必须越快地出售那些稍微过时和可有可无的商品，甚至亏本也在所不惜。如果是这样的商店位置，顾客受精选货品的诱惑大，而受廉价货的诱惑小，则商人将索取周转次数较少而利润率很高的价格；但位置如不是这样，他们将索取低廉的价格，并力图多做生意，以与他们的资本和营业场所的规模相称；正如同在某些附近地区，菜商认为在豌豆角很香嫩的时候来摘是最相宜的，而在另一些地区却等它们长得十分饱满时再说。不论商人采取哪种计划，都将有某些便利，而这些便利他们怀疑是否值得提供给大众；因为他们预料到由于这些便利而增销的商品只能偿其所负，并不能对地租提供任何剩余。他们因这些便利而出售的商品，是地租不列入其推销费用的那些商品，如同地租不列入菜商认为刚值得生产的那些豌豆的生产费用一样。

有些租金很高的商店取价低廉，因为它们门前的许多过客付不起高价来满足自己的喜好。店主知道，他一定得贱卖，否则就完全卖不了货物。他不得不满足于他的资本每次周转所带来的低利润率。但是，因为他的顾客的需要很简单，他无须积存大量商品；他的资本一年可以周转许多次，因此，他每年的纯利润量是很大的，他情愿为可以取得这种利润的位置而付出很高的租金。反之，在伦敦上流社会的某些静寂的街道上和在许多乡村里，商品价格是很高的，因为在前一种情况必须要用高级商品来吸引顾客，而这种商品只能卖得很慢，而在后一种情况，总周转的确是很小的。没有一个地方，商人所能赚取的利润将使他有可能支付像伦敦东区某些廉价的、顾客盈门的商店商人支付的那样高的租金。

但是的确，如果不增辟任何交通，以广招徕客源，则位置变得更加适合于其他用途，而不适合于开设店铺；只有那些有办法招引大批顾客（和他们所索的价格与所经营的商业种类相较）的店主，才将能偿其所负。因此，在对各业店主的需求不变时，店主的人数将减少；所余店主将能索取一种比以前高的价格，而对顾客不提供较大的便利和引诱。可见，这个地区土地价值的上涨，将表明位置的稀有，而这种稀有，在其他条件不变的情况下，将提高零售商品的价格；正如同任何地区农业地租的上涨表明土地的稀有，而这种稀有将提高边际生产费用，从而提高任何特定作物的价格一样。

## 第 7 节　城市地产的混合租金　参阅附录七

房（或其他建筑物）租是一种混合租金，其中有一部分是属于地基，而另一部分是属于建筑物本身，二者的关系相当复杂，可留待本书附录七加以讨论。但是关于混合租金的一般性质不妨在这里说几句。乍看，在一种东西同时产生两种租金这一命题里，似乎是有些矛盾；因为它的租从某种意义上说是扣除经营费用以后的一种剩余收入；而就同一经营过程和由此而来的同一收入而言，是不能有两种剩余的。但是如果那种东西是一种混合品，则它的各部分都可以被经营得使它提供一种超过经营费用的剩余收入。相应的租金在理论上总是可以区分的，有时它们在商业上也是可以分开的[i]。

例如，水力发动的面粉厂的租金是由两部分组成，一部分是它的建筑用地的租金，另一部分是它利用的水力的租金。假定要想在一个地方建立面粉厂，那里在许多地基的任何一处可以同样利用的水力是有限的。那么，水力和所选地段的租金就是这两种租金的和；它们各自都是级差利益的等价，其中一种级差利益是占用该地基以从事任何生产所提供的，另一种是水力的占有对在其中任何地基上经营面粉厂所产生的。这两种租金，不论是否恰为同一个人所有，都可以分别清楚，并且在理论上和实践中都可以分别计算。

但是如果没有可以建立面粉厂的其他地基，就另当别论了。在那种情况下，如果水力和地基归不同的人所有，那么，它们的价值超过该地基用于其他场合时所具有的价值的差额，其中有多少归地主所有，只能用“协议”的办法加以解决。

假使有可以利用水力的其他地基，但是效率不等，仍无法决定地基和水力的所有者如何来分割生产者的剩余差额，这种差额是它们共同提供的生产者的剩余，超过该地基用于其他情况和水力用于别处所提供的总剩余的差额。除非就水力供给的一定年限达成协议，该面粉厂也许不会建立；但当期限终了时，关于分割水力和有面粉厂的地基所提供的总剩余，又会引起同样的困难。

局部垄断者如铁路、煤气、自来水和电力公司，对曾使其企业设备适于利用它们的服务和也许为此目的而自己出资装置了费用庞大的设备的那个消费者企图加价，就经常产生类似的困难。例如，当匹茨堡的厂商刚刚建立起一些用自然煤气而不用煤的高炉时，煤气的价格就立即增加了一倍。矿业史也提供了类似困难的许多事例，如和附近地主关于路权等方面的争执，以及与附近村舍、铁路和码头的所有者的纠纷[k]。

## 【注释】

a 见第四篇，第3章，第6节。

b 见第四篇，第10、11、12、13章。

c 我们假定在同一个市场销售的两个农场对等量投资的产量都提供报酬，第一个农场比第二个农场多得的报酬等于把它的产品运输到市场上的额外费用，那么，这两个农场的地租将相等（这里假定投于该两个农场的劳动与资本都化成同一的货币尺度，或假定它们和市场的距离一样远近也行）。此外，如果我们假定有甲、乙两个矿泉，所提供的水完全相同，各泉按不变的货币生产本都可以无限开发；这种成本，不论产量如何，在甲泉比方说是每瓶两便士，在乙泉是两便士半；那么，从乙泉每瓶运费比从甲泉少半便士的那些地方，将为它们竞争的中立地带（如果运费与距离成比例，则该中立地带是甲与乙作为其焦点的双曲线）。在甲方各地甲泉可以比乙泉卖得便宜，反之，则乙泉可以比甲泉卖得便宜。各泉在自己地区内出售自己的产品都能获得垄断地租。这是许多易于出现的想象而不无教益的问题之一（比较图能在其所著《孤立国》中所作的卓越研究）。

d 当然，这类事例在新开发国家中是最常见的，但在早开发国家中也并不十分罕见，萨尔特就是一个明显的例子，而莱奇沃恩花园城也是新近饶有趣味的一例。

e 政府在实行这种计划，特别是在选择供驻军的城市、兵工厂和制造军用品的场所方面具有很大的便利。在比较政府和私人工厂的生产费用时，国营工厂的地基往往只按农业土地计算。但这种方法是错误的。私人工厂要给自己建立一座城市的话，必须每年支付很大一笔地基费用，或冒更多的风险。因此，为了证明国营对公众福利和私营同样经济而有效，在国营工厂的资产负债表中应列入它们地基的城市价值的全部费用。在那些特殊的生产部门中，这些部门国家可以为它们建立工业城而不冒那些私营工厂在同样情况下所冒的风险，这种利益大致可以看做国家经营那些特殊事业的一种根据。

f 农业土地的价值一般表现为当前货币地租的若干倍，或等于若干年地租的收入。在其他情况不变的条件下，这些直接的满足越多和土地所提供的这些满足与货币收入越多，则土地的价值也就越大。等于若干年地租的这种收入也由于未来正常利息率或货币购买力的预期下降而增加。地价未来上涨的折现值比一般所想象的要小得多。例如，设利息率为五厘（中世纪时流行的利息率更高），按复利投资一镑两百年后约为一万七千镑，五百年后约为四百亿镑。因此，国家在首文实行地价上涨归公方面投资一镑，除非地价上涨值现在超过一万七千镑（如在两百年前投的资），或四百亿镑（如在五百年前投的资），则这种投资实属不利。这假定按五厘的这种投资是可能的，实际上这当然是不可能的。

g 在不繁华或商业冷落的地区，少数地基价值有所下降，但是另一方面，在过去没有特殊位置价值，而后来变成时髦或商业中心时出租的土地情况下，位置价值比地租上涨许多倍。如果是在十八世纪前半期，当黄金稀缺，各阶层人民的货币收入十分微薄的时候出租的，则情况更是如此。一百年后将值一千镑的地产对地主所提供的收益折现值，也许比一般所想象的要少些；虽然误差没有在前注中所说的预期千百年的情况那样大。如果利息率为三厘，则此值约为五十镑；如果像三四百年前那样利息率一般为五厘，则只有八镑。

h 参阅第四篇第 3 章第 7 节。

i 楼房往往装有电梯，这种电梯的使用费由房主负担，在这种情况下，尤其是在美国，顶层的租金有时要比其他层高些。如果地价昂贵，而法律又不为了他的邻人的利益而限制他的楼房的高度，那么，他也许把楼建筑得很高。但最后他将达到建筑边际，最终他会发现，用于奠基、建筑厚墙和安装电梯的额外费用，以及由此而带来的低层的贬值，使他因多建一层楼而得不偿失；恰恰值得他供应的那种额外便利（房屋），可看做处于建筑边际的便利，即使高层的租金比低层多些。但在英国，法律禁止私人把楼盖得这样高，以致他的邻人得不到新鲜空气和阳光。随着时间的推移，盖高楼的那些人将被迫在他们建筑物的周围留出大量的空地，而这就使建筑得很高的楼无利可图。

j 必须记住，如果房屋与其地基不相称，它的总租金减去它的地段租金后并不等于该房在相宜地基上所得的全部房租。类似的限制对大多数混合租适用。

k 同行业中各不同阶层工人之间的利害关系和混合租金这一问题相类似，见以下第六篇，第 8 章，第 9、10 节。

# 第12章　从报酬递加规律来看正常需求和正常供给的均衡

## 第1节　报酬递加趋势发生作用的一些方式　使用供给弹性一词的危险　整个工业和单一厂的种种经济的差异　参阅附录八

现在我们可继续第3章和第5章的研究，并考察与生产上有报酬递加趋势的那些商品的供求关系有关的某些困难。

我们曾指出，报酬递加趋势是很少紧跟着需求的增加而出现的。例如表形气压计突然出现时的最初结果，是价格的暂时上涨，尽管这种气压计除了一个小柄外不含有任何材料。因为对这种工作没有特殊训练的那些工资优厚的工人势必是从其他行业吸引进来的；这样大量劳作会遭到浪费，在短时间内实际生产成本会有所增加。

但是如果这种时髦持续的时间很久，那么，即使没有任何新的发明，气压计的生产费用也会逐渐下降。因为会培养大量的专门技术人才来分担各种不同的工作。由于大量使用部件互易法，气压计年产量的持续增长，会大大降低它们的价格。

这里要注意的是需求和供给的重要区别。一种商品出售价格的下降，对需求总是向着一个方向起作用的。商品需求量增加的多少要看需求有无弹性而定。价格下降使商品有可能获得新的或扩大的用途，也许需要或长或短的时间[a]。但是（除因价格下跌而使该商品被逐出流通范围的那些例外场合不计外）价格对需求的影响对一切商品来说在性质上是相同的。此外，在长时期内表现出弹性很高的那些需求，差不多当时就显出很高的弹性。因此，除少数例外，我们可以说某商品的需求弹性是高的或低的，而无须表明我们所指时间的长短。

至于供给就没有这样简单的准则。买主所出价格的增加，的确总是使供给增加的。如果我们所考虑的只是短期，特别是一个市场的交易，那么，的确存在着和需求弹性相似的供给弹性。这就是说，价格的某种上涨，使卖主所愿增售数量的大小，要看他们背后储备的多寡和他们对另一个市场价格水平估计的高低而定。这个准则对长期内有报酬递减趋势的那些产品和有报酬递加趋势的那些产品几乎是同样适用的。事实上，如果一个工业部门所需要的大型设备得到充分利用而无法迅速扩大，那么，对它的产品所出价格的增加，在很长的时间内对产量的增加也许没有显著的影响；而对手工制品需求的类似增加，也许会迅速引起供给的巨大增加，虽然在长期内它的供给遵守着报酬不变甚或报酬递减规律。

在同长期有关的那些较根本的问题上，情况甚至更加复杂。因为甚至与当前价格的那种无条件需求相对应的最后产量，在理论上是无限大的，因此，遵守报酬递加甚或报酬不变规律的那种商品的供给弹性，对长期来说在理论上是无限大的[b]。

## 第 2 节　续　前

应当考虑的第二点是，因生产某商品的那个工业的逐渐发展，而使它的价格下降，这一趋势和个别厂因扩大它的企业而迅速引用新的大规模经济的趋势截然不同。

我们已经知道，在一个能干而有进取心的厂商的发展过程中，每一步都是如何使得下一步更加容易、更加迅速。因此，倘其运气颇佳，并保持充沛的精力而不辞劳苦，则他的发展多半会继续下去。但这些是不能永续的，一旦它们消失之后，他的企业多半通过使它发达的那些因素的作用而破灭，除非他把它交给另一个像他过去那样坚强的人。可见，个别厂的兴衰可以是经常的，而一个巨大的工业却经历着长期波动，甚或不断地向前发展着，如同树叶（重述以前的例证）进行着大量的新陈代谢，而树本身却年复一年不断地成长一样[c]。

这样看来，决定个别厂所支配的那些生产便利的因素和决定某业全部产量的因素，遵循着截然不同的规律。如我们考虑到销售上的困难，这种区别也许就更加显著。例如，满足特殊趣味的某些工业，多半进行着小规模的生产；它们一般都具有这样的性质，以致其他行业中业已采用的机器和组织方式很容易为它们所使用。因此，它们生产规模的扩大肯定会同时引出许多大规模生产的经济。但这正是那样一些工业，其中各厂多半或多或少地固守它自己的特定市场；如果它限于这种范围，则它的生产的任何急剧增长多半会使该市场的需求价格下降。经济学家一般都用这种办法：他们在颠倒关于需求的顺序方面也采用商业上的办法。这就是说，他们对减价所引起的销售额的增加考虑得多，面对增加销售额所需要的减价考虑得少的大规模生产经济不相称，即使它的生产相对于那个广大市场（从较一般的意义上说是它为之生产的市场）只占有极小的部分。

实际上，当商业清淡时，一个生产者往往力图在他自己的特定场外按略多于商品主要成本的价格出售他的剩余商品，而在他的市场他仍然力求按几乎抵偿补充成本的价格出售商品；其中大部分是对投于建立他的企业外部组织的资本的预期报酬[d]。

此外，补充成本相对于遵守报酬递加规律的那些商品的直接成本说来照例要比其他商品大些[e]；因为它们的生产需要在物质设备和建立商业往来方面投下大量资本。这就使他格外害怕破坏他自己的特定市场，或害怕因破坏共同市场而引起其他生产者的不满。而这些，如我们所知，是在生产设备未得到充分利用时当做决定商品短期供给价格的因素。

因此，我们不能把个别生产者的供给条件当做决定一个市场的一般供给条件的范例。我们必须考虑到这一事实，即在商业进展上具有持续生命力的厂寥寥无几；同时也必须考虑到这一事实，那个别生产者和他的特定市场的关系在许多重要方面不同于全体生产者和共同市场的关系[f]。

## 第3节　续　前

个别厂的历史不能算做一个工业的历史，如同个人的历史不能算做人类的历史一样。但人类的历史是个人历史的结果；而为一个共同市场提供的生产总量，是引诱各个生产者扩大或缩小他们生产的那些动机的结果。正在这里，我们那个代表性厂的方法对我们提供了帮助。我们假想不论任何时候该厂都享有所属工业生产总规模所具有的那些内部经济和外部经济的平均份额。我们认为，这样一个厂的规模，虽部分地取决于技术和运输成本的变动，但在其他情况不变的条件下，是由工业的一般扩展所决定。我们认为它的经理考虑他是否值得增加某项新业务，是否值得引用某种新机器等。我们认为他把这种变动所造成的产量或多或少地当做一个单位，并权衡其利害得失。

这就是我们所注意的那种边际成本。我们并不期待它因需求的突然增加而立即下降，相反地，我们期待短期供给价格随着产量的增加而增加。但是我们也料到需求的逐渐增加使典型厂的规模渐渐扩大并提高它的效率，增加它所拥有的那些内部和外部经济。

这就是说，当做这些工业的长期供给价格表的时候，我们要写出已减少的供给价格和与其相对的已增加的商品数量，借以表明，那种已增加的数量将按较低的价格及时得到供应，以满足那相当稳定的相应需求。我们不计那些新的重大发明可以产生的任何经济，但是我们却包括那些运用现有观念可能获得的经济；我们期待那种兴衰力量之间的均衡位置，而这种均衡，如果所述条件在长期内一致发生作用，是会达到的。但是必须要广泛地来理解这些概念，因为我们没有能力使这些概念更精确了。如果我们在讨论中几乎包括全部现实生活条件，那么，问题就难得不能加以解决；如果我们只选择几个条件，那么，关于它们的那些烦琐而微妙的推理将变成科学游戏，而不是指导实际工作的工具。

正常供求的稳定均衡理论，的确有助于我们概念的具体化。在其初级阶段，它与现实生活相去不远，从而对那些最强而经常出现的经济力量作用的主要方法提供了一幅相当逼真的图景。但是如果把它推到悠远复杂的逻辑结果，它就与现实生活隔绝了。事实上我们在这里接近经济发展的主题；因此，在这里特别需要记住的是经济问题，如它们被当做静态均衡而不当做有机发展的问题时，是表述得不完全的。因为虽然只有静态讨论能给予我们以明确的思想，从而是把社会较达观地看做一个有机体的必由之路，但那仅仅是一个开始而已。

静态均衡理论只是经济研究的入门，它甚至也只是对那些有报酬递加趋势的工业的进步和发展的研究的入门。它的限界经常为那些特别是从抽象观点来研究它的人所忽略，以致有使这种理论完全定型的危险。但是有了这种警惕，就不妨冒险尝试一番。这个问题将在附录八中略加讨论。

## 【注释】

a 参阅以上第三篇第 4 章第 5 节。

b 严格说来，在考虑到适当设备的发展和组织大规模生产所用的时间时，产量与其出售价格是互为函数的。但在现实生活中，单位生产成本是从预期产量中求出的，而不是相反。经济学家一般都用这种办法：他们在颠倒关于需求的顺序方面也采用商业上的办法。这就是说，他们对减价所引起的销售额的增加考虑得多，面对增加销售额所需要的减价考虑得少。

c 见第四篇，第 9、10、11、12、13 章，特别是第 11 章的第 5 节。

d 这点可以这样表示：当我们考虑个别生产者的时候，我们必须以他的供给曲线和他自己的特殊市场的特殊需求曲线相配，而不是和广大市场上他的商品的一般需求曲线相配。这条特殊需求曲线的斜度一般是很大的，也许和他自己的供给曲线的斜度相同，即使产量增加将使他获得大量内部经济。

e 对我们而言这不是一个普遍准则。比如说，不妨指出，因途中缺乏旅客而损失四便士票价的一辆公共汽车的纯损失，不是接近三便士，而是接近四便士，虽然公共汽车业也许遵守的是报酬不变规律。再如用手工制鞋而推销费用很大的鞋匠作为例子，假如他们不是害怕破坏自己市场的话，他们情愿减低其正常价格以避免失去一宗特殊订货，所减之数也许比使用大量贵重机器的制鞋工业家还要多些。还有和连带产品的补充成本相关的其他困难，如为了做广告而按接近主要成本的价格出售某些商品的做法（见以上第五篇，第 7 章第 2 节）。但我们对这些在这里不加讨论。

f 关于个别厂从产量增加而获得大规模生产经济效益的抽象推理，不仅在细节上甚至在它们的一般结果上也总是容易发生错误。换而言之，在这种场合，应该全面地论述决定供给的那些条件。然而它们又很容易被不易觉察的那些困难所阻碍，而在用数学公式企图表示某业的均衡条件时就更显得极其的棘手。包括库尔诺也在内的有些学者，所得到的实际上是个别厂的供给表，它表明该厂是通过增加产量来使它获得大量内部经济，进而使得生产费用大大降低。他们坚信数学，但是显然没有察觉到这一结论的存在：也就是不论是个怎样的工厂，如果最初就经营有方，那么它就必将对整个行业的生意进行垄断。然而其他的学者却这样认为，对那些遵守报酬递加规律的商品来说，均衡是不存在的。同时又有人这样质疑，表示价格随着产量的增加而下降的任何供给表是否站得住脚。

# 第13章　正常需求和正常供给变动的理论同最大限度满足原理的关系

## 第1节　引　论

在本篇前几章，特别是在第12章，我们考察了供求适应中的渐变。但是任何时尚的重大而持久的改变、任何重大的新发明，人口因战争或瘟疫而发生的任何减少，所述商品，或其中所使用的某种原料，或充作它的竞争品和可能代替品的另一种商品的货源的增加或减少，其中任何一种变动都可以使该商品年（或日）生产和消费量的价格不再等于该生产和消费量的正常需求价格与正常供给价格；换句话说，它们会使做出新的需求表或新的供给表，或新的需求和供给表成为必要。我们现在就开始来研究这些问题。

一种商品正常需求的增加，是指各种数量都能找到买主的那种价格的上升，或在任何价格下都能找到买主的那种数量的增加，二者指的都是同一回事。造成这种需求增加的原因很多，其中有的也许是由于该商品日益时新，有的也许是由于它有了新的用途或为它开辟了新的市场，有的也许是由于可以充作它的代替品的那种商品的供给长期减少，或社会财富和一般购买力的长期增长，等等。相反的变动将使需求减少，从而使需求价格下降。同样地，正常供给的增加，是指按各种价格可以供给的那些数量的增加，或各种不同的数量赖以供给的价格的下降[a]。造成这种变动的原因也许是由于改进交通或用其他方式而开辟了新的供给来源，也许是由于生产技术的进步，如新的制造方法或新机器的发明；此外，也许是由于获得生产补贴。相反地，正常供给的减少（或供给表的上升），也许是由于新的供给来源的阻塞或纳税。

## 第2节　正常需求增加的结果

我们必须从三种观点，即从所述商品遵守报酬不变规律，或报酬递减规律，或报酬递加规律来考察正常需求的增加的结果。这就是说，该商品的供给价格对各种产量来说实际不变，或随着产量的增加而增加，或随着产量的增加而减少。

在第一种场合下，需求的增加只增加产量，而不改变它的价格；因为遵守报酬不变规律的商品的正常价格完全是由它的生产费用所决定。需求超出下述范围在这方面不起作用，即除非按固定价格对该商品有某种需求，否则它根本不会被生产。

如果商品遵守着报酬递减规律，那么，该商品需求的增加将使其价格上升，并使产量增加，但增加得没有在报酬不变规律下那样多。

反之，如果商品遵守着报酬递加规律，那么，需求的增加将使产量增加（比在报酬不变规律下增加得多些）同时降低商品的价格。例如，如果每周有一千件东西被生产出来并按十先令的价格卖掉，而每周生产两千件东西的供给价格也许只是九先令，那么，很小的正常需求增加率可以逐渐使这个价格变成正常价格。因为我们所考察的时间长得足以使决定供给的那些因素充分发挥它们的正常作用。不论在哪种场合，如果正常需求减少，而不是增加，则价格将上升[b]。

本节论证曾被某些著作家用来维护这一主张：对进口工业品征收保护税一般能扩大那些工业品的国内市场，并且借助于报酬递加规律的作用，最后降低它们对本国消费者的价格。的确，在一个新兴的国家里，如果保护幼稚工业制度选择得恰当，最后是可以取得这种结果的。在这个国家里，工业像儿童一样，是能够迅速成长的。但是即使在那里，为了特定利益者的发财致富，保护政策也动辄为人所误用。因为占绝对优势的工业是那些工业，这些工业的规模已经是如此之大，以致进一步地扩大只会带来少量新的经济。当然在早已采用机器的国家，像在英国，工业一般都超过借保护获得巨大利益的阶段，而对任何一种工业的保护差不多总是有缩小其他工业的市场，特别是国外市场的趋势。这几点意见只表明这个问题是复杂的，除此之外，别无所图。

## 第 3 节　正常供给增加的结果

我们已经知道，正常需求的增加，在导致产量增加的同时，在某些场合还将使价格上涨，而在另一些场合将使价格下降。但是我们现在就要知道，供给的各种便利的增进（使供给表下降），在它导致产量增加的同时，总会降低正常价格。因为倘正常需求保持不变，则增加的供给只能减价出售；但是由于供给的某种增加而引起的跌价，在某些场合比在另一些场合将是大得多的。如果商品遵守的是报酬递减规律，则价格下落得很少，因为那时伴随着生产增加的种种困难将有抵消供给的新便利的趋势。反之，如果商品遵守的是报酬递加规律，则生产增加将会带来更多的便利，而这些便利将与那些因供给的一般条件的变动而产生的便利相辅而行；二者一道将能使生产有很大的增加从而使价格下降（在需求价格下跌赶上供给价格下跌之前）。如果需求恰巧是很有弹性的，那么，正常供给的种种便利略有增加，如某种新的发明、机器的引用、新的廉价货源的开辟、租税的撤销或补贴的获得，可以使生产大量增加和价格下降[c]。

如果我们考虑到第6章中所述的复合供求与连带供求的种种情况，我们就给自己提出了一系列繁杂的问题，而这些问题可以用这两章中所用的方法来解决。

## 第4节 报酬不变、报酬递减和报酬递加的事例

我们现在可以考虑供给条件的变动对于消费者的剩余或租金的影响。为简便起见，我们可以用一种税代表使商品各种不同数量的正常供给价格普通上升的那些变动，用补贴代表使这些不同数量的正常供给价格普遍下降的那些变动。

首先，如果商品是生产中遵守报酬不变规律的一种商品，如果它的各种不同数量的供给价格都相同，那么，生产者剩余的减少将多于对生产者报酬的增加。因此，在征收某种税的特殊场合下，将超过国家的总收入。因为就商品消费继续保存的那部分来说，消费者之所失等于国家之所得，而就因价格上涨而被毁的那个消费部分来说，消费者的剩余被毁灭了。当然，生产者或国家都没有因此而得到补偿[d]。反之，由对遵守报酬不变规律的商品的补贴所引起的消费者剩余的增益小于补贴。因为在补贴以前所存在的那部分消费方面，消费者剩余的增加恰等于补贴量，而在补贴所引起的新的消费方面，消费者剩余的增益小于补贴[e]。

但是如果商品遵守的是报酬递减规律，某税通过提高它的价格并减少它的消费，将降低它的生产费用（除税外）。结果将是供给价格的增加，所增之数小于全部税额。在这个场合，税的总收入也许大于由此而来的消费者剩余的损失，如果报酬递减规律的作用是如此强烈，以致消费稍有减少就使生产费用（除税外）大大减少，那么，税的总收入将大于消费者剩余的损失[f]。

另一方面，对遵守报酬递减规律的商品的补贴，将导致生产增加，并将使耕作边际扩大到生产费用（不包括补贴）比从前多的那些地方和条件。因此，它将降低对消费者的价格，并增加消费者的剩余，所增之数比商品在遵守报酬不变规律的条件下要少些。在那个场合，消费者剩余的增加小于补贴对国家的直接成本；因此，在这个场合，它是

小得多的[g]。

根据同样的推理可以证明，征自遵守报酬递加规律的商品的税比征自遵守报酬不变规律的商品的税对消费者更为有害。因为它减少需求，从而降低产量。这样它也许使生产费用略有所增。它使价格提高得超过税额，并且最后减少消费者的剩余，所减之数大大超过该税给国家带来的总收入[h]。反之，对这种商品的补贴使它的消费价格暴跌，以致由此而来的消费者剩余的增加也许超过国家对生产者的补贴总额；倘报酬递加规律的作用十分强烈，则消费者剩余的增加一定将超过国家对生产者的补贴总额[i]。

如有必要考虑租税征收费和补贴管理费以及租税或补贴可能产生的许多间接的经济和道德的效果时，上述结果对研究财政政策时需要特别注意的某些租税原理是有参考价值的。但是这些部分结果可以使我们进一步阐明下述一般理论，即供求的（稳定）均衡位置也是最大满足的位置。有一种抽象而尖锐的理论，特别是自从巴师夏的经济调和论出台以来这种理论曾风靡一时，而它正是我们此刻所要讨论的。

## 第 5 节　最大限度满足的抽象原理的说明及其局限性

这种理论的确有一种解释，根据这种解释，供求的每个均衡位置大致可以看做最大满足的位置[j]。因为倘需求价格超过供给价格，的确可以按那些价格实行交易，而这些交易对买主或卖主或买卖双方都提供剩余满足。至少对双方中的某一方，他所收受的东西的边际效用大于他所让与的东西的边际效用；而另一方即使不因交易而有所获，但也不因交易而有所失。这样每进行一次交易就使双方的总满足有所增加。但是当均衡出现，需求价格等于供给价格时，就没有取得任何这种剩余的机会：各方所收受的东西的边际效用不再超过他在交易中所让与的东西的边际效用。而当生产增加得超过均衡产量，需求价格小于供给价格时，买主可以接受而卖主又不遭致损失的那种交易条件是无法达成的。

的确，供求的均衡位置在下述限制的意义上说是最大满足的位置，即有关双方的总满足一直增加到该位置的确立而后止；而超过均衡产量的任何生产，如买主与卖主都根据自己的利益各行其是，就无法长期维持。

但是有时候，而且往往也暗含着这样一种论断，即供求的均衡位置是在此充分意义上说的最大总满足的位置。这就是说，生产增加得超过均衡水平会直接（亦即不以增产的困难和它可能引起的任何间接的祸害为转移）减少当事双方的总满足。这个理论，如作这样的解释，就不是普遍真实的。

首先，它假定各当事人之间在财富上的一切差别可加以忽略，其中任何一方用一先令测定的满足可以看成是等于任何另一方用一先令测定的满足。事实很明显，如果生产者作为一个阶级比消费者要穷得多，那么，通过限制供给，从而使需求价格激增（亦即当需求没有弹性时），就会增加总满足；而如果消费者作为一个阶级比生产者要穷得多，那么，通过扩大生产使之超过均衡产量，并亏本出售商品，就会增加总满足[k]。

但这点可留待以后讨论。实际上它只是下述一般命题的一个特殊事例，即自愿地或被迫地把富人的某些财产分配给穷人在表面上似乎可以使总满足有所增加，而在研究现存经济条件的初级阶段，不去探究这个命题的含义是合理的。因此，只要我们留意，是可以作这样的假设的。

其次，最大满足理论是假定生产者对商品所取价格的每次下降使他们遭受相应的损失；而这对于工业组织上的改善所造成的价格下降是不适用的。如商品遵守的是报酬递加规律，则商品生产增加得超过均衡点就可能使供给价格暴跌；虽然对于增加了的数量的需求价格甚至跌得更多，从而那种生产会对生产者造成某些损失，但是这种损失比消费者剩余的增加所代表的对消费者的利益的货币价值是小得多的。

有些商品的报酬递加规律作用十分强烈，或随着产量的增加这些商品的正常供给价格就锐减，因此在这种情况下，那足以引出按低得多的价格大大增加供给的补贴所用的直接费用，比消费者剩余的增加是少得多的。如果消费者能够达成一致的协议，就会实现那些条件，而这些条件会使这种行为既大大有利于生产者，同时又给消费者留有巨大的利益差额[l]。

## 第6节　续　前

一个简单的方法是：社会对他们自己的收入或对遵守报酬递减规律的商品生产征税，并把它用来当做报酬递加规律起强烈作用的那些商品生产的补贴。但是在采取这种方针之前，他们务必有种种考虑，而这些考虑虽不属于我们现在所讨论的一般理论的范围，但是仍然具有重大的实践意义。他们势必要考虑到，征收租税和实行补贴的直接与间接费用、使租税负担和补贴利益公平分配的困难、营私舞弊，以及在过去获得补贴的行业和希望获得补贴的其他行业中，人们有把经营自己企业的精力转向拉拢管理补贴者的危险。

除开这些半伦理性质的问题，还有具有严格经济性质的其他问题，而这些问题和任何特定租税或补贴对占有生产所述商品的土地的城乡地主的利益的影响有关。这是一些不容忽视的问题。但这些问题在细节上是如此不同，以致不便在这里加以讨论[m]。

## 第7节　续　前

关于必须加在下述理论中的第二个大限制的性质，说得已经够多了，这个理论是，鼓励每一个人按照他最相宜的方式来使用自己的资金，一般地将获得最大的满足。很显然，如果他把他的收入支配增加了对穷人服务的需求，从而增加了他们的收入，那么，他使总满足得到的增加比他使富人增加等量收入时还要多些，因为一个先令给穷人带来的满足比给富人带来的满足要大得多；也很明显，他购买那些生产中能增进生产者品质的东西比那些生产中能降低生产者品质的东西对社会更为有益[n]。此外，即使我们假定，一先令的满足不论对谁都具有同样的重要性，每先令的消费者剩余不论来自何种商品都具有同样的重要性，那我们也不得不承认一个人使用自己收入的方式对社会有直接的经济利害关系。因为如果他把收入用于遵守报酬递减规律的那些商品，则他使那些商品更不易为他的邻人所得，从而降低他们收入的实际购买力。如他把收入用于遵守报酬递加规律的那些商品，则他使别人更易于获得这些商品，从而增加他们收入的实际购买力。

此外，一般认为，对各种经济商品（有形的和无形的）按价值征收相等的税，或征收支出税似乎是最好的税，因为它不能使个人的支出脱离常轨。我们现在已经知道，这种论点是站不住脚的。但是即使暂时忽略这一事实，即一种税或补贴的直接经济效果并不能构成实行它以前所必须权衡的全部考虑，而且往往甚至也不是主要的考虑部分，我们也知道：第一，支出税对消费者剩余的毁灭通常比专门对那些很少有大规模生产经济的可能并且遵守报酬递减规律的商品的税要大些；第二，政府对那些遵守报酬递减规律的商品征税，并把部分所得用来补贴那些遵守报酬递加规律的商品，对社会是更加有利的。

要知道，这些结论本身并不能成为政府干预的适当理由。但是它们表明，有许多工作留待我们去做，即通过慎重地收集供求统计资料，并科学地解释它们的结果，以便发现什么是社会力所能及地把各个人的经济活动纳入最能增进总满足的那些途径的工作范围[o]。

## 【注释】

a 需求价格或供给价格的上升或下降，同样意味着需求曲线或供给曲线的上升或下降。需求价格或供给价格是逐渐地变动，则供给曲线将相继采取一系列的位置，其中每个位置略在前一位置之下；这样，我们也许会用来表示因为生产规模的变化而带来的一系列的工业组织的变化的影响，而这在以前我们曾用它来表示长期曲线的供给价格的影响。在坝宁安爵士私人印发的一篇优秀的论文中有这样一个建议，大致是说，长期供给曲线应当被看做是用某种方式代表许多短期供给曲线的，其中各条曲线始终都假定着那种工业组织的发展，需求曲线也是如此。

b 理解本章所提出的问题，图解是有特殊的帮助的。图（23）、图（24）分别表示的是报酬不变、报酬递减与报酬递加三种情况。最后情况下的报酬在生产增加的初期是递减的，但是在达到原始均衡位置后（对大于 OH 的各种商品产量来说）却变成递加的，在各个场合，dd' 为正常需求增加后的位置 DD' 为原来需求曲线的位置，SS' 为供给曲线。在各个场合，AH 与 ah 为原来的正常或均衡价格与薪的正常或均衡价格，OH 与 Oh 为旧均衡产量与新均衡产量，A 与 a 各自为原有的均衡位置与新的均衡位置。在各个场合，Oh 大于 OH，但在图（23）中，Oh 略大于 OH，而在图（24）中 Oh 比 OH 要大得多（这可以按后来，在讨论正常供给条件的变动所产生的影响这一相同而更加重要的问题中所采用的方法加以进一步的分析）。在图（22）中，ah 等于 AH，在图（23）中，ah 大于 AH，在图（26）中，ah 小于 AH。

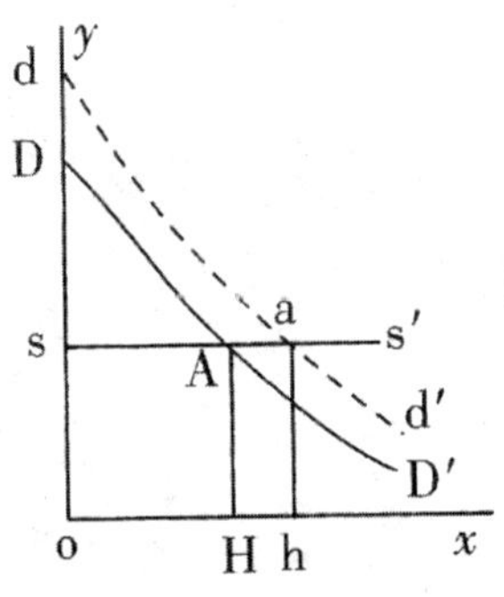


图（22）

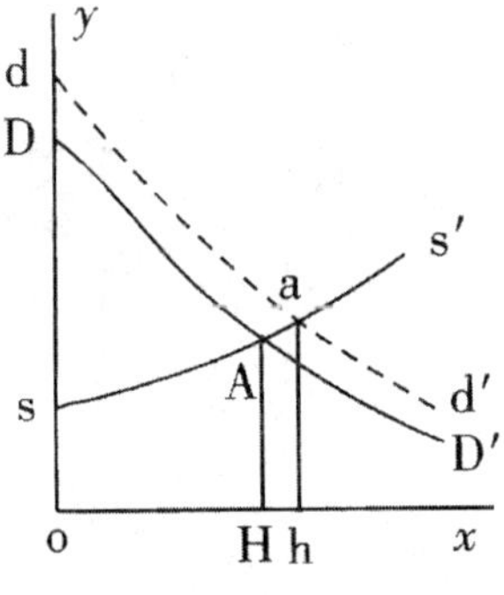


图（23）

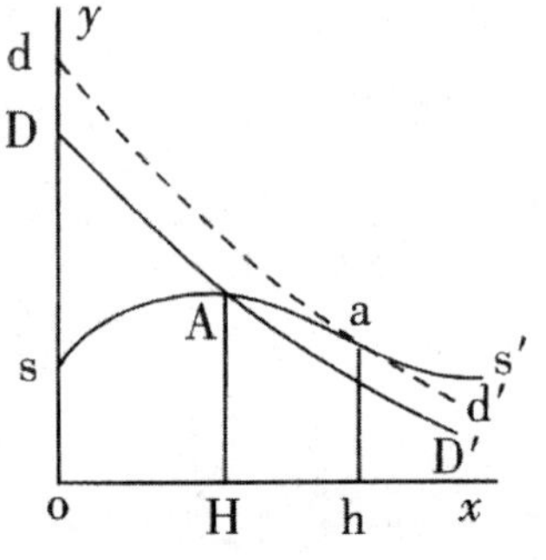


图（24）

c通过图解，我们可以很清楚地看到问题中的某些部分，如果我们不借助于图解的话，是难以找到满意的论述的。图（25）、图（26）与图（27）三图各自代表报酬不变，报酬递减与报酬递加三种场合，在各图中SS'与ss'为旧供给曲线位置与新供给曲线位巨DD'为需求曲线。G为新稳定均衡位置，A为旧稳定均衡位置。在各个场合下，ah小于A，Oh大于OH。但在第26图中，变动不大，而在图（27）中变动却很大。当然，需求曲线必须位于旧供给曲线A点右下方，否则A就不是稳定均衡点，而是不稳定均衡点了。

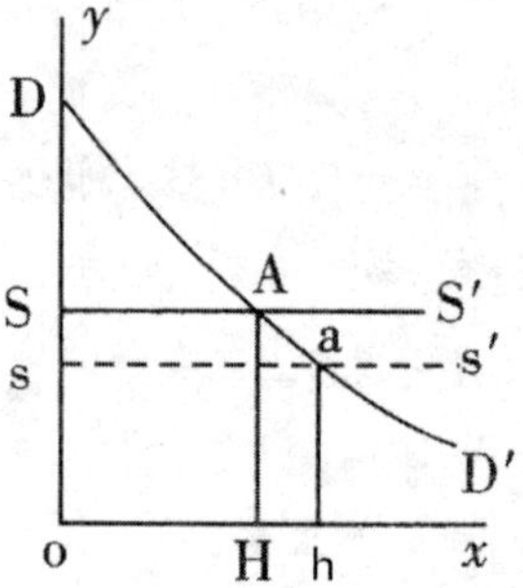


图（25）

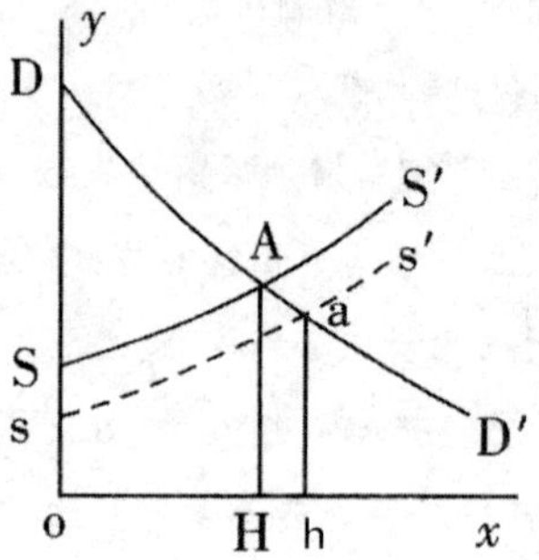


图（26）

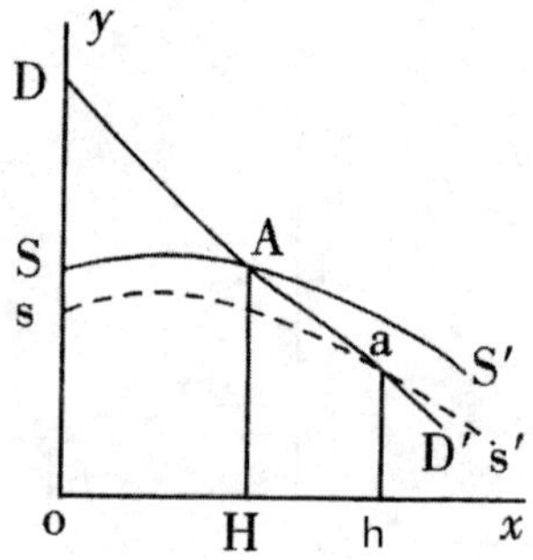


图（27）

d从图解可以一眼就看明白，旧报酬不变供给曲线SS'交需求曲线DD'于A，DSA为消费者剩余。后来因征税Ss，那么新的均衡点为a，消费者剩余为D。总税额仅仅等于矩形，亦即按Ss的比率对商品产量sa之税。而它比消费者剩余的损失缺少一块面积aKA。在其他情况不变的条件下，纯损失aKA的小或者大，要看aA斜度的大或者小来定夺。比如，对那些一定没有需求弹性的商品（如必需品）来说，aKA是最小的。因此，如果必须要向任何阶级征收一定的总税额，那么，对必需品征税比对奢侈品征税会使消费者剩余的损失有所减少，尽管奢侈品和在比较微小程度上的安逸品的消费表明有负担租税的能力。

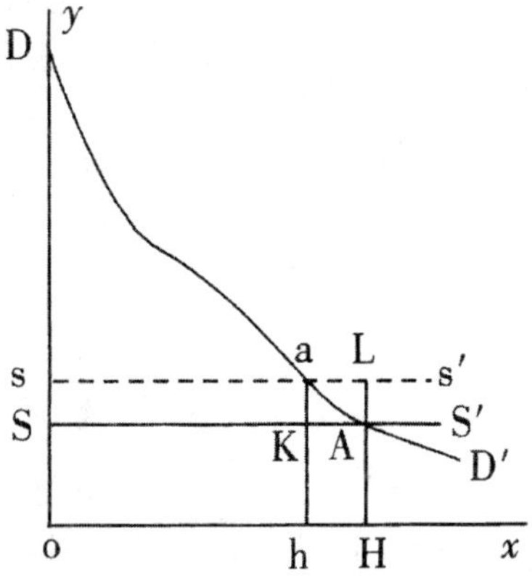


图（28）

e 接上图，如果现在我们把 ss' 当做旧供给曲线，而这一条曲线与补贴而下降至 SS' 位置，那么，我们看到消费者剩余的利益等于 sSAa。但是所付补贴为 S 与产量 SA 的面积，等于矩形 sSAa。它比消费者剩余的增益多一次面积 aLA。

f 设旧供给曲线为 SS'［见图（29）］，设征税使之提高到 ss；设 A 与 a 为旧均衡位置与新均衡位置，并通过 A 与 a 作直线平行于 Ox 与 Oy（如图所示）。因此对每单位征收 aE 的税（如图所示）：在新均衡位置下生产 Oh 单位，亦即 OK 单位，则总税收将为 cFEA，而消费者剩余的损失将为 cCAa；这就是说，总税收将大于或者小于消费者剩余的损失，要依 CFEK 大于或小于 aKA 而定：如图所示 CFEK 比 aKA 是大得很多的。如果把 SS ' 画得表明报酬递减规律只是起着微弱的作用，那么也就是表明了，如果 SS’ 在 A 的附近几成为一条平行线，则 EK 一定会很小，而 CFEK 也一定小于 aKA。

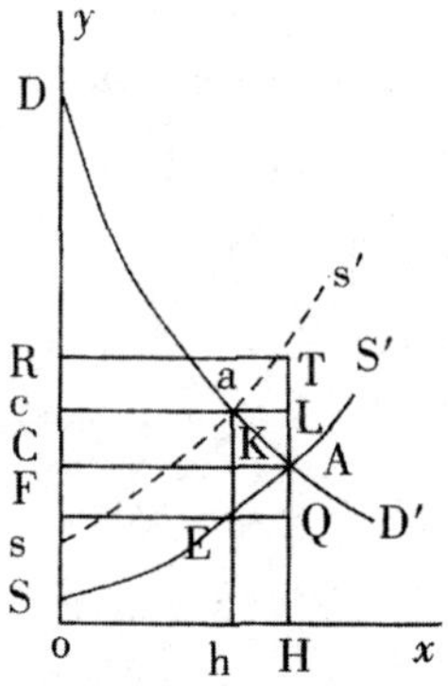


图（29）

g 为了说明这一件事情，我们可以把图（29）中的 ss' 当做补贴之前的供给曲线位置，SS' 约作补贴以后的供给曲线位置。因而 a 为旧均衡点，而 A 为取得补贴后的新均衡点。消费者剩余的增加只等于 cCAa，按照图中所显示，国家对该商品的每个单位是按 AT 比率支付补贴的；因为在新均衡位置下生产了 OH，亦即 CA 单位，所以补贴总额等于 RCAT，它包括并且一定大于消费者剩余的增加。

h 比如说图（30）中的 SS' 为旧供给曲线位置，ss' 为征税后的供给曲线位置，A 与 a 为旧均衡点与新均衡点，如在图（29）中的那一个情况之下，则总税额为 CFEA，消费者剩余的损失为 cCAa；前者总是小于后者。上文中所述只是一个不是很复杂的总结。如果把它运用于实际问题，那么一定要考虑那些曾被不予重视的种种原因。提供报酬递加的工业，几乎总是在发展着，那么，总是在获得大规模生产的经济。如果租金税收很少，则它也许只能使这种发展受到阻碍，而不能使之收缩。即使租税很大，工业收缩，如在附录八中所解释的，则许多大规模生产的经济将至少有一部分得到保留。因此，ss' 不应有和 SS' 一样的形状，距离 aE 应小于 AT。

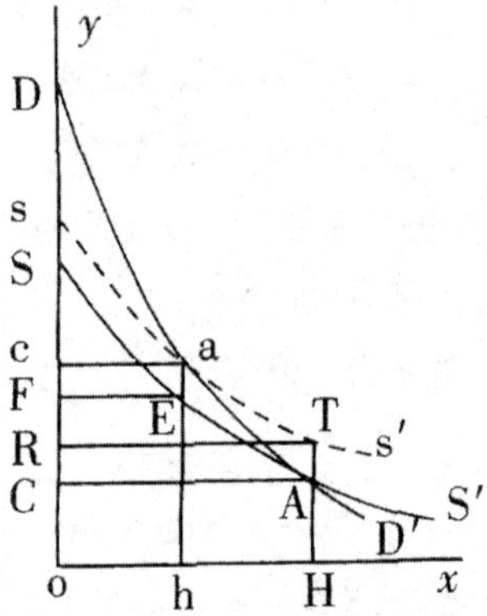


图（30）

i 为了解释这一事例，我们可以把图（30）中的 ss' 当做补贴以前的供给曲线位置，SS' 当做补贴以后的供给曲线位置。那么，如在图（29）中的那一情况，消费者剩余的增加为 cCAa，而国家直接支付的补贴为 RCAT。像图中所展示，cCAa 比 RCAT 是大得多的。但是的确，如果我们把 ss' 画得表示报酬对规律起着微小的作用，这就是说，如果它在 a 的附近几乎接近于一条水平线，那么，补贴的增加比消费者剩余的增加要多些；而这个情况和图（28）所代表的那个对遵守报酬不变规律的商品实行补贴的情况几乎没有区别。

j 比较第五篇，第 1 章，第 1 节。不稳定均衡现在可以置而不论。

k 在此例中，被交换的两种东西中的一种是一般购买力。但是如果采珍珠的贫苦居民依靠交换珍珠的富有居民来取得食物，这个论点也是站得住脚的。

l 多重（稳定）均衡位置的事例，即使没有多大的实际重要性，但是对最大满足理论在被表述为普遍真理时所引起的错误提供了一个有力的证明。因为产量很少而售价很高的那种均衡位置将合成为第一个出现的位置，一旦出现，根据那个理论，它就被当成提供唯一最大总满足的位置。但是相对于产量较多而价格较低的另一个均衡位置对生产者是同样满意的，而且对消费者是更加满意的；第一个场合的消费者剩余多于第二个场合的差额等于总满足的增加。

m 农产品税的征税范畴将在以后借助于类似那些用来表示土地肥力的图解（见第四篇，第 3 章）加以讨论。地主的地租占有了差不多一切商品总售价的一部分。但在遵守报酬递减规律的那些商品的场合下，它是最为显著的；一般的假设将使图（31）[ 图（29）的复制 ] 能够大致表示这个问题的主要特征。附录八中有一个论点，它认为我们不能随便假定，在肥沃田地上和有利环境下种植作物的生产费用和生产进行的程度没有关系；因为生产的增加大多数会导致组织的改善，如果不是农业本身的组织，就是那些附属于农业，特别是运输业组织的改善。但是我们目前可以做这样的假设，以便对问题的一般轮廓有一个明确的了解，尽管我们绝不应该忘记，运用根据这个假设所作的一般推理时，必须涉及我们在这里所忽略的那些事实。

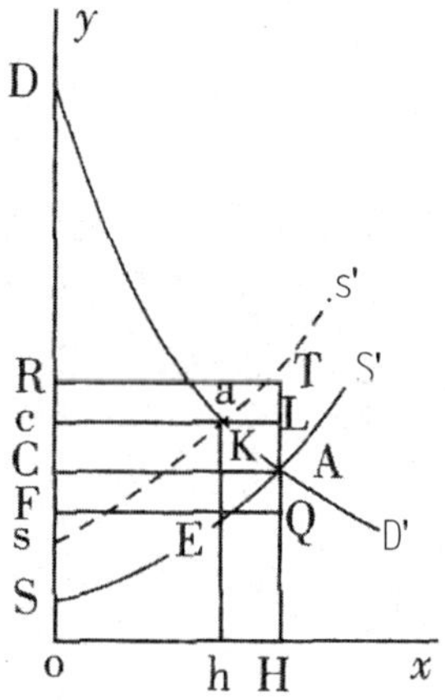


图（31）

n 比较第三篇，第 6 章。

o 值得关注的是，马尔萨斯在其所著《政治经济学原理》第 3 章，第 9 节中认为，虽然大战期间对于输入外国粮食方面的种种困难使资本从较有利的工业投资转向较为不利的农业投资，但是如果我们考虑到农业地租的相应增加，那么，我们就可以得出结论证明：这种新的途径也许对国家是较为有利的途径，“既使对个人不是较为有利”的途径；在这点上无疑是正确的；但是却忽略了因为粮食价格的相继上涨而对公众所造成的相当重大的损害和消费者剩余的一个接一个地毁灭。西尼尔在研究农产品和工业品一方面是需求增加而另一方面是租税的各种不同影响时，考虑到消费者的利益（《政治经济学》）。在输出农产品的那些国家里：保护主义者所曾利用的论点和本章所提供的论点就像出自同一个地方。同样的论点，特别是在美国（如 H.C. 亚当斯先生）现在被用来维护国家积极干预那些遵守报酬递增规律的工业。这个图解方法曾被杜普特在 1844 年用近于本章所用的方式加以使用，而在 1871 年詹金又独自使用了这个方法（《爱丁堡哲学通报》）。

# 第 14 章　垄断理论

## 第 1 节　首先我们将要把垄断者从高价格所得到的收益和低价格对公众的利益作个比较

从来没有人这样认为，垄断者所做的有助于整个社会福利的行为是在追逐其本身利益的同时而产生的自然而然的行为。那是因为我们没有把他看做是比社会任何其他成员更加重要的角色。垄断产品的供给与需求从来没有应用到最大满足理论上。但是，研究了在对垄断者与其余社会成员间的利害关系后，以及研究了垄断者首先考虑自己利益又对整个社会提供了一些福利的方便后，我们就可以了解更多东西了。所以我们现在要用一种方法来比较垄断者在采取不同方针时对公众和垄断者所带来的相对利益。

在接下来的章节中我们将研究现代企业同盟和垄断组织的各种不同形式，其中如托拉斯的某些最重要的垄断组织形式只是近代的产物。我们现在只考虑决定垄断价值的那些在一个人或一个集团有权规定所销商品的数量，或销售价格的各个场合下，是可以多少明白地加以确定的一般因素。这些因素也是决定垄断价值的。

## 第 2 节　很明显获得最大限度的纯收入是垄断者所关注的

把供给和需求调节得使他出售商品所能取得的售价恰够补偿它的生产费用显然不是垄断者的利益所在，把它们调节得能够为他提供最大可能的纯收入总额才是真正的利益所在。

但是在这里我们遇到了关于纯收入一词用法的困难。因为我们一般在计算纯收入的时候往往把在自由竞争下所生产的商品的供给价格包括正常利润的全部或无论如何在扣除所用资本的利息和损失保险费后的余额都不加区别地算入其中。当某人经营的是自己的企业时，他往往不把实际上本来属于他自己的管理报酬的那部分利润同因企业具有某种程度上的垄断性质而带来的额外收入加以区别。

作为一个公共公司的话，在很大程度上这种困难是可以避免的。因为在这样的公共公司里，几乎所有的管理费用是作为确定的数额而列入账中，并且要在宣布公司的纯收入之前，必须把它从总收入中扣除。

分给股东的纯收入包括持股人即股东所投的全部资本的利息和可能的风险损失的保险费，很少包括或者说不包括管理报酬；所以一般而言，所得的红利减去所谓利息与保险费的差额，也就是我们所求的垄断收入。

由于在公共公司实行垄断时比一个私厂更易于准确说明这种纯收入额的定义，我们就以对某城煤气供应的垄断煤气公司作为例子来进行讲解。为了更通俗易懂，假定该公司已经把自己的全部资本投入固定设备中，而扩大企业所需要的任何更多的资本都可以按固定的利息率发行债券取得。

## 第 3 节　垄断的收入表

煤气的需求表和在非垄断条件下的需求表是一样的；它载明每千尺（立方尺，下同）的价格，城市消费者将据此使用若干煤气。但供给表必须表明各种不同供给量的正常生产费用；而这些费用包括它全部资本（不论属于股东的资本，还是按固定利息率发行债券借来的资本）的利息；也包括长期职员和公司董事的工薪，然而工薪的多少是以对其需求作为标准的，所以，理所当然会随着煤气产量的增长而增长。垄断收入表的做法说明了这些：根据商品的各种不同数量列出它按上述方式计算出来的供给价格和需求价格，再用相应的需求价格减去各种供给价格，再根据该商品的相应数量把这差额列入垄断收入栏中。

举个例子，假设每年按每千尺三先令的价格将十亿英尺煤气出售，这个数量的煤气的供给价格为每千尺二先令又九便士，这样，在垄断收入表中的对应数量后面为三先令；它表明出售这个数量以后的纯收入总额为三百万便士或一万两千五百镑。公司的目的在于把煤气价格规定在赚取最大可能纯收入总额的水平上，只注意自己当前的红利[a]。

## 第 4 节　垄断征收总额不变的税和垄断纯收入成比例的税对产量是没有影响的；但是假如根据产量征税就会使生产减少

我们设定供给条件产生了些许变化，有些旧的费用可以节省，而有些势必开支的新的费用或者得到了补贴，或者缴纳新税。

首先我们把这种费用的增加或减少的数额规定成一个固定的数额，这个数额作为一个不可分割的整体由该种行业负担，并不因商品产量的变动而变动。这样，不论所需要的价格和所销商品数量是怎么样的，垄断收入是会有所增减的，然而增减的数量恰恰等于这个数额；所以说，变动以前提供最大垄断收入的那种销售价格在变动以后也将提供这种收入；所以说，这种变动对垄断者的生产方针是没有影响的。再比如，假定每年出售的十二亿立方英尺的煤气按每千英尺三十便士的价格获得最大垄断收入，假定这个数量的生产费用等于每千英尺二十六便士，并留有四便士作为每千英尺的垄断收入，也就是说垄断收入总额为两万镑——这是它的最大值。假如公司有较高的定价，比方说，每千英尺三十一便士，而这样只能出售十一亿立方英尺的煤气，这样他们的垄断收入也许每千英尺是四点二便士，即总数为一万九千二百五十镑；但是为了销售十三亿立方英尺的煤气，他们也许会迫不得已将价格降低，比如二十八便士，这样每千英尺获得三点六便士的垄断收入，即总数为一万九千五百镑。显而易见，他们定价三十便士比定价三十一便士能多得七百五十镑，比定价二丨八便士能多得五百镑。现在假定不论销售量多少，每年向煤气公司征收一万镑的固定税额。那么，他们的垄断收入，如定价三十便士，将为一万镑，比如说把三十一便士作为定价，将为选定的代表最大垄断收入总额的那一点。由此我们可以得出以下的结论：如果通过 QQ' 与许多收入不变曲线之一相切的切点作垂线与需求曲线相交，则该交点与 $Ox$ 的距离将为出售商品以提供最大垄断收入的那一部分价格。将为九千二百五十镑，如定价二十八便士，将为九千五百镑。这样一来，三十便士将继续作为他们的定价。这同样适用于那种不与该种行业的总收入成比例而与它的垄断收入成比例的税额或补贴。因为假定所征的税是一个占垄断收入的一定百分比的不定额，比方说占它的 50%，则公司的垄断收入，如定价三十便士，将为一万镑，如定价三十一便士，将为九千六百二十五镑，如定价二十八便士，将为九千七百五十镑。因此，他们将仍然继续定价三十便士[b]。

相反地，与产量成比例的税将诱使垄断者为了减少费用而减少他的产量并提高价格。

因此，总收入超过总支出的差额会因为产量减少而增加，虽然在征税以前它也许有所下降。此外，如果征税前的纯收入只是略大于那些小得多的销售额所提供的纯收入，那么，垄断者会因大大缩减生产而获利；因此，在这样的场合下，在这种变动下生产递减与价格暴涨是常有的事。相反的结果会从经营垄断的费用中减少一个与垄断产量成比例的数额的这种变动中获得。

比如在最后一例中，如果公司把每千英尺三十一便士作为定价，从而销售十一亿英尺煤气，则每售一千英尺纳税二便士就会使垄断收入降至一万零八十三镑，如果把三十便士作为定价，从而销售十二亿英尺煤气，就会使垄断收入降至一万镑，如果把二十八便士作为定价，从而销售十三亿英尺煤气，就会使垄断收入降至八千六百六十六镑。因此，在这种税势下煤气公司势必把价格提高到三十便士以上，也许是三十便士或许更高。因为从数字看我们无法确定究竟提高多少会符合他们的利益。

相反地，如果每售一千英尺煤气有两便士的补贴，如果煤气公司的定价为三十一便士，则垄断收入会上升到二万八千四百一十六镑；如果定价为三十便士，会上升到三万镑；如果定价为二十八便士，会上升到三万零三百三十三镑，所以说补贴会刺激公司降价。当然，如果公司改进煤气生产方法，而使垄断公司的生产成本每千英尺降低两便士，同样的结果也一样产生[c]。

## 第 5 节　垄断者往往可以保持企业上的节约

我们假设垄断者所生产的产品的销售量很大，以致我们上面所说的供给价格等于它的需求价格，那么他就很容易失掉他的所有垄断收入。然而提供最大垄断收入的产量总是远远小于这一数量。所以它总是给人这样的表象，貌似垄断产量总是小于竞争产量，它对消费者的价格总是大于竞争价格，其实事实并非如此。

因为如果由一个人或一个公司来操纵的话，所引起的总费用一般比同样的生产总量被分配给许多较小的生产对手时要小些。那么竞争就在所难免了，为吸引顾客，他们就会把大额的资金用在做广告上面了；他们不善于对大规模生产所带来的各种经济加以利用。特别是他们没有像一个大厂那么多的钱来改进生产方法和更替生产机器，虽然他知道这样做所带来的好处。

我们假定该厂经营很有方法，并拥有无限的资本支配权。当然这个假设可不是能随便做的。但是如能作这样的假设，就应该有这样的结论：我们的垄断供给表要比非垄断产品的供给表低一些；因此，在自由竞争下所生产的商品的均衡产量与需求价格等于垄断供给价格的那一产量相比而言就要小一些[d]。

这个问题是垄断理论最有趣而极其困难的应用之一：为了排除各自的竞争而把不同的地区划归各大铁路，这样做对促进公众的利益是不是有用呢？这种建议的根据是，一条铁路载运两百万旅客或两百万吨货物比载运一百万能够便宜得多。把公众需求分配给两条铁路将对它们各自提供廉价的服务没有促进作用。我们必须意识到，在规定不变的其他条件下，一条铁路所规定的垄断收入价格会在每次增加了服务需要后有所下降，反之则相反。然而就像人性所趋一样，事实告诉我们，在竞争路线开辟后从而破坏了垄断，进而加速了而不是阻碍了对原有路线的发现，也就是说它能够在较低的运价条件下进行运输。另外，还有一种想法是，不久两条铁路行将实现合并，并使公众负担用于双重服务的那些费用，但也只能引起新的争论。垄断理论对这些实际存在的问题只是起到了引导作用却没有解决，对于这些问题我们只好置而不论[e]。

## 第 6 节　出于对消费者福利的直接关心，更直接的目的或许是为了发展他的企业，降低他的价格，是垄断者所采取的方法之一

我们从他在垄断中所能获得的当前纯收入着眼来假定垄断者所规定他的商品价格。然而我们都知道就算我们把消费者的利益置之不理，也应该考虑到，人们的习惯在很大程度上决定了一种东西的需求；如果他为了增加销量从而决定用略低于给他提供的最大纯收入的那种价格来销售，那么，补偿他现在的损失，也是在他的商品的畅销不久后的事了。我们都知道如果煤气的价格越低，那么人们装置煤气的热潮就随之而来；在人们装置了煤气以后，人们处于习惯的问题大都会一直使用这些煤气，即使有电或石油与之暗中竞争。我们还有更明显的事例，一个拥有运输旅客和货物到某港口或建筑星稀的郊区的垄断的铁路公司，从商业观点看，这个铁路公司为了使商人们惯于使用这个港口也许会采用收取一种远低于提供最大纯收入的运费的方法，与此同时并鼓励当地的居民来建立货栈以及船坞，并且协助一些郊区的投机商建造建筑便宜的住宅，为了给郊区带来一种早期繁荣的气氛，并迅速地接纳房客，并且这将对他的长期利益很有好处。为了发展未来生意而牺牲一小部分的现在利益的垄断者，和一个新厂为了建立商业往来而一般所受的牺牲只在程度上有区别，而没有性质上的差异。

在我们上面所说的情况下，一个铁路公司如果说有某些利他动机好像有些牵强，但是当发觉它的顾客的利益和它自己的利益并不冲突而且还有密切的联系时，那么就算牺牲一些眼前利益来增加消费者的剩余从而博得更大的利益的方法，当然是有智商的商人所不会放弃的好办法。在某地区所发表的关于垄断的一篇论文中生产者和消费者的利益在下述情况中就更加密切了。但是检视图（34）将表明DD'的一致上升将使L大大移向右方，而其位置也比以前有所降低。但是，假如这个地区新进了一批居民阶层，他们足够富裕，以致他们的旅行意图很少受价格的影响，那么，DD'的形状就会发生变化；很显然它的左端将提高得比右端大些；而新的位置也许比原位置要高些。

这里有一条铁路是通往该地区的，而这条铁路又是一些土地拥有者所建造的，他们并不过分指望这条铁路对他们的投资将提供当前的利息率（那种铁路垄断收入将不是一个负数并不过分指望），而使他们的地产价值增加才是修建这条铁路的目的所在，他们希望通过这条铁路来使他们的全部冒险成为有利的冒险。当某市从事供应自来水、煤气或通过建桥、修路、设立电车而提供运输便利时，有这样一个问题是往往不可避免的，为了提供适当的纯收入并减轻市政税的负担是否应该提高收费标准，还是说为了增加消费者剩余而选择降低收费标准。

## 第7节　总利益，调和利益

很显然，我们需要研究一个垄断者在下述假设基础上将会做如何的考虑借以支配自己的行动，这个假设是，他认为消费者剩余的增加也同样与他不冲突，即使他的垄断收入没有同比例地增加，而只是增加比方说二分之一或四分之一。

如果把按任何价格条件出售该商品所产生的消费者的剩余也算做是由此而来的垄断收入的话，则二者之和就可以看做是因出售该商品而对生产者和消费者共同带来的纯利益的货币尺度，即减少我们所说的那种销售的总利益。如果垄断者把对消费者的利益看得和对自己的相等利益同样重要，那么，他将力求主产使这种总利益成为最大的那一商品产量[f]。

但是事实上要垄断者把一镑的消费者剩余看得和一镑的垄断收入同样地合乎需要的话，这种情况实属少见。即使是把人民和自己的利益看得同等重要的政府面对这一事实也无言以对，它一般指必须靠本身具有不利的另一些来源，如果它放弃了一种收入来源。因为它们将引起征收上的摩擦和费用也是在所难免，对公众的某种损害也是不可避免的，就像我们所曾提到的那种消费者剩余的损失一样。它们从来不能调节得十分公平，当社会不同阶层因建议政府放弃它的某些收入而获得的利益份额不等时，更是如此。

我们假定垄断者有所让步，把一镑的消费者剩余算做等于十先令的垄断收入。假定他计算按任何既定价格出售他的商品所得的垄断收入，我们再假定他把相应的消费者剩余的二分之一也加于这种收入，则二者之和可以叫做折中利益；他将力求规定一种价格使利益尽可能最大[g]。对下面的一般结果加以精确的证明是很容易的事情，但是我们略加思索，它们的真实性表现得如此明显，好像无须加以证明一样。首先，在他攫取最大可能的垄断收入的目的之外还把消费者的利益考虑其中时，他将出售的数量要大些（当然出售该数量的价格要低些）；其次，垄断者增进消费者利益的念头越大，也就是他依以计算消费者的剩余和他自己收入的实际价值的百分比越大，则产量也就越大（销售价格就越低）[h]。

## 第 8 节　需求规律和消费者剩余规律的统计研究对社会的重要性

这是很多年前人们常说的一句话：“作为一个把自己看做属民的代理者的英国国王，他应该留意的是，不要把人民的精力消耗在与其无关的不值得它本身所用劳动的那种工作上，换而言之，他不从事那种入不敷出、还不足以支付其成本利息的工作。[i]”有时候这些话只不过是说，消费者对于以高价人规模地购买的某种利益不是很感兴趣，他们似乎不想这样做，在很大程度上只存在于那些在所述工作中涉及私人利益的人的花言巧辩之中居多，但是也很显然地表明了一种低估消费者在低价格下所拥有的利益（我们所谓的消费者剩余）的倾向。[j]

私人企业成功的主要因素之一，是鉴别它们真正相对重要性同时又权衡任何方针得失的那种能力。依靠智慧在实践中学会使各种因素各得其所的人，他们已经找到了自己的致富之路；同样，我们生产力效率的增加，在很大程度上依赖那些孜孜不倦地致力于获得这种企业才能的人。但遗憾的是，权衡这种利害得失的权衡又几乎都是把生产者利益的这一观点作为标准的；然而同时权衡消费者和生产者在各种不同的方式中所获得的利益的不同的人是寥寥无几的。因为只有很少数的人的直接经验才能取得这种必要的材料，这也是事实所在，而甚至在这些少数人的场合下，所获得的材料也是有限而不完全的。此外，当一个大行政官，就像能干的商人能灵敏地意识到他的商机一样。意识到公众们的利益并想采取措施的时候又往往力不从心，因为他多半的计划并不能像自己想的那样自由地实施。无论如何，在一个民主的国家里，一个宏伟的计划是很难保证按一致的方针进行的，除非把它的利益不仅向那些少数具有公共事业的直接经验的人和那些许多没有这种经验而只凭别人所提供的材料加以判断的人讲清楚。

这种判断与那能干的商人借助于自己长期企业经验的直观所作的判断是不能相提并论的。但是如果能够根据公共行为的不同而对社会各阶级可能引起的相对有害的统计作出判断，那么，这种判断就要比现在显得可靠得多。政府经济政策的失败和不公平往往就是因为缺乏统计所造成的。坚持一方面利益的少数人在为自己代表的利益不断地大声疾呼，而默不做声的却是在相反方面具有自己利益的大多数群众；因为就算他们曾经注意过这件事情，他们其中也很少有人愿意为这种对自己而言无足轻重的事业而付出辛苦。所以，胜利是属于少数人的，即便可用的利益统计表明，这少数人的总利益也仅仅占许多沉默者的总利益的十分之一或百分之一。

统计是很容易加以曲解的，这一点毋庸置疑，而且当一开始应用于新问题的时候引起错误更是在所难免的。但是误用统计的许多弊病也是显而易见的，除非有人愿意甚至对一般听众演说时也不厌其烦地重复它们。就一般而论，可以归纳成统计形式（虽仍处于落后状态）的论证，比任何其他形式越迅速地获得那些曾研究它们所讨论的问题的人的一致承认。急剧增长的集体利益和在经济上趋之若鹜的集体行动，把这些事情推到了风口浪尖上：我们应该懂得的是，什么是它们所需要的统计，什么是最需要的公共利益的数量尺度，并且我们应该着手来获得这些统计。

这种希望其实也不无理由，随着时间的消逝，消费统计将组织得使需求表充分可靠，在目力所及的图解中表明各种不同的公私行为行将引起的消费者剩余的数量。通过研究这些图表，人们渐渐地也能够相对而言比较正确地认识到社会在各种不同的公私企业计划中所获得的相对利益数量；健全的理论可以代替以往那些传统的理论，虽然这些理论在起步时期也起到过很重要的作用，但是由于对不计货币利益的各种公共事业计划的怀疑而冷却了社会的热忱。

上面所提及的许多抽象推理的实际意义，在以后我们还会做详细的介绍，所以我们不到本书完结时，是不会充分表现出来的。但是为了方便我们提前介绍它们，由于它们同供求均衡的主要理论有密切的关系，是其中的一部分原因，由于它们从旁说明了决定我们即将研究的分配的因素这一探讨的性质与目的，是另一部分原因所在。

## 第 9 节　相互补充的两种垄断问题是得不到一般解决的

我们上面假设的是，垄断者可以自由买卖。但实际上一个工业部门的垄断同盟与该行业有往来的那些部门的垄断同盟的发展是有密切关系的。而垄断组织之间的冲突和联合在现代经济学中扮演着越来越重要的角色。一般性的抽象推理关于这个问题没有什么可说的了。如果两种绝对的垄断是相辅相成的，那么，其中一种垄断如果不借助于另一种垄断就不能很好地利用它的产品，那么，就无法决定成品价格的定制。例如，如果我们仿效古尔诺假定，铜与锌也只有混合以后制成铜器才实现其自身价值，我们这样假设，某甲乙分别垄断铜和锌的一切供给来源，这样一来，我们就无法决定生产铜器的数量了，当然关于它的销售价格我们更是无法断定了。每个人都力求在交易中自己获取好处；虽然斗争的结果也许会影响到买主们，但买主们将不能左右这种结果[k]。

在我们假定的情况下，甲不能指望从由于在锌价不是由战略上的讨价还价，而是由自然原因所决定的那个市场上降低铜价，而增加的销量中获得全部利益，甚至完全得不到任何利益。因为如果甲方贸然降低了铜的价格，乙也许会误认为是商运不佳的前兆，从而提高锌的价格；从而使甲在价格和销量上损失惨重。这样周旋下去，各人都力求恫吓对方来增加自己的利益；消费者也许发觉上市的铜器较少，这样一来，所能索取的价格和一个单独垄断者拥有铜和锌的全部供给相比当然是要高很多。在长期内通过刺激消费的低价格可以获利这一点并没有错，但是甲和乙都无法预计自己的行动会产生怎样的后果，除非双方同时采取一致的行为，换而言之，除非他们把他们的垄断部分地，也许暂时地加以合并，这样才能增加获利的可能性。由于这点以及几种垄断多半会扰乱有关的工业，也许有理由主张，公共利益一般需要相互辅助的垄断应单独操于一人之手。

但是除此之外，还有一些或许更为重要的其他因素。因为像上面所说的那种永久的绝对垄断在现实生活中几乎是不存在的。相反地，在现代世界中，那些不为消费者的利益着想的旧东西和旧方法在不断地被新东西和新方法代替；直接和间接的竞争多半会使相互作用的两种垄断在地位上有所差异，总是一个高于一个。我们假设，在一个闭塞的小乡村中只有一个纺纱厂和一个织布厂。那么，处于公众的利益应该有一个人负责这两个厂。但是想要动摇这样建立起来的垄断与动摇它们各自分立的垄断相比还要困难得多。因为一个新的冒险者也许会插足于纺纱业，并与旧纱厂争夺旧布厂的主顾的情况也是存在很大的可能的。

此外，如果两个大工业中心之间通过水路和铁路沟通。这样铁路和水路的竞争是不存在的，那么，同样地为了公众的利益，也应该有一个人来操作铁路线和航线。但实际上这种论断一般是不可能的。在某些条件下，由一个人来操纵铁路和航线，对公众而言更有利；而在另一些也许是经常出现的条件下，它们被不同的人操纵，在长期内对公众而言还是符合公众利益的。

同样地，赞成把相互辅助的工业部门中的卡特尔或其他垄断组织合并的那些论点，虽然从表面上看往往具有说服力而且振振有词，但仔细考察以后，才发现其实不可靠。消除显著的社会工业上的不协调正是目的所在，但是那也许是以未来更大而更持久的不协调为代价的[1]。

## 【注释】

a 如图（32），DD' 为需求曲线，SS' 为相应于文中所说的供给表的曲线，设 $P_1P_2M$ 为通过 Ox 上任何一点 M 所作之垂线，交 SS' 于 $P_2$，交 DD' 于 $P_1$；并限一截线 $MP_3=P_2P_1$，则 $P_3$ 之轨迹将为我们的第三条曲线 PP'，这条曲线我们可以收做垄断收入曲线。少量煤气的供给价格当然会是很高的；而在 Oy 的附近供给曲线将位于南非求曲线之上，所以，纯收入曲线将位于 x 之下。它将交 Ox 于 K，继而相交 Ox 于 H，K 直于 Ox，OL×$Lp_3$。

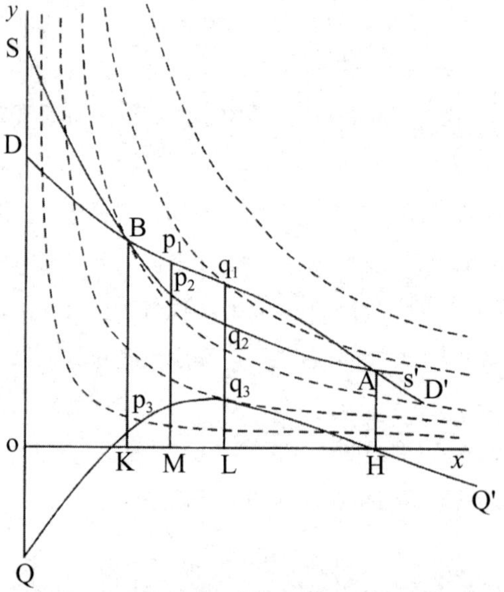


图（32）

图中虚线即数学家所谓的直角双曲线，但我们可以称做“收入不变”曲线。因为它们是这样一些曲线，即是如果从其中任何一条曲线上的一点作垂线分别垂直于 Ox 与 Oy 的内曲线比外曲线的这个积要小些，那么可以说，因 $P_3$ 比 $P_3$ 位于较小的收入不变曲线上，则 $OM \times MP_3$ 小于 $OL \times Lp_3$。要强调的是，$p_3$ 为 PP 与收入不变曲线中的一条曲线相切的切点。这就是说，$p_3$ 比 QQ' 上任何别的点都位于较大的收入不变曲线上；因此 $OL \times Lq_3$ 不仅在 M 在图中所未的位置上大于 $OM \times MP_3$ 而且在 M 沿 Ox 所取的任何位置上都大于 $OM \times MP_3$。这就是说，$q_3$ 是在 QQ' 上曾经被正确地选定的代表最大垄断收入总额的那一点。这样我们求出的准则如下：如果是通过 QQ' 与许多收入不变曲线之一相切的切点作垂线与需求曲线相交，则该交点与 Ox 的距离将为出售商品来提供最大垄断收入的那一价格。

b 如果垄断经营费用中加上一个独立于产量的总额（税或其他），结果将使垄断收入曲线上的各点下降至比它原来位于该曲线上的那点小一个固定数额的代表收入不变曲线上的点。所以，新垄断收入曲线上的最大收入点直位于旧垄断收入曲线之下。也就是说，销售价格和产量依然不变，如有固定的补贴或者经营费用总额中其他的定额减少，那么相反。但应当值得注意的是，如果一种税或其他新的额外费用超过了最大垄断收入，那么它将使垄断完全停止，它将会把过去提供最大垄断收入的价格变成使继续实行垄断所引起的损失减至最小程度的价格。

c 文中假设，税或补贴直接与销售量成比例。但是经过仔细考察以后，这个论点所涉及的假设只不过是这一假设，即税成补贴总额会因该数量的增加而增加。这个率点实际上并不要求它的增加必须与该数量完全成比例。通过画图来代表需求和（垄断）供给的各种不同条件，以及垄断收入曲线的相对应的形状，是可以得到许多教益的。通过仔细研究这样得来的那些形状对我们的帮助比力图体现关于垄断的各种经济力量作用的较复杂的推理过程要大些。在其中一个图上，用细线描绘收入不变曲线；而这当置于垄断收入曲线上，将会马上指出最大收入的一点或几点。

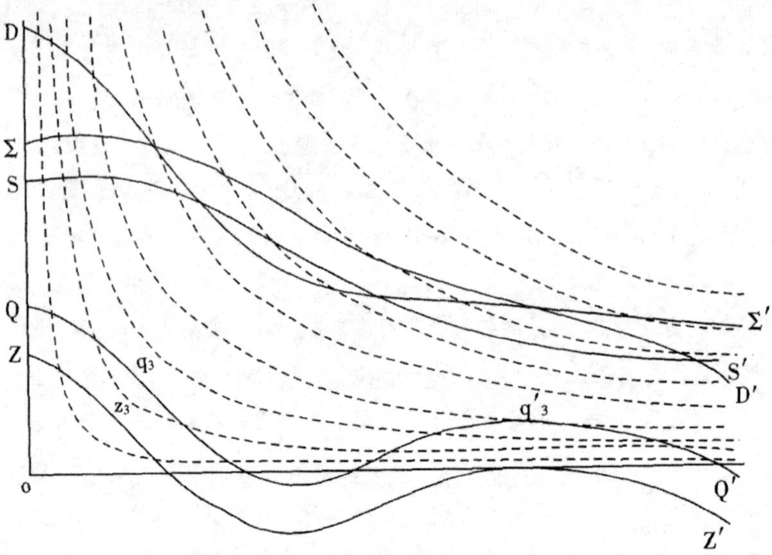


图（33）

因为我们将发现不仅当供求曲线相交，而且不是相交一次以上时，如图（33）所示，在垄断收入曲线上也往往会存在几点，在这几点上它与收入不变的曲线相切。其中各点将表明一种真正的最大垄断收入；但是其中有一点比其他任何点都将格外显得位于较大的收入不变曲线上，所以说明比它们具有较大的垄断收入。如图（35）所示，如果这个主要的最大点适用于位于较小的最大点的右方，则对商品的课税或提高整个商品供给曲线的任何其他变动会使垄断收入曲线下降，而下降的程度等于此数。假设供给曲线从SS上升，从而设垄断收入曲线从原位置下降；则最大收入的主要点将从原位置上移，它表示生产锐减价格暴涨和使消费者受到的巨大损害。相反，任何其他变动像降低全部供给价格并提高垄断收入曲线的商品补贴的影响，可以从把当做该曲线的原位置当做新位置中看出来。略加考虑就很显而易懂了（但这个事实用适当的图解加以说明也许更加方便），垄断收入曲线图（33）收入不变曲线的形状，则一般商品生产费用的某种变动所引起的最大收入点位置的变动也越大。图（35）中的这种变动很大，并不是由于DD'与SS'相交一次以上，而是由于QQ'的两部分位于同一收入不变曲线附近，其中一部分远在另一部分的右方。

d 换而言之，根据图（32）所示，虽然L必然远位于H之左方，但是如果没有垄断，商品的供给曲线可位于SS'现有位置之上，以致它与DD'的交点远位于图中A之左方，也许还可能位于L的左方。关于在报酬递加规律起强烈作用的那些工业中一个大厂几个小厂所具有的优势，以及关于该企业也许有机会获得本生产部门的实际垄断，如果它历来都由那些和它的创办人同样精明强干的人所经营的话，我们已经讨论过了（第四篇，第11、12章与第五篇，第11章）。

e 需求增加对垄断价格的影响有关的那些问题的全面理论性的探讨，需要运用数学，为此读者最好参阅埃杰沃斯教授在《经济学家杂志》(Giornale degli Economiisti，1897年10月）上所发表的关于垄断的一篇论文。但是检视图（32）将表明DD'的一致上升将使L大大移向右方；而继起位置也并比以前将有所降低。不过，如果有一个新的居民阶层来到本区，他们是如此富裕，以致他们的旅行意图很少受票价的影响，那么，DD'的形状将有所改变；它的左端将提高得比右端大些；而它的新位置也许比原位置要高些。

f 在第34图中，DD'，SS'与QQ'所代表的需求曲线、供给曲线与垄断收入曲线是按照图（32）中所用的方法作出的。从P作PF垂直于Oy；则DFP是按价格MPI出售OM千英尺煤气所得的消费者的剩余。于$MP_1$取一点$P4_1$，使$OM \times MP_4$＝面积$DFP_1$，那么，随着M从O沿着Ox移动，$P_4$将为我们作出第四条曲线，OR这条曲线我们可以叫做消费者剩余曲线（当然它通过O，因为如商品的销售数缩减为零，则消费者的剩余也消失了）。

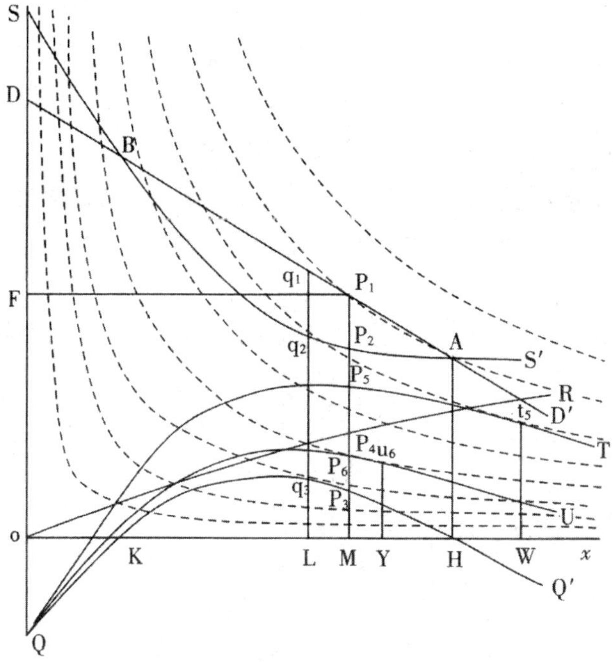


图（34）

g 如果他折衷的根据是一镑的消费者剩余和N镑的垄断收入同样重要，其中n为正分数，试于 $P_3P_5$ 取一点 $P_6$，使 $P_3P_6 = nP_3P_5$ 亦即等于 $nMP_4$，则 $OM \times MP_5 = OM \times MP_3 + nOM \times MP_4$，即它等于按价格 $MP_1$ 出售商品量 OM 所获得的垄断收入加上从该销所量得的消费者剩余的 n 倍。因此，等于该销量所提供的折衷利益。$P_6$ 的轨迹是我们的第六条曲线，这条曲线我们可以叫做折衷利益曲线。它与收入不变曲线之一相切于此；这表明，如销量为 Oy 或销售价格定于对 oY 量的需求价格，则折衷利益是最大的。

h 这就是说，首先，图（34）中的 Oy 总是大于 OL；其次，n 越大，Oy 也就越大。

i 引自 1874 年 7 月 30 日《泰晤士报》的一篇社论。这些话颇能代表大部分公众的意见。

j 图（35）可用来代表政府在印度所要举办的事业。供给曲线完全位于需求曲线之上，表明所述企业在下述意义上是无利的。不论生产者定价如何，他们将要亏本；他们的垄断收入将为负数。但是总利益曲线升至 Ox 以上，并与收入不变曲线相切于 $t_5$。如果他们销售 OW 产量（把价格定于对 OW 的需求价格），则由此而来的消费者剩余，如按共实值计算，将超过经营上的损失，所超过之数等于 OW×Wts 所表示的数量。但是假定政府为了弥补亏损而必须征税，并且假定在计及一切间接费用和其他不利时这些税使人民的负担比政府的收入多，那么，把两卢比的消费者剩余算做只能补偿政府一卢比的支出将是必要的。为了表示根据这个假设所举办的事业的纯利益，我们就必须作出折衷利益曲线 Qu，如图（34）所示，因此，$MP_6 = MP_3 + 1/2MP_4$ [换言之，QU 是在垄断收入（负）曲线 QQ' 与总利益曲线 QT 的中间作出的]。在图（35）中这样作出的 Qu 与收入不变曲线相切于 $u_6$，这表明：如果销售量是 OY，亦即如果价格定于对 O1’ 的需求价格，则对印度的纯利益将为 $OY \times Yu_6$。

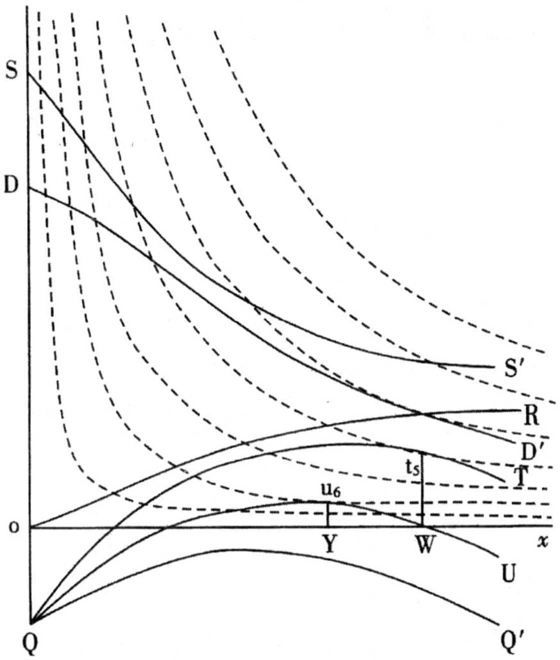


图（35）

k 例如，就对分割生产者剩余的不定性而言，这个场合和水力与可以利用它的唯一地段的混合租相仿。但在这个场合下，无法知道什么是生产者的剩余。古尔诺的基本方程式似乎是建立在不一致的假设的基础之上，见《财富理论中数学原理的研究》第 9 章。在这里，像在别处一样，他开辟了新的领域，但是他忽略了它的某些最明显的特点。H.L・穆尔教授（《经济学季刊》，1906 年 2 月）部分地根据伯特兰德和埃杰沃斯教授的著作，清楚明白地做了一些适应于垄断问题的假设。

l《工业与贸易》第三篇所研究的问题和本章所涉猎的那些问题相似。

# 第 15 章　供求均衡的一般理论摘要

## 第 1 节　第五篇摘要

本章没有介绍新的内容，仅是把第五篇讨论的结果加以概括。对于略而未读上述最后几章的读者，本章的后半部分可能有些许帮助，因为它已点明其中的大意，虽然没有任何解释。

在第五篇中，我们针对供求最一般的相互关系的理论做了研究，尽量对那些具体运用这种理论的特殊情况不加考虑，我们把这个一般理论同几种生产要素（资本、土地、劳动）的具体特点的联系留待第六篇来探究。

问题的困难基本上都随着市场持续的时间和场所范围的不同而改变，而与空间的影响相比，时间的影响更为重要。

甚至在一个短期的市场，比如，在乡村一个谷物交易的集市上，“讨价还价”或许围绕着一个均点上下波动，而这个均点多少有权被称为均衡价格。然而交易者在拒绝一种价格或出一种价格时，基本上不考虑生产成本。现有的需求是他们顾虑的主要顾虑方面，另一方面是商品的现有存量。当然，他们也多少注意最近露出苗头的一些生产变动；然而在易腐品的场合下，他们考虑得不会很远：比如，生产成本对于市场上一天的交易并无明显的影响。

在严格的静态下，其中在各个方面的供给都能够基本与需求相适应，边际费用、正常生产费用和平均费用（租金也包括在内），不管长期还是短期都是同一种东西。但其实职业经济学家和企业家，在把“正常”一词用在决定价值的原因时，其使用就有了很大的伸缩性。我们所研究的是一种比较清晰的分界线。

这条界线的一端是长期的，在这个期间，各种经济力量能够充分发挥它们的正常作用；所以，在这期间，熟练劳动或其他任何生产要素的短暂缺乏可以得到弥补；而且，由于扩大生产规模而正常地产生的那些经济（之所以说正常，就是不凭借任何重大的新发明）有时间来表现自己。用正常能力经营，而且生产规模较大的内外部节约的正常门路的一个拥有代表性厂的费用，能够作为计算正常生产费用的标准。如果考察的时期太久，甚至足以使投资建成新企业而且取得极好的效果，那么这种价格就是边际供给价格，在长时期内它的预期正好能够引诱资本家及各级工人把他们的人身资本与物资资本投向该行业。

分界线的另一端是一个特别长的时期，足以使生产者能够针对需求的变动来对他们的生产进行调节，如果这种调节运用现有的专业化资本、专门技巧和工业组织是可能的话，但是这时期的长得没办法，使他们在这些生产要素的供给方面作出任何重大的变动。就这时期而言，劳动的数量和物质生产工具在很大程度上要被当做现成的；而边际供给增加额取决于生产者就用当前的生产设备对值得他们生产的数量的估计。要是生意活跃，就使一切能力都尽可能紧张、加班加点，因而，生产并不是因为缺乏更多或更快生产的意志，而是因为缺乏力量而受到了限制。然而如果生意清淡，那么各个生产者都需要打定主意，如何才值得靠近直接成本地接受新订货。在此没有准确的规律可循，发挥作用的主要力量是担心破坏市场，然而它对不同的个人和工业集团是以不同的方式和程度发挥作用的。由于不管雇主或雇工之间的各种公开结社及各种非正式的“习惯上”的主要动机，是使每个人都不会由于只顾目前利益而不管该行业更大的损失而破坏共同市场。

## 第 2 节　续　前

另外我们又对那些为了满足连带需求而不得不被结合在一起的东西的供求关系进行了研究，最重要的事例就是需要在某个行业中共同起作用的个人的专门技术与专业化物质资本的事例。由于在消费者方面不是对它们各自，而仅是对它们共同制成的产品有着直接的需求；对它们各自的需求是一种派生需求。这种需求，在其他条件不变的情况下，随着连带生产要素的供给价格的每次减少和共同产品需求的每次增加而增加。类似地，有连带供给关系的商品，像牛肉与牛皮，煤气与焦炭，它们各自仅有一种派生供给价格，而此价格一方面取决于整个生产过程的费用，另一方面又取决于其余共同产品的需求。

由于某物被应用到几种不同场合而造成的合成需求和出于几个生产来源的某物的复合供给，不会有太大的困难；因为为不同目标而需要的几种数量，或者来自不同来源的供给的几种数量都能够运用在第三篇中所用的同一方法加起来，来合成富人、中产阶级和穷人对同一商品的需求。

在此我们做了企业补充成本（尤其是同建立商业往来、推销和保险相关的一些成本）在其各种不同产品间分配的研究。

# 第3节 续 前

在进行那些与时间因素相关的正常供求均衡的主要困难的研究时，我们较充分地探讨了某种生产工具的价值及其所制产品价值的关系。

如果在生产某物上不同的生产者具有不同的便利，那么它的价格必须能够弥补那些没有特殊的额外便利的生产者的生产费用；不然他们就会缩减或停止他们的生产，而就需求来说供给量的确会令价格增加。当市场处于均衡状态，且该物恰好足够开支这些生产费用的价格销售时，除去他们的费用，还有剩余给那些拥有任何额外便利的人。如果这些便利来自对自然恩赐品的占有，此剩余就称为生产者的剩余或者生产者的租金。总之是有剩余的，假如自然恩赐品的拥有者将其租给其他人，他一般能赚取与这种剩余相当的货币收入。

产品的价格等于边际上（也就是在不提供租金的不利条件下）生产那部分产品的生产成本，计算这部分产品成本，不会导致循环推理，而其他部分的成本就不一定。

假如曾经用于种植蛇麻草的土地如今当成菜地而能提供更高的地租，那么种植蛇麻草的土地面积必定将有所减少，而这就会使它们的边际生产成本提高，从而，它们的价格也会提高。土地对某种产品将提供的地租，使我们注意这一事实，就是对用于该产品的土地的需求，加深了其他产品供给的难度，即使它没有直接归为那些生产费用。同样的论点在城市土地的地基价值和建筑物成本间的关系也适用。

这样，一般当我们考察正常价值时，当我们探索决定“长期”正常价值的理由时，当我们研究经济原因的最后结果时，则来自这些形式的资本的收入归为必须用来弥补所述商品的生产费用的报酬当中；而估计那种收入的可能数量会直接地影响着生产者的行动，他们对于到底是否值得扩大生产资料仍是犹豫不决。然而，在另一方面，当我们研究决定“短期”正常价格的原因时（“短期”就是相对于大量扩大那些生产工具所需要的时间来说的），那么生产工具对价值的影响主要是间接的，多少类似于自然恩赐品所产生的影响。我们所探究的时期越短，那些工具的生产过程就会越慢，它们提供的收入的变化在节制或扩大它们所制商品的供给上，在降低或提高产品的供给价格上，发挥的作用也就越小。

## 第 4 节　续　前

由此我们必须考虑那些和遵循报酬递增规律的某种商品的边际生产费用有关的技术性困难。这些困难来自一种诱惑，就是认为供给价格由产量决定，而对个别企业在扩大它的内部组织不加考虑，特别是外部组织方面应当占用的时间的长短。所以，它们在讨论价值理论的数学和准数学时是最突出的。如果供给价格与产量的变动被视为几乎相互依存，而不涉及缓慢的增长，那么好像有理由认为，个别生产者的边际供给价格同由于生产他的最后一单位而添加的生产费用总额相等；在许多场合下这种边际价格多半会由于他产量的增加而减少，而且比需求价格在共同市场上因同样的原因减少得要多些。

所以，静态均衡理论并不是全部对那些遵循报酬递增规律的商品适用。然而应该看到，在很多工业中，各个生产者都存在一个特殊市场，而且在这个市场上人人皆知，另外他又不能很快地扩大这个市场，所以，即使他迅速扩大他的产量在技术上或许是可能的，然而他会冒这样的风险：要么快速在自己市场上降低需求价格，要么被迫按更为不利的价格在其他地方销售其剩余产品。即使有些工业，其中各个生产者都有机会在整个的大市场出入，但在这些工业中，如果现有设备业已得到适当的利用，那么因产量增加而获得的内部经济却微不足道。肯定也有一些工业，就它们而言，这些论断是不适用的——它们位于过渡阶段，需要承认，正常供求的静态均衡理论运用到它们是勉强且无益的。然而这些场合是罕见的；就大多数加工工业来说，产量和供给价格的关系对于长期和短期却表现出根本不同的性质。

就短期而言，让企业的内外部组织和产量的快速变动相适应的困难是相当重，以至于供给价格一般被认作是随产量的增减而升降。

然而在长期内，大规模生产的内外部门都有时间来表现自己。边际供给价格并不是任一特定产品组的生产费用，而是整个生产及推销过程中的边际增加额的所有费用（包括管理总报酬和保险费用）。

## 第 5 节　续　前

在研究被视为供求的一般条件变动方面的一个特殊场合的税的影响中指出，如果适当地考虑消费者的利益，所说的“最大满足”的一般理论的论据是抽象的，并不是像曾经那些经济学家假定的那样一看就能够明了。这个理论是，每个人自由追求各自当前的利益，将使生产者把他们的劳动与资本，并让消费者把他们的支出纳入那些对共同利益最有帮助的途径。在现阶段的研究中，由于只限于最一般性的分析，对以下这一重要问题我们不予讨论，即在现今人性的条件下，集体行动在弹性与能力方面，以及在意志的创造性与果断方面，到底与个人行动相差多少。所以，由于事实上缺之效率而导致的浪费未必会多于由于涉及任何方针所涉及的各种利益而造成的节约。然而即使不去考虑财富分配的不均带来的那些弊端，或许有理由相信，与最大限度相去很远的总满足，能够通过促进那些报酬递增规律发挥特殊作用的商品的生产与消费的集体行动而得到很大程度的增加。

这个论点是由对垄断理论的研究来证实的。垄断者目前所关注的是把他商品的产销费调节得尽可能使他获得最大的纯收入，而他所采用的方针大部分不是提供最大总满足的方针。集体利益与个人利益的矛盾，对那些遵循报酬递减规律的商品似乎比对那些遵循报酬递增规律的商品来说更不重要。然而在后一种场合，或许有充分的理由相信，政府干预常常对社会存在直接或间接的利益，由于大量增产使产品的总生产费用增加得少，而使消费者的剩余增加得多。对供求关系（特别是以图解的形式显示时）的更准确的概念，能够帮助我们来理解统计数字，以及它们应该如何用在对各种相互冲突的公私经济利益的计算之中。

李嘉图对价值和生产成本间关系的理论在经济学史上占有十分重要的地位，以至于对这一理论的实际性质的任何误解都必然是相当有害的。所以，有一种信念广泛流行，就是这种理论有被当代经济学家改造的必要性。在附录九中指出了这种意见能接受的理由，也提到了主张下述相反意见的原因，就是认为李嘉图所留下的这个理论的基础依然保持不变；加于其上者有很多，建立在其上者也有很多，但取于其中者却非常少。这里有一种论点认为他明白需求在决定价值方面有重要的作用，然而他认为它的作用比生产成本更为明显，所以，他就把它从给他的朋友和自己用的笔记中略去；由于他从不打算写一本正式的论著。此论点也认为，他把生产成本视为取决于（而不止取决于生产中所耗费的劳动量，正如马克思说他那样）生产中所耗费的劳动的数量及质量，再加上辅助劳动所用的时间和所需要的蓄积资本量。

造成此灾难的主要原因是信心的缺乏。假如可以恢复信心，而且用它的魔力鼓舞所有的工业，让它们继续生产其他各行业需求的商品，那么这种灾难基本上会马上消失。假如生产直接消费品的各行业答应继续开工，且同平时一样相互购买商品，那么，它们就会相互提供获得恰当工资率和利润率的手段。生产固定资本的那些行业可能需要等待较长的时间，然而当信心恢复到如此程度，以至于有资可投的那些人决定了怎样投资的时候，它们也会受到雇用的。有信心就会令信心更足；信用会增加购买手段，使物价得到些许回升。已开业者会赚取适当的利润，旧企业将要扩大，新公司将要成立；甚至不久对那些生产固定资本的企业的工作也将发展适当的需求。对于重新全部开工且为自己的商品互相提供市场一事，当然各行业是无正式协定的。然而工业的复苏是以各行业信心的递增而同时增加来达到的；一旦商人们认为物价不会继续下降，工业就开始复苏，但随着工业的复苏，物价又上涨，周而复始。

# 第六篇

# 国民收入的分配

# 第 1 章　分配概论

## 第 1 节　全篇要旨

本篇的主旨在于表明这一事实，即培养自由人参加工作不能和机器、牛马、奴隶适用同样的原则。如果可以适用同样的原则，则价值的分配和交换几乎没有区别。因为每一种生产要素所获得的报酬足可以抵偿它的生产费用和消耗等。总之，除意料之处的失败以外，常可使需求和供给相适应。但事实上，随着人类控制自然能力的提高，除生活必需品外，常可提供日渐增多的剩余品，而这种剩余品并不能为人口的无限增长所用尽。因此，存在的问题是，什么是决定把这种剩余分配给人民的一般原则？习惯上的必需品在生活上的舒适程度起着什么作用？消费和生活方式对效率起着什么作用？各种需要和活动以及各阶级的体力劳动和脑力劳动之间在生存竞争中又起着什么作用？资本给予资本所有者的权力又起着什么作用？和那些工作着并且当时消费自己劳动果实的人相比较，在总的资本中，有哪些部分是用于支付那些等待工作的人？本篇对于这些和某些相似的问题将进行回答。

在分配问题的初步考察中，我们将首先观察一个世纪以前英国学者和法国学者为什么认为价值几乎完全由生产成本所决定，而需求只列居于从属地位。其次，我们将说明这种研究结果在静态社会中是怎样接近于真实的，并为使这种结果同现实生活和工作条件相一致又需要作哪些修正。第 1 章的其余部分主要讨论的是劳动需求。

第 2 章中，我们将首先考察现代条件下的劳动供给，并进而一般地考察确定工人、资本家和地主分配国民收入总额的大致界线及原因。在这种走马观花的考察下，许多细节部分将被忽略而不予讨论，其中有些细节是本篇其余章节所要弥补的，但其他细节只得留待续篇再进行说明。

## 第 2 节　重农学派根据法国当时的特殊情况假定了工资的最低可能水平，此最低可能水平亦运用于资本的利息这些严格的假定后来为亚当·斯密与马尔萨斯部分扬弃

作为亚当·斯密前辈的法国经济学家曾经极为简单地论述了决定国民收入分配的原因。而这种论述是以法国十八世纪后半期的特殊环境为依据的。在那个时候，向法国农民征收的各种苛捐杂税只以他们的支付能力为限，对饥饿者很少免征。为简单起见，法国经济学家（当时称为重农学派）假设有一种自然人口规律。根据这个规律，劳动工资保持在最低可能的水平线以上。[a] 他们并没有假定这适用于全体劳动人口，这是很少有的例外情况。他们认为，他们所作的假设所含的一般见解是真实的。这种说法多少有些像叙述地球的形状一样，虽然地球上有少数山脉凸出，但凸出于地面的程度不大，这并不影响我们说地球是椭圆形的。

除此之外，他们知道，在之前的五个世纪中，欧洲的利率由于“节约反倒奢侈”这一事实而有所下降，但资本的敏感性和逃避税吏压迫的敏捷性使他们深有感触。所以，他们坚定地说以下的假设并不过分：如果资本的利润比以前减少，则资本会很快地被消费掉或者流向他国。从而他们又为简单起见，假定存在某种类似自然工资率的自然利润率或必要利润率的存在。如果当前利润率超过这种必要利润率，则资本增长得会很快，直到迫使利润率降低到自然利润率或必要利润率水平为止；如果当前利润率降低到必要利润率以下，则资本缩减得会很快，这样又使利润率上升。故而重农学派认为，工资和利润是由自然规律所决定的，而各种东西的自然价值纯粹是由付给生产者报酬用的工资和利润的总额来决定的。[b]

亚当·斯密所作的结论比起重农学派来更加充实和完整，虽然还有待于李嘉图阐明用于生产上的劳动和资本必须在耕作边际上加以估量，由此来避免地租因素。但亚当·斯密也知道，在英国，劳动和资本并不像在法国那样处在饥饿的边际。英国大部分劳动阶级的工资除了足以维持生存所必要的之外，尚绰绰有余。英国的资本有极稳妥而有利的运用场所，不至于消亡或流入他国。因此当他慎重措辞时，使用“自然工资率”和“自然利润率”这些名词就不像重农学派所说的那样狭窄和死板。在解释两者是由经常变化着的需求和供给情况决定时，他大大地前进了一步。他甚至这样想：优厚的劳动报酬“能增进普通人的勤劳”；“丰富的生活资料能增加从事劳动的人的体质和改善工人

的状况，也许在愉快和富裕中，那种安度晚年的美好憧憬还会鼓励工人更加拼命地工作。从而，我们总会发现，工人在工资高的地方比在工资低的地方工人更加积极、更加勤劳、更加敏捷。比如，英格兰和苏格兰相比，城市近郊和穷乡僻壤相比，情况就是这样”。[c] 可是他有时也沿用以前的说法，致使粗心大意的读者以为他相信劳动工资的平均水平是仅仅能维持生存所必要的资料这一不变律来决定的。

马尔萨斯在对英国从十三世纪到十八世纪的工资演变进行的调查中，也曾经指出工资的平均水平是如何逐代变动的，它有时降低到每日半配克谷物左右，有时又会上升到一配克半，在十五世纪，甚至会上升到两配克左右。虽然他说“下等生活方式可以是贫穷的结果，也可以是贫穷的原因”，但是他把这种结果几乎完全归罪于由此而引起的人数的增加；他没有想到的是我们这个时代的经济学家所重点说明的：生活习惯对于效率、从而对于劳动者多得报酬的能力所发生的影响。[d]

李嘉图的用语甚至远不及亚当·斯密和马尔萨斯严谨完整。确实，他曾清楚地表明过：“不能将用食物和必需品来衡量的劳动自然价格理解成绝对固定的和一成不变的……劳动的自然价格主要是取决于人们的风俗习惯。”[e]

但是，一旦说过之后，他却不屑于经常重复，他的绝大部分读者忘记他是这样说的了。在他的论证中，他经常采取同杜阁和重农学派差不多的说法，[f] 似乎工资如果一旦超过仅能维持生存所必要的资料的范围，人口就有急剧增长的势头，而这种势头通过“自然规律”固定在仅能维持生存所必要的资料水平上。特别是在德国，这个规律曾经叫做李嘉图的“铁律”或“铜律”——许多德国社会主义者坚定地相信这个规律，甚至在西欧各国现在也还起着很大的作用，并且相信只要“资本主义”或“个人主义”的生产方式存在，它就将继续发挥作用。他们竟然很肯定地坚持说李嘉图是他们队伍中的权威。[g]

但事实上，李嘉图不仅知道工资的必要界限或自然界限是不能由铁律来规定的，而且也知道这是由各个地方和各个时期的当地生活条件和习惯来决定的——而且，他对较高“生活程度”的重要性是很敏感的，并且号召主张人道主义的朋友们努力促成各劳动阶级下定决心，使工资不至于降低至接近仅能维持生存所必要的资料水平上。[h]

许多学者坚持不懈地认为他相信“铁律”，这只能由以下的事情来说明，即他喜欢“设想有力的例证”，在暗示一次以后就不再进行重复，并为简单起见，还删减去那些使他的研究结果应用于现实生活所需要的条件和限制。[i]

穆勒虽然尽他最大所能强调经济学上人的原因，但在工资理论方面，却没有超过他的前辈作出任何更大的贡献。他追随马尔萨斯，专门从历史方面立论，认为如果工资下降能使劳动阶级的安逸水准度下浮，则“他们所受的损害将是永久性的，恶化的生活条

件将成为一种新的最低水准，像以前较高的最低生活水准一样，将长久持续下去”。[j]

高工资不但能提高工资领受者的效率，而且能提高他们子孙的效率。这种影响在十九世纪才开始进行认真的研究。在这方面，首先要提霍克和美国的其他经济学家。运用比较方法来考虑钻研欧美各国的工业问题，不断使人越来越注意这一事实，即报酬优厚的劳动一般是有效率的劳动。这种事实虽然比我们所了解的任何事实对人类的将来都充满更大的希望，但是却给分配理论带来相当大的影响。

现在看来，分配问题比以前经济学家所想象的要复杂得多。从前的许多研究曾经给分配问题以简单的答案，但这些答案根本上是对那些想象出的问题的答案，这些问题可能产生于生活条件十分简单的其他世界，而绝不是我们这个世界。但在回答这些问题方面所做的工作并不是毫无用处的，因为最好能将一个最困难的问题分成几部分加以解决。这些简单问题中的每一个问题都隐含着我们必须解决的那个大的问题的一部分。让我们总结这些经验，并在本章以后各节循序研究，从而了解那些决定现实生活中的资本和劳动的需求的一般缘由。[k]

## 第 3 节　从一个不存在着劳资关系问题的社会来逐步说明需求对分配的影响

让我们首先研究在一个假设的世界里需求对劳动报酬所发生的影响。在这个虚幻世界里，每个人都拥有帮助他劳动的资本，因此在这里并不存在劳资关系问题。这就是说，我们首先假定每个人只使用很少量资本，而每个人所用的资本都归他个人所有，自然恩赐品到处都是，可供人自由使用，不收取任何费用。其次，让我们假定各个人不仅有一样的能力，而且有相同的工作意愿，而且事实上也一样卖力劳动。再次，让我们假定所有的劳动都是简单劳动，或不用经过专门训练的劳动。这就是说，如果两个人相互调换工作，则对工作的质量和数量都不发生任何一点影响。最后，让我们假定每个人所生产的东西都是准备出卖，不经过中间人的参与，他直接把东西卖给最后消费者。因此，各种东西的需求都是直接需求。

在这种场合下，价值问题十分明显易懂。各种东西都与生产它们所消耗的劳动按比例进行交换。假如任何一种东西供给不足，则它的售价可以短时期高于它的正常价格，可以与在生产上花费劳动较多的东西相交换。但是假如是这样，人们将会马上离开其他的工作而从事于它的生产，在很短的时间内，它的价格将下降至正常水平。一些暂时的小困扰有可能会出现，但就一般而论，任何人的报酬将等于他人的报酬。换句话说，在所生产的产品和服务的纯总额中，每个人所得的份额都相等，而产品和服务的纯总额我们可以称做它为国民收入，它将构成劳动需求。[1]

如果现在有一种新发明，使某业中的工作效率增加一倍，因此，某人每年可使某种东西增产一倍而不用增加工具，那么这些东西的交换价值将变为以往交换价值的一半，对每个人的劳动的有效需求将略有增加，而各个人从公共收入源泉中所汲取的部分也比以前略有增加。如果他愿意的话，他可以对这种特殊的东西多取一倍，其他旧有的东西仍旧不变，或者他可以取得比以前略多的各种东西。如果许多行业中的生产效率提高，则公共收入来源或国民收入将大幅增加；那些行业所生产的商品将构成对其他行业所生产的商品的较大需求，并提高每个人的收入和购买能力。

## 第4节　续　前

倘若其他条件不变，这就是说，倘若工人的工作能力和勤劳相同，各行各业都同样为人所喜好且同样容易学会，如果我们假定各行各业需要某种特别的技能，那么上述论点不致有很大的变动，各行各业中的正常收入率仍然一样。因为如果某业一日劳动制造的出售产品比其他行业一日劳动制造的出售产品所得较多，而这种不平等现象又有持续的倾向，人们将使他们的子女首先学习这种有利的行业。确实如此，某些小的不规则现象是可能存在的。从一种行业转向另一种行业一定会占用时间，一段时间之内某些行业所得的份额多于他们在收入源泉中所应得的正常份额。尽管有这些干扰，但是各种东西的目前价值将围绕着它的正常价值上下浮动，像以前的情况一样。正常价值在这种情况下，纯粹是由生产那种东西所消耗的劳动量来决定的。因为各种劳动的正常价值仍将相等；社会生产力由于分工不同而势必提高；一般国民收入或公共收入源泉将会扩大。除一时的干扰外，各人所得的份额将是相同的，各人用他自己的劳动果实所能购买的那些东西，比他自己为自己生产时对他更加有利。

在这个阶段，像在上述阶段一样，这个命题依旧是正确的，即各种东西的价值是和消耗在它上面的劳动量相一致的；每个人的收入纯粹是由自然的恩赐和生产技术的进步来决定的。

## 第5节　续　前

让我们仍旧撇开培养劳动者所用的大量费用对他们的效率的影响，把它留在下章和分配的供给方面的其他问题一并讨论。而我们所要观察的是，人口数量的变动对自然所提供的收益的影响。我们假定人口增长率保持不变，或者无论如何不受工资率的干扰，它可能受习惯、伦理观念和卫生知识的变动的影响；同时，我们仍然假定一切的劳动都是同一个级别的劳动，分配给各家的国民收入除一时略有不均外，也都是相等的。在这种情况下，生产技术的发展，交通的进步，各种新的发现和战胜自然的各种新成就，将使各家所分配的享乐品和奢侈品得到相等的增加。

但是这种场合和前一场合是不一样的。因为在这种场合，人口的增加如果持续得很久，最后一定会快于生产技术的改进，而使报酬递减规律在农业中显现自己的作用。这就是说，干农活的人将获得较少的小麦和其他农产品作为他们的劳动和资本的报酬。在农业中和在其他各业中，一小时的劳动所代表的小麦数量将比以前下降。因为所有的劳动假定属于相同的级别，所以，各业的收入通常相等。

除此之外，我们必须注意的是，土地的剩余或租值有上升的趋势。因为任何一种产品的价值必须等于劳动的价值，而这种劳动，依据我们的假设，无论在优等土地或劣等土地上，始终是在仅仅有利的边际条件下辅助生产此产品所需要的等量资本。在耕作边际上，生产一夸脱小麦所用的劳动和资本比之前有所上升。因此，自然对有利条件下所运用的劳动的报酬（如小麦等），相对于该劳动和资本将比以前有较高的价值。换句话说，小麦所提供的价值，除了超过生产它所用的劳动和资本的价值外，还有较大剩余。

## 第6节　续　前

让我们现在除去这一假设：在全社会中，劳动具有这样的流动性，可以保证等量努力能获得等量报酬。为了更加接近现实生活起见，我们假定，劳动在工业上不只有一级，而是有几级。再假定父母往往培养他们的子女在本级中就业，他们在本级中可以自由选择，而不能离开本级。最后，我们假定各级人数的增加不受到经济原因的支配。根据前面所讲的，它可以是一成不变的，也可以是受习惯和伦理等方面的改变影响的。在这种场合，国民收益总数量是由自然给予处在现有生产技术状态下的人的劳动的报酬一度来决定的，但是分配给各级的国民收益将有所不同。它是由人民本身的需求来决定的。某业中的人越是能满足在国民收入中占有很大份额的那些人的广泛而迫切的需求，他们所得的份额也就越多。

例如，假定艺术家单独构成一个级或构成一行，其次，假定他们的人数不变，或至少不受与收入无关的因素的影响，那么，他们的收入将取决于喜欢从艺术家得到满足的那些阶层人士的资金和对艺术的热衷程度。

## 第7节　从一个具有正常效率的工人来说明特定劳动的纯产品，他的雇用并不增加间接成本，但他的工作量恰恰也只达到雇主不能从中获得纯收益的那一边际

现在我们可以离开那个每个人都拥有资本的想象世界，而回到我们这个劳资关系在分配问题上起着很大作用的现实世界。但让我们仍旧把注意力集中在按每种要素的量和它所提供的服务以及把国民收益分配在各种不一样的生产要素上。至于每种要素的报酬对该要素的供给所起的反作用，则留在下章讨论。

我们已经知道，聪明的企业家是怎样不断追求最有利于运用自己资金的机会，并力图把生产要素使用到那一边际：在那个边际，他如果把他的一小部分开支移用到其他要素上，对他会是有好处的。而就其影响所及，他通过对这一方法的使用，使各要素的雇用得到这样的安排：在此要素的边际运用上，因为此要素的使用而使它的成本与增加的纯产品成比例。我们一定要把这个普遍方法运用在对劳动的雇用上。[m]

谨慎的企业家心中经常考虑的一个问题是：他是否有适当的人数来完成他的工作。在有些场合，他的设备就给他解决了这个难题。一个机车上一定有一个，而且只能有一个司机，但是几列快车只有一个车务管理员；在运输繁忙的时候，它们会迟到几分钟，而这些时间是可以通过设第二个车务管理员而得到节省的。因此，一个机敏的经理总在度量那些因重要列车上第二个车务管理的帮助而给旅客所节省的时间和所避免的麻烦这一纯产品，并考虑这种纯产品是否将和它的成本相适应。这个问题和多增加一次列车是否能弥补它在设备和劳动方面所用的较大支出这一难题，在性质上是相同的，但是在形式上却是相当容易处理的。

除此之外，人们有时听说某农户因缺乏劳动而使他的土地无人打理。也许他有足够的马匹和农具，但是“如果他多雇用一个人，他就会收回他的资金，而且会富裕很多”。这就是说，增雇的这个人所提供的纯产品除补偿他的工资外，还有剩余。让我们假定某

农户存在着到底雇用多少放牧员这样一个问题。为简单起见，我们可以假定，增加一个人在设备或资本方面不需要任何额外的费用，且他在每个方面所给予该农户的劳逸都相等，且不用增加管理上的报酬（该词作广义解，甚至包括风险保险费等在内）。最后，农户认为此人除同样防止羊的死伤外，每年还可增加二十只羊。也就是说，他认为多雇用的这个人所提供的纯产品是二十只羊。如果可以用少于二十只羊的价格的等价雇用到这个人，他一定是会雇用他的；但是如果只能用几乎相等的价格才可以雇到，那么，该农户将会不知道该怎么办；而这个人可以叫做边际牧工，因为他是在边际上被雇用的。

最好是从始至终假定他具有正常的效率；即使他有特殊的效率，倘若他的纯产品等于他的工资，那他也只会是一个边际放牧员。该农户也通过计算考虑过，一个有正常效率的放牧员只能增产十六只羊，从而愿意用多于普通工资四分之一的价格雇用；但假定他有这样特殊的效率，是相当不方便的，他应当有代表性，即有正常的效率。”

如果他有代表性，他的雇主也有代表性，那么，二十只羊就代表一个牧工的纯产品，因此就能代表他获得收入的能力。但是如果雇主不精通于经营，例如，他听任他的牧工不给羊以充足的饲料，那么，该人只能增产十六只羊，而不是二十只羊。只有工人和雇用条件都处于正常状态，纯产品才有代表正常工资的势头。

这个放牧员的劳动所增加的产品，在很大一方面是受该农户所已雇的放牧员人数影响的；而所雇的人数又取决于需求和供给的一般情况，尤其是取决于当时放牧员队伍可以补充的人数；还取决于羊肉、羊毛的需求和牧区的面积，以及其他别农场的放牧员的效率等。而边际产量又很大程度上受土地的其他用途的竞争和影响：可供养羊的土地会因造林、种植燕麦和养鹿等的需要而减少。

这是从简单的养羊业中所选的一个例证。但在其他各行各业中，问题的形式虽然可以不同，但它们从根本上是相同的。除章后注释中所指出的，但对我们的主要目的无关紧要的那些条件外，各类劳动者的工资又等于该类边际劳动者的追加劳动所提供的纯产品的趋势。

这个原理有的时候被当做工资理论提出来。但任何这样的主张都是站不住脚的。一个工人的报酬又等于他的劳动纯产品的趋势这一原理，就其本身而言，是没有实际意义的。因为要计算纯产品，除了他的工资外，我们还一定得假定他所制造的那种商品的全部生产费用。

不承认它是一种工资理论，这是正确的，但不承认这个原理是阐明决定工资的那些原因中的一个原因所起的作用，这就是错误的了。

## 第 8 节　对一般资本的需求

在以下几章中，为了特殊的目的，我们要用别的论证说明上节用体力劳动所解释的那个原则。特别要指出，当发现多用些监督和多雇用一个普通的工作人员对某企业的有效产量有相等的增加时，就该测定某部分企业管理工作的价值；除此之外，一架机器的所得有时可以用在某些场合不引起任何附带的额外开支而给工厂增加的产量来计算。

在从某特定机器的工作推到有一定价值总额的机器的工作时，我们可以作出假设：某工厂有可以增用价值一百英镑的机器，而不增加其他开支，该工厂每年纯产量之值（除去该机器本身的耗损外）增加四英镑。如果投资者都先把资本投向利益优厚的地方，如果经此程序达到均衡以后，投资者仍然认为值得而且仅仅值得雇用该机器，则我们由此事实可以推断它的年利为四厘。但是这种举例，不过是指出价值决定原因的一部分而已。如果把这类事例论证当做利息论或当做工资论，那么一定犯有循环推理的毛病。

这里不妨进一步解释说明某用途方面的资本需求的性质，并考察资本的总需求如何由许多不同用途的资本需求所组成。

为了论证起见，让我们以某个特定行业譬如制帽业为例，并研究什么是决定该种行业所吸收的资本数量的那些原因。假定在没有任何风险的证券上，利率为年息四厘，假定制帽业吸收资本为一百万英镑。这就是说，制帽业可以好好地使用这一百万镑资本，宁可对它付年息四厘，而不愿意放弃此资本而不用。[o]

有些东西是制帽业所必需的。它不仅必须要有食物、衣服和住宅，而且也一定要有流动资本（如原料）和固定资本（如工具或者少许的机器）。虽然竞争使运用这些必要资本所获利润不能超过普通的企业利润，但是如果制帽业不能以相对低的利率得到资本，则它宁愿对它付息五分，而不愿意接受缺乏此项资本所引起的损害。设年息为二分，也许制帽业不能不用其他机器；年息为一分时，所用的机器增多；年息为六厘时，则更多；五厘时，更加多；最后，因为年息为四厘，所以更多地使用机器。当制帽业拥有这个数量的机器时，则机器的边际效用——仅仅值得使用的那个机器的效用——为四厘。

如果利率上涨，制帽业会减少使用机器。因为但凡年剩余不超过本身价值百分之四的机器，制帽业会避免使用；而利率下降使制帽业需要更多的资本，年剩余略少于本身价值百分之四的机器也得到使用。除此之外，利率越低，则用于制帽工厂和工人宿舍的建筑也越坚固美观；与此同时，利率下降将会导致制帽业使用更多的资本，这表现在原料和零售商手中成品的大量储存上。[p]

虽然在同一产业中，使用资本的方法却是截然不同的。各企业主按照自己的资金情况在企业的各个方面投资，直到他认为有利的边际几乎达到为止。而有利的边际，像我们说过的，是相续切割各种可能投资的一条界线，一旦利率下降，并按照该利率又可以借得额外资本，则此线即向外作不规则的扩张。所以，资本的需求是各业中所有企业主的资本需求总量，它所遵守的规律和商品销售所遵守的规律一样。如同在任何情况下一定量的有着既定价格的商品总能找到买主一样，比如价格上涨，则所能销售的商品数量就会减少，而资本的使用也是如此。

生产上的各种贷款是这样，而专门从事消费而不从事生产的人，或者抵押未来资源以取得现时经费的政府，他们的借贷未尝不是这样的。确实，他们的行为常常很少受冷静的计划所限制，并且他们通常决定所要借贷的数额很少会考虑到他们将来对它所一定要付出的代价。

## 第 9 节　简短的摘要

试就上述所有内容作一全面的（即便是困难的）总结：各个生产要素如土地、机器、熟练劳动和非熟练劳动等，在生产中常常被运用在最有利之处。如果雇主和其他企业家认为，他们使用任何一种要素时就能获得较好的结果，那么他们将使用这种要素；他们计算在这方面或那方面稍微增加开支所得到的纯产值（总产量的货币价值扣除附带费用后的纯增益）；如果把少量开支从一方面移用到其他方面可获得利益，则他们将移用这种开支。[9]

由此看来，各生产要素的使用，是由需求和供给的一般情况来决定的。也就是说，它一方面是由该要素在各种使用上的迫切性与使用者拥有的一切资金决定的，而另一方面又由该要素的目前拥有存量来决定的。依据代用原则，由于从该要素服务价值较小的使用方面不断移向服务价值较大的使用方面这一趋势，那么它在各种使用上的价值得以均等。

如果非熟练劳动或者任何一种要素使用得到得较少，考虑其原因不外乎是在某一点上人们对于使用该要素是否值得还是犹疑不决，或者最后认为不值得这样做；亦即我们所说的，一定要注意各种要素的边际使用及其边际效率。我们之所以这样做，只是因为任何转移只能发生在边际，通过转移，已经变化了的供求关系才能显现出来。

如果我们不考虑各级劳动之间的差别，而是把所有的劳动看做相同的劳动，或至少看做都用有标准效率的某种劳动所表示的劳动，那么我们可以求出直接运用劳动和直接运用资本之间的无差别边际。简单地说，用屠能的话来讲就是说："资本的效率必然是它报酬的尺度，因为如果资本的劳动比人的劳动更低廉，则企业主一定会解雇一部分工人，如果资本比人工昂贵，则他就会增雇工人。"[r]

但是一般资本的雇用和某业中机器的雇用，在性质上是有所差别的。后者可使某种劳动完全失去职业，而前者却一般地不能代替劳动，因为它必然会增加资本品生产者的就业人数。而事实上，以资本代替劳动不过是以含有大量等待的劳动替代含有少量等待的其他形式的劳动而已。[s]

## 第 10 节　国民收入或国民收益的再定义

当我们谈论到国民收益或者可分配的全国纯收入（如分为土地、劳动和资本所得的份额）时，我们必须明确哪些是我们所包括的，而哪些又是我们所排除的。无论我们从广义上或狭义上来使用这些名词，这对我们的论证都是没有什么关系的。但是重要的是，贯穿在任何一个论证中的用法必须从始至终一致。凡包括在土地、劳动和资本的需求及供给的某一方面的东西，也必须包括在另一方面中。

一个国家的劳动和资本作用在它的自然资源时，每年生产一定的纯商品总量，其中一些是物质的，一些是非物质的，各种服务也包括在内。而"纯"这个限制词，是指补偿原料和半制成品的消耗以及机器设备在生产中的耗损和折旧。一定要从总产品中减去所有这种消耗，我们才能求得真正收入或者纯收入。国外投资所提供的纯收入也必须包括在内（见第二篇第 4 章第 6 节）。这就是一个国家的真正年纯收入或者是国民收益。当然，我们可以按一年或按照某一时期计算这种收益。国民收入和国民收益这两个名词是可以互换使用的。只是当我们把国民收入看做为可供分配的各种享受的新来源的总和时，"国民收益"这一词才是更有意义的。但在这里最好是沿用惯例，但凡普通不算作个人收入的一部分，也不能算作国民收入或收益的部分。所以，除了提到与此相反的情况外，某人自己为自己的服务和给家人及其他朋友所提供的无偿服务，以及从个人资质和公共财产（如免税关口）所获得的利益，都不能算作国民收益部分，而这些一定要加以分别讨论。

一部分产品不仅要用于补偿已消耗的物资和用坏的机器，而且要用于增加原料和机器等工具的存量，这部分国民收入或收益并不直接算入个人消费领域。但从通常情况下所用的这个名词的广义角度上来说，它确实是进入了消费领域，例如，当印刷机制造商把印刷机售与印刷厂的时候。因此，从广义角度上来说，的确，一切生产都是为了消费，“国民收益”、“纯产品总量”和“消费总量”都是可以相互换用的名词。在普通的工业状态下，生产和消费是相伴而生的，除非有相应的生产为消费创造了适当的条件，否则就无所谓消费。一切生产都伴随着它所要满足的消费。的确，在某些特定生产部门中，可能会有产销脱节现象，如商业信用的破产可能会使绝大多数的仓库一时存货积攒，无法出售。但这些都是特殊情况，而不在我们现时的考察范围之内。[t]

## 【注释】

a 杜阁在这点上也一并可以看做重农主义者，他说（详见《关于财富的形成和分配的考察》一书）：“在各种职业中，工人的工资肯定，而且实际上也确实以生活必要资料为限，他所赚的收入不过只能供其维持生活罢了。”不过休谟指出，这种论断导致这一结果，即对工资征税势必使工资提高；从而，它与租税重的地方工资一般很低、而租税轻的地方工资通常高这一事实不相符。

b 通过这些前提，重农主义者从逻辑上得出这个结论：地租是国家用于支付租税的唯一个纯产品；如向资本或劳动征税，这些税将导致它缩减至它的纯价格上升到自然水平为止。他们认为，地主阶级肯定支出一种超过这个纯价格的总价格，所超过之数和租税加上各种征收费用相等；于是，假如地主阶级作为唯一的亦正剩余的所有者直接缴纳国王所需要的各种赋税，尤其是如果国王批准“放任主义”，亦即允许各人各行其是，并在他所喜欢的市场售出他的商品和劳动，那么他们在长期内所受的损失要降低。

c《国民财富的性质和原因的研究》第 1 篇第 8 章。

d《政治经济学》第 4 章第 2 节。在十五世纪中，实际报酬上涨的程度是值得考证的。只是在最后两个世纪，英格兰普通工人的实际工资才超过了二配克。

e 参阅《原理》第 5 章。

f 比较以上第四篇第 3 章第 8 节。

g 德国有些经济学家，他们不是社会主义者，而且他们也不相信有如此的法则，然而他们认为李嘉图及其门徒的学说是与这个法则有关系的。而另一些经济学家（如罗雪尔，《德国国民经济学史》）却不赞同社会主义者对李嘉图的曲解。

h 不妨援引他的一段话：“人道主义的朋友们不仅希望各国劳动阶级要贪图安逸和享受，而且凭借各种法律手段来鼓励他们努力获得这些东西。避免人口过剩，除此没有上策可循。在劳动阶级的需要很少且满足于最低便宜食物的那些国家里，世态沧桑，人民备受困苦。他们无处栖身，身份卑贱，无法苟安；可他们已经是卑贱得不能再卑贱的了，一旦主要生活资料供应不上，那么他们可以利用的代替品很少，而伴随着这种缺乏而来的几乎是各种饥饿的问题。”（《原理》第5章）需要注意的是，麦卡洛克因曾利用李嘉图那些极端的教条并死板地运用它们而受到指责（不是完全不公正的），然而在他的《工资论》第4章的标题中仍然使用：“低工资与使劳动者习惯于最低廉食物的坏处，高工资的好处。”

i 李嘉图的这种习惯在附录九中会加以研究（再见第五篇第14章第5节）。英国古典经济学家一般认为最低工资由谷物的价格决定。不过他们把“谷物”一词当做一般农产品的简称，像配第（《赋税论》第14章）所说：“谷物生产，我们将假设它包括所有生活必需品，如我们在主的祈祷中假定‘面包’一词所概括的那样。”当然，对工人阶级的前途，李嘉图所持的态度比我们现在要悲观些。现在农业劳动者甚至也能够过一种丰衣足食的生活，而在李嘉图时代，就是技工也需要用全部报酬来购买他家庭所用的丰富的食物。在艾希利爵士看来，李嘉图的看法比我们现在的要狭隘些。他富有创造性地说明了前注中那段引文的历史，并且指出甚至连拉萨尔也不觉得他的铁则是神圣不可侵犯的。见附录九第2节。

j 第二篇第11章第2节。他责备李嘉图在明显忽略了前注中所引的那几段后，推定安逸水准是稳固的。不过他很清楚李嘉图的“最低工资率”由现有的安逸水准决定，而与仅供维持生存的必需资料没有关系。

k 比较第五篇第5章，特别是第2、3节。

l 见下文第10节。

m 见以上第五篇，第1~4章。不久我们一定要考察雇用人的劳动在哪些方面区别于雇用一所房子或一架机器。不过目前我可以不顾及这种区别，而只就其主要方面来研究问题。即便如此，也会遇到某些技术上的问题，而根据第五篇第7章末尾的建议删去该篇最后几章的那些读者，假如不满意于此处的一般讨论，最好重读第五篇第8章、第9章两章。

n 参阅以下第六篇第8章第8节、第9节两节关于劳动标准化的探讨。

o 商人借款时所支付的利息率一般高于四厘（年利息率）；但正如我们将在第6章提到的，除实际纯利息外，它还包括其他因素。最近，资本因战争而受到了巨大的破坏，以前说三厘似乎更合理，但在战争结束后的几年内，即使是四厘或许也是靠不住的。

p 比较第五篇第4章及附录九之第3节；那里有关于杰文斯利息理论的评论。

q 此与第五篇第 4、8 两章所述相仿。

r《孤立国》第二篇第 1 章。因此，利息率是被用来表示资本的效率和人类的劳动效率的关系的元素。最后他用一些类似于一百年以后的杰文斯对此进行独立研究后所说的话作总结：“最后运用的少量资本的效用决定利息率的高低。”

s 屠能很了解这点，参阅第六篇第 2 章，第 9 节、第 10 节两节。

t 参阅以下第 8 节、第 10 节、附录七第 3 节。

# 第2章　分配概论（续前）

## 第1节　影响生产要素供给的诸多原因和影响需求的诸多原因对分配都起着同等影响

如上面几章开始时所指出的，现在我们要研究报酬对各种生产要素的供给所起的反作用，以补充需求对分配的影响的研究。考虑生产成本和效用在决定各种劳动者、资本家和地主在分配国民收益方面所起的作用时，我们一定要把两者结合起来加以分别讨论。

李嘉图和追随他的那些干练的企业家都认为需求的作用是显然的，无须加以解释说明的。他们既没有强调它，也没有充分详细地去研究它；这种忽视曾经引起很大的混乱，并蒙蔽了事实的本来面目。在这种反应中，有一种偏见认为每个生产要素的报酬源于它所参加制造的那种产品的价值，而且当时主要是由该价值所决定的；它的报酬的决定和地租的决定是根据同样的原理。甚至有人这样认为，可能从地租规律的推广使用中构成一种完备的分配理论，但他们是不会成功的。李嘉图及其追随者也许具有正确的直觉看法，因为他们默认供给力量的研究是更为急切和更加困难的。

当我们研究是什么在决定一种生产要素（不论是任何种劳动或物质资本）的边际效率时，我们发现，该问题的及时解决需要知道该要素的现有供给量。因为如果供给上升，则它将会被使用在需要较小、效率较低的方面。而问题的最后解决也需要知道决定那种供给的原因。各种东西，无论是某特定种类的劳动或是资本，或是其他别的东西，它的名义价值，如同拱门的拱心石一样，是靠两边相反的压力来维持自己的均衡的，即一方面是需求的压力，另一方面是供给的压力。

各种东西，无论是一种生产要素，还是用于当前消费的商品，它的生产一定会扩展到供给与需求均衡的界限或者边际。商品的数量及其价格，生产该商品所用的各生产要素和它们的价格，所有这些因素都是相互克制着的，如果存在某种外因使其中某个因素发生变动，则其干扰的结果将会波及其他的因素。

这就像当碗中盛有很多球时，它们相互制约着自己的位置；又如天花板的不同点上有强度和长度不同的弹线（都是拉长的）悬着一个重物，各个线和重物的均衡位置都是彼此制约的，如有一线缩短，则原来各线所处的位置一定会变动，而其余各线的长度和张力也随之一定会变动。

## 第2节　第四篇中所讨论的，影响各种不同形式的劳动和资本的原因之要点说明 报酬增加对个人勤奋影响之无常 正常工资与人口增长和体质增强特别是后者之间的适应比较规则 储蓄所产生的利益对资本及其他财富的积累的一般影响

我们已经了解到，无论什么时候，任何生产要素的有效供给，第一取决于它的现有存量，第二取决于它的所有者把它运用到生产上的意向。而这种意向不单纯是由预期的眼前报酬来决定的；虽然有一种在某些场合叫做直接成本的下限，在直接成本以下，生产一定停止。例如，某厂商会断然拒绝开动自己的机器来生产那种不能补偿生产上的额外货币开支和机器的实际耗损的订货。关于工人体力的消耗和工作上的疲劳及其他不便也有相似情况。虽然目前我们所讨论的是正常条件下的成本和报酬，却不是工人做某件特定工作时个人的直接消耗，但是为了避免误解起见，不妨在这里就这个问题作一简单明了的说明。

像前面所讲的，当某人为做自己所愿意做的工作而津津乐道时，那工作对他实际上毫无所费。因为如某些社会主义者相当夸张地说的那样，除非有某事完全剥夺了他们的工作，否则很少有人会知道他们是怎样喜爱自己的适度工作。但无论正确与否，大多数人相信，在谋生时所做的大部分工作对他们没有一点儿乐趣可言，与此相反，对他们却有所耗费；收工时，他们很高兴。他们可能忘掉最初的几小时的工作对他们的耗费并不像最后一小时那样多，而且他们大多数认为，九小时工作的耗费为最后一小时的九倍；他们很少会想到，通过用足以补偿最后且最艰苦的一小时的工资率来支付每一小时，这样他们立即可以获得生产者的剩余。

一个人工作或值班的时间越长，除非他因工作而忘记疲倦，那么他想休息的欲望也越强。与此同时，每增加一小时的工作，使他的工资也有所增加，并使他越接近于满足他的最急切需要的那个阶段；工资越高，这个阶段的到来也越快。然而，随着工资的增长，究竟出现新的需要或新欲望呢，还是他很快地满足于只能从他的工作中所得到的那

些生活享受呢，或是祈求更多的休息和本身比较有兴趣的那些活动的机会呢，这只是个人的兴趣问题，并没有普遍的准则可循。但经验似乎证明，各个种族和每个人（特别是热带的居民）越是没什么知识文化，他们工作的时间也越短；如果工资率的提高使他们可以用比以前少的工作得到习惯上的生活享受，那么他们工作时将越不卖劲。而眼光看得比较远的、性格坚强的人，除非宁愿把他们的活动转用于高尚的目的，而不是为了物质利益而工作，那么工资率越高，他们工作得越卖力，坚持的时间也越长。这点将在进步对价值的影响一题下给予更加详细的讨论。此刻我们可以确定，就一般来说，报酬增加使有效率的工作的供给得到即时的增加。此项规则的上述例外为数不多，但它们不是没有任何意义的。

## 第3节　续　前

然而，像我们从工资的增加对个人所做的工作的现时影响推及到它在一两代以后的最终影响时，那么这种结果也是值得肯定的。的确，虽然说境遇的暂时改善将给许多青年人带来成家立业的好机会；而富裕的持续增长，对生殖率的提高与降低，似乎也有着同样的可能。但在另一方面，工资的增长将会势必减少死亡率，除非父母对子女的保育漠不关心。例如，我们观察高工资对下一代人的体力和智力所起到的影响，则这个论据就更加有力。

第一，因为如果某种消费有某些减少，那么工作就不能有效地完成了，从这个意义上来说，它是各级工作所一定需要的。第二，还有习惯上的必需品，它们在风俗习惯上是这样的必要，以至于人们一般地宁肯牺牲大部分所谓绝对必需品，而不愿意弃其不用。第三，又有日常嗜好品，有些人（虽然不是所有的人）即使在极其困难的情况下，也不愿意弃而不用。很多这些习惯上的必需品和日常嗜好品是物质与精神进步的双重体现，它们的范畴随时代和地域的不同而不同。它们的数量越多，作为生产要素的人则越不经济。但如果加以适当的选择，它们就在最大限度上达到一切生产的目的了，因为那时它们能提高人类生活的意趣。

使效率所绝对必需的那种消费有任何的增加，都不是得不偿失的，它对国民收益之所取等于它对国民收益之所增。但增加不为效率所必需的那种消费，只可以通过人对自然力控制的增进而加以解决。这种消费的增加可由于知识和生产技术的进步、组织的改善和原料来源的日益丰富与扩大。

由此可以看出，劳动供给如何紧密地适应劳动需求的难题，在很大程度上可以归结为这样一个问题：在一般人的现时消费中有多少是用以维持青年和老年人的生活及效率的必需品（从严格意义上来说）；有多少是习惯上的必需品——这种必需品在理论上是可以免除的，但实际上很多人宁愿要它，而不愿要某些真正用来维持效率的必需品；即使当做目的本身来看，有些当然是极为重要的，但当做生产手段来看，又多少是没有用的。

如我们在上一章开始时所强调的，早期的英国和法国经济学家差不多把劳动阶级的全部消费都列入第一类。他们之所以这样做，部分原因是为了简单，而部分原因则是由于当时英国劳动阶级的贫困，而法国劳动阶级更加贫困。他们曾经断定，劳动供给会适应它的有效需求的变动，就和机器的供给适应它的有效需求的变动一样。只不过前者适应有效需求的速度远比不上后者那样快。就现在对于较不发达国家的问题而言，我们所必须给予的答案和英法经济学家的答案是没有多大区别的。因为世界上大多数国家的劳动阶级所能消费的奢侈品最少，甚至习惯上的必需品也不多。他们报酬的增加引起人数的大量增加，从而使他们的报酬又迅速降低至仅可以维持生活所需要的费用的原有水平线上。在世界上绝大多数的地方，工资差不多都是按所谓铁律或铜律来规定的，这个规律把工资固定在培育和维持一个效率很低的劳动阶级的费用上。

关于现代西欧各国，答案却是迥然不同的。之所以不同，是在于近来在知识和自由、体力和财富，以及易于接近海外富饶的食物和原料基地方面都有了长足的进步。但的确，甚至在今日，英国居民主体的大部分消费仍然是用于维持生活和体力。用法也许不太经济，但也没有任何巨大的浪费。无可置疑的是，某些恣意放纵是绝对有害的，但相对于其他的恣意放纵行为，它们是在减少着的，主要的例外也许要算赌博。其中大部分开支，作为培养效率的手段并不十分经济，但是有助于培养形成随机应变的习惯，并给生活带来多样性。缺了它，人们就显得闷闷不乐，停滞不前，付出虽多，而收获却很少。大家都承认，甚至在西欧各国，哪里的工资最高，哪里的熟练劳动通常是最便宜的劳动。的确，日本的工业发展有一种倾向表明：某些很昂贵的习惯上的必需品可以放弃而不用，而又不至于相应地减低效率。虽然这种经验将来可以产生巨大长远的影响，但它同过去和现在的关系不大。就人的现在和过去的情况而言，在西欧各国，有效率的劳动所得的报酬，不是大大超过用来补偿培养和训练有效率的工人并保持和充分运用他们的精力所需要的最低费用，这依旧是真的。

于是，我们可以得出结论：工资的增加，除非在不正常的条件下赚取的，差不多总能增进下一代的体育、智育甚至德育。在其他条件不变的情况下，劳动报酬的增加提高劳动的增长率。换句话说，劳动的需求价格上升，使劳动的供给增加。如果知识、社会风尚和家庭习惯不变，则全体人民的劳力（假如不是人数的话）和某特定行业中的人数与劳力可以说有一个供给价格，即存在一定的需求价格水平使二者不增不减。价格较高，则二者增加；价格较低，则二者减少。

可以看出，需求和供给对工资起着同样的作用是不容置疑的，如同剪刀之两边、拱门之双柱一样。工资有等于劳动纯产品的趋势，劳动边际生产力决定劳动的需求价格；从另一方面来看，工资有同培养、训练和保持有效率的劳动的精力所用的成本保持密切关系（虽然是间接而复杂的）的趋势。在这个问题中的各种因素都是相互决定（制约）的，它有时候使得供给价格和需求价格相等：工资既不是由需求价格又不是由供给价格决定，而是由支配供给和需求的一系列的原因来决定的。[a]

关于“一般工资率”或“一般劳动工资”这些常用名词，需要略微地给予说明。在广泛地考察分配，特别是在我们考察劳动和资本的一般关系时，使用这些名词是便捷的。但实际上，在现代文明中无所谓一般工资率。在数以百计的工作群体（group of workers）中，各有各的工资问题，各有各的特殊原因（自然的和人为的），支配着供给价格并限制着它的人数；各有各的由其他生产要素对它的服务的需要所决定的需求价格。

## 第4节　续　前

“一般利率”一词也有着差不多的困难。但这里主要的困难是来自于这一事实，即在某些特定事业上所已投下的资本的收入本来是一种准租，但是只有在所投资本的价值不变这一假设的基础上才可以看做利息。在此刻撇开这种困难不谈，[b]并记得“一般利率”一词从严格意义上来说只能适用于新的自由资本投资的预期纯收入时，我们可以略微描述关于资本增长的最初研究的结果。

我们已经知道，[c]决定财富积累的因素有很多，如习惯、克己和防患未然，但是最重要的是家庭情感的动力。安全保险是财富积累的一个必要条件，知识的进步和文化的发展在许多方面也使它有所增进。但是，虽然一般储蓄除利率外还受到许多原因的支配，实际上许多人的储蓄很少受利率的影响。有些人决定给自己或他们的家庭获得一个固定收入，利率高时，储蓄得少；利率低时，储蓄得多。可是，权衡各方面的情况之后，我们坚信，利率的上涨有使储蓄量增加的趋势。

利息既为任何市场上使用资本的代价，所以利息常趋于一均衡点，使得该市场在该利率下对资本的需求总量恰好等于在该利率下即将来到的资本的总供给量。如果我们所讨论的市场是一个小市场，例如一个城市或进步国家中的一个产业，则当该市场对资本的需求增加时，可以从邻区或其他产业中抽调资本，增加资本的供给而迅速满足之。但是如果我们把全世界或者一个大国当做资本市场，我们就不能这样认为资本的供给总量因利率的改变而迅速和大量的增加。因为资本的一般财源是劳动和等待的结果。利率提高，固然可以引入额外劳作和额外等待，但在短时期内，这种额外劳作和额外等待较之现有资本中的劳动和等待不会很多。所以在短期内，对资本的需求大量增加时，满足这种需求的增加，出于供给的增加者少，而出于利率的上涨者多。因为利率既上涨，所以有一部分资本将从它的边际效率最低的使用中一点一点地退出。提高利率，只能慢慢地、逐渐地增加资本的总供给量。

## 第 5 节　就需求对分配的影响和个人把资源用于生产的关系来说，土地可以被看成是一种特殊形式的资本，但较之供给对分配的正常影响，它却与资本有所不同，而这正是我们在本章中所要讨论的

土地同人本身和人造出来的生产要素以及人对土地所作的改良，不能等同看待。[d]因为所有其他生产要素的供给，都按不同方式并在不同程度上适应对它们服务的需求，而土地却没有这种适应。任何劳动阶级的报酬急剧增加，有使该阶级的人数增加或效率同人数两者一并增加的趋势；该阶级有效率劳作的供给急增，往往削减它对社会所提供的服务的价值。如果人数增加，则个人的报酬率下降，直到原有的水平。如果他们的效率增加，即使每个人的报酬或许比以前有所增加，则所增加的报酬出于国民收益的增加，而无损于其他生产要素。这个论点适用于资本，但不适用于土地。因此，虽然土地的价值和其他生产要素的价值有相同的地方，受上章末节所讨论的那些影响和支配，而不受此刻所讨论的那些影响和支配。

的确，从厂商或农场主的观点来看，土地只是一种特定形式的资本，它也受上一章中所讨论的需求规律和代用原则作用的支配。因为现有的土地和现有的资本品或某种劳动一样，有从一种使用转向另一种使用的趋势，直至进一步转移至无利可图而停止。因此，就前章所讨论而言，一个工厂、货栈或一张犁（除去耗损等）的收入和土地的收入是用相同的方式决定的。不论在哪个场合，收入有等于该要素边际纯产品价值的趋势。在短时间内，该收入是由该要素的总供给量和其他要素对它的服务的需要来决定的。

这只是问题的一个方面，而问题的另一个方面是土地（指古老国家中的土地）并不受本章所述的那些反作用的影响。如报酬率增加对其他生产要素的供给的影响，从而对它们对国民收益贡献的影响，从而对其他生产要素购买它们的服务所用实际成本的影响。一工厂多建一层楼，或一农场多用一张犁，该楼或该犁一般情况不是取自其他的工厂或农场。国家给自己的企业增加一层楼或一张犁，如同个人给自己的企业所增加的一样。那么，用以分配的国民收益比以前有所上升。在长时期内，厂商或农场主的报酬，按照惯例来说不是由牺牲其他生产者的利益而得到增加的；与此相反，无论什么时候的土地（指古老国家中的土地）存量，都是一种固定的存量。当一厂商或农场主决定给自己的企业增加少量土地时，实际上就等于他决定从别人的企业取得这块土地。他给自己的企业增加了土地，但是国家并没有增加土地，这种变化本身并不能增加国民收入。

## 第 6 节　本阶段论点总结

总结一下我们在这一阶段的讨论：所有纯产品总量是所有这些商品的需求价格，从而是生产这些商品所用的生产要素的需求价格的真正来源。换句话说，国民收益是一国所有生产要素的纯产品总量，同时又是支付这些要素的唯一来源。它分为劳动工资、资本利息和土地及生产上具有极差优势的生产者剩余或地租。工资、利息和地租或生产者的剩余构成全部国民收益，在其他条件不变的情况下，国民收入越多，则它们各自的份额也越大。

一般说来，劳动资本和土地对国民收益的分配，是和人们对它们所提供的各种服务的需要成比例的。但这种需要并不是总需要，而是边际需要。所谓边际需要，是在某一点上的需要。在该点上，无论人们购买某种要素的服务（或服务成果），或用他们的额外资金购买其他要素的服务（或服务成果），对他们都没有任何的差别。如果其他条件不变，该要素所得的份额越大，则它增加得越快，除非它完全不能增加。但是，每增加一次，对它的需要的迫切性将有所减少，因此也将减少它的边际需要，并降低它的销售价格。这也就是说，任何要素的比例份额或报酬率的增加，似乎都会使某些力量发生作用，结果减少该要素的份额，而增加其他要素在国民收益中所占的比例份额。这种反作用也许是缓慢的，但是，如果生产技术和社会一般经济情况没有大幅的变动，则各要素的供给将受它的生产成本的严格控制；其中要考虑习惯上的必需品，而且这种必需品随着日益增加的国民收入给一个又一个阶级提供日益增加的剩余（超过维持效率所必要的剩余），而这种必需品也不断增多。

## 第 7 节　不同工种的工人的工资和效率之间的相互关系

在研究一种行业中效率的提高和报酬的增加对其他行业所起的作用时，我们可以从这样一个普通事实出发：如果其他条件不变时，任何生产要素的供给越多，则该要素所开辟的使用途径越广，而该要素在种种用途（在这些用途里，它是在即将证明无利可图的边际上被利用的）上所乐于接受的需求价格也越低；在竞争能使该生产要素得自各种使用上的价格相等的情况下，则该价格将是该要素在各种用途上的价格。该要素的增加所造成的额外生产，增加了国民收益，其他生产要素也因此而获得利益，但该要素本身却不得不承受较低的报酬率。

例如，倘若其他条件不变，该资本增加得很快，则利率必然下降。倘若其他条件改变，设从事某特定工作者的人数增加，那么工资必然下落。每个场合都会引起生产增加和国民收益增加；在每个场合，某生产要素缺失，必然成为其他生产要素（未必是一切生产要素）之所得。例如，开发一个蕴藏丰富的石矿，矿工人数增加或效率提高，势必改善各阶级的住宅状况，一定会增加对砖匠和木匠劳动的需求，从而提高他们的工资。作为建筑材料制造者的瓦工们则一定受到其害，虽然从消费方面来看，他们也得到利益，但这种利益终不能补偿其所失。这一要素的供给增加，对许多其他要素的需求略有增加，对有些别的要素的需求则会大量增加；但它对某些要素的需求却有所减少。

我们知道，任何工人，例如皮鞋厂工人的工资，有等于他的劳动纯产品的趋势；但工资并不是由该纯产品决定的。因为纯产品，如各种边际使用上的其他情况一样，和价值一道，都是由需求和供给的一般关系来决定的。[e] 但是当：（1）投于制鞋工业的资本和劳动总量已达到这一点：在该点，增加劳动和资本虽然可以增加产量，但仅仅有利而已；（2）把资金在生产设备、劳动和其他生产要素之间作了适当的分配；（3）我们所讨论的这个工厂业务正常，经营管理能力正常，但是该厂所处的情况是它不知道按正常工资增雇一个具有正常能力和干劲的工人是否值得。当上述种种情况确定之后，我们大体上可以断言：损失该工人的劳作，一定会减少该厂的纯产品，而它的价值和该工人的工资大致相等；反过来说，他的工资大约等于该纯产品（当然，一人的纯产品不能和其余工人的纯产品机械地分开）。[f]

皮鞋厂中各类工人的工作，有难易高低的不同，但我们可以不考虑各类工人在职业上的区别，而假定他们都属于同一级别（这假定大大简化了论证的措辞，而不致影响它的一般性质）。

在现代工业生产急剧变化的情况下，一个产业或者其他产业有时感到劳力供给过多，而有时却感到劳力供给不足；这种不可避免的失调现象，由于各种限制性的结合及其他影响而变本加厉。但是，劳动的流动性足够可以使这一点成为事实，即一个西方国家中各个不同工作部门中的同级工人的工资有相等的趋势。那么，下述说法就并没有夸大它的真实性：一般说来，和有正常能力的皮鞋工人处于同级的各个工人，都能用自己的工资买一双鞋（除去原料成本后），因为赚取该工资所用的时间和皮鞋工人给工厂的纯产品增加同样一双鞋所用的时间大体上是一样的。用更普通的形式来说，各个工人用百日劳动的工资，通常情况下能买到和他同级的其他工人百日劳动的纯产品。只要不超过该数量，他可以随意选择。

如果其他级别工人的正常工资比他的工资高一半，则皮鞋工人必须用三日的工资才能买到其他级别工人两日劳动的纯产品，依此类推。

可见，如果其他条件不变，任一种行业（他自己的也包括在内）中，劳动纯效率的增加，将按同一比例提高皮鞋工人用以购买该种行业产品的那部分工资的实际价值；倘若其他条件不变，皮鞋工人实际工资的平均水平直接取决于并正比例地随着生产他的工资品的那些行业（他自己的也包括在内）的平均效率的变化而变化。相反，在某工业中，如工人放弃可增加效率百分之十的技术革新，那么就使皮鞋工人用于购买该种行业产品的那部分工资损失百分之十。但是，如果其他工人的产品和他的产品处于竞争状态，而这部分工人的效率又有所增加，则该效率的增加至少会使他暂时遭受损失，如果他不消费该产品，则所受损失更大。

除此之外，各级劳动的相对地位如果发生变化，相比较与其他级劳动力，皮鞋工人有所提高，则他因此而得利。医务人员（他有时需要医生看病）的增加，将对他有利；如厂商、商业经理和其他企业家的人数大量增加，而所增加的人数又来自他级，那么对皮鞋工人更加有利。因为管理上的报酬，相比较与手工劳动的报酬将有所下降，而各种手工劳动的纯产品一定会增加。因此，如果其他条件不变，皮鞋工人用代表他的纯产品的那些工资所购买的各种商品将有所增加。

## 第 8 节　我们始终假定特定工种的工人和特定行业的雇主在所述时间和地点并不具有多于事实上他们所特有的那种竞争能力 知识和竞争的自由

替代方法，它的趋势我们已有所讨论，是一种竞争形式。再次强调的是，我们并不限定完全竞争的存在；完全竞争要求完全掌握市场情况。当我们考察郎巴街的股票交易所时，或商品交易所的营业时，假定经纪人完全掌握市场情况（这和现实生活相去甚远）；但是，当我们考察工业上任何一个低级劳动的供给的决定因素时，该假定是完全没有说服力的。因为如果某人有足够的才能来掌握他的劳动市场的全部情况，他就不会长期留在低级劳动中。从前的经济学家，因为他们和现实企业生活保持相对密切的接触，所以一定很明白这个道理。但是，一则由于简单扼要；二则是由于“自由竞争”一词在当时十分流行；三则是由于他们没有把自己的理论加以足够的分类和限制，所以，他们似乎往往暗示，他们的确假定了完全竞争。

因此，要特别加以强调的是，我们并不假定任何工业集团的成员都有很多天赋的才能和远见，或除该集团的成员和各个消息灵通的人所具有的那种正常动机外，还受其他动机的影响。当然要估计到时间和地点的一般条件，尽管有许多任性和冲动行为，尽管卑贱和高尚的动机交织在一起，但常见的趋势是，各个人为他和他的子女所选择的职业，在他看来是大体上最有利的而又是他的资金和能力所能达到的那些职业。[g]

## 第 9 节　论一般劳动和一般资本之间的关系 资本辅助劳动 资本与劳动的竞争 此语须加以慎重解释

还没有讨论的最后一部分问题是关于一般资本和一般工资的关系。很显然的，虽然一般资本和劳动运用于某些特定行业而进行着经常的竞争，可是因为资本本身是劳动和等待的体现，所以，这种竞争实质上是某几种辅以大量等待的劳动和其他几种辅以少量等待的劳动之间的竞争。例如，当人们说资本主义机器曾代替了很多制鞋工人的时候，意思就是说，从前用手做鞋的人很多，借助于少量等待做锥子和其他简单工具的人很少；而现在从事制鞋的人虽比以前有所减少，但他们借助于工程师所制造的机器，借助于大量等待，却能比以前生产为数更多的鞋。在一般资本和一般劳动之间存在着真正的、有效的竞争，但这种竞争所涉及的面并不广，较之工人从贱价取得资本的帮助和提高他所需要的那些产品的生产方法的效率上所得的利益，是没有什么关系的。[h]

通常来看，储蓄倾向的增加，使得等待的服务不断扩大；并使它不致按以前一样高的利率才能得到雇用。这就是说，利率将不断下降，除非有一种发明为迂回生产方法开辟了新的有利途径。但资本的这种增长，将增加国民收益；开辟新的有利的场所以供劳动在其他方面得到雇用。因此，除补偿等待的服务对劳动的服务的部分替代外，还有很大剩余。[i]

由于资本的增长和发明的增加而引起的国民收益的增加，必然会影响各类商品的供给量。例如，使制鞋者用他的报酬能买到更多的食物、衣服，使自来水、灯光和暖气以及旅行等增多并改善。不过有一点应该承认，少数改良至少最初只会影响富人所消费的那些商品；相应增加的国民收益没有一部分直接归于劳动阶级；在短时间内，他们不能获得任何一点利益以补偿特定行业中有些人可能受到的扰乱。但这些场合十分罕见，而且一般都是小规模的，即使他们差不多也往往获得某种间接的补偿，但因为专门用于富人奢侈品的种种改良会迅速推广到其他阶级，因此这不是一种必然的结果。但实际上，奢侈品的便宜一般说来会以不同的方式增加富人对手工品和个人服务的喜好，并使他们用以满足这些喜好的资金也得到增加。这是一般资本和一般工资的关系的另一个方面。

## 第10节 “工资取决于资本垫支”一语的正确程度的界限 参阅附录十、十一

不用说就能明白，任何特定的劳动阶级当年所领取的国民收益份额，由当年的产品或它们的等价构成。因为当年的许多成品和半制品仍留在产业资本家和雇主的手中用来扩大资本；而他们直接或间接地把前几年的产品交给各劳动阶级，当做他们的报酬。

劳动和资本的一般交易是：工人取得用于直接消费的商品的支配权，而作为交换，他把雇主的物品向着用于直接消费的阶段推进一步。但是这适用于大多数雇主，而并不适用于完成生产过程的那些工人。例如，装置表的工人给雇主所提供的用于直接消费的商品，比他作为工资所取得的要多得多。又如我们把一年四季（播种和收割时间均计在

内）综合起来看，我们就知道，全体工人给他们的雇主所提供的成品，多于他们当做工资所得的成品。我们有理由这样认为，劳动工资取决于资本对劳动的提前支出。因为（即使除机器、工厂、轮船和铁路外）借给工人的住宅和在各阶段上生产他们所消费的那些商品所用的原料都表明，资本家预支给他们的，比他们预支给资本家的要多得多，即使是在他们没有领取工资以前就已经给资本家工作了一个月了。

由此可见，在已经阐明的分配概要中，没有任何东西使一般资本和一般劳动的关系同任何其他两种生产要素的关系发生很大的差别。关于劳动和资本关系的现代学说是以前学说发展的结果，所不同的只在于现代学说较之穆勒在《政治经济学》第四篇第3章中所讲的理论更加精确、完整和一致。穆勒在这章中把有关该问题的所有各种因素都集在一起。

纵观上面所说的，可进一步作出结论：一般资本和一般劳动，在创造国民收益上是相互合作的，并按照它们各自的（边际）效率从国民收益中抽取报酬。它们的相互依存是极其密切的，没有劳动的资本，是僵死的资本；不借助于他自己或别人的资本，则劳动者一定不能长久存在。哪里的劳动奋发有力，则哪里资本的报酬就高，资本的增值也很快。由于资本和知识的缘故，西方国家的普通工人在许多方面都比以前的王公吃得好、穿得好，甚至住得也好。资本和劳动的合作，如同纺工和织工的合作一样重要。虽然纺工业居先，但那并不能使它与众不同。一方的发展是同他方的力量和活动分不开的；不过一方用牺牲他方的办法可以暂时（如果不是永久的）取得较大的国民收益份额。

在现代世界中，私人雇主和股份公司的高级职员本身拥有的资本很少，但他们却是巨大工业机轮的核心部分，资本家和工人的利益全都集中于他们身上且由他们分布，他们把全部利益紧紧地掌握在一起。所以，在讨论就业和工资的变动时（留待本书续篇讨论），他们将占有首要的地位；在讨论劳动、资本和土地各自所特有的供求作用上的次要特征时，他们所占的地位虽不是首要的，但却是显著的。但这都是以下八章所要讨论的东西。附录十将略述“工资基金”学说，在那里将指出我们所持观点的理由。该观点认为，工资基金学说过分强调劳动的需求，而轻视了劳动供给的决定因素；它提出资本存量和工资总量的相互关系，来代替借助于资本的劳动产品总量和工资总量的真正相互关系。但那里也将指出持有这一见解的理由：如果古典经济学家（也许他们的追随者未必都如此）加以反复思考琢磨，则他们一定会解除工资基金学说中令人误会的部分，从而尽量使它和现代学说相一致。附录十一将研究各种生产者和消费者的剩余；所提出的问题只有抽象的趣味，而没有多大的实际价值。

如上面所述，各种生产要素的效率（总效率和边际效率），它们直接或间接地对纯产品总量或国民收益的增益及它们各自所得的国民收益份额起作用，是由许多相互关系复杂的因素连在一起的，不可能一次叙述就能解决。但借助于数学上严密而简练的词句即可窥其全貌。当然，其中质的差别是无法说明的，除非尽量把它解释成量的差别。

## 【注释】

a 之所以强调本段，是由于各种批评家对本篇主要论点的误解，其中甚至包括敏锐的庞巴维克教授。因为在他的《价值的最后标准》中（特别要参阅第 5 节），似乎认为工资既等于劳动纯产品，又和劳动的培养训练及维持其效率的成本相同（或简称劳动的生产成本，虽不甚恰当）。这一观点必将导致自相矛盾。相反的，卡弗教授在《经济学季刊》（1894 年 7 月）上所发表的一篇优秀论文中，曾阐明了各种主要经济力量的交互作用；参阅其所著《财富的分配》第 4 章。

b 参阅以下第六篇第 6 章第 6 节。

c 参阅第四篇第 7 章第 10 节。

d 本节的论证是广泛的。关于专门而较全面的讨论，请读者参阅第五篇第 10 章。

e 参阅第五篇第 8 章第 5 节与第六篇第 1 章第 7 节。

f 如官方生产普查所示，一个工厂的纯产品现在一般都被视为工厂加在其原料上的工作。

g 有关商品市场中的供求调节和劳动场合下的供求调节的差别将在以下各章中进行讨论。

h 我们现在暂时不讨论狭义上的劳动与资本家及其副经理和包工头之间的雇用竞争。第 7、8 两章的大部分对这个重要而困难的问题进行了研究。

i 此处资本是指广义的资本，它不局限于产业资本。这点与宏旨无关，而列入附录十第 4 节中。

# 第3章　劳动工资

## 第1节　第3章至第10章的范围

当我们在上篇对需求和供给的一般均衡理论和在本篇前两章分配和交换的中心问题进行讨论时，我们努力不顾及生产要素的特殊性质及其枝节问题。我们没有详细研究关于生产工具的价值和借它所制造的产品的价值二者的关系的一般理论，在多大程度上适用于雇主、工人或自由职业阶层凭着先天能力或后天知识和技巧获得的那些收入。为避免和利润分析相关的各种问题，我们对市场上有关“利润”一词的很多不同的用法不去注意，甚至“利息”这一更加原始的名词也不去注意。我们没有考虑各种租佃对土地需求的形式的制约。所有这些不足之处，都会在以下各章论劳动、资本与营业能力和土地的供求时加以全面的解说和补充。本章所要研究的是关于工资计算的方法问题，它主要属于算术或簿记的范畴，但是许多错误的产生都是因为计算时的粗枝大叶。

## 第2节　竞争有使相同职业中的周工资不等的趋势，但有使周工资与工人效率成比例的趋势<br>计时工资<br>计件工资<br>效率工资<br>计时工资没有相等的趋势，而效率工资则有

当我们研究物质商品的供求作用时，我们一般会碰到这样一个问题：在同一个市场按同一种名称出售的两种东西，事实上质量不同，对各买主的价值也不同；或者质量的确相同，尽管在竞争极其激烈的场合，由于销售条件不同，它们也可以按不同的名义价格售出。比如，有时由卖主负担支付上的开销或风险，而有时却由买主负担。但这种问题在劳动的场合比在物质商品的场合要大得多。付给劳动的真正价格往往差距很大，而

这种悬殊是不易从名义上支付的价格来说明的。

开头就遇到如何解释“效率”一词的问题。假如说在长期内不同部门中的有相等效率的人所得的报酬大致相等，那么就必须从广义上解释“效率”一词。然而，如果所指的是同一部门中各人生产所得能力的区别，那么效率势必按该部门所需要的那些特殊效率因素而加以考虑。

竞争有使同一种行业中或困难相同的行业中的人的工资相等的趋势，这是一种需要严谨解释的说法。效率不同的两个人在一定时间如一日或一年内所得工资由于竞争不是趋于相等，而是倾向不相等。同样，在两个平均效率不等的地区，竞争使平均工资不是倾向于相等，而是趋于不相等。假如英国北部各劳动阶级的平均体力和精力比南部高，那么，可以推定，“竞争使各事物倾向自己的水平”越是彻底，则北部的工资高于南部，也越是毋庸置疑的[a]。

克利夫·莱斯里和某些经济学家曾天真地强调工资的地区差异足以说明劳动阶级中的流动性很小，并且他们的就业竞争无效。大部分被他们援引的材料只是和日工资或周工资相关，它们只是部分材料，若把遗漏的材料都补上，那么所有的材料则支持相反的结论。因为我们发现周工资的地区差距和效率的地区差异几乎一致。于是，材料（就其与该问题有关者）一般证明竞争是有效的。然而我们知道，这些材料被充分解释是一个非常困难而艰巨的任务。

一个人在一定时间如一日、一周或一年内所得的报酬，叫做计时工资，于是，我们可以说，克利夫·莱斯里所举的计时工资的例子能够证明而不是削弱这一设想：竞争使附近困难等同的各业中的报酬和工人的效率相适应。

不过，“工人的效率”一词意义复杂，仍需加以解释。根据所完成的某种工作的数量和质量所支付的报酬，称为计件工资。假设在相同的条件下两人用同样适用的工具工作，而且如果用同一单价计算他们所得的计件工资，那么他们的工资和他们的效率成比例。然而，诸如工具的良莠不齐，则统一的计件工资率会导致同工人的效率不成比例的问题。假定有两个纱厂，一个用旧式机器，一个用新式机器，用相同的单价计算工资，尽管表面上相等，实际上并不等。由于竞争越是有效，越有利于经济自由和企业的全面发展，那么旧式机器的纱厂所用的单价势必比其他纱厂也越高。

为了正确领悟经济自由和企业创新有使邻区困难相同的各业中的报酬相等的趋势这一观点，我们有必要使用一个新名词，也就是“效率工资”，或从广义上说也叫“效率报酬”。即说，它不同于计时工资根据取得工资所消耗的时间计算，也不同于计件工资按产品的数量计量，而是凭借工人的效率和能力的运用来计量。

因此，经济自由和企业创新（普通所指的竞争）使各人的报酬找到自己水平的趋势，就是让同一地区的效率工资相等的倾向。假如劳动的流动性越大，劳动的专业化越不细致，父母给子女寻找最有利的职业的心越切，同时适应经济条件变化的能力越快，以及这些条件的变化越慢、越不剧烈，则这种倾向将越强。

不过对这种趋势的论述仍略须加以补充。因为我们迄今所设想的是，倘若做某件工作所付的报酬总额不变，那么雇用少数人或多数人来做那件工作，对雇主来说就无关紧要。但实际并不是如此。按一定的工资率取酬并在一周内所赚最多的工人，对雇主来说是最实惠的工人，对社会来说同样是最廉价的工人，除非由于他们过度工作而未老先衰。由于他们和他们那些较慢的工人伙伴所使用的固定资本量相同，既然他们完成的工作较多，那么每部分工作所担任的固定资本费用也较少。两种场合下的直接成本尽管一样，可效率较高、取得计时工资较多的工人所做工作的总成本，却低于那些效率较小、取得计时报酬（按同一工资率付酬）较少的工人所做的。[b]

对车间以外的工作，上述论点是无关紧要的，由于空地很多，贵重机器的使用也较少。因此，除了监督工作外，不管做某件工作所用的工资总额一百镑被雇主分给二十个有效率的工人，还是分给三十个效率较差的工人，对他就无关紧要。但是假如使用的是贵重的机器，而该机器又肯定要和工人的数目保持一定的比例，那么雇主通常发现，他如能用五十镑工资用二十个人完成从前以四十镑工资用三十个人所完成的工作，那么他的商品总成本就有所降低。在这方面，在世界上美国处于领导地位，那里有一句俗语：谁力求支付最高的报酬，谁就是最好的企业家。

因此，经过修正的规律是：经济自由和企业创新，一般来说有使同一地区的效率报酬相等的趋势。在使用大量昂贵的固定资本地区，如效率提高较大的工人的计时工资，且提高的程度比效率的比例高，那么对雇主肯定有利。当然，这种迹象很易受特殊的习惯和制度的反对，在有些场合，甚至为职工工会章程所反对。[c]

## 第 3 节　实际工资与名义工资货币购买力（特别就该级劳工的消费而言）必须加以估量职业费用和附加的便利与不便利也必须加以考虑

关于按工付酬所要说的就是这些。其次，我们必须具体讨论的是：在计算某业的实际报酬时，一方面除货币收入外，必须顾及许多其他情况；另一方面，除因工作繁重而导致的直接不便外，还必须顾及到许多附带的不便。比如亚当・斯密所说："工人的实际报酬，是指对工人提供的生活必需品和安逸品的数量，名义报酬是指货币数量……报酬的厚或薄，工人的富或贫，同劳动的实际价格成比例而不是同劳动的名义价格成比例。”[d]但“对工人提供的”一语，不应该认为只是对雇主或劳动产品所直接提供的生活必需品和安逸品适用。因为附带在职业上的、无须他特别开销的那些利益，也必须考虑在内。在对某地或某时的一种行业的实际报酬进行确定时，首先要研究货币（名义工资用它表现）购买力的变化。在讨论一般货币理论以前，这点是不能加以透彻解释的。然而，我们可以顺便指出，尽管我们有全部物价史上十分精确的统计，这种统计也不仅仅是算术上的计算，因为我们假如比较较远的地区或较长的时期，那么我们就发现，人们具有不同的需求和满足这些需要的不同方式。甚至当我们把注意力集中在同一时间和同一地点上，我们也发现不同的阶级使用他们收入的手段也不同。比如，天鹅绒、歌剧和科学书籍的价格，对低级工人是没有影响的，但是面包和皮鞋价格的降低使他们所受的影响就要比高级工人要大得多。必须牢记这种差别，一般来说，对这些差别作出大致的估计是可以的。[e]

## 第 4 节　续　前

我们已经知道，某人的总收入与他的生产费用相减，即为他的实际收入总额。但总收入却包括许多不是货币报酬的东西，因此有被忽略的危险。[f]

首先，就费用来说，在学习某业上所用的普通教育费和专门教育费我们并不计算。某人在工作中所消耗的健康和体力我们也不计算，最好是用别的方法对这些加以估量。不过，我们一切职业上的费用必须扣除，不管是自由职业者或工匠需要花的费用。比如，在律师的总收入中，我们势必要扣除事务所的租金和职员的工薪；在木匠的总收入中，必须扣除置备工具的费用；在计算某地区石匠的工资时，按当地习惯，我们必须知道工具和炸药的费用是由石匠自己承担，还是由雇主负担。这是一些比较简单的例子。但在医生需要用的房租、车马费和社交费中有多大部分应看做职业上的费用，却是比较难以判断的。[g]

## 第 5 节　工资部分地酬以实物<br>实物工资制

此外，仆役或店员购置很贵的服装必须自费，而假如听他们自便，也许他们不会买它，因为这种强制使他们工资的价值对他们就有所下降。如主人给他的仆役提供高价的制服、住房和伙食，那么这些东西对仆役之所值，一般小于对主人之所费。于是，像某些统计学家把主人提供家仆的一切东西所费与主人的等价，加在家仆的货币工资上来计算他的实际报酬，是一种错误行为。

相反的，如某农场主给他的雇工免费运煤，势必选择他的马匹有闲空的时间，那么这对这些雇工实际收入的增益远高于对该农场主的所费。上述论点同样适用于各种犒赏和津贴，比如，雇主赠给工人一批商品，而这批商品对工人尽管有用，但因为推销费用太高，对雇主却毫无价值。又如他允许工人按批发价格购买他们在帮助下生产的商品，以供自己使用，然而当这种许可变成义务的时候，各种严重弊端陆续而来。从前的农场主通常强迫他的雇工以好谷的批发价格购买他的坏谷，这就等于他实际上支付的报酬低于名义上支付的工资。在一个古老国家的任何一种行业中实行这种所谓实物工资制时，就一般而论，我们大体上可以推定，实际工资率比名义工资率低。[h]

## 第 6 节　成功之无常与就业之无常

其次我们必须考虑成败莫测与就业无常对某业实际工资率的制约。

显然开始时我们应该从该种行业成功者和不幸者的工资中取一平均数当做该业的报酬，但是真正平均数的求得需要注意。例如成功者每年的平均工资为二千镑，不幸者每年的平均报酬为四百镑，假定二者人数一样，那么他们的平均数为每年一千二百镑。然而假如不幸者为成功者人数的十倍（可能如律师所处的情况一样），那么真正的平均数为五百五十镑。同时，许多彻底失败的人可能早已离开该种行业，因此没有包括在内。

此外，尽管通过求得这种平均数，我们不需再单独酌减风险保险费，但是成败莫测之害仍须加以考虑，由于有许多人性情稳健，头脑清醒，他们喜欢面对现实，愿意从事某种每年提供一定的收入例如四百镑的职业，而不愿从事另一种职业，该职业有时可能提供六百镑，有时却只能提供二百镑（所以，成败莫测不能引起巨大的野心和宏伟的愿望，特别受它吸引的人确是不多）。对许多选择终身职业的人而言，它起着妨碍作用。就一般而论，肯定能成功的事比不一定能成功的事更吸引人，尽管后者也有同等的保险计算上的价值。

相反，假定有某业可得少数极高的奖品，那么它的吸引力远高于该奖品的总价值。理由有二：第一个理由是，富于冒险性的青年受巨大成功希望的吸引远高于受失败恐惧的压抑；第二个理由是，某职业的社会地位多决定于该种行业所能获得的最高荣誉和最高地位者，而受从事该种行业者的--般运气者的影响少。在政治上曾有一格言：在各政务部门政府应设有少数优等奖品。在封建贵族的国家里，高级官吏的薪俸很高，而低级官吏的薪俸通常在市场水平以下，他们安于低薪的原因，是最后有提升到肥缺的可能和这些国家在社会上对公务人员的重视。对于某些权贵来说，这种部署有利。民主国家不采用这种办法的部分原因也在此。但民主国家一般倾向另一极端，对低级公务人员的服务所支付的工资高于市场报酬率，而对高级公务人员的服务所支付的工资却低于市场报酬率。不过，这种办法，不论在其他方面的优点怎样，确实是一种很浪费的手段。

其次来讨论就业无常对工资的制约。很明显，在那些工作不好找的职业部门中，工资的价值和所完成的工作的价值相比，肯定要高；医生和擦皮鞋工人在工作时所得的工资，必须够维持他们没工作时的消耗。假设职业上的其他利益一样，工作上的困难等同，那么泥水匠在工作时所得的报酬多于木匠，而木匠又比铁路人员多。因为铁路上的工作几乎全年不断，而木匠和泥水匠通常因商业不振而有赋闲的可能，泥水匠又因为雷雨而中断工作。估计这种工作中断的一般方法是：总计长时期的工资，然后取其平均数即可。而这种方法也不能完全满足，除非我们假设，某人在失业时所获得的休息和安逸对他没有直接或间接的补益。[i]

在有些场合，是完全可以作这样的设想的。由于等待工作一般使人如此焦躁不安，导致它所产生的紧张状态可能超过工作本身。[j]但这并不是经常现象。事业正常过程中所产生的工作中断，而闲时没有后顾之忧，是调剂和蓄积力量以供未来使用的机遇。比如，一年中有几个月著名律师是十分紧张的，本身紧张是一件坏事。然而当我们考虑到这一点之后，司法停审期间他得不到报酬，对他就没有多大损失。[k]

## 第 7 节　补充所得。家庭所得

其次，某人的环境对于补充他的报酬的机会我们必须考虑，也就说除主要职业的工资外，由其他工作获得的报酬。同时这种环境对于他的家庭成员所提供的工作机遇也必须予以考虑。

甚至许多经济学家主张把一个家庭的工资作为他们建议的报酬单位。关于农业和旧式家庭手工业在这方面有许多可说。在农业和旧式家庭手工业中，全家人都在一起工作，不过应酌减妻子疏忽家务而导致的损失。然而在现代英国，这种手工业是少有的。家长的职业，除能使他的儿子学习该种行业外，对家庭其他成员很少起多大的直接制约。当然，假如他的工作地点固定，那么他的家人参加该种行业方便，但就业量是受附近资源的制约的。

## 第 8 节　某行业中的吸引力并不仅仅取决于其货币收入，而且还由其纯利益决定 个人和国民性格的制约，工人的最低阶层的特殊情况

由此可见，一种行业的吸引力，除工作上的挑战和紧张以及工作中的货币工资外，还由许多其他原因决定。当某业的工资被看做对它的劳动供给制约，或说它是劳动的供给价格时，我们总是这样认为的——把“报酬”一词只当做劳动“纯利益”的代用语。[1]我们必须考虑到这样的事实：比如某业比其他行业环保卫生，它的工作场所更加有利于人的健康或更加令人快乐，或它的社会地位很高。大家都知道亚当·斯密说过，许多人讨厌屠宰工作，在某种程度上屠户也一样，这就使屠宰业的工资超过困难度一样的其他职业。

当然，对特殊利益的顾及总是起着作用。就像有些人对乡村小宅是如此向往，因此他们愿意在乡村靠低工资为生，却不愿在城市赚取高得多的报酬；而另外一些人对于住宅却毫不在乎，他们若能得到自认的生活奢侈品的话，尽管没有生活安逸品也无所谓。比如，1884 年有某家庭向皇家工人阶级住宅状况调查委员会说，他们的总收入为每星期七镑，不过他们愿意住一间房，从而把钱节省出来用来旅行和各种娱乐上。诸如此类的个人特性，使我们不能估计个人的行为。不过，假如各种利益和不利都能靠货币价值（就是对参加该种行业或使他们的子女将来从事该种行业的那些人的货币价值）的平均数计量，就能够大致估量我们所讨论的该种行业在某时某地的劳动供给趋于增加或减少的那些力量的相对强度。把通过某时某地的情况所作的这种估计，硬套用在他时他地的情况上，肯定产生严重的错误，这是无须经常阐明的。

所以，研究我们时代民族气质区别的影响是很有趣的。比如，在美国，瑞典人和挪威人在西北部从事农业；而爱尔兰人假如来到美国，就会在旧有东部各州选置农场；德国人从事家具业和酿酒业较多；意大利人，铁路建筑；斯拉夫人，从事肉类包装和部分煤矿业；爱尔兰和法籍加拿大人，从事美国某些纺织业；伦敦的犹太人喜欢服装业和零售商业。所有这些一部分是因为民族嗜好的差距，一部分是民族的不同的缘故，从而对各业的额外利益和不利的考虑也不一样。

最后，不如意的工作对提高报酬好像没有多大的制约，假如该工作是低级工人所能干的工作。由于科学进步导致许多人除做最低级的工作外是不适合从事任何其他工作的。那些数量较少的工作一般被他们抢来抢去，在严重缺钱时，他们所想的只是他们所能赚的报酬，而无暇注意工作上的各种困难。确实，因为他们所处环境的制约，使得他们中间很多人觉得一种行业的污秽龌龊是没有关系的。

于是，就造成了一种奇怪的结果，即某业的污秽龌龊，是该行业中工资低的理由。因为雇主觉得，假如用上等熟练工人和优良工具来完成他的工作，那么该工作的污秽龌龊肯定使工资增加得很多。因此，他一般沿用旧法，即雇用普通的非熟练工人，由于他们对任何雇主的意义并不大，从而能用低工资（计时工资）雇到。由此看来，如何使这种工人减少，进而提高报酬，是社会最迫切需要处理的一个问题。

## 【注释】

a 在五十年以前，英国北部和南部的农场主彼此交流经验，最后一致认为把萝卜装车是测量体力的最好方法。通过仔细的比较发现，工资和两个地区的工人一天普通所装载的重量成比例。南部的工资和效率的标准较之北部现在比那时也许更加统一，可是北部工会工资的标准一般要高于南部。许多到北部谋求较高工资的人发现他们不能胜任，以后又回原地。

b 这个论点在可以使用双班制的企业的情况下需要加以修正。对两班各支付八小时工作日的工资像他现在对一班支付十小时工作日的工资那样，对一个雇主来说，往往是值得的。因为虽然每个工人在前一情况下比在后一情况下生产得要少些，而每架机器却生产得要多些。关于这点，我们以后再加以讨论。

c 李嘉图并没有忽视作为工资付给工人的商品量的差异和工人对其雇主的有利程度的差异的重要性。他知道雇主并不是关心他付给工人的工资数量，而是关心工资与其劳动产品的价值的比例。他认为这个比例能测定工资率；并认为工资随着这个比例的上升而上升，随着它的下降而下降。可他没有为此而创造新的术语。因为他对日常术语的引用很少被别人所理解，而他自己在某些场合下也将其遗忘（比较西尼尔所著《政治经济学》）。他主要考察那些劳动生产力的变动，一方面是源于生产技术的发展，另一方面是由于人口暴增需要从有限的土地得到更多的产量时而引起的报酬递减规律的作用所产生的那些变化。如果他充分地注意劳动者状况的改善是否直接引起劳动生产力的提高，那么，经济科学性和国家的实际福利也许比现在有更大的提高，实际上马尔萨斯《政治经济学》中的工资论比他的更好。

d《国民财富的性质和原因的研究》第一篇第5章。

e《济贫法委员会关于农业中雇用童工和女工的报告》(1843年)有关于诺森博兰年工资(其中有少量货币)的一些材料很有趣。举个例子。十蒲式耳小麦，三十蒲式耳燕麦，十蒲式耳大麦，十蒲式耳黑麦，十蒲式耳豌豆，一头乳牛一年的饲料；八百畦马铃薯，园舍；煤棚；三镑十先令现金；二蒲式耳大麦以代替母鸡。

f见第二篇第4章第7节。

g这类问题类似于第二篇中讨论所得与资本的定义时所引起的那些问题：那里我们曾不采取货币形式而对影响所得因素加以计算，甚至自由职业者和蓝领阶级中的许多人的所得在很大程度上也受他们掌握某些物质资本的影响。

h追求健全发展的那些老板们通常都很忙，除非有特殊的情况，否则是不愿从事这种店铺的。所以，早开发国家中采用实物报酬制的那些人，这样做的原因，通常是因为想用隐蔽的方式而收回他们名义上付出的一部分报酬。他们迫使那些在家做工的人按昂贵的租金来租用机器和工具；他们的全体工人被他们迫使来购买那些分量不足、价格昂贵的假货；甚至在某些场合迫使他们把自己的大部分报酬用于那些非常易于赚取最高利润率的商品，尤其是酒类。比如，莱基先生记载了一件有趣的事情，即雇主们忍受不了低廉购买戏票，然后以全价强迫卖给他们的雇工的那种诱惑(《十八世纪史》第6章)。然而，正如这种店铺不是由雇主经营，而是由工头或他的伙伴从事，而且如果不明说而事实上示意不在他的店铺大量买货的那些人很难得到他的信任时，就为害很大。由于凡有害于工人者，多少对雇主有损害，而一个不义的工头却很少因为尊重他自己的最后利益而放松了对工人的剥削。总的来说，这种弊害现在罕见了。必须知道的是，在一个新兴的国家里，企业通常在边远地区发展起来，那里连普通的零售商店或店铺甚至都没有；那么，雇主好像有必要供给他们的工人以各种必需品，办法是以配给食品、衣着等形式来支付他们的部分报酬或为他们开设店铺。

i就计件工来说，这种考虑是非常重要的。在某些情况下，工资率因为加工材料供给的匮乏或因为可以避免或不可避免的其他停工而大大降低。

j福克斯威尔教授于1886年关于“就业无常之害”这一问题的演讲中作了犀利的阐释。

k较高级的工人假期往往都有工资；而较低级的工人假期一般都没有报酬。

l见第二篇第4章第2节。

# 第4章　劳动工资（续前）

## 第1节　劳动需求和供给中的许多特点的重要性大多取决于其累积性后果，因而和习惯势力相仿

前章对与确定的价格和劳动的名义价格相反的实际价格问题相关的劳动供求作用进行了研究。然而，在这种作用中，性质更加重要的某些特点尚待考察。由于这些特点不仅制约供求力量发生作用的形式，同时影响它们的本质，并在某种程度上制约和妨碍供求力量自由发生作用。我们将理解，许多特点的影响，是不能用它们最初和最明显的效果来衡量的；在长期内积累性的作用，较之那些形似明显但非积累性的效果，通常重要得多。

所以，这个问题同研究习惯的经济影响问题有许多相同之处。我们知道，以后将更加明白：习惯的直接作用实际并不重要，如导致一种东西的售价比在其他情况下的售价有时略高，有时略低。由于价格的这种背离一般来说没有持续和扩大的迹象；相反的，假定背离变得很大，那么它一般会使各种抵消因素发生作用，有时这些因素完全压倒习惯。但较常见的是，通过逐渐地、不知不觉地改变商品性质的方式来制约习惯的影响，于是，买主照原名按原价所买的事实上是一种新东西。这些直接效果是显而易见的，但不是积累性的。相反，习惯在阻碍生产方法和生产者个性自由发展方面的间接作用是不明显的，但往往是积累性的，从而对世界史有深远的制约影响。假如习惯使一代人的进步受到制约，那么第二代人的出发点必较不受节制时为低；而它本身所受的任何停滞来源于前一代人的停滞之上，代代循环，如此相沿。[a]

需求和供给对工资的影响也是如此。不管什么时候，假如供求作用对任何个人或阶级的压力较大，那么，这种祸害的直接作用是显而易见的。但所产生的困苦却是千姿百态的：有些困难和造成它们的祸害同时消失，这些困苦和间接引起工人性格的减弱或阻止它变强的那些问题比较，通常是不重要的。因为后者导致进一步的贫弱和苦难，而这反过来又导致更大的贫弱和困苦，如此相继，不断增加；相反，工资高，性格强，会让力量更强，工资更高，而这又创造出更大的力量和更高的工资，如此相继，不断增加。

## 第2节　第一个特点：工人所出卖的是他的劳动，但他本身并没有价格。因此，对他们的投资局限于他父母的资产、见识和无私 出身的重要性 道德力量的影响

我们必须重视的第一个特点是：作为生产要素的人是和机器及其他物质生产资料的买卖有区别的。工人所出卖的只是他的劳动，但他本身仍归他自己所有。承担培养和教育费的那些人，从对他后来的服务所支付的报酬中所取得的实在微不足道。[b]

不论现代经营方法的缺点如何，它至少有一个优点，即负担物质品生产费用的人，总可以得到对他们所支付的价格。建筑工厂、蒸汽机、住宅或蓄奴的人，当这些东西仍旧归他所有时，他总能得到它们所提供的一切纯服务的利益。如他把这些东西出售，则他取得一种价格，这种价格等于对它们未来服务所估计的纯值；因此，他把开销扩展到一点，在该点，他认为没有适当理由设想任何追加投资所带来的利益会对他有所补偿。他必须谨慎而勇敢地行事，以免在同那些采取较果断、较有远见的决策的人们的竞争中遭到失败，从而最后从主宰世界贸易的行列中淘汰出去。竞争的作用和生存斗争适者生存，最终有使工厂和蒸汽机的建筑落在那些人手中的趋势，这些人善于使各项开支对作为生产要素的价值的增益大于它的成本。但是，在英国工人的教养和早期训练方面的资本投资却受到种种限制，如社会各阶层中父母们的资产、他们的预见能力和牺牲自己以成全子女的意向。

就上层社会来说，这种祸害确实是无关紧要的。由于在上层社会中大多数人都能明确地预计将来，并“以低利率加以折算”。他们竭尽全力为自己的儿子选择最好的终身职业，还有该种行业所具备的头等训练。他们甘愿而且也可以在这方面支出巨大的资本。特别是自由职业阶级，通常都愿意为他们的子女储蓄一部分资本，同时更注意把这宗资本投在他们身上的机遇。一旦高级职业中有一个新的机会，而这又要求专门的教育，那么为了抢夺这个职位，将来的工资也没有必要高出现在的用费很多。

而在下层社会中，这种祸害却影响深远。由于父母的境遇不佳，受到的教育有限和估计将来的能力的薄弱，都导致他们不能把资金投在教育和培养他们的子女上，像用相同的自由和勇气使用资本来改良一个管理得法的工厂中的机器一样。很多工人阶级的子女都是衣不蔽体、食不果腹。他们的住宅条件不仅不能促进身体的健康，也不能促进道

德的健全。尽管现代英国的教育并不算很差，可他们所受的教育却很少。他们没有机遇广见世面或理解高级企业工作、科学和艺术的性质。他们早期所遇到的是艰难而费劲的劳动，并且大多数都终生从事这种劳动。他们至少是带着那些未发展的才华进入坟墓的。假如这些才能得到充分的发掘，那么它们对国家物质财富（且不说更高的目的）的提高，等于补偿发掘这些才能所用资本的许多倍。

不过，现在我们所必须重视的一点是：这种祸害是积累性的。一代人的子女吃得越坏，他们到了成年所赚的报酬越少，而适当满足他们子女的物质需要的能力也越小，如此相沿，一代不如一代。此外，他们的能力发展得越不充分，则他们对发展他们子女的才能越不重视，于是他们这样做的积极性也越小。相反，假如有某种变化给予一代工人以丰富的工资和发展他们才能的机遇，那么它将提高他们所能给予他们子女的那些物质和道德的利益。而他们自己的见识、智慧和远见的增长的同时，在某种程度上这种变化也将让他们更倾向牺牲自己的快乐以谋求子女的快乐。现在甚至在那些最艰苦的阶级中，就他们的知识和资历所及，也有很大的这样一种愿望。

## 第3节　续　前

出身于上层社会的人比出身于下层社会的人所占的优势，大半由于父母所给予他们的较好的门路和立业机遇。而这种立业机会的重要性，在比较工匠和非熟练工人的儿子的境遇中，看得是再明白不过了。非熟练工人的儿子易于掌握的熟练行业是不多的。在大多数的情况下，儿子总是追随父亲的职业的。在旧式家庭手工业时期，子从父业几乎是一般的规律。甚至在现代条件下，父亲在使儿子参加自己的职业方面也往往拥有许多的便利。雇主和监工对他们那些亲信的孩子的照顾，一般比对他们负责照顾的孩子还要多。在许多行业中，一个孩子甚至在参加工作后，除非他跟着他的父亲或他父亲的朋友工作，他们任劳任怨地教他，并使他做一种需要细心辅导但有教育价值的工作，否则他似乎不可能进步得很快、站得住脚。

工匠的儿子还有其他方面的便利条件。一般他所住的房子都较好、较环保，和普通工人相比，他所处的物质环境也较优越。他的父母可能受过较好的教育，对他们的子女有较高的责任感。最后却是最重要的，在家务上，他的母亲可以消耗大部分时间。

假如我们对文明世界的一国同他国，或英国的一部同他部，或者英国的一种行业同其他行业进行比较，我们就会发觉，工人阶级的堕落，大概是和妇女所做的卑微工作的数量成比例的。任何资本中最有价值的就是投在人身上的资本。母亲照顾和影响这种资本最宝贵的部分，假如她保持着她那和蔼和仁慈的天性，并且非女性的工作的折磨没有把这种天性僵化。

这就让我们了解到上述原理的另一个方面，即在考虑有效率的工人的生产成本时，我们一定以家庭为单位。总之，有效率的人的生产成本不能被我们当做一个孤立的问题来看待，它肯定要被看成有效率的人和那些妇女的生产成本这一较大问题的一部分，这些妇女擅长让她们的家庭生活过得快乐，善于把她们的子女培养成身心健全、无私纯洁和贤惠而勇敢的人。[c]

## 第4节　续　前

青年长大成人，他的父母和教师的制约逐渐减少，从此以后直到他死为止，他工作的性质和他的同事、游伴与同代人的影响形成了他的性格。

针对成年人的技术训练和旧时学徒制的没落及其代替的困境，我们曾说了许多。这里我们又遇到这样一个问题，即不管谁用自己的资金来提高工人的技术，而这种本领最终是工人自己的财产。所以，对于帮助工人的那些人来说，美德大半就是他们的回报。

确实，回报优厚的劳动，对那些意在领先并尝试用最先进的生产方法生产优质产品的雇主而言，事实上是廉价的劳动。他们给予他们的工人以高工资和对工人加以细心的训练的原因，一则因为这样做对他们有好处，二则因为这些人易于领导生产技术的那种性格也能够使他们对为他们工作的人们的福利发生很大的兴趣。虽然这类雇主的人数在日益增加着，但他们毕竟是相对的少数；即使投资给他们的利益和改善机器的利益相同，他们往往也不能使投在训练工人上面的资本像他们应当投的那样多。而且他们一想到和农场主处于相同的地位时就放弃投资的打算，该农场主在佃权朝不保夕和改良的报酬毫无保证的条件下投下自己的资本来提高地主土地的价值。

同时，在付给工人报酬和关心工人的福利与文化方面，这个大方的老板所提供的种种利益也不会在他那一代消失。由于工人的子女享用这些利益，长大以后，身体和性格肯定因此而更加强壮和坚强。他所支付的劳动报酬，一定成为提高下一代高级工业能力供给的生产资本；然而这些能力将成为他人的财产，他们有权利以最高的价格售出。老板甚至他的子女都不能期望获得他所曾做的那件好事的大量物质回报。

## 第 5 节　第二个特点<br>工人和他的工作是分不开的

从劳动所特有的需求和供给影响的那些特点中，我们势必考察的第二个特点是：当一个人的服务被出卖时，他肯定需要亲自到服务场所。对售砖的人来而言，不管该砖是用于建造宫殿或修砌门沟，这对他都无关紧要。可对出卖劳动的人而言，由于他负责完成有一定困难的工作，而工作场所对人的健康和个人愉快是否有利，他的同事是否如他的希望，对他却有很大的影响。在英国某些地方残存的长工制中，劳动者对他的新老板的脾气了解得就像他出多大的报酬那样审慎。

在许多个别情况下，劳动的这个特点是非常重要的，但它通常不产生上述特点所产生的那样广泛而深刻的影响。一个行业的机遇越不能令人满意，那么吸引人参加该行业所要求的报酬自然也越高；而这些机遇是否有长久而广泛的弊端，取决于它们是否对人的身体和健康有所损害，或是否削减人的性格。假如它不属于这一类时，它们只是本身所存在的不利，除此以外，往往不会导致其他的后果。它们的作用很少是积累性的。

既然一个人只有亲自到劳动市场才能出卖他的劳动，显然得知，劳动的流动性和劳动者的流动性是能够互用的名词。不想离家，不愿和旧交断绝关系（也可能包括他心爱的小宅和祖坟在内），一般妨碍他到一个新地方去寻找较高的报酬。比如家庭的成员各有各的职业，那么迁移对一个人有好处，而对他人有所损害。由于工人和他的劳动的不可分离性，大大制约了劳动的供给伴随对它的需求而转移。这点以后还要研究。

## 第 6 节　第三个特点与第四个特点<br>劳动力是可以毁坏的，它的卖主在议价中一般处于被动地位

另外，劳动通常是在特别不利的条件下出卖的，这些不利来源于一系列相互密切联系的事实：劳动力具有损耗性；出卖劳动力的人往往都是穷人，手头没有积累；离开劳动市场，工人就无法保存劳动。

各种劳动所共有的属性是损耗性。无法挽回工人在失业时所损失的时间，尽管在有些情况下他的精力通过休息而得到恢复。[d] 然而应当清楚，很多物质生产要素的工作也具有同样的损耗性，因为停工时无法获得的大部分收入完全损耗掉了。如果工厂

或轮船闭而不用，那么硫能够节省某些耗损，而这种节省，较之厂主所牺牲的收入，通常是微不足道的。由于预付资本的利息和资本因为新发明的贬值或陈旧的损失，都无法得到补偿。

同时，许多可销售的商品也具有损耗性。在 1889 年伦敦码头工人的大罢工中，很多船上的水果、肉类等的易腐性，对罢工工人起了非常有利的影响。

缺乏准备金和支持长期无从出卖劳动力的力量，几乎是各种体力劳动者所共拥有的弊端，这尤其适用于那些非熟练工人；一则由于他们的报酬很难使他们有积存的余地，二则由于他们中间有些人停工时，能顶替他们的人非常多。当我们讨论职工工会时，我们就马上了解到，把自己组成庞大而持久的工会，从而在与老板讲价时处于平等地位，这对非熟练工人比对熟练工人要艰难得多。一定要记着，雇一千个工人的老板，他本身就等于劳动市场一千个买主的绝对坚强的结合体。

然而，以上所述并不适用于任何劳动。家仆，尽管手中没有充足的积存，也很少有任何正式工会，可有时在行动上比他们的主人更加一致。伦敦上流社会家仆的实际报酬总额，较之要求相等能力和熟练程度的其他职业是高得多的。然而，那些极其熟练的家仆受雇于不很富裕的主人时，通常不能为自己拼得像样的条件，他们的工作很苦，而所得的报酬最低。

从工业上的最高级劳动来看，我们觉得，他们在和购买他们劳动的买主讲价时通常占有优势。自由职业阶层中很多人都比他们的绝大多数顾客较富，积蓄较多，知识较广，而且在出售服务的条件方面所利用的协作也较强。

假如要进一步说明，出卖劳动的人在讲价方面往往所处的被动地位由他的境遇和本领来决定，而不取决于他所必须出卖的特殊商品是劳动这一事实，那么最能说明这点的是用名律师、名医生、名歌手或名马术师和那些较穷的独立商品生产者的情况进行比较。比如，在边远地区搜集贝壳并计划在大的中心市场出卖的人，由于他们的资金储备不多、见识不广，并且对国内其他地区生产者的情况了解也有限，而收买贝壳的那些人却是批发商组成的一个关系密切的小团体，他们有渊博的知识和较多的资金存储，于是，贝壳的卖主在讲价方面处于被动的地位。出售手织花边的妇女儿童以及出卖家具给经理商的伦敦东端的小老板，也大多如此。

确实，作为一个阶级的体力劳动者，在讲价方面处于被动的地位。凡有这种不利的地方，它的影响也很容易流传后世。由于雇主之间还有竞争，他们可能不致把劳动的价格给得远低于它对他们的真正价值，也就是说，可能不致给得远低于最高价格，而这种最高价格他们宁肯支付而不愿弃而不用，然而，凡降低报酬的事情，也导致工人做的效率倾向于降低，因此，使老板宁愿支付而不愿弃此劳作而不用的价格趋于下降。因此，劳动者在议价方面的不利有两种积累性的后果：降低他的报酬；而工资的下降，如我们所了解的，又使他的工作效率降低，进而降低他劳动的实际价值。同时，它降低他作为一个议价者的效率，所以导致他以低于正常价值的价格出卖他的劳动力。[e]

## 【注释】

a 不过应当知道，习惯的某些有利影响是累积性的。由于在“习惯”这一广泛的名词中所包含的许多不同的东西中，有严格的伦理原则、礼教和不计小利原则的具体形式；而它们对民族性格所发挥的许多良好作用是累积性的。比较第一篇第 2 章第 1、2 节。

b 这和奴隶劳动不景气这一众所周知的事实相一致，正如亚当·斯密在很久以前所说的：“用于维修奴隶磨损的基金（假如我能够这样说）往往是由怠慢的主人或粗心的监工来负责的，而用于维修自由人磨损的基金却是由自由人自己非常节约地管理的。”

c 威廉·配第对人的价值的论述非常精辟：培育一个成年男子的开销和维持一个家庭的费用的关系，以完全科学方式加以研究的有：坎蒂恩（《概论》第一篇第 11 章）和亚当·斯密（《国民财富的性质和原因的研究》第一篇第 8 章），在近代有安格尔博士（见其卓越的论文《劳动的价格》）和法尔博士等。对一个早期培育资金用于别国而在移入国他的生产可能多于他的消费的移民对国家财富的增加，曾有很多种设想。这些推算是凭借许多方法的，它们都是概略的计算，有些明显有原则上的弊端，不过其中大多数都认为一个移民的平均价值约等于二百镑。假如我们暂时不考虑性别，那么我们好像可以按照第五篇第 4 章第 2 节中所述的原则来估算移民的价值。也就是说，我们通过把他所提供的未来服务的或然值加以“折现”；把各种折现值加起来，再从其中扣除他所消费的一切财富和他人直接服务的“折现”值之和。而需要注意的是，在根据其或然值计算生产和消费的种种因素时，我们曾附带地考虑他早年夭折、疾病以及一生成败的机会。或者我们能够根据他的祖国为他所消耗的货币生产成本来计算他的价值；这种成本可以用同样的方法求得。也就是把他过去消费的各种因素的积累值加起来，然后从其中扣除他过去生产的各种因素的积累值之和。以上我们没有对性别加以考虑。不过很明显，上述方法有把男移民的价值估计过高、女移民的价值估计过低的弊端，除非我们考虑作为母亲，妻子和姐妹的妇女们所给予的服务，并把它记入男移民的借方同时又记入女移民的贷方。许多学者至少是暗中设想，一个普通人的纯生产等于他一生中的消费。也就是说，他对他一生所居留的那个国家的物质福利既无提高，又没有减少。依靠这个假设，计算他的价值的上述两种方法是能够互用的；当然计算时我们要采用后一种简单方法。比如，我们能够推断在占人口五分之二的劳动阶级中使一个普通儿童长大成人所用的总资本为一百镑。对其次的五分之一的人口而言，此数增加到一百七十五镑，对再其次的五分之一的人口来而言，增到三百镑；对其次的十分之一的人口而言，增到五百镑；对所余十分之一的人口而言，增到一千二百镑，或平均是三百镑。当然，有些人口是非常年幼的，而用于他们的费用非常少；另一些人眼看就要寿终正寝。于是，通过这些假设，一个人的平均价值也就等于二百镑。

d 见以上第四篇第 3 章。

e 关于这节所说的问题，请比较第五篇第 2 章第 3 节，与附录六“针对物物交换的研究”。布伦塔诺教授是提醒注意本章所研究的几个要点的第一个人。并参阅豪威尔：《资本和劳动的冲突》。

# 第 5 章　劳动工资（续前）

## 第 1 节　劳动的第五个特点表现在提供专业能力所要求的训练时间很长

我们所应当研究的劳动供求作用的另一特点是和上述特点紧密联系的。这个特点在于培养和训练有工作能力的劳动力所要求的时间是很长的，这种训练所产生的回报也是很慢的。

对将来的这种贴现，这种有意识地使训练费用很高的劳动的供给和对它的需求相适应，这能够从父母为自己的子女选择职业和力求培养他们取得比自己更优越的地位上清楚地表现出来。

对于这点，亚当·斯密曾说："如购置一架昂贵的机器，那么该机器在用坏以前所完成的优异工作，须能够收回所投下的资金，此外至少要提供普通的回报。用很多劳动和时间学习一种需要特殊技能的职业的人，能够和那种贵重机器相提并论。他所做的工作，须足以超过一般工人的普通报酬，收回全部教育费的同时至少要有相等价值的资本的普通利润。而且这必须在一定的时间内实现，理由是如机器的寿命确定一样，人的寿命是未知的。"不过，这种说法只能当做一般倾向的概括。由于父母培养和教育子女的目的区别于资本家购置一架新机器的目的。除此以外，取得赚钱能力所延续的时间，一般来说，人比机器为要长。所以，决定报酬的种种因素比较难以估计，供给和需求的适应也比较缓慢，而且存在弊端。尽管工厂、房屋、矿井和铁道路堤的寿命比它们的建造者要长得多，然而这毕竟是一般准则的特殊情况。

## 第 2 节　父母为其子女选择职业时必须展望整个一代人之后的前景　预见未来的困难

从父母为子女谋求职业到获得该种行业的充分回报，其间至少需要用一代人的时间。

而且该种行业的性质在这个过程中很可能发生根本变化，其中有些变化也许早有征兆，但另外一些变化即使是机敏的熟习该种行业情况的人也是无法预估的。

几乎在英国各地，工人阶级往往为自己和他们的子女注意有利的职业机会。他们向居住在其他地区的亲戚朋友打听各种信息，如有关各业中的报酬以及附带的利益和问题。然而，要确定他们给自己子女所选择的那些职业的未来命运和理由，却是十分困难的；而且这样苦思熟虑、多方探究的人也是非常罕见的。大多数的人不假思索地推定，各业当时的情况足以证明它的未来；就这种习惯的影响所及，一种行业中的劳动供给，不管在哪一代，都倾向于根据前一代的工资，而不依照当代报酬的迹象。

同时，有的父母看到一种行业的报酬比同类的其他职业高了几年时，就断言未来也要继续涨下去。然而，从前的增加通常因为暂时的缘故，即使以前没有大量劳动流入该种行业，报酬增加以后接着是下降，却不是进一步上涨。假如有大量的劳动流入该种行业时，结果是劳动的供给过多，那么报酬在很多年内将比它的正常水平低。

其次，我们一定记着这样一个事实：有些行业，尽管除了从事该种行业的人的儿子外，别人不容易靠近，但很多人都是由其他行业的同级工人的儿子补充的。所以，当我们觉得劳动的供给以承担教育和训练费的那些人的资本为转移时，我们总是以整个级别而不是以一种行业为单位。假如劳动的供给是由用以支付它的生产成本的基金所制约，那么不管在哪一级中，劳动的供给都是由前一代（而不是本代）该级劳动的工资来支配的。

不过，不应当忽略，社会上各级工人的生殖率是由许多原因决定的，其中对以后的审慎计算只处于次要地位；甚至在一个像现代英国这样不看重传统的国家里，习惯和舆论也有很大的作用，而这种习惯和舆论是经过几代的经验形成的。

## 第 3 节　成年劳工的流动由于对一般能力的需求的增长而日趋重要

然而，我们不能够忽略那些使劳动的供给随着对它的需求而变化的因素，比如成年人从一种行业转向其他行业、从一级移到他级、从一地移到他地。尽管特殊的机遇有时候确实可以导致低级劳动的潜在能力得到快捷而有效的发挥，然而从一级移到他级很少是大规模进行的。比如，某新国家的开辟或美洲战争事件会从低级工人中间提升许多的人，他们也能担负这种挑战和责任，不过这种事情毕竟是不多见的。

可成年人的转业和迁移在有些情况下是如此反复而快捷，大大降低劳动的供给随着对它的需求而转移的时间。从一种行业转向其他行业的工作能力，较之某工业部门专门要求的熟练程度和技术知识，是变得日益重要了。所以，伴随经济进步而来的，一方面是工业方法的变化莫测，进而估计下一代对任何一种劳动的需求更加困难；另一方面是纠正供求调节中的错误的力量也在不断增加。[a]

## 第 4 节　重申长期正常价值和短期正常价值的不同　补偿任何特定工作中所导致的疲劳的报酬相区别的特殊技能的回报的变动

我们现在转向这一原理，即得自某商品的生产工具的报酬，在长期内对该工具的供给和价格起着决定性作用，从而对该商品的供给和价格也起着决定性作用。然而在短期内，没有时间让它充分发挥这种作用。我们要问的是：如果这个原理没有被应用于物质生产工具——该工具只是达到生产目的的工具，并且又是资本家的私有财产——而是把它应用于人类本身——既是生产的动机，又是生产的方式，同时自己归自己所有——那么该原理应该作哪些修正?

首先我们应当重视的是，由于工人的增值较慢而消耗也较慢，因此，我们必须从严格的意义上来理解“长期”这个词。比如，我们所讨论的是劳动的正常需求和供给的相互关系，而不是普通商品的正常需求和供给的关系，那么“长期”一词往往含有更长的时间。这里存在许多问题，其中，时间长得能够使普通商品的供给，甚至生产上所需要的物质工具的供给和与它们的需求相适应；时间长得可以让我们有依据把该时期普通商品的平均价格看做“正常”价格，看做等同于它们的正常生产费（就其广义而言）；可是它长得不足以使劳动的供给对它的需求相适应。所以，该时期的平均劳动工资全然不是工人的正常工资。而这种工资的决定可归于两方面的缘故：一方面是劳动的供给量；另一方面是对劳动的需求。这点需要进行进一步研究。

## 第 5 节　续　前

商品价格的市场波动是靠需求同市场上或易于运进市场的商品供给量的暂时关系来制约的。当市场价格比它的正常水平高时，能利用高价格及时供应市场以新商品的人，就能得到额外高的回报；假如他们是自力更生的小手工业者，那么此项价格增加的全部都成为他们收益的提高。

然而，在现代工业世界中，承担生产上的危机和价格上涨之利及其下降之害的人，首先是产业资本家。在生产商品时所用的直接资金，也就是商品的直接（货币）成本以上的纯收入，暂时是以各种形式投于他们企业上的资本（包括他们的才智和能力在内）所得的工资。不过，当商业景气时，雇主们相互展开竞争，每个人都想扩大企业，努力获得尽可能多的高额回报，因此竞争的压力使雇主们愿意付给工人较高的报酬，以便获得他们的服务；尽管雇主们行动一致，一时拒绝作任何让步，他们的下属的联合也会导致他们提高工作待遇，除非市场繁荣所提供的利益行将消失。结果一般是，这种利益的很大一部分不久都归工人所有。只要繁荣持续存在，他们的报酬总保持在正常水平以上。

比如，当 1873 年通货膨胀达到最高峰的时候，矿工的报酬很高，这种高报酬是由当时对矿工劳动的需求和现有矿工熟练劳动量（转入矿业的非熟练劳动可以算作具有相同效率的一定数量的熟练劳动）制约的。如果当时不可能输入这种非熟练劳动，那么矿工的报酬只受两方面原因的制约：煤的需求弹性和矿工子孙们不断达到工作年龄。实际上，从其他职业所吸收的人，多不愿背弃本业，因为如留在本业，他们也许可以得到很高的报酬。当时煤铁业的繁荣只是信用膨胀浪潮的最高峰。这些新矿工对地下工作很不适应，对他们的身体影响很坏，同时因为缺乏技术知识，工作上的危险有所上升，又由于技巧不精，也消耗了他们很多的精力。所以，他们的竞争并不能降低对矿工熟练程度的特别工资的上升幅度。

在信用膨胀的浪潮急转直下的时候，最不适于采煤的那些新矿工都渐渐离开矿场；即使当时留下的矿工的报酬，也会由于人多活少而降低。这种降低直到那些最不适宜于煤矿的人可在其他行业获得较高的报酬这一界限为止。这种界限是最低的界限，由于信用膨胀的浪潮，当 1873 年达于最高峰的时候，曾摧毁了很多殷实的企业，损害了繁荣的真正基础，几乎导致各业都或多或少地处在不健康的萧条状态中。

## 第 6 节　续　前

我们已经说明，得自正在消耗的改良品的收益，只有一部分能当做它的纯收入。由于在计算任何纯收入以前，势必从这些收益中扣除等于改良品资本价值的消耗额。同时，要算出机器的纯收入，就必须扣除机器的使用成本和消耗。既然矿工和机器一样容易耗

损，在计算他的熟练劳动的特别回报时，也肯定从他的工资中扣除这种耗损。[b]

不过矿工在这种情况下还有另外一种挑战。由于机器的所有者一旦扣除机器的使用费用（包括耗损在内）之后，并不由于机器开工的时间很长而蒙受损失，而熟练劳动者则不同，他的确因工作时间很长而有所损耗，比如缺乏休息和没有行动自由等。假定矿工第一周只工作四日，赚工资一镑，第二周工作六日，赚工资一镑十先令，那么在这多赚的十先令中只有一部分可看做他的熟练程度的回报，因为其余部分肯定当做他所增加的疲劳和耗损的回报。[c]

综上所述，可得出结论：各种东西的市场标价，亦即短期价格，主要是由对它的需求和它的现有存量的关系来支配的；而在任何生产要素（不论人的要素或物质要素）的需求是通过它所生产的那些商品的需求“派生”出来的。在相对短的时期内，报酬的变动常随产品售卖价格而变化，而不会在产品售卖价格没有变动之前先变动。

不过由各种生产要素（人的要素和物质要素）取得的收入和它们将来可能得到的那些报酬不断地对一部分人发生作用，这部分人的行动足以制约那些要素的以后供给。于是有一种逐渐趋于正常均衡位置的迹象，在正常均衡位置下，各要素的供给和对它的服务的需求所保持的是这样一种关系，导致给予要素供给者的回报能够补偿他们的劳作和牺牲。假如一国的经济条件长期保持不变，那么这种迹象本身必可以使需求和供给相适应，进而机器和人通常都能获得和培养与训练劳动的资金差不多相等的数额，生活必需品和习惯上的必需品也同时考虑在内。然而，尽管经济条件本身不变，而习惯上的必需品因为非经济要素的影响也可以改变。这种改变会改变劳动的供给，进而降低国民收益，并使它的分配有所变动。事实上，一国的经济条件是逐渐地变动着的，所以，劳动的正常需求和供给的调节点也是不停地移动着。

## 【注释】

a 针对这个问题，请比较第四篇第6章第8节；查尔斯·布思:《伦敦的生活与劳动》；H. 史密斯:《现代劳动流动性的变动》。

b 有理由把这种特殊回报当做准租。参阅第六篇第5章第7节第8章第8节。

c 比较以上第六篇第2章第2节。假如他们拥有任何大量的生产工具，那么他们就是那一范围内的资本家，而他们的部分报酬是这种资本的准租。

# 第 6 章　资本的利息

## 第 1 节　利息理论

最近几年有关信息的理论在许多细节上有所改善，但没有任何重大的、实质性的变动。中世纪对利息的误解，罗德伯图斯和马克思的错误分析仍没有被更正。不论在劳动市场还是资本市场，供求关系都不能仅就它的本身来研究。因为决定分配和交换的中心问题的一切因素都是彼此制约的。本篇前两章，特别是直接讨论资本的部分，可作为本章和以下两章的导论。但在详细分析以前，先要简单论述一下现代和以前的人们有关资本和利息的研究的关系。

经济科学帮助我们更好地了解资本在现代工业体系中的作用，但它并没产生惊人的成果。现在经济学家所知道的各种重要理论，那些干练的实业家虽不能给予清晰而准确的论述，却早已被他们在行动中借鉴了。

大家知道，利用资本，若不能从中获得利润，我们也必然不愿付出任何的代价。我们也知道，利用资本可获得各种各样的利益：有的人借钱是为了应急（真实的或预计的），就是损害现得利益以利将来，而付报酬雇用别人，是使他们牺牲现在以换取将来；有的人借钱是为购买机器和其他生产资料，并用这些东西生产出产品，按有利的价格出售；有的人借钱是为收购旅馆、戏院及其他提供服务的公司，管理者能从这些公司里不断地获取利润；还有的人租用房屋以供自己居住，或借钱来建造、购买房屋，而用在建造房屋上的资源，同用在机器和船坞等上的资源一样，在其他条件不变的情况下，它们的价值是随着国家资源的增加和利率的相应下降而增加的。对坚固石质房屋的需求增加，而不需要木料房屋（短时间内可提供相同的便利），标志着国家的财富日益增加，资源可按较低的利率使用；这种需求对资本市场和利率的影响，如同新开工厂或铁路的需求对它的影响一样。

谁都知道，人们借钱给别人一般都会要求有所回报。因为或许他们的资本或材料对自己没有什么用处，但他们总能找到需要这些资本或材料、并愿意为换取它们而支付代价的人。这些人使资本或材料变得有价值，他们期待着最有利的市场。[a]

众所周知，即使是在盎格鲁—撒克逊民族或者其他性格坚强而富于修养的民族中，也很少有人愿意把他们大部分的收入存起来。近来发明的增加和新大陆的开辟，为资本的使用提供了更广阔的天地。因此，一般大家都了解能够用以积累的财富远赶不上需要使用的资本的数量，相比之下，使用资本才是生财之道，因此，资本出借时，应当期待取得回报。大家都知道，财富积累之所以受到限制，利率之所以长期居高不下，是由于绝大多数的人喜欢眼前的满足，而不喜欢未来的满足，换言之，因为他们不愿意“等待”。的确，经济分析在这方面的首要任务并不是强调这种众所周知的真理，而在于指出，这种一般偏好的例外究竟比初看上去多多少。[b]

这些真理是资本与利息理论的基础，它们也是人所共知的。可是，在日常生活中，真理往往不能完全展现出来。特定关系往往昭然若揭，但彼此确定的各种原因之间的关系却很难窥其全貌。因此，经济学的主要任务，从资本方面来说，就在于阐明在生产、积累财富和分配收入中起作用的各种力量的大小排序和它们的相互关系。所以，从资本和其他生产要素来看，它们中间存在着彼此相互制约的现象。

其次，经济学应当分析那些对人们选择现在满足还是延期满足产生影响的因素，其中包括作为他们的报酬的娱乐活动和各种活动形式的机会。不过，这个光荣的任务应交给心理学家们；而经济学家只需借用心理学上的理论，再结合别的学科资源来解决自己的独特问题。[c]

因此，这种分析工作是十分繁重的，本章和以下两章将对这方面进行解释：在完成所希望的目标方面，借助于积累的财富而获得利益，特别是当那种财富是以产业资本形式存在的时候。因为这些收益或利润包含许多因素，其中，有的来源于使用资本所得的利息（就其广义而言），而有的是属于纯利息，即所谓真正的利息；还有的是属于管理能力和企业发放的工资，其中包括对风险的预付报酬；此外还有各要素的混合者，并且没有特别突出的一种要素。

在过去的三百年里，科学的资本理论一直延续并在这三方面不断进步。如我们现在所知道的，亚当·斯密似乎对资本理论中的各个主要方面看得不是很清楚，而李嘉图却了解得十分透彻。虽然不同的经济学家强调的方面不同，有的强调这一方面，有的却更看重另一方面，但我们没有充分的理由使你相信：自亚当·斯密以来，历史上所有经济学家没有谁会完全忽视了某一方面，但可以肯定的是，凡企业家所熟悉的东西，李嘉图这个真正的财政天才不一定没有忽视掉一点儿。不过，理论一直在进步着，似乎每个人不是对某些方面予以改进，使这一理论的轮廓更加完整和清楚，就是更好地解释了它各部分之间的复杂关系。就算是大思想家们的新发现，我们以前也不是毫无了解的。可是总的来说，新的东西还是在不断地增加着。[d]

# 第2节　续　前

可是，如果我们读一下上古史与中古史，我们就一定会知道，资本给生产提供了哪些服务，所产生的报酬和利息是什么性质，都没有明确的定义。因为现在的问题都会受到过去的间接影响，所以，我在这里必须加以叙述。

在古代社会中，企业很少有机会获得并使用新资本，而且一般财产较多的人自己不直接使用这些财产，如果有殷实的担保，借给别人就算不要一点利息，对于他们也不会有太大的损失。借款的人往往都是贫困潦倒并且急需用钱的人。他们的议价能力也不强。至于放款的人，一般不是用多余的钱救济邻里，就是放高利贷的人。每当穷人需要钱的时候，就会主动找高利贷者借钱；高利贷者往往冷酷地使用自己的权利，使穷人掉进深渊，遭受巨大的痛苦而难以解脱，甚至自己或子女沦为奴隶。不光是没有文化的人，就算古代的圣贤，中世纪教会的神甫和近代印度的英国官员也常说："别人的不幸就是放款者赢利的秘诀，他们幸灾乐祸，从中牟利，装作怜悯，其实早为被压迫者挖好了陷阱。"[e]在这样的社会中，值得讨论的问题是，鼓励人们按借据借钱，到时连本带息一起还，是否符合群众的利益？这种借据总体看来，是在减少人们的总幸福，还是增加了它？

但遗憾的是，曾有人试图从哲学的角度区分贷款利息和物质财富的租金，以便解决这一重大的现实难题。亚里士多德曾说：货币不会生产，放贷获利，就等于非自然地使用货币。而信奉他的那些经院学派的学者也振振有词地说，出借房屋或马匹的人可以收费，因为该物能直接带来利润，而他放弃了对该物的使用。但他们认为货币的取息却不能采取相同的方法，并且还说，货币取息行为是错误的，因为它是对服务的一种收费，而这种服务对放款人却毫无所费。[f]

如放款对他真的毫无所费，如他本人不使用这钱，如他很富有，而借款人很穷，那么就可以认为他应当借钱给人并不要好处。但根据这样的理论，他也应当把自己空闲的房屋或不用的马匹借给贫困的邻居使用并不要报酬。因此，实际上这派学者真正意图给人造成了一种极不好的错觉（借者和贷者的特殊境遇且不去讨论）：出借货币（对一般商品的支配权）和出借某特定物品一样，对于贷者没有任何牺牲，而借者却大获其利。他们掩盖了这样一个事实，即借者可用所借的钱购买一匹好马（比方说），他可以享受这匹马的服务，而到期还款时，他可以按进价把马卖出。贷者牺牲了这样的权利，而借者却获得了它。因此，借钱给别人买马和直接把马借给别人，实际上并没有差别。[g]

## 第3节 续 前

历史的某些部分总是在重演。在现代西方世界，有一种新的改良冲动，它从另一种关于利息性质的错误认知中获得了力量，并进一步放大了它的错误。随着文明的发展，消费者拿到的贷款不断减少，并且在全部放款中居于次要位置；而借贷给企业使用的资本则越来越多。结果，虽然现在借款人不被看做被压迫的对象，但弊端在于一切生产者不论他们所使用的是借来的还是自己拥有的资本，都把他们所使用的资本的利息看成生产费用的一部分，而这种生产费在长期内必须通过他们的商品价格获得补偿，以便当做继续经营的基础。由于这点和现代工业体系提供了通过成功地投机而获取巨额财富的机会，所以有人曾经认为，现代利息的支付是对工人阶级的迫害，它不是直接的迫害，而是间接的迫害。支付利息使工人阶级丧失了相当一部分由于知识增长而获得的利益，因此得出结论：为了大众的利益和正义，除了生活资料，不许任何人占有生产资料或公用事业。

这个结论获得了我们将要注意的那些论点的支持，但此处我们只是讨论威廉·汤姆逊、罗德伯图斯和马克思等人在捍卫这个理论时所用的学说。他们认为，劳动总能创造一种“剩余”，[h] 即除了工资和用于辅助劳动的资本的耗损以外的剩余，工人所受的迫害就因为剩余被剥削了。可是，全部剩余是劳动产品这一假设，已经假定了他们最后要证明的东西，可是他们无法证明；这个假设也不是正确的。纺纱厂中的纱，除去机器的损耗，就是工人的生产成果，这是不正确的；纱是工人的劳动和雇主与业务主管的劳动以及使用资本的劳动的成果，而资本本身又来源于劳动和等待。因此，纱是各种劳动和等待的产物。如果我们只把它看做劳动的产物，而不看做劳动和等待的产物，那么无情的逻辑必将迫使我们认同：利息（等待的报酬）没有存在的理由，因为结果已经包含在前提里。罗德伯图斯和马克思敢于承认他们的前提来自李嘉图，但它实际上是违背了李嘉图价值理论的精髓，就像违背常识一样。[i]

换句话说，获得满足的延期，一般使延期者一方造成牺牲，如同额外的劳作使劳动的一方遭受损失一样；这种延期使人有可能最大化地利用最初成本进行生产，但通过这种生产方法正如通过加大劳动量一样，确实能使幸福总量增加。那么一种东西的价值纯粹由消耗在它上面的劳动量决定就不是正确的了。要想确立这一前提，必须在暗中进行的种种尝试，资本所提供的服务，是一种提供时无须作出牺牲的“免费”品，从而不需要利息作为催生其存在的报酬。这就是上述前提所需要证明的那个结论。罗德伯图斯和马克思对苦难者的深切同情永远值得我们尊敬，但那些被他们认为是自己所实际倡议的科学根据，其实只不过是一系列的循环论证罢了，大意是说利息在经济上没有存在的理由，殊不知这个结论早已包含在他们的前提里面；虽然在马克思的理论里，它披着黑格尔神秘词句的外衣，可就像他在《资本论》第1卷的序言中所说的那样，他只是用这些词句来“卖俏”。

## 第4节 借款人所支付的总利息

借款人所支付的总利息不仅包括纯利息，还包括风险（实际的与个人的）保险费和管理报酬。因此，它不会与纯利息有相同的趋势。现在我们就来分析一下。当我们说资本的报酬就是利息或是等待的报酬时，我们所指的利息是纯利息，而大众所指的利息，除纯利息外还包含其他因素，我们称之为毛利息。

这些追加因素在商业抵押和信用组织处于低级的萌芽状态时，越发显得重要。例如在中世纪时，当一个王公决定囤积商品以期将来获益更多，便可能借了一千两白银，并且承诺在年底偿还一千五百两。可是否履行诺言，却没有完整的担保；而放款人在有足够把握时，或许宁愿在年终收取一千三百两，而不愿相信这种空洞的承诺。在这种情况下，名义上放款的利率为50%，而实际利率却只有30%。因为扣除风险保险费的必要性如此明显，所以人们往往不会忽略它。但相对隐秘的是，各种放款总会对放款人造成麻烦；同时从放款的性质来看，如果它冒着很大的风险，往往就需要付出很多的辛苦来尽量规避。因此，从放款人的观点来看，很大一部分被借款人当做利息的报酬，不过是管理麻烦所得到的报酬罢了。

现在英国年息的纯利息略低于三厘。因为投资头等有价证券给投资者所带来的收入很稳定，既没有烦恼，也没有额外的开销，故不能超过三厘。当我们看见那些精明的商人用非常可靠的抵押品按四厘借款时，我们可以认为，四厘是毛息，其中的纯息是略少于三厘的，放款人的管理费用则略大于一厘。[j]

此外，典当行业几乎是毫无风险的。可是当铺商放款的利率一般为年息二分五厘或多于二分五厘，其中很大一部分是管理这种棘手业务的酬劳。举一个极端的例子来说，伦敦、巴黎有些人（说不定别处也有）专靠贷款给小菜贩子为生，每天早上放款，以供他们购进水果，到晚上售完了货物，就按一分的利率收回借款。这种生意的风险很小，因而也不大可能赔钱。[k]以日息一分的利率借出一法寻（四分之一便士），年终就可得十亿镑。可是，只靠贷款给小菜贩是不能变成富翁的；因为没有人能够按照这种利率借出大量的款项。对这种放款的所谓利息，其实差不多就是某种工作的报酬，而很少有资本家乐于从事这种工作。

## 第5节 续 前

如某企业所使用的资本多是借来的，那么更容易发生额外的风险，所以仔细地分析可能的风险是必要的。假设有甲、乙二人，他们经营的事业相同，甲所使用的是自己的资本，而乙所使用的资本主要来自于贷款。

有一类风险是他们都要承担的，这类风险叫做他们所从事的某特定企业的企业风险。产生企业风险的原因很多，如原材料或成品市场价格的变动、品种的突然改变、新的发明、附近出现强大的竞争对手等。此外，还有另一类只有借用资本的人才会承担的风险，而我们可以把这类风险称之为个人风险。因为提供给别人资本以用于经营事业的那个人肯定会收取很高的利息以防意外，这种意外可能源于借款人的不良习性或不够出众的能力。[1]

有时，借款人的能力、精力和品质似乎看起来影响很大，其实不是。他不像使用自己资本的人那样能直面挫折，而是在投机事业稍有不利时就马上停止。相反地，如果他的人品不好，那么他对自己的失败也许就不太敏感。因为如果他马上停止，他必定会失去一切。如果他继续进行投资，则任何额外损失都会落在债权人身上，而任何利润将属于自己。许多债权人因为债务人这种半欺骗的倦怠行为而蒙受损失，也有少数人是由于故意欺骗而受损失的。例如，债务人可以用各种狡猾手段来隐瞒实际上属于债权人的那些物产，等到宣告破产以后，他可以再创天地，并逐渐使用他所隐瞒的资金，而不致引起太大的嫌疑。

这样，借款人因使用资本而付的代价，在他看来是利息，而在放款人眼中却是利润，因为它往往包含着一笔很大的风险保险费和这件工作的管理报酬。这件工作在于努力规避风险，并且通常是十分费力的。这类风险和管理工作的性质稍有变化，就会引起所谓毛息（因使用货币而付的利息）的相应变化。所以，竞争的趋势并不是使毛息趋于相等；相反地，放款人和借款人对借贷情况摸得越透彻，那么就越可能按相对较低的利率获得贷款。

资本通过组织结构健全的货币市场，从过剩的地方转移到相对缺乏的地方，或从正在紧缩的某一行业部门转向正在扩张的另一个部门，关于这种市场，我们只能放在后一个阶段来研究。现在我们不得不承认的是，在同一个西方国家，对两种投资所贷资本的纯利率如果稍有不同，就会导致巨大的资本流动；也许通过间接的渠道，从一种领域流向另一种领域。

的确，如果两种投资的规模都很小，而充分了解这种投资的人也不多，那么，资本的流动就不会太快。比如，某人以很小的抵押并许诺付息五厘，同时另一个人以同样的抵押却只付息四厘向你借钱。可是，在大宗借贷中，纯利率（就与其他利润因素分开的利息而言）在英国境内大体一样。此外，西方各国平均纯利率的差异，因交通的发展和各国大资本家拥有的有价证券增加而迅速减少，而提供相同收入的有价证券在某一天的世界范围内的售价实际上是相同的。

当我们讨论货币市场的时候，我们必须要研究为什么有些时候资本的供给量大大超过需求量。为什么有些时候银行家和别的信用机构对极低的利率也感到满意，如果证券没有风险并且需款时可以随时收回自己的放贷。那么他们更想做短期贷款，即使借款人的证券不是头等证券，收取的利率也不太高。因为如果一旦他们发觉借款有隐患，他们可以不继续放贷，而损失风险就会大大降低。因为依据无风险的证券所做的短期贷款只收取一种名义上的利率，所以，他们从借款人那里得到的利息几乎全部是风险保险费和手续费。但从另一方面来看，实际上这种贷款对借款人来说并不是很划算：它使借款人陷入风险的包围之中，为了规避这种风险，他常常更愿付出高得多的利息。因为如果有一件不幸的事使他的信誉扫地，或者货币市场的混乱导致可贷资金暂时短缺，那么他立即就会陷入困境。因此，即使是短期放款，并按名义上很低的利率出借，实际上也符合上述的规律。

## 第 6 节　将“利息率”一词运用于旧的投资时要慎重

来自生产源头的资金流入生产领域的投资有两种：其中较小的一股是加在旧有资本存量上的新投资；而较大的一股只是用来补偿已损耗的资本，不管它是基于近期的消费，如食物、燃料等，或因为耗损，如铁路的铁轨，或因为时间原因，如茅草屋顶和商业样本变旧，或因为上述各原因的混合。第二股的年流量，即使在英国那样一个资本通常采取耐久形式存在的国家，大概也不会少于资本总量的四分之一。因此，我们有理由相信，一般资本的所有者大体上能使资本的形式和当时的现实条件相适应，以便从这种或那种投资中得到等同的纯收益。

只有基于上述假设，我们才能够说一般资本是在对一切资本形式所预期的相等纯息的条件下积攒起来的。我们不得不反复阐述，当把“利率”一词用在旧有资本投资品上时，它的意义就受到很多限制。比如，也许我们可以说，投于本国工商业的资本，约为七十亿镑，年得纯利三厘。不过虽然这种说法较为方便，在许多场合也是适用的，然而并不正确。我们应该说，如果在各工商业领域的新投入资本所得的纯利率为年利三厘，则各工商业旧有投资的收入，若以三十三倍乘之（用三厘利率），把收入还原为资本，则约为七十亿英镑。因为资本一旦用于改良土地、搭建房屋以及建筑铁路和生产机器上，那么这笔资金的价值是它预期的未来纯收入（或准租）折成现值的和；如果将来该资本产生收入的能力减弱，则它的价值相对降低，它的新价值可以通过从较少收入中减去折旧再加上资本求得。

## 第 7 节　货币购买力和利息率的变动的关系

除特别说明相反的情况外，本书始终假设：一切价值都用购买力不变的货币衡量，如同天文学家曾经告诉我们的那样，并不以实际太阳为标准来决定一日的开始或结束，而是以假设的中位太阳为标准，这种中位太阳在宇宙中的运行始终不变。另外，货币购买力的改变在短期借贷市场上对贷款条件的影响是十分明显的，在许多细节上，该市场和其他市场都不相同，它们所发生的影响，在此不能进行充分地讨论。但无论怎样从抽象理论的角度来看这些影响，我们在这里都是应当提及的。因为借款人愿意支付的利息，是他借用资本时所预期的收益的尺度，而这只能基于货币购买力在借款和还款时都一样的假设前提下才能进行计算。

例如，假设某人借款一百镑，约定年终归还一百零五镑。如其间货币购买力提高 10%（或物价下跌 10%），那么除非他比年初多出售十分之一的商品，否则他将不能收回他应还的一百零五镑；也就是说，假设他所经营的商品和一般商品相比并没有发生价值上的变化，那他必须出售年初曾花费他一百十五镑十先令的商品才能偿还一百镑的本金和利息；所以，倘若他手中的商品价格无法上涨 15.5%，他将处于不利的地位。他为借到货币而在名义上付息五厘，而事实上却付了一分五厘。

相反，如果当年物价上涨而使货币购买力降低了 10%，则他可以用年初曾花费他九十镑的商品卖得一百镑；所以，他名义上付息五厘，而实际上却因为借款而得到了

5.5%的收入。[m]

当我们讨论能使商业活动的繁荣萧条相互转变的原因时，我们就知道，货币购买力的改变所引起的实际利率的改变密切影响着这些原因。因为当物价上涨时，人们往往争相借款抢购物资，从而推动物价更快地上涨；企业完成扩展后，经营管理不免有所疏忽和浪费；使用借贷资本的人所偿还的实际价值小于其所借价值，从而通过牺牲社会的利益造福自己。后来当信用受损和物价开始回落时，人人都想把商品脱手，保存价值日渐增加的货币，从而使物价跌得越快，而物价进一步地下跌使信用越加收缩，所以从长期看来，物价的下跌是过去物价下跌的后果。

我们都知道，贵金属供给量的变动只是在很小的程度上决定物价的变化。即使不用金本位而用金银复本位，物价的变动也不会有太大的变化。但是，物价变动所引起的灾难是如此巨大，所以为减少这种灾难而付出很大的代价也是值得的。不过，因为货币购买力是随着人对自然的控制的改变而改变的，所以这种祸害未必是货币购买力的缓慢变动所固有的。同时在这种改变中，有得也有失。第一次世界大战的前五十年中，生产技术的进步、原料产地的增加以及人类的劳动效率在许多方面足足提高了一倍。如果用金镑计量的购买力不变，而不是像往常一样，随着人类对自然控制的加强而改变，那对货币工资多由习惯所决定的那些工人来说（现在人数日益减少）是不利的。这点要在别处加以充分的讨论。

## 【注释】

a 第二篇第 4 章中说明，资本的供给因为其使用的预见性和人们的目光短浅而受到影响，而资本的要求却来源于其生产性（从此词最广泛的意义上来说）。

b 参阅第三篇第 5 章第 3、4 节、第四篇第 7 章第 8 节。观察下述情况就可以纠正这种错误，即把我们世界的情形稍加改变，就能让我们进入另一个世界。在这个世界中，人们是如此急于估计将来和筹备后事，一切形式的积累财富的有利用途的新场所又是非常之小，导致人们出于安全保管财富的目的而愿意支付的财富数量会超过他人所愿借的数量。所以，在这个世界中，甚至看到运用资本而有利可图的人也能获得某种保管资本的回报，利息都等于负数。

c 比较第三篇第 5 章与第四篇第 7 章。

d 庞巴维克教授好像对他的前辈在对于资本与利息的著作中所提出的精辟观点作了过低的评价。他所认为的那些纯是片段的理论，事实上都是一些善于商业实践的人所说的；他们一半出于特殊的动机，一半因为缺乏系统的说明，而特别强调了问题的某些方面，导致其他方面不被人们注意到。可能他自己的资本理论中所阐释的矛盾是这样过分强调和不愿承认困难的各个方面是彼此制约的这一情况的结果。我们曾提醒重视这一情形，即尽管他在他的资本定义下所蕴涵房屋、旅店以及严格说来不是中间品的所有东西，然而对那些不是中间品的东西的使用的需求和对他所说的资本的需求相同，对利息率都发生直接的影响。与这样使用“资本”一词有关而又为他所着重强调的一种理论是“要求时间的生产方法有较高的生产力”（《资本实证论》第五篇第4章），或者说，“迂回过程的每次延长都伴随着技术效果的进一步提高”（同书第二篇第2章）。不过有许多过程不仅需要很长的时间，而且又是迂回的过程，但它们是不生产的，所以，不被人所使用，实际上它好像本末倒置。正确的理论应该是，因为使用资本而必须付出利息和取得利息，所以，那些大量封存资本需要很长的迂回手段，除非它们比其他方法更具有生产性，否则是被弃而不用的。很多迂回方法在不同程度上是上述的这一情况，是制约利息率的因素之一；而利息率和迂回方法的使用程度是分配和交换的核心问题中的两个彼此影响的因素。见附录九第3节。

e 引自索斯顿的《第五训戒》，参阅以上第一篇第2章第8节。比较阿斤利的《经济史》第六篇第6章和边沁的《论高利贷》。在除犹太人外的很多场合下，也可能在任何的场合下，对高利贷的愤慨之情来源于部落关系，比如克利夫·莱斯里所言（《论文集》第2版）：那是“由史前时期传下来的，那时仍被各个部落的成员看做是血族，那时财产至少事实上是共有的，有剩余东西的人都不能拒绝和同部落的穷人来分享他的余财”。

f 他们对租物和借物也进行了区分，所谓前者是指本物一定归还，所谓后者只指其等价物必须归还。从分析角度来看这种区别尽管很有趣味，但没有多大实际价值。

g 阿奇迪肯副主教曾精彩地阐述了中世纪教会用来辩解禁止放款取利的那些巧妙手法。在大多数场合下，这种禁止对政治团体产生了很大的危害。这些手法和法官用来逐渐摆脱法律条文的那些法律上的虚构说法相似，可这些条文的原意好像有害。在这两种场合下，实际的祸害会有所减少，不过却助长了思路模糊和不诚恳的习惯。

h 这是马克思的说法，罗德伯图斯称它为“余额”（plus）。

i 参阅附录九第2节。

j 有时放款者对长期贷款比短期贷款更加痴迷，而有时却不然；长期贷款免去了经常更新的麻烦，然而它使放款者长期丧失他的货币使用仅，从而制约了他的自由。头等证券兼有长期贷款与短期贷款的好处。由于这些证券的持有者要存多久就能够存多久，并且随时都能够把它们变成货币；尽管在信用发生风险而其他人都缺乏现金的时候，他必须亏本出售。假如这些证券总能出售而不赔钱，如果不支付经纪人报酬，那么它们所提供的收入比活期放款要多些；而这种收入总小于一切定期（短期或长期）放款的利息。

k 同时，杰索普的《乐园》告诉我们说，“在牛市附近，有许许多多的小货主，他们专门放款给投机者”，在特殊场合下，按 24 小时内毛利一分放款额竟达二百镑。

l 见以下第 8 章第 2 节。

m 比较费希尔的《涨价与利息》（1896 年）与《利息率》（1907 年），尤其是第 5、14 章及有关附录。

# 第7章　资本与经营能力的利润

## 第1节　企业家之间的生存竞争——首创者的劳动

我们曾在第四篇的最后几章里研究了企业管理的各种形式及所需要的能力，并且知道，我们可以认为是由三种因素构成了使用资本的经营能力：一是资本的提供；二是使用资本的经营能力的提供；三是要有一定的组织，通过组织把前两个因素联系起来，从而使生产得以进行。我们在前一章中主要讨论了利息，即对第一个因素的报酬；在本章的前几节中，我们将讨论第二个和第三个因素的报酬，我们称之为管理上的总报酬；然后我们将讨论管理上的总报酬和第二个因素自身报酬的关系，我们曾叫后者为纯经营收入。[a]我们必须较仔细地探究企业主和经理对社会所提供的服务的性质，对他们工作提供了怎样的报酬。我们将知道，决定这些报酬的因素并不像我们想象的那样武断，相反，却类似于决定其他报酬的因素。

不过，开始时我们必须加以区分。并要牢牢记住这一事实，[b]即流行的组织方法往往最利于自己的生存斗争。但所谓最适宜环境的方法，并不当然是对它们的环境最有好处的方法，除非它们所得的报酬正好等于它们直接或间接作出的利益贡献；而事实上并非如此。就一般而论，替代原则（它只不过是适者生存这一规律的有限的特殊运用）有使某种工业组织方法代替另一种的趋势。一般说来，如果前一种方法能以较低的价格提供直接的即期服务，那么两者中行将提供间接的最后服务较于直接服务而言，是无足轻重的。许多企业只要有一个良好的开端，就有可能在很长一段时间内对社会作出贡献，但却因为上述原因而衰落、倒闭，尤其是有些合作社形式的企业。

我们可以把雇主等企业家就这一点分成两类：一类采用先进的管理方法；另一类则一成不变。后一类主要是对社会提供直接服务，对他们的充分报酬也往往是可靠的。但前一类的情况却非如此。

例如，有些炼铁部门新近采用了一种比较节能的办法，而减少了整个冶炼过程的加热次数；可是这种发明既不能申请专利，也不能保密。设某厂商有资本五万镑，通常每年获纯利四千镑，其中他管理上的报酬是一千五百镑，其余两千五百镑是其他利润因素的报酬；

假设他的邻居同他所做的工作一样，他的能力虽强，但并没有超过能完成这种特别困难的任务的人的平均水平。即使假设他工作一年的正常报酬是一千五百镑。可是，随着时间的推移，他想出一种新方法，比当时所通用的方法少加一次热，因此，年产量在没增加支出的情况下也提高了，即每年能多挣两千镑的纯利润。如果他的商品仍能按原价出售，则他一年的管理报酬就会超过平均水平变为两千镑。他对社会的服务得到充分的回报。不过在短时间内，他的邻人也会采用这种新方法，获得的利润也会超过平均水平。可是，竞争增加了供给，从而使他们的商品价格下降，直至利润回到原有水平附近为止。因为一旦哥伦布倒立鸡蛋的秘诀家喻户晓，他就无法因倒立鸡蛋而获得额外的高工资了。

现在一般都是工厂进行加工原材料的工作。因此，它纯产品的价值就等于它产品的总价值减去它所消耗的原料价值之差。

许多企业家的创新在很长时间内对于世界都有难以估计的价值，可是他们从发明中所得的报酬，甚至比密尔顿从《失乐园》或米拉从《天使》中所得的稿酬还要少些。而许多人却由于命运，而不是在完成极重要的社会事业中所显示的特殊才能，搜刮了大批财富。有些企业家死时虽是百万富翁，但很可能，生时所得的报酬往往和他们发明的新方法带给所社会的利益不成正比。我们将知道，虽然有趋势表明企业家的报酬和他对社会所提供的直接服务成比例，但这本身绝不能证明现存的社会工业组织是完美无缺、难能可贵的；而且不应当忘记，我们目前所研究的范围只是限于讨论现存社会制度下决定企业管理报酬的原因的作用。

首先，我们要研究普通工人、监工和各级雇主对社会所提供的服务报酬的调整。这样，我们会发现，代替原则到处在发生作用。

## 第 2 节　首先通过监工的劳动与普通工人的劳动，然后通过企业经理的劳动与监工的劳动，最后通过大企业经理与小企业经理的劳动的对比来说明代替原则对管理报酬的影响

我们已经知道，一个小业主所做的大部分工作，在大企业中则是由各部门主任、经理、监工等完成的。这一线索对我们现在的研究会有很大的帮助，最简单的例子就是普通监工的工资问题。现在就让我们来讨论一下。

假设某铁路承办人或船厂经理认为，如果一个监工的工资是一个普通工人的两倍，

那么一个监工负责二十个工人最为稳妥。在这里，如果他有二十四个监工和五百个工人，并且希望用一样的支出完成更多的工作，那么他更愿增加一个监工，而不愿增加两个普通工人。但如果他有四百九十个工人和二十五个监工，那么更好的办法是多增加两个工人。如果他能将一倍半用于工人的工资来雇用个监工，则他也许可以雇用一个监工管理十五个工人。但实际上，所雇监工的人数是按一比二十的比例分配的，而他们的需求价格为工人工资的两倍。[c]

在某些例外的情况下，监工只有通过迫使工人做过量的工作才能赚得自己的工资。可是我们现在假设，监工用正当的方式并通过对工作细节的妥当安排来完成他所担负的任务。所以，很少有做错和需要返工的现象发生；工人在搬动重物需要帮助时，马上就有人帮助；所有的机器和工具都有条不紊，随时可以使用；不会有人因错用了工具而浪费了自己的精力和时间。而负责此项工作的监工的工资可以看做是大部分管理上的报酬的范例。通过雇主的作用，社会对监工的工作提出了有效的需求，直到需求的极限。在这范围里，用增加作业工人的办法比增加监工更能提高工业的总效率，这些监工的工资使生产费增加，所增加的数额等于增雇监工的工资。

如上所述，雇主就是中间人，生产要素的配置通过他的努力可以花费最少的货币成本而得到最多的直接服务（用它们的货币尺度计算）。不过，现在我们应当加以讨论的是各雇主自身的工作是怎样通过他们的相互竞争而得到合理的安排和配置的，虽然所采取的方法常出于偶然。

## 第3节　续　前

其次，我们应当考虑企业主、监工和经理的工作相互间不断较量的情形。其中观察一个小企业逐渐扩大的过程是很有趣的。例如，一个木匠逐渐增加自己的工具，后来开了一个小作坊，接些私人的零活，他所做的工作必须征得这些人的同意，由他和那些人共同承担管理工作以及各种风险，因为这给他们带来了很多麻烦，所以他们也不愿为他负责的管理工作支付很高的报酬。[d]

因此，第二步是承揽各种修理的活。现在他已经是一个小营造商了，如果他的企业进一步发展，那么他会渐渐远离体力劳动，到某种程度后他甚至不需要监督工作细节，会有雇工替代完成他的工作，所以，在他核算自己的利润时，他必须先把雇工的工资从收入中去掉。除非他能证明自己的经营能力达到了同行业的平均水平，否则他可能很快就会失去自己刚挣的一点资本，并在短期的挣扎后恢复了他起家以前的那种贫困生活。如果他的能力刚刚赶上平均水平，那么一般情况下他可以保持自己的地位，没准还能有所发展。而收入超过支出的部分，则代表与他同级的管理工作的应有报酬。

如果他的能力高于同级的平均能力，那么相较于他的大多数竞争对手，他就能花较少的资金（用于工资和其他方面）而取得相同的结果。他必然用他那出众的组织能力来省去他们的一部分开支。他管理上的报酬将包含节约下来的那部分开支。从而，他的资本会增加，自身信用会提高，并可以按较低的利率得到大量贷款。他将拥有更广阔的商业往来和途径，获得更丰富的有关原料和操作过程的知识，并能勇敢而聪明地抓住开展冒险事业的机会。直到最后，甚至在他脱离了体力劳动以后，他差不多也能将占用他很多时间的全部琐事推给别人去做。[e]

## 第 4 节　续　前

我们既观察了监工和普通工人的工资，又观察了雇主和监工的工资，现在就来看看小企业和大企业的雇主的工资。

当我们的木匠变成一个很大的营造商以后，他的事务变得更加繁重，多到需要花费几十个自营自理的雇主的精力和时间。我们看到，代替原则时时在大企业和小企业的整个竞争过程中发生作用。大雇主花费自己的一小部分工作和经理与监工的大部分工作来取代小雇主的全部工作。例如，当投标建造房屋时，虽然拥有大量资本的营造商地处偏远，但常常觉得值得承办。而当地营造商因为就近有作坊和亲信而得到很大的节约。但大营造商也有很多便利，如可以批量购进建筑材料，价格相对低廉，使用机器特别是锯木机使成本也变低，也可以用较低的利率筹得自己所需要的款项。往往这两方的利润大体相同。所以，谁能获得投标就取决于二者的相对效率了，即小营造商那种集聚精力的效率和忙碌而能干的大营造商本身所提供的一小部分监督的效率（虽然他有当地主管和总部职员的帮助）。[f]

## 第 5 节　使用大量借贷资本的企业家

上面所讨论的是一个人管理上的总报酬，他通过使用自己的资本经营企业而获得直接和间接成本的等价物，所谓间接成本是指当借贷资本时所引起的成本，有些资本家自己不使用资本，而把资本借给那些资金不足的企业使用。

其次我们要讨论的是，在某些行业中，主要使用自己资本的企业家和主要使用借贷资本的企业家所进行的生存斗争。放款人要求担保的风险，即个人风险，在某种程度上随着企业的性质和借款人状况的不同而发生变化。在有些场合，个人风险很大，例如，当某人投身于一个全新的电业部门时，没有任何过去的经验可以让他借鉴，因此，放款人很难独立判断借款人的进展情况。使用借贷资本的人在这种场合下就会处于极其不利的地位，而自有资本者之间的竞争是决定利润率的主要原因。而恰好没有很多人涉足这个行业，竞争在这种情况下可能并不激烈，所以利润率很高。即利润远远超过资本的纯息和与经营困难程度（虽然它可能高于一般水平）成比例的管理工作的报酬。

此外，在那些发展缓慢、必须经过长期努力才能收到效果的行业中，自己只拥有少量资本的新人处于不利的地位。

但新人在那些凭借勇敢和不知疲倦的进取心就可以迅速成功的行业中，特别是在再生产成本较低而在短时间内就可得到厚利的昂贵商品行业里，则欣然自得，如鱼得水。他能在竞争过程中捷足先登，就是凭借当机立断、巧于策划，或许还多少由于他不怕危险。

他往往在极其不利的条件下固守着自己的阵地。因为他被自由和地位而深深吸引。例如，小农户，他的小块土地抵押很苛刻，或“小老板”以极低的价格接受主顾的订货，他们往往比普通工人更辛苦地工作，而纯收入却较低。因为自有资本较少而经营大企业的厂商知道自己总是要靠工作谋生的，而他不愿舍弃本业服侍他人，所以不辞劳苦、不怕费心；因此，他为了取得收入而勤奋工作，不过这种收入在富有的竞争对手看来不算什么，因为富有的竞争对手可以停业，而只靠他的资本利息来享受舒适的生活，所以，他并不知道是否值得继续忍受商业生涯中的折磨。

物价膨胀在 1873 年达到顶点，社会各阶层普遍蒙受到损害，而一般借款人，特别是企业家却大发横财。因此，新兴资本家觉得创办企业很容易。而在商业上已有成就或继承了前辈成就的人，觉得退出商界也不麻烦。所以，贝奇特对当时的情况评价为“社会上的变异倾向和动物界一样，符合社会进化的原理”。

## 第6节　股份公司

为获得雇工服务，我们比较他们的服务和报酬以及企业家管理上的报酬，以股份公司作例最为恰当。因为股份公司中是由董事、经理和其他附属职员分担大部分管理工作，其中大多数人没有自己的资本，就算有自己的资本，也没有多少。因为他们的报酬几乎都是劳动报酬，所以，长远看来，是支配普通职业中困难和不满意程度相等的劳动的报酬的一般原因来决定的。

如前所述，[9]股份公司常常受内部摩擦和利害冲突的困扰，如股东与债券人、普通股东与优先股东以及股东与董事之间的利益冲突，此外还有各种审核和反审核制度对其进行限制。股份公司大多不具有私人企业所具有的创造性、主动性和目的的一致性，甚至是敏捷的行动。可是，在某些行业中这些不利条件也并不重要。倘若选择公开宣布，对许多加工工业和投机商业公司来说是非常不利的，而对一般银行业、保险业和类似企业来说却有着积极的利益。在这些企业和运输业（如铁路、电车、运河）与公用事业（煤气、自来水和电力）中，无限使用资本的权力几乎能使它们进行绝对的统治。

在股份公司正常营业的情况下，不直接或间接地进行股票投机，或致力于消灭或吞并竞争对手，他们往往对未来有所期待，采取有远见的政策（有时或许有些拖拉）。他们不愿以牺牲自己的名誉为代价而换取暂时的利益；也不愿因为对雇员的待遇极低，而影响他们的服务质量。

## 第7节　现代企业经营方法有使管理报酬和所从事的业务的困难相适应的一般趋势

在现代企业众多的方法里，每种方法都有它有利的一面和不利的一面。在各个场合，它一直被运用到它利弊相等的那一点。换言之，在某特定场合，各种不同企业组织方法的有利边际并不是某条线上的一点，而是一条使各种可能的企业组织彼此相连的不规则的界线。一方面这些现代方法具有很大的差异，另一方面由于其中许多方法能给不具备资本却有经营能力的人一次发展的机会，所以，有可能让管理上的报酬与取得这种报酬的服务变得一样，而这种一致在原始制度下并不常见，因为几乎没有人把资本投于生产，除了有资本的人。当时那些能够凭借资本和机会来经营某业或完成大众所急需的服务的人，即使具有该工作所需要的能力，也是偶然的。可是，所谓的普通利润，即商品正常生产费的那部分，在各方面都受替代原则的制约，并在长期内由于相差太大，所以不能把所需资本的供给价格、经营该种行业所需精力的供给价格以及经营能力和所需资本相结合的组织的供给联系起来。

因为经营能力来源较广，所以它的供给大而有弹性。各人都要料理自己的生活事务。如果他天生喜欢管理企业，则从中可以得到管理经验。因此，需求急切而报酬优厚的营业能力，更多地取决于获得此项能力所用劳动与费用者而不是取决于“天赋”。此外，因为在大多数行业中的经营能力不是很专业，与普通的判断力、果断、机智、谨慎和坚定相较，专门知识和熟练程度日益居于次要地位[i]。

的确，专门技术在那些店主就是工头的小企业中是很重要的。各行各业都有它自己的传统，而这种传统也许无法记载，也许未曾记载，只能一点一点学习，而最好的办法是在他的思想还未定型的幼年时期就进行学习。可是，在现代商业中，各行业的附属与类似的行业将其包围，自然就对它的现状有所熟悉和了解。[i]此外，随着企业规模的扩大，现代企业家所特有的才能显得更加重要。他正是凭借这种才能成为了人们的领导，使他行之有效地解决他所面对的问题，能明察秋毫，能制定英明而富有远见的政策并冷静而坚决地执行它。[j]

我们应当承认，经营能力的供给和对它需求的适应多少受到一种困难的阻挠，这种困难就是能否精确地计算出某行业对该能力所付的价格。砖匠或泥匠的工资比较容易计算，直接取各种不同效率的人的工资平均数，然后再减去因就业无常所受的损失就行了。可是，某人管理上的总报酬，只有详细计算他的实际企业利润，再去掉他的资本利息才能求得。而他自己往往不知道业务的真相，甚至他的同业也无法摸透。即使在如今的小乡村里，如果说人人都知邻家事，那也未必是真的。像克利夫·莱斯里说的那样：“如乡村旅馆主或小店的营业稍有起色，就不愿把他的利润告诉邻人，以免引起竞争，而营业不佳者也不愿暴露实情，因为怕惊动他的债权人。”[k]

尽管商人个人的经验难以借鉴，但一种行业的情况始终不能完全保密或长期保密。虽然某人不能仅凭浪头冲击海岸五六次就断定潮涨潮落，但是，稍加忍耐，问题就可迎刃而解了。企业家们一致认为，一种行业的平均利润率，除非它的变动引起了普遍注意，否则绝不可能有很大的涨落。虽然有时企业家比熟练工人更难判断变换行业是否可以改善他的处境，可是他有机会发现其他行业的现状和未来；如果他希望改变自己的行业，他一般比熟练工人更容易办得到。

我们可以就一般情况作出结论：工作上所需的少有的天赋、才能和花费巨大的特殊训练，对管理上正常报酬的影响程度和对熟练工人的正常工资的影响程度是一样的。不论在哪种情况下，某些力量通过所得收入的增加才能发生作用，取得该收入的人的供给基于这些力量而趋于增加。不论是哪种情况，供给的来源——社会经济条件决定收入增加和供给增加的程度。虽然开始时一个能干的企业与同样能干而没有这些的人相比较而言，拥有更多的资本和适当的商业往来，也能获得较多的管理报酬；可是，对于某些能力相等的自由职业者来说，他们的报酬却不相等（虽然很小），原因就在于他们开始时所占的社会资源不一样。甚至工人的工资也受他的入世时机和他的父母所能给予他的教育费的影响。[1]

## 【注释】

a 见本书上卷第四篇第 8 章。

b 这个论点能够与第四篇第 1 章第 7 节中的论点相比。

c 比较第六篇第 12 章第 3 节。

d 有大量工人的老板必须根据现代军队首长所遵循的方法来节省他的精力。由于正如威尔金森所言（详见著作《军队的智囊》）："组织意味着每个人的职责都很明确，他完全懂得他应该做什么，他的权力和责任相辅相成……（在德国军队中）每个连级以上的指挥官只解决所属本部的事情，除非直接负责的军官不称职，从不干预各排的内务……军团司令所需要应付的只是少数部下……他视察并检验所属各部队的状况，然而……他努力不纠缠于事务主义，他能清醒地作出判断。"贝奇特曾以特殊的方式说（《伦巴街》第 8 章），假如一个大企业的首脑"忙得不可开交，那就是事情不妙的迹象"；并且他拿原始雇主和经营决斗的赫克托或阿基利斯进行比较，拿典型的现代雇主和"远处收听电信的人相比，这个人似乎像阅览公文的莫尔克伯爵一样，他了解该杀者被杀了，他获得了胜利"(《论资本的转移》)。

e 比较第四篇第 11 章第 4 节。

f《伦巴街》第 1 章。

g 见第四篇第 12 章第 9、10 节。

h 第四篇第 12 章第 12 节。当生产形式不再是少而又简的时候，"一个人不再由于他是资本家而成为雇主。人们运用资本，是因为他们有利地雇用劳动的条件。资本与劳动凭借这些工业巨子来选择发挥它们各自职能的时机"（沃克的《工资问题》，第 14 章）。

i 详见贝奇特:《假定》。

j 贝奇特说，现代大商业有"各种商业所共同遵守的一些一般性原则，假如一个人明白这些原则并具有恰当的智慧，那么他从事一种以上的商业也是能够胜任的。不过这种共同因素的出现，在商业中就如同在政治中一样，是一种量的表现，而原始商业都是小商业。在古代部落中，只不过有一些专人罢了，比如布匠、泥水匠和武器制造者。各业除对操作该种行业者外力求保密，而且多半都是秘密。各业所要求的知识只为少数人所有，并且不外传，抛除这种垄断的而且通常是祖传的技艺外，就再也没有什么可利用的了。当时并没有‘一般的’商业知识。一般的赚钱之道只是近代的事情，而这在古代差不多都是例外的、特殊的行为”。

k《双周评论》，1879 年 6 月，并收入其《论文集》中。

l 见第六篇第 4 章第 6 节。针对承担企业主要责任者的一般职能，参阅布伦塔诺的《企业家》，1907 年版。

# 第8章 资本与经营能力的利润（续前）

## 第1节 其次我们必须研究利润率是否有相等的一般倾向，在大企业中有些管理报酬划作薪金，而在小企业中经理的劳动工资大多划作利润，所以，小企业的利润表面上看起来比实际利润要多些

决定管理工作工资的原因，直至过去五十年间，未曾予以具体的研究。以前的经济学家在这方面没有多大贡献，由于他们没有适当地辨别构成利润的因素，而只是探求制约平均利润率的简单的一般规律，就其性质来说，这一规律是不存在的。

在对决定利润的那些因素进行分析时，我们所遭遇的第一个问题，从某种意义上说是字面上的困难。它源于这一情况，即小企业主所做的大部分工作，在大企业中由经理和监工负责，他们的报酬，在计算利润以前，肯定从该企业的收入中扣除，而小企业主的全部劳动回报却算成他的利润。这种困难早已被发觉。亚当·斯密曾指明："在一个大市镇上，某药剂师一年所售出的全部药材，所用投资可能超不过三十镑或四十镑。但是他能够得到三百镑或四百镑收入，获得1000%的回报，这通常因为他把自己的合理工资加在药价上的结果。其中较大一部分表面上看来是利润，实际上是隐藏在利润外衣下的报酬。在小商港，一个小杂货商以一百镑的费用能赚40%或50%的利润，可在同一个地方的大批发商用一万镑的费用很少能赚8%或10%的回报。"[a]

所以区别两种利润率是很有必要的，有一种利润率叫做企业投资的年利润率（annual rate of profits），而另一种利润率叫做资本次周转（亦即每次销售总额等于资本）所得的利润率，也叫做周转利润率（rato of profits on the turn over）。现在我们所讨论的是年利润率。

假如"利润"一词的范围被缩小成前者或扩大成后者，那么，它在两种场合都包括同类服务的工资，这样小企业和大企业的正常年利润率的大部分名义上的不等即消失。确实有些工商业，用一般的方法计算，拥有大资本的企业的利润比拥有小资本的企业低，可用正确的方法计算，它的利润率却高于拥有小资本的企业。因为在同一种行业中相竞

争的两个企业，大企业通常能以较便宜的价格添置原材料，并能利用许多大规模生产，比如分工和机器的专门化等，而这些是小企业力所没法做到的。而小企业所拥有的唯一重要优势是和顾客比较容易接近，并易于投顾客所好。而在后一种优势不占重要地位的那些行业，尤其是在加工业中，大厂比小厂能获得较好的价格，从而减少开支，而报酬较多。所以，在两种场合下如果利润都指的是含有相同因素的利润，那大企业的利润率肯定高于小企业。

在这些企业中时常出现的情况是：大厂把小厂挤垮以后吞并，并使自己获得有限垄断的利益，或因为它们相互之间的激烈竞争而使利润率降得很低。有许多纺织业、金属业和运输业部门，除非有大量资本，否则无法创办。而开始时规模不大的企业，危机重重，拼命挣扎，以期在短时间内可能得到大宗资金的运用时机，而大宗资本行将提供的管理上的回报，尽管与资本相较虽很低，可总额却很高。

有些行业需要极高的能力，但其中管理一个大型企业和中型企业几乎同样容易。例如碾压厂，其中工作细节不能定为常规的极少，一百万镑的投资用一个能干的人即可管理，而无困难。对某些铁业部门来说，20%的利润率并不算很高的平均利润率，因为在工作的细节上需要不断地考虑和策划；厂主一年可得十五万镑作为管理上的报酬。近来钢铁业各部门中大厂相继合并的事实更可以说明这种情况。它们的利润多随商业情况而变动，虽然总额很大，但平均率很低。

在一些行业中，利润率几乎都非常低，这些行业很少要求非常高的能力，如果拥有大宗资金和适当往来的公厂或私厂，让节俭而富有常识和充满事业心的人经营，那么足以抵制新起者；而且殷实的公司或私厂并不缺乏这样的人，由于私厂随时都能够把它最能干的员工吸收入伙。

总起来我们可以得出结论：第一，大企业的利润率比乍看起来要高些，由于小企业的利润率和大企业进行比较以前，小企业一般算作利润的那一部分应当列入另一项；第二，即使经过这种修正以后，以一般方法计算的利润率，一般地随着企业规模的扩大而降低。

## 第2节　所用资本的正常年利润率在流动资金比固定资本相对多的部门要高些 大规模生产的经济一旦普及于整个工业，就不会提高该工业部门中的利润率

如管理工作繁重得和资本不相称，当然管理上的正常报酬也高得和资本不相称，从而资本的年利润率也高。而管理工作之所以繁重，是由于组织和计划新方法时费了很大的心力，或由于组织和计划新方法引起很多的烦恼和风险。而这两种东西往往相伴而行。各行业的确有它自己的特点，关于这方面的一切规律，很容易出现重大例外；但是，在其他条件不变的情况下，下述一般命题是站得住脚的，是可以解释各行业正常利润率的许多不相等现象的。

首先，某企业所要求的管理工作的数量，大多取决于流动资本的数量，而很少取决于固定资本数量。所以，有些行业的利润率较低，由于它们有很多的固定资本设备，一经投下，就不需要费很大力气去操劳和注意。正如我们已经知道的，这些行业大多是股份公司所经营。铁路公司和自来水公司，特别是拥有运河、船坞和桥梁的公司，它们的董事和高级职员的报酬总额在所投资本中所占的比例非常小。

其次，假设企业的固定资本与流动资本的比例固定，一般来说，管理工作越繁重，那么利润率越高，报酬总额和原材料的成本与商品的价值比较也越加重要。经营贵重原料的行业，它们的成功大多由运气和买卖上的能力决定。准确地阐明影响价格的种种因素，需要有清醒的头脑，可有这种头脑的人不多，因此拥有这种头脑的人能够获得高额回报。考虑到这点，在有些行业中是相当重要，以致让某些美国学者把利润纯粹看做风险的回报，当做毛利减去利息和管理上的回报的余额。然而，名词的这样使用似乎是不适当的，因为它有把管理工作和日常监督混为一谈的迹象。确实，在其他条件保持不变的情况下，除非经营有风险性的企业的人所估计的利益大于其他行业，且他的可能利益超过他的可能损失（按合理的计算），否则他不会从事这种企业。假如这种风险没有绝对的不利，那么人们将不愿意向保险公司缴纳保险费，由于他们知道，所付的保险费除了实际险值和巨大的广告费用与经营费用外，还提供当做净利的剩余。假如没有保险，如避免风险的各种实际困难能够克服，那么在长期内他们肯定要得到和保险费相当的补偿。然而，还有许多的人，他们靠自己的知识和企业心能胜任地解决麻烦的业务，可在巨大风险的面前却裹足不前，由于他们自己的资本不足以承担沉重的损失。所以，有风险性

的行业多为不怕冒险的人所从事，可能被少数实力雄厚的资本家所从事，他们擅长经营该种行业，并相互约定不使市场受到压力，从而获得很高的平均利润率。[b]有些企业，其中投机因素不很重要，所以，管理工作主要是监督，管理上的回报根据企业中所完成的工作量为准；而工资总额可当做该报酬的一种非常粗略而便捷的尺度。在针对各行业利润等同的一般倾向所能作的一切概括中，可能最不精确的是如运用的资金一样，每年利润有等于总资本百分之几和工资总额百分之几的迹象。[c]精明强干的厂商，采用的方法和机器都比他的竞争对手占优势，在企业的产销方面他也有非常妥善的安排，并使二者维护正常的关系。通过这种方法，他将扩大他的企业，进而从分工和设备专门化中获得较大回报。[d]如此，他将得到的是报酬上升和利润递加；如果他只是许多生产者中的一个，那么他所提高的产量实质上不会导致他的商品价格降低，而大规模生产的经济利益差不多全部归他所有。假如他正好拥有该种行业的部分垄断，那么他将调节他所上升的产量，使他的垄断利润能够上升。然而，假如这种改良不局限于一个或两个生产者，如改良的产生是因为与其相适应的产量的正常增加，或因为机器和方法的改善，而为全业所普及；或因为辅助工业的发展及“外部”经济的普及，那么产品的价格将趋向于一点，在此点，只能为该类工业提供正常的利润率。在这个过程中，该种行业通常倾向于一类，即它的正常利润率比原来的那一类低；由于它比以前较为一致、较为单一，所用的心力也较少；也可以说由于它更适合共同管理。可见，某行业的产品数量和劳动与资本的数量相比时，它的比例上升，肯定导致利润率的减少；从某种观点而言，可以把它看做用价值计算的回报递减。

## 第 3 节　各行各业均有其习惯的或公平的周转利润率

年利润已如上述，现在我们要考察决定周转利润的因素。很明显，年正常利润率的变化幅度很小，而周转利润在一种行业与其他行业却有很大差距，由于它由周转上所需要的时间长度和工作数量支配。比如，在单项交易中批发商就买卖大量产品，能让他们的资本周转得很快，尽管他们的平均周转利润少于 1%，然而却可以获得很多的利益，特别是在大宗股票交易中，周转利润只有 1%的几分之几。不过造船商在出售船以前的长时间内，肯定把劳动和原材料投于船本身，并准备一停泊此处，与此有关的各种细节他也必须注意，他必须在直接或间接的费用上附加很高的利润率，以作为他的劳动和所投下的资本的报酬。[e]同时在纺织业中，有的厂购买原料、生产成品，而有的厂就专门经营纺织或上光。很明显，第一类中一厂的周转利润率肯定等于其余三类中各厂的利润率之和。[f] 再以零售商来看，他所经营的那些商品的周转利润通常只有5%或10%，这些商品为一般人所需要，又不受式样改变的制约。所以，销售额很大，必要的存货很少，其中所投资本可以周转得很快，也没有风险，也不需要劳动。然而，有几种零售商，他们的周转利润是100%，由于他们所经营的是装饰品和化妆品，销售得非常慢，同时还需要备有各种各样的存货，而在陈列时要求很大的地方，假如遇到式样改变，除非亏本就无法售出。即使这种高利润率，也通常不及鱼、水果、花草和蔬菜方面的利润率。[g]

## 第4节　续　前

我们知道，周转利润没有趋于等同的总倾向，然而在各行业及各行业各部门中可以拥有，而且实际上也拥有一种被认为公平的、正常的、非常确定的利润率。当然，这些利润率通常因贸易方法的改变而变化，而贸易方法的改变一般由于这样一些人，他们希望做较少的生意，尽管周转利润率一般较低，可资本的年利润率却很高。不过，假如没有这种巨大的变化，那么根据该种行业的习惯，对特殊工作或对该种行业的同行所提供的重大实际服务要收取一定的周转利润率。这种传统多凭借经验而来，它足以证明，假如所收的是那种利润率，那么特定场合下所用的成本（直接成本与补充成本）将得到补偿，同时，该种行业将提供正常的年利润率。假如他们所索的费用所给予的利润率远比该周转利润率低，那么他们很难有所发展；假如他们所索的价格太高，则他们有失去顾客的风险，由于别人可以比他们卖得廉价。如事先没有议定价格，这就是一个诚实的人希望从订货收取的"公平"的周转利润率，假如买主和卖主发生争执，法庭所批准的也是这种利润率。[h]

## 第5节　利润是正常供给价格的构成因素然而所投资本（在物质形式上或取得技能上）的收入被其商品的需求所制约

在以上的研究中，我们的着眼点主要是经济力量的最后结果或长期结果，或者说真正正常的结果；我们曾讨论过运用资本的经营能力在长期内有使它自己适应需求的趋势；

我们已经知道，这种能力不断地寻求各种企业以及经营各种企业的各种方法，在该企业中它所能提供的服务，被那些为满足他们的需要而能付给相宜价格的人所重视，以至该服务在长期内将获得很高的报酬。这种动力就是企业家的竞争。各人就其所知，预测可能发生的未来事件，作出恰如其分的估计，并预计企业收入除去所需开支的剩余。他的全部预期收益列入使他从事该业的利润之中；在制造工具以供未来生产以及建立企业往来的“无形”资本方面所投的全部资本和精力，在他未曾投资以前，就表明投资是有利可图的。他从这些投资所预期的全部利润，列入他在长期内对于他的冒险所期待的报酬。如果他是一个具有正常能力（所谓正常是对该种工作而言）的人，并且犹疑不决，不知道冒险是否值得，则报酬可以被看做真正代表所述服务的正常生产费（边际）。因此，全部正常利润都应列入真正或长期的供给价格。

引诱某人和他的父亲把资本和劳动用于培养他成为一个工匠、自由职业者或企业家的那些动机，和把资本与劳动投于建立物质生产设备及企业组织的动机相同。不论在哪个场合，投资（如人的行为受自觉的动机所支配）将到达一点，在该点，追加投资无利可图，或效用与“负效用”相等；因此，作为对所有这种投资的预期报酬的价格，就构成它所提供的服务的正常生产费的一部分。

然而，要使得所有这些因素充分发挥作用，就必须有很长的时间，进而，例外的成功可以和例外的失败相抵。一方面是这样一些人，他们的成功多因为他们具有非凡的能力和少有的运气，而这些全表现在他们投机事业的特别机会或供企业一般发展的有利时机上。另一方面是这样一些人，他们在精神上或道德上都不能善用他们的训练和立业的良机，他们对自己的职业没有特别的兴趣，再加以投机上的各种不幸，或他们的企业因为竞争对手的侵犯而受到制约，或因为需求浪潮转入他方而被搁浅。

尽管这些干扰因素在有关正常工资和正常价值的研究中可以忽视，然而，在讨论特定时间特定个人所得的报酬时，它们却具有首要的、起支配作用的影响。因为这些干扰因素对利润和管理上的报酬的影响，其方式远不同于它们对普通工资的影响，当我们研究暂时变动和特殊机遇时，对利润和普通报酬加以区别对待才是科学上的一种必然性。关于市场波动的各种问题，除非将货币、信用和对外贸易的理论和盘托出，否则不能得到妥善的处理。然而，即使在现阶段，我们也能够注意所述干扰因素对利润和普通报酬的影响的如下不同。

## 第6节　就价格的变动、不同个人的不同情况，及全部收入中应归于劳动报酬和天赋才能的报酬的比例，对利润和其他报酬所作的比较

第一，企业家的利润首先受他的资本（含有企业组织）、他的劳动和他雇工的劳动的产品之价格变化的制约；所以，他的利润的变化通常在他们的报酬变动以前，而且变动的幅度非常大。因此，假如其他条件不变，他的产品所能售的价格有很小涨幅，很可能使他的利润上升许多倍，或让他由亏本变成赚钱。价格的提高，将让他急于获得他所能得到的高价格的利益；他将害怕他的雇工辞职或拒绝工作，所以，他情愿提高工资，因而工资倾向上涨。然而，经验表明（不管它是否按产品售价所计算的报酬），报酬的上涨很少与价格的提高成比例，所以它们的上涨和利润的增加不能成比例。

这一情况的另一个方面是，当生意不好时，雇工充其量无利可图，无从维持自己和他的家庭，然而雇主（特别是使用很多借贷资本的老板）的开支肯定超过他的收入。在这种场合，甚至他管理上的总回报也成为负数，表明他在亏本。当生意极其萧条的时候，许多或绝大多数的企业家是这样，而那些比别人的运气较差、能力较差和较不适合于所在行业的企业家更是这样。

## 第7节　续　前

第二个区别就是，在全体企业中成功的人数只占很小的百分比；在他们的手中积累了别人的财富，并且比自己的财富多到几倍。所说的别人就是这些人：他们有自己的资金，或继承了他人的储蓄，而在企业萧条时连同他们自己拼命的成果全部损毁。所以，要了解一种行业的平均利润，我们势必不能用成功者的人数除他们所获利润的总额，甚至也不能把成功者和失败者的人数除该利润总额，而是首先从成功者的利润总额中扣除失败后可能早已转业的那些人的损失总额，然后用成功者和失败者的总人数除所余差额就能求得该种行业的平均利润。很有可能，管理上的总报酬，也即利润超过利息的差额，平均计算，还不及一般人就成功者所预算的企业利润的二分之一，而从某些带风险性的企业来看，还不到十分之一。然而，他们将很快知道，企业风险大体上有减无增是有原因的。[i]

## 第 8 节 续 前

我们所要讨论的第三个区别是利润变动和普通报酬的变动的区别。我们已经知道，在自由资本和劳动投于培养工匠或自由职业者所需要的技能以前，来自它们的预期收入具有利润的性质；而所需要的利润率往往很高。理由有二：投资的人本身不能获得它的大部分报酬；他们往往拮据，除非勤俭持家，不然他们就不能为了未来的报酬而作这样的投资。我们也知道，工匠或自由职业者一旦获得他工作上所需要的技能以后，他的一部分报酬其实是所投资本与劳动的未来准租，而这种资本和劳动使他适合所担任的工作，得到立业机会、商业往来和善用自己才能的机会，收入中只有其余部分是劳作的真正报酬，但它一般占全部收入的很大一部分。

这就是区别之所在。由于对企业家的利润作相同的分析时，比例大小却有所区别，其中较大的部分是准租。

大规模企业的从事者得自所投物质资本和非物质的费用的收入相当大，而且利害得失又如此恒定不变，导致他通常很少想到他在这方面的劳动。假如企业有利可图，那么他把企业所带来的利益差不多都当做纯收益。企业局部开工和充分开工对他来说的操劳几乎无差别，所以，一般来说，他很少考虑从这些收益中扣除他的额外劳动。他对他的额外劳作所得的任何报酬的观点和工匠对加班加点所得的额外工资的看法不一样。这一情况是一般人甚至有些经济学家不能完全意识到在阐明决定正常利润和正常报酬的因素方面有根本一致性的主要原因，并在某种程度上为这种认识提供了依据。

和上述区别紧密相联的是另一个不同。正如工匠或自由职业者具有特殊的天赋，而这种天才既不是人力所造就，又不是牺牲现在以成全将来的结果，那么它能使他获得的剩余收入超过那些在个人教育和立业机会上投下同等资本和劳动的一般人从相同劳作所能估计的收入的剩余，这种剩余具有地租的性质。

然而，再回到前章末节所提到的那一点，拥有特殊天才的人，在企业家阶级中占有多数。由于除了出身于该阶层的那些有能力的人以外，它还包括出身于较低职业阶层的很多有天才的人。所以，用在教育上的费用的利益，是自由职业者阶级收入中的一种非常重要的因素；而稀有天才的租金，能够看做是企业家收入中的一种特别重要的因素，假设我们把企业家看做个人的话（从一般价值来说，即使天才的回报，正如我们所知道的，宁可看做准租，而却不视作租金本身）。

然而，这一规律是有特殊情况的。一个平凡的企业家以前继承了有利的企业，并只有刚好足够的能力经营这个企业，虽然他每年能够获得千百万的收益，但其中所含稀有天才的租金极少。相反地，尤其有成就的律师、作家、画家、歌手和马术师的报酬，其中大部分可以视作稀有天才的租金，至少假如我们把他们当做个人来看，而且不考虑他们各自职业中的正常劳动供给以他们对那些有理想的青年所展示的辉煌业绩为转移。

特定企业的报酬，通常深受它的工业环境和机会的变动的制约。然而，由各种工人的技巧所得的报酬也受同样的制约。比如，澳洲和美洲富饶铜矿的发掘，使克尔尼矿工的技巧产生收入的能力下降（就在家的矿工而来说），新地区富矿的每次发现，都能提高已迁往该区的那些矿工的技巧产生报酬的能力。同时，看戏嗜好的增加，在提高演员的正常报酬和使演技的供给提高的同时，也提高已经经营此业的人的演技产生收入的能力，其中大部分报酬，从个人的角度来看，是来源于稀有天才的生产者的剩余。[j]

## 第 9 节　在同一行业特别是同一企业中各种不同的类别的工人的利害关系

其次，让我们研究同业中各不同工业阶级之间的互相利害关系。

利害一致是下述一般事实的一个特例，这一事实是：不管任何商品，对它的几种生产要素的需求都是连带需要，我们能够援引第五篇第 6 章所列举的针对这个一般事实的举例。在那里我们得知，泥匠劳动的供给假如发生变化，肯定让建筑业其他各部门的利益受到影响，而导致一般人所受的影响更大。实际上，经营建造房屋、织布或制造其他东西的各个不同阶级，他们的特定资本和特定技巧获得的报酬多由该种行业的共同繁荣程度来决定。总额由于效率的上升或任何外部因素而增加时，那么各阶级所得的报酬部分倾向增加；然而，当收入总额固定时，任何一个阶级的收入上升，肯定是由于其他阶级的收入降低。这适用于经营某业的全体成员，就特殊的意义而言，同样适用于在同一个企业中一起工作了许多年的那些人。

## 第 10 节　续　前

成功企业的报酬，从企业家本身的角度来看，是各种报酬的总额：第一，他的能力的报酬；第二，他的生产设备及其他物质资本的回报；第三，他的商誉或企业组织和商业往来的报酬。事实上，它比这几项报酬的总和要多；由于该企业家的效率部分上取决于他所经营的特定企业；假如他以合理价格把它售出而从事其他行业，那么他的收入可能会有很大的降低。商业往来对于他的全部意义，为机遇价值理论（conjuncture or opportunity value）提供了明显的案例。这种价值，尽管可能因为运气所致，但主要受能力和劳动的制约。其中可转移的部分，并能够由私人或大联合企业购买的部分，自当算作他们的开销，从某种意义上说，是一种机遇费用（conjuncture or op-Portunitycost）。

然而，雇主的观点并不能包含企业的全部利益，由于另一部分收益和他的雇工有关。确实，在某些场合为了某些动机，差不多企业的全部收入都是准租，也就是在短时间内由它的商品市场状况所支配的报酬，和生产该商品所要求的各种东西的开销与经营于该种行业者的费用没有关系。换句话说，它是一种混合准租，[k]可凭借讨价还价以及习惯和公平观念分配给该行业中的每个人。而这种结果是由一定的原因导致的，它类似于文明的初期分配来源于土地的生产者剩余的那些原因，生产者的剩余差不多常置于垦殖公司之手，而不归于个人。比如，一企业中的负责职员熟悉人员和事务，在某些场合下，他能够利用这种优势以高价格受雇于竞争厂；可在其他场合下，除了对于他所在的那个企业，这些东西并没有什么意义。因此，他一旦离去，该种行业蒙受的损失可能高过他的报酬数倍，而他在别处获得的报酬或尚不及这一半。[l]

值得注意的是，这种雇工的地位和其他雇工的地位不一样，后者对大行业中一切企业所提供的服务几乎有同等的价值。其中每人每周的工资，正如我们已经指出的，一部分是对该周内所做工作的疲劳的回报，另一部分则作为他的专长和特别能力的准租。如果竞争完全有效，那么这种准租是由本老板或任何其他雇主根据该周内他们商品的市场情况而对他的服务所愿支付的价格来支配的。对一定种类的一定工作所必须付出的价格，既然是这样地受商业上的一般状况所制约，因此这类价格列入直接费用，而这种开支肯定从它的总报酬中扣除以计算该特定厂当时的准租。然而，该准租的或涨或落，是与雇工没有关系的。但是，实际上竞争并不如此有用。即使市场上对用相同机器的相同工作支付相同的工资，那么当地厂的繁荣也有提高每个员工所得的机遇，同时当生意萧条时有继续就业的机遇，当生意兴隆时可获得所向往的超额工作时间。

所以，几乎在各个企业和它的雇工之间存在着实际上的某种损益共分；而这种损益共分可能是它的最高形式。企业中同事之间的利害关系尽管没有契约的规定，也因为真诚的情谊而获得慷慨的承认。然而这种情况非常罕见；一般使雇主和雇工的关系在经济上和道德上有所改善的方法，是分益制；当它被看做是倾向于更高而更难的真正合作制水平的第一步时，情况更是如此。

如若某行业中的老板同心协力，而雇工也众志成城，那么报酬问题的处理方法难于确定。只有通过提议来决定短时间内雇主和雇工在该种行业纯收入中所应分的数额。除了正在淘汰的工业之外，工资的下降绝不能永远满足雇主的利益，由于降低工资导致许多熟练工人流入其他劳动市场，甚或经营无所谓技巧的特殊工资的其他工业；所以，在平均年限内，工资势必高得能够吸引青年人经营该种行业，这就规定了工资的底线。而报酬的上限，是由资本与经营能力的供给相符合的必要性来支配的。然而，在该界限上应当采取哪一点，这只能靠讨价还价来决定。然而，这种讨价还价，可能因为伦理上的考虑而得到缓和，比如商业上有合理的调解机构，情况更是如此。

在实践中这个问题甚至更为复杂。由于各类雇工大多有自己的工会，并且各行其是；雇主只起缓冲作用。一组雇工罢工，要求提高报酬，事实上会耗损害他组雇工的报酬，所耗之数几等于雇主的回报。

商人与厂主以及老板与员工当中的各种工联和商业同盟，它们的结果和原因，这里不加以讨论。它们表现各种生动的事实和奇怪的变化，足以引起世人的重视，且好像表明，社会的变革即将来临。它们的重要性显然很大，与日俱增；然而，其中免不了有过分夸张的情形，由于其中大部分仅仅是进步浪潮上掠过的一些涟漪罢了。尽管它们现在比以前的规模更大、来势更猛，不过，现在和以前一样，运动的主流是由正常分配和交换的倾向这一强大的暗流来决定的。这些迹象是“看不见的”，可它们却能驾驭那些“看得见的”进程。即使在调解与仲裁方面，主要的难题在于发现什么是正常水平，使仲裁当局的决策不致与之相距太远，避免伤及自己的威信。

## 【注释】

a《国民财富的性质和原因的研究》第一篇第10章。西尼尔（《政治经济学大纲》）大概一宗十万镑资本的正常利润率为10%，一万镑或二万镑资本约为15%，五千镑或六千镑资本为20%，“资本越少，而利润率也越大得多”；并比较本篇前一章的第4节。值得重视的是，如果某私厂的经理本身没有资金，与资方合伙并分取报酬，而不赚回报时，它的名义利润率就有所上升。

b针对风险作为成本的要素，参看第五篇第7章第4节。对于各种不同的风险对各种不同性格的人，从而对风险性职业中的报酬和利润的吸引力与排斥力加以具体分析和归纳的研究，可能是有好处的，而这可从亚当·斯密关于这个问题的阐释开始。

c甚至大约估计投于各种不同企业中的各种资本数量也有很大的困难。不过主要凭借于那些在这个问题上明显不精确的美国统计局的有意义的统计材料，我们可以推定，在那些机器设备十分高昂、原料加工过程很长的工业，比如表厂和纺厂中，年产量比资本少；可在原料昂贵而生产过程短促的企业，如鞋厂中，以及在那些只需要稍加改变原料形式的工业，正如制糖业和屠宰业中，年产量比资本多四倍以上。

d 见本书上卷第四篇第 11 章第 2、3、4 节。

e 可他不需要对他在造船初期所投的那部分开销取以很高的年利润率，由于那部分资本一旦被投下之后，就无须再费力操劳，而他只根据很高的复利率计算他的“积累”开销也就够了；不过在这种场合下，他一定把他自己劳动的价值算作他早期的一部分开销。相反的，假如有一种行业，其中对所投的所有资本都要求不减少的、几乎是一样的操劳，那么，在该种行业中以加用复利润率（也就如复利率一样，利润率按几何级数上升）的办法求出早期投资的“积累”值是合理的。甚至在理论上有不十分严谨的地方，为了简便起见，事实上也一般采用此类方法。

f 严格意义讲，它将稍大于这三者之和，由于它将包括较长时期的复利息。

g 工人阶级住宅区的鱼商和菜商尤其致力于利润率很高的小生意，由于各个人的购买量非常之小，导致顾客情愿在附近的一个高价的铺子中购买，却不愿到较远的一个低价的铺子中去。所以，零售商尽管将不到半便士的东西售出时要一便士，他却可能不会过上一种十分优越的生活。然而同样的东西，如果为渔夫或农人所售，可能只要四分之一便士，甚或不到四分之一便士。而运输费和保险费的直接损失将不能说明这种差异。于是，一般人看来，这些行业中的中间人凭借联合能够获得额外高利润，这种看法好像是有理由的。

h 在这种情况下，在许多方面，专家的证明对经济学家是很有教益的，尤其是从多少有意识地认识到产生商业习惯的那些原因和帮助它们以维持这种习惯而使用有关这种习惯的中世纪时的术语。假如某一类职业的“习惯”周转利润率比其他的职业高，那么最后的因素差不多总是前者要求（或不久以前需要）资本投资的时间很长，或使用的昂贵设备较多（尤其是像那些易于急剧贬值或不能经常使用的设备，所以，必须依赖较少量的工作来维持自己）；或劳动较难而易于生厌，或要求业主付出更大的重视，或具有某种必须加以保险的特殊风险因素。而专家们对解释那些暗藏于他们心灵深处的使这种习惯存在的理由的疏忽，就有原因让人相信，假如我们能让中世纪商人再生并反问他们，那么我们会觉得，利润率的适应特定场合的需要远比历史家所说的要有意思得多。有时许多历史家并没有说明，他们所说的习惯利润率是一定的周转利润率，或是在长期内将给予一定的资本年利润率的那种周转的利润率。当然，中世纪企业手段的大同小异，会让资本的年利润率非常一致，而不致造成周转利润率像现代企业中那样大的不同。不过仍然很明显，假如一种利润率几乎一致，那么他种利润率并不一致；针对中世纪经济史的许多著作的价值因为没有确定地认识这两种利润率的差异和有关它们的习惯所一定依靠的最后默认之间的差异，而多少受到损耗。

i 一世纪以前，很多英国人带着大量财富从东印度回来，当时一般人相信，那里的平均利润率非常高。然而正如 W. 亨特尔所说的（《孟加拉乡纪要》第 6 章），失败是十分正常的事情，“唯有那些侥幸发财的人才回来发布这种奇谈”。正在这个时期，英国有这样一句俗语，也就是富人和他的车夫的家庭在三代内可能就乔迁几次。确实，这一半是因为当时的少财主极其奢侈，一半是因为很难觅得合适投资的机会。英国富有阶级地位的巩固，多半因为教育的普及和厉行节约以及投资方法的改善，而这种方法让少财主们有条件从他的财富逐渐获得可靠的报酬，尽管他们没有继承他依赖的赚取这种财富的那种企业才能。不过甚至现在英国也有些地区，其中大多数工业家是工人或工人的儿子。在美国，尽管挥霍浪费可能不及英国那样，然而人事的沧桑和使企业跟上时代的困难，曾流行着这样一句俗语，也就是一个家庭三代内都是“布衣相传”。威尔斯说（《当代经济变动》）：“很久以来在有判断力的人的中间就有一种基本相同的观点，即在为自己做生意的所有的人中，99% 没有成功。” J.H. 沃尔克（《经济学季刊》第 2 卷）就 1840—1880 年间马萨诸塞州乌斯特的主要工业的工业家们的出身和生平做了具体的调查，其中从职工起家的占了十分之九以上；在 1888 年占有任何财产或留有任何遗产的还不 1840 年、1850 年和 1860 年那些工业家的儿子的 10%。说到法国，L. 波流曾说（《财富的分配》第 11 章），每一百家新企业中，几乎有二十家马上消失，维持现状的有五十或六十家，不兴也不败，成功的只有十家或十五家。

j 已故沃克将军对阐明一方面决定报酬与另一方面决定管理工资的那些因素作出很大的贡献。不过他觉得（《政治经济学》第 311 节），利润并不是工业品价格的一个组成部分；他没有把那种理论限制于短时期，正如我们所了解的，对短时期而言，来自各种技巧的报酬，不管这种技巧是特殊化的或普通的，也不管它是老板的还是工人的，都能够被视作准租。他确实是在假借的意义上使用“利润”一词的；由于他把利息完全与利润分开以后设想，“无利润雇主”所赚取的数额“总的来说或在长期内等于他受雇于人时所能预期的报酬数额”（《启蒙》，1889 年，第 190 节）。也就是说，“无利润雇主”除他的资本利息外，还得到正常的纯管理回报（不管他的才能是大是小）。如此，沃克所说的利润比英国一般所指的利润少五分之四（关于这种比例，美国可能比英国偏低，而欧洲大陆可能比英国稍高）。所以，这种理论好像只是意味着因为特殊才能或运气的那部分雇主的报酬不列入价格。不过各种职业（不管是否为雇主的职业）的成败得失在制约谋求该种行业的人数和他们工作的积极性方面发挥作用，所以，列入正常供给价格。沃克好像把他的论点主要建立在他曾过分看重的这一重要情况的基础上：在长期内获利最多的那些最能干的雇主往往都是对工人支付的报酬最高，对消费者的售价最低的那些人。不过同样真实而甚至更加重要的一个情况是：赚取最高报酬的那些工人一般都是这样一些人，他们最善于使用他们雇主的设备和原料（见第六篇第3章第2节），进而使雇主有可能获取高额利润和对消费者索取便宜的价格。

k比较第五篇第10章第8节。

l当一个工厂具有自己的优势时，甚至在它的普通工人中有很多也会因离去而损失他们很大一部分收入，同时让该厂受到严重的损失。主要的职员能够被接收入伙；全体雇工能够部分地酬以红利；然而不管这点实行与否，他们的回报与其说是由竞争和代用原则的直接作用支配，不如说是靠他们和他们老板之间的契约（其条件在理论上是武断的）决定。而事实上它们将由这样的愿望来制约——“力求公道”，也就是说，努力达成协议的工资代表职工各自具有的能力、勤劳和特殊训练的正常报酬，同时当工厂处于顺境时提高一些报酬，而当工厂处于逆境时降低一些报酬。

# 第9章　地　租

## 第1节　地租是一大类中的一种<br>目前我们假设土地由其所有者耕种重申以前的讨论

正如第五篇所讲：地租不是独有的现象，而是各种经济现象中主要的一类；地租理论不是单独的经济理论，只不过是一般供求理论中的特定系的一种主要应用罢了；它包括若干级，从人所拥有的自然恩赐品的真正地租起，通过土地的永久改良所得的报酬，到农场、工厂建筑物、蒸汽机和较不耐久品所提供的收入为止。在本章和下章里，我们专门考察土地的纯收入。这种考察分为两部分：关于土地纯收入或生产者剩余的总额是其中的一部分；关于该收入分配给予土地有利害关系的那些人的方式是另一部分。不管土地占有形式怎样，第一种收入总是一般报酬，我们的研究将从这种收入开始，并假设土地的耕种由土地所有者自己承担。

我们不应该忘记，土地所“特有的”收入是热、阳光、空气和雨量，它们都不是人力所能制约的；对于位置上的利益，其中有许多也不是人所能控制，而土地所有者个人所投资本与劳力于土地的直接结果只占少数。这些即为上地的主要属性，它的供给不以人的努力而转移，从而并不由于该劳作的工资增加而提高；对它所缴的税，纯由所有者承担。[a]

另一方面，土壤肥沃程度所固有的凭借的那些化学性质和物理性质，可以通过人力改善，而在极端的场合，能够由人力完全改变。不过，对土地改良（尽管可以普通推广，但改良是缓慢地进行，而又缓慢地耗竭的）的收入所课的税，在短时间内，不会制约改良的供给，所以，也不会影响因为改良的农产品的供给，从而它主要由所有者承担。租地人在短时间内也可以当做是所有者。但是，在长期内，税会降低改良的供给，提高农产品的正常供给费用，从而由消费者负担。

## 第2节 续 前

让我们现在重申第四篇中我们针对农业上报酬递减迹象的研究。仍假设土地所有者自己耕种土地，那么，我们的推理则是一般的推理，而不受土地占有的特殊形式的制约。

我们先前知道，在资本和劳动的连续投资中，尽管最初几次投资的回报可以提高，然而当土地耕作得已经完善时，它们的报酬将开始下降。耕种者继续增加资本与劳动，直到一点为止，在这点，报酬只够偿付他的开销和补偿他自己的劳作。不管投于优等土地或劣等土地，那将是耕种边际上的一次投资；要求有和该投资的报酬相等的一个数量，且能够补偿他以前的各次投资，而总产量超过这个数量的余额，即为他的生产者的剩余。

他是努力向远看的，不过，他很少看得太远。在每个既定的时间，他都把得自永久改良的土地肥沃程度看做当然，而得自永久改良的报酬（或准租）和因为土地的原始性质的收入才是他的生产者剩余或地租。以后，只有新投资的报酬，才表现为所得和利润；新投资一直被他进行到有利的边际为止；改良土地的总收入超过他每年所投资本与劳动所需要的数额的余额，是他的生产者的剩余或地租。

此类剩余，首先由土地的丰收程度决定，其次由他必须买进和卖出的那些东西的相对价值决定。正如我们所知，土地的肥沃度或丰度是不可以绝对计量的，由于它随着所种作物的性质和耕作的手段与强度的变化而变化；假设有两块土地让同一个人耕种，并用同样的资本和劳动，其结果，如果能收获等量的大麦，那么未必能收获等量的小麦。在采用原始耕作方法时，如果能获得等量的小麦，而一旦采用集约经营或现代方法后，则所收获之数很可能不一样。同时，农场所要求的东西的价格及其产品所能售出的价格，都是由工业环境决定的，由于工业环境的改变，渐渐地改变着各种作物的相对价值，从而使位置不同的土地的相对价值发生改变。

最后，我们假定耕种者具有正常的能力，所谓正常是相对于他所担任的工作和他所处的时间与地方的情况说的。如果他的能力低于正常能力，则他的实际总产品将少于土地的正常总产量，它所给他提供的部分将少于它的真正生产者的剩余。反之，如果他的能力高于正常能力，则他除获得土地上的生产者的剩余外，还获得稀有能力上的生产者的剩余。

## 第 3 节　农产品实际价值的提高一般会提高剩余的产品价值，而使其实际价值提高得更多 农产品的劳动价值和它的一般购买力的区别

我们曾非常具体地研究过，农产品价值的提高，使各种土地（尤其是报酬递减倾向作用薄弱的那些土地）的生产者的剩余（用产品计算）得到上升的情况[⊠]。我们也知道，一般来说，和优等土地进行比较，它更能使劣等土地的价值提高。换句话说，如有人估算农产品的价值提高，那么他用一定的货币额按当前的价格投于劣等土地所能预期的未来报酬比优等土地多[⊠]。

其次，用一般购买力计算的价值就是生产者的剩余的实际价值，将相对于它的产品价值，和用一样方法计算的产品价值根据同一比例上升。也就是说，产品价值的上升使生产者的剩余的价值也跟着上升。

产品的“实际价值”一词意义复杂。从历史上来看，它通常指的是对于消费者的实际价值。这种用法非常危险。由于有些场合从生产者的角度来顾及实际价值是比较合理的。不过注意到这点时，我们能够用“劳动价值”一词来代表该产品将要购买的某种劳动的数量；而一定数量的产品行将购买的生活必需品、安逸品和奢侈品的数量才为“实际价值”。农产品的劳动价值提高，可以说明人口对于生活资料的压力不断增加，而这种原因所导致的生产者的剩余的增加通常和人民生活条件的恶化相伴而行，同时也是衡量恶化程度的一种尺度。不过另 方面，假如农产品的实际价值的增加是因为农业以外的生产技术的进步，那么其结果可能会使工资的购买力提高。

## 第 4 节　改良对地租的影响

上述一切所说明的是，来源于土地的生产者的剩余，并没有证明自然界恩赐的巨大，比如重农学派和亚当·斯密（以修正的形式）所提倡的，而是证明了自然界的吝啬。然而，不应该忘记，就市场的销路而言，所处的位置不一样，和绝对生产力不相等一样，是导致生产者的剩余不相等的重要因素。[d] 这个真理以及主要结果，其中有许多目前看起来是非常明显，而在开始是由李嘉图解释的。他乐于论证假如自然恩赐无限提供到处都是，那么占有它们并不会产生剩余，尤其是，假如土地的肥沃度一样、位置相等，并且又取之不尽、用之不竭，那么土地肯定不会提供剩余。他进一步完善了自己的论点，

并证明同样适用所有土地的耕作技术的改善（等于土地的自然丰度的普遍上升），如果减少谷物剩余总量，肯定减少供给一定人口农产品的土地的实际剩余总量。他也说明，假如改良所作用的主要是那些以前是最肥沃的土地，它可以提高剩余总量，然而，如果它所影响的主要是较贫瘠的一类土地，那么剩余总量肯定因此而降低。

有一种看法和上述命题一致，这种观点认为，英国土地耕作技术的改良，会使土地所提供的剩余总量增加，由于它增加农产品，而导致使它的价格实质上有所下降，除非向英国输出农产品的那些国家也跟着采用同样的改良或采取有同样效果的手段，改善这些国家的交通运输。正如李嘉图所言，如供应同一市场的所有土地都得到相等的改良，“那么这种改良给予人口以很大的刺激，同时让我们有可能用较少的劳动来耕种较贫瘠的土地，最后，对地主阶级有莫大的回报”。[e]

从土地的价值中，区别哪一部分价值是因为人的劳动所产生，哪一部分是因为自然的原始性质所引起，是很有趣的。土地的一部分价值是源自国家为一般动机而非专为农业所修的公路和所作的其他改善。凭借这点，李斯特、凯雷、巴师夏以及其他学者都觉得，把原始土地改造成目前的土地所用的费用超过土地现在的所有价值。所以，他们推定，土地的所有价值是靠人的劳动而来。他们所引用的情况需要加以讨论，然而，实际上这些情况和他们的结论是无关紧要的。他们所要讨论的是，土地的现在价值不应该超过把原始土地改造成像现在那样肥沃而适合耕种的土地所需的真正农业上的费用。很多适用于农业方法的变动早已陈旧，不堪运用。其中有许多变化，不仅不能提高土地的价值，反导致土地的价值降低。同时，在这方面的开销必须是纯费用，也就是加上逐年开支的利息再扣除历年得自改良的额外产量的总价值。在人口比较密集的地区，土地的价值通常比这种费用多得多，而且通常大许多倍。

## 第5节　有关地租的主要理论几乎对所有的租佃制度都适用但在现代英国的租佃制中，地主的份额和农业资本家的份额的明显界线也是对经济科学极端重要的

本章所述，适用于任何土地私有制形式下的各种土地租佃制度；因为它所涉及的是生产者的剩余，而这种剩余，如土地所有者自己耕种土地，则归他所有，如他自己不耕种土地，则归被视为合伙经营农业的他和他的佃户所有。因此，不论习惯、法律或契约规定他们各自分担多少耕作费用和分享多少耕作果实，这都是适用的。其中，大部分也

不取决于已经达到的经济发展阶段；即使产品不出售或出售得很少，所课的税都以实物形式缴纳，则它也是站得住脚的。[f]

在土地使用的交易方面，现在英国有些地区，以自由竞争与创业思想为重，而觉得习惯与情感无关紧要，那里一致认为，那些进行和损坏得都很缓慢的改良，都是靠地主供应才可以在一定程度上得以维持的。于是，该地在正常收获和正常价格下当年所能提供的全部生产者的剩余，扣除农业资本家的正常利润外，都归地主所有。因此，农业资本家如果遇丰年就获利，若逢凶岁则自担苦果。在这种计算中，已经暗地里假设了该农业资本家具有正常能力和创业思想来经营该类租地的。所以，假如他的能力高于正常能力，那么他自己获利，而如果他的能力有所不及，则自负损失，可能最后离开农场。换句话说，地主所收获的那部分来自土地的收入，在不长的时期内，是由农产品的市场来制约的，而与耕种方面所需各种要素的成本没有多大关系。所以，这部分收入具有地租的性质。而农业资本家所得的那部分收入，即使从短时期来看，也可以看做是利润，直接被列入农产品的正常价格，由于除非该农产品可以提供那种利润，否则它是不会被生产的。

所以，英国租佃制的特点发展日益完善，那么地主和佃户在所得上的界线和经济理论上所划分的深刻而具有重大意义的界线[g]，也更加相符合。这个情形较之其他事实可能是二十世纪初期英国经济理论占上风的主要因素，它使英国经济学家作出如此大的贡献，使我们甚至在这世纪中，其他国家对经济学的研究趋之若鹜，就像在英国一样。可几乎一切那些新的建设性意见，只不过是英国早期著作中所包括的其他概念的进一步完善罢了。

这个事实本身看来是偶然的，但可能不是这样。由于这条特定的分界线比任何其他界线所导致的摩擦都少，在审核上所费的时间和精力也很少。这种所谓英国制度是否可以持久仍需怀疑。它有重大的弊端，也许在未来的文明阶段不能认为是最好的制度。然而，当我们以它和别的制度相进行比较时，我们就知道，它曾给予英国以非常大的利益，让英国成为世界自由企业发展中的旗手，所以，她早期迫使采取各种变革，而使人民获得自由、勇气、伸缩性和力量。

## 【注释】

a 关于位置租准则的特殊，比较第五篇第 11 章第 2 节。

b 第四篇第 3 章第 3 节。我们知道，假如农产品的价值从 OH' 上涨到 OH［第（12）、

(13)、(14) 图], 进而在涨价以前让一宗资本和劳动的投资有利所需要的产量为 OH, 而 OH 为涨价以后所需要产量, 那么, 在第 (12) 图所表示的报酬递减规律发挥强烈作用的那种土地的场合下, 生产者的剩余将稍有提高; 在第二类土地 [第 (13) 图] 的场合下上升得较多, 不过在第三类土地 [第 (14) 图] 的场合下, 那提高得最多。

c 在报酬递减规律上, 比较起相同作用的两块土地 [第 (16)、(17) 图], 但当第一块肥沃而第二块贫瘠时, 我们发现由于农产品价格从 OH' 涨至 OH, 使第二块土地的生产者的剩余量从 AHC 至 AH'C' 的增加在比例上要大得多。

d 英国面积狭小而人口又十分稠密, 因此, 需要及时推销的蔬菜和牛奶以及大体积的草也能按较低的费用在全国运销, 而农户无论在英国的哪部分, 都能从主要农产品, 如粮食、牲畜中取得近乎相同的纯价格。因此, 英国经济学家曾把肥力算作农业土地价值的有一定决定作用的首要原因, 而位置则作为次要因素。因此, 他们常常把土地所提供的租值或生产者剩余看做它的产量超过等量劳动和资本 (运用的熟练程度同等) 在贫瘠的、处于边际的耕作土地上的产量的差额; 而不屑于明确指出这是必须相邻的两块土地, 或推销费用必须不同。但是, 新开发国家的经济学家们不会有这样的说法, 因为它不靠近市场, 那里最富饶的土地也许还未开垦。在他们看来, 位置对土地价值的决定作用似乎至少和肥力同样重要。在他们看来, 处于边际耕作的土地距离市场很远, 特别是和那些通向有利市场的铁路距离很远。他们把生产者剩余看做位置适当的土地的产品的价值超过等量资本和劳动以及相等的熟练程度在位置最差的土地上所获得的价值和产品的差额; 当然要考虑肥力的差别, 如有必要的话。从这个意义上看, 美国便不能再被看做一个新开发国家了。因为全部优等土地, 尤其那些有便宜的铁路和有利的市场相通的土地都已被占用。

e 见《原理》第 3 章。

f 配第关于地租规律的著名论述 (《赋税论》第 4 章第 13 节), 措辞上适用于各个文明阶段和各种土地使用形式: "假定某个人能凭借自己的双手在一块面积不大的土地上种植作物, 所有掘地、耕地、耘草、收割、收禾、打禾、簸谷等工作都由他一人负担, 除了维持自己的生活, 他的收获, 还可以使他有余下的种子供来年播种之用。我的意思是, 这个人的收获, 除去留出的来年播种的种子, 自身所直接消费的, 以及用于换取衣服和其他生活必需品外, 所剩余的谷物便是那块土地一年内真正的、自然的地租; 而这种谷物七年内——或准确地说是在一定的周期内, 在此周期内凶年和丰年计算的平均量便是那块土地的普通的谷物地租。"

g 用专业术语来说, 便是利润与准租的区别, 前者并不直接列入中等长度时期内产品的正常供给价, 而后者列入。

# 第 10 章　土地租佃

## 第 1 节　早期租佃形式通常是建立在合伙的基础上，合伙的条件是由习惯而不是由契约所支配
## 所谓地主往往是隐名合伙人

在古代，甚至在我们时代的某些落后国家里，所有产权由公约来决定，而不是由明文法律来决定。如这种公约可冠以明确的名称并用现代商业用语代表，则往往指的是：土地的所有权并不归于个人，而是归于合伙企业，其中一个或一群合伙人是隐名合伙人，而另一个或另一群合伙人（可能是一个家庭）是经营合伙人。[a] 有时隐名合伙人是国君，有时是享有为国君征收田赋的特权的私人；不过，随着时间的推移，它就不知不觉地变成多少有些明确、绝对的地主权利。假如他仍有向国君纳贡的义务，像一般的情形那样，那么合伙就包含有三个合伙人，其中两个合伙人是隐名合伙人。[b] 隐名合伙人或隐名合伙人之一，一般叫做业主、土地持有人、地主甚或土地所有者。可这是一种不严密的说法，假如他受法律或习惯（它具有和法律同样的强制力）的制约，而不能用任意提高耕种者所缴的回报或其他方式让他丧失土地。在这种情况，土地所有权并不仅归于他一个人，而由整个合伙企业拥有，他只是企业中的一个隐名的合伙人罢了。而经营合伙人所缴纳的费用，全然不是地租，而是由合伙企业的组织条例约定他缴的固定数额或总收益的一部分。假如规定这种报酬的法律或习惯恒久不变，那么地租理论很少有直接应用的空间。

## 第 2 节　但就像英国近代史所证明的，习惯比表面上显得更具有伸缩性
## 把李嘉图的分析运用于现代英国土地问题和早期租佃制度的时候，必须谨慎经营
## 其中合伙条件模棱两可，具有伸缩性，且在许多方面能够被不知不觉地加以修改

可实际上习惯所约定的各种课赋，通常带有不十分确定的性质，而留传下来的记载

也多含糊不清，有所欠缺，或顶多用一种不很科学的词句加以阐明。[c]

甚至在现代英国，我们也能够在地主和佃户所订的契约上发现到这种模糊不清的作用。由于这种契约一般借助于习惯来阐明，而这种习惯为了适应历代的不同需要一直在变化之中。我们改变我们的习惯比我们的前辈要快得多，并且对于这种改变更为自觉，并较愿意把我们的习惯靠法律固定下来以使它们相同。[d]

现在，尽管立法非常详细，而所订的契约也相当认真，可地主在维持和扩大农场建筑物及其他改良上所投费用的数量仍有非常大的伸缩性。在这方面，就和他和佃户所发生的直接货币关系相同，地主显得格外慷慨；而对本章一般论证尤其重要的是，地主和佃户所负责的农场经营费用的调整，例如货币地租的变动一样，一般可以使佃户所缴纳的真正纯地租也发生变化。再如，有些团体和许多大地主一般使他们的佃户年年照旧经营，从没想过使货币地租随着土地的真正承租价值的变化而变化。有许多不是租借的农场，在 1874 年农产品价格膨胀及其后的衰退期间，它们的地租名义上仍固定不变。然而，在早期，农场主知道他的地租很低，不便促使地主出资修建排水道或新的农场建筑物，甚或进行修理，在计划和其他方面，必须对地主有所顾及。而现在地主有了固定的佃户，为了保佃，契约上没有约定的许多事情，他也非常愿意做。所以，货币地租没变，而实际地租却发生了改变。

这一情况是下述一般命题的重要举证，就是经济学上的地租理论，即有时称为李嘉图的理论，如果不在形式和内容上加以许多的修正和约束，就不适用于英国的土地租佃制。把这些修正和限制不断地扩大，将使它同中世纪和东方各国任何私有制下的一切租佃制相适应，其中的差别只是程度上的区别。

## 第 3 节　续　前

不过，这种程度上的区别是很悬殊的。其中一部分理由是：在原始时代和落后国家里，习惯势力相当大，一般无容争辩；另一部分因素是：寿命短暂的人在没有科学的历史条件下，习惯是否在暗暗地改变是无法确定的，就如同朝生暮死的小虫无法发现它所栖息的草木的生长。不过主要的原因是：合伙的条件定得不明确，一般难以计量。

由于合伙企业中地位高的合伙人（或简称地主）所得的份额通常包括有征收某种劳役、课赋、过路税和礼品的权利（不管有没有分享一定部分产品的权利）；而在这几项下他所得的数量，此时与彼时不一致，此地与彼地不一致，且此地主与彼地主亦不同。例如，农户完成各种责任之后，扣除维持自己和家属所必要的生活资料以及习惯上所规定的安逸品和奢侈品还有剩余，那么地主肯定利用他的权势来提高这种或那种形式的负担。假如主要的负担是缴纳一定数量的农产品，那么他就会提高该数量。然而，由于不用暴力，此事不可能办成，所以他宁愿提高各种小课赋的种类和数量，或坚持土地一定精耕细作，且大部分田地必须种植费很多劳动的、进而具有极大价值的作物。如此，变化的进行，像钟表的时针一样，总的来说是稳当的、平静的，几乎是不知不觉的；然而在长时期内，这种演变却是十分彻底的。[e]

即使就这些负担而言，习惯所给予佃户的保护也是非常重要的。因为他总是非常明白，什么时候应该满足哪种需要。他周围的任何道德观念，不管是高尚的或卑贱的，都反对地主突然大量提高那些一般认为惯常的负担、课赋、税和罚款；所以，习惯使改变的锋芒受挫。

不过，这些不明确的可变因素，一般只占全部地租中的一小部分，而在那些不十分罕见的场合，其中货币地租在很长的时期内保持不变，佃户曾占有土地的一部分剩余利润，其原因一方面因为土地纯价值增加时他得到地主的宽容，另一方面也因为习惯和舆论力量的支持。在某种程度上，这种力量和于窗架下端支撑雨点的那种力量相像，在窗户剧烈振动以前，它们安闲自若，可是一旦有所振动，就会同时下落。同样，长期以来地主的法律权利隐而不显，可在巨大的经济变革时期，却有时突然发挥作用。[f]

## 第 4 节　分成制和小土地所有制的利弊

就英国与印度而言，佃户使用土地所支付的代价应按货币计算，或以实物算出这一问题，是很有趣味的。不过，现在我们可以置之不论，从而研究英国的租制和美国所谓“分成制”与欧洲所谓“分益农制”[g]之间的根本不同。

土地在欧洲大部分拉丁民族的国家里被分成好多块租田，佃户用通过自己和家人的劳动来耕种他的佃地，有时（尽管很少）也雇用少数雇工帮忙。而地主则提供房屋、耕牛，有时甚至还供给农具。在美国，则各种租佃制都很罕见，而这仅有的出租地中有三分之二是小块佃地，租给白人中的较贫阶层或解放了的黑奴，劳动和资本根据这种制度共分产品。[h]

这种制度让本身没有资本的人能使用资本，并且使用资本的代价比在任何其他条件下要少些，同时比他当一个雇工有更多的自由和更大的责任心；所以这种制度具有合作制、分益制和计件工资制这三种现代制度的许多优势。[i]不过，与雇工相比，尽管分益农有更多的自由，然而与英国农民相比，自由却很少。他的地主或地主的代理人，在监督他的工作上势必花费很多的时间和精力。所以，他必须收取一笔很大的费用，这种费用尽管用别的名称，实际上是管理上的费用。由于当佃户必须把他每次投于土地的资本和劳动的报酬的半数交给他的地主时，如果投资的总收益少于作为他的报酬之数的两倍，那么对他不利，他绝不经营这种投资。假如任他自由耕种，那么他耕作的集约化程度远比英国制度下的集约化程度低。他所投入的资本和劳动，以能给他两倍多的回报为限，所以，他的地主在该报酬中所得的份额和在报酬固定制下相比要少些。[j]

这种制度被欧洲许多国家所采用。在这种制度下，佃户实际上有约定的佃权；因此，只有凭借经常的干预，地主才能使佃户在他的农场上维持一定的劳动数量，并避免他用耕牛经营于田间作业以外的工作，这种工作的回报归佃户所有，地主无权过问。

不过，即使在那些变化最少的地区，习惯上规定地主所提供的农具的数量和质量总是无形中变化着，以适应变化着的供求关系。假如佃户没有固定的佃权，那么地主可以随意安排佃户所提供的劳动和资本的数量和他本身所供给的资本数量，来适应各种特殊场合的要求。[k]

很明显，分益农制的优势很多，假如佃地面积很小，佃户很贫困，而地主针对许多琐事也不厌其烦的话。不过，它对于那些大得足以发挥有才能的负责的佃户所具有的企业心的佃地不适合。这往往是和小土地所有制相联系的。我们将在下节中加以研究。

## 第5节　续　前

小土地所有者的地位拥有很大的吸引力。他能够为所欲为，既不受地主的影响，也不怕自己勤劳的果实为他人窃取。土地所有权给予他以自尊心和坚定的性格，并使他勤俭持家。他差不多没有闲过，而且很少把自己的工作看做苦役，这一切都是因为他所心爱的土地。

杨格说过，“财产就像魔术，能变沙成金”。在小土地所有者拥有特别能力的很多场合下，这肯定是真的。然而如果这些人不把自己的视野限定于成为小土地所有者的狭隘范畴，那么他们可能有同样或更大的成绩。由于这件事确实还有它的另一面：人们经常说，“土地是劳动者的最好的储蓄银行”。有时它在最好中处于次要地位，而他和他的子女的能力居于首要地位。小土地所有者对他们的土地是这样专心，以至通常不务他事，甚至他们中间许多最富有的人也精打细算、省吃俭用。他们往往用房屋和家具的排场来炫耀，可他们出于节省而居住在厨房之内，事实上他们的食住条件远比英国农民中较富裕的阶层差。他们中间最贫困的人，工作的时间非常长，所花费的精力很大，然而，他们所完成的工作却有限，他们吃得比英国最穷的工人还要差些。他们不知道，财富的作用只是谋求真正幸福的方式，而他们为了手段却失去了动机。[1]

不应忽略，英国劳动者象征着英国制度的失败，而不是成功。他们是那些人的后代，这些人在几代以来都没有抓住那些机遇，这些机会曾让他们那些聪明能干而勇于冒险性的身边人在国内飞黄腾达，而更为重要的是，在国外得到了大量土地。英国民族成为新世界的主人因素很多，其中最重要的因素是那种进取心，这种进取心曾让一个富得足以成为小土地所有者的人，往往都不满足于农民生活的单调和收入的薄弱。而助长这种进取心的因素很多，其中最重要的就是不受某种诱惑的影响，这种诱惑就是等待小遗产和出于财产目的而不是凭借自由恋爱而结婚。这种诱惑通常使那些小土地所有制占优势的地方的青年在能力发展上受到制约。

部分的原因是因为缺乏这种诱惑，因此美国农民尽管是劳动者阶级，用他们自己的双手经营自己的土地，可和小土地所有者却不一样。他们在发展本身和自己子女的能力上所用的费用很多，且非常聪明。而这种能力就构成了他们资本的主要部分，因为他们的土地只有非常小的价值。他们的思想通常很敏捷，尽管他们中间很多人都没有农业技术知识，不过，他们的敏锐和机变让他们有可能善于处理他们所面对的困难，几乎万无一失。

一般说来，问题在于农业上所得的产量和所消耗的劳动相比时较多，虽和他们所拥有的大量土地相比却较少。不过，在美国的某些部分，土地正在开始获得稀有价值，而靠近有利市场的地方，使耕作的集约化也逐渐有利可图，耕作和租佃方法正在按照英国的方式改变着。近几年以来，美国人有把西部的农场交给欧籍新移民经营的趋势，像他们把东部的农场和很久以前把纺织工业交给他们一样。

## 第 6 节　英国制度有可能使地主提供那部分他运用自如和对之负责的资本<br>它给予各种选择以很大的权利，尽管比在其他工业部门中的自由少些

让我们再来研究英国的租佃制。这种制度在许多方面是有弊端的，并且也是苛刻的。

然而它对事业心和精力却有所刺激、有所节省。这种事业心和精力，以及英国地理上的有利条件和不受破坏性战争的干扰，让英国在加工工业、殖民事业和农业（尽管程度上较差）方面成为世界第一。英国在农业上从很多国家尤其是荷兰学到一些经验。然而总的来说，它所传授给人的比向人学的要多得多。目前，世界上除了荷兰没有一个国家在肥地的亩产量方面能和它相抗衡。欧洲也没有一个国家相对于所消耗的劳动来说，能获得这样高的回报。[m]

这种制度的主要优势在于，它使地主有可能对那部分而且只对那部分财产负责，这部分财产的承担，既不需要自己操心，也不给佃户带来许多困难。它的投资尽管要求事业心和判断力，不过没有必要在细节上加以时常的监督；他的那部分就是土地、建筑物和持续的改良设备，在英国这些东西平均等于农户所必须自备的资本的五倍。他情愿把这样大的资本当做事业中自己的股份，所获得的纯地租很少有达到资本利率三分者。没有其他一种企业的人能以这么低的利率借得所要求的资本，或不管按任何利率，总能借得这么多的资本。确实，分益农所借的资本甚至比这还多，不过，所付的利率要高很多。[n]英国制度的第二个优势，部分地因为第一个优点而来，是它给予地主以非常大的自由来寻找有能力而富于责任心的佃户。就和土地所有权不同的土地经营而言，英国对出身的重视程度远不比欧洲其他国家。然而，我们已经知道，就是在现代英国，在获得各种企业中的主要职位和参加自由职业甚或工艺行业中，出身也是十分必要的，而在英国农业中则有过之而无不及。由于地主的优势和弊端结合起来，使他们不能按严格的商业原则来筛选佃户，而他们也并不时常更换佃户。[o]

## 第 7 节　续　前

有机会把农业技术推进一步的人非常多。由于农业各部门性质上的不同远逊于工业，例如有一种新的方法，那么各部门会马上采用而得到广泛传播。然而，相反的话，进步就相当缓慢。由于大多数有进取心的农业家都流向城市，而待在农村的人却过着多少有些孤单的生活。因为自然淘汰和教育的关系，他们一般不如城里人灵活，多不愿倡导或采用新的方法。同时，尽管厂商在采用他的同业行之有效的那种方法方面几乎万无一失，可农户却不这样觉得。由于各个农场都多少有它自己的特色，所以，盲目采用周围行之有效的那种方法肯定导致失败，而这种失败帮助别人更加相信墨守成规才是上策。

其次，农业上的各种细节很繁多，使农业会计做到精确非常困难。其中有许多连带产品和许多副产品，以及各种作物和饲养方法之间的借方和贷方的关系又是如此复杂和变动不居，以致一个普通的农户即便对会计有所喜好，除非用猜测的方法，很难确定什么价格才值得他来增加一定的额外产量。他可以相当精确地知道它的直接成本，但他很少知道它的真正总成本，这就增加了及时吸取经验教训，从而借助它来取得进步的困难。[p]同时，农业和工业在竞争的方式上也有差别。假如某厂商的能力很差，那么别人可以取而代之。不过，正如地主不能用最好的方法来发展他的土地的资源时，那么他人除非导致报酬递减倾向的作用，是不能弥补这种弊端的；所以，他的缺乏聪明和进取心，就导致边际供给价格很高。[q]可是工农业在这方面的差异，确实只是程度上的区别；因为一切工业部门的发展，由于经营该种行业的各大工厂缺乏能力和进取心而受到妨碍。农业上的主要改良是通过地主进行的，他们本身就是城里人，或和城里人至少有很紧密的联系，同时，农业的辅助行业的厂商也曾进行了此类改良。[r]

## 第 8 节　大土地占有制和小土地占有制合作

尽管自然所提供的回报，伴随着一定效率的劳动数量的上升而提高，不过所提高的工资却不能同劳动量的提高成比例。然单就人而言，在工业和农业中，往往都适用报酬递加规律（也就是总效率的增加超过工人人数增加的比例）。[s]然而，这两种情况下的大规模生产的经济却大相径庭。

首先，农业一定占用广阔的地面，原料能够运给厂商来用，而农民非自己谋求工作不行。其次，农业劳动者必须根据季节工作，很难在一年四季专门经营一种工作。所以，就是在英国制度下的农业，也不能向着工业生产方法的方向快速前进。

然而，种种巨大的力量使它向那个方向发展。发明上的进步使用途很广而价值高昂的机器的数量不断地增加。所谓昂贵，由于其中大部分机器小农只能在很短的时间内使用。他可允许租用某些机器，然而许多机器只有他和邻人合作才能加以使用。可是天气的无常，通常使他在实践中不能顺利地完成这种策略。[t]

再其次，农场主为了适应时代变迁的要求，就必须摆脱他和他父亲的经验所造就的结果。他一定要领悟农业科学和实践的发展，且能够用来改良他的农场。这一切要适当地进行，就必须有足够的才能。有这种才能的农场主，会拿出时间来决定几百亩甚或几千亩土地的管理上的一般方针。而负责工作上的细节，是一种和他不对等的工作。他应该管理的工作和大厂商所负责的工作同样艰难，这个厂商不会把他的精力浪费在琐碎的监督上，而这种监督是他很轻易用雇员来做的。能做这种高级工作的农场主，除非他所雇的很多工作队各队都有监工管理，那么经营不值得他做的那种工作肯定浪费他的精力。然而，能发挥这种才能的农场很少，所以，使真正有能力的人经营农业企业的诱惑力并不大。国家最有才能的人，往往都回避农业而经营工商业，在工商业中，具有头等能力的人有只做高级工作而不做其他工作的机会，并且高级工作做得很多，进而获得管理上的高额回报。[u]

如果设想，像现代的方式那样，农场主不常和他的雇工一起工作，也不以他的亲赴现场来鞭策他们，那么为了生产上的经济，好像最好的办法是农场应该在现有租佃条件所允许的范围内努力扩大，从而有时机来使用极其专门的机器和施展农场主的才能。不过，假如农场不很大，如果像通常的情况那样，农场主的能力和才智并不比工业中的优等工头高，那么为了别人和最后为了自己的利益，可能最好是沿袭旧方法，和他的雇工共同工作。他的妻子也可能也参加村里村外的一些轻便工作，而这些工作习惯上是要她来做的。这些工作所需要的是小心和判断，它们同教育与文化也并不是相排斥的。同这些结合起来，这些工作不仅不会减少，反而增加她的生活乐趣和他的社会地位。有理由认为，物竞天择原理的严酷影响，目前正淘汰着那些农场主，他们既没有做艰难的脑力工作的才能，又不愿经营体力劳动。那些高于一般天赋能力的人正在取代他们的地位，这些人凭借现代教育的帮助，日益脱离工人队伍。他们对于解决一个模范农场的日常工作是很有能力的；并且他们灌输农场以新的生命和精神，因为他们是和他们的雇工共同工作，而不是命令他们去工作。大农场既已没有，那么英国农业最近的好像按照上述原则经营的小农场了。小佃地具有很大的优势，那里的作物一定加以小心保护，而机器则无能为力。不过，现代科学方法的使用让专门技术所带来的经济日趋重要，正如在雇有几个报酬优厚的助理以培植珍贵花草和果类的苗圃中所见的一样。

## 第9节　续　前

其次，我们所要研究的是地主如何为着他们自己的利益策划佃地的规模以适应人民的实际要求。小佃地相比大佃地，根据其亩数而言，一般在房屋、道路和围墙上所开销用较大，给地主带来的操心和附带的管理费用也稍多。拥有一些优等土地的大农场主，能善于利用劣等土地，而小佃地除非土质肥沃，往往就无法丰收。[v]于是，小佃地每亩的租金（毛租）一般比大农场高些。不过，可以推定，尤其是当土地上住宅密集时，地主除非见到小佃地的地租除对他们的费用提供高额利润外，还能提供他们以巨额保险基金，避免佃地的重新合并，否则他们绝不愿负担再分农场的开支。很多国内地方的小佃地（尤其是只有几亩地的）的租金是非常高的。有时，地主的偏见和优越感使他武断拒绝把土地卖给或租给那些在社会政治或宗教问题上同他持有不同的看法的人。好像能够肯定，这种弊端一般只发生在少数地区，而且是在逐渐减少，但的确会引起很大的注意。由于各个地区公众既要求大佃地也需要小佃地，用来种地和修建花园，且往往都需要小到能够由有其他职业的人来兼营的小佃地。[w]

最后，尽管小土地所有制不适合英国的经济条件，它的土壤、气候和英国国民的民性，不过，英国还是有少量小土地所有者，在这种情况下生活得很幸福。同时，少数其他的人，他们会购买小块土地，以经营农业为生，虽然他们在需要时只能获得他们所缺少的东西。他们的性格是，若可以不服侍他人，那么他们情愿勤劳和节俭度日。他们向往安静而不喜欢激动；他们对土地有无限的热爱。应该给这些人以合适的时机，让他们用自己的储蓄购买小块土地，在这些土地上，他们能够用自己的双手来种植相宜的作物，至少应该降低目前由于转让小块土地而收的那些苛刻的法定手续费。

合作制在农业中好像大有发展潜力，并让大生产的经济和小生产的乐趣与社会利益结合起来。它所需要的是相互信任，坦诚相见。但是遗憾的是，最勇敢有为而最为人所信赖的乡民都先后流向城中，所留下的农人却很多疑。不过，丹麦、意大利、德国以及爱尔兰曾领导了大有潜力的合作化运动，比如在乳制品的经销、牛油和奶饼的生产、农民必需品的购置和农产品的销售方面都组织了合作社。英国正在仿效它们。然而运动只局限于狭隘的范畴，它好像没有涉及田间工作本身。

正如合作制能够兼容所有租佃制的优势，那么爱尔兰的佃农制一般包括一切的缺点；不过，其中的弊端及导致这些弊害的因素几乎已经绝迹，而问题的经济因素此刻正为政治因素所蔽。所以，我们略而不论。[x]

## 第 10 节　决定正常价格和正常收成的困难<br>佃户进行改良和获取改良果实的自由

英国租佃制度在爱尔兰的失败，曾突出了它所固有的那些困难，而这些困难在英国得到隐蔽的原因，是因为这种制度同人民的企业习惯和性格相等；其中最主要的困难来源于这一情况：这种制度在本质上是竞争的制度，甚至英国的农业条件都对自由竞争的作用充分发挥造成了极大的障碍。首先，在明确竞争作用所必须依赖的条件方面，存在着特殊的问题。综上所述，农业会计难以做到精确。同时，还必须考虑到：农场主关于使他值得担当的那种地租的计算，一般因难以确定正常收成和正常物价水平而受到制约。由于丰年凶年如此交错，导致提供一个可靠的平均数非要经过很多年不可。[y] 而在这些年代里，工业环境肯定有很大的变化。当地的需求以及让他能在遥远市场销售自己产品的便利和使远地竞争者能在他的当地市场出售产品的便利，可能都有所变化。

地主在决定收取多少地租方面也会遇到这种困难和另外一些因国内各地农场主的能力标准不同而产生的困难。农场的生产者剩余或英国的地租是该农场的产品所提供的收益超过包括农场主正常利润在内的耕作费用的差额，其中所假定的是，农场主的能力和事业心，就该地该类农场来说，是正常的。所述困难在于决定该地二字应作何解释，作狭义解亦作广义解。

很明显，假如农场主的能力在他的本地区的正常能力以下，假设他的唯一优势在于讲价，假如他的总产品很少，而甚至他的纯产品在比例上更少，在这种状况下，如果地主把农场交给一个更有能力的佃户，他能付出较高的报酬，所得到的纯产品也多得多，并能支付很多的地租，那么他的行动代表了大家的利益。相反，如当地的正常能力和事业心的标准很低，地主会努力设法从达到该标准的农场主那里剥削大于他所能交付的地租，那么从伦理的角度来看明显是不正确的，从长期来看同地主的利益也是相排斥的，就算他从能力标准较高的地区移入农场主即可得到那种地租，这事也有欠妥当。

和上述问题紧密联系的另一个问题是：佃户应有权利来发掘土地的自然潜力并自担风险，如果他成功，那么他能够获得大于正常的企业利润。就各种小的土地改良而言，长久租赁在很大程度上克服了这种问题。苏格兰在这方面实践的案例许多成功了，不过，长期租赁也有自己的不足。正如人们所常说的，“英国佃户，尽管当他没有租权时，总像有租权似的”；“就算在完全英国式的租佃制中，也有一些分益农制的迹象”。当收成和市场对农民有好处时，他付给所有地租，并避免向他的地主提出要求，因为这种要求可能使他认为地租不应有所上升。当收成非常不利时，地主一方面出于同情，同时也作为义务，暂时减免地租，并承担修理开销，而这种费用往往是由农民负担的。所以，在地主和佃户之间，尽管名义地租不变，实际上有许多互相迁就的情况。[z]

习惯往往让英国佃户对他所作的改良的补偿得到部分保证。最近立法方面与习惯并驾齐驱，甚至超过习惯。现在佃户事实上并不受那些由他所作的相当改良的增产而带来的提高地租的威胁。当他离开时，他能够对改良设施未耗尽的价值要求赔偿，数额由公断人制定。[@7]

## 第 11 节 关于建筑物、空地和其他方面的公私利害的冲突

最后，就城中空地对私人利益和公共利益的问题，还必须说一说。威克·菲尔德和其他美国经济学家曾教导我们说，人烟稀少的新地区，常因为新来的人而致富。反面的真理是，人口稠密的地区，每因增建一所房或多盖一层楼而致贫。新鲜空气和阳光的缺乏，各种年龄的人和儿童游戏所需要的室外休息处的缺乏，会耗尽那些不断流入大城市的最优秀的英国人的精力。允许在空地上任意建筑，从经营的角度来看，我们就犯了严重的错误。因为为了一点物质财富，我们耗费了作为一切财富生产要素的人的精力。我们为了物质财富牺牲了目的，而物质财富只是达到我们需要达到的目的的一种手段。

### 【注释】

a 隐名合伙人也许是一个乡社，但是最近的一些研究，尤其西博姆先生的研究，曾使人有理由、有根据相信乡社往往并不是“自由的”、最后的土地享有者。关于乡社对英国史的影响的争论摘要，读者参阅阿什利所著《经济史》第 1 章为好。土地所有权分割的原始形式对进步的阻碍在第一篇第 2 章第 2 节中有说明。

b 该合伙企业能够因这样一个中间人的入伙而进一步扩大，他向很多耕作者收款，并在扣除一定的份额后，将所剩余额交给企业首脑。他并非英国平时所指的中间人，这就是说他不是在一段时期收账完毕后便被解雇的承包人。他是企业的一员，尽管他也许居于次要地位，但拥有和主要合伙人同样的实际的权利。甚至还有比这更复杂的情况，在实际耕作者和直接从国家领取土地的人中可以有许多的中间人；而实际耕作者就其利益而言也大有不同，有的人有权坐享固定的地租（丝毫不能增加），而有的人只是有权坐收在某些规定条件下才能增加的地租，而有的人则年年都是佃农。

c 梅特兰教授在《经济政治学辞典》中与国家档案相关的一个条目中说：“除非我们对这些档案进行反复研究，否则我们将永远不知道中世纪佃农的佃权是如何的朝不保夕。”

d 例如，1848 年众议院溥西委员会报告中说：“在英国各区各郡，长期以来便有使佃户外出从事各种农活的不同惯例……这些惯例都载入当地的租约……除非租约对这项要求有明文或暗含着的否定。英国的某些地区曾出现过一种现代惯例，即有权要求外出佃户支付一定费用……而不是完成各种农活……这种惯例大概是由需要支出大量资本的、改进了的农业制度发展而来……某些地区逐渐公认了这些（新的）惯例，直至这些惯例在那里最后被认为是全国的习惯。”其中的许多，现在已由法律来执行。参阅以下

第 10 节。

e 例如，一定日数的劳动价值部分地决定于劳动者被招至地主的草地离开自己草地时的敏捷性和他的劳动强度。他的权利，是像砍柴权或掘炭权一样，是有伸缩性的；而他的地主的权利也一样，这些权利使他不得不让地主成群的鸽子肆无忌惮地毁坏自己的庄稼。因为他必须用地主的磨坊磨谷，通过地主的桥，利用他的市场时还要交过路费和市场税。其次，向佃户征收罚款或礼品，或印度的一种国家土地税［“阿布瓦布”（abwab）］，数量上与征收的场合上都具有一定的伸缩性。在蒙古人的统治下，大佃户不仅要缴纳名义上规定的产品份额，往往还必须缴纳许多类似的赋税。他们加重这些赋税并加上他们自己的赋税，然后把它们转嫁给小佃户。英国政府没有征收过这些赋税；虽然作过多次努力，但小佃户依然不能免于其害。例如，W. W. 亨特爵士在奥里萨的某些地区观察发现佃户除了缴纳他们的传统地租，还要缴纳三十三种苛捐杂税。在他们的儿子结婚时要纳税，在请假去种甘蔗、修河堤以及参加宗教节日时也要纳税（《奥里萨》第 1 章）。

f 现在在印度，我们看到各种的租佃形式在同一种或不同种的名义下并存着。有些地方给政府缴纳一定的税款后，大小佃户就共同享有土地所有权，小佃户在那里没有被驱逐的危险，也不会因害怕受迫害而被迫交给大佃户的生产者所剩余的份额多于习惯上所严格规定的份额。在这种场合下，他所缴纳的费用，如已经指出，只不过是把合伙时口约的、属于另一位合伙人的那份收入交给他自己而已，但那绝不是地租。不过这种租佃形式只存在于孟加拉一带，最近那里的人口没有很大变动，那里有足够机警而正直的警察来防止大佃户压迫小佃户。在印度的大部分地方，耕作者直接地向政府租地，租佃条件可随时修改。租佃得以实现的原则（特别是正在开垦的东北部和西北部）是耕作者每年缴纳赋税的数量与根据当地的一般标准扣除他的奢侈品与生活必需品后土地的可能剩余的产品相适应（假定他耕作时所用的精力和技术与当地正常的精力和技术相同）。因此，就像当地人与人之间那样，这种费用具有经济租的性质。但是因为两个地区的肥力不同，其中甲地由身强体壮的人所耕种；乙地由体质虚弱的人所耕种，那么收取的费用也将不会相等，所以，与各个不同地区一样，它的调节方法是租税的调节方法，而不是地租调节的方法。因为租税按事实上所赚的纯收入分担，而地租却按能力正常的人的所得来分担：一个成功的商人如果比占有同样便利的铺面、支付同样租金的邻人的实际收入多出十倍，那么他也将缴纳多十倍的租税。印度的历史很少记载类似英国乡村自从瘟疫、饥饿和战争不再侵袭我们以来所获得的那种安定。大规模的动乱似乎总在产生，部分原因是频繁的饥馑（如印度统计地图所示，二十世纪末，只有很少的地区曾受过严重的饥馑袭击）；部分原因是由于征服者接二连三地加于这一富有耐心的民族上的毁灭性的战争；其次的原因是最富饶的土地迅速被茂密的丛林所代替。曾养育绝大多数居民的肥沃土地，一旦人烟绝迹，就很快地变成毒蛇、野兽的领地或疟疾的病源地带。而这就使那些逃难者不能重归家园，并且往往使他们到处流浪，难以定居。当土地上的人口逃离以后，管辖该地的政府或私人，总是以极其有利的条件从其他地方吸引来种地的人；这种招引佃户的竞争，大大影响了大佃户和周围一带种地者的关系；因此，除了不断发生着的、那些习惯上的租佃关系变动外（虽然在任何时候这些变动都不可捉摸），差不多各个地方在许多时期，甚至连以前的习惯也被打破了，相继而来的是十分激烈的竞争。

饥馑和瘟疫这些因素，在中世纪的英国屡见不鲜，但是它们的危害较小。此外，在印度，几乎各种变动的进行速度比一代人的平均寿命要长一些，是指生活在寒冷气候下的英国人。因此，和平繁荣能够促使印度居民较快地摆脱各种灾难。较短的时期内，各代人所保留的那些祖业的传统又重新抬头，因此，新形成的习惯经常被认为是有古代的依据的，变化不被认作变化，就能够更快地进行。

g 原来“分成制”一词只对地主和半分成的情况适用，但是不论地主的分成有多少，它通常被用于各种分成情况。分成制必须区别于垫资制，在垫资制下的地主至少供给一部分资本，而佃户自理农场并自负盈亏，每年缴纳固定的报酬给地主的资本和土地。中世纪时这种制度流行在英国，而分成制也为人所采用（见罗杰斯:《六百年来的劳动与工资》第 10 章）。

h1880 年，美国 74% 的农场由其主人耕种，18% 或的三分之二以上的农场出租分成，按英国制度出租的农场只有 8%。不由主人耕种的农场大部分是在南部各州。在某些情况下，地主——当地称农场主——不仅供给骡马，也供给饲料。在这种情况下，佃户（在法国不叫分益农，而叫做 maitre valet）几乎与雇用劳动者的地位相同，报酬是所收获的一部分。正如渔业中的雇用工人，他的工资只是他所捕获的鱼的一部分价值。佃户所得份额不等，有的是五分之四，也有的是三分之一。在前一种情况下，土地肥沃，作物无须太多劳动；而在后一场合，则需要大量劳动，同时地主又供给少量资本。从研究分成契约依据的许多不同的租佃制中，可获取很大的教益。

i 分成制下的地主和分益农的关系在许多方面类似于出版商和作者之间的“红利对分”制关系。

j 这可以从第四篇第 3 章的图解中看清楚。在位于 OD 与 AC 的二分之一（或三分之一，或三分之二）处，作一佃户份额曲线，曲线以下的面积代表佃户所得的份额，曲线以上的面积代表地主所得的份额。和以前一样，OH 是使佃户投一宗有利资本所需的报酬；如果按照他的意愿，则他将不会把他的耕作面积扩大到 OH 与佃户份额曲线的交点外。因此，地主在较少量的工作经营报酬中的所得份额要少于英国制。这种图解可用来作为李嘉图分析决定土地的生产者剩余的原因的说明，对英国以外的租佃制也适用。将它们略加改变，就能使其适应波斯的习惯，那里土地的价值很小："收获分成五份并分配如下：土地、灌溉用水、种子、劳力、牛，各占一份。地主一般得二份，这就意味着他获得五分之二的收获。"

k 这一点在法国和美国的许多地区已经实行了。有良好判断力的人认为可以大大推广这种办法，并使不久前被看做毫无希望的分成制重获生机。如果实行得彻底，它将使耕作程度对地主提供的收入和该地主在英国制度下位置和肥力相等并配有等量资本的土地，以及在租用农场者具有正常经营能力的那些地方所能达到的，所获得的收入和耕作程度相同。关于法国分成制的弹性可参阅兰贝林和希格斯在《经济学杂志》(1894 年 3 月)所发表的论文和博留的《财富的分配》第 4 章。与前注中一样，设在 OD 线上截取 OK 线段来代表地主供给的流动资本。那么如果地主按照自己的利益自由控制 OK 数量并能与佃户定好他所消耗的劳动数量，就可以用几何证明，他将能够通过调节使得佃户所进行的耕作集约程度与英国制下相同，而他的份额也将和英国制下的一样。如果他无法使 OK 的数量改变，但仍然可以控制佃户的劳动数量，则产品曲线将会具有一定形状，耕作的集约程度将大于英国制下的程度，但是将减少地主的份额。这种矛盾的结果虽具有科学趣味，但实际上却并不重要。

l "小土地所有者"是一个很含混的名词：它包括许多通过幸运的婚姻把几代艰辛而辛勤的劳动果实和长期储蓄掌控于自己手中的人。普法战争后，有些法国的小土地所有者可以自由地向政府贷款，但一般农民的储蓄却十分有限，很有可能，他的土地会因缺乏资本而荒耕，他也许有少量的货币或投资，但他却没有适当的理由使人相信他有很多的货币或投资。

m 虽然有些可疑，但英国优等土地的单产比荷兰似乎要高。荷兰在工业进取心方面，对英国的启发比任何其他国家对英国的启发都要大，而这种进取心通过它那些密集的城市在全国迅速传播。有一种想法是不完全准确的，这种想法认为，荷兰维持的人口同英国一样稠密，可是仍有输出大量的农产品的余力。因为比利时输入大部分粮食，甚至荷兰输入的粮食和它输出的也一样多，虽然它只有很少的非农业人口。在法国，农作物甚至马铃薯平均只有英国本土农作物的一半；就其面积而论，法国牛羊的数量也只有英国的一半。相反地，法国的小农户在园艺、家禽和适应其温和气候的其他工业部门方面却很占优势。

n 就长时期而言，地主可以被看做企业中的一个积极的主要的合伙人，而就短时期而言，他却是隐名合伙人。关于地主企业心所起的作用，请参阅阿盖耳大公所著的《看不见的社会基础》。

o 仍有很大分歧（1907 年）的问题是：现行的租佃制和地主的习惯的结合在什么程度上阻碍了新的小土地所有制的产生。给一个聪明的劳动者一个独自创业的机会，就像技工在五金等商品部门中创立零售商店和修理企业一样容易做到。

p 这种困难在小土地所有者方面甚至更严重。因为资本主义农场主都用货币来计算主要成本。然而用自己双手辛苦耕种的农户却往往尽量把自己的劳动投于土地，而从来不仔细计算其产品与其货币价值的关系。

q 见第六篇第 2 章第 5 节以及该处所述论点。

r 在普罗瑟罗的《英国的农业》第 6 章中，提供了一些关于长期抗拒这种变化的具体事例，并指出英国必须在 1634 年之前通过一项“反对用一行列入耕地”的法案。

s 见第四篇第 3 章第 5、6 节。

t 较之手工劳动或蒸汽力，畜力在英国比在其他国家要昂贵些。在农业机器的改良方面，英国领先。畜力的廉价一般对中型农场（比起很小的农场）有影响；但是蒸汽力和汽油等动力的廉价，除农业机器可随时廉价租用外，对很大的农场也有影响。

u 经营大规模农场的试验很困难，而且耗资巨大，因为它需要农场用房和适合这种目的的交通工具。它也许要努力克服许多不完全属于非健康的习惯以及情绪方面的阻力，但它的风险也是很大的。因为在这种情况下，那些创办者往往会失败，虽然一旦他们的路径走通后，可能被证明是一条捷径。我们对于许多争论点的相关知识就会大幅度增加，并且能够作为对未来的借鉴，如果有些私人或合作社或股份公司计划试办少数所谓的“工厂农庄”的话。按照这种计划，会有一个或一个以上的中心建筑群，并且从这个建筑群有公路或轻便电车轨道通向四方。在这些建筑物中，要遵循工厂管理的既定原则；机器专门化和合乎节约原则；避免原料浪费；利用副产品；尤其要运用精湛的技艺和管理才能，但只用于其所应用于之处。

v 这个名词因当地实际情况和个人需要的不同而有不同解释。在靠近城市工业区的永久牧场上，利益最大而损失最小的也许是小佃地，对于小块耕地，土壤应该是坚固的，而不应该是松散的，土壤越肥沃越好；而这在佃地狭小得只能够用锹铲的情况下尤其如此。小农在丘陵起伏的地区也往往能毫不费力地支付他的地租，因为在那里，他不用机器，所以只会遭受极小的损失。

w 它们使户外工作的人数增加了。它们将进取的台阶给予农业劳动者，使他们不会为了寻求发挥自己的机会而被迫脱离农业，从而制止了最能干的农村青年流向城市的情况，这种情况对农业来说是大灾难。它们冲破了单调的生活，把人们从室内生活中解放出来，它们使人获得了让自己生活情况丰富多彩的机会；它们就像低级趣味的挡箭牌，它们常常能使家庭重新具有凝聚力，即使在其他情况下四分五裂。情况顺利时，它们能使工人的物质生活状况得到大大改善；并且减少由于他们日常工作不断中断而产生的损失与焦虑。《小佃地调查委员会上的作证》(1906年，第3278号)十分详尽地讨论了小佃户所有制的利与弊；显然，大多数人对这种所有制是持反对意见的。1904年，英国统计的材料是，一至五英亩的有十一万一千户，五至十英亩的有二十三万户，五十至三百英亩的有十五万户；超过三百英亩的有一万八千户。

x一般地，在十九世纪上半期英国立法者因蓄意把英国租佃制强加于爱尔兰和印度而犯下的错误遭到指责，大部分不应当由李嘉图的地租理论承担。理论本身只讨论那些决定所有时候土地所提供的生产者剩余数量的原因；而在为居住在英国本土的英国人提供的著作中，把生产者的剩余当做地主的份额害处不大。那不是经济学上的错误，而是法律上的错误，这种错误让我们的立法者为爱尔兰的地主和孟加拉的收税人提供了获得垦殖公司全部财产的各种便利，在孟加拉的情况中，包括政府和各级佃户；而在爱尔兰的情况中，这个公司包括地主和佃户。因为在大多数的场合，收税人并非公司的真正成员，而不过是公司的一个差役而已。不过现在爱尔兰政府和印度政府对此都有了较公正而明智的认识。

y比较图克和纽马克：《物价史》第6卷，附录3。

z参照尼科尔森：《佃户的利益而非地主的损失》第10章。

@71883年的《农业土地法案》施行了普西委员会所提倡的，但不拟实行的那些习俗。很多的改良百分之五十由地主出资，百分之五十由佃户出资，地主提供原材料，而佃户提供劳动。在其他情况下，最理想的是地主应该担任改良真正担当者的角色，负担全部开销，风险自担，并实现全部利益。1900年的法案承认了这一点。部分地为实行简便起见，它规定：只有通过获得地主的许可后所进行的改良，佃户才可以对这些改良要求赔偿。如果要实施排灌工程，佃户必须把自己的计划告知地主，以便他有机会来承担风险，同时获得部分受益。对于施肥和某些维修工程等，佃户有权自行处理，而没有必要同地主商量，但是他随即承担了仲裁人将认为他的费用无权要求赔偿的风险。在1900年的法案中，仲裁人所指定给新进的佃户的赔付，在扣除代表“土地潜力”所产生的那部分价值之后，和改良的价值几乎相等。但是1906年的法案勾销了这种扣除，地主的利益被认为有了足够的保障，原因是法案规定：在可以激发潜力的那些情形下，需要征得地主的同意；与此同时，也可以让地主获得在其他方面承担风险的机会。

# 第 11 章　分配总论

## 第 1 节　前八章摘要，其中就一条连续线，横于第五篇第 14 章中的一条连续线，并在决定各种不同生产要素和生产工具（物质的和人的）的正常价值的因素上达到统一

前十章的论点，现在可加以总结。它远不能完全解决摆在我们面前的问题。因为其中涉及对外贸易、信用与就业的变动以及多种多样的集体作用和共同行动的影响。但是，以上所论，确实接触到支配分配和交换的那些最根本而经常存在者的因素的广泛作用。在第五篇末尾的结论中，我们曾发现了一条连续不断的线，它使供求均衡的一般理论连续适用于各种不同时期：从短的时期，以至生产成本对价值没有直接影响；到长的时期，以至各种生产工具的供给可以和它们的间接需求（亦即从对它们所生产的商品的直接需求所派生的需求）相适应。在本篇中，我们曾涉及另一条连续不断的线，它横交于连接各个不同时期的那条线。它把各种不同的生产工具（物质的和人的）都连接起来，虽然它们在外表上有重要的差别，而它却使它们在根本上统一起来。

首先，工资及其他的劳动报酬同资本的利息有许多共同之处。这是由于支配物质资本和人身资本的供给价格的因素具有统一性。使人投资于他的儿子的教育上的目的，和使他为他的儿子积累物质资本的动机一样。有一种连续不断的过渡在这个过程中，即凭借父亲的工作而将一个极富有的工业企业或商业企业遗留给他的儿子，过渡到一个人的工作和等待来维持他儿子的生活，使他受到完全的医学教育，最后，为使他获得一种有利的职业过渡。同时，还有相同的相续过渡，也就由他过渡到一个人的工作和等待，从而使他的儿子能够受到长期教育；并且在习艺时，工作可以不取回报，而不是像杂勤童工一样早期被迫参加工作自食其力，这种童工的报酬比较高，因为这种工作对他的以后发展没有什么帮助。

确实，在现存社会制度下，父母只有在开发青年能力的人身资本上愿支付很大的代价。而许多头等才能没有得到培植的原因，是因为能发展这种才能的人对此事没有任何特殊兴趣。这种情况事实上非常重要，由于它的影响是积累性的。可这并不能使物质生

产要素和人力生产要素发生根本的差异，由于它和这一情况相似，也就是许多良田耕作得非常差，实由于善耕者未曾耕之。

其次，由于人的成长缓慢，消磨也缓慢，父母为子女寻求职业时，往往必须展望很远，因此需求的变化要充分发挥它们的作用，在人力要素方面，比在其他物质生产设备方面所要求的时间更长；而在劳动的情况下，如果使供求倾向协调的那些经济力量充分发挥作用，必须需要特别长的时间。所以，总的来说，一切劳动对于雇主的货币投资，在长期内和生产该劳动的实际成本相差无几。[a]

## 第2节　续　前

一端是人力生产要素的效率，另一端是物质生产要素的效率，二者相较之后，再与它们的货币成本相比较。一种要素，如它的效率相对于它的货币成本而大于另一种要素时，则有被使用的趋势。企业的主要职能在于使伟大的代用原则自由发生作用。企业家不断地比较着机器和劳工、熟练工人和非熟练工人，以及额外监工和经理所提供的服务；一般地与公共利益相符，有时也与它相反，他们对于各种不同生产要素的使用经常筹谋划策，重新组合，从而选择对他们最有利的那些组合。

因此，在一个或一个以上的生产部门中，差不多每一类劳动的效率（相对于它的开销）和其他几类的劳动是不断地进行比较的，其中每类劳动又和他类劳动的效率进行比较。本质上这种竞争是“纵向的”竞争，因为它是属于同一生产部门而又为它所制约的不同级的劳动力为得到雇用场所而进行的斗争。然而，同时“横向的”竞争也经常在进行，而所用的方法却非常简单。首先，因为成年人在本业中能够从一种行业自由地转向其他行业；其次，因为父母通常都能使子女参加同他们那一行业相近的任何其他行业。因为纵向的和横向的竞争相并而行，尽管事实上不管哪一级的劳动大部分都能够从本级的子女获得补充，但是各级劳动所得回报是根据他们所给予的服务而得到有效而合理的调整的。

可见，代用原则的影响主要是间接的。假如有两个桶，其中满盛液体并有管子相接，那么在较高水平的桶内靠近该管的液体尽管有黏性，也将流入另一桶内。如此，就算没有液体从此桶的一端流向彼桶的另一端，而两桶的一般水平也能够趋于一致。假设有数桶，以管相接，则那么桶中的液体势必趋于同一水平，尽管其中有几个桶和别的桶并不直接相连。同样，代用原则不断凭借间接的途径，使所得的分配和各行业甚或各工种的效率倾向相同，而所谓各行业和各工种相互并没有直接的接触，乍看起来好像无法互相竞争。

# 第3节　续　前

从非熟练工人进而到熟练工人，再进而到监工，再进而到主任，再进而到大企业的总经理（部分酬以红利），再进而到股东，再进而至大私营企业的财东，其中都是循序渐进的。不过在股份公司中，由董事而至负责企业的最后主要风险的普通股东，我们发现他们层层下退，如一梯形。但是，某种程度上企业家另成一类。

由于代用原则在对这一生产要素和那一生产要素进行比较时主要是凭借他们的自觉作用，所以就他们而言，除了他们相互竞争的间接制约之外，代用原则就没有别的途径。因此，此原则盲目地发生作用且导致颇大的浪费。它迫使许多如有良好的开端就能作出很大贡献的人失败，兼以与工资递加迹象相结合，它使强者更强，并导致弱者的企业落入已拥有部分垄断的那些人之手。

不过，另一方面，可以打破旧有垄断，并给自身有很少资本的人提供创办新企业和升任各种大公司的经理的机遇的那些力量也在日益的提高，而这种力量能使运用资本所要求的经营能力发挥出来。一言以蔽之，企业管理工作的开销是廉价的，确实可能不如将来的便宜，在将来，责任感和公益精神、人们的集体智慧更加发展，社会更努力让出身卑贱的人的才能有所发展，让企业的秘密减少，使各种投机和竞争的浪费手段都得到制止。不过，现在管理工作就是廉价的，它对生产的帮助大于它的回报。由于企业家就像熟练的工匠一样，所提供的服务是社会所缺乏的，他如果没有提供这种服务，取得这种服务所需要的费用可能更大。

决定普通能力与运用资本的经营能力的正常工资的诸多因素，其间的相似之处并不适用于它们的目前工资的变化。由于雇主处于缓冲地位，在商品的买主和生产它的各种劳动者之间发挥中介作用。他取得商品的所有价格，再把它支付给工人。他的利润伴随着他所售的商品的价格的浮动而一起变动，且变动的幅度很大；而他的雇工的报酬变动得很慢，且变化的幅度很小。在特定时间，他的资本和能力的回报有时很大，有时还是负数，而他的雇工的能力报酬永远不会很大，也永远不会是负数。工资领受者如失业时，肯定受很大的打击，不过这种痛苦的产生并不是由于他是工资领取者，而是由于他手中没有积累。某人因拥有特殊天赋能力而来的那部分报酬是对他的一种赠品；从抽象的角度来看，和其他自然恩赐品如土地所固有的属性的地租相像。不过就正常价格而言，它必须与荒地开垦者所获报酬或与寻珍珠者的回报列入一类。在垦荒者中，有的人的土地比以前估计的要好些，而有的人的土地却差些。寻珍珠者一次潜水的丰富收获和多次潜水而毫无所获相抵消。律师、工程师或商人因为他的天才而得的高额报酬，必须与很多其他人的失败相比较；而失败者在年轻时好像具有一样的前途，所受的教育和立业机遇都一致，不过，他对生产所给予的服务相对于该服务的费用却比成功者的要小些。最有能力的企业家往往都是那些获利最多的人，而同时他们所做的工作反而非常便宜；假如社会把这种工作交给能力较差、索价较廉的人来做，那么无疑等于浪费。就像把一块昂贵的金刚钻交给一个报酬很低而技术恶劣的人加工一样。

## 第 4 节　各种不同的生产要素竞相雇用，但它们也是彼此雇用的唯一泉源

回顾本篇第 2 章中所述的观点时，我们所应该牢牢记住的是：各种不同生产要素相互保持着双重关系。一方面，它们通常为获得雇用而彼此竞争；任何一种要素，它的效率相对于它的成本而高于另一种要素时，那么就有代替该要素的趋势，因此制约着它的需求价格。同时，一切要素都为相互提供了雇用场所，任何一种要素，除非其他要素给它提供了雇用场所，是不能得到雇用的。所有生产要素所共同创造的，并随着各要素供给的上升而提高的国民收入，也是其中各种要素的需求的唯一来源。所以，物质资本的上升，会给它创造新的运用场所；尽管进行新的投资时，它能够降低少数行业中的手工劳动的使用场所，不过从总体而言，它会大大提高对手工劳动和其他生产要素的要求。

由于它将大大提高作为一切要素需求的共同源泉的国民收入，因为资本雇用竞争的上升，利率肯定有所降低，将在比以前有利于劳作的条件下，对资本和劳动所共同创造的那部分国民收入进行分配。

对劳动的这种新的需求，部分是由于新事业的开辟，而这种事业以前也许无法偿其所负；而一部分新的需求是由于制造昂贵的新机器需要工人。因为当人们说以机器代替工人时，它指的是以和大量等待相结合的劳动来代替和少量等待相结合的劳动，只依据这个理由，不可能以资本来代替一般劳动，除非就一个地方来说，从其他地方输入资本。

然而，仍然真实的是：资本的上升所给予劳动的主要利益，并不是因为它使劳动获得新的就业机会，而是因为增加了土地、劳动和资本（或土地、劳动和等待）的共同产品，及降低了任何既定资本（或等待）数量在该产品中当做自己工资所能要求的那一份额。

## 第 5 节　任何工种的工人人数提高或其效率提高有利于其他工人，然而当后者受益时，前者却受其害。它改变自己的和其他工人的边际产品，从而影响工资计算正常边际产品时要谨慎小心

在对任何一组工人的工作供给量的变化对其他各种工人的雇用所产生的影响进行讨论时，无须追问这种工作量的上升是因为该组工人增加了人数，还是因为他们提高了效率。因为这个问题是和其他问题没有直接联系的。不管哪一种情况，对国民收入的增加都一样，不管哪一种情况，竞争将迫使他们必须在相同程度上退入他们的边际效用较小的使用之处，从而在相同程度上降低他们在共同产品中所获得的份额，来作为某种工作的一定工作量的回报。

然而，这个问题对于该组内的工人是非常重要的。由于假如这种变动是他们的平均效率提高十分之一，那么他们十人中每人所得的总收入和人数增加十分之一而效率不变的十一个人中每人所得的总报酬相等[a]。每组工人的报酬以他组工人的人数和效率为转移，是通例中的一个特殊，通例是环境（或机遇）支配一个人的报酬所接近的纯产品中，至少和他的精力与能力发挥一样的作用。

任何一组工人的工资所接近的那种纯产品必须以下述假设为计算的标准，即生产已达到一点，在该点，产量的销售仅能带来正常利润，而不是更多的利润。同时它必须就具有正常效率的工人而加以计算，他所增加的产品，只能回报具有正常能力、正常时运和正常资金的雇主以正常利润，而不是更多的利润（如求高于或低于正常效率的工人的正常工资时，则必须在该纯产品中增加或减去某种数额）。所选择的时间也必须是生意正常的时间，而各种劳动都有比较相宜的供给。例如，假使建筑业特别衰败或特别繁荣，或如果它的发展因砖匠或木匠的供给不足而受到阻碍，而其他建筑工人的供给却有所过剩，则这种时机就不适合估计砖匠或木匠的正常工资和纯产品的关系。[b]

## 【注释】

a 例如，假定该组劳动产量增加十分之一，使他们劳动的边际效用降低，从而让任何既定工作量的工资降低三十分之一；再者，如果这种变动是由于他们人数的增多，那么他们的工资会降低三十分之一。但是如果因素是劳动效率的增加，那么他们的工资会增加十六分之一左右。

b 有关工资与劳动边际纯产品的关系，请参阅第六篇第 1、2 章，该问题会在第六篇第 13 章中进一步加以探究。关于寻求一个有真正代表性的边际的必要性，参阅第五篇第 8 章，论点在那里表述为，如果已经达到那一边际，就业以及对任何一组工人的供给对其他组工人工资的连带影响：任何一个工人对一国工业的一般财政形势的影响是极微小的，而与其纯产品和其工资关系的统计是没有关系的。产量急剧增长的种种阻碍在第五篇第 12 章和附录八中提到，尽管在那里这种增长在理论上会提供许多可供大规模生产的经济；还有提到的是就使用“边际”一词时所要求的那种十分小心的态度。

# 第 12 章　进步对价值的影响

## 第 1 节　新开发国家中的劳动投放场所和资本的有利程度在一定程度上取决于和旧世界市场的联系的紧密程度，在这些市场上，它可以出售自己的产品，并用未来的收入换取它目前所需的各种原材料

所有地方对资本与劳动的雇用大都取决于三个条件：第一，自然资源的状况；第二，社会与工业组织的发展和知识的进步所产生的能充分利用这些资源的力量；第三，临近便于出售剩余产品的市场。然而最后一条往往被人忽视。但是，仔细观察新开发国家的历史，我们就会发现它的作用十分突出。

人们常说，哪里有相宜的气候和不收地租的广阔而肥沃的土地，哪里劳动的工资和资本的利息就较高，但这并不十分合理。例如，美国初期殖民者过着十分艰苦的生活，自然界给予他们大量的肉类、木材，且不取代价。但是，他们却很少能享有生活上的安逸或奢侈。甚至现在仍有许多地方（尤其南美和非洲的一些），自然资源极其丰富，但资本和劳动却止步不前，只因它们缺乏交通及通信工具，与外界隔绝。与之相反的是，位于沙漠中的矿区，一旦有了与外界相连的交通，就获得了给劳动与资本提供高额报酬（位于荒凉海岸附近的商埠也是如此）的能力，若仅仅靠本地资源，那么或许它们只能维持少数居民的生存。自从海上交通飞速发展以来，欧洲为新世界产品提供的有利市场就使澳洲、北美、非洲及南美洲的某些地区成为了劳动和资本空前的、极其巨大且有利的雇用场所。

但是，造成新开发国家的现代繁荣的主要原因毕竟在于欧洲所提供的市场不是现货市场，而是期货市场。一小撮殖民者在取得大量肥沃土地的产权以后，在当时就想获得它的未来利益。他们无法直接实现这一目的，而只有通过间接的办法，即以支付他们的土地在未来所生产的大量物资这一诺言来换取欧洲的现货。他们用这种或那种形式把自己的新地产以很高的利率抵押给欧洲。英国人和其他国家的人，他们积累了现成物资，就立即用这些物资来换取大于他们在本国所能得到的期货：大量资本流向新开发的国家，

而资本的流入大大提高了当地的工资率。新资本逐渐渗入边远地区，那里资本如此缺乏，而迫切需要资本的人又是如此之多，以致它在很长的一个时期内往往只能得二厘月息，后来逐渐降至六厘年息，甚至五厘。因为殖民者富于进取性，同时又看到取得产权有利，它不久将具有极大的价值，他们都想成为独立的业主，或雇主（如果可能的话）。因此，工人必须用高额工资加以吸引，而这种工资大多都是用从欧洲抵押借款或其他方式所得的商品来支付的。

不过，很难精确地估计新开发国家中那些边远地区的实际工资率。工人都是很优秀的人，他们富有冒险精神，坚决果断，精明强干，能吃苦耐劳。他们都正当壮年，很少生病；他们所经受的折磨是英国普通工人，尤其那些欧洲普通工人所难以忍受的。大家身体都很强壮，所以他们都不是穷人。如果有人生病，那么他只好到人口比较稠密、密集的地区去。虽然那里工资较低，但也足以获得一种安闲清静的生活。他们的工资用货币计算是很高的。但是，许多的奢侈品和安逸品，他们必须用极高的价格才能买到，或完全放弃不去使用，而如果住在人口稠密的地方，他们就能自由地（或低价）获得这些东西。不过，其中大多数也只是满足人为需要；而这些东西在人口少或者没有人要的地方仍是很容易被弃而不用的。

优等土地随着人口的增长大都已被占用，所以，自然为耕作者的边际劳作所提供的农产品报酬一般较少，这自然就使工资稍微呈下降趋势。但是，即使是农业，报酬递加规律与报酬递减规律依然时时在抗衡，许多最初被人忽略的土地在细心耕种以后获得了丰收，各种市场和工业的发展以及公路和铁路的开辟都使生产上的种种经济变得可能。这样一来，报酬递加和报酬递减规律似乎处于势均力敌的状态，时而这一规律占优势，时而那一规律占优势。

如果综合来看生产规律是报酬不变的规律，如果资本和劳动的增长率相等，则分配给那些与以前保持相同比例的劳动和资本的报酬将保持不变，因此，工资与利息也无须任何变动。

但是，如果资本的增长远远快于劳动的增长，则利率势必会下降，工资率也许会上升并牺牲一定量的资本应得的份额。不过，资本总份额的增长速度可以适当大于劳动总份额的增长速度[a]。

但是，不管商品生产规律是否与报酬不变规律相同，而新地契的生产规律却是报酬快速下降的规律。外国资本的引入与以前也许相同，但同人口比较起来反而有所减少。大半的工资不再依靠由欧洲的商品来支付了。这也正是一定效率的工作赚取的生活必需品、安逸品及奢侈品逐渐减少的主要原因。但是还有两个原因导致用货币计算的平均日工资呈下降趋势，安逸品和奢侈品品种的逐渐增加以及劳动的平均效率由于体质比初期殖民者差的移民拥入而有所下降。同时，其中多数的新安逸品和奢侈品并不直接被列入货币工资的范围之中，而是在范围以外[b]。

## 第 2 节　英国的对外贸易在十九世纪增加了其对奢侈品和安逸品的支配，然而只是近来它对必需品的支配才大大增加

英国的经济现状是大规模生产和交易（不论劳动或商品）的趋势直接导致的，它是在长时间内缓慢发展起来的。但是在十八世纪，它曾获得两种动力：一方面是由于机械的发明制造；另一方面是由于来自海外的消费者的快速增长，他们需要大量相同的货物。当时用机器制造部件的局面已经出现，同时也用特殊机器制造生产部门所需要的特殊机器。当时报酬递加规律在大资本的工业和有定型工业国家里，首次展示了它充分而又突出的作用。尤其是在大资本结成母子公司、股份公司或现代托拉斯时，情形更是如此。于是当时对于向远距离市场运销货物开始了十分精细的“分等定级（grading）”，这就使股票交易所和农产品市场中出现了国内甚至国际的投机组织，这些组织的将来和生产者中的业主以及工人的持久性组织一样，是未来一代必须解决的最严重的实际问题的根源所在。

现代运动的关键在于把大多数工作化为同一类型的工作，和减少各种摩擦，而这种摩擦使得强大的要素不能充分发挥集体作用，并把它们的影响散布于广大的区域，以及在于用新的方法和新的力量来发展运输。公路和十八世纪轮船运输的改善，打破地方性的组合和垄断，并给广大地区中的组合和垄断的发展提供了便利。在我们的时代，海陆交通、印刷机、电报和电话的每次扩展和减价，都可以产生上述二重趋势。

## 第 3 节　续　前

虽然在十八世纪，像现在那样，就其出口来说，英国的国民收入大多受报酬递增规律的影响。但这种依存的方式却变动很大。当时新的工业生产方法几乎被英国垄断，当时她所出售的几乎每包货物（总之，当人为地限制它们的供给量时）都能够换取大量的国外产品。但是，由于笨重货物的远途运输的时机还未成熟，她从美洲和远东输入的商

品主要是安逸品和奢侈品，供中产阶级享用，而这些商品的输入对于英国工人阶级生活必需品的劳动成本的降低产生的直接影响很小，尽管这种新兴贸易曾间接地降低过衣服、五金和英国工人阶级消费的本国的其他工业品成本。因为大规模地为海外消费者生产这些商品可以使他获取低廉的产品。不过，它在食物的成本方面却影响很小，而食物又必须在报酬递减的趋势下生产。它之所以发生作用、产生影响，是由于新工业区的人口增长迅速，那里的狭隘的农村生活的传统限制已经消失。大战后不久，法国连年歉收，使食物成本迅速提高，并达到了欧洲史无前例的高度。

但是，逐渐地对外贸易开始影响我们主要食品的生产成本。随着美国人口由大西洋沿岸向西方的转移，更多的适于种植小麦的富饶土地得到了耕耘。运输上的经济（尤其近几年）增加得如此之快之多，以致运输一夸脱小麦从耕作区外的农场的总成本急剧下降，尽管距离在增加。英国于是就没有了使耕作越益集中化的必要。在李嘉图时代，他曾惨淡经营的那些用于种植小麦的秃岭荒山等已经成了荒凉的牧场。现在只有那些能给农民的劳动提供丰富报酬的土地才有农人耕种。相反地，如果英国仅仅依靠自己的有限资源，那她势必将在日渐贫瘠的土地上苦苦挣扎，并不断地再耕那些已经被耕种得很好的土地，以便通过这种繁杂而劳累的劳动使每亩土地能增产一二蒲式耳。也许从一般的年头来看，那种仅仅能够支付基本开销的耕作（处于耕种边际上的那种耕作）的产量比李嘉图时代多一倍，比英国在现有人口情况下被迫生产的全部粮食多四倍。

## 第 4 节　英国从工业进步中获得的直接利益比最初要少些，但从新运输业中得到的利益多些

工业生产技术的进步，提高了英国满足落后国家的各种需要的能力；因此，把用手工制造产品以供自己使用的那种精力，转而用于生产原料并以之购买英国工业品，是符合落后国家的目的的。这样，发明上的进步，为英国的特殊产品开辟了广阔的销售场所，并使她有可能专门在报酬递减规律不十分显示自己作用的条件下来生产她的粮食。但是这种好运却昙花一现。她在工业上的改良，被美国、德国和其他国家所效法，而近来却被它们所超过。她的特殊产品几乎丧失了自己的全部垄断价值。例如，用一吨钢在美国所能购买的粮食和其他原料的数量，并不多于在当地用新方法炼一吨钢所用的劳动和资本所能提供的产品量。因此，交换比率随着美国和英国工人在炼铜方面效率的增加而有所下降。正是由于这种原因以及由于许多国家对英国商品课以很重的关税，所以，尽管

英国拥有大宗贸易，而工业生产技术上的发明进步对她的实际国民收入的增益，比最初所想象的要少些。

英国能廉价生产衣服、家具及其他商品以供本国消费之用，这是不小的利益；但是，她同其他国家所分享的那些工业生产技术上的改良，并没有直接增加她用一定量的资本和劳动的产品在别的国家所能换取的农产品数量。她从十九世纪工业进步所获得的全部利益，其中也许四分之三以上是由于它的间接影响，即降低旅客与货物的运输成本，自来水与照明的成本，电力和新闻的成本。因为我们时代的基本经济事实是运输业的发展，而不是工业的发展。正是运输业，无论在总体上或在个别威力上，都发展得最快，而它们正在产生着最令人头痛的问题，即大资本有使经济自由的力量转而消灭那种自由的趋势。但是，另一方面，也正是运输业，对于英国财富的增加作出了最大的贡献。

## 第 5 节　谷物、肉类、衣着、自来水、灯光、燃料、住房、新闻纸以及旅行的劳动价值的变动

这样，新的经济时代曾经带来的是，劳动与生活必需品在相对价值上的巨大变动。其中许多变动的性质，在十九世纪的初期是料想不到的。当时人们认为美国不适于种植小麦——陆路远途运输小麦的成本太高。当时小麦的劳动价值（购买一配克小麦所用的劳动量）达到它的最高点，而现在却降至最低点。似乎农业日工资一般曾在一配克小麦以下，但在十八世纪的前半期，却达到一配克左右，在十五世纪为一配克半，或许略多于此数，而现在农业日工资则为二至三配克。罗杰斯教授对于中世纪工资的估计偏高，但他似乎是以人口中待遇较高的那部分人作为全体的代表。在中世纪，甚至在相当丰收的年份，小麦的质量也低于现在的普通小麦；而在歉收年份，其中多数已经发霉，以致现在没有人会吃它。同时如不对庄园领主的磨坊付以很高的垄断价格，则小麦很难变成面包。

的确，大自然几乎毫无代价地供给草及饲料给那些人口稀少的地方。而在南美洲，乞丐骑马行乞。但中世纪时，英国的人口十分稠密，使得肉类尽管质量很差也具有很高的劳动价值。因为牛虽然只有现在的五分之一重，但躯体却很大，它们的四肢附近有着厚厚的肉。由于冬季的牛吃不饱，但吃了夏草就很快地长了膘、上了肉，所以肉中含的水分很高，因而在烧煮时会失去很多分量。每当秋初夏末，人们把牛宰了，然后用盐把肉腌起来，而盐当时价格很高。甚至中产阶级在冬季也难以吃到新鲜的牛肉。一世纪前，

工人阶级很少吃肉，而现在虽然肉的价格略高于以前，但平均起来，他们消费的肉类也许要多于英国历史上的任何时期。其次对于房租，我们知道，城市里的地租在深度和广度上都在增加。

因为居民日益增加，而他们又必须按城市的标准付租，而这种标准不断提高。但是，房租即总租额减去地皮的总租额所剩的余额，比以前任何时期租用相同面积的房屋所付的租金很可能都稍高些（如果增加的话）；因为现在这个时期，建筑行业的资本的周转只有很低的利润率，而建筑材料的成本变动也没多大。而且不应忘记的是，愿意支付高额城市地租的人便能享受到现代城市生活的各种便利及娱乐，而这些是许多人不愿弃而不享的，因为他们的利益远比他们的总租额大得多。

木料的劳动价值虽低于 19 世纪初期，但到中世纪却有所提高，但泥、砖和石墙等建筑材料的劳动价值并无很大变动，而铁的劳动价值（玻璃更甚）却降低得很严重。

的确，房租上涨这一想法似乎是由我们对祖先的实际居住条件的无知而导致的。在现代，即使是那些郊区工匠，他们住宅中的卧室比中世纪都要讲究得多。而那时工人阶级没有床，只有铺在潮湿地面上的、满是虱子臭虫的散草。即使是在人畜共居或一丝不挂的条件下，也比在为了尊严而复以散发着垃圾气味的乱草的条件下，对人的健康的损害程度要浅些。但不可否认的是，现在我们城市中最贫穷阶级的住宅条件是对身心有害的，而照我们现有的资源和知识来看，我们毫无理由或借口使这种状况继续存在下去[c]。

像草一样的燃料，往往是自然赐予稀有人口的礼品。中世纪的村民大都能（虽不能说总能）用劈柴点起小火来让室内暖和，由于他们的小屋没有导烟的烟囱，因此热量无法散发出去。但是随着人口的渐渐增长，燃料缺乏给劳动阶级带来了很大的压力，如果没有煤代替木料作为家用燃料和炼铁燃料，那么英国的进步实在无法想象。煤现在的价格是如此低廉，以至于较穷的人也都能让室内暖暖的，而无须继续生活在那令人头晕的、有损人健康的气氛中了。

煤对现代文明所作的最基本、最大的贡献之一也正是如此，其次的贡献是为广大人群提供了物美价廉的内衣。没有它，那些居住在严寒中的人民群众是难以顾及清洁的。那也许是英国从使用机器为本国制造消费品中获得的主要利益。再其次的、具有同样重要影响的贡献是提供给人们大量的自来水，即使是在大城市[d]；再其次的贡献是通过借助于石油，供给廉价的灯光，它不仅满足了人的某些工作需要，更重要的是，它是晚间消遣所不可或缺的东西。来自煤和现代运输工具的这两个方面是文明生活所必需的东西，我们还必须提及（正如上面所提到的）那完备而廉价的，用汽力印刷机和汽力传递信件来传播新闻及思想的工具，以及依靠汽力使旅行更便利了。这些工具加上电力，就使得那些气候热到令人委靡不振的国家中的大众有了享受文明的可能：同时不仅仅是为某个城市，如弗洛伦斯、雅典、布鲁日的全体居民，而且是为一个国家，甚至在某些方面为整个文明世界的全人类的真正统一行动和自治铺平道路[e]。

## 第6节　进步虽使大多数物质生产工具的价值有所降低，但英国城乡土地的价值却提高了　资本的增加降低了它的应得收入，但它的总收入并没有减少

我们知道一个国家所有生产要素的纯产品总额称为国民收入，同时也是支付开销的唯一源泉。在其他条件不变的情况下，国民收入越多，每种生产要素获得的份额也越多，任何要素供给量的增加一般会降低它的价格从而对其他要素有利。

上述的一般原理尤其适用于土地。供应某些市场的那些土地的生产力的发展，首先令让那些以其他生产要素供应同一个市场的工人和资本家获取利益。在现代，新的交通运输工具对于价值的影响在土地史上表现得最为明显。土地的价值伴随着与农产品销售市场的交通的改善而提高，同时也随着较远地区参与它的产品市场而导致价值下降。不久前，伦敦附近的六郡都开始担心，公路的修筑会使英国偏远地区在伦敦粮食的供给方面与它们进行市场竞争。而现在由于粮食的输入，英国农场的优势在某些方面及一定程度上正在消失，这些粮食是经过印度及美国的铁路通过船运送到英国的。

但如马尔萨斯所主张，并被李嘉图所承认的，凡能促进人民福利事业发展的事，在长期内也可以增进地主的福利。的确在十八世纪初，当连年歉收袭击无法输入和获取粮食的广大人民时，英国地租大涨。但是，这种上涨从性质来说难以进一步持续。十九世纪中叶，谷物自由贸易盛行，加上美国麦田面积的扩大，迅速提高了城乡土地的实际价格及价值，也就是说提高了所有城乡土地所有者使用总租金能够购买的生活必需品、奢侈品和安逸品的数量[f]。

## 第7节　续　前

虽然工业环境的改善使土地价值大体上呈现上升的趋势，但是，如果它们的价值能够与它们所在地的价值分开的话，它也往往会降低机器与其他固定资产的价值。突然到

来的繁荣的确能使任何一个行业中的现有资本品在一个短暂时期获得极高的收入。但是，那些无限增加的东西又是无法长期保持其稀有价值的；如果它们是那些耐久的资本品，如纺织机、轮船和高炉，那么它们的价值很可能会随着技术的迅速进步而大大下降。

不过，有的东西，如码头和铁路的价值在长时间内主要决定于它们所处的位置。如果有良好位置，则它们工业环境的进步、改善，即使除去保持设备现代化所需的费用也将提高它们的纯价值[g]。

## 第8节　续　前

可以说，政治算术在英国开始于十七世纪。从那时起，我们知道，人口中每人所积累的财富量正在节节上升[h]。

虽然人们多少等待得有些不耐烦，但在他去世前，为将来的享受与安逸而努力与付出的趋向却有所增加。他无疑更有“远见”，也就是说，他防患未然和预计将来的能力增加了。他比较克己，比较勤俭，因此，也就比较乐于思考并看重将来的利益和不幸，这些名词一般是包括人心的卑贱或高尚的感情。他不大自私，因此比较愿意工作与耐心等待以便使他的家庭无后顾之忧，光明的未来已隐约可见。那时，人们大都甘愿工作和等待以便增加公共财富，使大众过一种较高的生活成为可能。

虽然人比过去的时代更愿意为了将来的利益而忍受现时的不便，但是，我们现在是否能发觉他为了肯定的快乐(不论是现在还是将来的)而愿意付出更大的努力，这是值得怀疑的。许多世纪以来，西方世界的人不断地变得更加勤勉——假日减少了，工作时间增加了，人们由于自愿或被迫而愈来愈不愿意在工作范围以外寻求乐趣了。但是，这种动向似乎已经达到了极点，而现在正在下降。在除了最高级的各种工作中，人们对于休息比以前更加重视，而对于过度紧张所引起的疲劳则越来越不耐烦了。一般说来，他们也许不如以前那样为取得现在的奢侈品，而愿意经受长时间工作的不断“折磨”。这些原因就使他们不如以前那样乐于辛勤地工作，以应未来的需要。如果不这样，则他们预计将来的能力，甚至增加得更快，也许(虽不无怀疑之处)对于因拥有少量积累起来的财富而获得社会地位的那种欲望也会大大提高。

一个人资本的增加能使它的边际效用降低，因此，对新投资的利率有所下降，虽然下降得不一致。据说，在中世纪很长的一段时期利率是一分，而到了十八世纪上半期却降至三厘，后来政治和工业上需要大量的资本，这又使其有所提高，至于在大战时，利率是相对较高的。当政治上停止用款后，又由于当时资金供给量较小，所以利率下降了；但在十八世纪的六十年代，由于建筑铁路、黄金产量增加与开发新国家需要大量资本，使它又一次上涨了。

1873 年后的和平时期以及黄金供给量的减少，使利率下降了。但是，现在由于黄金供给量的增加，它又在上涨[i]。

## 第 9 节　不同工业阶层的劳动所得变动的原因和性质

文明的发展和对青年人责任心的提高，使国家大部分增加的财富从物质资本的投资转向培养人才方面去了。结果使技能的供给大量增加，这些技能大大增加了国民收入，并提高了全体人民的平均收入。但是，它却剥夺了技能一向所具有的大部分稀有价值，并使它们的所得相对于一般进步（确非绝对地）有所降低。同时使不久以前算作技术性的而现在仍然叫做技术性的许多工作在工资上与非熟练劳动并列。

抄写就是一个显著的例子。的确，办公室中的许多种工作需要智力和品质的高度结合，但是，几乎每个人都能很容易地学会抄写的工作，也许不久以后，英国人不论男女都能写得很好。当大家都能写的时候，一向比几乎任何一种体力劳动所赚工资都要高的抄写工作，将成为普通的工作，而不算作技术。事实上，较好的技工工作对于一个人的教育意义较大，而且比那些既不需要判断力又不需要责任心的职员工作的报酬优厚。就一般而论，技工对他儿子的最大贡献莫过于培养他从事他手边的工作，从而，他可以了解和它有关的机械、化学及其他科学原理，并对于该工作的革新发生兴趣。如果他的儿子有相当的天资，则他从一个技工比从一个职员更容易显露头角。

其次，一个新的工业部门最初的发展往往是艰难的，因为它往往不被一般人所熟悉。其中对精力和技能要求很高的工作一旦成为常规，一般人，甚至妇孺将都能做。它的工资起初会很高，但是会随着此类工作的普及而下降，这就会使对平均工资的上升估计不足。因为事实上许多统计数字似乎是工资一般变动的典型例证，但实际是根据那些行业推出的。这些行业在一二百年以前比较新，现如今却为那些比他们的先驱者的实际能力低的人掌握[j]。

这些变动势必会使从事所谓技术性工作的人数增加，不论技术一词用得是否适当。高级行业中工人人数的渐渐增加，使得全体工人的平均工资比各行业中平均典型工资上涨更快更多[k]。

在中世纪，虽然某些有才能的人终身为技工，并成了艺术家；但是，当时技工作为一个阶级，比现在更近于非熟练工人。在十八世纪中叶工业新纪元的初期，技工丧失了许多旧有的艺术传统，并且在技术上和在精确完成困难任务方面所具有的准确性和机敏性上都不及现代的熟练技工。十九世纪初期，开始了一种变化，观察家都由于熟练工人和非熟练工人之间日益扩大的社会鸿沟而震动；技工的工资上涨到一般工人工资的两倍左右。因为对高度熟练劳动需求的大量增加（尤其在冶金业中），使劳动者中的优秀分子和他们的子女迅速参加到技工队伍中来。当时技工旧有的排外性的消除，使他们成为工人贵族，较之以往，由于才能者多，而由于出身者少；技工质量的提高，使他们在长期内所得的工资率大大超过一般的工人。但是，有些较简单的技术逐渐丧失了它们的稀有价值，因为它们不再是新奇的技术了；同时对那些习惯上认为非技术性职业中的人的能力的需求是在日益增加着。例如，路工和农业劳动者越来越习惯使用昂贵而复杂的机器，而这些以前却被认为熟练劳动所垄断，这两种有代表性的职业中的实际工资上升得很快。如果现代观念在农业区的传播未曾使那里许多最有能力的儿童离开农村而参加铁路或工厂，或进城当警察、车夫，或脚夫，则农业劳动者的工资上涨得比现在还要显著。留在农村的那些人曾所受的教育，比以前完善，虽然他们的天赋也许不及一般水平，但所得的实际工资却比他们的父亲高得多。

有些技术工作需要较强的责任心，如铁工厂中的转滚工和炉前工，需要有强壮的身体，又由于该工作有很大不便，所以他们的工资很高。因为随着时代发展的趋势，那些能从事高级工作，能轻意赚取优厚工资的人，即使报酬很高，也不愿意忍受折磨[1]。

## 第10节　续　前

其次，我们应该讨论的是男工（包括老年和壮年）、女工以及童工的工资的相对变动。

工业条件的变动迅速，以致长期经验在一些行业中几乎已无用武之地，而在许多行业中，它的价值远不及使人的习惯适应新的情况和迅速掌握新观念。年过五十岁的人，比低于三十岁的人所赚的工资势必要少；这种情况促使那些技工转向非熟练的工作，他们早婚的倾向往往受到那种愿望的鼓舞激励，这种愿望是，在他们的工资缩减前可以减少他们家庭的维持费用。

性质相同甚至是更加有害的的第二种倾向是，童工的工资有上涨的倾向，相对于他们父母的工资。机器曾代替了大量的工人，但并不能代替许多童工。把儿童排除在某些行业之外的习惯上的限制已日益消失；这些变化与教育的普及差不多，它在其他各个方面都有益，而在这方面却有害：它们使男孩或女孩有蔑视自己父母而想要自求生路的可能。

较之男工，女工的工资由于相同原因而上升很快。这是很大的一个优点，即这能产生发展她们才能的趋势。但是，还有一种损失，即引发她们忽略在建立幸福美满的家庭和尽力培养自己的孩子的能力和品质这些方面应尽的义务。

## 第 11 节　特殊才能获得的报酬

中等能力（虽然经过慎重的训练）所得收入的相对下降，由于许多格外有才能的人的收入的上升而显得更加突出。在过去，中等油画的售价从来没有现在这样便宜，而上等油画的售价也从来没有现在那样昂贵。一个具有平均能力和一般时运的企业家，现在从他的资本所得的利润率，比以前任何时候都低；而具有特殊天才和时运的人所能从事的投机买卖是这样的广泛，使他能以前所未有的速度积聚大量财富。

这种变动主要由于两个原因：第一，财富的普遍增长；第二，新的交通工具的发展，依靠它，人们一旦获得了支配地位以后，就能把他们的组织天才或投机才能运用于比以前范围更大而所涉及的区域更广的那些事业上。

几乎只凭第一个原因，就能使某些律师收取极高的费用；因为事关他的名誉、财产，或二者兼而有之，一个富有的委托人不惜以任何高价聘请最好的律师。也正是这第一个原因，能使那些具有特殊才能的马术师、画家和音乐家获得极高的代价。在所有这些职业中，在我们时代所得的最高收入，是史无前例的。但是，如人的声音所能达到的那种歌唱家的人数极其有限，则任何歌手并不是不可能获得一万镑，像十九世纪初期毕灵顿夫人据说在一个季节中所赚得的，几乎和当代企业界的巨头所赚的收入一样多。

如果把这两个原因结合起来，就会使现代美国和其他国家的企业家操控大权和巨额财富，他们有运气，也有头等的天赋。的确，很大一部分的所得利益在有些场合，来自于在竞争中失败的对手的破产。而在另外一些场合，它们主要由伟大的组织天才的高度节约力而获得，这种天才能运用自如地处理新的重大问题，例如，范德比尔特家族的创始人有条不紊地管理着纽约中央铁路系，对于美国人民，他所节约的很可能超过他自己积累的[m]。

## 第12节　劳动工资的提高比一般想象的要更依赖于进步的促进作用，而且也许减少了自由劳工的就业无常

但这些是例外的财富。教育的普及和人民群众中的节约风气，以及新的企业方法给小宗资本提供了保险投资的机会，这都对中等收入者日渐发生影响。由房税报表和所得税，政府和公司中各级职员的工资卡以及商品消费统计，都能看出中产阶级的收入增长得快于富人；技工阶级的工资增长得也比自由职业者快，甚至强健的非熟练工人的工资增长得也快于一般技工。比起从前，现在的富人的总收入，或许占不到英国总收入的较大部分。但美国土地的总价值正在急剧上升，优秀先进的劳动人民正渐渐把土地转让给那些劣等移民，财政寡头日益掌握大权，财产所得总额比劳动所得有所增加，富人的总收入可能增长得最快。

不可否认的是，工资的上涨如果与失业现象的增加相伴，那么它的部分利益就会失去。就业的无常是一种应当引起公众注意的奇灾大祸。但是，几种原因结合在一起，就使它更加夸大。

例如，当一个大工厂部分开工时，消息会传遍邻里和大街小巷，甚至报纸会把它传遍全国；但是，当一个小业主或一个独立生产者在一个月内只能工作几日时，却很少有人听闻。因此现代工业不论发生什么纠葛，都似乎比以前更重要。以前，有些工人是没有自由的长工，而且在体罚下进行工作。对于中世纪的技工经常就业这个问题，我们没有充分的理由来设想。现在，西部带有十分浓郁的中世纪色彩的手工业和南欧与东欧中世纪传统色彩最浓厚的那些工业，存在着欧洲最严重的就业无常[n]。

在许多方面，雇工中实际成为长年工人的数量在节节上升。这在许多发展最快的运输业部门中就是一个很好的例子。在某些方面，如同加工工业在前半期一样，运输业是十九世纪后半期的典型企业。虽然式样千变万化，发明进步迅速，尤其是不稳定的信用，的确在一定程度上扰乱了现代工业。但是，如我们马上就知道的，其他影响正在向着反方向产生强大的作用力，因此，认为就业无常整个来说也在增加着，这似乎并没有任何充分的理由。

**【注释】**

a例如，假设资本数量C与劳动数量l结合，共同生产的结果为4p；其中p作为利

息归属于资本，而剩余下的3p却归于劳动（劳动里包含管理，是有多种级别的。但是，这里所指的都是有一定效率的单日且生疏劳动的共同单位，参阅以上第4篇，第3章，第8节）。假设在生产它们各自的任何一定数量的绝对效率不变的情况下，劳动数量增加一倍，资本数量增加三倍。则我们可以得出结论，4C和2l共同生产的结果将为2×3p＋4p=10p。现在若假定利息率，即针对任一资本量的报酬（除对管理等工作的报酬外），降低原利息率的三分之一；从而，4C所得到的利息只是p而不是4P；而对各种劳动所余下的将为7p而非6p。归属于各宗资本量的数量，和归属于各种劳动量的数量，都将会有所增加。但是归属于资本的总量将依8：3的较高比例增加，而归于劳动的总量将依22：9的较低比例增加。在这方面最好是把利息分开，但是比较资本家（而不是资本）和雇用劳动的份额时，当然我们所指的不是利息而是利润。

b所以当我们得出这一结论，即报酬递增量大约和报酬递减量相抵消时，我们就把它们考虑在内了。在研究实际工资的变化时，我们应该不折不扣地把它们计算在内。许多历史学家在比较各个时期的工资时，把注意力只集中在那些普通的消费品上了。但是从这个问题的性质来看，普通消费品恰恰是遵守报酬递减规律的那些对象，并且随着人口的增加逐渐发生稀缺，因此，这样得出的结论是片面的，而就其全面意义而论也是不正确的。

c但是过去的这种危害比我们通常认为的要大。比如，从在1885年住宅调查委员会上沙弗斯伯利爵士和奥克太维亚·希耳女士的强有力证明中，就可以看出这一点。现在伦敦上空的空气弥漫了烟雾，但是它对于人体健康的损危害或许比科学卫生昌明之前要小些，即使那时的人口数量较小。

d原始设备把水从高地引往少数公共水池，但是对卫生清洁起主要效用的自来水，要做到这点，如果没有以煤为发动力的汽泵和煤制铁管是不可能实现的。

e参考附录一，特别是第6节。

f斯特奇（于1872年12月，测量学院公开的一篇价值很高的论文中）估算到英国的农业（货币）地租在1795和1815年间增长了一倍，而到1822年却下滑了三分之一；此后，起伏不定和最高年份1873年前后的五千万到五千五百万镑相比较，地租现在只有四千五百万到五千万镑。至1810年约为三千万镑，1770年时约为一千六百万镑，1600年时约为六百万镑（与吉芬所著的《资本的增长》的第5章与波特尔所著的《国家的进步》第二篇第1章比较）。但是现在英国城市土地的租金比农业土地的租金要多很多。如果要计算由于增长的人口和正常进步，地主阶级得到的全部利润，现有公路、矿场和船坞等的土地价值也必须被计算进去。全部算在一起，英国全国的货币租金总额等于谷物条例废除时的两倍以上，而实际地租总额也许相当于之前的四倍之多。

g 当然例外是存在的。也可以通过采取建造新铁路的形式同样能够达到经济进步的效果，这些铁路运输将把现有不足的大部分运输占据，或采取另一种形式，即将船的体积加大，直到它们大得不再能通过浅水驶进船坞为止。

h 见第四篇，第 7 章。

i 见前面第六篇，第 6 章第 7 节。

j 比较第四篇，第 6 章第 1、2 节，与第 9 章第 6 节。伴随着工商业的发展，机器的改良势必减少从事任何一项工作所付出的劳动，从而使计件工资急剧下滑。与此同时机器的运转效率和每个工人所看管的机器数目以惊人的速度增加，以至一日的劳动总量比以前要重很多。雇主和工人们对这个问题经常怀有不同的看法。例如，纺织业中计时工资的上涨是必然的，但是和雇主们相对立的是，工人们认定他们工资的提高比劳动强度的增加少得多。在这种争论中，工资曾以货币来计量。不过如果将货币购买力的增加计入其内，则无疑，实际效率工资是有增无减的，这就是说，使用定量的体力、技巧和精力能够比以前获得更多的物质报酬。

k 试举例说明：假设甲级中有五百人，工资每周十二先令，乙级中有四百人，每周工资二十五先令，丙级中有一百人，工资四十先令每周。如果之后很快有三百人从甲级转至乙级，三百人从乙级转至丙级，而各级中的工资保持不变，则这一千人的平均工资大概将为二十八先令又六便士。即使各级中的工资率同时下降 10%，则全体工人的平均工资也大约仍然将保持二十五先令又六便士，这就是说，至少上涨了 25%。如吉芬爵士所提出的，忽略这样一些事实，很容易铸成大错。

l 以上有关工资进化的简述，由希穆勒在其《经济原理大纲》第 3 章第 7 节中所做出的考察来补充最好不过了。尤其值得注意的是他那考察范围之广，与进步的物质因素和心理因素的绝妙结合。并参考同书第二篇的后半部。

m 不过值得注意的是，在这些利益中，有些或许是由于有机会成立商业联盟，并由少数能干、富有勇敢的人所管理，他们为了一己私利而侵占广大地区的大部分工业、商业和运输业。其中以政治，尤其是以保护关税为转移的那一部分权力也许是没有了。但美国是相当辽阔广大的，况且事态又是如此起伏不定，以致大股份公司和小公司相比是处于劣势的，前者虽然具有英国式的稳健而缓慢的管理模式，但后者在庞大事业面前较为主动，并能够像那种策划精明高效和意志果断的一小群富有资本家一样，在美国气氛中更充分地利用资金。美国商业生活变化莫测，理所当然会从广大国民中选拔一批最优秀的商业人才，几乎他们每个人一涉入商海以后，就誓死要成为富翁。现代商业的发展与商业财富的积累，可以在英国人里产生莫大的兴趣和教益。但是如果不把欧洲和美洲商业生活的基本条件差异铭记在心，将从中得不到任何教训。

n 这里不妨提一下作者亲自观察到的一个例子。在巴勒摩，技工与他们的顾客之间存在着半封建关系。每个木匠或裁缝都有一所或一所以上的大房屋，他们借此来包揽生意。如果他们善于经营，实际上就可以远离竞争，高枕无忧。完全没有巨大的商业恐慌浪潮，从来没有那些失业者所受的苦难登载在报刊杂志上，是因为他们的状况很少有所改变。但是在巴勒摩繁荣时期技工的失业率比近年来英国大恐慌时期还高。

# 第 13 章　进步与生活程度的关系

## 第 1 节　生活程度和安逸程度；活动程度和欲望程度。一世纪以前，英国安逸程度的提高，可以通过人口控制来促进工资提高来实现　但由于易于从新开发国家中取得原料和食物，所以在那方面发展很少

首先让我们继续在第三篇中讨论活动与欲望时的思路。在那里，我们有理由相信经济进步的真正意义在于新的活动，而非新的发展着的欲望。现在我们就研究一下当代的一个具有特殊重要性的问题，即生活方式和所得率变动间的联系。其中之一是在多大程度上可以视作它的结果，而在多大程度上可以视作另一个的原因。

生活程度在这里是指适应需求的活动的标准。因此生活程度的提高意味着知识、能力以及自尊心的增加与增强；更加审慎地对待开销，对那些只满足食欲却不能增加力量的饮食避而不用，拒绝有损于道德和身体的生活方式。伴随着全民生活程度的提高，国民收入以及各个行业所得的份额将大大增加。任何一个行业的生活程度的提高，都将增进他们的效率，进而使他们的实际工资增加，它将稍微增加国民收入，并能帮助比其效率稍小的成本的其他行业。

但是，许多学者曾认为影响工资的是安逸程度的提高，而不是生活程度的提高。这个名词含有只增加人为需要之意，也许在这其中低级趣味比较占优势。的确，安逸程度的增进很可能促进一种较好的生活方式的产生，并为新的高级活动开启方便之门。而那些以前既没有充足的生活必需品，又没有生活方便品的人们，由于增进了安逸，无不干劲冲天、生气蓬勃。不论他们在这种安逸上所持的态度如何粗俗或偏重物质因素。因此，安逸程度的提高很可能引起生活程度的提高。如果真是这样的话，它就将增加国民收入，改善人民生活。

不过，以前和当代的一些著作家的看法并未就此停止，他们认为，仅是欲望的增加就能够提高工资。但是，欲望增加的唯一的直接结果将势必是使人们比以前更痛苦。如果我们撇开它在增加活动或用其他方法来提高生活程度方面有可能发生的间接效果，则

提高工资的唯一方法将是减少劳动的供给。这应该是我们应加以较详细讨论的一点。

## 第2节　续　前

如已指出的，在一个不易进口的粮食国家中，如果历代人口都以很高的几何级数不断增加，则劳动与资本向自然资源索取的总量仅将够维持新一代的费用。即使假定全部国民收入都归于劳动，并不考虑任何份额分配给地主及资本家，则上述命题也是正确的[a]。如果定量在该水平以下，则人口增长率势必会呈下降趋势；除非缩减维持和培养的费用，结果效率降低，从而减少国民收入，减少所得。

但事实上，也许应较早地节制人口的迅速增长，因为多半普通人不会将自己的消费局限在生活必需品中。家庭收入的一部分无疑要用在与维持生活和效率没有多大关系的那些满足上。也就是说，保持那些多少超过维持生活和效率所必需的安逸程度，势必将节制人口的增长，比家庭支出或蓄奴或养马的支出所运用原则相同时所达到的阶段要早很多。还有更多的方面显示着这种相似。

奴隶很难办到维持充分效率所要具备的三个必要条件——自由、希望和变化[b]。但是，十分狡猾的奴隶主依然出资，搞一些简单的音乐等娱乐，这与供给药品有着相同用意。因为实际经验表明，奴隶生活的单调就像煤渣堵塞炉道或疾病那样。如果奴隶的安逸程度提高到这种程度，除非供给他们昂贵的安逸品或奢侈品，即使是处罚和死亡也不能使他们恐惧。那么，他们就会获得这些安逸品和奢侈品，否则他们就会像一群不能自食其力的马行将消失。劳动者的实际工资果真主要是因为难以获得食物而被迫下降，如一百年以前的英国那样，只有减少劳动阶级的人数，才能减轻或摆脱报酬递减规律带来的压力。

但是，由于并不存在这种压力，所以现在他们不必这样做。1846年英国港口的开辟是推动铁路发达的许多动力之一，这些铁路使海口的土地连接起南北美和澳洲的广大农田。在最有利的条件下，小麦生产并运给英国工人食用，其数量已足够维持他的家庭，而总成本只是他工资的一小部分。人数增加创造出了许多新机会，提高了为满足人的需要而共用的劳动和资本的效率。因此，倘若新事业所需资本品有足够快的增加，则它可以使工资在某一方面的提高相当于另一个方面的下降。当然，英国人也是受报酬递减规律影响的；他不能再用像耕种广大的处女地时那样少的劳动而获得粮食。但是，它对他的成本，既然现在是新开发国家的输入量起主要的决定性作用，所以受本国人口增减的影响不大。如果英国人能够提高自己在生产用来换取进口粮食的那些产品上的劳动效率，那么，他将能获得粮食，并用低于自己所用的实际成本，不论英国人口增长的迅速与否。

当全世界的麦田都得到极大的利用时（如果粮食无法自由输入英国，这个时期将更早地到来），工资的确会随着英国人口的增加而降低，或起码会节制由生产技术不断完善带来的上涨。在这种情况下，只能通过限制人数的增加才可以提高工资，提高安逸程度。

但是现在，当英国人民获得十分丰富的进口粮食时，他们并不能单单依靠它对人数的作用来增加他们的工资，从而提高安逸程度。此外，如果工资的上涨是由于采取措施压低了某些资本利润率，而这种利润率甚至比吸收资本的能力高于英国的那些国家中所能达到的水平，那么，它就会使英国资本的积累受到节制，并加速资本的输出。在这种场合，较之其他国家，英国的工资，会相对下降并绝对下降。反之，如果安逸程度的提高促进了效率的大大增加，那么（不论它是否伴有人数的增加），它就会按照人口的国民收入增加，并使实际工资在持久的基础上上升。例如，工人人数减少十分之一，但每个工人所做的工作总量没有减少，这就不会使工资增加多少；若每人完成的工作量减少十分之一，而人数不变，那么工资一般会降低十分之一。

上述论点和这一信念是一致的，即一个工人团体在短时间内能够用使他们劳动稀少的办法来牺牲其他社会成员的利益，最终提高自己的工资。但是，这种策略的成功只能是暂时的而不是持久的。他们建立的那种防止他人利益分沾的反社会的障碍再坚固，渔利者也总是有机可乘。有人回避这种障碍，有人受这种障碍的掩护，有人利用这种障碍。同时开始发明，用别的方法或从其他地方获得那些在生产上被该团体认为具有局部垄断的东西；而对他们更加不利的是新东西的发明和推广使用，因为这些东西不使用他们的劳动而且几乎满足相同的需要。因此，在短时间以后，企图以垄断来巧取豪夺的那些人，就会发觉他们的人数在增加，同时缩减了他们劳动的需求总量。在这种情况下，他们的工资就会大大下降。

## 第3节　通过缩短工作时间来调节活动，过度的劳动时间并不经济
## 但时不时地缩短劳动时间一般会使产量减少
## 因此，虽然它的直接结果可以是刺激就业，但是除非将这种剩余时间用来发展范围更大的和更高级的活动，那样就能很快地减少合适的工资下的就业量并降低资本输出的危险
## 从观察材料中寻找真正原因，直接结果和最后结果往往会背道而驰

工作时间和工作效率的关系是十分复杂的。如果过度紧张，那么长时间工作很容易使人疲乏，使人很难身心俱佳甚至生病。就一般情况而论，比起计时付酬、计件付酬时他的劳动强度更大，如果情况确实如此，那么短工时更适于实行计件工作的那些行业[c]。

如工作时间、工作性质、工作所处的物质条件和报酬是造成身体和身心两者巨大消耗的原因，并降低生活程度，如缺乏效率产生所必要的闲暇、睡眠和休息，则从一般社会观点来看，这种劳动是不经济的，就像个别资本家过度使唤他的马或奴隶或使他们营养不足所造成的浪费一样。这种情况下，工作时间的适当缩短只会使国民收入暂时减少，因为一旦生活程度改善，有时间对工人的效率产生并发挥充分作用后，他们体格的增强以及干劲和智力的增加，就会使他们的效率提高，并能在较短的时间内完成和以前等量的工作，因此即使是在物质生产的观点上也没有什么损失，正如把一个病了的工人送到医院让恢复体力一样。下一代所关怀的是把人们尤其是妇女，从过度劳动的泥潭中解救出来，这种关怀至少有和分配给他们相当数量的物质财富一样的价值。

上述论点认为，这种新加的闲暇和休息可以提高生活程度。而在我们正在讨论的那些工作强度过大的极端场合下，这种结果是形势所迫的。因为仅仅是减少紧张就是使其上升一步的必要条件。那些最低级的诚恳的工人在工作时很少卖劲。但其中许多人是如此疲累不堪，没有持久力，以致他们在短时间以后也许能在较短的工作日内完成像现在在较长工作日内做的工作[d]。

此外，在有些工业部门，一天只有九至十小时的时间在利用贵重的设备。在这些部门中，逐渐推行八小时或低于八小时的双班制比较有利。这种变革需要逐渐推行，不可急于求成。因为目前现有的熟练工人的数量还不足以在所有适于它的工厂内同时采用这

种计划。但是，有些机器在陈旧或坏掉以后，可小规模地加以替换；而另一方面，许多新机器一天使用十小时，如果利润不够，便可以使用十六小时；一旦这样实行，它就会有所改进与提升。这样，生产技术可以得到较快的进步，国民收入也将增加；这样无须节制资本增长，也不用使它流入工资较低的国家中去，工人就能获得较高的工资。这种变革可以使社会各阶级都从中获得利益。

这一问题越来越明显地显示出其重要性，因为机器日益昂贵和迅速陈旧，使机器在二十四小时内会闲置十六小时，所造成的浪费无疑也变本加厉。在任何国家中，这种变革都能够增加纯产品，从而，促进每个工人工资的增加；因为从总产品中除去的场租机器和设备的费用比以前少了很多。而英国的技工精力过人，技巧高明，如果他们可以使机器一天充分使用十六小时的话，即便技工们自己只工作八小时，那么所增加的纯产品也要远远多于其他任何国家的工人[e]。

但是绝不该忘记的是，这种缩短工作时间的做法只适用于那些能够使用或正在使用贵重设备的行业。而在许多场合，例如有些铁路工作部门和采矿业，已经实施了轮班制，几乎能够使设备经常开工。

因此余下的许多行业里，缩短工作时间势必造成目前产量的减少，未必能快速地提高效率，使每人的平均工作量达到原有水平。在这种情况下，国民收入会因工作时间的变动而减少。所引起的大部分的物质损失将由缩减工作时间的那些工人承担。不可否认，在某些行业，在相当长的时间内，劳动的稀少会使劳动的价格提高，而以其他社会成员的利益为代价。但是，劳动价格的实际上涨，照例会减少产品的需求（部分原因是由于代用品的增加使用），同时也使待遇较差的那些工人流入这些行业中。

## 第4节　续　前

仅仅使用减少劳动的办法通常就能提高工资，这个一般信念应该被解释一下。首先，这种变动的当前和永久的效果的区别，往往甚至是相反的，然而这是难以设想的。人们懂得当有许多合格的人在电车公司门外求职时，那些在职的工人往往在想如何保住自己的工作，而不是提高工资。如果没有这些求职的人，则雇主们就无法拒绝在职工人提高工资的要求。他们详细考虑的事实是，如果电车工人的工作时间短，同时电车所跑的里程距离在现有路线上又没有缩短，那么，他们势必要雇用更多的工人，雇用时也可能按较高的日工资，也许按较高的小时工资。他们清楚，在着手进行某项事业，例如建造一座房或一艘船时，无论如何都要完成，因为半途而废意味着得不偿失。其中任何一个人所做的工作较多，那么留给别人的工作部分也就较少。

但是，还需要讨论一些其他的结果，这些结果虽不是强迫人去接受的，但却更加重要。例如，如果建筑工和电车工人为地对自己的劳动加以限制，则将妨碍电车路线的扩展；在筑路和司机方面所雇用的人数将减少。许多工人和其他人，过去也许乘车，而现在必将步行进城；本来许多的人可以在郊区享有花园、绿地和新鲜空气却不得不挤塞在城市；尤其是工人阶级，将无力租用一般情况下他们所能租用的适用房屋；建筑行业也将随之减少。

总之，限制劳动可以不断提高工资的这一论点，是建立在这个假设的基础上的。即存在着永久固定的工作基金，而且不论劳动价格如何，总有一定量的工作必须去做。而这是没有根据的假设。相反地，工作需求来源于国民收入，也就是说来自工作。如果某种工作较少，那么对这种工作的需求也较少；如果劳动稀少，那么所办的事业也一定较少。

其次，就业的固定不变取决于工商业组织，并取决于安排供给的人员能否很好地预见未来需求和价格的变动，从而正确地调整自己的行动。但是，这一点并不能因较短的工作日而有所裨益。的确，不用双班制且实行短工时制会阻碍贵重设备的推广与使用，而这种设备的存在又使雇主不甘心歇业。大多数的人为地限制工作会引起摩擦，从而，往往提高而不是减少就业无常的概率。

的确，如果外部竞争不会影响水泥匠或鞋匠，则他们仅仅用缩短工作时间的方法或其他办法减少各自完成的工作量，就能为提高自己的工资创造机会；但是，这种利益的获得要以国民收入的其他分配者的较大损失为代价，因为国内各业中的利润和工资的源泉就是国民收入。下述事实将使这一结论更具有说服力，这个事实是由经验所证明、分析所阐明的，即大多数运用工会策略来提高工资的事例，出现在那些工业部门中，这些工业部门的劳动需求，是从许多工业部门共同制造的产品需求中派生出来的，而不是直接产生的；因为任何一个在策略上占据优势的部门，能够将归于其他部门的一部分成品价格据为己有[f]。

## 第5节　续　前

现在让我们来看一看，坚持节制劳动的供给一般能长久地提高工资的这一信念的第二个原因。这个原因在某种程度上低估了劳动供给的变动对资本供给的影响。

这是事实，由于它的影响很大，所以这也是一个重要的事实。即由于鞋匠或泥水匠的减产产生的损失的某些部分将由劳动者阶级外的人来负担。其中的一部分无疑会落在制鞋业或建筑业的资本家和雇主的肩上，一部分将由鞋或房屋的富有消费者负担。此外，如果各劳动者阶级都以限制他们劳动的有效供给的方法来提高工资，那么由于国民收入的减少，在短时间内大部分负担势必将落在本国其他阶级的肩上，尤其是资本家阶级的肩上。但这只是在短时间内，因为大量减少投资纯收益会使供给的新资本品迅速流入国外。鉴于这种危险，所以有时主张不能出口国内的工厂设备和铁路器材。但是，差不多每年全部原材料和大部分生产工具都被消费了，陈旧了或用坏了，而它们都需要补偿。补偿规模的缩小以及游离出来的一部分资本的出口，也许在几年之内会使本国对劳动的有效需求减少，以致工资会远远降到现有水平以下[9]。

虽然并不是所有情况下，资本的输出都遭遇很多困难，但是，由于资本家有着相当的企业理由以及情感上的偏好，使他们宁愿在国内投资。

因此，那种生活程度的提高使一个国家更适合居住，在某种程度上，势必会使导致资本输出的那种投资纯收益的下降趋势被抵消。相反地，用减产的、反社会的策划来提高工资，又势必使一般富有的人无奈地移往国外，尤其是那些资本家阶级，他们的企业精神、道德精神和甘于克服困难的精神对劳动者阶级是至关重要的。因为他们坚定不移的主动性，有助于坚定国家的领导地位，而且促进那些能够提高生产效率的生产工具的供给量的增加，从而，在保证增加国民收入的同时，也能促进人们实际工资的提高。

当工资的普遍上涨（不论是何原因）遍及全世界时，也许就不会使资本由一处移向另一处了。全世界体力劳动者的工资的及时上涨，主要通过生产的增加，生产效率的提高；但利率的下降也是一部分原因，还有大于维持，甚至从最广泛的意义上来说，有效率的工作和文化所必要的收入相对（如果不绝对的话）减少。然而，如果用减少而不是提高效率的手段来维持较高安逸程度的方法来提高工资，那这是近视的，也是违反社会利益的，从而会迅速引起报复。大多数国家采取这类方法的机会也许很少；如果其中的几个国家采用了这些方法，则那些向提高效率水平和生活程度迈进的另一些国家，就会迅速地把大部分核心力量和资本从运用那种卑鄙的限制政策的国家引诱到自己周围。

## 第6节　续　前

在这种讨论中，坚持一般的推理很有必要，因为很难直接诉诸于经验。相反，如果轻易引用经验就会导致错误。无论我们看的是工资，还是改变不久的生产统计，还是改变以后的长期统计，突出的事实可能是其他原因，而并非我们所要研究的那些。

例如，假使是罢工胜利使得工作时间缩短，那么很可能，选定进行罢工的时机应该是工人在战略上占优势的时机，是当时的一般商情使他们有机会增加工资的时机，在不改变工作时间的情况下。因此，这种变动对工资的直接影响实际上多半不及表面上有利。此外，有许多雇主曾经订立了合同而且必须履行合同。在短时间内，他们对短工可能比以前对长工时要付出更高的工资。但这是骤然变动，而且仅仅是昙花一现的结果。如上所言，这种变动的直接结果很可能与后来那些较持久的结果是相反的。

相反地，如果人们过度劳累，而且工作时间的缩短又无法使他们立即重新振作起来，那么工人的物质以及精神生活条件的改善，以及效率的提高和工资的增加，就无法立即显现出来。

此外，工时缩短后的几年内的工资的统计和生产反映的有很大可能是国家的景气情况，尤其是该种行业景气的变动，以及货币购买力与生产方法的变动。就像往咆哮的海浪上掷一石子所产生的影响一样，分出工时缩短的影响也是同样困难的[h]。

因此，两个问题要求我们必须明辨：是否某种原因必然产生某种结果和是否某种原因有产生某种结果的趋势。打开水库的闸口能够产生水位下降的趋势；但是，如果有较大的流量同一时间在另一端向水库流入，则闸口虽然是打开的，但水位是上涨的。同样，虽然缩短工作时间，会使那些尚未充分开工而又无法实行双班制的行业减产，但是，它也很有可能伴随着由于知识和财富的普遍增进、发展而来的生产增加。不过在这种情况下，不管工时是不是在缩短，工资都会有所增加。

## 第7节　提高工资是职工会的最初目的，同时使工人具有独立性也是目的之一，从而提高其生活程度<br>这种成功的尝试证明了他们的主要武器——共同章程——的重要性<br>但是该章程条款的严格执行往往造成劳动标准的虚假化，并挫伤积极性和驱除资本，以及在其他方面损害工人阶级以及其他社会阶层的利益

在现代英国，所有我们所讨论的这种运动大都是由工会指导的。本书的讨论范围不包括对工会的目的和结果给予充分商榷；因为它要求建立在一般结社、对外贸易与工业变动的研究上。但是关于生活程度与工会政策，工作和工资最有关的那部分，在这里，

我们还必须加以说明[i]。

职业的变动，对于某一代的某群工人的工资与工业政策对下一代的该群工人的效率和生产所得的能力造成的影响，不论是好是坏，都是模糊不清的[j]。年青一代的培养费用来自家庭收入，现在很少来自创业，已很少见到子承父业者。强而有为的人（任何职业的报酬有助于形成其性格）大多都到其他地方谋求更高的待遇，而那些弱而放荡者则多半降于其下。因此，这变得越来越困难，即用经验证明所有职工会为提高会员工资而作出的努力，在提高借助高工资而培养的这一代人的生活程度和工作水平方面是否有卓著成效这一问题。但是某些事实仍然十分显著突出。

英国职工工会的原始目的在于提高工资率和工人的生活程度。最初这一事实给了它们巨大刺激，法律直接或间接地批准雇主结社以规定工资和保护自身的利益，并且严禁工人结社，违者将受重罚。这种法律不仅降低了工资，而且压制了工人的意志力。他的视线是如此有限，以至于他完全被周围的琐事纠缠，而对于国家大事却毫不关注，因此，除了和自己、家庭以及邻人直接相关的事情外，对于任何其他世事他都很少考虑。拥有与其他同业工人结社的自由势必会使他的视线扩大，使他思索更广大、更深奥的一些问题，这会提高他的社会责任感，尽管这种责任很可能染有大量利己的阶级色彩。因此，为实现这一原则而进行的早期斗争，即工人同样也可以做那些雇主在自由结社中所能做的事，既是为了提高工资而努力，其实也是为争取与真正自尊和广大社会利益相符合的生活条件而努力。

在这方面曾取得了完全而彻底的胜利。职工工会组织曾经使熟练的甚至许多种不熟练的工人们有可能以在大国外交中常见的那种克制、庄重、严肃和先见来同他们的雇主谈判。它曾使他们认识到：单纯进攻的政策是十分愚蠢的，运用军事手段主要应该是为保持有利的和平环境。

在英国的许多工业里，工资调整委员会的工作进行得顺利无阻，因为存在一种强烈的愿望，来避免在各种小事上浪费精力。如果某工人认为工头或雇主对自己的工作或报酬的规定不公而发生异议或分歧，则雇主首先要求职工会的书记进行仲裁，他的决定一般能为雇主所接受，当然也必须经过工人的认可。如果这种纠纷牵涉到过去调解委员会没有作出明确规定的一个原则性问题，则可以将此事提交职工会的书记和雇主联合会进行开会讨论。如果他们不能达成协议，则可以由工资调节委员会进行处理，如果最后争论的利害关系很大且双方都不肯让步，那这个问题可以通过雇主的停工或罢工，并由双方的力量来解决。但是即使是在这种情况下，有组织的职工会在几代以来，处理这类冲突都起着模范作用，而这种冲突与十九世纪的劳资冲突在方法上往往有所不同，就像现代文明的民族之间正大光明的战争与野蛮民族之间的凶恶的游击战争有所不同一样。在国际劳工会议上，英国所代表的那种谦虚、克制和坚定的目标，是其他的国家代表所不及的。

但是职工工会这种光明磊落的服务也给自己提出了相应的义务。所谓位高者不轻率，他们不得不对那些过分夸大他们能用特殊手段（尤其是当这种手段存在反社会的因素时）来提高工资的人心存戒心。的确，几乎没有不受指责的运动。在各种伟大的事业中总会潜伏一些破坏作用。不过不应曲解这种弊害，而应对其进行慎重检验，以达到息事宁人的效果。

## 第8节　续　前

职工工会为了获得它们按平等条件和雇主谈判的权力而使用的主要手段，是对某工种每小时工作或某种计件工所应付给的标准工资的共同章程。他们的习惯以及法庭对工资的那些相当无效的规定，虽然压制了工人的闹事，但也保护工人们不受极端的迫害。但当这种竞争成为自由竞争的时候，这些无组织的工人在同雇主议价时却处于不利地位。因为甚至是在亚当·斯密那个时期，雇主们大都有正式或者非正式的协定，雇用劳工不能争相抬高价格。然而随着时间的渐渐推移，当单单一个工厂就能雇用几千个工人的时候，它本身就会变成一种巨大而紧密的议价力量，这是小职工所不及的。

的确，在不争相抬价方面，雇主间的协定与谅解并不普遍，而且往往也受到回避或破坏。的确，如果追加工人的劳动纯产品远远超过他们的所得工资，那么贪婪的雇主将不顾同业的愤慨，通过用较高的工资，把工人吸引到自己方面来。的确，在工业先进的地区，这种竞争足够用来保证大量工人的工资不会长期地停留在他们等价的纯产品之下。在这里有必要重申这样一个事实，即一个正常效率的工人的工资所接近的纯产品与一个具有正常效率的工人的纯产品相同。因为有些主张大力执行章程的人曾经认为，竞争会导致有效率的工人的工资和无效率的工人（他的效率较低，以致雇主勉强能雇用他）的纯产品相等[k]。

但事实上这样的作用是竞争不能产生的。它无法使相同职业中的周工资相等。然而它有使工人们的效率和周工资相适应的趋势。如果甲将从事乙两倍的工作，则还在犹疑不定是否增雇工人的那个雇主，各以两先令雇用两个乙和以四先令雇用甲是同样有利的。可以从以四先令雇用甲和各以两先令雇用乙的那一边际场合同样清楚地来决定工资的因素[l]。

## 第9节　续　前

一般来说，职工工会通过运用那种使工资和工作接近于真正标准化的章程——尤其是当伴随着尽量发掘国家资源来加快国民收入，这样既对自己有利，又对国家有利。工资的上涨，生活条件的改善以及它们用这些合理的方法所能获得的就业多半有益于社会福利，它很可能不会挫伤进取心，不会使那些大政治家的步调失调，也不会导致本国资本大量外流。

但是当实行趋向于错误标准化的章程时却有不同的情况。它会使雇主对较有效率的工人和较无效率的工人支付相等的工资，或者它会阻止其他任何人担任他所能胜任的工作，并以这种工作在技术上不在他的范围之内为理由。显然，像这样运用章程是反社会的。采取这种行动，的确比表面上看来有更坚强有力的理由，但是这些理由的重要性往往会因职工工会人员对他们所负责的那些组织上的技术完善的热忱而夸大，因此那是这样的一些理由，虽然外界不表同情甚至批评，但是对它们却很可能是有用的。首先我们可以讨论一下这个目前意见分歧不太大的突出事例。

在那个职工工会并不知道充分自尊的时代，往往存在屡见不鲜的错误标准化形式。对竭力阻止使用机器和先进生产方法，并且企图按久已过时的方法，对一种工作完成时所耗费的劳动的等价来对它的标准工资作出规定。这又有助于维持有关工业特定部门中的工资，但只有实施大大缩减生产的政策才能使其成为现实，这种政策一旦成功，就会使国民收入大大降低，并使全国按适当工资的一般就业量减少。人们永远不会遗忘那些杰出的职工会里的活动家们因为禁止使用这种反社会的措施而对国家作出贡献。虽然某个开明工会部分地脱离了它的高尚原则，引发了1897年在工程业领域的大纠纷，但是很快就克服了这种错误，至少在主要方面是如此[m]。

此外，至今仍被许多职工会采用的与错误标准化有关的一种办法是，坚持使一个不能再工作一个整标准劳动日的年长工人领取全部标准工资。这种做法会稍微限制该种行业的劳动供销，这似乎有利于那些实行它的人。但是它不能使人数长期限制，它往往对职工会福利基金有很大压力，因此，即使从极其纯粹自私的观点出发，这种做法也可以说是鼠目寸光的。它大大降低国民收入并使高龄的工人在无聊的闲散和已不适合自己的艰苦劳动的苦苦挣扎中任选其一，无疑它是苛刻的、反社会的。

下面让我们对一个更加可疑的事例进行考察。若要实行章程，所必要做的就是划定各群工人职能的界限。每个城市的技工都力求精通某部门的工作，这对工业的进步自然是有利的。但是一个好的原则往往因为被过火地实行而产生弊端，如果以这种工作在技术上属于另一个部门为借口，而使一个工人不准做他所从事的，对他来说十分容易的某部分工作。在生产大批同类商品的厂中，这种禁止危害较小。因为在这些厂中，很可能把生产任务安排得对许多不同工种的每种工人大致雇用的一个整数，所谓整数，是指其中没有在其他地方谋部分生计的工人。但是这种禁止对于小雇主，尤其是对那些处于在一二代内能使其有助于国家领导地位的那些伟大成就的，阶梯的最低级的人群的压力很大。即使是大工厂，这种禁止也使这样的机会增加了，即当时很难自谋工作的人，将被遣送到别处谋职，从而使短时期内失业队伍扩大了。这样看来，如果适可而止地划定界限，对社会将是一件好事，然而如果为它所提供的技术上的一些小小利益而走向极端，就会变成坏事"。

## 第 10 节　与货币购买力尤其是商业信用的变动相联系的困难

其次，我们可以考察一个更加微妙而且更加困难的问题。那就是共同章程似乎有些失灵。它的失灵并不是因为被粗暴地运用，而是因为它要解决的任务要求它在技术上要比现在或比所能预定的更加完善。问题的焦点在于标准工资是由货币计算与衡量的。因为前十年与后十年的货币的实际价值有所不同，并且每年都有很大的波动，所以僵硬的货币标准是无法作为真正标准的。使这种标准具有一定的灵活性，即使有可能也是十分困难的。这就是反对极端地运用共同章程的　个原因，因为这将无可避免地使用这样僵硬而不完善的工具。

上述考虑之所以变得更加迫切是由于这样一个实际情况：在短时期内，使货币购买力下降并使价格上涨的信用膨胀的过程中，职工会产生要求提高标准货币工资的倾向。那时雇主们对那些低于完全正常的效率水平的工人甚至也情愿支付较高的工资（以实际购买力计算很高，用货币计算会更高）。这样一来，那些只具有二等效率的工人也能够获得很高的标准货币工资并实现了参与职工会的心愿。但是不久，停止了信用膨胀，继而出现衰退，物价下滑，货币购买力上升，劳动的实际价值降低，而它的货币价值下降得更快。形成于膨胀时期的高标准的货币工资，现在已经高到甚至使那些很有效率的人也不能提供适当的利润。而低于效率水平的那些人更不能获得这种标准工资了。这种不正确的标准化对该种行业有效率的成员来说，并不纯粹是灾难，因为它能增加他们劳动的需求，正如年长的工人被迫赋闲，使得增加了对他们的劳动需求一样。但是只有通过其他工业部门的生产缩减，从而缩减它们劳动需求的方法，才能有这样的期望的增加，职工就越会坚持这种政策，国民收入就越大地受到损害；而按照适当工资的全国就业总量就越小。

如果各工业部门发愤努力，建立几种劳动效率标准和与之相应的工资标准，一旦物价高涨的巨潮过去，就立即降低适应这种暴涨的高额货币的工资标准，那么各部门在长期内都会获取较大的利润，这种调节是很不容易的。但是如果在通过阻碍其他工业部门的生产而获取的高额工资势必提高其他部门的失业率这一事实上，有普遍而明确的认识的话，也许会很快实现这种调节。因为对付失业唯一有效的药方就是不断地使用各种手段和目的相适应，从而使信用建立在这个相当可靠的、坚固基础的预料上面；信用的肆意膨胀（所有经济病症的主要原因）才能够被限制在狭隘的范围内。

在这里这个问题不便进行论证，但是略需对其进行解释。穆勒曾说的一些话非常好，“构成商品支付手段的仅仅是商品本身而已。某个人用来购买他人产品的支付手段由他所拥有的那些东西构成。不可避免地，一切卖主也都是买主（由此词的意义来说）。如果我们能立即使全国的生产力增加一倍，那么，我们就能够使各个市场的商品供应增加一倍，但同时我们也会使购买力增加一倍。因为每个人用于交换的东西增加一倍，所以各个人所能购买的东西也增加一倍。”

虽然人们拥有购买能力，但是也许他们不愿意使用其购买力。因为一旦信心被破产动摇，资本便不被再用来扩大旧公司或成立新公司。对于兴修铁路已无人问津，而且船只停航，新船订单绝迹；几乎对掘凿机的工作没有任何需求，对发动机制造业和建筑业也没有太大的工作需求。总之，任何生产固定资本的企业中的工作都很少。这些行业中的资本家和熟练工人赚取的利润很少，从而也极少购买其他行业的产品。其他的行业发觉自己的商品销路很窄，生产减少；它们的收入减少了，因此，它们的购买量也会减少。对于它们的商品需求的减少使得它们减少了对其他行业的商品需求。全国都弥漫着商业恐慌，一种行业恐慌使得其他行业失常，而其他行业又会对它起反作用并使它的恐慌加深。

缺乏信心是这种灾难的主要原因。如果可以恢复信心，并让它的魔杖触动所有的工业，使它们继续它们的生产，并继续它们对其他各行业商品的需求，则这种灾难大都会快速消失。如果所有直接消费品的生产行业同意继续开工，并像过去那样互相购买商品，那么，它们就会互相提供手段来获得适当利润和工资。也许那些生产固定资本的行业必须等待较长的时间，但是当信心恢复到一定的程度，以致有资金可投的那些人决定了如何去投资时，它们也会获得雇用。有信心就能够使信心更足；信用使购买手段增加，从而物价在一定程度上有所回升。已开业者会获得一定的利润，旧企业将要扩大，新公司将要成立，甚至不久对那些生产固定资本的企业的工作也有产生适当的需求。对于全部重新开工并相互为自己的商品提供市场这件事，各业也是没有正式协定的。但是工业的复苏是通过各业信心的逐渐增加，而且往往是同时地增加来实现的；一些商人认为物价不再继续下降，就会使工业开始复苏。而随着工业的复苏，物价也开始上涨°。

## 第 11 节　关于社会进步可能性的临时结论 国民收入的平均分配制度会使许多技工家庭的收入降低 需要对社会的最低层进行特殊对待 但是促进非熟练劳动的工资提高的捷径莫过于使各阶层人民的才干和性格受到教育，以致它一方面大大减少那些只能胜任非熟练劳动的人数，另一方面增加那些能够很好地进行独立思考（这是人对自然控制的主要源头）的人数 而真正的高质量的生活是难以达到的，除非人学会了合理地利用空闲时间：这是剧烈的经济变革的危害的许多迹象中的一个，这些变革突破了人类从长期自私自利的斗争中继承下来的某种性格的逐步转变

分配论研究的主要意义是让我们懂得：现有的社会经济力量使财富分配越来越完善，这些力量经常起到作用并在日益壮大的。它们大多具有积累性的影响，比起乍看起来，社会经济组织要更加复杂，更加微妙，考虑不周的大改革会造成严重的后果。它特别地提醒我们，生产资料被政府全部占有，即使这种占有是逐渐实现的，正如较负责的集体主义者所提倡的那样，对社会繁荣的损害比初看起来还要大得多。

从国民收入的增加取决于不断进步的发明和费用浩大的生产设备不断积累这一事实出发，我们必然想到，使我们得以驾驭自然的无数发明差不多都是独立的工作者们发明创造出来的；在这方面，全世界的政府官吏们的贡献较小。中央或地方政府集体所有的将近全部的贵重生产设备主要是借自企业家和其他私人储蓄机构购置的。有时集权政府

在集体财富积累方面也作出了巨大努力，也许可以指望在将来先见和忍耐将成为大多数劳动阶级的共同财产。但事实上，将进一步控制自然界所需要的积累资金委托给一个纯粹的民主政府，也是具有巨大风险的。

因此，人们显然很有理由害怕，生产资料的集体所有制，除非是在实行以前，全体人民已拥有在如今这个时代比较罕见的那种忠于社会福利的能力与素养，会挫伤人类的积极性并阻碍经济的发展进步。虽然此刻还不能对这个问题加以讨论，但是它也许会毁掉私人和家庭生活关系中最美丽而和谐的东西。这些正是令那些谨慎的经济学家认为经济社会和政治生活条件的急剧改变而利少弊多的主要理由。

此外，我们还要想到，国民收入的分配虽然存在缺点，但没有很一般所说的那样严重。实际上，英国有许多技工家庭，美国的这种家庭甚至更多（尽管曾在那里发现了巨大的宝藏），它们会因国民收入的平均分配制度的实行而受到损失。因此，人民群众的境遇虽然会因废除一切不均而在短时间内获得很大改善，但是绝不会改善到社会主义者所憧憬的那种黄金时代的水平，哪怕是暂时的也是不可能的[p]。

但是这种审慎的态度并不表示对现时财富分配不均的默认。许多世纪以来，经济科学越来越深信，极端贫困伴随巨大财富没有实际的必要，因此在伦理上是不正确的。财富的不均虽没有像被以往指责的那样严重，却是我们经济组织中的一个严重缺点。通过那种不会挫伤人们的主动性，从而不会严重限制国民收入增长的方法而减少这种不均，对社会显然是有利的。虽然算术提醒我们，不可能把一切所得提高到很富有的技工家庭已达到的水平，但是没有达到该水平的应加以提高，甚至不惜在某种程度上降低此水平以上的收入，这也是合算的。

## 第 12 节　续　前

对于那些在体力、智力和道德上都无法做一整天工作赚一整天工资的“社会残渣”（它的人数很多，即使现在有不断减少的征兆），需要迅速采取措施。在这个阶层，除了那些绝对“不能就业的”人外，可能还包括其他的一些人。但那是一个需要特殊对待、特殊处理的阶层。对那些身心健康的人来说，经济自由制度不论从道德还是物质的观点看都是最理想的制度。但是那些“社会残渣”却不能正确地利用这种制度。如果他们按自己的方式来教育儿童，则盎格鲁－撒克逊的自由势必会通过他们而贻害后代。把他们置于像德国流行的那种家长制纪律之下，不仅对他们有利，而且对国家更有利[q]。

这是如此急着要解决的祸害，以致迫切地需要一种能够有力地反祸害的措施。有这样一个建议很早就引起了学者的注意，即政府当局给男工、女工都规定最低工资，如果他们的工资在最低工资以下，他或她就可以拒绝工作。如果这种措施行之有效，则它的利益是很大的，以致人们欣然接受，而并不在意它会引起某些副作用和在某些毫无道理的场合下，把它作为要求严格的，虚拟工资标准的手段。虽然最低工资计划的细节曾有很大的改进，在最近，尤其是近两三年来，但是它的基本困难还没有得到真正的正视。除了澳大利亚的经验外，我们几乎没有任何经验可以借鉴，在那里，大地产的部分所有者包括每一个居民，近年来，有许多年轻力壮、身强体壮的男男女女都移居到那里。而这种经验对我国人民用也处不大，因为过去的谷物条例和济贫法曾挫伤了他们的活力，被工厂制度（当对它的危险还不理解时）的滥用所害。任何可行的计划都必须建立在对那些连最低工资都赚不到，因而不得不申请国家补助的人数统计上，特别要查清其中有多少人可以大体上维持生活，如果可能听其工作，并在许多情况下以家庭而不以个人来调节最低工资[1]。

## 第13节　续　前

大致可以对那些身心健康的工人作这样的估计，人口的四分之一只能胜任非熟练劳动。适宜做低级熟练劳动，而不适宜做高级熟练劳动，而且不能行动迅速自如地在责任重大的岗位上的约占人口的四分之一。一世纪以前，若在英国做同样的估计，那么比例将截然不同。除基本的农业工作外，不适宜其他熟练劳动的人口将超过人口的一半，而适宜责任重大的工作或高级熟练劳动的，可能不及人口的六分之一。因为那时国家的义务并不当做人民教育的一部分，也不作为对国家的一种经济。这如果是唯一的变动的话，那么非熟练劳动的急切需求势必将迫使雇主对它支付大概和对熟练劳动相同的工资。非熟练劳动的工资会上升，而熟练劳动的工资会略有下降，直至这两种工资大致相等。

尽管如此，非熟练劳动的工资的上涨速度比任何其他劳动的工资，包括熟练劳动的工资都要快。如果那些完全非熟练劳动的工作尚未被自动机器或其他机器代替得甚至比熟练劳动的工作还快，那么这种工资平均化运动很可能会进行得更快。因此，现在完全不需要技术的工作要少于以前。的确，有几种一直以来属于熟练技工的工作，在现在所需要的技巧已不像以前那样高，相反地，所谓的非熟练工人现在往往操纵着十分精巧而昂贵的工具，以致不便被一世纪前的英国的普通工人或现在的某些落后国家的人民所用。

由此看来，机械进步是使各种劳动报酬之间依然存在巨大差别的主要原因。乍一看，这好像是一种严重的控诉，但事实不然。如果机械进步很慢，那么非熟练劳动的实际工资要低于现在，而不会更高。因为在很大程度上限制国民收入的增长，以至于熟练工人甚至也不得不对每小时工作的所得还不如伦敦的瓦工六便士的购买力而感到满足，而非熟练工人的工资自然会更低一些。曾经有一种观点认为，如果生活上的幸福决定于物质条件，那么幸福开始之日应该说是收入足以满足最必要的生活必需品之时。此后，一定收入的增加，将增加等量的幸福，不论收入如何。这种粗浅的假设会导致这样一个结论：贫苦阶级工人的实际工资（假如说）增加四分之一，对总幸福的增益要大于其他阶级里相同人数的收入增加四分之一，这应该是合理的。因为它抑制了绝对的痛苦，消除了堕落的因素并通向幸福之路，而这是收入的其他比例的增加做不到的。从这点来看，贫苦阶级从机械与其他方面的经济发展中获得的实际利益比他们工资的统计数字所代表的要大一些。但是社会的当务之急仍是力求用尽量低的成本来进一步增加福利[s]。

可见，我们必须争取使机械的进步大方地向前发展，并减少那些不能从事任何技术性工作的劳动供给，以便使全国的平均收入比过去增加得更快些，使每个非熟练工人的收入份额更快地增加。为了达到这个目的，我们需要向近几年来的方向迈进，并付出更多的劳力，必须更加普及教育。学校的教师必须清楚他的主要任务并不是传授知识，因为几先令就能买来的报刊上的知识就足够一个人的头脑去容纳了。他的主要任务应该是培养个性、才干和能力；因此那些十分轻率的父母的子女甚至也有机会与可能被培养成下一代的谨慎的父母。这个目的需要大量使用公款，而这种公款必须用来提供新鲜的空气和拥有良好气氛的场所，来让工人阶级住宅区的儿童做有益的游戏[t]。

这样看来，国家需要对贫苦的工人阶级们本身无法置办的那种福利进行大力资助，同时要保证室内清洁，适于儿童日后成为强壮且有责任感的公民居住之用。每人应有若干立方米空气的强迫标准必须稳步提高，如果这和不准建造那些房前房后没有一定空地的高楼的规定结合起来，将推动工人阶级从大城市的中心市区向有较空旷场所的地方转移。同时，国家对医药卫生的管理和补助将在另一方面减轻那些贫苦阶级的儿童迄今所遭受的压迫。

非熟练工人的子女很有必要被培养成能够赚取熟练劳动的工资的工人，而熟练工人的子女则有必要用同样的方法培养得使其能够担任更加需要负责的工作。挤进中下阶级，对他们不但不利，而且着实有害。因为，正如所指出的，只懂得书写和记账的劳动实际上属于比熟练手工劳动低一级的劳动，过去的它，之所以会高于熟练手工劳动，只是由于忽视了普及教育。任何一级的儿童挤进高于他们的那一级，往往对社会有利也有害。但是现在那个最贫困阶级的存在的确是一种罪恶，不应促进该阶级人数增加，而应尽力帮助那些不幸生为该阶级的儿童们摆脱这个令人感到罪恶的阶级。

在上层的中产阶级中对后进者有广阔的天地，在上层技工中也有广阔的天地。正是由于这个阶级的卓越人物们的智慧和创造，大多数的改良和发明才得以出现，而这些改良和发明使今天的工人阶级都有可能拥有几代前最富有的人也不常享有的那些奢侈品和安逸品。如果没有它们，英国甚至无法给现在的人口提供充足的基本食物。如果任何一个阶级的子女都身于那些从事并在实际建设上应用这种新发明的群体中，那的确是一种巨大收获。他们有时会获得很大的利益，但是他们为世界创造的价值也许比为自己的多一百多倍。

的确，许多巨大的财富不是由真正建设性的劳动，而是由投机得来的。这种投机大多和反社会的策略以及对一般投资者所凭借的那些消息的蒙蔽密切相关，不容易补救，甚至有可能永不会完善。用简单的法令来控制投机的做法显得十分草率，不是毫无效果就是有害。但这同时是经济研究的日益壮大的力量，有可能并希望在二十世纪为世界作出巨大贡献的一个问题。

在许多其他方面，对社会在经济上的慷慨捐献的广泛认识可以在一定程度上减轻祸害。富人热心社会福利可以大大有助于收税人利用富人的资金为贫苦人群谋福利，并可以减轻或消除贫困。

## 第 14 节　续　前

在上面，我们讨论了财富不均和贫困阶级收入微薄，特别是提到了它们不能满足人的需要以及会阻碍自然发育的影响。但是如往常一样，经济学家在这里不得不多加重视的事实是，正确使用家庭收入，并利用它获取机会的能力本身也是一种十分高级可贵的财富，这也是在各阶级中十分罕见的一种财富。在英国，各劳动阶级使用不当的钱每年大概有一亿镑，其他阶级约四亿镑。虽然劳动时间的缩短在许多情况下会减少国民收入，造成工资下降，但是缩短大多数人的工作时间或许是更理想的做法，如果所造成的物质收入方面的损失可以由各阶级放弃那些不合理的消费方法来补偿，如果他们能更加科学地利用自己的闲暇时间。

但令人遗憾的是人性很难快速地改善，在学会善于利用闲暇这方面比任何方面都要慢。各个时代、各个国家以及各个社会阶层，懂得善于利用闲暇的人比懂得善于工作的人要少得多。但另一方面来说，只有令人们获得利用闲暇的自由，人们才能学会正确合理地利用闲暇。在经过一段使人精疲力竭而且没有什么教育意义的工作后，高等生活程度的一个必要条件便是获得一些可以自由支配的闲暇时间。

与所有类似的场合一样，在这个场合，青年人的才干和能力对于经济学家和道德家具有尤为重要的意义。我们这一代当前最迫切的任务与目标是给青年人各种机会，使其发展自身所长并将其培养成有效率的生产者。为达到这个目的，主要条件是长期免于机械劳动和有上学与进行各种对个性发展有帮助的游戏时间。

即使我们只考虑那些生活在连父母都过着不快乐的生活的家庭中的青年遭受的损害，适当地对这样的青年加以体恤也对社会有利。优秀的公民和能干的工人大都不是出自那些母亲或父亲大部分时间不在家的家庭。因此，社会即使限制那些守矿车者和工作并不繁重的其他人员的值班时间，一般情况下也有着直接的利害关系。

## 第 15 节　续　前

在对使各种各样的工业技巧的需求和供给相适应的困难进行讨论时，曾经要求我们关注这一事实，即这种适应并非完全准确，因为工业的方法、技术变动很快，而工人掌握这些技巧还需四五十年[u]。多半是由于思想情感和生活习惯的持久性造成了上述的困难。如果是我们的股份公司、运河或铁路的组织有缺点，那我们只需一二十年就可以将它纠正过来。但是，在几世纪以来的暴力、战争以及卑鄙下流的放荡不堪的行为中形成的某些人性因素却是用一代的时间也无法有效改善的。

像往常一样，现在的那些热心而高尚的社会改造家曾为他们自己想象的、便于虚构的那种体制下的生活情况描绘了美好的蓝图。但那种想象不是负责任的想象，之所以说其不负责任是因为它从这一虚假甚至虚伪的假设出发，认为在新的制度下人性将发生巨大而迅速的改变，而这种改变在一个世纪内也是不可企及的，即使是在有利的条件下。如果人性真的可以得到如此理想的改造，那么即使是在现存的私有财产的制度下，在生活中占统治地位的也将会是经济上的慷慨捐献。而源于人类天性的私有财产就成为无害且不必要的了。

因此提防那种过分夸大我们生活时代的经济灾难，忽视以往类似的更严重的灾难的诱惑很有必要，即使在短时间内，某些夸张可以刺激和激励我们更加果断而坚决地要求立刻消除现有的灾难。但我们必须明白，蒙蔽正义事业的真相就像蒙蔽利己勾当的真相一样，都十分有害，而且更加愚蠢。悲观主义者对我们生活的时代的描绘和对过去幸福生活的浪漫都有过分地夸大，必然导致人们渐渐抛弃那些工作虽缓慢但是很踏实的进步方法，使人们更加轻率地采纳一些夸大语言的方法，但是就像江湖医生的烈性药一样，这些方法在立见微效的同时也埋下了长期且到处腐烂的邪恶的种子。这种虚伪的巨大危害仅次于这种麻痹道德的恶行，即在我们现代所享资源和知识的条件背景下，对不断毁坏无数生命所应拥有的一切泰然处之，并安慰我们说，我们时代的灾难始终不及过去。

现在我们必须及时结束我们对这部分的研究。我们得到的切合实际结论不多，因为在解决某个实际问题前，一般很有必要对它的经济全貌进行考察，更不用说伦理等其他方面了。在现实生活中，每一个经济问题都或多或少地并且较为直接地取决于信用，对外贸易以及垄断组织的现代发展的反作用和错综作用。但是在第五篇和第六篇中，我们所讨论的问题，在某些方面称得上是整个经济学领域中最为困难的问题了，懂得了它们也就可以研究其他的问题了。

## 【注释】

a 参阅第六篇，第 2 章，第 2、3 节；以及第四篇，第 4、5 章；与第六篇，第 4 章。

b 参阅第四篇，第 5 章，第 4 节。

c 这些事实并不是不可置疑的，部分原因是它们因工业种类不同而产生不小的差异，而熟谙它们的那些人常常有所偏好。当计件工能够利用职工会而集体议价时，设备改良的首要结果就是实际工资的提高。为了使所有同样辛苦又精细的工作的工资分配平衡，调整计件工资率的这样一个重任就落在雇主们的身上。在这种情况下，计件工通常都偏向工人。凡在有他们良好的地方，如对于某些采煤的工作方面，甚至对那种非一律性的工作，他们也希望以件计算。但在其他许多场合，计件工却引起他们对利益较多的怀疑。依据希穆勒教授的计算，计件工按照工人的效率和工业的性质与技术可令产量增加 20% 到 100%（《经济原理大纲》）。在柯尔所著《工资的支付》第 2 章中，有对某些工业中计件工资一般被工人们反对，而在另一些工业中却备受宠爱的那些原因的引人深思地详细叙述。

d 在英国工业史上，关于劳动时间的差异对产量的作用，有极其多种多样，极其明确和极其具有一般意义的实验。但是国际上对这个方面的探究，似乎以德国最甚。如伯纳德1909年所著的《缩短劳动时间，提高劳动强度》。

e关于这个问题，参阅《经济学杂志》第19期所发表的，1909年卡普曼教授在英国科学协会上的演讲。双班制在大陆上比在英国应用得更为广泛。但是它们在那里没有得到合理的验证，因为劳动时间是如此之长，以致两个班几乎都工作整夜，而夜间效率向来是不及日间效率的，部分原因是由于值夜班者在白天得不到充足的休息。毋庸置疑的是对双班制是可以提出某些切合实际的反对意见的，例如，两个人负资管理一台机器不如一个人管理得好；而工作上的失误由谁负责，有时也很难界定，但这些问题在很大程度上是可以通过把机器和工作交由两个同组的人来负责消除的。除此之外，在使行政措施适合一天十六小时的安排方面，也存在困难。但是雇主和他们的工头并不将这些困难看做是难以克服的；而经验说明，工人们很短时间内就克服了他们起初对双班制所产生的抵触情绪。一班可以在中午下班，另一班从中午上班；或更理想的也许是，一班从上午五点到十点，下午一点半到四点半上班，而第二班从上午十点十五分到一点十五分，下午四点四十五分到九点四十五分上班；在周末或月末，两班可以交换上班时间。普遍使用双班制将是必要的，如果把贵重机器的威力扩散到各个体力劳动部门之后，劳动时间有可能大大减至八小时以下，前提是被很大程度上影响的话。

f见以上第五篇，第6章，第2节。

g例如，若假设鞋匠和帽匠是同一个等级，在劳动时间普遍缩减之前和之后，他们工作的时间相当，工资也相当。那么，在缩减前后，帽匠用一个月的工资可以购买相当于鞋匠一个月劳动纯产品的鞋（请参阅第六篇，第2章，第7节）。如果鞋匠工作的时间减少，从而所完成的工作也比从前少了，那么，他一个月劳动的纯产品势必有所减少，除非通过采用双班制的办法，雇主及其资本获得两班工人的利润，或者可以缩减他的利润，所减之数就是全部减产额。最后的这个假设是和我们所熟知的决定资本和营业能力的供给的那些原因相悖的。因此，帽匠的工资所购买的鞋较以前减少，而对其他各业抑然。

h例如，当我们将澳大利亚采用八小时劳动日的历史回顾时，就会发现在金矿和供应黄金的繁荣方面，在牧场和毛价的起色方面，在向先开发国家借贷资金而使用澳洲工人建筑铁路等方面，以及在移民和商业信用方面，都有巨大的起伏。这些全部都是让澳大利亚工人状况改变的重要因素，以致遮盖了工作总时数从十小时（除用餐时间外为净工作时间八小时）减为八小时（净工作小时）的各种影响。澳大利亚的货币工资较劳动小时缩减之前要低得多；尽管货币购买力也许有所增强，实际工资却并没有下降，但是似乎毋庸置疑，较之英国，澳大利亚劳工的实际工资，似乎没有劳动时间缩减之前那么高了。而不曾证实的是，它们并没有比发生变化以前低些。澳大利亚缩短劳动时间不久后所经历的商业危机无疑主要是由于连年的旱灾和信用的任意扩展造成的。但是一个附加的原因可能是对短时工作的经济效率作了过于乐观的评估，因此在那些不适宜缩短劳动时间的工业里提前缩短了它们。

i 拙著《经济学纲要》，在第一卷中附有关于职工会的一个简述，此书在其他方面作为本书的一个提要。劳工调查委员会1893年的最后报告对职工会的目的和方法的阐述，是在雇主和具有特殊能力和经验的职工会领袖的合作下所提出的唯一可信赖的根据。

j 比较以上第六篇第3章第7节与第5章第2节。

k 在许多方面职工会领袖对社会福利所发挥的有益影响，常常是由于在这个问题上的曲解而造成伤害。他们经常将韦伯夫妇那本尤为重要而出色的著作《工业的民主》作为自己的依据，但该书是有某种误解的。例如，韦伯夫妇说，“如我们在《经济学家的判断》一章中所得知的，现在从理论上证明的是，在‘完全竞争’和自由选择职业下，工资的通常水平不过是趋于边际劳动者（他处在不被雇用的边际）的劳动纯产品罢了”。他们将边际劳动者当做工业上的废物或乞丐，“如果在完全竞争下，各类劳工的工资，不过仅仅是趋于处在不被雇用边际的该类劳工中边际劳动者的劳动追加的纯产品，那么，在竞争的劳动市场中，而不需要把这些乞丐从为自己生产劳动中抽出来，通过提高边际工资劳动者的工作能力，似乎就可以使整个工人阶级的工资提高”。

l 据说这种情况下的竞争会使雇主自愿给甲支付乙工资两倍的趋势，其实是言不达意的。因为一个有效率的工人将通过同样的厂房、设备和监督生产出一个无效率的工人的两倍成果，他对于雇主来说价值就不仅仅是两倍的工资，事实上他或许值三倍（见以上第六篇第3章第2节）。自然，雇主对有效率的工人也许不敢以他的实际纯产品付给工资，唯恐有职工会支持的那些无效率的工人对其利润率作出过高的衡量而要求提高工资。但是在这种情况下，当考虑值得他付给效率较大的工人多少工资时，引起雇主对效率较小的工人的纯产品的注意的种种原因，并非自由竞争，而是因为对章程的误用而抗拒自由竞争。有些现代“分红”计划目的在大体上评估有效率工人的纯产品的比例，换句话说就是按高于计件工资率的比例来提升他们的工资，但是职工会总是反对这类计划。

m《在工业的民主》（第二篇，第8章）中，在有一段可参考的反对机器的历史之中有这样一个意见：不要简单地反对引用机器，而是不要为了与机器竞争而接受按原方法劳动的较低工资。这是对青年人一字千金的忠告。但是它常常不能被成年人所接受：政府的行政权力如果增加得比其从私营企业所负担的那些新任务要快速些，那么，它们对于解决那些由于改良方法而令中年人和老年人的技术几乎失去作用时所引起的社会冲突或许会作出可观的贡献。

n 不妨提到，上面所提到的那个工程师联合会是在类似于工业部门间解除严密界限的同一行动的领路者。

o 引用穆勒的那段原文和其后的两段文字全部是摘自1879年我和我的妻子出版的《工业经济学》（第三篇第1章，第4节）。它们提出大多数跟随古典经济学家传统的人针对生产和消费的关系所持有的态度。确实，在大萧条时期，消费的瓦解是促成信用和生产持续瓦解的因素。但是补救的方法并非来自对消费的深入探究，如同某些轻率的著作家所主张的一样。研究任意改变式样对就业的影响，无疑是有益的。但是所需要的主要研究是对组织生产和信用方面的研究。经济学家们虽然在这方面失败了，但他们失败是由于对问题尤为暧昧和不断改变的样式，而非在于他们忽视它的重要性。经济学从始至终都是生产研究和消费的相互协调，当探讨其中一种时，而另外一种也绝对不会被遗忘。

p 几年之前，英国四千九百万人的年收入在二十亿镑以上。很多重要的技工一年的收入在二百镑左右。有很多的四口或五口的技工家庭，每人每周所获得的收入为十八先令至四十先令。在总收入被均分时而使每人每年获得四十镑，这些家庭的开支若不比四十磅大些，至少也和它相等（1920年补充）。在这方面不存在新的统计材料可以加以参考。但是可以肯定的是，工人阶级收入的增长速度至少和其他阶级相同。本章所指出的一些意见在《经济改革的社会可能性》一文中（《经济学杂志》，1907年3月）得到了进一步的发展。

q 开始时对无依靠者要加以救助，救济的范围要广泛，与此同时要富有教育意义。分别上的问题势必要加以正视，在正视这种问题时，中央当局和地方当局要获取大量情报，而这种情报是作为指导，在极端情况下是为管理那些弱势群体，尤其是其弱点对下一代造成重大危险的那些人所需的。对于年长的人可以投其经济和个人所好方面加以救助。但是在对于那些抚养幼小儿童的人的情况时，就需要大量的社会基金的开支，需要令个人的自由严格地服从于社会的需求。消灭社会渣滓的尤为重要的一步是，坚持正常上学，孩童们应该衣服整洁，身体卫生，三餐饱食。若这些都做不到，父母们就应该受到警告和批评：封锁或者限制父母的某些自由，以此作为撒手锏。这种费用数目巨大，但是再没有任何比这种巨额开支更加急迫的了——它会解决感染全民的那个大毒疮。一旦解决之后，以前用于这方面的资金就能够空闲出来用于那些有用但较不急迫的公益事业上。

r 最后这点似乎已被人忽视，主要是因为对“寄生性工作”的性质和它对工资的影响作出了不正确的分析。就地理上的迁移而言家庭大体上是一个单位。因此，在钢铁工业或其他重工业充斥的地区，男人的工资较高，妇女或儿童的工资偏低，而在某些其他地区，男人的工资却并不高父亲的所得不够全家货币收入的一半。这种自然调节对社会而言是有好处的；国家有关男人和女人的最低工资（他们或她们无非是忽视它或者反对它）的严格规定，势必遭到异议。

s 见以上第三篇，第 6 章第 6 节。并参阅卡弗教授于 1908 年《经济学季刊》上发表的《机器与工人》一文。

t 在附录七的第 8、9 节中指出，工人阶级的尤其是他们儿童的健康，对城市土地因人口集中而造成的特殊价值所征收的税，首先具有使用权。

u 参阅第六篇第 5 章第 1、2 节。

第七篇

# 附 录

# 附录一　自由工业推动企业发展

## 第1节　自然因素在起源于温带文明的初期阶段有着极其强烈的影响

在第一篇第1章最后1节中我们就说明了附录一与附录二的目的，我们可以把那一节作为这两个附录的导言。

尽管导致主要历史事件的成因可以用个体的行为去解释，但是，致使这些事件发生的大多数因素是产生于传统规章、种族的特质和自然环境的影响。然而种族的特质主要是在漫长的时间中由个体的行为和物质因素所塑造的。强大的种族，不管在事实上还是理论上，经常都有着体质强壮、性格坚忍的祖先。让一个种族在平时和战时都强盛的那些诀窍，往往归功于少数大思想家的睿智，他们用道德上的规范或许是精神的感化，解释了并发展了它的风俗和习惯。但是，在气候对人体健康不利的情况下，那些智慧将发挥不了作用。自然用地势、河流和气候赋予了一个种族可以从事的天分，从而决定了社会政治制度的某种特征。

当人类还处于蛮荒时期时，这些差异并没有清晰地显现出来。虽然我们关于野蛮人部落的习俗知道得甚少并且不确凿，但是依据我们所了解的也足以肯定，这些习惯在很多不同的细节中却存在普遍的相似性。我们发现野蛮人是依靠习惯和冲动的统治生存的，而不管他们的气候和祖先的特质怎样，从来都不为自己寻求新方式，从不为长久以后的未来作计划，即使是最近的未来。即使他们通常受习惯的支配，但由于暂时的冲动而往往变化莫测；虽然他们有时也有打算进行最艰苦卓绝的努力，但不能长期坚持踏踏实实地工作，甚至强迫妇女做那些繁重的工作，而自己则负责简单容易的任务。

我们不得不注意自然环境的影响正是从由野蛮人的生活向早期文明生活转换时才开始的。其中部分原因是早期的历史贫乏，我们很少能了解到引导和控制、加速和抑制民族进步的进程的那些特殊事件的影响；但主要的原因还是由于在人类发展的这个阶段上，人同自然抗衡的能力是薄弱的，没有自然的慷慨恩赐，人将会一事无成。自然在地球表面分配出少数几个区域，非常适合人最初从野蛮状态分离出来，而文化和工艺正是从这

些天时地利的区域物质条件孕育出来的。[a]

人的劳动所得除满足自己的基本生活需要外还要绰绰有余，否则甚至连最简单的文明也是不可能存在的，而那种进步所依赖的脑力劳动，其存在所必要的条件正是满足生活必需外的某些过剩。因此，几乎所有的古代文明都诞生于气候温和的地方，在那里，用来维持生命所需要的物质不多，而自然甚至给最简单的耕种也提供了丰厚的酬劳。耕作往往集中在河流的两岸，河流在灌溉了土地的同时，还提供了交通上的便利。统治者一般都是新近来自附近的山区或遥远的、气候比较寒冷的异域。因为温和的气候有助于使人的精力旺盛，而让他们有可能实行统治的那种能力，几乎全是从他们故乡比较温和的气候中孕育来的。确实，在依靠被奴役民族的剩余劳动生产品过着奢靡的生活的同时，他们把自己大部分的精力保存在他们新迁来的地域很多代，并把自己的才能多施展在统治者、士兵和牧师的角色上。起初他们愚昧无知，但他们很快掌握了他们应该向臣民学习的一切东西，并且超越了百姓。但是，对于文明的这个阶段，文化人在劳苦大众中间几乎是凤毛麟角的，只限于少数统治者。

其中的原因是，孕育初期文明的那种气候也必然促使它衰落。[b]在比较寒冷的气候中，自然赐予了一种让人精神振奋的先天条件，虽然人们起初进行了艰苦卓绝的抗争，但是，随着他们知识的丰富和财富的累积，人们是可以丰衣足食的。在后一时期，人们为自己建造了坚固而宽敞的房屋，而这些房屋是在寒冷气候中使几乎全部家务和社会活动都需要在室内进行的某些地区的文化生活所最必要的。但是，如果自然不加施舍，[c]生命充实所需要的那种令人精神振奋的气息是完全无法得到的。即使在热带的阳光下随处可见进行辛苦体力劳动的工人，即使手工业者匠心独运，即使圣人、政治家和银行家敏锐而机警，但酷热的气候还是让长期艰苦的体力劳动和高度文化活动水火不容。在气候与奢侈的共同作用下，统治阶级的元气逐渐从身上消失，他们之间能成就大气候的也越来越少。最后，他们被那多半出自较寒冷气候的强大种族所推翻。有时他们形成一个介于被他们所统治的人民和他们的新统治者之间的中间阶层；但更普遍存在的是他们湮没在那碌碌无为的芸芸众生中间。

这样的文明里往往存在许多哲史学家感兴趣的部分。它的整个生活几乎是下意识地被少数的简单思想感染，这些思想融会得十分和谐，就像东方地毯一样完美华丽。在民族、自然环境、宗教、哲学和诗歌的共同影响作用以及战乱和坚强个性的共同影响中说明这些思想的根源，必定有很多可吸取的东西，经济学家都可以从这许多方面得到借鉴；但是，它都只是间接阐明经济学家所专业研究的某些动机。因为在这样的文明中，最有才能的人都把劳动看成下贱的工作。没有那种充满热情的自由工人，也没有那种冒险的资本家，被人轻视的劳动是由习惯所控制调整的，甚至把习惯当成远离暴力伤害的唯一挡箭牌。

几乎所有的习惯无疑只是压迫和虐待的具体表现形式。但只靠摧残弱势群体的那种方法度日，其寿命是极短的。因为强者要依靠弱者生存，离开他们的支撑，强者是无法独立生存的；如果强者所策划的社会活动让弱者难以承受，变得疲惫不堪，结果自然地也就毁灭了他们自己。因此，有些习惯如果经得住时间考验，总是会含有保护弱者免受随意伤害的规定的。[d]

事实上，当从事的事业不大并且缺少有力竞争的空间时，习惯不仅是用于防御比他们强大的那些人的必需，甚至更是防卫他们同行同胞所必要的一面盾牌。如果一个乡村的铁匠只能在本村才能售出自己的犁头，而且如果那个村子除了指望他就无法从别处买到犁头，那么，由习惯形成一个恰当的价位，对大家来说都是大有裨益的。因此，习惯成为了圣洁而不可侵犯的东西。在进步的早期，任何东西都没有让那种原始习惯被破坏的趋势产生，而这种原始习惯是把改革创新者作为异端或敌人的。这样，以经济为原因的影响就被抛到九霄云外，它们是在历史的幕后真正缓慢地起着影响。它们花了不是几年而是几百年才发挥了自己的影响。这种经济的作用非常微妙，以至于常常为人所忽略，有些人通过现代相似原因的类比而观察到经济的影响原来更加显著和迅速，只有他们知道经济原因的影响的位置，除此之外，几乎没有人察觉。[e]

## 第 2 节　财产权的分割会加强习惯势力并抗拒各种变革

这种习惯势力的统治在早期文明中，对于个人财产权的限制，既是其原因，又是其结果。就一切多多少少的财产，尤其是对于土地来说，个人的权利一般是属于家族和家庭（该词的狭义解释）的那些权利中的，并且受着它们的束缚，而且一切都得受制于它们；同样的，家族的权利服从村社的权利；而村社，根据传说（在不属实的情况下）往往只是一个扩充和发展了的家庭而已。

在文明的初级阶段，极力想摆脱人们中所流行的常规的人也许的确不多。尽管各个人关于自己的财产的权利有清晰而完备的规定，他们也许不情愿把自己暴露在他们那仇视革新的愤怒街坊面前，也不愿受到那种来自任何自以为比祖先高明的人的嘲讽。但是，比较勇敢的人也许会想到许多不大的变革；如果他们为了自己的利益可以随意进行尝试，那么那些改变或许会逐渐地在不为人察觉的情况下发展起来，直到个人选择有很大的自由空间，甚至习惯上的规定和一般常规变得难以辨别为止。但是被视为唯一的长辈和家产经管人的家长稍稍不按成规旧俗理事时，就会引来那些有权插手一切事物的人的反对。

除此之外，不单单是家长反对，还有村社的反对。因为虽然在短期内家家户户都有固定的耕地，但是许多操作通常都是一同进行的，从而在同一时段内人人都不得不做同样的工作。当任何一块田地轮休时，它就成为公共土地的一部分；村社的全部土地常常会被重新分配。[f]因此，村社显而易见有权禁止任何技术改良，因为那种改良或许会打乱他们集体耕作的计划，也许最后还会削减土地的价值。这样，当土地再次重新分配时，他们便会遭受损失。因此，常常有一套非常烦琐而复杂的规定，它把每个农户约束得如此之严格，导致他们甚至在最基本的工作上都不能自行判断和抉择。[g]这同时也是阻碍人类自由经营精神的弘扬发展的所有原因中影响最大的一个原因。可以指出，财产的集体所有制是同充斥在很多东方宗教中的那种无为主义相呼应的，它在印度民族中同样长期保留的部分原因是他们的宗教经卷中所提倡的那种宁静主义。

人们对习惯渗透于价格、酬劳和地租中的影响都作了过高的估计，却对习惯渗透于生产形式和一般社会经济统筹的影响又作了也许过低的估计。这些影响在一种场合下是明显的，但不是积累性的；而在另一种场合下，它们却是不明显的，但是积累性的。这近乎是一般规律：即某种原因的影响，虽然在任何一段时间是很微妙的，但若不断地朝向同一方向发生作用，那么它们的影响比表面上看起来可能要大很多。

不管早期文明中习惯有多么巨大的影响，但是希腊人和罗马人却依然充满了进取精神，他们对我们很感兴趣的那些有关经济问题的社会问题如此漠不关心的原因，倒是值得探究的。

## 第3节　希腊人把北方民族的精神和东方文化融合起来，但他们把劳动当成只属于奴隶的工作

古代文明的大部分在大河流域发源起来，那里的平原因受灌溉之利，很少遭受到饥荒的侵袭，原因是在热度充足的那种气候中，土壤的肥沃度几乎是和环境的湿度成正比例关系变化的。大河也提供了交通上的便利，有利于简单的作业分工和劳动分工，而且对于借以维持中央政府暴权的大军的调动是不妨碍的。的确，腓尼基人傍海而生。这个伟大的塞姆族在为各民族来往自由所创建的便利条件方面，以及在传播书法、算术和度量衡的文化方面，都作出了巨大的贡献，但是商业和工场手工业仍然是他们主要从事的

方面。

充分享受海运的自由，并把旧世界高尚的思想和华丽的艺术融合在他们的自由生活中，就成就了希腊人的精神创造的源泉。他们在从小亚细亚、马格那、格来细亚和希腊本土的数不清的殖民地，在新思想的促动下，他们的理想得以自由地发展：因为不仅这些殖民地彼此之间，甚至和原来的学术中心之间都保持密切的联系，相互交流经验，互相学习，自由而不受任何权势的束缚。他们的精神和进取心，不是在被传统习惯的重负压迫下存在的，而是用于创造新的殖民地和自由地创建新的理念。

由于地域气候的条件，他们没有进行艰巨劳动的必要。他们把那些必要的繁重工作交付给奴隶来做，而让自己沉浸在思考之中。穿衣、住宿、取暖都没有所费；那里晴朗而温和的天空，让他们适应室外生活，继而使社交活动和政治活动便于开展，并且花销很少。而从地中海来的寒风让他们的身体非常强壮，以至于经过许多世纪后他们都没有丧失从北欧家乡与生俱来的那种坚忍顽强的性格。各种各样的美感在这样的情况下就孕育了出来，一并出现了奇妙的幻想，诞生了创造性的思维。每个人都热衷于政治生活，心甘情愿服从国家，这都是空前绝后的。[h] 在很多方面，希腊人比中世纪欧洲其他民族更摩登；甚至在某些方面，比我们的时代还要更进步。但是，由于他们没有接触人生而为人的尊严概念，他们把奴隶制度视为是天成的；他们安于农业存在，却认为其他所有行业都是卑劣的；而对于我们时代认为能够引起莫大兴趣的那些经济问题，他们不是知之甚少就是一无所知。[i] 他们从未感到被贫困极度压迫着。土地和海洋、阳光和气候共同贡献给他们易于构造舒适生活所需要的物质材料，甚至他们的奴隶也有接受文化教育的大量机会。否则，希腊人的个性特征也就不重要了，直到那时，世人所接受的教育收益也就不必要加以严肃地考虑了。由于希腊人思想的卓越，它荣升为后代许多大思想家发展研究的试金石。希腊人对企业上的呕心沥血和处理琐事感到的那种不耐烦很大程度上导致了古代学者对于经济学钻研的不耐烦。

但是，从希腊的衰落中也许可以吸取一些教训。希腊的衰亡是由于缺乏达到目标的坚忍热情；而如果没有勤奋锻炼，任何民族都不能把热忱延续许多世纪。他们在社会和文化方面是自由的，但是他们不懂得好好利用他们的自由；他们畏首畏尾，缺乏坚定不移的决心。他们的领悟性很强，也时刻筹划改革创新，虽然这些都是组成事业心的要点，但他们缺少固定的目标和坚忍不拔的毅力。温和宜人的气候逐渐地削减了他们强健的体魄和力量；他们对从艰苦工作中锻炼而来的那种坚忍不拔的意志力视若无睹，不以为意，而最后却消沉在无聊的琐事之中。

## 第 4 节　罗马与现代的经济条件只有表面上的相似但是斯多葛学派和晚期罗马法学家的世界经验对经济思想与经济行为却产生了不可小视的间接影响

文明若向西再延展，就能抵达它的下一个中心——罗马。与其说罗马是一个伟大的民族，不如说罗马人是一支强盛的军队。正和希腊人相同，他们尽可能把工作交付给奴隶来从事。但是，在其他很多方面，罗马人却与希腊人截然相反。和雅典人生活中的那种活跃旺盛以及和他们尽量施展自己的才华并发挥自己特长的那种欠成熟的喜悦不同，罗马人则展现了坚强的毅力和铁一般的决心，并且不缺乏全面发展的人那种坚定不移的庄严的目标。[j]

全然不见了习惯的束缚，他们以前所未有的郑重态度决定用哪种精神塑造自己的生活。他们勇敢而且坚强，有坚定的目标，有敏捷的智慧，有规律的行动，有精准的判断；从而他们虽然对战争和政治有走火入魔的迷恋，但往往能将企业上所用的各种才能加以施展。

同时，联合结社的原则也不是不起任何作用的。尽管自由技术工人穷困潦倒，行会却相当昌盛。罗马一经输入希腊人从东方所吸取到的那些企业上的合作方法、在工厂中利用奴隶进行大规模生产的方法，就获得了重生的力量。罗马人的能力和性格特别适合于经营管理合资的企业；与少数的富人相比较，用奴隶和获得自由的劳动力作为辅助，取代用中产阶级，就能在国内和国外开展大量的海陆贸易。他们使资本成为让人憎恶的东西；但他们却使资本变得强大和价值不菲；他们在发展借贷的工具上花了大力气；部分原因是罗马帝国的统一和罗马语言的普及，所以罗马帝国时代文明世界中的贸易和交流，在某些重要的方面，甚至比我们现在还要自由。

如果我们回想罗马是怎样大的一个财富中心，罗马人的金山是怎样多得可怕（他们被超过只是近来的事了）；罗马的军民机构和维持它们所需要的供给以及运输机构又是怎样的完善，我们就不会见怪了。许多学者认为，他们发现发生在罗马的经济问题和我们当代的经济问题有很多相同之处；但这种共同性是表面的，不是根本的。它只涉及形式，而没有涉及真正民族生活需要的精神。它没有涉及对普通百姓生命价值的认可，而这方面，我们的时代却赋予经济科学以莫大的关注。[k]

在古代罗马，工商业缺少它们在现代所拥有的那种活力。原材料是用武力争取的，而不是与威尼斯、佛罗伦萨或布鲁日的当地人一样，用引以为豪的那些熟练劳动的产品换取来的。工业的创办和交通的设立，唯一的目的在于赢利；而商业生活风气却因政府的鄙视而有所败坏，这种鄙视呈现在元老院的“法律限制和有实际效果的限制”[l]上，这种限制是针对除土地以外的其他各种商业形式的。骑士团则凭借从事征收租税抢劫各省，以及后来赢得皇帝的宠爱而大发横财，他们缺乏的是那种创造一个伟大的国家商业所要求的一丝不苟的正义精神。最终，私人企业因国运日渐衰微而受到牵连。[m]虽然罗马人对经济科学的进步大多都是间接的贡献，但是，无论优劣，他们却凭借为现代法学奠定了基础而对经济学间接地发挥了尤为深刻的作用。罗马的哲学思想主要角色是斯多葛学派，而罗马斯多葛学派的巨头大多诞生于东方。他们的哲学移植到罗马以后，发挥了实际效力，而它的情感强度有增无减，尽管它在节欲上态度严厉，它和现代社会科学的理念却有许多不谋而合之处，而后对罗马的法律和对所有现代欧洲的法律的影响，归其原因是罗马帝国的大法律家很少不信仰这种哲学。罗马国家的力量使国家权利湮没氏族和部落的权利，这比在希腊要早些。但是，许多亚利安人关于财产的老旧思想习惯甚至在罗马也残留了一段不短的时期。家长对家族成员的权力虽很大，但在很长时间里，家族认为他支配财产的原因是他被看做家族的代表而不是个人而被委托理财的。但是，当罗马转变成帝国之后，罗马的法律家就摇身一变成为许多国家的法权的最后解释者。而在斯多葛学派的影响下，他们投身于发现自然根本法则，同时认为这种法则是隐藏于各种具体的法典之中的。这种区别于偶然的司法因素的、对普遍的事物的追求，使公共持有权（除了当地习惯以外再不存在别的理由）就像春天日光下的积雪一样瞬间就消逝了。因此，后来罗马法使契约的范围逐渐平稳地扩大了，使它更加详尽、更灵活、更强大有力。最后，几乎一切社会事宜都置于他的掌控范围之中，个人的财产划分得十分清晰，他可以随意处置他的财产。从斯多葛的各种高尚品质中，现代法律家继承了一种高度的责任感。从它严格的自决中，他们获得了对个人财产权明确规定的趋势。所以，我们现时代的经济制度中许多良好的和败坏的方面都可以间接地从罗马特别是斯多葛学派的作用中得到解释。一方面，个人在处理自己事务方面的任其自由，另一方面，不允许打着法律体系所保障的权利的旗号做出任何一点暴戾的行为，而这一点是毫无疑问的，因为它的主要原则是合理公平的。

斯多葛学派从东方家乡带来的那种高度的责任感本身也或多或少含有东方无为主义的元素。斯多葛主义者虽然行善积极，但以超然脱俗为荣。他们也分享人生之疾苦，由于责任使然，他们从不向命运妥协。他们的生活惨淡而严肃，因为生活本身的不成功而感到深深的压抑。正如黑格尔所说，这种内在的矛盾，如果不把德行当做目的，而且这目的只能通过自我否定才能达到的话，是不会得到解决的；因此，追求这种目标，就要坦然接受一切社会工作所必然带来的各种打击。而为这种巨大的变动打下了基础的，正是犹太人强烈的宗教情感。但是，世人并不那么容易充分容纳它的信念直到由于日耳曼民族的爱戴，基督教盛行于世时。甚至在日耳曼的各民族之间，基督教的传播也是极为缓慢的。而且在罗马衰亡后的一段很长的时期中西欧还是处于混沌状态。

## 第 5 节　条顿族不善于向臣服他们的民族学习　撒拉逊人奉行学术研究

条顿人虽然剽悍强勇，但自己很难摆脱愚昧无知的束缚。天生特殊能力的那种热忱和孝心反而使自己过分重视其家庭和部落的制度和习惯。“条顿族是不善于从向他们臣服的文化较高的弱小民族中学习新思想的，而其他的称霸的民族是没有任何像条顿族一样的。他们以蛮勇为荣，很少热衷于科学和艺术。因而，学术只能暂时滞留在地中海的东岸，它的发展是从南方的另一个称霸民族的到来而重新开始的。而撒拉逊人热切地吸收到了他们向被征服民族所理应学到的最好的事理。他们倡导科学和艺术，在基督教世界对学术不以为意的时候，他们却高举着学术的旗帜，这正是我们总该铭记于心的。但他们的道德仁义并不像条顿人那样充足。温和的气候和他们宗教上的好色使他们的精力迅速衰退。他们对现代文明方面所起的直接影响是少之又少的。”

条顿人的开明进程开展得较缓慢，但步伐比较稳健。他们将文明播撒到北方，在那里，坚持不懈的工作和各种健全完备的文化形式的逐渐壮大是并肩而行的。他们又将文明向西传播至大西洋。很久以前就从大河流域出发而流传至内海沿岸的文明，最后要横渡大西洋了。

但是，这种变迁是缓慢地进行的。新时代中让我们感兴趣的第一点是，自从罗马局势统一以来，消失了的城市和国家之间的遗留冲突重新出现了，罗马确实是一支庞大的军队，城市是它的基地，而广袤的国土却是它力量的源泉。

## 第 6 节　自治只存在于自由城市中

还在几年之前，完全由民主直接自治的政府在一个大国中是不可能存在的，它只能存活于城市或更小的国土上。政府必然经少数人之手操纵，他们把自己看做特权阶级，而把劳动者等同于下等阶级。因此，即使劳动者在管理政府许可他们自行管理的当地事务时，也常常缺少勇气、自信心和思考，而这些都是企业经营的要素。事实上，中央政府和地方政府都直接对工业自由造成了妨害，他们不许可人们自由迁移，并征收五花八门的苛捐杂税。甚至下等阶级中那些名义上自由的人也遭到掠夺，途径是在各种借口下任意罚款和收缴摊税、不公道的判决和公开抢劫。这些负担主要恰恰加于那些比他们的邻人更加勤俭节约的百姓身上。如果乡村的压迫得以消除，这些人经营上的进取精神势必会逐渐高涨，以此来摆脱传统和习惯的束缚。

城市居民的情况截然不同。那里各工业阶级的力量地位决定他们的人数，即使当他们不能完胜时，他们也不会像他们乡村的那些同行一样被看做似乎和统治阶级相对的人。像在古代雅典那样，在佛罗伦萨和布鲁日，全城居民可以听到政府领导人关于他们自身的计划和提出那些计划的理由，并且在采取进一步措施之前允许市民表示同意或反对。有时全体居民能够在一起就当时的社会工业问题讨论，相互交换意见，交流经验，取长补短，共同作决定，并且自己来实施这个决定。但是，在电报、铁路和廉价印刷机的出现之前，这种现象是不可能在广大的区域内存在的。

在电报、铁路和印刷机的帮助下，国民早晨可以获悉政府领导人前一天晚上发表的意见，而在翌日以前，全国对这些意见的看法就妇孺皆知了。借助于它们和很少的费用，各个大工会的理事会能够把一个棘手的难题交给全国各地的会员来讨论，并且可在几天以内就得到他们的回复。就算是一个大国，现在也能够由人民来管理了。但是，直到现在，所谓的“民治”实际上只能多多少少有一种寡头政治的嫌疑。只有那些可以经常涉足政府的中心或者至少和政府联系密切的少数人，才能直接参与管理。即使人数大得多，通过选举他们的代表，他们也就能够知道自己的意愿实现到什么程度，但直至几年以前，他们的人数在全国人口中仍然只是一个很小的数目，而代议制只是近来新生的产物。

## 第7节 续 前

中世纪城市兴盛衰亡的历史，就是进步浪潮此起彼伏的历史。中世纪的城市通常都发迹于工商业，因而对工商业并不持藐视态度。虽然较富有的市民有时能建立一个限制性政府，不准工人参加，但是，他们长期保持自己的权力是很难的。对大多数居民来说，他们常常充分享有公民权利，自己为自己定制本城的对内与对外政策，与此同时，以自力更生为荣。他们组成行会，从而加固他们的团结并养成自治习惯；虽然行会常常具有排外性，而且它们的条款最后抑制了工业的发展，但是，在这种负面影响出现以前，它们还是作出了不可估量的贡献。[p]市民们被文化包装后，没有削减他们的能力，没有忽略自己的商业，除商业外，在知识方面，他们对许多事物都产生兴趣；他们在艺术方面造诣加深，而在武力方面也位于前列。他们把大量经费用于公共事业的建立，并且以此为荣，同时也以节约使用公款、平衡预算与开支和实行在健全商业原则基础上的公平税制为荣。因此，他们就成为现代工业文明的开路者。如果他们既在发展中一帆风顺，又能够保持最初他们对自由和平等社会的热爱，则在很早之前，他们也许就已经解决了我们现在才开始遭遇到的许多社会经济问题。但是，在久经战乱的残酷打击之后，他们最后败给他们周围的强大邻国了。的确，当他们的邻人被他们征服的时候，他们的统治往往是如此暴戾，所以，他们最后被邻国所推翻，从某种程度上讲，也是因果报应。因不义，他们备受蹂躏，但是，他们辛勤劳动的硕果仍然存在，而且是供我们现代从前代继承社会经济中很多精华的源泉。

## 第 8 节　骑士和教会的影响 庞大军队的建立致使自由城市崩塌 但是印刷术的发明、宗教改革和新大陆的发现又使进步的火焰重新燃起

封建主义或许是条顿族发展过程中的一个必经阶段。它给予统治阶级以发挥政治才能的舞台，并且使庶民百姓养成遵纪守法、服从秩序的习惯。但是，封建主义许多身心上的残忍的本性却在某种外表美的形式下掩盖着。骑士的做法是：在公共场合对妇女卑躬屈膝，而在家里却残暴无礼。对骑士很多烦琐的规矩，是由对下等阶级的残酷和劫掠来维持的。统治阶级多依靠坦诚而慷慨的态度解除他们相互之间的义务关系。[q]他们对生活也有憧憬，这种憧憬饱含高尚的元素。因此，他们的性格，对有思想的历史家和对记载那些场面恢弘的战争及爱情决斗的编年史家来说，总是具有某种吸引力。但是，当本阶级要求他们履行的那种义务被他们履行了之后，他们就心安理得了。而义务规定中有一条是让下等阶级安分守己，虽然他们对朝夕相处的家仆往往是心慈手软的。

在有关个人的苦难的问题上，教会尽力为弱者撑腰，并减轻穷人的痛苦。在那些出色的教士入俗娶妻生子之后，他们或许常常会引起更深刻而广泛的影响。但这并不是说我们低估了教士，低估了尤其是僧侣对下层阶级所提供的利益。寺院是工业的，特别是农艺的

发源地。它们对于学者们是安全的大学，对于受难者是医院和救济堂，无论大小事宜，教会都介入协调。在它容许下而举行的庆祝节日和集市让商业获得了自由与保障。[r]

此外，教会经常反对等级上的门户划分，在内部组织上它是民主的，如同古代罗马的军队一样。它随时准备让不问出处的英雄豪杰来担任最重要的职位；教士和各个教派做了很多事情，都有利于人民的物质和精神利益，有时教会甚至带领人民公开对他们统治者的暴权进行反抗。[s]但是，另一方面，教会并没有致力于帮助人民通过锻炼他们自主抉择的能力而获得内心的真正自由。在希望那些特殊能力的拥有者通过自己的职务而攀升到最高级别的同时，它没有阻止反而是助那些封建势力一臂之力，竭尽全力让劳动人民变成一群愚昧无知、缺乏进取心和处处不能自立的人。条顿人的封建主义在实质上没有罗马的军事统治那样严厉；僧侣们虽对基督教里关于人生而为人的教义内容理解得不够深刻，却受了它的影响。但是，在早期中世纪，乡村的统治者将东方神权级别的奇术和罗马人的纪律与抉择力中最强大的东西结合起来，他们运用这些力量，以至于完全使下等阶级中意志力的成长和个性的发展停滞不前了。

不过，因地方上的倾轧，封建主义的军事力量长期处于被削弱状态。这正适合把广大区域在查理大帝的天才领导下融合成一个有机的整体。但是，一旦这种领导天才消失，整体也可轻易被分成各个部分。意大利长期在它的城市的管辖之下，其中属于罗马系统的且具有罗马人的野心和坚强意志的一个城市，直到近代还筑造水路以抵外侮，在尼德兰和大陆上的其他地域，自由城市一直以来都可以抵抗来自国王和男爵的挑衅。但后来奥地利、西班牙和法兰西都建成了固若金汤的王国。一个专制王国在少数人才辅佐下，组织并训练了由广大愚蠢而强壮的农民构成的军队；自由城市的经营，其文化与工业的崇高结合，等不到改正其以前的错误就以夭折告终。

如果正当那时新的力量没有冲破束缚的桎梏并把自由播撒到大地上，则也许世界会倒退的。在很短的时期内，印刷术被发明了，出现了文艺复兴、宗教改革，抵达美洲和印度的航线也发现了。也许单单之中任何一个事件就足以开辟历史上的一个新纪元；但因为它们同时出现，并且力量都朝着同一个方向努力，所以，它们掀起了一个彻底的革命浪潮。

当思想变得脱离了束缚，知识对于人民来说也是触手可及的了。希腊人的自由个性复活了，坚强独立的有志之士获得了新的能量，并能影响和带领其他人。一个新大陆给有思想的人提供了各式各样的新疑问来解答，同时它也让勇敢的冒险主义者有了用武之地。

## 第 9 节 海外发现的利益首先归西班牙和葡萄牙所有从而归荷兰、法国所有，再进而归英国所有

西班牙和葡萄牙在这种新的航海事业中领先于其他国家。似乎世界的领导权在最开始属于地中海最东部的半岛，自从又移至中部半岛之后，仿佛暂时又留在分别属于地中海和大西洋的西部半岛了。但是，由于工业的力量这时已经足够成熟，所以又能够使财富和文明在北方保存了。西班牙和葡萄牙长期抵抗具有更惊人的毅力和更慷慨的精神的北方民族是不可能的。

荷兰人民早期的历史，的确是一部让人惊叹的奇史。他们以渔业和织布为生，创造了美好的文学和艺术，建立了研究机构和政府机构。同波斯围困爱奥尼亚一样，战争只是更加激起希腊本土的斗志，奥匈帝国征服荷兰，也同样只能更加激发荷兰人和英国人的爱国之心和战斗力。

荷兰因英国对其商业的嫉妒，特别是因为法国蠢蠢欲动的军事野心，从而受到侵害。不久就清晰可见的是，荷兰是抵御法国侵略从而保卫欧洲的自由的。但是，在它那历史上的生死攸关的时候，它没有得到信仰新教的英国理应给予的那种援助；虽然从 1688 年起，它得到过大量的援助，但那时它最勇敢、最英勇的儿女们已经战死于沙场，同时它自己也负债累累。荷兰越来越不引人注目了，但是英国人首先应当承认的是，它对自由和进取心已经作出甚至将要作出更多的贡献。

这样，只剩下英国和法国来抢夺海上的霸权了。法国所拥有的自然资源比任何一个北欧国家都充裕，也比任何一个南欧国家更符合新时代的精神——有一段时期它曾是世界上独一无二的强国。但是，它在连年战乱中葬送了自己的财富，把那些没有因宗教迫害而被放逐的最优秀的公民的性命断送了。文明的发展本身并没有能够让统治阶级对被统治阶级实施仁政，也没有让开支更加平衡。被剥削的法国人民站起来反抗他们的统治者主要是因为来自美国革命的刺激。但是，法国人十分缺少美洲移民所具有的那种律己的自由的特质。在激烈的拿破仑战争中，他们的精力和勇猛再一次展现出来。但是，他们的野心勃勃不能实现，最后还必须将经营海上的领导权拱手让给英国。这样，在英国人性格的直接影响下，新时代的工业问题才得以解决，如同旧时代的工业问题是在它的间接影响下得以解决的那样。那么，让我们较详细地来探讨一下英国自由企业的发展进程吧。

## 第10节　英国人的性格很早就显示了自身的现代组织才能农业资本主义组织为工业资本主义组织扫清道路

英国的地理位置吸引了北欧最强大民族中最强大的人民迁移到此居住；自然选择过程让那些最勇敢而最独立的人前仆后继移入英国。那里的气候比北半球其他任何地方的气候都更适合养精蓄锐。它没有高山峭壁的障碍，它的任何一处角落距离可通航的水道都在二十英里之内，所以，英国各地都能够自由来往，而没有地理阻碍；同时，诺曼和普拉特琴各个国王的力量和英明的政策又致使当地诸侯不能设立人工的阻碍。

罗马在历史上所发挥的影响主要在于它曾使大帝国的军事力量同城中寡头政治成员的胆识和坚强的毅力融合起来，同样，英国的巨大贡献也是在于它将中世纪城市的自由风俗同国家的力量和丰富的基础结合起来，这正如同早期荷兰在较小规模上所实施的政策一样。英国的城市没有他国家城市那样声名显赫；但是，英国比其他任何国家都容易同化这些城市，从而最终获得它们的实惠。长子继承制使贵族除男家长之外的各个晚辈依靠于自力更生；他们没有特殊的阶级特权，很容易与普通人相处融洽。不同阶级的这种融合使政治很具有条理性；同时也使企业冒险有了如同贵族般勇敢而传奇式的抱负的特质。英国一方面坚决反对暴权，另一方面敢于服从权威（当他们理智地认为应该时），他们进行过许多次革命；但是，任何一次革命都是具有明确的目的。如果我们不把荷兰人计入其内，则只有他们知道如何将纪律和自由结合起来，只有他们把对古代的崇敬和为未来（而不是过去）筹划生活的能力统一起来了。但是，后来使英国成为工业进步领头羊的那种有关意志的力量，最初主要在政治、战争和农业方面得以体现。

英国技工的前身是英国的射手。他因自己的食物和自己的体格比大陆上的对手强壮而感到自豪。在学习熟练地运用自己的双手时，他具有同样的坚忍性、同样的自立性、同样的自制力和勇闯刀山火海的精神；当时机成熟时，他同样善于幽默，但当面临生死关头，即使面临着苦难和不幸，他也同样习惯于保持纪律。[t]

但是，英国人的工业才能长期不显山露水。他们向来对文明所带来的舒适品和奢侈品是陌生疏远的，也没有太大兴趣。他们在工场手工艺方面落后于意大利、法国和西班牙之类的拉丁国家以及北欧的自由城市。后来较富足的阶级渐渐对进口奢侈品有所好奇，从而英国的贸易产业才逐渐地发展起来。

但是，在很长一段时间内，从表面上并看不出英国未来商业的模式。的确，在商业成型的进程中，英国的特质环境发挥的作用没有英国人的某种本性重要，但至少具有相同的效用。无论是起初和现在，他们都不像犹太人、意大利人、希腊人和亚美尼亚人一样特别喜好讨价还价，也不像他们那样特别嗜好较抽象的金融产业。同他们做生意，他们总是直率坦荡的，而不是钩心斗角的。甚至至今伦敦股票交易所里最巧妙的金融投机工作也是由那些民族的人民主管的，他们继承了同样的生意习俗，而英国人却同样延续了实践传统。

那些让英国后来在各种各样环境中掠夺世界并成为世界加工厂的原因，甚至也是中世纪英国为现代农业组织铺平了道路的因素。从而，成为许多其他现代企业的建立的榜样。英国首先更改劳役为缴纳货币，这是一种革命，它大大提高了个人根据他自己的抉择而来协调自己生活的能力。不论优劣，人民能够自由交换他们管理土地的权利和义务。十四世纪中由黑死病造成的实际工资的急剧上涨；十六世纪时因银价下跌、货币贬值和寺院收入被王室侵吞而导致的实际工资的急剧下降；后来是牧场的扩建，它让许多劳动者无家可归，减少了当事者的实际工资并造成他们的生活方式的改变；所有这些都使旧习惯的维持越来越虚弱。这一运动由于都铎王朝诸王手中增长的权力而进一步开展扩大，这种权力的增长为私人之间的战争画上了一个句号，并使贵族和乡绅们所豢养的大批食客失去了地位。把不动产留给长子而把非不动产分给全家成员的这种习惯，一方面使地产的规模扩大，另一方面让土地所有者经营土地所需要的资本减少。[u]

上述原因有利于在英国建立租佃关系。尤其是在十六世纪，外国对英国货品的需求和英国对外国奢侈品的需求让许多份土地集中划归于在资本主义农场主经营管理下的大规模牧场。换句话说，那样的农场主人数得到很大幅度的增加，他们自己经营农业，风险自担，一部分资本自己垫付，但每年租用土地还要支付一定的租金并雇用工人；如同后来英国的新型企业家一样，他们自己经营工业，风险自担，也是自己出一部分资本，但用利息对其余部分的资本进行借用，并雇用工人。自由经营发展得既快速又高效，它的作用是片面的，对穷人是残酷的。但是说英国工匠技艺的前身是英国的箭术，同样，英国工厂的前身是用借贷资本经营的英国大农场（无论用于耕种还是放牧），这仍是正确的。[v]

## 第 11 节　宗教改革的影响

那时英国人的性格在不断地深化着。在英国海岸定居的那些顽强民族所拥有的庄重和大无畏精神，让他们很轻易地认同宗教改革的理论。这些理论对他们的生活习惯产生了作用，并且对他们的工业也有所影响。在没有人的媒介下，人赤条条地被置于上帝的面前，大多数野蛮而无知的人第一次向往着精神绝对自由的神秘。如果加以正确的理解，每个人的宗教责任和他同辈的宗教责任的分离，是最高层次精神进步的一个必要条件。[w] 但这个定义对于世人来说是全新的，朴素而无修饰的，尚未消逝于快感之中，甚至在平和的人身上，个性也显现得轮廓鲜明，而粗鄙的人也自觉地变得自尊起来。尤其在清教徒中，令他们的宗教信条赋有逻辑上的确定性和严密性的那种热衷，是一种专注的情感，抵抗一切肤浅的思想和低俗的趣味。必要时他们采取一致的行动，而这种行动由于他们的坚定意志而具有不可抗拒力。但是，他们很少分享社会上的快乐，他们宁愿在家享受清福，而不参加公共娱乐。不可否认，他们当中有些人对艺术持有的态度是敌对的。[x]

由此可见，最初意志力的成长本身含有某些粗暴不雅的元素，但此种力量是社会生活的下一个阶段所必需的。更高层次的形式把原先集体趋势中最美丽殷实的东西恢复过来之前，新的本能会围绕着它成长，以便于它必须借此经过许多磨难而加以精练和柔化，它必须变得较谨慎，并保持原有的力量。它加深了家庭情感，这种世俗情感中最丰富最充实的情感。或许从未有过如此坚实而精妙的原料可用来组建社会生活的高尚结构。

荷兰及其他国家也和英国一起经受了中世纪末期精神革命的伟大检验。但是，从许多观点尤其是站在经济学家的角度来看，英国的经验是收获最大、最丰富的，而且成为所有其他经验的典范。在由主动性和自由意志所促成的现代工业企业的进化中，英国起了领导作用。

## 第12节　续　前

英国工商业的特点由于这一事实而更加鲜明，即其他国家许多认同新教义的人为了躲避宗教迫害而来到英国。因为某种自然选择，有着与英国人十分相近的性格，并且因此掌握了工业技术的那些法国人和别国的人，与英国人住在一起，并将完全适合这种共性性格的那些技术传授给英国人。[y] 在十七世纪和十八世纪中，上层统治阶级仍然有骄奢淫逸存在，但是中产阶级和一部分劳动阶级对生活态度却十分冷静；他们不喜欢扰乱工作的那种娱乐，对于那些只有通过坚持不懈的辛劳工作才能获得的物质舒适用品也持有很高的标准。他们所力求生产的是结实且耐用的东西，而不是只用来装饰门面的东西。一旦这种趋势开始之后，就因气候而有所扩大，因为它虽然比较温和，但非常不适合那种轻佻的娱乐，在这种气候中一种安逸生活所必需的衣着、住房和其他生活用品的特点就是非常昂贵。

英国现代工业生活赖以发展的条件是：享受物质的欲望使人不断努力试图在每周攫取最大工作量；理性判断高于各种行为这一坚定的决心，让每个人经常反省自己是否应该因企业或经营的方法的改变来改善自己的处境；最后，完全的政治自由和安全环境使每个人有可能依照他认为对自己有利的做法来调整他的行为，并放心大胆地把他和他的财产投入于新的未来事业。

总而言之，那些对英国和它的殖民地的现代政治产生影响的因素，也影响了现代企业。给它们带来政治自由的那些因素，也给予了他们工商业经营上的自由。

## 第 13 节　大量需要简单商品的海外消费者的增长促进英国企业发展 企业家最初只是单纯地组织供应，而不监督工业，后来才集中工人到工厂中

就工业企业自由的功能而言，有使每个人把其资本和劳动利用到恰到好处的趋势，而这又使他在某项特定工作上力求获得与众不同的技能，在这种技能的帮助下，他可以获得用来购买他所需品的那种手段。因此，分工十分精细的复杂工业组织就由此而产生了。

在任意一种持续长久的文明中，不论形式多么原始的各种类型的分工是迟早要出现的。甚至在非常不发达的国家里，也出现了非常专门化的行业；但是，各行业中的工作从未如此划分，以至于企业的计划和安排及其管理以及风险，由一帮人所承担，而企业所需的体力劳动却由雇用工人来担任。这种分工形式通常来说是现代世界的特征，而特殊来说又是英国民族的特征。也许它仅仅是人类发展过程中的一个过渡阶段，也许它会被孕育它的自由企业的进一步发展所吞噬。但是，就目前而言，无论是好是坏，它在现代文明形式中表现出的一个主要事实，即现代经济问题的核心——至今工业生活中发生了围绕企业家[z]的成长的那些尤为重大的变化。我们已经见证企业家是怎样在英国农业的初期出现的。农场主从地主那里租来土地，并雇用必要的劳动力，而自己负责管理和承担企业的风险。的确，农场主的选择不是由完全自由竞争所决定的，而在某种程度上决定于财产继承和其他影响，而这些因素常常使农业的领导权握在那些没有农业管理特殊才能的人的手中。但英国是唯一的自然选择起很重要的作用的国家。大陆上的农业制度曾允许由出身来影响每个人参加农业或经营农业的事宜。英国仅仅凭借这种片面的选

择作用所获得的威力和弹性，也足以使它的农业先进于所有其他国家，并使它比欧洲任何其他国以相同的土地和等量劳动所获得的产量要多得多[@7]成为可能。

但是，弱肉强食、适者生存（创办、组织和管理企业）在工业中有很大的活动空间。工业企业家早在英国对外贸易得到可观发展之前已逐步在成长，实际上这一迹象在十五世纪的毛织业中就已经显现出来。但是新生国家中庞大市场的开发，通过工业企业家对工业布局（把特定工业部门集中在特定的地区）的影响直接地、很大地推动了这一运动。

中世纪的市集和行商的事迹说明，有许多产品，其中每一种产品只在一两个地方生产，从那里再运销到欧洲各个地方。但是生产局部化而运销很远的那些商品，差不多总是价格很高、体积小巧的商品。价格低廉，体积庞大的商品都由各地自给自足。但是在新世界的各个殖民地，人们是经常没有时间为自己提供工业品的，并且即使他们生产他们能生产的产品往往也是不被允许的，因为虽然英国对待它的殖民地比任何其他国家都更加宽松，但是它认为，它为殖民地所耗费的资金使它有资格来强迫殖民地向它购买各种工业品。很多简单商品也销往印度和野蛮民族，其需求也不小。这些原因导致了加工业中许多繁重工作的局部化。在那种需要工人高超技巧和丰富想象力的工作中，组织有时反倒是次要的。但是，在对少数式样不复杂的商品有大量需求的时候，组织一群人的能力却显得无比重要。如此，工业布局和资本主义企业家制度的成长这两个运动是并行的，都是由于同一个常见原因，且彼此互相促进。工厂制度和工业中贵重机器的应用，是在后一阶段出现的。它们通常被当做英国工业大权握在企业家手中的根本原因，无疑地它们增加了这种权力。但是，在它们的影响发挥作用以前，这种权力已经清晰地显现了。在法国大革命时代，在以水或蒸汽为动力的机器上的投资是很少的，工厂的规模小，数量也少。但那时几乎所有的英国纺织工作都是按照合同制来运作的。纺织业控制在较少数企业家手中，他们力图掌握最有利的买卖商品的种类、地点和时机。然后他们就和分散在全国各地的为数不少的人签订合同来生产这些商品。企业家一般提供原料，有时甚至提供所需要的简单工具。那些承包人用自己或其家人的劳动和有时用少数劳工的劳动（但未必经常如此）来完成包工任务。

随着时间的推移，机械发明的进步导致工人们越来越聚拢在水力发达的小工厂里，而当蒸汽渐渐取代了水力之后，他们又集聚在大城市的大工厂里。如此，那些承担生产上的主要风险而又间接管理和监督的大企业家们开始被富有的雇主所取代，他们经营着大规模的全部加工产业。这些新的工厂甚至引起了最粗心观察家的注意，同以前的变动一样，这种变动也不可能被那些实际上并不涉足商业的人所忽视。[@8]

最后，酝酿了很久的那种工业组织的巨大变革引起了所有人的注意。人们亲眼所见的是：那些由具有特殊才能的资本主义企业家所管理的大企业的制度正在代替由劳动者所管理的小企业的制度。无论有没有工厂，这种变革也依然会实现的。即使电力或其他动力的零售导致现在在工厂中所做的那部分工作可以在劳动者家里完成，这种变革也会实现。@9

## 第 14 节 此后，工人获得成批的雇用 新的组织带来了一些巨大的劫难，不过其中有些并不是由于该原因，这种新制度使英国免于法国军队的蹂躏

不论就以前或以后的形式来说，这种新的变革都有不断冲破那几乎使每个人定居在出生地上的那种束缚的趋势，它开辟了引领人们来此寻求就业机会的自由劳动市场。这种变动导致决定劳动价值的那些因素开始了新的篇章。直到十八世纪，工业劳动照例依旧是零雇的，虽然那之前一个庞大而流动的劳动阶级（它能够大批地雇用）在欧洲大陆一定的地区和英国的工业史上起了重大的作用，在十八世纪中却一反常态，至少对英国是这样，劳动价格不再由习惯或小市场上的议价控制了。在最近几世纪以来，它越来越由广大区域（一个城市、一个国家或整个世界）中的供求状况所决定。

这种新的工业组织很大地提高了生产效率，因为它的作用很大程度地保障了每个人能够从事他最在行的那种工作，也保证其工作有适当的当代知识和财富所能提供的最好的器械或其他辅助。但是，它本身也带来了巨大的弊端。而我们是无法判断其中哪些弊端是不可避免的。因为当那种变革正在剧烈进行的时候，史无前例的各种灾害袭击了英国。人们所受的大部分（无法判断到底有多大的部分）苦难一般被认为是无限制竞争的骤然出现所造成的，这种变革就是原因。在英国失去了一些大的殖民地之后，拿破仑战争接踵而来，结果使英国所遭受的损失比战争开始时它所拥有的财富积蓄的总价值还多。前所未有的连年歉收，使谷价飞涨。更糟的是，英国采用了实施《济贫法》的方案，它使人民的体力和自立精神受到损害。

因此，在 19 世纪的前半叶中，英国的自由经营是在有利条件下确立的。它的弊端被外部灾难所加剧，而它的有利影响却被这些灾难所削弱。

## 第 15 节　续　前

以前保护弱者的那些商业习惯和行会规章现在与新的工业不匹配了。有些地区，人们因全票通过而废止了它们；有的地方在短期内却成功地将它们留存下来。但那是一种得不偿失的成功，因为不能在旧束缚下发展的新工业就会离开那些地方，而可以向有更多自由的地方去了。[#0] 于是工人们请求政府实行针对商业经营方式而规定的那些议院的旧法案，甚至要求恢复由治安机构来定制价格和工资。

这些努力注定是不会成功的。旧有的规章制度是当时社会、伦理和经济思想的映射。它们是探索出来的，而不是凭空想出来的；它们是那些在生息几乎不变的经济条件下的人们代代传承的自然结果。而在新时代中，变化是如此高速，以至没有空闲来这样做。每个人都必须各行其是，很少借鉴过去的经验。那些试图保留旧传统的人很快就被晾在一边。

新生的企业家族主要是由这些人构成的：他们自食其力、坚强、灵敏并富有上进心。他们看到自己的努力收获成功时，通常认为穷人和弱者的不幸应归咎于他们自己，而不值得同情。他们深深地认为那些力图支持进步潮流从而妨害了经济秩序的人荒谬至极，他们往往认为，除使竞争完全自由和任强者自行其是以外，其他都没必要。他们歌颂人的个性，而且并不急于追求一种代替从前能使人们团结在一起的社会工业束缚的现代事物。

与此同时，这种噩运曾减少了英国人民的纯收入总额。1820 年，仅国债的利息就耗费了纯收入总额的百分之十。因新近发明而价格较低的那些商品主要是工业品，而劳动者对于这种工业品消费甚少。因为英国那时差不多是工业的垄断家，如果工业家可以自由地用自己的商品与外国的粮食交换，则他显然会得到廉价的食物。但是议会中掌权的地主阶级却禁止此行为。就用于一般的食物而言，劳动者的工资相当于他在一块很贫瘠的土地上劳动所生产的数目，这块土地是为了填补较肥沃的土地所供应数量的不足而被迫耕种的。他必须在市场上将自己的劳动力出卖，即使其中供求力量自由地发挥着作用，它们也仅仅能给他带来微薄的工资，但是他并没有获得自由经济的所有利益。他同其他工人也没有有效的合作；他既缺乏市场知识，又缺乏商品卖家们所具有的那种以求好价格而坚持不卖的能力，他被迫在肮脏的环境中工作，并使他的家人也在这种环境中进行长时间的劳作。这就降低了劳动人民的效率，从而也降低了他们劳动的纯收益，因此降低了他们的工资。而雇用童工进行长时间的劳动也屡见不鲜，甚至在十七世纪的诺尔维奇及其他地区就已经很常见了。但是十九世纪的三十年代因在恶劣环境下进行过度劳动而使道德败坏、身体承受痛苦和疾病的情况在工厂居民中却达到了高峰。在十九世纪的中叶，它们开始逐渐减少，此后，减少得更加快速。

工人们意识到企图恢复管理工业的旧习惯的愚蠢后，就再没有管制经营自由的任何意图了。英国人民所承受的痛苦，无论如何也永远不能同未革命的法国因不自由而造成的那些苦难相提并论。有一种观点认为，如果不是由于英国从它的新兴工业中所获得的那种能量，它也许会同它以前的那些自由城市所遭遇的一样，屈从于外国的军事独裁。它的人口虽不多，但有时却几乎独自承担着战争负担，用来反抗那些控制大陆几乎所有资源的征服者，而在那些反抗征服者的抗争中，它有时又赞助一些较大而较贫穷的国家。无论正确与否，当时人们认定，如果自由的英国工业不为反对公敌的战费埋单，则欧洲或许会长期处于法国的统治下，如同它从前在罗马的统治下那样。因此，对自由经营的过度的抱怨就很少听闻了，而多数的抱怨是针对英国人用自己廉价生产的商品和外国的粮食交换所附加的那些限制条件。

甚至当时正在开始生涯的职工会，虽然在英国史上几乎比任何其他事物都富有趣味和教益，光辉却一波三折，也转入明哲保身的阶段。它们依据辛酸的经验了解了政府企图实行旧规章来控制工业的荒诞行为，但是他们还没有对如何用自己的行动来调节商业有深远的见解。它们所关心的是取消反工人结社的立法，从而增加自身的经济自由。

## 第十六节　现在电报和印刷机有可能使人们应对他们的灾难采取挽救措施<br>我们正在逐渐走向集体主义形式，如以坚定的个人克制作为这些形式的基础，该形式将比旧形式高级

见证急剧增长的经济自由所带来的各种弊端就交给我们这一代了。至今我们才第一次逐渐明白不履行新义务的资本家怎样力图让工人的福利服从于他们的致富愿望。至今我们才第一次逐渐了解坚持富人无论以个人或集体的名义除享有权利外还必须履行义务的重要性。现在新时代的经济自由才首次如实地在我们面前出现。这一部分是由于知识的扩充和热诚度的增加。但是无论我们的祖先如何睿智，他们不可能如我们一样了解事物；因为他们忙于应付各种紧急需要和恐怖的灾难。⊠

我们必须用更严格的标准来评估自己，即使英国近来因为自由贸易和交通的发达使

数量大大增加了的人口有可能以优势获得充足的粮食，人民的货币收入平均增长了一倍以上；除了饲料和住房之外几乎所有商品的价格下降了百分之五十甚至更多。的确，即使现在如果将财富加以平均支配，则全国的总生产也许只足够供应人民的必需品和较需要的舒适品，而事实上很多人只有最低生活保障品。但是国家的财富增多了，卫生条件改善了，教育发达了，道德发展了，我们不再处处为了增加工业总产量的需要而被迫把几乎其他所有都考虑在内。

尤其是这种新增的繁荣使我们强大得足以对自由经营附加新的限制条件，虽然为了最终高尚的较大利益而必须忍受一时的物质损失。但是这些新的限制与旧的限制并不是是相同的。它们并不是作为一种阶级统治的手段而强行附加的，而是为了保护那些不能运用竞争力来保护自己的弱者，尤其是有子女的母亲。目的是周全而快速地提供一些应对现代工业急剧变化环境的良方，从而得到从其他时代中逐步由习惯演变而来的以前那种保护弱者之利，而使其不受伤害。

即使当工业在性质上好几代几乎都没有变化时，习惯的发展也过于缓慢，也有太大的盲目性，不可以在压力有利的时候施加压力，在后一个阶段它的弊大于利。但是依助于电报、印刷机、政治议会和商会，人们有可能针对他们自身的问题想出解决方案。知识的扩充和依赖性的增强，曾给予他们真正律己的自由，从而让他们有可能自愿地对自己的行动有所制约；生产集体化、所有集体化和消费集体化这些问题正在进入一个崭新的阶段。实施巨大而急剧变革的计划，目前和往常一样，势必是不会成功的，甚至会发挥负面影响；我们是不可能稳步前进的，如果我们前进得如此快速以至我们新的生活方式超越了自身本能的话。的确，人性不是一成不变的——新思想、新机会和新的行为方式甚至用几代的时间就可以让人性发生很大的变化，正如历史所表现的那样；人性的这种变化所涉及的范围或许从未像现在这样广泛，所进行的效率也许从未有现在这样高。但它依旧是发展的，而且是渐进的。我们社会组织的改革必定从它而生，因此也必定是渐进的。

虽然社会变革由它而生，但这种变革因为常常要承担某种新的更高层次的工作和争取某种高远的实际理想而促使我们向更高的社会性发展时，往往会或多或少先于人性改变。这样，渐渐地我们就会达成一种社会生活的秩序，在这种秩序中，公益战胜了个人的变化无常，其程度甚至超越个人主义初起之前的那些时代。但那时慷慨无私将是有意识的产物。虽然在本能的借助下，那时个人自由将在集体自由中使自己发展。这是和旧的生活秩序形成一个可喜的对比，在旧的生活秩序中，个人受习惯的奴役造成了集体被奴役和停滞不前，而这些只有利用专制主义或革命的变化无常才能打破。

# 第十七节　续　前

至今我们都是从英国的角度来考察这种运动的。但是其他国家也向着同一个方向前进。美国以这样勇敢而且直率的态度来解决新的实际难处，以至于它已经获得了在某些经济事务上的领导权。它提出了当代最近经济趋势中许多最有教益的案例，例如各种形式的投机和商业联盟的发展，也许很快它将成为为世界其他各国开辟道路的主导者。

澳大利亚也不甘示弱，它在人口的同一化方面与美国相比较明显具有某些优势。因为虽然澳大利亚人（几乎也同样适用于加拿大人）是来自许多国家的，但是几乎所有的澳大利亚人都来自一个民族。所以，依靠各种经验、思想习惯可以激发思想和胆识。它们不必适应各个不同民族的能力、个性、兴趣和所需的条件，因此，社会制度的发展在某些方面相比之下可以进行得更加顺利而迅速。

在欧洲大陆上，通过自由结社从而获得重要成果的力量比说英语的国家稍差。因此，在解决工业问题上所采用的办法不多，也较不彻底。但是在这些问题的处理方式上没有任何两个国家是完全相同的。它们所运用的方法各有特色，也各有所长；尤其是关于政府行动方面，在这方面德国领先。它的加工工业比英国起步得晚，这对其是一种很大的利益，因为它可以借鉴英国的经验教训，少走许多弯路。⊠

在德国，几乎所有本国的高级知识分子都在政府担任职位，或许没有其他政府能容纳如此之多才华横溢的人。另一方面，在德国造成英美最优秀企业家的那种精神、创意和勇气近来才得到充分的发挥；与此同时，德国人民有很大的服从性，所以他们和英国人有所不同；必要时英国人的意志力将使他们可以严格遵守纪律，但他们不是生来就百依百顺的。在德国，可以看到政府管理工业的最恰当和最具吸引力的形式；同时私营工业的种种优势，它的活力、它的弹性和它的方式也开始在德国得到充分的发挥。因此在德国关于政府经济职能的问题已经进行了细致的、有成效的探究，而这些对于说英语的民族来说也许是很有教育意义的，只要他们没有忘记最适合德国人性格的那些方案对他们或许并不是十全十美的；因为即使他们自愿，在坚定不移的服从性以及安于简陋的衣食住和玩乐方面，也是不能与德国人相媲美的。

除此之外，德国与其他国家相比拥有为数较多属于本民族的最有文化教养的人，而这些人无论在强烈的宗教感上或企业投机敏感上都是世界一流的。在各国，特别是德国，在经济实践和经济思想中表现最出色而最富于教益的东西大多出自犹太人。而德国犹太人特别值得感激的是，关于个人与社会之间的利益冲突以及关于德国最后的经济原因及其可能的社会主义良方，他们作出了许多狂妄的猜想。

接着我们就要谈到附录二的主题。我们已经在这里见到经济自由是如何在最近才繁荣起来，而经济科学现在所不得不讨论的问题的本质又是如何的新颖；其次我们还必须研究此问题的形式是如何由事件的发展和大思想家个人的特点形成的。

## 【注释】

a 关于自然环境通过决定主要职业的性质而对种族性格所产生的直接或间接的影响，参阅克尼斯的《政治经济学》、黑格尔的《历史哲学》、布克尔的《文明史》，并参阅亚里士多德的《政治学》和孟德斯鸠的《法的精神》。

b 孟德斯鸠说（第 14 篇第 2 章），由寒冷气候造成的身体上的优势也产生了别的影响，其中有“优越感较大（报复心较小）和对安全较为重视（坦白有余，而多疑、权谋与欺骗不足）”，而这些美德对经济的进步显然是有利的。

c 即使戈尔顿的这种想法证明是正确的，即一个热带国家中的少数统治民族，例如在印度的英国人，通过大规模人造冰或冷气的使用而能让他们的体力保持许多代不变，则这点或许必须稍微加以修正，但只是仅此一点而已。

d 参阅贝奇特的《物理学与政治学》以及斯宾塞和梅因的著作。

e 例如，如分析所说的是在长期内给予铁匠的报酬（其中将他的各种特权和犒赏包括在内）大约相当于对他那从事难易程度相同的工作人员的报酬，换句话说，就像分析所指出的，是我们在经营自由、交通便利和有效竞争的制度下所定义的正常报酬率，那么，就能知道是依习惯规定犁价的“适度水平”。若环境的改变使对铁匠的报酬（包括各种间接的利益）不等于此数目，也就是说习惯的内容总会开始变化，而这种变动常常不容易被人察觉，同时通常也不改变其形式，它将使报酬重新回归到这种水平。

f 我们现在的确得知日耳曼人的马克制度远远不如某些历史家所想象的那样普遍。但是在一小部分马克制度完善的地方，即使用马克被长期划分出来，以供居住之用，各家永远持有它在马克上占用的份额。第二部分，即耕用马克，分成三大块田地，在其中的每块田地上每家通常都有几块零散的田地。每年耕种其中的两块，休耕一块。第三部分，也是将最大的一部分作为全村的草地公用，耕用马克上的休耕地也是这样。在某些情况下，耕用马克时变作草地，而新耕用马克土地是从公共马克中剥削的，这就引发了重新分配。各家对其土地的处理是好是坏都会对村社的全体成员造成影响。

g 参阅阿格尔大公的《看不见的社会基础》第 9 章有关共耕制的叙述。

h 参阅纽门和帕迟的《希腊的自然地理》第 1 章；格罗特的《希腊史》第 2 篇第 1 章。

i 比如，柏拉图甚至也说：“没有天生的鞋匠和铁匠，这些职业让从事它们的那些人颓废，可怜的佣工正是因为其身份被剥夺了政治权利。”（《法律》第 12 章）。亚里士多德继续说：“如果一个国家在政治轨道上，公民们绝不应该操纵机械业或者是商业，因为这种生活是不崇高的，对德行是有害的。”（《政治学》第 7 章第 9 节；并参阅第 3 章第 5 节）他们都代表了希腊人有关商业的基本思想。但因为古代希腊不劳而获的财富很少，所以很多希腊的大思想家也必须从事一些商业活动。

j 黑格尔在他的《历史哲学》中提到，对希腊人和罗马人性格之间的基本对立作出了明确的说明。“我们不妨说，对于生存在自由的第一个真正形态中的希腊人，他们并没有良心。为祖国而生活，无须作更进一步的分析和反思的那种习惯，是他们的主要原则。主观性让希腊世界陷入衰亡之中”；而希腊人和谐的诗意为“罗马人那种淡泊的生活”开拓了道路，它充满了主观性和“对一定志愿的深思熟虑”。罗雪尔所著《德国国民经济学史》中讲到黑格尔对历史经济学所作的间接贡献大加赞颂，虽然这种赞扬是有限度的。参阅蒙森的《历史》中有关宗教的那几章，它们似乎深受黑格尔的影响，并参阅考奇的《国民经济学的发展》第 1 篇。

k 参阅前述第 1 章第 2 节。在某种程度上，这种误解是受到普通锐敏而稳健的罗雪尔的影响。他尤其喜欢指出古代和现代问题上的共同点；虽然他也指出了其中的差别，但他的著作的影响通常有令人曲解的倾向。克尼斯对他的立场有恰如其分的批判（参阅《从历史观点来看的政治经济学》，特别是第 2 版）。

l 弗里德兰德的《罗马民俗史》以及蒙森的《历史》第 4 篇中甚至这样讲道：“说到贸易和工业，意大利民族在这方面仍然像野蛮时期那么不活跃，除此之外，就没有什么可讲的了。罗马私人经济的唯一亮点是货币交易及商业。”凯恩斯的《奴隶强国》中有许多篇章读起来就像是蒙森所著《历史》的现代翻版。甚至在城市中贫穷的罗马自由人的命运也如同于美国南部蓄奴诸州中的“无产的白种人”、“意大利的庄园”；但是它们是一些像美国南部诸州的农场，而非英国的农场。有关罗马自由劳工的懦弱，参阅李卜诺的《罗马工会史》。

m 其中的一个方面在希穆勒对于古代贸易公司的生动而简练的叙述中有所讲解。在说明其全体成员都属于一个家族的商业团体怎样在原始民族中也可以获得发展以后，他认为（《立法年鉴》第 16 期），现代类型的商业组合情况，除非它拥有像税吏团所拥有的那些额外的利益或特权，在像罗马所处的那种环境中是不可能长期存在的。我们现代人能把许多人召集起来，在“共同目标下”一起工作，但古代人却不能，其中原因只能是“现在比那个时候的文化道德水平高些，通过大家的同情把人们在商业上的自私自利的活动联系在一起的可能性大些”。参阅德鲁姆的《罗马的钱商》；W.A.布郎在《政治科学季刊》(第2期)上所发表的《四世纪时国家对工业的管理》一文；布郎基的《政治经济学史》第5、6章；英格拉姆的《政治经济学史》第2章。

n 黑格尔(《历史哲学》第4部)在谈及日耳曼人的精力、自由的精神、绝对的自决力和热诚之后，又继续说“忠诚是日耳曼人的第二个口号，就如同自由是其第一口号一样”，如此，他揭示了该问题的真相。

o 德莱柏在《欧洲的文化发展》第13章中对其贡献倍加歌颂。

p 凡是适用于实际上持有自治权的那些大的自由城市的，在较小的程度上也同样适用于英国所谓的自由城市。它们的组织甚至较其政治特权的来源还要多种多样；但是现在貌似能够肯定的是，它们通常以民主居多。

q 但是背信弃义在意大利的城市非常普遍，而在北方的城堡也多见。人们常暗杀或毒害他们的亲朋好友。当主人给他的来客进茶或用餐时，他往往预先要试毒。就像一个画家把他能发现的最美的画面展现在画布上，而尽可能把不美的部分掩盖起来一样，一个通俗的历史家突出男女贵族们的生活而尽力回避周围道德败坏的那些历史画面，来激发青年人的进取心，也许他们做的是对的。但是如果我们要考察世界的进步，我们就不得不考虑过去实际上存在的危害。偏袒我们的祖先，就是失信于我们的民族。

r 我们或许很容易就过分强调教会对“高利贷”和某几种商业的禁止。当时资本用于商业的机会很少，如果有机会的时候，这种禁止也可以用许多方法来避免，其中有些的确是教会所认可的。虽然圣克里索·斯顿说过“凡是贩卖物品以取利者，死后就不能升入天堂”；但是，教会仍然鼓励商人们在市集和其他地方做生意。教会和国家的权力与人们的偏见结合起来，就给那些为零售取利而购买大批货物的人带来困难。虽然这些人的生意大多是合法的生意，不过其中有些的确像现代谷物市场上的垄断一样奇货可居。参阅阿什利在其所著《经济史》中关于教会原则的那一章和休文斯在《经济评论》第4期上所作的书评。

s 教会通过组织十字军而对进步产生间接帮助。提到十字军，英格拉姆说(《政治经济学史》第2章)，他们“因为在许多情况下把封建领主的财产转移给工业阶级而产生非常大的经济影响，并通过让各个国家和不同民族互相接触，通过开阔居民的眼界以及通过对航海的特别刺激推动国际贸易发展”。

t 要在统计上加以比较，富农就不得不和今日的中产阶级相提并论，而不能同今日的技工划为同类。因为他们的人数甚少，而大多数的人却远没有他们富有，他们所处的环境几乎在任何方面都不如现在。

u 罗杰斯说，十三世纪时耕地的价值只和经营它所需要资本的三分之一相等；他相信只要土地所有者保持自己耕种的习惯，那么长子通常会用各种方法把他的一部分土地分给他的弟弟，以便和他们换取一些资本（《六百年来的劳动与工资》）。

v 此类例子，在第六篇，特别是在第 9 章第 5 节中有进一步的说明。

w 宗教改革“是对个性的确认……个性并不等于生命的总和，而是在我们为部分和为圣体工作中，在我们的天性和工作的任何一个领域中，生活的一个主要部分。我们只能够同上帝共生死、同患难。这是真理，虽然它不是全部的真理。”韦斯科特的《基督教的社会相》；参阅黑格尔的《历史哲学》第 4 部，第 3 篇。

x 某些猥亵的艺术形式让那些严肃而狭隘的人对各种艺术有偏见。相反的，社会主义者现在攻击宗教改革，说它损害人的社会性和艺术性的本能。但是，宗教改革产生的各种感情，其强烈性让艺术丰富的程度是否比其严肃性所给予它的损害更大，这是值得怀疑的。他们发展了自己的文学和音乐；如果他们曾经让人瞧不起他自己创作的美，那么他们无疑会提高人对自然美的欣赏能力。山水画大多发达于新教流行的那些国家，这绝对不是偶然。

y 斯迈尔斯曾经指出，这些移民对英国的贡献比历史家们想象的要大，尽管他们通常对它有很高的估价。

z 这一名词来自亚当·斯密，而在欧洲大陆惯用，用它来指那些把企业的风险和管理看做自己在组织工业和工作当中应尽本分的人，似乎是最适当不过的了。

@7 十八世纪后半期，农业的改良进展得非常快。各种农具都得到了改进，排水是依据科学原理进行的；牲畜的饲养因贝克威尔的天才而得到彻底的改革；燕菁、三叶草、黑麦草等都被人们普遍使用，并且能够使休耕制为轮耕制所代替。这些和其他的变化增加了耕种田地需要的资本；而商业财富的增长让那些有能力和情愿通过购置地产而在农村立足的人有所增加。这样，现代商业精神就从各个方面入侵农业了。

@8 在 1760 年后的二十五年当中，工业上的改良发明相继出现，其速度甚至在农业之上。在这个时期，布伦德莱的运河让笨重货物的运输更加便宜，瓦特的蒸汽机让动力的生产费用更加低廉，柯特的炼铁法以及娄巴克用煤代替木炭（当时已感到缺乏）的冶炼法，让铁的生产费用降低；哈格里夫斯、克朗普顾、阿克赖特、卡特赖特还有其他人，发明了纺织机、锤纺机、梳棉机和动力织布机，至少是让它们得以经济适用。韦季伍德大大地促进了正在迅速发展着的陶瓷业的进步。在印刷方面，在化学方法漂白方面，以及在其他的生产方法方面，都有重大的发明。在这个时期的最后一年，也就是1785年，第一个直接使用蒸汽动力的棉纺厂出现了。十九世纪初，出现了轮船、汽力印刷机，城市照明上使用了煤气。不久后，又有了火车、电报和照相术。详见克拉潘的《剑桥近代史》第10卷。

@9 赫耳德:《英国社会史》第2篇第3章。

#0 工业撤出基尔特管理严格的那些地方的倾向由来已久，十三世纪时就存在这种倾向，虽然当时这种倾向非常薄弱。参阅格罗斯的《基尔特商人》第1卷。

#1 在和平时期，没有人敢公开地将金钱看得和人的生命一样重要，但是在费用浩大的战争的紧要关头，金钱通常能被用来拯救人的性命，一个将军，在紧要关头为保护物资而牺牲一些生命，这种物资的损失会导致许多人的死亡，他的行动被认为是正确的，虽然在和平时期没人敢公开主张为了保护少许军用物资而牺牲士兵的性命。

#2 李斯特得出一种非常有参考价值的见解，他认为落后的国家应该向那些进步的国家学习，但是要学习的是当它们处于它今天所处地位时的那些措施，而不是它们当前的措施。但是如克尼斯指出的(《政治经济学》第2章第5节)，商业的发展和交通运输的改良存在让各个不同国家的发展同时并进的趋势。

# 附录二① 经济科学的发展

## 第 1 节 现代经济科学受古代思想的间接影响居多，而直接影响却很少

众所周知，经济自由有其历史渊源，但是它根本上还是近代的产物，所以我们不得不深入了解经济科学的相应发展。现代社会条件是在希腊思想和罗马法的基础上，从初期亚利安和塞姆人的制度借鉴成长而来的。但是现代经济学的研究却很少被古代理论直接影响。

的确，现代经济学同其他学科一样，都始于文艺复兴时期。但是，建立在奴役制基础之上的那种工业体系和鄙视工场手工业与商业的思想是同那些顽固的市民背道而驰的，他们看待其手工业和商业和看待干预国家政治管理一样，都是引以为荣的。这些顽强而粗俗的人很有可能从以前大思想家的那种哲学方面的锻炼上和广泛的兴趣上得到好处，但事实上，他们却大力着手来处理其自身的问题。现代经济学在早期具有一定的局限性和一定的朴素性，同时对将财富作为目的而非维持生活的手段持有偏见。它直接讨论的主体是公共收益、租税收益及效果；在该方面，自由城市和大规模帝国的政治家们都同时地随着商业的扩大和战费的增多而越来越担忧本身经济问题带来的艰难和迫切感了。

在历代，特别是在中世纪的早期，政治家和商人忙于尽力利用商业的管理来建设富强的国家。他们所主要关心的一点是贵金属的供给，而他们认定这种贵金属无论对于个人或对于国家，如果不是国家富有的主要原因的话，最起码也是其衡量标准。华斯哥·达·伽马和哥伦布在世界地理上的发现，将西欧各国的商业问题从次要地位提升至主要地位。针对贵金属的重要性和获得贵金属供应的良方的理论，在某种程度上成为了足可以决定战争还是和平以及引起国家兴衰的那种联盟的公共政策裁定人。有时，这类理论还很大程度上影响了各种族在地球上的迁徙和定居。针对贵金属贸易的各个条款只不过是许多条款之一，这些条款试图以不同程度的细节性和严密性来规定每个人应该生产什么、生产的方式和应该赚得什么，以及怎样运用他的所得。在中世纪的早期，条顿民族的自然吸收力赋予习惯以一种超凡的力量。在他们从事应对那些发生在美洲贸易中

的持续变化的趋势时，这种力量影响了商人基尔特、地区当局和国家政府。在法国，条顿人的这种偏向通过罗马人的天才转化为制度，家长式的统治到达了顶峰；科耳伯特的贸易条例已经成为金科玉律。恰逢此时，出现了经济理论，所谓重商主义体系崭露头角了，贸易条例以史无前例的严格程度实施着。

随着时间的推移，一种向经济自由变化的趋势产生了，反对新思想的人们在他们自己方面以之前重商主义者作为依据；但他们包含在体系中的那些规定和限定是当时的时代精神，他们尽力试图实现的许多变革都是针对企业自由的。和认同严格禁止贵金属出口的那些人不同，他们特别讨论证明的是：在长期内，凡是能令本国金银输入多于输出的各类贸易都不应该禁止。让商人不受限制地经营企业，国家是否饱受其害？他们曾经通过对问题的此类提议倡导了一种新的思潮，这就不知不觉地向经济自由发展而去，其中一方面因为时势，其他方面因为西欧的人心所向。此种节制贸易限制的运动一直持续到十八世纪后半期，那时是这一理论成熟的时期，即如国家试图以人为的规定对抗个人各行其是的天赋的自由权，则社会的福利势必会深受其害。[b]

## 第 2 节　重农学派
## 亚当·斯密发展了自由贸易理论，并认为价值论令经济科学成为一个统一体的核心

第一次在广泛的基础上有系统地建立经济科学是在十八世纪中叶，那是在路易十五[c]的御医魁奈医生领导下，由一群法国政治家和哲学家进行的。他们政策的基础是顺应自然。[d]他们是最初宣布以自由贸易主义学说为行动基本原则的人，在这方面，与英国的先进作家达德利·诺斯爵士比起来实在是有过之而无不及，在他们讨论政治社会问题的腔调和性质时，很多都预示了后代。不过他们的思路模糊，而这又是当时科学家的共性，经过了长期的斗争，这种思路才从自然科学中清除出去。他们把顺从自然的伦理原则和因果规律混为一谈，前者使用祈使语气，规定某些行动规律；而后者却使用陈述语气，是由研究自然而被科学发现的规律。因为这点及其他理由，他们的结论大多只是间接的价值。

但它对现代经济学的间接影响却是相当大的。理由有二：其一，他们论证的清晰性和逻辑上的一致性让他们对后代的思想产生了很大的影响；其二，他们研究的主要动机，不在于使商人更富有和填充国库，而像大多数他们的前辈那样，在于减轻因过度贫困所发生的苦难和颓废。这样他们就给予经济学现代目的，来寻求有利于提高人类生活品行。[e]

## 第3节 续 前

在前进中的第二大飞跃，也是经济学曾迈出的最大的一步，并非一个学派的著作，而是一个人的著作。亚当·斯密确实不是当时英国唯一的伟大经济学家。在他著书立说的不久，休谟和斯图亚特对经济理论已经作出很重大的贡献，安德森和杨格公布了一些极其具有价值的经济研究成果。但是亚当·斯密的探讨范围足以将他当时英法同辈著作中的所有精华包括在内。虽然他毫无疑问地从别人那里沿袭了很多的东西，但我们越将他和他的前辈及晚辈比较起来，我们越觉得他富有才华，学识渊博，判断公正。

他在法国居住过不短的一段时间，接触过重农主义者。他深入探究过当时英国和法国的哲学，而他的对世事的通晓，事实上是因为他的远走他乡以及同苏格兰商人的亲密来往。除此之外，还有他那超凡的洞察力、判断力和推理力。结果是，凡他和他的前辈有意见分歧的方面，他较他们几乎是更正确一些。而目前所了解的经济学方面的真理，差不多所有都是他涉猎过的。因为他是第一个就其每个主要社会方面对财富作出论述的人，单单凭借这个理由，他或许有资格做现代经济学的奠基人。[f]但是他所开辟的领域过大，不能用一个人的力量全部勘测完毕。有时他所见的很多真理，在另一个时刻却从他的视线里消失不见。因此，在对他引证的许多东西加以纠正后，会发现他总是向着真理的方向前进的。[g]

他以这样丰富的常识和渊博的实际商业知识对重农学派的自由贸易理论进行了发展，以至于令这一理论成为现实生活中的超凡力量；他凭借政府干涉贸易通常有百害而无一利这一论证而在国内和国外扬名立万。在举出自私心会使商人个人危害社会的种种情况的案例的同时，他认为即使政府行事的用意并非不善，它对公众的服务也几乎总比商人的企业心稍差，而无论该商人怎样自私自利。他对这一理论的辩解给予世人的印象是如此深刻，以至于大多数德国学者在谈及斯密主义时主要提到的就是这一点。[h]

但毕竟这并非是他的主要功德。他的主要功绩在于他将当时的英法学者和他的前辈关于价值的研究加以融合并发展。承认他在思想上开辟了一个新时代，是因为他是对价值测量人类动机的方式作谨慎而科学化的深入探究的第一人，其中一方面衡量买家获得财富的欲望，另一方面衡量生产者所出的劳动牺牲（“实际生产成本”）。[i]

他所从事的工作的主旨很可能连他自己都不知道，自然地很多他的后继者也没能察觉出来。尽管这样，《国民财富的性质及原因的研究》以后的同样高质的经济学著作和以前的著作还是有所差别，这种差别是对用货币衡量拥有一物的欲望及生产该物直接或间接所引发的种种劳作和自律呈现得更加清晰。虽然其他学者向这方面所作出的努力很重要，但是亚当·斯密对它的发展所作出的贡献是如此巨大，以至于他事实上倡导了这种新思想。在这方面，无论他，还是他的前辈甚至是后继者，都没有创造一种学术上的新概念；他们不过是将日常生活中所习惯用的定义加以明确化。实际上不惯于分析的普通人很容易把货币看做是动机和幸福的、比事实上更加精确的尺度，部分原因是由于他没有想到尺度赖以形成的方式。经济学上的用语似乎比日常生活中的用语更专业些，现实性小些。但事实上它更加真实，因为它更加谨慎，更周密地分析到各种分歧和问题。[j]

## 第4节　对事实材料的研究并没有被他的后继者所忽视，即使他们中间有部分人对演绎法持有偏见

在亚当·斯密的同辈及直接后继者中，再没有人具有像他那样广泛而专业的才智，但是他们都作出了极有价值的贡献，每个人都进行了某种问题的深入探究，其中有些问题的研究来自个人的天赋，但有些方面却起因于当时的特殊事件。十八世纪末期，主要的经济名著是关于历史和叙事的，讲述劳动阶级特别是农业区劳动阶级的情况。杨格继续创作他那有名的旅行纪要；而伊登著述贫民史，此书后来作为所有工业史家的基本范例；而马尔萨斯通过对历史的探究，指出在不同时期和在不同国度中真正决定人口增长的各种因素。但全局看来，在亚当·斯密的直接后继者中最出名的人物要数边沁了。他在经济学方面的著作稀少，但他对十九世纪初期新生的英国经济学派却发挥了重大的作用。他是一个坚强的逻辑学家，反对各种毫无理由的贸易方面的规矩和规定，他严肃地要求这些规矩和规定说出足以证明其存在的合理性的证据来，而这种要求深得当时人们的支持。英国因为迅速地让自己适应于各种新型的经济运动而称霸世界，而中欧各国因为墨守成规而没有充分利用它们丰富的自然资源。因此，英国的商人多认定商业上的旧规矩是无益的，至少它在英国有所减少，而且正在减少，并且不久就要归零。边沁的门徒们立刻总结说，他们没有必要对习俗劳神费心。对于他们来说，依据各人都在追求自己的私欲这一假设来对人的行为趋势进行讨论就足够了。[k]

因此，对十九世纪早期英国经济学家常常提出的指责，就是他们没有仔细研究集体行为与个人行为在社会经济生活中是否应受到较大的注意，除此之外，他们过分夸大了竞争的力量及其作用的迅猛，而这些指责是非常公正的。至于说他们的研究由于某种牵强的定义甚至语气刻薄而受到损害的这种非议，也是有一点道理的。这些劣处部分原因

是边沁的影响，部分是由于他所代表的该时代的时代精神。但部分也由于这一事实，即经济学的研究又多在那些人掌控之中，他们的力量寄寓于工作精神而非哲学思想。

# 第5节 续 前

政治家和商人再一次热衷于对货币及对外贸易问题的研究了，他们在这些问题上所耗费的精力甚至比最初发生在中世纪晚期的那个巨大经济变革的早期还要夸张些。他们接触现实生活，经验丰富，知识渊博，表面上看起来似乎很可能让他们对人性做出广泛的研究，并将他们的推理建立在广泛的基础上。但是，现实生活的熏陶常常使他们因个人经验而草率地作出概括性结论。

在他们所工作的领域中，他们的研究是极富有价值的。由于货币理论恰是经济科学的组成部分，其中对人类动机（除致富动机外）忽略不论。李嘉图所领导的那个著名的演绎法学派在这里却立于不败之地。[1]

其次，经济学家们针对对外贸易理论进行了研究，并解决了亚当·斯密在这方面所遗留的许多缺点。经济学中只有货币理论归属于纯演绎推理的范围。的确，对自由贸易政策的充分探讨不得不考虑到许多严格来说并不是经济学方面的问题；而虽然这些问题中的绝大多数对农业国家尤其是新兴国家来说非常重要，但对英国却影响极小。

英国在全部这一时期中，在经济事实方面的研究也未予忽略。配第、杨格、伊登及其他学者的统计研究由图克、麦卡洛克和波特加以继承和发扬。即使在他们的著作中好像过分强调了那些和商人与其他资本家有直接关系的事实，但却不能说是在英国经济学家影响下完成的议会关于工人阶级状况的大量调查研究。实际上，在十八世纪末期和十九世纪初期，英国产生的官方与私人的统计资料及经济史，堪称经济学上有系统的历史和统计研究的原点。

不过他们的研究具有一定的片面性。诚然它是历史的，但大部分却非“比较的”。虽然休谟、亚当·斯密、杨格和其他学者曾经依据自己的天才直觉和孟德斯鸠的典范的引导，也时不时将不同时代和不同国家中的社会现象进行比较，并从中吸收教训，但谁也没有真正掌握对历史按照有系统的方案进行比较研究的概念。所以，那时的学者在搜集材料方面是严肃的、能干的，而在从事研究上却很盲目。他们把我们现在视为尤其重要的大批材料忽视了，而且常常不善于运用他们所搜集到的东西。而当他们从搜集资料向一般推理转化的时候，这种片面性更加明显。

## 第6节 但他们对人性决定于环境估计不足 社会主义者和生物学家的研究在该方面产生种种影响 约翰·斯图亚特·穆勒 现代著作的特征

为了论证的简便，李嘉图及其追随者在讨论中经常似乎把人看做一成不变的，他们从未对人的进化大力研究。他们对市民最熟悉；有时因为表述的不准确，以至于几乎暗指其他的英国人和他们所了解的市民完全类似。

他们知道，其他国家的居民有他们自己值得加以研究的特征；但是，他们仿佛认为这些差别是表面的，一旦其他民族掌握了英国人准备教会他们的那种更高层的生活方式的话，这些差别也是必定可以去除的。这种想法曾经令我们的律师强加英国民法于印度人身上，使我们的经济学家假设世界是由市民所构成，并暗中根据这样的假设定制自己的理论。若讨论的是货币及对外贸易，则它的危害很小，假如讨论的是不同工业阶级之间的联系，却让他们误入歧途。它令他们将劳动说成是商品，而不去深入探究工人的态度，不认真斟酌情感、本能和习惯，忽视他的同情或是反感、他的阶级嫉妒及阶级友谊，还是他的知识缺乏和自由活动的时机。由此，他们觉得供求的力量有比现实生活中更机械而规律的作用；甚至他们所定下的利润和工资的规律在当时的英国也没有立足之地。[m]

但是他们的致命缺点是他们不明白工业上的规则和制度是极容易变动的。特别是他们想不到穷人的贫困是造成他们贫困的那种衰弱和劳动效率很低的主要原因。他们不具有现代经济学家所有的那种对于大大提高工人阶级水平的可能性的信心，固然社会主义者支持人的全面发展；但是他们的理解却很少根据历史科学研究，同时因为表述的轻狂，这就引来了当代认真的经济学家的鄙视。社会主义者从未对他们所抨击的那些理论进行研究。同时很容易指出的是，他们对现存社会经济组织的性质和效率不理解。经济学家们对于认真检验他们的任何学说不屑一顾，特别是他们关于人性的各种猜想。[n]

但是社会主义者情感强烈，他们理解经济学家从未考虑的那些人类行为的潜在根源。在他们的狂章绝句中，潜伏着许多哲学家和经济学家值得学习的敏锐的洞察和建设性的意见。他们的影响渐渐扩大，孔德从他们那里得到了很大的帮助；约翰·斯图亚特·穆勒一生中的改变，正如其在自传中所告知我们的那样，是从社会主义者著作的阅读而来的。

## 第7节　续　前

当我们将现代人在财富分配这一重要问题上的看法与十九世纪早期所流行的见解相对比的时候，就会发现，除了细节上的各种改变和推理上的科学精确性方面的进步之外，在问题的对待上有了根本的转变；因为之前的经济学家的证明似乎把人的性格和效率看做是定量，而现代经济学家却始终铭记一个事实——人是他所生存的那个环境的产物。经济学观点的这种转变部分是由于这一事实，即在十九世纪下半叶中，人性的改变是如此快速，以至于他们被迫注意到；部分原因是各个作家、社会主义者以及其他学者的直接影响；另一部分原因是自然科学中某些部门有相类似转变的间接影响。

在十九世纪的早期，数理科学大有方兴未艾之势。这些科学虽然互相有所区别，却有一个相同的特点，即它们在各个国家和各个时代中的研究对象全部是一成不变的。科学的进步是人所熟悉的，但科学对象的发展对于人来说却是陌生的。随着时间的推移，生物学逐步在前进，人们对于动植物生长的性质开始有了比较清晰的概念。他们知道，如果科学的对象要经过不同的发展阶段，那么适用于某一阶段的规律若不加以修改就很难适用于其他的阶段，科学规律不得不与其研究对象的发展相当。这种新概念的影响逐渐扩散到人文科学，即现在哥德、黑格尔、孔德和其他人的著作中。

最后，生物学的研究有了大跨度的进步。它的各种发现如同早年物理学上的发现一样，大大引发了世人的注意，伦理和历史科学的腔调有了明显的转变。经济学也参与到这个大的运动中来，对于人性的可造性以及财富的生产、分配和消费的现用方法对人性的作用力和反作用力给予了持续增加的注意。在约翰·斯图亚特·穆勒那著名的《政治经济学原理》中，我们能够看出这种新趋势的最开始的重要迹象。°

穆勒的追随者放弃李嘉图直接继承者所坚持的立场，朝着该方向继续进步，同机械因素相区别的人为因素在经济学中占有越来越重要的地位；而且忽略当时在世的经济学家不计，这种新风气弥漫在克利夫·莱斯里的历史研究和白哲特、凯恩斯、托因比和其他学者多方面的名作之中，特别是杰文斯的著作因精妙地结合了各种最大的优点从而在经济学史上赢得了不败的地位。

一种崭新的社会责任观四处流传。在议会中、报纸上和讲坛上，人道主义精神的口号响彻云霄。穆勒和他的追随者——那些经济学家——对这一运动产生促进影响，反之他们又因这个运动受到很大的启发。一半由于该原因，另一半由于现代历史科学的发展，他们对实际材料的深入探究也更加广泛而豁达。确实，某些早期经济学家在历史和统计学方面的研究，就算有超过者也很少见。但他们以前无从知道的很多状况，至今是人所共知了。既不像麦卡洛克那样精通商业，也不像经济学家的历史知识那样渊博，关于经济理论与现实材料的关系也可以提出比他更广泛而精确的见解。在这方面，他们曾经得助于各类科学方法（包括历史学）的普遍改良。

因此，现在经济学在各个方面的推理比过去更加精确了。任一研究中所假设的前提表述得比以前更加严谨了。但是缜密的思想在其运用中却发挥了部分反面作用；事实证明，现在，以前的许多应用的普通理论无立足之地了，因为之前没有想到所暗藏的所有假设以及在所讨论的特殊案例中是否可以大体作这样的假设。由此，许多教条已被打破，这些教条只是由于它们表述得不严谨，因此看起来仿佛非常简单；但是因为同一个理由，它们冒充那些用以自我武装并斗争的卫道者（主要是资本家阶级）的武器库。这种破坏作用表面上看起来貌似是经济学上一般推理过程的价值贬值了，但结果恰恰相反。它为我们正在兢兢业业创造的那种更新更强悍的理论机器扫清了障碍；它使我们有可能比那些最初开始解决经济难题的能人专家对生活看得更全面，进步得更稳健，科学性更大，教条主义气息更少；而我们当前的坦途是由他们开辟的。

这种变化或许可以看做从经济学方法发展的初级阶段过渡到高级阶段的过程。在初级阶段，对自然运转的描摹依旧是不复杂的，目的是能将这些现象以简单的语句表达出来；而在高级阶段，研究自然现象时却更加仔细，叙述也更加原本，甚至一定程度地牺牲简明性和通俗性也无关紧要。因此，经济学上的通常推理有了大跨度的进步，并且在每步都容易引起敌对批判的各个世纪中，所组成的阵地比它威望很高的时候还要固若金汤。

之上我们只从英国的角度考察了近来的发展，但英国的发展不过仅仅是涉及西欧各国的这一广泛运动的掠影罢了。

## 第8节　续　前

英国经济学家在国外有许多追随者，也存在很多批判者。法国学派从它那十八世纪的大思想家那里获取了继续的发展，并且避免了英国第二流经济学家所经常犯的尤其是有关工资的很多错误和混乱。自从萨伊以来，法国学派完成了很多有意义的工作。古尔诺是法国学派中最具天才的建设性思想家；同时，傅立叶、圣西门、普鲁东和路易·勃朗却总结了许多最具有价值而且最轻狂的社会主义见解。

近年来，美国算是最大的有关的发展了。一世纪之前，“美国学派”被认定是由在凯雷领导下的一群保护主义者所组成的，但当前由一些聪明思想家所组成的新学派正在形成。有迹象显现，在经济思想上，美国正在获取其在经济事务上已经得到的那种领袖地位。

经济科学在其两个发源地——荷兰和意大利大有复苏之势头。奥地利经济学派的精湛分析工作特别引起各国的极大注意。

但总体看来，近代大陆上所曾完成的最重要的经济研究工作是在德国进行的。承认亚当·斯密的领导地位，与此同时，德国经济学家最先被他们所认为的那种岛国片面性和李嘉图学派的超自信所惹恼。他们非常不满的是英国自由贸易主义者所提出的那种假设，即一个像类似英国的工业国家所确定的可以原封不动地照搬到农业国家上去。李斯特的卓越天才和爱国热忱将这个假设推翻，同时指出，李嘉图主义者几乎没有考虑到自由贸易的间接成果。就英国而言，即使忽视了它们也没有大碍；因为它们基本上是有利的，并从而使直接效果的影响扩大了。但是他提出，在德国特别在美国，自由贸易的很多间接效果是无益而有害的；他觉得这种害处大过其直接利益。他的许多论点是没有立足之地的，但某些却是适用的。因为英国经济学家不愿意针对它们进行耐心的讨论，因此，服气于那些正确观点的政客，为了煽动群众，对那些不科学的、但对工人阶级有吸引力的论点的运用也保持沉默。

美国的工业家们把李斯特当成自己的代言人。他在美国的名望和系统性地阐述保护主义理论的开端，起始于他写给他们的一本通俗小册子的广泛流行。[p]德国人喜欢谴责亚当·斯密学派和重农主义者对国民生活的重要性作出过低的评估；谴责他们一方面因为自私的个人主义和另一方面因为无能博爱的世界主义而有牺牲国民生活的趋势。在激起爱国主义情感方面，他们肯定李斯特作出了很大的贡献，爱国主义的情感较个人主义情感更加慷慨，比世界主义的情感更坚强肯定。而重农学派和英国经济学家的世界主义感有如德国人想象中的那样强烈，是值得怀疑的。但在国家主义方面，近代德国政治史对德国经济学家的影响是毫无疑问的。在侵略大军包围圈里的德国，只有在爱国热忱的帮助下才能存活。德国学者竭力认为（也许有些过分），利他主义感在国与国之间经济关系方面的活动区域比在个人与个人之间的经济关系方面还要狭隘。虽然在情感上德国人是民族主义的，但在其研究上却是崇尚国际主义的。在经济史和通史的“对照”研究方面，他们是领头羊。他们列出了每个国家和每个时代的社会工业特征，将它们作了这样的整理，以便于将各现象彼此之间的联系阐述清楚，并将这些现象和可参考的法学史结合起来加以深入探究。[q]德国学派中少数成员的著作有过分的毛病，对李嘉图学派的理论甚至持有极小气的藐视态度，而这种理论的要旨和目的就连他们自己也不清楚。这就引发了很多无聊的火热争论。但是该学派的领导者似乎全部没有这种狭隘心理，但对他们及其国外同行在研究和解释经济习惯和经济制度的历史方面所完成的工作作出过高的评价，或许是不容易的。它是我们时代最伟大的成就之一，是我们当代真实财富中的一个全新的宝贵财富。它比几乎其他任何东西都更能扩大我们的眼界，提高我们对自身的认识，有助于我们理解人类社会伦理生活及它所体现出的那种神圣原则的演化。他们将自己的注意力集中于历史性的科学探讨上，集中于将科学应用在德国社会政治生活条件上，尤其是德国官僚政治的经济义务上。但是因为赫尔曼的卓越天才的指示，他们曾经进行了准确清晰的理论分析工作，极大地丰富了我们的知识，扩大了经济理论的范畴[f]。德国思想对社会主义及国家职能的研究也起到了促进作用。众所周知的近代非常彻底的大多数倡议，就是为了社会的利益而差不多对私有财产无偿进行征用，正是来自其中有些是犹太血统的德国的学者。的确，经过仔细研究后，他们的著作没有开始看起来那样深刻和具有真知灼见；但是它从那辩证法妙术和出色的风格中，以及有时从那渊博而被扭曲了的历史知识中，获得了巨大的力量。

除了革命的社会主义者之外，德国还有许多思想家，他们坚定地肯定私有财产制度的现存形态缺乏历史根据，并依据很多科学和哲学的理由要求重新考虑相对于个人权利的社会权利。德国人民的政治军事制度，最近助长了其一种比英国人依赖政府多于依赖个人企业的自然倾向。在关于社会改良的各问题上，英德两国有很多值得互相学习的优点。

但是在目前的各种历史知识及要求改良的热潮下，经济科学上一件艰难却十分重要的工作有被忽略不计的危险。流行的经济学在某种程度上有忽略严谨、严密的推理的趋势。所谓科学的生物学观的出现，有把经济规律及经济尺度的定义抛在幕后的趋势，似乎这些概念太谨严呆板，不适合那种活的变化不断的经济有机体。但是我们通过生物学领教到，脊椎动物的机体是最发达的。现代经济组织是有脊椎的，所以讨论它的科学也理应是有脊椎的。它应该有某种巧妙和敏感，使自己密切适应世界现实现象的需要，但是它还势必具有一个精确推理及分析的坚强的脊椎支柱。

## 【注释】

a 第一篇第 1 章第 5 节。

b 同时德国“官方学派”发展了对于国家事务的科学分析，最初只是财政方面；但在 1750 年后，逐渐着重于和人的因素相区别的国家财富的物质状况。

c 坎悌恩在 1775 年写的内容非常广泛的《商业性质的考察》一书，堪称有系统的著作，立论非常尖锐，并且在某些方面是超时代的。尽管我们知道，他的几个重要论点早在六十年前就被尼古拉·巴本在他的著作中提过了。考奇是第一个肯定坎悌恩著作重要性的人；杰文斯说他是政治经济学的真正奠基者。关于坎悌恩在经济学上占有地位的公平估价，视希格斯在《经济学季刊》(第6期)上发表的论文。

d 在前两世纪中，讨论经济问题的学者们时时诉诸自然。争论的一方说自己的方案比另一方的更加自然。十八世纪的哲学家，其中有些对经济学产生了非常大的影响，常常依据自然来确定是非的标准。特别是洛克，在他诉诸自然的一般情调上和在他理论的细节上，有许多比法国经济学家先走一步。但是魁奈和追随他的其他法国经济学家对社会生活的自然规律的研究，除了受到英国的影响外，还受到其他因素的影响。

宫廷的豪华和让法国日趋灭亡的那些上层阶级的特权，显示出了人为文明的罪恶，并引起了一些有思想的人对比较原始社会状态的渴望。法国许多能思善辩的法律家深晓晚期罗马帝国斯多葛学派法律家制定的自然法，随着岁月的推移，卢梭竭力提倡对美国印第安人那种“自然”生活的崇拜，对经济学家产生了影响。不久他们被叫做重农主义者，或者自然秩序的维护者；这个名称来源于1768年出版的杜邦著作。不妨指出，他们对农业的热衷和对自然状态与朴素乡村生活的贪恋，部分是取之于那些斯多葛大师的。

e 甚至宽宏的沃邦(写于1717年)也不得不为他对人民福利的关心辩解，说让人民富有就是让国王富有的唯一方法。相反地，对亚当·斯密有非常大影响的洛克，不仅他在重农主义者持有的某些奇特的经济见解上，而且在他们倡导的博爱上也是先走了一步的。重农主义者所惯用的口号“放任”(Laissez faire)、“自由”(Laissezaller)，现在一般都已经被误用了。Laissez faire 的意思是，人人都应该被准许任其所好，并按照其所好行事。各种商业都应该向人们开放，像科耳伯特派主张的政府不应该给工业家们规定他们应该生产的布的样式，Laissezaller(或者 passer)的意思是，人和货物都应该被准许自由地通行于各地，特别是从法国的一地到达另一地，而不缴纳任何的苛捐杂税，也不会受烦琐规章的限制。不妨指出，Laissezaller 是中世纪时主帅命令比武双方停止时用到的信号。

f 瓦格纳《基础》第3版和其余诸页中关于亚当·斯密应占最高地位的简要叙述；哈斯巴赫:《亚约·斯密研究》(关于荷兰思想对英法思想影响的讨论非常有趣)；普赖斯:《亚当·斯密和其与近代经济学的关系》(《经济学杂志》第3期)。肯宁安(《历史》)认为，“他的伟大贡献在于将国家财富的概念抽了出来，而以前的经济学家却有意识地将它置于国家权力之下”。但是这种比喻也许过于呆板。坎南在他给“亚当·斯密的演讲”作的序言中指出了赫契逊对他的影响是非常重要的。

g 例如，他并没有完全地摆脱当时非常流行的那种将经济学法则和应依从自然的伦理戒律混为一谈的情况。对于他，“自然的”有时是指在现有的各种力量实际上产生的，或者会产生的东西，有时是指他的本性让他希望它们产生的那种东西。同样，他有时会把阐明一种科学看做是经济学家的本分，而有时又会把提出一部分政治管理措施当做是他的本分。不过虽然他的用语通常不谨严，但是我们仔细推敲之后就会知道，他自己完全明白他从事的是什么。当他探求因果规律（现代所谓的自然规律）时，他用到的是科学方法；而当他在谈论实际戒律时，一般他知道他只是表示自己认为应该做的事而已，即使他认为这些戒律似乎是有自然根据的。

h 德国对这一名词的通俗用法，不仅是指亚当·斯密认为个人利益的自由发挥对社会的福利比政府的干预还要大，而且指它几乎总是按照最理想的方式发生作用。但是德国的一些大经济学家非常清楚，斯密不断坚持个人利益和社会利益经常发生矛盾，而斯密主义一词的旧用法逐渐过时。例如，克尼斯在其著作《政治经济学》第 3 章第 3 节中从《国民财富的性质和原因》引用了许多这样的矛盾；费尔鲍根:《斯密与社阅》；蔡叶士:《斯密与利己主义》。

i 重农主义者和许多早期的著作家，例如哈里斯、坎悌恩、洛克、巴本、配第曾经指出生产成本和价值的关系，甚至霍布斯也模糊地暗示富裕来源于人对自然物的加工和积累所用的劳动和节欲。

j 亚当·斯密清楚地明白，经济科学必须建立在实际材料研究的基础上，而实际材料又非常复杂，以至它们一般都不能直接地告诉我们什么，它们必须通过谨慎的推理和分析来加以解释。而《国民财富的性质和原因的研究》，像休谟说的：“有许多用到奇异的实际材料说明的论证，它一定可以引起公众的注意。”亚当·斯密的确是这样做的：他常常不用详细的归纳来证明一个结论，他的证明论据主要是人们都知道的一些关于自然、精神和道德的材料。但是他用那些奇异而有意义的材料来解说他的证明，这样他就让它们有血有肉，并让他的读者认为它们是在讨论现实世界的问题，而不是玩弄抽象；他的书虽然布局不太好，但是却提供了方法上的一个例子。亚当·斯密和李嘉图各自的长处，尼克逊教授在《剑桥近代史》中（第 10 卷第 24 章）说得非常清楚。

k 他影响着他周围那些年轻经济学家的另外一个途径，是他对安全的热爱。他的的确确是一个热诚的改革家。他竭力反对每个不同阶级之间的一切为区别。他强调，每个人的幸福和任何另外一人的幸福一样重要，一切行为的宗旨应该是增加人们的总幸福。他承认，在其他条件不变的情况下，财富分配得越平均，这种总幸福感就越大。但是在他的心灵中都是法国大革命的恐怖，并且他将对安全的极小威胁看做如此巨大的灾难，所以尽管他是一个勇敢的理论家。但是，与此同时，他自己也培养他的门徒对现存的私有财产制度，并且崇拜到了迷信的程度。

l 他通常会被当做一个典型的英国人，但是实际上不是。他那卓越的创造力是各个国家最高天才的标志。但是他讨厌归纳，喜欢抽象的推理，这不是因为他受了英国教育，而像白哲特指出的，是因为他的犹太血统。差不多每个犹太民族的分支都会有一些从事抽象的特殊天才，其中有几支还非常喜欢和货币交易业与股票交易相关的抽象计算；李嘉图经过了曲折的道路，获得新奇结果的那种能力是空前绝后的；甚至对一个英国人来说，也是非常难理解他的，而别的外国批评家们照例都没有明白他的著作的真谛。因为他自己都从来没有解释过。他起初用了一种假设，从而又用了另外一种假设，其目的何在，他自己从来都没有说明，通过把依据各种不同假设得到的结果适当地结合起来，怎样能够包括各种各样的实际问题，他也从来没有说明过。原来他写作并不是为了发表，而是为了澄清他和几位朋友有关一些特殊困难问题的疑虑。他们和他一样，都是些深通现实生活的实践家，这就是他喜欢与一般经验相合的广泛原理，而不喜欢在特选材料中作出具体归纳的一个原因。但是他的知识是片面的，他了解商人，但是不了解工人，不过他同情工人；他支持他的朋友休谟保卫工人像他们雇主那样结社互助的权利（见附录九）。

m 有关工资，在他们从他们自己的前提推出的结论当中甚至也存在一些逻辑上的错误。这些错误，如果究其本源，无非是由于表述方法上的草率。但是它们马上就成为了那些人的借口，这些人不潜心在经济学上的科学研究，而只能够引用经济理论，以便让劳动阶级安分守己；也许从来就没有其他伟大学派因为其“寄生者”（德国常用的一个名词）的作为而如此信誉扫地，这些“寄生者”在宣称简化经济学说的时候，实际上是在没有让它们成立的那些条件下来表达它们。玛提诺女士在她反对《工厂法》的激烈著作当中就有这种色彩，西尼耳也是这样。但是玛提诺女士并不是一个真正的经济学家。她说，在她写一篇阐明经济原理的故事之前，她从来就没有同时读完一章以上的经济学书籍，怕束缚了她的思想。在她死之前，她对经济学原理（像她理解的）能否站得住脚曾有所怀疑。当西尼尔在刚刚开始研究经济学的时候，他就写文章来反对《工厂法》。几年之后，他正式收回了他的意见。有时候人们认为麦卡洛克是《工厂法》的死对头，但事实上他是热烈拥护《工厂法》的。图克是委员会小组的负责人，该委员会有关煤矿中雇用童工和女工的报告群情激愤，他坚决反对这种雇用。

n 马尔萨斯是部分的例外，他对于人口的研究多于葛德文。但是他并不是真正地属于李嘉图学派，他也不是一位商业家。半世纪之后，有巴师夏出现，他是一个通俗的作家，并不是一个深邃的思想家，他高唱一种理论，就是在竞争影响下的社会自然组织，不仅是在实际可行方面，还在理论所能及的方面都是非常理想的组织。

o 詹姆斯·穆勒用谨严的边沁和李嘉图的学理来教育儿子，并且让他养成了热爱明朗确定的习惯。1830 年约翰·穆勒写了一篇研讨经济学方法的文章，在这篇文章当中，他提倡经济学要存在轮廓分明的抽象。他坚持李嘉图的这一暗设，即除了贪财的动机之外，经济学家不需要考虑更多的动机；他认为这个假设如果不能够明确地表述，那是危险的。他打算有意识地、公开地依据这个假设写一本书，但是他并没有实现他的诺言。在 1848 年发表他的经济巨著之前，他的思想情感也发生了变化。他将它叫做《政治经济学原理及其对社会哲学的某些应用》(他不说对别的社会哲学部门的应用是有意义的；英格拉姆:《政治经济学史》) 在这本书当中，他没有严格地区分这两种推理，即依据人的唯一动机就是追求财富这一假设的推理，并不依据它的推理。在态度上的改变，是他周围世界正在进行的巨大变化的一部分，尽管他并不是完全知道这些变化对他产生的影响。

p 前面已经指出，李斯特忽略现代交通有让各国同时发展的趋势。他的爱国热忱在许多方面损害了他的科学判断。但是德国人非常喜欢听他的见解，即各国都应该经过英国曾经过的发展阶段，当它从农业阶段过渡到工业阶段时，它必须对本国的工业家实行保护。他有追求真理的愿望：他的方法和德国的学者，尤其是德国历史家和法学家所励行的比较研究方法相一致。他的思想产生的直接和间接的影响是非常大的。他的《政治经济学大纲》于 1827 年在美国费城出版，他的《政治经济学的国民体系》1840 年出版。凯雷是否多受益于李斯特，是有争论的，见赫斯特女士:《李斯特传》第 4 章；有关他们学说之间的一般关系见克尼斯:《政治经济学》第 2 版。

q 这种卓越的研究，一部分应归因于对德国（正像对其他欧陆国家）的多种谋生门路的法律研究和经济研究相结合。瓦格纳对经济学的贡献就是其中一个非常显著的例子。

r 在这方面，英国人、德国人、奥地利人，还有各个民族对自己成就的肯定比对其他民族愿意承认的要多一些。其所以如此，部分原因是各个民族在文化上都有自己的优点，而外国人的著作缺乏的就是这些东西，同时它也不是十分理解其他民族对它的缺点的责难。但是主要的原因，一种新思想的发展是循序渐进的，而且往往是由几个民族一同提出的，其中每个民族大多都会认为是自己的思想。这样，每个民族对其他民族的思想独创性动辄就会估计不足。

# 附录三[①] 经济学的范围和方法

## 第1节 统一的社会科学可望而不可即 孔德建议的价值，其非议来自弱点

有些人和孔德观点相同，人类社会行为任何有利的研究的范围与全部社会科学一样广泛。他们认为，社会生活各个方面的联系是这样密切，以至于单独对其中任何一个方面加以研究势必是徒劳无功的；他们力图劝说经济学家将经济学研究放弃，而专心致志一同发展统一的包容万千的社会科学。但是，人类社会行为的范围太过广泛且太繁杂，是不可单由一种科学分析和解释的。孔德自己和斯宾塞以广博的知识和卓越的天才曾进行过这一工作。他们以其广泛研究和建设性见解在思想上开拓了一个新时代。但是，甚至很难说他们在统一的社会科学的建立方面迈出了第一步。

当出色而急性子的希腊天才家坚持寻求单一的基础以说明一切自然现象的时候，自然科学的进步很缓慢；而现代自然科学有了大跨度的进步，是因为它将广泛的问题分成几个组成部分。毫无疑问的是成为所有自然力的基础的统一性是存在的；但在发现这种统一性的过程中所获得的任何进展，虽说取决于对全自然领域所作出的偶然观测，但同样取决于由坚持不懈的专业研究所得到的知识。增加那些有可能使后代更好地了解支配社会组织发展的因素的资料，需要同样耐心的精致的研究工作。

但另一方面，也不得不完全认同孔德的看法，就算在自然科学方面，专业从事某一领域者，也有义务与从事相近领域的人保持持续不断的接触。视线永远保守在自己范围的那些专家，经常是把事务看得和事实不符合；他们所搜集到的知识，大多用处相对较小，他们在一些旧疑问上的细节上兜圈子，但这些问题多数丧失了其意义，而且被新观点提出的新问题替代；他们通过对周围现象的比较提出的真知灼见没造成任何科学上的进步。因此，孔德的一大功德是：他坚持肯定社会现象的统一性势必使社会科学专家的研究工作比自然科学专家的研究工作甚至更加徒劳无功。穆勒承认了这点，与此同时，继续坚持“对其他事物知之甚少的人多半不算一个优秀经济学家，各种社会现象都在彼此互相影响着，假如孤立起来，就得不到正确的理解。但这绝对不是意味着，社会物质

工业现象本身作不出有用的总结，而意思只是，这些总结必然和一定的文明形态和一定社会发展阶段相关联的”。[b]

## 第2节　经济学、物理学和生物学的方法

的确，经济学所探讨的各种因素在用演绎法上都有一个有益条件，即其结合方法，正像穆勒所说，是机械的却非化学的。换句话说，当我们分别了解两种经济因素的作用时（如工资率的增加和某行业工作困难程度的减少分别对该种行业劳动供给产生的影响），我们就可以大概掌握它们的联合作用，而没必要等待其出现。[c]但即使在机械学上，繁杂的演绎推理也仅仅能直接解释实验室里所发生的现象。仅凭借这些推理，还不足够处理参差不齐的材料与现实世界中各种因素错综变化无常的结合。因此，它们不得不补充具体经验并和新材料的不断研究与新归纳的不断寻求结合起来加以运用（而且它们常常是次要的）。比如，工程师能够相当准确地计算装甲舰在静水中失去稳定的角度；但他预料该舰在暴风雨中所将要发生的情况之前，他将依据那些经验老到水手的观察，他们曾经在日常海面上观察到暴风雨的动作；经济学所不得不考虑的因素比机械力量的多，确定性少，并且不容易被人所发现，同时性质上也更加不一样；而它们对其发生作用的材料更变化无常，统一性更小。除此之外，有些情况之中，经济因素的结合来自化学上的随意性者居多；而取自机械上的纯规则性者较少，这些场合既非特别罕见的，也非无关紧要的。如某人的收入稍有增多，通常会使他在各方面购买力增多，但是收入增加可观，可能让他的习惯改变，或许增强他的自尊心，让他完全对某些东西不感兴趣。一种时尚从上流社会流传至下流社会，可以让它在上流社会中消失不见。其次，我们体恤穷人的心切，能够使我们滥发施舍，也能够彻底撤销某种慈善形式。

最后，药剂师所探索的事物是始终不变的，而经济学同生物学一样，它所探究的事物，其本性、内部构造和外形都是常常变化着的。药剂师的所有预断都建立在这一暗设之上，即所用的试剂是应有的试剂，或至少之中的杂质可以忽略不计。但即便是他，在处理人的时候，脱离了具体经验，也很难有大的发展。他主要依据是：告诉他新药对健康人的影响怎样，以及对患有某种疾病的人的影响又怎样；甚至在普通经验之后，他在该药对体质不同的人的不同作用方面，或者在和其他药品新的配用方面，也能够发现意料之外的结果。如果我们看一下像商业信贷与银行、职工会和合作社这样一些重要经济关系的历史，我们可从中得知，在某时某地大体上成功的经管方式（modes of working），

而在他时他地却彻底失败了。这种区别有时可以只归结为文化或道德和相互信赖的相异；但这种解释是较不易的。在某时某地人们将过于信赖彼此，并牺牲自己以求得公共福利，但只限于某些方面；而在他时他地将有相同的限制；但是方向将会有所不同。经济学上的推理范围因每次这样的变动受到限制。就此刻而言，种族的易变性较之个人的易变性更加重要。的确，个人性格的转变，一半出于任意，另一半却出于常规。例如，在预测它所用的方式方面，参加劳资纠纷的工人的平均年龄是一个重要的元素，这也是事实。但通常来说，由于年轻的和年老的、性情刚强的和沮丧的人，在某时某地和在他时他地约占有等同的比例，所以，个人性格上的特点和性格的转变，对于演绎法的通常运用比开始看起来要少一些妨碍。如此，凭借对自然的耐心研究和分析上的完善，规律的作用便渗入医疗学与经济学这两个新的领地中了；有关日益增加的各类因素的单独共同作用的某种预猜测，不依据具体经验，同样也可实现了。

## 第 3 节　解释和预测属于方向相反的同一个过程 只有以全面分析为基础的对过去材料的解释说明才能成为将来的借鉴资料

可看到的是，经济学上分析和演变解释的作用，并不是在于打造几条推理的长链索，而在于适当地打造许多短链索和基本组成部分。但是，这也非简简单单的事。经济学家如果草率马虎地进行草率的推理，他就很容易让自己的研究工作的每个细节都联系得很糟糕。他需要认真运用分析和推理，因为只有依赖于它们，他才能抉择使用正确的材料，并对它们进行恰当的分类，并令它们于思想上有参考意义，在实践上有指导效果；同时，由于每次推理都不得不建立在归纳的基础之上，所以每样归纳过程必然包含分析和推理。换句话说，解释过去和预料未来并非两件互不关联的事，而是同一件事的两个相反方向，一个是从结果至原因，另一个是从原因至结果。希穆勒说得没错："要得到各个特殊原因的知识，我们要用归纳法，它的最终结论不是其他的，而不过是演绎法所用的三段论法的倒置罢了。归纳法和演绎法全建立在相同的趋势和相同的信念之上，还有同样需要我们的理性的基础之上。"

我们只有通过发现可以影响某事件的所有事件和其中各个事件独自影响的手段，才能全部解释该事件。假如我们对其中任一事件或关系分析得不透彻，比如我们的解释有错误的苗头，那么内在的推论便会向建立此种归纳的方向发展，这种归纳虽然仿佛可以自圆其说，实际上却是不对的。而假如我们的知识和分析是完全的，那么我们只要将我们的思维过程颠倒，我们就可以推测未来，差不多像我们依据相同知识对以前所能作出的解释一样准确。只有当我们迈出头一步的时候，预测的精确性和解释的精确性才有了较大的差别；由于在预测的第一步中所出现的任何错误，在第二步中将有所积累和加重；而在说明以前方面，错误多半很难累积起来，由于观察或有记载的历史在每一阶段中都能够重新给予检查。归纳和演绎的同一过程在说明历史上的已然事件和预测未然事件方面，差不多可以一样地加以使用。[d]

所以，绝对不能忘记的是：虽然观察或历史能够告诉我们一件事和另一件事是同时或接连发生的，但不能够让我们知道第一件事是否是第二件事的起因。只有通过作用于材料上的理性，才能得到答案。当人们说历史上某案件给予我们这点或那点教训时，该事件发生时所存在的全部状况是从来没有加以重视的。而有些情况被私下里（如果非无意识地）假设成没有关系的；在某一定的场合，这种假设可能是对的，但是也可能是错误的。丰富的经验和较细致的研究可以证实，被认定为引起这一事件的那些起因，如果没有外援，也许不会使那一事件发生，甚至也许解释为这些原因对该事件的发生产生阻碍作用，而它是因为被忽视了的其他原因产生的。

这种困难在有关我国当代事件的最近争辩中表现得特别明显。每当从这些事件总结出有相反意见的结论时，它必须付之于公决；当不同的解释被提出来，新材料就脱颖而出了。旧资料被审查、重新整理了，而在某些情况下还支持最开始从它们所得出的那种截然相反的结论。

由于没有两个经济事件在各方面都彻底相同这一事实，分析上的难处和对分析的需要增加了。当然，两个单纯事件如果异常相似，假如两个农场的租佃条件即使由几乎相同的原因决定的；即使交给咨询委员会的两个工资案件可以提出大概相同的问题，但是，就算是小规模的彻底重复也是不存在的。无论两个事例怎样相似，我们必须决定，两者之间的区别是不是由于实际上无关紧要而能够被忽视；而这或许比较难，就算这两个事例所说的是相同的时间和相同的地方。

但是我们如果讨论的是古代材料，我们就不得不考虑到同时涉及经济生活全部方面的那些转变；无论现在的问题和历史上所载的另一个问题在外貌上怎样地类似，很可能，进一步研究会看出来它们有本质上的根本的差别。除非如此，否则从前者到后者不作出有效的论证是不可能的。

## 第4节 借助于常识往往能作出广泛的分析，但发现不明的原因尤其是原因之原因却是极少见的科学机器的职能

这就令我们考虑经济学与古代资料的关系了。经济史的研究各种目的不同，从而也相对应地有各种不同的途径。当做通史的一个分支，其目的或许在于帮助我们理解各个时期所曾经存在的社会组织、各社会阶级的构造及其之间的关系；它或许要问“何为社会生活的物质基础；生活必需品和生活安逸品怎样生产；何种组织提供并且指导劳动；从而所生产出来的商品怎样分配；何为以此为基础的制度及分配”等。

虽然该工作本身是较有趣味且重要的，但它不需要海量的分析，一个勤奋好学的人能够为自己供应大部分所需的事物。那些经史学家精通宗教伦理、文化、艺术和社会政治状况，他们可以使我们的知识范围扩大，提出有价值的新见解，就算是他满足于观察那些接近表层的近似现象和因果关系。

但是不知不觉地，他的目的必然会超出这些范围，并试图发现经济史的底蕴，把风俗兴衰的秘密揭示出来，并说明那些不再以为是自然所给予的难以解释的其他现象。关于借鉴过去并以此指导现在，他多半倒也不加以规避。事实确实是：人类理性不满意在它所遇见的那些事件的因果关联的概念中留有模糊点。只通过按特定顺序整理材料并或多或少地提防因果倒置，经史家就负担起了向导的责任。

比如，英国北部实行了依据固定货币地租的长期租佃的措施，紧接着农业和当地居民的普遍状况就有了很大的进步；但在推测断定它是这种改善的唯一甚至主要的原因之前，我们不得不研究与此同时还发生了哪些其他转变，以及这种改善在多大程度上是因为其中的各个转变。比如，我们不得不斟酌农产品价格的变动及边陲社会秩序确立的影响，这就需要严谨的科学方法，否则就不可能得出有关长期租佃制的一般趋势的可靠观点。即便这样，我们也不能依据这种经验主张。例如，爱尔兰现实行长期租佃制，而忽略各种农产品的国内国外市场的本质区别，以及金银产销方面的可能性波动等。土地使用的历史充满着对古代的好奇心；要不是依赖于经济理论对它加以仔细的分析和说明，它就绝对解释不了何为各国现在所应该采取的最好的土地使用形式这一疑问。例如，有些人认为，由于原始社会通常都共同占有土地这个原因，所以土地私有制显然成了一种人为的过渡制；有些人同样自信地认为，是由于土地私有制随着文明的进步，所以扩大了其范围，所以，它对于未来进步是必要条件。但是，若是想从历史汲取关于这个问题的真正教育意义，就要分析

从前共同占有土地的各种影响，以便于发现其中种种影响在何种程度上始终保持相同的作用，在何种程度上随人类习惯、知识、财富和社会组织的变化而有所变化。

工业、国内贸易及对外贸易方面的行会和其他同业会社或团体的那些声明（他们利用他们的所有特权以求得公众福利）的历史，甚至更有意思、更有教益。但要对这个问题作出完整的判断，特别是要用它作为我们目前的借鉴，就不仅需要老到的历史家的丰富知识及机敏的直觉，还需对有关垄断、对外贸易和租税归宿等方方面面的很多异常困难的分析和理论的掌握。而若经济史家的目的是为发现世界经济秩序的动力是在于从过去取经来指导现在，他就应利用能利于他去其糟粕、取其精华的各种办法，他就应把各种事件的真正原因找出来，并令其占有适当的地位；特别是要找出变化的原因。试想在海事方面，陈旧武器的战斗详情或许可引起那时代的通史学者很大的兴趣，但它们对现代的海军指挥却没有多少教益，因为他所要面对的是性质完全相反的战争。因此，正如马汉上尉所说，现代海军指挥对过去的战略及战术将更专注，他并不十分在乎每个战役的细节，而在意那些基本作战原则的实战应用，这些原则令他能够统领全军，而各部队仍保持应有的主动性：保持通畅的交通且仍能迅速集中，并用优势兵力击破一点。

同样地，精通某时期通史的人能形象地对某战役中所运用的战术加以描绘，而这种描绘在其主要轮廓方面是真实的，就算有时出错也无大碍，因为武器已经过时，人们多半是从不抄袭战术。但要熟知一个战役的战略，要把过去某大将的真正动机和表面动机区别开来，他自己必须是一个战略家。而若是他负责提出当代战略家从他所记载的战役中必须得到的一些指导意义；那么，他对现在和过去的海军状况势必作了细致入微的分析，他对很多国家中研究困难战略问题者的著作对他的帮助绝对不能忽略。海军史是这样，经济史亦然。

只在最近，而且多半因为历史学派批判的有利影响，经济学上的一种区别起初为人所瞩目，这种区别等同于战争中战略和战术的差别。经济组织的外部形态和偶然事件相当于战术，并取决于暂时的或当地的趋势、风俗与阶级关系，取决于个人影响，或取决于生产资料。而相当于战略的是经济组织较为根本的本质，它主要取决于人所具有的欲望和活动及好恶。的确，它们在形式上既非始终如一，在本质上甚至也不非常相同，但它们具有永恒性和普遍性的因素，足以使它们在某种程度上加以概括，某时某代的经验在这种概括下也能解释他时他代的难题。

这种区别与经济学上运用机械学和生物学类例的区别相似。十九世纪初期，经济学家对它没有足够的认识。李嘉图的著作也明显缺少了这种认识。当人们只注意他所得出的具体结论，却没注意其研究方法中所包含的原理时，当这些结论被变成教条并生硬地加于他时他地时，它们无疑危害很大。他的思想如同锋利的凿一样，不留神就很容易割伤手，原因是它们的柄非常笨拙。

但当代经济学家在去伪存真、反对教条主义、发展分析及推理的原理时，却发现了一种道理。比如，他们知道分析地租的原理，对许多现在一般称做地租的事物及中世纪历史家经常错误地描述为地租的绝大部分事物是不适用的。但地租原理的运用范围是在扩大而非在缩小。因为经济学家也懂得，只要小心谨慎，它能够适用于各个文明阶段起初看来似乎完全与地租不同的很多东西。

当然，战略家是不能忽略战术的。尽管人的寿命有限，不能对他和经济困难所作的每次搏斗中所用的战术加以详细的研究，但是，除非是把人在特定时代和特定国家中和他与困难作斗争所用的渊博知识结合起来研究，否则对经济战略上各个广泛问题的研究没有多大的价值。此外，战略学家们应当根据个人的洞察能力，对某些具体问题的细枝末节加以仔细研究，其目的不仅仅在于出版，更在于锻炼自己。而这对他权衡和解释他从书籍中所得到的关于现今或过往的事例有很大的帮助。当然，一个善于观察的有思想的人，总能从日常谈话和文学语言中获得他那个时代特别是他周围的经济学的知识。他在不知不觉中积累起来的材料，在某些方面有时比他从专业文献中所得到的特定材料还要生动完全。撇开这点不谈，对材料或者主要对他自己那个时代的材料进行直接而深入的研究，有一个严肃经济学家的头脑，将大大地超过纯粹分析和研究理论，即使他是一个重视思想内容远过于重视具体材料的人；即使他认为，与其苦苦搜集新的材料，不如更好地研究已有的材料，这种研究方式才是我们现在所迫切需要的，它在改善和提高人与困难作斗争的战略方面将对我们帮助很大。

## 第5节　续　前

诚然，许多这样的工作不仅仅需要细致的科学者，更需要机智灵活、分寸感强、生活经验丰富者。但另一方面，有些工作如果没有这种“机器”是不易完成的。本能将正确地自然选择并适当地综合分析与问题相关的事项，但它主要从熟悉的事物中加以选择，它很少使人洞见他个人经验的底蕴深厚是否远远超出这种经验的范围之外。

已知原因的那些结果与已知结果的那些尤为明显的原因一般都不那么重要，这也适用于经济学。通常看不见的东西比看得见的东西更加值得研究。如果我们不是讨论仅仅让人有部分或暂时兴趣的某个问题，而是在为公众谋求福利方面寻求长远政策的指导，或者如果我们由于某种因素考虑直接原因少，而考虑间接原因多，那么情形尤其会这样。因为经验表明，仅仅靠常识和机智，如所预期的那样，通常是不足以胜任这种工作的；哪怕是实际的锻炼，也往往不能使人的理解分析超出他的直接经验范围以外。即使他想这样做，那通常也不会成功。为了做到这一点，每个人都得依靠各个时代慢慢累积起来的思想知识这一强有力的机器。因为系统缜密的科学推理对于生产体系的作用的确像机器在生产中的作用一样。

当一种操作必须用单调的方法重复进行的时候，需要机器来做这种工作一般是必要的。正如工作细节上是千变万化的，因此使用机器行不通，必须用手工的方法生产货物。在知识方面也一样，如果有任何推理研究的过程，其中某种工作必须用相同的方法重复进行，那么就把过程化成体系，组织推理方法，并且制定一般的命题，这就如同用作材料加工的机器和在工作中牢牢地把材料固定住的一把钳子一样是值得的。又如经济原因和其他原因的交错是那么纷繁，以至于精确的科学推理对我们寻求结论没有实质性的帮助，但是，在它所能达到的范围内，如果反而不利用它的帮助，则是愚蠢之至的。这和“如果科学是万能的，那么实践和常识将无用武之地”这一本末倒置的假设是同样愚蠢的。一个建筑家无论他具有多么丰富的机械学知识，如果他的经验常识积累得不丰富，审美观念不新颖，那么他只能建筑一所很一般的房子；如果他不懂机械学，他的建筑不是稳固性能低，就是在施工过程中浪费时间、精力和材料。但是，工程师当然不应当忽视机械学的理论研究，医生绝也不能忽视生理学知识的钻研。

因为才能和手艺一样，只能与其拥有者同在，但各个时代对工业或科学工具的改进却流传后代。现在也许没有一个雕刻师能比修建巴特农神殿的雕刻师更杰出，没有一个思想家能比亚里士多德更理智，但思想工具的发展和物质生产工具的发展一样，是循序渐进的。

不管是科学艺术思想或者实用工具中所体现的思想，都是历代相承过程中最“真实的”遗产。如果世界财富遭到破坏，而用以制造这种财富的思想却被保留下来，那么它就会很快地得到补偿。但是如果丧失的不是物质而是思想，那么这种财富也会相应地慢慢消失，世界又回归于贫困状态。如果我们丧失了关于事实材料的整体知识，而保留了建设性的观念思想，那我们会很快就能重新获得这种知识；而一旦思想消灭了，世界必然又回归于黑暗时代。可见，从严格意义来说，追求思想并非不“真实的”工作；虽然搜集材料在某些场合可以选用它的德语叫法——实际研究（real Studium），即特别适宜实科学校（real Schhulen）的那种研究。经济学大部分领域中的任何部门的研究，其中搜集材料和将材料联系起来的分析与构思都符合这样的比例，并且这种比例被认为最能使知识增进和促进这个特殊部门的发展，这种研究，从严格使用该字的意义来说，才是最“真实的”。至于何为这样的比例，不能随意决定，而只能由刻苦的研究和具体经验加以解决。

# 第6节 续 前

经济学所获取的进步比任何其他社会科学都要大，因为它比别的社会科学更加精确。但是，经济学领域的每次扩大，总会使这种科学精确性受到损失；而且这种损失究竟大于还是小于因范围扩大而来的利益这一问题，是不能呆板决定的。并且有很大的争论范围，其中经济问题有很大的，但不是唯一的重要性；每一个经济学家都可以合理地给自己决定，他在该范围内将怎样探索。他离开他的据点越远，对那些不能在某种程度上纳入科学方法的生活条件和行为动机就会考虑得越多，而他所能议论的信心也就越小。无论什么时候，他从事于生活条件和动机的研究，它们的表现既不能化成确定的标准，也不能借助于古今国内外别的学者的观察和思想，他必须主要依赖他自己的推测和直觉，他必须以个人判断所具有的那种诚恳的态度说话。但是，当深入社会研究的偏僻领域时，他必须谨慎地进行自己的工作，并完全意识到其研究工作的局限性，进而他将作出极大贡献。[e]

## 【注释】

a 见第一篇第2章。

b 穆勒：《论孔德》。孔德对穆勒的攻击说明这样一个准则：就是在讨论方法和范围方面，一个人坚持他自己的方法的有用性的时候，差不多都是对的；而否认别人方法有用性的时候，却差不多都是错的。美国、英国还有其他国家目前对社会学趋之若鹜，认识到有必要大力研究经济学和其他社会科学。但是“社会学”这一名词的使用也许还为时过早：因为它似乎认为各种社会科学的统一已经在望。虽然在社会学的名义下曾经发表过一些有价值的深入的研究，但是那些协同的研究，除了能为我们的后代（他们对于这种巨大工作的才智并不比我们差）创造条件、提供线索外，是否还能够取得其他任何巨大的成就，是值得怀疑的。

c 穆勒夸大了这种预测的程度，因此他特别强调经济学的演绎法，见他的《论文集》中的最后一篇论文；他的《逻辑学》第六篇特别是第9章的《自传》。像讨论各种经济方法的许多别的学者一样，他的实践不像他的理论那样极端。

d 穆勒：《逻辑学》第六篇第3章。

e 像米盖·兰杰罗的模仿者只学会了他的缺点一样，卡莱尔·拉斯金和摩里斯认为现在的模仿者也是一样，他们缺乏自己的灵感和直觉。

# 附录四　抽象理论在经济学中的使用

## 第1节　在经济学中数学给予的服务的性质极其局限性

归纳法应用于分析和演示，搜集所有各种材料整理出来，并从中得出一般原理或规律。随后演绎法一时又起到了关键的作用：它把这些原理相互联系起来，然后短时间内得出新的更广泛的原理或规律，之后再运用归纳法，主要用于搜集、选择和整理这些材料，就可以检验和证实某个新规律了。

很明显，经济学是不可能有一系列演绎推理的余地的。经济学家，就算是李嘉图也从未进行过这样的努力。经济研究中常常用数学公式，一开始看起来好像主张和这不同的东西；不过，在研究过后，我们看到这种主张是无用的，或许除了某个理论数学家为了数学游戏而运用经济学假设的时机：由于那时他所关心的是，依据经济研究已有了适合用数学方法的材料这一设想来说明这种办法的潜能。他对这种材料不承担任何技术上的责任，并且常常不清楚这种材料为什么不能够担起他那强大机器的压力。但数学上的熏陶对使用非常简洁的语言来明确表述经济学推理的某种普通关系和某些简短的过程有利，而这些虽然能用日常用语表述，但是表述得不能同样轮廓清晰。尤为重要的是，以数学方法处理物理学问题中的经验，令我们对经济浮动的相互作用的理解，较通过任何其他方法所获得的理解更深刻。近来在大数学家手里，直接运用数学推理去发现经济学真理对研究统计平均数及机遇率和衡量相关联统计表的一致程度都有很大的帮助。

## 第2节　独立思考为科学工作中的主要力量；它的作用并非提出抽象的假设，而在于将广大范围内起作用的现实经济力量的复杂影响相关联起来

我们如果不看现实，就能够以想象来建一栋水晶大厦，它将间接揭示现实问题，并且对那些完全没有遇到如同我们所遭遇的经济问题的人来说，或许饶有兴趣。这种游戏

常常有意想不到的价值。如果清楚了解它的目的的话，它可以启发心灵，并且只能带来益处。

比如，货币在经济学中所占据的支配地位来自于它是动机的尺度而不是努力的目的这一论断，能够由下述假想加以解释：即货币充做动机尺度的这种专业用途可以说是一个偶然现象，或许是我们世界中所特殊存在的偶然现象。当我们要引诱某人为我们做事时，我们通常都付给他工资。的确，我们可以诉诸他的慷慨或责任感；但这就要引动那已经存在的潜在动机，而非补充新的动机。如果我们一定要补充一个新动机，我们通常要考虑恰好使他值得做某事需要的货币是多少。诚然，有时充做行动引诱的感恩、尊敬或荣誉能够表现为一个新动机，特别是如果它能凝结成一定的具体形象；比如，像有资格使用学士字样，或佩戴星勋章，或爵士最高勋章。这些荣誉是比较少见的，而且也只同少数事件相关联的；它们不会控制人在日常行动中的那些一般动机的尺度。但是，政治上的功绩常常都以这些荣誉嘉奖，很少使用其他方式。这样，我们就渐渐习惯于用荣誉而非货币来衡量它们。例如，我们假定某甲为其党或国家的利益效劳，按照情形，适当地封以骑士身份，而这种身份对某乙来说却明显不足为荣，因为他已经获得了男爵身份。

很可能的是，或许有些世界之中从未有人听说过物质东西或通常所理解的财富的私有制；种种善行都依照等级表授予荣誉。如果这些荣誉不借助外力的干涉而可以彼此转让，那么它们能够充做动机力量的尺度，如同货币对于我们那样方便和准确。在这个世界中，虽然很少提及物质东西，也完全不提及货币，也能出现与我们现在相似的经济理论著作。

坚持这点看起来仿佛是无足轻重的，但情况并非如此。由于在人们的心中关于经济学上占支配地位的动机尺度与极端重视物质财富而忽视其他更崇高的目的这两件事情，产生了不正确的联想。用以衡量经济动机的尺度所需的条件，只是它应该是某种确定的能够转让的事物。它采用一种物质形态，事实上是简便的，但非必要的。

## 第3节　续　前

追求抽象，例如限制在适当的范围，则是一件可喜之事。经济学所谈论的那些人类经济动机的广度，曾经被英国及其他国家的某些经济学家们作出了过低的估计，而德国经济学家对它的强调却是一种积极作用。但他们仿佛误认为英国经济学的鼻祖也忽视了它。殊不知留有很大余地，用读者的常识去补充是英国人的一种习惯；在这种情况下，过于保持缄默常常会引起国内外的误解。这种缄默也曾经让人们以为经济学的基础比其实际上所具有的还要片面，与现实生活的联系还更疏远。

例如，人们过于注意了穆勒的这一论点，就是"政治经济学将人当做是专门从事于获得财富并且使用财富的人"(《论文集》,《论理学》第6篇第9章第3节)；但所遗忘的是：他在那里是依照抽象地探讨经济问题来说的，这种抽象讨论他曾设想过，但从来没有实现过，而宁愿著述《政治经济学及其对社会哲学的某些运用》一书。也遗忘的是，他继续说道，"一个人的一生中，既免受除了追求财富之外的任何动机的直接影响也不受其间接影响的行动，或许是没有的"；其次遗忘的是，在讨论经济问题的过程中，他常常考虑到追求财富之外的很多动机（见以上附录二，第7节）。然而，他关于经济动机的讨论，无论在本质上还是方法上，都不如他当时的德国经济学家，特别是赫尔曼。在克尼斯的《政治经济学》第3章第3节中有如此一个具有启发性的观点，即不能购买的不能衡量的愉悦因为时代的不同而不同，并且有伴随着文明的进步而增加的倾向；英国读者能够参阅塞姆所著的《工业科学大纲》。

这里有必要指出，瓦格纳的巨著第3版中有关经济动机分析的主要项目。他将经济动机分成利己动机与利他动机两大类。利己动机有四个：第一个是常常起作用的动机即争取个人的经济利益和畏惧个人的经济困难；第二个是畏惧惩罚和渴望报酬。第三个是荣誉感与争取肯定，其中包含希望得到他人的赏识和畏惧羞耻与轻蔑。最后一个利己动机是贪求职业及活动的趣味，以及工作本身及其环境的舒适感，其中包含"行猎的快乐"。利他动机为"内心命令善行的冲动力和对责任感的压力以及畏惧个人良心的谴责，也就是说，畏惧良心的谴责。在它的单纯形态上，该动机表现为'绝对命令'，人之遵从它的原因是人在内心存在有依照这样或那样的方式做事的命令，并感觉这种命令是正确的，遵从这种命令必然会产生愉悦感，而违抗这种命令则会感到苦痛。这些感觉在促使我们或是在驱使我们继续或停止行动上，常常有和命令同样强烈的作用，甚至有过之而无不及。就这点而言，这个动机本身也有利己因素，或至少与之相融为一体"。

# 附录五　资本的各定义

## 第 1 节　产业资本不包含雇用劳动的所有财富

第二篇第 4 章中提到过，经济学家对于资本一词的使用方法，除了遵守普通商业上的习惯（商业资本）是没有其他办法的。虽然这种用法有很多缺点，也很显而易见。例如，它迫使我们将游艇看做是资本，而不是把游艇制造者的车看做是资本。因此，如果他以前一直是常年租车，而非零散租车，把一架游艇卖给过去一直租游艇的制车商，并购买一辆车以供自己使用，那么结果是，本国的资本总额有所减少，减少之数为一架游艇和一辆车。虽然没有什么遭到破坏，即使储蓄品仍然相同，它们自身对当事人和社会带来与之前等同的甚至更巨大的利益。

这里我们也不可以利用资本因其具有雇用劳动的特殊力量与其他财富形式区别的这一概念。因为实际上当游艇和车在商人手中算做资本时，较它们在私人手中不算做资本时，对劳动的雇用将有所减免，减少的数目等同于划船和驾车的劳动量。以饮食店及面包房（那里所有的器械都被当做资本）来替代私人厨房（那里没有什么能算做资本），对于劳动的雇用不会增加而只能减少。在企业雇主下，工人或许可能享有更多的个人自由，但是他们所获得的物质福利及工资相对于他们所做的工作却比在私人雇主的松散制度管理下要少些。

但是，普遍都将这些有害条件忽略了；几种原因结合起来就让资本的这种用法风靡一时。其中的一个因素是，私人雇主和受雇人之间关系，较少涉及企业主和工人之间或普通所谓劳资双方之间在战略及战术上的冲突行为。这点曾被马克思及他的信徒们所强调。他们公开令资本的定义依此为转移；他们断言称，只有那种生产资料才算资本，这种生产资料是由某人（或某群人）所占据，通常通过雇用第三方的劳动，而用于生产他人所使用的东西；因此生产资料所有者有机会掠夺剥削他人。另外，在货币市场上、在劳动市场上“资本”一词的这种用法都是便利的。商业资本通常是与信贷关联着的。如果人能发现资本运用的好机会，则他果断地进行贷款，以便于使他所支配的资本增加。以此为目的他能通过利用商业手续提出以其本身商业资本作为担保，较提出他的用具或私人车辆更简单易行。最后，某人仔细地算计他的商业资本账目，当然他酌加折旧，从而令自己的资本保持不动。自然地一直常年租车的人也能以铁路股票的售价买下一辆车，而该股票的利息较他所支付的车租要少很多。若他把年收入积攒到车报废时，那么用该种收入给他购买一辆新车还绰绰有余。如此他的总资本因为这种变动而势必将有所增加。但是，他或许不这样做，如果该车属于商人，那他能够利用一般商业手段对它提供补偿。

## 第 2 节　有关两种主要性质（预见性和生产性）哪个更重要的争论是无意义的

让我们依社会的观点来查看资本的定义。已经指出的是，唯一严格逻辑上的立场是大多数用以数学阐明经济学的那些著作家所采用的立场，它将“社会资本”等同于“社会财富”，虽然这种方法让他们丧失了一个有用的术语。但无论某学者在开头采用何种定义，他发现他包含在那个定义中的各种因素以不同的方式进入他所不得不处理的各个相关问题之中。因此，若他的定义以精确自居，则他一定用解释各资本主要元素和所述问题的关系来补充其定义，而在本质上这种解释和其他学者的解释非常相似。从而，最后结果趋向一致；而读者无论经由什么途径都能够得到很相似的结论，尽管要看出潜在形式和措辞上的差异在本质上的统一，或许较为费事。开头的分歧原来却比所想象的弊端要小些。

除此之外，虽然有不同的措辞，但各代和各国的经济学家针对资本所下的定义却是一脉相承的。诚然，某些经济学家侧重于资本的“生产性”，而有些经济学家侧重于资本的“预见性”，这两个术语都是不完全准确的，都未指出严密的分界线。尽管这些缺点是精确分类的硬伤，但那仅仅是次要的问题。有关人类行为的事物，是不能依据任何科学原理而精确分类的。纳入某种类别而给警官或关税员参考的那些东西能够制定精确的表，但显然该表也是人为的。我们应该谨慎保存的是经济传统的精神而非纠缠于字句。正如我们在第二篇第 4 章的尾篇所提出的，没有一个睿智学者曾经遗忘了生产性方面或者预见性方面。但有些人着重讨论了某一方面，而其他人却着重探讨了另一方面。在任何一方面要画一条确定的分界线都是有困难的。

那么我们试想把资本作为人类劳作和牺牲的结果，并主要用于获得将来利益（而不是现在利益）的积累这一概念。这个概念自身是精确的，但它不能令我们作出准确的分类。就像长度的概念是明确的，但是除了用界尺否则不能使我们划分长墙和短墙一样。

当野蛮人收集树枝来保护他自己过夜时，他的行为展现了某种预见性。比如他用木竿和兽皮搭了一个帐篷，则他所表现出的预见性更多；如他建造了一个小木屋，则他所展现的预见性就更多。当文明人以坚固的砖房或石房替代小木屋时，他表现了日益提高的预见性。无论何地都可以画出一条线以区别于某些东西，它们的生产是为了满足未来而非为了满足现在。但此种界线也是人工的，不稳定的。寻找这么一条线的那些人们，发现他们的地位不稳定，如果他们不把全部积累的财富当做资本包含进去，他们就不能到达一个稳定的立足点。

这个合乎逻辑的结论是由很多法国经济学家得出的。他们沿袭重农学派所指示的方向，运用资本（capital）一词以包含全部累积财富，也就是生产超过消费的总差额，这种用法和亚当·斯密及其直接继承者运用股本（stock）一词的意义大体相仿。尽管近几年来，他们明显表现出一种从狭义的英国意义使用资本一词的倾向，但与此同时德国和英国某些渊博的思想家们却沿用了旧的广义的法国定义。这点尤为显著地表现于那些学者身上，他们同杜阁一样，喜欢运用数学的思想方法；之中最著名的是赫尔曼、杰文斯、瓦尔拉与帕累托与费希尔教授。费希尔教授的著作立论精辟独到，见解丰富，赞成资本一词的广泛定义。依据抽象的数学观点来看，他的论点是不可争辩。但是他仿佛很少将那种合乎市场用语的现实讨论的必要性考虑在内，也似乎忽略了贝奇特的警告“用固定使用的有限词汇来表达复杂事物的不同含义”。

## 第3节 续 前

无论在英国还是其他国家，给资本下一个严格的定义时大多偏重于它的生产力方面，而对资本的预见性却较为忽视。他们将社会资本看做是生产手段或生产资料的蓄积。但这个一般概念却有不同的解释。

依据从前英国的传统，资本是由生产中辅助或是维持劳动的那些东西构成的，或像最近所说的那样，是由那些事物构成，没有这些事物生产就不能以相同的效率进行，但它们并非自然赐予品。正是依据这种观点，才将上述消费资本与辅助资本区别开来。

对资本的这种看法，是来自于劳动市场上的事务。但它向来都不是完全一致的。因为它将雇主直接或间接提供的支付工人劳动的各种东西工资资本或是所谓报酬资本都算为资本；但是没有包括他们自己或建筑家、工程师和其他自由职业者维持生活所必需的任何事物。而要求得一致，它不得不包括各类劳动者保持效率所需要的必需品，并排除体力劳动阶级和其他劳动者的奢侈品。但是，如果过去达到了这个合乎逻辑的结论，则它在讨论劳资关系中或许会发挥较不显著的作用[a]。

但在某些国家，尤其是在德国和奥地利，有把资本（从社会观点来看的资本）局限于辅助资本或工具资本的一种倾向。论点是，为了将生产和消费截然分开，凡是不直接参与消费的东西，都应该看做是生产手段的一种。但是，为什么不该以双重资格看待一种事物，看来貌似是没有适当理由[b]。

另外，一个论点是，有些东西对人所提供的服务是间接的，是通过它们在生产供人使用的其他东西中所发挥的作用来服务的，这些东西形成严整的一类；因为它们的价值是在它们帮助生产的那些东西的价值中体现的。给这一类东西下定义固然有许多话可说，但是，它是否可以称为资本，是值得怀疑的。它是否如乍看起来那样严整，也是值得怀疑的。

例如，我们可以定义工具品，让它包括电车及其他东西，它们从给人提供的服务中获得自己的价值，或者我们沿用生产劳动的旧概念，从而认为只有那些东西才可以看做是工具品，它们的价值直接体现在物品上。前一个定义使该术语的这种用法和上节所述的用法颇为相似，都有模糊不清的缺点；后一个定义稍微比较明确，但是似乎作了一种原本不存在的人为区别。和生产劳动的旧定义一样，不适于科学之用。结论是：从抽象的观点来看，费希尔教授与其他学者所主张的法国定义立于不败之地。某人的外衣是过去劳作与牺牲的累积，是专供给他提供未来满足的一种手段，正如工厂一样，二者都能给他直接遮风挡雨。但是如果我们寻求一个与市场相合的现实经济学的定义，那么，必须仔细考虑市场上认为资本但不属于中间品范围的那些东西的总量。如果还有怀疑，最好是依据传统，经过这些考虑，让他们从企业和社会观点方面给资本下一个上面所述的双重定义[c]。

## 【注释】

a 下面是亚当·斯密的英国门徒给资本下的一些主要定义。李嘉图说："资本是在生产中使用的，由实现劳动所必要的食物、衣着、工具、原料和机器等构成的那部分财富。"马尔萨斯说："资本是一个国家在生产和分配财富中，为了获利而保有或使用的那部分财物。"西尼尔说："资本是在财富的生产或分配中所使用的作为人类劳动成果的一件物品。"约翰·斯图亚特·穆勒说："资本对生产的功用是提供生产所需要的厂房、工具和原料，并在生产过程中养活或维持工人。凡用于此项目的皆为资本。"在讨论工资基金学说时，我们还要考察资本这个概念，见附录十。如赫尔德所说，十八世纪初期突出的那些实际问题使人们产生了这种资本概念。人们坚信，工人阶级的福利取决于预先储存的雇用手段和食物，并且急于强调在保护制度和旧济贫法的荒唐措施下，企图人为地使他们就业的那种危险性。在坎南那妙趣横生的《生产和分配》一书中，赫尔德的观点得到了进一步的发展，虽然早期经济学家们(1776—1848)的某些言论似乎比凯南的解释能有更合理的其他解释。

b 关于与此意相同的论证和对整个问题的困难的彻底讨论，参阅瓦格纳的《基础》，第三版。

c 见第二篇第 4 章的第 1 节和第 5 节。资本生产性和资本需求的关联，还有资本的预见性和资本供给的关联早就为人所察觉，但多为其他考虑所掩盖，其中许多考虑现在看来都似乎是建立在错误观念的基础上。有的学者比较注重资本的供给，而有的学者却比较注重资本的需求。不过他们的区别往往不全是各自侧重点的区别。注重资本生产力的那些学者，对人们不愿储蓄和牺牲现在以成全将来的这一事实，并非熟视无睹和充耳不闻。而相反，注重延期所引起的那种牺牲的性质和程度的那些学者，把生产工具的储藏使人类满足其需要的能力大大增加这一事实看做是不言而喻的。总之，没有理由使人相信庞巴维克教授对资本和利息的“纯生产力理论”和“效用理论”等的叙述，会被前辈经济学家当做公正而全面的提法接受下来。他似乎也没有找到一个明确而一致的定义。他说：“社会资本是一堆用来进行生产的产品，或简单地说，是一堆中间品。”它本来不包括（第一篇的第 6 章）“住宅和各种直接用于娱乐、教育与文化的其他建筑物”。为求一致起见，它必须不包括旅馆、客轮和火车等，甚至也不包括供应私人住宅电力的发电厂，但那就会使资本这一概念丧失其全部实际意义。包括电车而不包括戏院似乎并没有适当的理由，那也不会成为包括生产手织物的工厂，而不包括生产花边的工厂的理由。在回答这种反对意见时，他理直气壮地说，经济学上的各种分类必须在两类之间留有一条界线，以包括那些在部分上属于其中某一类的东西。但是，对他的定义的责难在于，这条界线和它所划定的范围相比宽得太不相称了，完全违背了市场的惯例。不像法国的定义那样，含有完全一致而相互关联的抽象思想。

# 附录六　物物交换

市场交易的不稳定性在物物交换中比在货币交换中大，一部分原因是人通常能够以货币形式支出或收回一定量（非一定的百分比）价值，而不会大大地改变货币对他的边际效用，而以单一商品的形式则不然。让我们思考两个人进行物物交换的那种情况。假设甲有一篮苹果，乙有一篓胡桃；甲需要一些胡桃而乙需要一些苹果。乙从一个苹果所获得的满足感或许超过他失去十二个胡桃所失去的满足感。而甲也从三个胡桃所得到的满足感超过他割让一个苹果所失去的满足感。交换将在这两个比率之间的某一点展开。但是，如果交换继续进行下去，则甲所割让的每个苹果将使它对他的边际效用增加，并使他不愿意再继续割让更多的苹果，而他每增加一个胡桃将降低胡桃对他的边际效用，并使他不愿意交换以得到更多的胡桃，乙的情况则刚好相反。最后，甲对胡桃的热衷和对苹果相比不再超过乙，而交换势必停下来，因为一方所愿意提供的任意条件都不利于另一方。至此，交换增加了双方的满足感，而不能继续增加。平衡出现了，但其实它不是唯一的平衡，而是一种偶然平衡。

但是，有一种均衡交换率，可以称做真正的均衡率，因为只要遇到这种交换率，它就会被持续到底。很显然，如果始终要用许多胡桃与一个苹果交换，则乙愿意交换的非常少，而如果要用很少的胡桃交换一个苹果，则甲愿意交换的就特别少。必须存在一种中间比率，依据这种比率，双方都愿意进行同样程度的交换。假设这个比率是六个胡桃值一个苹果；甲愿意用八个苹果换四十八个胡桃，而乙愿意按照此比率接受八个苹果；但是，如果甲不愿意用第九个苹果再换六个胡桃，而乙也不愿意再用六个胡桃换第九个苹果。这就是所谓的真正均衡点。可是，没有理由假设实际上可以达到这种均衡点。

例如，假定原来甲的篮子里有二十个苹果，乙的篮子里有一百个胡桃。假设起初甲让乙相信他不大需要胡桃的假象。从而设法用四个苹果换了四十个胡桃，之后又用两个苹果换了十七个胡桃，然后又用一个苹果换了八个胡桃。假设当时达到了均衡点，继续交换对双方都没有好处。甲有六十五个胡桃。不愿意再以一个苹果甚至来交换到八个胡桃；而因为乙只有三十五个胡桃，所以乙对它们的定价非常高，不愿意用八个胡桃再交换一个苹果。

另一方面，如果乙交易有方，他或许可能诱使甲以六个苹果交换十五个胡桃，然后又用两个苹果换七个胡桃。然后让出八个苹果而获得了二十二个胡桃。如果起初的条件是六个胡桃换一个苹果，他用八个苹果换到了四十八个胡桃，则他或许不愿意再用一个苹果来换甚至七个胡桃。但是，因为他拥有的胡桃如此少，他迫切想多得到一些，并且愿意再用两个苹果换八个胡桃，然后再用两个苹果换九个胡桃，再用一个苹果换得五个胡桃，于是又到达了均衡点。因为乙只拥有十三个苹果和五十六个胡桃，也并不肯用多于五个胡桃来换一个苹果，而甲所剩苹果寥寥无几，以一个苹果换不到六个胡桃，也许交易不成。在这两种场合，交换对他们来说增加了双方的满足感，当它停止之后，继续交换一定会至少减少其中一方的满足感。在各个情况，都达到了均衡点，但它是一种任意的平衡。其次假设，有一百人和甲所处的情况相同，每人都约拥有二十个苹果，和甲对胡桃都具有相同的欲望；而对方也有一百人，和乙起初所处的情况相同。市场上最敏捷的卖家或许某些在甲方，某些在乙方。无论市场上是否可以信息互通，交易的平均数多半不会脱离六个胡桃相当于一个苹果的比率，如同在两人交易的场合一样。但是，大多没有我们在谷物市场所看到的那种紧密依附该比率的可能性。交易时甲方很可能在不同程度上打败乙方，因此，然后就用七百个苹果换了六千五百个胡桃；甲方的人既然已拥有如此多的胡桃，除了按至少一个苹果换八个胡桃的比率之外，也许不愿再继续进行任何交易。而乙方的人因每人平均只剩三十五个胡桃，照那个比率或许不同意继续出售。另一方面，乙方的人交易时或许在不同程度上打败甲方的人，结果很快就用四千四百个胡桃换了一千三百个苹果，到那时乙方的人因为拥有一千三百个苹果和五千六百个胡桃，除非按五个胡桃换一个苹果的比率，或许不同意多售，而甲方的人因每人平均只剩下七个苹果，或许不同意那个比率。在一个场合，按照八个胡桃换一个苹果的比率达到了均衡点，而在另外一种情况下，只有按照五个胡桃交换一个苹果的比率才达到了均衡点。

用以达到均衡的那种比率，其之所以不稳定间接地依靠于这一事实决定，即一种商品交换另一种商品，而非与货币交换。由于货币既然是通常购买手段，则似乎有许多能随时地收回或抛出巨大数量的货币的人；这就存在使市场稳定的趋势。但是在物物交换盛行的地方，苹果很可能有时会交换胡桃，有时交换鱼，有时交换箭等；令市场（共中价值表现为货币）统一的那些稳定因素是完全没有的；我们必须把各种商品的边际效用当做是可变的。的确，如果我们这个物物交换的地区的主要产业是胡桃种植业，全部的买家卖家都存有海量的胡桃，只是甲方的人拥有苹果，那么，几次胡桃的交换，不会显著影响它们的储量，也不会显著地改变它们的边际效用。

例设甲有二十个苹果和乙进行交易。设甲愿意用五个苹果交换十五个胡桃，第六个苹果换四个胡桃，第七个苹果换五个胡桃，第八个苹果换六个胡桃，第九个苹果换六个胡桃，以此类推；因为胡桃对他的边际效用始终不改变，所以他正好用第八个苹果换六个胡桃，以此类推，无论在之前的交易中他是否让乙吃了亏。与此同时假设乙购买第一次五个苹果宁愿支付五十个胡桃，却没有弃而不用，购买第六个苹果支付九个胡桃，购买第七个苹果支付七个胡桃，购买第八个苹果支付六个胡桃，购买第九个苹果只支付五个胡桃；因为胡桃对他的边际效用维持不变，所以他恰好愿意用六个胡桃购买第八个苹果，无论他之前买的苹果是便宜是昂贵。在这种情况下，第八个苹果既然仅仅卖了六个胡桃，则交易必然以八个苹果的转移而结束。当然，如果甲一开始在交易中占了便宜，他或许用头七个苹果购买了五十个或六十个胡桃；而如果乙起初在交易中占了便宜，他或许以三十个或四十个胡桃换取了这开始的七个苹果。这与文中所讲述的谷物市场用三十六先令的最后价格售出大约七百夸脱的小麦这一事实相符合；但是，如果卖家开始时占了便宜，则所支付的价格总额也许多于 700×36 先令很多，而如果买家开始时占了便宜，则价格总额或许小于 700×36 先令很多。交易理论和物物交换理论的实际区别在于，在交易理论中，假设市场上所存的储备与另一种用于商品交换的某种商品数量都很多，且在许多人手中操作，因此它的边际效用事实上是没有变化的。这种假设，通常是对的，但在物物交换的理论中，这种假设一般却是不正确的。

# 附录七　地方税的征税范围和有关政策的几点意见

## 第 1 节　地方税的最后征税范围需要看居民是否流动，还要看是有偿税还是无偿税，两者有很大的不同条件的剧变让准确的预见成为不可能

我们已经知道[a]，对印刷业征收新的地方税和征收国税是不一样的，这种不同主要在于它让印刷业的某些便于转移的部分转移到了地方税的范围之外。那些需要在当地印刷的顾客需要付很高的印刷费；排字工人也开始外流，直到剩下的人在当地就业只能够维持以前的工资水平而已；有些印刷机构转向了别的工业部门。对不动产征收的一般地方税在某些方面却遵循着不同的途径。在这里逃税力是一个重要的因素，如对印刷业征收地方税一样。但也许更重要的是这样一个事实，就是大部分地方税可以直接用于增进当地居民和工人的福利，否则他们也许会离开。这里我们需要用到两个术语。无偿税是对纳税人不提供补偿利益的税。某市政府借款从事于一种企业，如果失败了，只能够半途而废，而用于支付这笔借款利息的税，就是无偿税一个极端的例子，向富人征收的济贫税也是一个比较典型的例子。当然，无偿税存在驱逐纳税人的趋势。

反之，有偿税是用在照明、排水和其他用途方面的，以便能够给纳税人提供生活上的某些便利和福利，而这些便利和福利除了当地政府，其余的是不可以用其他方法更便宜地提供的。这种税，如果管理得当，可以让纳税人得到实惠；它的增加能够吸引居民和企业，而不是驱逐它们。当然，某税对居民中的一个阶级来说可以是无偿的，而对另一个阶级却可能是有偿的。用于举办完善的初级和高级小学上的高税率，可以吸引技工，但是却排斥富户。偏重于全国性的服务一般是无偿的，而偏重于地方性的服务一般给予纳税人的直接利益和特殊利益是和他们负担的多少相称的[b]。

但是，“纳税人”一词，在不同的地方支出必须加以不同的解释。用于清洗街道的税，对于住户来说是有偿的，而用于永久改良物的那些税，当然只能够给他提供一部分收益，而大部分收益是属于地主的。

住户将向他征收的税看做是构成租金息额的一部分。但是，他也会考虑那些由于地

方有租税的支出而得到的生活福利，这也就是说，在其他条件不变的情况下，他有选择租金和无偿税总额较低地区的趋势。可是，要考虑这种实际支配迁移的程度，是有很大困难的。它受到消息不灵通和漠不关心的阻挠，这些也许会比一般所想象到的要小些，但它受各人具体要求的阻挠却非常大。得文郡的低税率不会将喜欢伦敦生活的人吸引到那里；某些工业家阶级，关于他们定居在哪儿，实际上很少有选择的余地。撇开人事和商业关系不说，住户还要受到迁移上的辛劳和费用的阻挠。如果这种辛劳和费用和两年的租金相等，除非他获得的利益是按10%的比率计算三十年，否则他会因迁移而受到损失。但是，当某人因为某种理由而移居时，他对适合他居住的各个地区的现在税率和未来税率多半会予以充分的考虑。

劳动阶级的流动性在某些方面大于中产阶级；但是，如果税率非常重，有时会对租户方面产生阻力，并使这种新的负担延期转嫁给他。工业家受到工人住宅税的影响，往往和受到他自己的住宅税的影响是一样的。虽然高税率可能是让某些工业家离开大城市的原因之一，但是，如果运用得经济，它们能否产生这样的结果，是值得怀疑的。因为这种税的大部分新支出，如果运用得当，以工人的观点（如果不从工业家自身的观点）来看，会大大增加当地的福利，或者减少当地的不便。此外，虽然相比之下有倾向表明，租户慎重地考虑地方税的现在和未来，但是，他们不能预测很远，甚至很少能够作这样的预测[c]。

对租税征收范围的分析，必须当做是一般的趋势，而不是实际事实。使这些趋势不可以预料的原因，类似于不能够用数学推理来计算在逆浪中摇摆前进的某船甲板上不停滚动的球的轨道的原因。如果该船只有一面倾斜，那么球的运动可以计算。但是，在任何一种趋势有时间产生许多结果之前，它必将停止，而继起的趋势不能够加以预测。如同这样，虽然经济学家差不多在一世纪之前一度解决了租税转嫁的一般趋势，但是，各地无偿税的相对压力往往变化得非常迅速，以致一种趋势在它被那些不可以预料的变化阻止甚或反转之前即告中断。

## 第2节 地产的“建筑价值”和它的地基价值加起来就构成了它的全部价值，如果建筑物和该地基相称的话，否则将另当别论

我们已经知道，某建筑商对任何地基所愿意支付的地租，取决于他对那块地基和对建筑物所增加的价值的估计。在承租之前，他的资本和他因建筑而借的资本是“流动”

资本，并表现为货币；他投资的预期收入也是货币。一方列出他的建筑费用，另一方则列出建筑物同地基的租值和他即将支付的地租的差额，他计算出这一差额九十九年租期的折现值（也许是主观上的大概估计，而不是明确的数学计算）。最后，如果他看见有利润可图[d]，他的企业当下又没有较好的机会，于是他就租了那块地基。他竭力想办法使该地基和在它上面所建筑的房子（或其他建筑物）将永久彼此相称；如果他能做到这些，那么该地产在将来任何时期的租值等于它的年地基价值和年建筑价值之和。他希望这笔款项对他的支出提供充分利润，其中增加对一种相当冒险的事业的保险费。租中的第二部分普通叫做（年）建筑价值或房子的建筑租，虽然这种叫法不一定确切。随着时间的推移，货币的购买力可能会发生变动，该地基适合建筑的那种房子的等级也会有所改变，建筑技术也势必会有所进步。因此，该地产后来的年价值总额包括它的年地基价值同建筑一所和当时已存在的提供同样便利的房子的成本的利润。但是，所有的这一切都服从于房子的一般性质，始终和它的地基相称这样一个先决条件。如果不相称，就不可以精确地说明总价值、地基价值和建筑价值之间的关系。例如，如果为了充分发挥该地基的潜力而需要建筑一个货栈或者一所性质完全不同的房子，那么该地产的总价值也许会小于它的地基价值，因为没有拆除旧房而建筑新房，就不能够提高地基价值。而原房上的旧材料的价值也许会比拆除它们的成本要小一些，其中酌加因此而遭受到的时间上的耽误和损失。

## 第 3 节　向地基价值征收的无偿税主要是由地基所有者负担；如果事先不知道，则由承租人负担

在其他方面同样相宜的两所房子当中，住户将会对位置相对较好的那所房子支付一笔等于它的特殊利益的年金；他不管这笔款项当中哪部分用作租，哪部分用作税。因此，地基价值的无偿税有从地主或者承租人所收的租金当中减去的趋势。从而这租税，如果能够加以预料，将从建筑商（或别的人）对建筑权所愿意支付的地租当中扣除。有偿的地方税在长期内由住户支付，但对他并不是真正的负担。“在长期内”这个条件非常重要。例如，城市改良，在未来几年中会阻塞交通，而不能够收到实效，由于对这种改良的偿债基金和利息而征收的税，将对住户是无偿的，如果他纳税。就公道而论，这种税应该从他的租中扣除；因为当改良完毕，特别是当债务付清，从而取消该税的时候，地产所有者将获得因为改良而向最初住户而征收的无偿税的利益[e]。

## 第4节 但是，对建筑价值征收的无偿税（全国一致）主要是由住户负担，特别重的地方无偿税，即会根据建筑价值征收，亦大部分由所有者（或承租人）支付

对建筑价值所征收的税处于不同的地位。如果该税遍及全国，那么它们不能够改变有利地基的差异优势；从而不能或者至少不能直接让建筑商或其他别的人对好地基不愿意支付高额的税；如果税非常重，以致大大地缩小了建筑用地的面积，那么它们将会减低一切建筑用地的价值，而特殊的地基价值会随着其他地基价值的下降而下降。但是，它们在这方面的影响是非常小的，因此认为建筑价值的等一税不是由地主负担的这种看法不存在很大的错误。倘若建筑商预料了到这种税，他可以根据它们来调整自己的计划。他希望建造这样一种用费的房子，租给住户的话，能直接给他提供正常利润的租金而且让租户纳税。他当然可能算错，但在长期内建筑商作为一个阶级，和其他的商人一样，是不太会算错的。在长期内，建筑价值税落在了住户身上，或者最后由他的顾主负担，如果他将那所房子充作营业之用，而他的竞争对手也纳相同的税的话。但就对建筑价值征收特别高的无偿地方税而言，情况是截然不同的：这里出现了不动产国税和地方税的主要区别。这种税的有偿支出对于生活福利的增进大于它的成本价值，当然不能够驱逐住户。其中征自建筑价值的部分由他自己支付，但对他并不是一种真正的负担，和我们在地基价值的有偿税的场合所见到的一样。

但是，建筑价值税超过其他地区的无偿部分，主要不是由住户负担。任何额外负担会让他们移出它的范围，所迁移的人数足够减少对该地房屋和其他建筑物的需求，直到这种额外建筑价值税由承租人或者地主负担为止。因此，建筑商如果能够预料将来，势必从他们愿意支付的地租当中扣除这种额外建筑价值税和各种地基价值税。

但是其中这种扣除非常大的那些情况是不多的，也是不重要的，因为无偿税的长期不等的情况虽然非常多，但是却比普通想象的要少些，其中许多是由于不能预料的事件造成的，如某些地方官的失职。的确存在一个显著的也许是永久的原因，预示其兆，那就是富户有从热闹区迁往空旷而时髦的郊区的趋势，从而让劳动阶级在对穷人的国税当中担负了一个不适当的份额。但是，不等这种弊端十分显著，人们就会通过立法扩大税区或者用其他的方法把穷人区和富人区置于同一预算之下。

不应当忘记的是，建筑价值的额外无偿税，在征收该税的地区中虽然有降低地基租和租契更新时的地租的趋势，但是对全体土地所有者的负担并不像当初看起来那么严重，

因为大部分建筑业的经营在受到这种税的节制之后不是被破坏了，而是被引向了别的地区，并加剧了那里对新建筑权的竞争。

## 第5节　原有税捐加上住户征收，其负担之分配很少受其影响，但是无偿税的急剧增加在目前征税制度下对住户特别是店主是一种沉重的负担

向住户而不向土地所有者征收旧税，对它的征收范围的影响非常小。虽然地基价值税和建筑价值税的比例对它的影响非常大。另一方面，在最初的几年当中，无偿税增额的征收范围却受征收方式的影响。住户所要负担的税额，比部分税征自土地所有者或者从他的租中扣除一部分税的条件下还要多些。这只适用于那些正在发展的周围地区。

人口减退、建筑停顿的地方，无偿税有由土地所有者负担的趋势。但是在那些地方，经济阻力非常大。

似乎很有可能，无偿税对建筑投机商和其他人的企业的总负担不是非常大的，他们自以为是的许多税，实际上使他们发了横财。但是，税的变化让建筑商所冒的那些巨大风险略有增加，从而不可避免地，社会对这些风险所付出的代价超过了它们的实际等价。所有这一切都指明了那些由于急剧增税而带来的严重弊端。特别是那些房屋的增税，它们应担的税值相对于住户的纯收入而言是相对较高的。

商人，如果他还是一个店主，总之，如果他经管的商品不易从远方得到，通常能够把他所负担的税部分地转嫁给他的顾客。但是，店主的税和他的收入相比是非常大的；其中有些开支，在富有的居民来看是有偿的，但在他来看却是无偿的。他的工作属于这样一种类型，其中经济进步提高供给多于需求。不久前，他的报酬是牺牲社会而人为地提高的。但是现在它正在降到较低的也许是更合理的水平，而他不轻易地承认现实。他念念不忘那种因急剧增税而使他遭受的真正不平，并将那些实际上是由于较深刻的原因而造成的对他的某些压力归咎于这种不平。他的不平感因为他总不能够和他的地主以相当公平的条件议价这一事实而变得非常敏锐。因为撇开固定设备的成本和一般的乔迁费用不谈，即使他迁到就近相同适宜的处所，他也会损失大部分顾客。但绝对不能忘记，店主有的时候的确会迁移，他警惕着，并且充分考虑到税，从而几年之后，他把无偿税的负担转嫁给了土地所有者和顾主，甚至比任何阶级中的人还要彻底（在这里旅馆主、公寓主和店主相同）。

## 第6节　根据资本价值向空建筑地基征税和将建筑价值税部分转移给地基价值，一般来说是有益的，如果它们逐步进行，并伴之以关于建筑物高度和其前后应留空地的严格规定

靠近一个新兴城市仍然作为田地在使用的土地，所提供的纯租也许很少，但可能是一个有价值的地产。因为它的未来地租已经包括在它的资本价值当中了。此外，该地的占有撇开收取货币地租外还多半可以提供一种满足上的收入。在这种情况下，即使按照它的全部租值征税，也容易征得少了。因此，就产生了是否应该按照它的资本价值的百分之几而不是按照地租的百分之几征税的这样一个问题。

这种方针能够加速建筑的进行，从而产生了建筑物市场阻塞的趋势。因此，房租趋于下降，而建筑商也许不能够租用高地租的建筑地基。因此这种变动可能会把现在归于那种土地所有者的一部分公有价值转移给了一般的人，而这种土地已经盖了房，或者多半是要盖房的。除非城市当局采取有效的措施，作出城市发展的规划，否则会造成建筑多而质量差的局面。这是一种错误，后代的人也许会因为它而付出损失美观或健康的巨大代价。

这种计划依据的原则是有广泛运用的余地的。我们可以谈一谈近来引人注意的一个极端性建议，大意是在将来应该主要甚至全部对地基价值征税，而很少或者不问建筑物的价值。它的直接结果是牺牲其他的地产，从而提高某些地产的价值。特别是它使重税区当中高大豪华的建筑物的价值提高得比低税区还要厉害。因为它能够减轻较大的负担。但是它会让重税区当中大地基上那些低矮而陈旧不堪的建筑物的价值有所降低。不久后，一块地基上的建筑量，在建筑章程的范围之内，一般地会和它所在位置上的有利条件成正比，而不像现在这样，部分地基和位置上的有利条件成正比，部分地基和税构成反比。这就有增大集中程度并提高有利地区中总地基价值的趋势。但是它会让这种税的总支出也增加，因为这种支出是由地基价值负担的，所以纯地基价值可能会很低。总起来看，人口集中是否增加是非常难判断的。因为大量的建筑可能在郊区进行，那里的空地不再逃脱重税。许多都取决于建筑章程：集中程度可能因为高大建筑物的前后都应该有很大空地这一严格章程而大大地降低[f]。

## 第 7 节　再论农业税

前面我们已经谈过在英国农业当中佃户和地主的一般共事关系[g]。农村当中的竞争不比城市中的小。但另一方面，地主对农场基本建设的投资是存在伸缩性的，通常会由于环境的压迫而有所改变。这种调节模糊了农业税的归宿，好像旋风掠过房的时候，通常使雪花飞扬，它只是压抑并不是消灭地心引力的趋势一样。因此，就产生了以下的一般说法，即如果农场的竞争激烈，那么农场主将支付他和地主应该负担的农业税部分，如果地主有理由害怕农场脱不了手，那么他将付全部的农业税。

但是农村居民负担的无偿税可能比普通想象的要少些。他们因公共服务的改善和通行税的废除而获得了利益，并且越来越享有附近城市的税所带来的种种利益，但是这些税他们并没有出一臂之力，并且一般比他们自己的税要高很多。倘若税在眼前是有偿的，虽然住户纳税，则该税对他来说也不是一种纯负担。但是农业税占农场主纯收入的一个非常大的比例；在无偿的农业税急剧增加的那些稀有场合，他的负担往往过重。像已经指出的，一个地区范围内的无偿税比在全国范围内的一般无偿税对于当地地主和农场主的压迫似乎还要严重[h]。

## 第 8 节　一些实际建议　土地供给的永久局限性和集体行动对其现在价值的巨大贡献，为了征税的目的，有必要将它列入单独项目

本书主要从事科学研究，但是对于那些有经济研究旨趣的实际问题也有所涉猎[i]。在这里有关租税政策的某些讨论似乎是合适的，因为所有的经济学家都认为，早开发国家当中的土地在许多方面和其他的财富形式一样，而在另外的方面却有着区别；在最近的某些争论性文献当中，有将不同点降至次要地位，而将相同点提到首要地位的趋势。如果只有那些相同点对迫切需要解决的实际问题具有重大的意义，那么，适当地偏重这一方面是明智的。但是事实恰好相反，因此似乎有必要考虑财政方面的某些重大问题，其中那些其他财富形式大多没有比土地所有的特点起着重要的作用。因此必须要谈谈公平原则。

如果因为某些特定用途而征收一种特别税，同时在这种场合政府当局不干涉现存的所有制（例如，在建立土地排水系统时），那么对地产收益户可以适当地按“股份原则”

征税，依据这一原则，受益多者多出，受益少者少出。每种这样的税，公平与否，必须分别加以评判。相反的，一切无偿税，公平与否，必须在总体上加以判断。差不多每一种无偿税，就本身而言，都对某个阶级或者其他阶级加以不当的压迫但是这并不重要，倘若各种税的不均被其他税的不均抵销，且各部分的差异同时发生。如果这个困难条件能够得到满足，那么租税制度可以说是非常公平的，虽然如果只拿其中任何一部分来看是有欠公平的。

另外，一致都认为租税制度应该依据人民的收入或者最好是依据他们的支出划分合适的等级来加以调节。因为一个人储蓄的那部分收入在用完之前，有助于国库的充实。因此，在我们考虑我们的现行租税制度（一般的和地方的）加于房屋的负担非常重这一事实的时候，不应该忘记房屋大支出也大。一般的支出税，尤其是等级支出税，对征税人来说在技术上有非常大的困难。此外，它们使消费者直接或者间接所出的费用比给国库带来的收入还要大。但是房屋税则简便易行，征收费用低廉，不容易脱漏，并且易于划分等级[j]。不过这个论点，不适合于住宅以外的其他建筑物。由于这个原因，对店铺、货栈和工厂征的税等比对房屋征的税低，这也许是公平的，无论如何，对新税来说应该如此。旧税业已经从营业所占用人那里转嫁出去，一部分转嫁给了他们的房东，另一部分转嫁给了他们的顾客。转嫁是在不断地持续着的。因此，如果对城区商人阶级从每一次新征税的每一便士当中征收一法寻，其余三法寻的一部分或者全部以后逐年再按照很小的百分比加以征收，那么他们就不会感受很大的痛苦。如果市政府的经费增加得非常快，那么这种方法也许是必要的。

上述种种的考虑让我们不得不重申这样一种看法，即不论在早开发的国家还是新兴的国家，一个有眼光的政治家在进行土地立法时比在进行其他的财富形式的立法时，对后代将感受到有更大的责任；从经济和伦理的观点来看，土地必须处处都被划作是一个独立自在之物。如果最初国家就把真正地租保留在自己手中，那么工业的元气和积累未必会受到损害，虽然在少数场合下向新开发国家移民会有耽搁。而对来自于人为产业的那些收入却是不能这样说的。但在讨论土地公有价值是否公平的时候，有关的公共利害关系是非常大的，以致我们特别有必要牢记的是，国家忽然将曾认为是私有权所认可的那些地产的收入攫为己有，就会破坏安全和动摇社会的基础。轻率而极端的措施是不公平的。部分上由于这种原因（并不是完全由于这种原因），这些措施是不明智的，甚至是愚蠢的。

警惕是非常必要的。但地基价值很高是因为人口的集中，而这种集中可能会让新鲜空气、阳光和活动场所严重不足，以致毁坏青年一代的体力和幸福。从而，巨大的私人利益不仅是由那些社会性质（并不是个人性质）的原因造成的，而且是以牺牲一种主要的公共财富形式作为代价的。取得新鲜空气、阳光和活动场所是需要巨额经费的。而这些经费开支的最适当的来源似乎是土地私有的那些极端的权利，而这些权利从代表国家的国王是唯一土地所有者的时候起就不知不觉地形成了。私人只是土地的持有者，有义务为公众的福利服务。他们没有用拥挤不堪的建筑来损害那种福利的合法权利。

## 第9节　续　前

因此，似乎能够提出以下几点实际建议：关于旧税，突然改变纳税人似乎是要不得的。但是在可能方便的条件下，应该向它的最后负担者加以征收新税；除非像征收所得税那样，向租户征收这种税时，说明它特地从他的租金当中加以扣除。

这样做的原因是，对土地的公有价值或者地基价值所征的旧税几乎全部已经由所有者（包括承租人，就这些税而言，它们虽然都是旧税，但是他们在订租约时并没有事先预料到）所负担，其余部分差不多完全是由租户或者他们的顾客负担。这种结果不会因让租户从他的租金当中扣除一部分甚或全部他所负担的税而受到非常大的干扰，虽然这样一种法律有将所有者的一部分产业转让给承租人的危险，他们订立租约时就预料到了要缴纳那些旧税。另一方面，分担新税（增加的税）的规定有非常大的优点：不论农场、铺面还是住宅的租户从他的租金当中扣除二分之一的新税；他的直接地主（或者房东）再从他对他上级地主（或者房东）的支付当中按比例扣除；以此类推。此外，各种营业所新的地方税，像上面所说的，最初不能够征收全额，以后再逐年增加。通过这些规定，农场主、店主或其他的商人就不会存在那种偶然不公的待遇和对这种不公的经常性的顾虑，而这种不公现在是和突然不适当地增加特殊阶级的公共负担相联系。

有关地基价值，不妨这样规定：一切土地（不论在技术上是否属于城市土地），在不计算建筑物计价而可以按照每亩不太高的价格（比如说）二百镑出售时，就会被视作具有特殊的地基价值。此外，对它的资本价值课以一般的地基税。并课以“新鲜空气税”，以便由当地政府集中使用在上述目的上。这种“新鲜空气税”对所有者不是一种非常重的负担，因为其中的大部分会以所余建筑地基的价值增加的形式还给他们。实际上，像首都公园协会这些私人团体的支出，和大部分为了市政建设而征收的建筑价值税，其实是对那些幸运所有者的一种无代价的财富。

城乡地区一样，除了原来的土地税外，获得其余的必要基金的最好办法就是不动产税，再辅以地方当局征收的一些地方捐税。住宅税能够禁用，除非要用它来征集那些像养老金那样的新的巨额经费，主要的税率可以和现在的住宅税划分的等级一样。不过比一般的住宅要低些，而比很大的住宅要高些。因为在一个人对租税的征收和使用有权投票表决的情况下，他完全不负担租税是非常不妥当的。但是用等于他的税款的这些利益（如增进身心健康和精力、不趋向政治腐败）来酬报他或者他的子女是非常妥当的，合理的[k]。

## 【注释】

a 见第五篇第 9 章的第 1 节。此附录大多是以那里所指的备忘录为基础的。

b《皇家地方税调查委员会的最后报告》，1901 年。

c 皇家地方税调查委员会就这几点提出了大量的证据。

d 见第五篇第 11 章的第 3 节和第 8 节。建筑商一般在租期未满之前希望出售自己的产业，他预期得到的价格是该产业的租价减去未来几年地租的差额（折现值）。因此，他的计算本质上和他企图自己保有该产业时大致相同。

e 这假定不论如何使用土地，土地负担的税额都相同。因特殊使用而征收的附加税可用第五篇第 10 章的第 6 节中的方法进行处理。如果农业土地免税，则乡下的房客或工厂主就会逃避对建筑用地价值超过农业土地价值的差额所征的那部分地基税。这也许使城市稍稍更集中化，从而多少减轻城市地基所有者的负担；但是实质上不会影响城市中心的那些地基的价值。见以下第 6 节。

f 例如，假定在一块一百万平方尺的土地上盖四十尺高，间距四十尺的几排房子；建筑法规定天空必须对着地面前后成四十五度角，这会使各排之间的距离为四十尺，那么总建筑量将等于四十尺乘五十万尺（总面积的二分之一），即两千万立方尺。现在假定房屋高度为以前的三倍，在同一建筑法下，各排之间的距离必然为一百二十尺。根据不便把房屋的高度增加到四十尺以上的这一假设，那么总建筑量将为一百二十尺乘总面积的四分之一，即三千万立方尺。因此，房屋总量将只增加二分之一，而不是增加三倍，就像各排之间的距离仍保持原来的四十尺时那样。

g 见第六篇第 10 章的第 10 节。

h 见本书第五篇第 10 章第 4 节末。

i 见第一篇第 4 章的第 2 ~ 4 节。

j 古时候，房屋上的窗户被看做代表房屋，征税很重。但这种税并不是（而且原意也不是）仅仅使窗户的所有者或使用者来负担，而原意是（并且的确也是）使房屋的所有者或使用者来负担。正如同窗户多少可以代表房屋一样，而房屋也是家庭开支的某种规模和方式的代表，也许还是更合适的代表；如果对房屋征税，则此税是（并且原意也是）对生活手段（在某种安逸和社会地位的条件下）的所有权和使用权的征税。如果对房屋征的税有一部分被取消，并以对家具和家庭用人的征税来补充不足部分，那么租税的实际归宿大致与现在相同。

k 最近成立的地方税调查委员会着重解决确定地基价值税的困难，解决甚至更严重的困难，即同时作出把旨在最后应由土地所有者担负的一部分（不论多少）税，由住户转给租户的那些措施（见该委员会的“最后报告”）。定税的这种困难无疑很大，但是通过经验可以很快减少困难，最初一千个这样的定额比以后两万个定额也许还难和还不准确。

# 附录八　有关报酬递加的静态假设运用的局限性

## 第1节　严格的供给表的假设会带来多重均衡（稳定和不稳定的）位置的可能性 但是这一假设，就报酬递加来说，与现实相距是非常远的，以致它只可以在狭隘的范围内加以尝试性运用 因此，在使用正常供给价格一词时必须小心

我们已经暗示了那些遵循报酬递增规律的商品均衡理论遭受到的困难。这些暗示现在需要进一步的发挥。关键在于，“生产边际”一词对那些在长期内拿那些生产成本随着产量逐渐增加而减少的商品来说是没有意义的。但是报酬递增的趋势在短期内一般是不存在的；因此，当我们讨论遵循报酬递增规律的那些商品价值的特殊条件时，“边际”一词就应该避而不用。就需求上的短暂变动而言，它当然能够用于这些商品和用于所有其他的商品一样；因为能够适应这些变动的商品和其他商品的生产，遵循的是报酬递减而不是报酬递增规律。但是，在报酬递增趋势起有效作用的问题当中，是不能够给边际产品下明确定义的。在这些问题上，我们不得不选择比较大的单位，我们必须考虑的是代表性企业的情况而不是某个个别企业的情况。特别是我们必须考虑的是整个生产过程的成本，不必要把单个商品如一支来福枪或者一码布的成本从中分离出来。的确，如某工业部门几乎全部操于少数大企业的手中，那么其中没有一个企业堪称为代表性企业。如果这些企业融合而成一个托拉斯，或者彼此密切地联合起来，那么“正常生产费”一词就没有了精确的意义。如在下一本书当中将充分论证的那样，表面上它必须被看做一种垄断；而它的进程必须依据第5篇第14章中的原则加以分析；虽然十九世纪末期和二十世纪初期表明，即便是在这种场合下，竞争仍然有很大的作用，“正常”一词的使用不像原来可能的那样不相宜。

## 第2节　续　前

我们再回到这个例子上：因为时尚运动而造成的对无液气压表需求的增加，不久后，便导致组织改善，并且供给价格降低了[a]。最后当时尚力量消失时，气压表的需求又只建立在它们实际效用的基础上了；这个价格有可能大于或者小于相应生产规模的正常需求价格。在前一种场合，资本和劳动对该种行业持有戒心，在那些已经成立的企业当中；有的也许会继续营业，虽然得到的纯利比它们希望的要少些；而有的却渐渐地转入了某些比较兴盛的相近的生产部门。由于旧厂衰落，新厂起而代替者很少，生产规模也有所缩减，旧有的均衡位置可能会显得相当稳定，不易破坏。

但是，现在让我们来考虑另外一种情况，在这种情况下，已经增加产量的长期供给价格下降得非常厉害，以致需求价格仍然在它之上。这种情况下，企业家们展望从事该种行业的某厂的寿命，考虑着它成功和失败的概率，折算它的未来支出和未来收入，最后可能断定收入远远超过支出。资本和劳动迅速流入该种行业；而需求价格的下降和长期供给价格的下降相等，并且发现在稳定的均衡位置以前，生产可能会增加十倍。

因为即使在第3章说明供给和需求围绕一个均衡位置摆动，的确像普通暗示的一样，我们暗示在一个市场内只能够有一个稳定的均衡位置，但是实际上在某些能够想象的、虽然非常罕见的情况下，可以有两个或者两个以上的真正供求均衡位置，其中任何一个均衡位置和该市场的一般情况是一致的，而且其中任何一个均衡位置如果一旦确立，直至出现某种大的干扰之前，都将会是稳定的[b]。

## 第3节　续　前

但是，必须承认的是这个理论和现实生活脱节，只要它假定的是如果某种商品的正常生产先有所增加，继而又减至原有的产量，那么需求价格和供给价格将会回到它们在该产量上的原先位置[c]。

不论某种商品遵循的是报酬递减规律，或者报酬递增规律，价格下降能够让消费逐渐增加。此外，某种商品价格低时购买者一旦形成了用它的习惯，当它的价格复涨时，是不能够很快放弃的。因此，如果在供给逐渐增加以后，它的某些来源阻塞，或者任何其他原因出现，从而让该商品稀少，那么许多消费者将不愿意放弃旧习。例如，美国战争时期棉花的价格非常高，如果以前的低价格没有使棉花用来满足那些由于低价格而产生的需要，那么棉花的价格也许就不会那么高了。因此，对某种商品生产的前进运动有效的需求价格表，很少适用于它的倒退运动，不过一般会需要加以提高[d]。

此外，供给价格表能够代表供给正在增加时出现的商品供给价格的实际下降。但是，如果需求减少，或者如果由于任何其他的原因供给必须减少，那么供给价格不会沿着原道后退，而是会采取较低的供给价格。对前进运动有效的供给价格表，不适用于后退运动，而必须用较低的供给价格表来替代。不论商品生产遵循的是报酬递减规律还是报酬递增规律，都是如此。但是在报酬递增的情况下，它有特殊的重要性，因为生产遵循这一规律的事实，证明此商品生产的增加导致了组织的改善。

因为任何偶然的干扰让某种商品的生产有了很大的增加。从而，导致生产大规模经济时，这些经济是不容易丧失的。机械工具，劳动分工还有交通运输的发展，以及各种组织的改进一旦被利用后，是不能轻易放弃的。资本和劳动一旦投入某种特定工业部门，如果对所生产的商品需求减少，那么这些商品的确可以贬值，但是资本和劳动不能够迅速转向其他的职业，它们的竞争在短时间之内将会让已减少的需求不能够提高商品的价格[e]。

部分上由于这种原因，即便有关的商人能够了解市场的全部实情，但是两个稳定均衡位置同时存在，作为可能替代的情况是不多的。但是，当某种工业部门处在生产规模急剧扩大时，供给价格便会迅速下降，那么，让该商品需求增加的那种短暂的干扰，能够让稳定均衡价格大大下降；此后，商品生产在数量上比从前多得多，并且会按照比以前低得多的价格出售。如果我们将供求价格表向前推，发现它们非常接近的话，这是可能的[f]。因为如果激增产量的供给价格居于相应的需求价格之上，需求的适度增加，或者稍微新一点的发明，或者其他让生产低廉的方式，就可以让供求价格相遇，造成新的均衡。这种变动在某些方面类似从一个稳定均衡位置移向另外一个均衡位置，但是和后者有所区别，这种区别在于除正常需求或者正常供给的情况有了某些变动时，它是不可能出现的。

上述种种结果不尽如人意，部分是因为我们没有完善的分析方法，由于我们的科学方法在逐步的改进，日后它的减少是能够设想的。如果我们能将正常需求价格和正常供给价格表现为正常生产量和该产量成为正常产量的时间函数，我们就大大地向前迈进了一步[g]。

# 第4节 续 前

另外，让我们重申平均价值和正常价值之间的区别。[h]在静态当中，因为各生产工具所得到的收入可以事先加以准确的预算，所以，这种收入是让该工具出现所需要的劳作和牺牲的正常尺度。

边际费用乘商品的单位数量，或者将商品各部分的实际生产费相加起来，再加上生产的差异优势所得到的全部地租，就能够求出生产费用总额。生产费用总额既可以由这种方法决定，那么平均费用等于生产费用总额除以商品数量，结果就是长期或者短期的正常供给价格。

但是在现实世界当中，“平均生产费”一词让人有些不解，因为制造某种商品的大多数的生产工具（物资的和人力的）很早就存在了。因此，它们的价值多半不能是生产者原来期望的价值。它们的价值有的比较大，有的比较小。它们现在赚取的收入，是由它们产品的一般供求关系来决定的：它们的价值是这些收入的资本还原。因此，当我们作正常供给价格表时，它和正常需求价格表连接起来就决定了正常价值的均衡位置，如果认为这些生产工具的价值已经确定，我们就不能不陷入循环论了。

这种谨慎，对于报酬递增趋势的那些工业来说是非常重要的。这种谨慎可在静态中也只是在静态中可能有的那些供求关系的图解来加以强调。在那里，各种特定的东西在一般成本中都负担它应该有的份额；生产者除了按照总成本（其中包括建立典型工厂的商业往来关系与外部组织的酬劳）的价格来计算，否则是不值得接受某种特殊订货的。这个图解没有积极的价值，它仅仅是防止在抽象推理中可能犯的错误[i]。

## 【注释】

a 见第五篇第7章。

b 除了稳定均衡位置之外，从理论上讲，至少还有一些不稳定均衡位置：它们是两个稳定均衡位置之间的分界线，宛如划分两个流域的分水岭一样，价格趋向于从此流向每一方。

当供给与需求处于不稳定均衡状态时，如果生产规模受到干扰，就会造成多少偏离稳定均衡位置而迅速移向其他均衡位置，就像一个直立的鸡蛋稍受振动就会倒卧一样。从理论上讲，一个鸡蛋平稳直立是可能的，而实际上却是不可能的。同样，生产规模在不稳定均衡中保持均衡，这在理论上也是可能的，而实际上却是不可能的。

例如，在图（36）中，诸曲线相交几次，ox 上的箭头表示 R 有沿着 ox 移向原位的趋势。这就表示，如果位于 H 或 L 点的 R 向左右稍离原位，一旦干扰因素消失了，就将复归其离开的均衡位置。但是如果 R 位于 K 点，并偏向右方，那么，甚至在干扰因素停止之后，它也将继续向右方移动，直到 L 点为止；而如果偏向左方，则将继续向左方移动，直到 H 点为止。这就是说，H 与 L 为稳定均衡点，K 为不稳定均衡点，从而我们可以得出这样的结论：

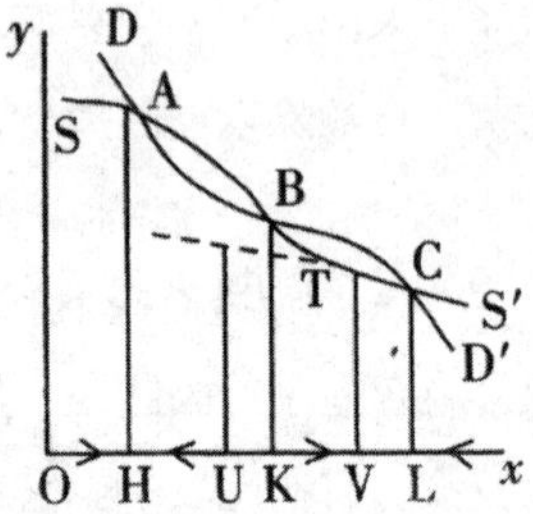


图（36）

位于供求曲线交点上的供求的均衡是稳定均衡或不稳定均衡，取决于需求曲线在该点左方是位于供给曲线之上还是位于供给曲线之下，又取决于需求曲线在该点右方是位于供给曲线之下或位于供给曲线之上。

我们已经知道，需求曲线是全部向下倾斜的。由此可得出结论：如果供给曲线在任何交点的右方且位于需求曲线之上，那么，如果我们沿着供给曲线向右方移动，势必就会使需求曲线位于供给曲线之上，直到第二个交点为止。这就是说，在稳定均衡点右方的第二个均衡点必然是不稳定均衡点。同样可以证明，在左方相邻的交点也是不稳定均衡点。换句话说，在供求曲线相交一次以上的那些情况下，稳定均衡点与不稳定均衡点是交替着的。如果我们向右移动，那么最后的交点也必然是稳定均衡点。因为如果产量无限增加，销售价格势必就会降到几乎等于零的程度；但是补偿其生产费用所需要的价格不会如此下降。因此，如果把供给曲线充分向右延长，那么该曲线最后必然位于需求曲线之上。

我们从左向右所得出的第一个交点，可以是稳定均衡点，也可以是不稳定均衡点。如果是不稳定均衡点，就表明所述商品的小规模生产将对生产者无利可图。因此，除非一时的事件暂时引起了该商品的迫切需求，或暂时降低了它的生产费用，或一个大展宏图的工厂准备运用大量资本来克服生产上的初期困难，并按保证巨额销量的价格来生产这种商品，否则就绝不会开始生产这种商品。

c 见第五篇第 3 章的第 6 节。

d 这就是说，对于销售量的任何倒退运动来说，需求曲线的左端也许有必要加以提高，以便使它代表新的需求情况。

e 例如，图（36）中的供给曲线的形状意味着，如果所述商品每年是按 OV 的规模生产的，那么生产中出现的经济便会大得足以使此商品按 TV 的价格销售。如果这些大规模生产经济一旦实现，曲线 SS′ 的形状也许就不再能确切地代表供给情况。例如，产量 OU 的生产费用在比例上也许并不再比产量 OV 的生产费用大得多。因此，为了使这一曲线还可以代表供给情况，就有必要作一条较低的曲线，如图中的虚曲线。布洛克教授（《经济学季刊》，1902 年 8 月）认为，这条虚曲线不应从 T 向上倾斜（哪怕是倾斜很小），而应向下倾斜，以表示生产缩减将"通过挤掉弱小生产者"而降低边际成本。因此，边际成本将来就是那些比现在更加胜任的生产者的边际成本了，这种结果是可能的。但是绝不应该忘记，最弱小的生产者的边际成本并不决定价值，而只是表明决定价值的那些因素的作用。如果大规模生产经济是"内部"经济，即属于各个工厂的内部组织的经济，那么各弱小厂必然迅速为强大厂所驱逐。各弱小厂的继续存在是强大厂不能无限增加其产量的明证；之所以不能无限增加产量，部分原因是由于扩大市场的困难，而部分原因也是由于一个厂的力量并不能长期保持。今日强大的工厂在过去一个时期也许由于时间短而弱小，而在未来一个时期却由于衰老而虚弱。产量虽然减少，仍有一些处于边际的弱小厂；随着时间的推移，它们也许会比保持过去总产量时有所削弱，外部经济也将有所减少。换句话说，代表性企业的规模也许会比较小，力量比较弱，拥有的外部经济也较少。见福拉克斯教授在《经济学季刊》（1904 年 2 月）上发表的论文。

f 这就是说，当在均衡点右方很远的时候，供给曲线仅稍位于需求曲线之上。

g 有一种困难源于这一事实：扩大一次生产规模的时间，对于另一次更大规模的生产扩大是不够长的。因此，我们必须事先选定一段相当长的时间，而当前的特殊问题会提示出这种时间，并使所有的供给价格与之相适应。

如果我们可以用更复杂的例解，就能进一步摸清问题的性质。我们可以用许多曲线，其中第一条曲线算做一年内生产规模扩大而引起的规模经济，第二条曲线算做两年内生产规模扩大而引起的规模经济，第三条曲线算做三年内生产规模扩大而引起的规模经济，等等。从纸板上把它们剪下，并把它们并排立起，我们就有了一个平面，它的长、宽、厚分别代表产量、价格与时间。如果我们在各条曲线上画出相应于那一产量的点，可以预料出这一产量似乎很可能是与此曲线相关的那一年的正常产量，那么这些点就会在平面上形成一条曲线，而这条曲线就是遵循报酬递增规律的那种商品的真正长期正常供给曲线。参阅坎宁安在《经济学杂志》（1892 年）上发表的论文。

h 见第五篇第 3 章的第 6 节、第 5 章的第 4 节与第 9 章的第 6 节。

i 下图中的 SS′ 不是与我们生存在其中的这个现实世界的情况相符合的真正供给曲线。

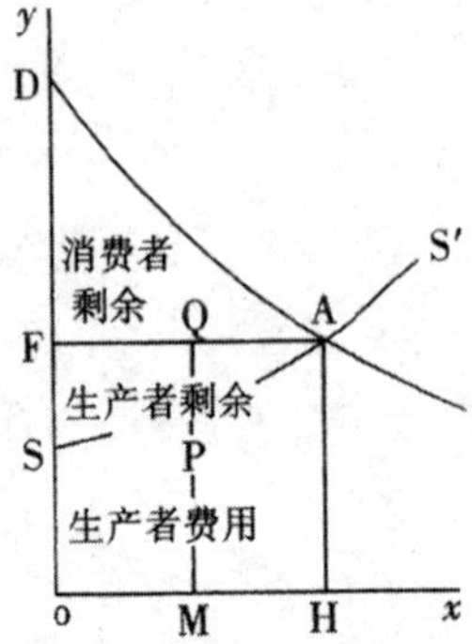


图（37）

但是它有一些往往遭人误解的性质，我们把它叫做特殊生产费用曲线。同往常一样，Ox 代表商品的数量；Oy 代表商品的价格；OH 是每年所生产的商品数量；AH 是单位商品的均衡价格；第 OH 单位的生产者被假定是不拥有级差利益的，而第 OM 单位的生产者却拥有级差利益，这种利益使他用 PM 的支出生产一个单位，而如果没有这种利益时，生产一个单位势必会使他用去 AH 的支出。P 点的轨迹就是我们的特殊生产费用曲线。它是这样一条曲线，即在上边任取一点 P，并通过 P 作 PM 垂直于 Ox，PM 就代表生产第 OM 单位所用的特殊生产费用。AH 与 PM 之差等于 QP，是生产者的剩余或租金。为方便起见，拥有级差利益的生产者可以从左到右按下降的次序进行排列。从而，SS′ 就成为一条向右上方倾斜的曲线。

正如在消费者剩余或租金的那种情况（第三篇第 6 章的第 3 节）下的制图方法一样，我们可以把 MQ 看做一个薄薄的平行四边形，或一条粗直线。随着 M 在 OH 上依次采取的位置，我们就得出由曲线 SA 分成两段的许多粗直线，各直线的下段代表单位商品的生产费用，而上段则为对租金的贡献。所有粗直线的下段连在一起，就成为面积 SO—HA，代表产量 OH 的总生产费用。粗直线的上段连在一起，就成为面积：FSA，因此代表生产者的剩余，或日常所指的租金。除过上述面积（第三篇第 6 章中的第 3 节），剩下的 DFA 则代表消费者的剩余，即从 OH 数量所得的满足超过以货币总额 OH×AH 所代表的满足的剩余。

特殊生产费用曲线和正常供给曲线的区别是在于：在前一种情况下，我们把大规模生产的经济始终看做固定不变的，而在后一种情况下却不然。特殊生产费用曲线完全是建立在这一假设的基础之上的，即总生产量为OH，所有的生产者都拥有属于这个生产规模的外部经济和内部经济；如果把这些假设牢记在心，那么此曲线可以用来代表任何一个行业如农业或工业上的一个特定阶段，但是不能用来代表此行业的一般生产情况。

只有通过正常供给曲线才能代表该行业生产的一般情况，其中PM代表第OM单位的正常生产费用，而根据的假设是，OM单位（而不是任何其他数量，如OH）正在被生产着，现有的大规模生产的内部经济和外部经济都属于总产量为OM的代表性企业的那些经济。这些经济一般比总产量为较大数量OH时要小些。因此，既然M在H的左方，那么此供给曲线与M的纵坐标比总产量为OH的特殊生产费用曲线与M的纵坐标要大些。

由此可知，如果SS′过去是农产品的正常供给曲线（DD′为正常需求曲线），那么在我们现在图中代表总租额的面积SAF，在过去所代表的租额势必会小于此总租额。因为，甚至在农业中，生产上的一般经济也是随着总生产规模的扩大而扩大的。

不过，如果我们为了某特定论证而宁愿忽略这一事实，也就是说，如果我们宁愿假定，MP是在生产OM单位时，在极其困难条件下（因此不支付租金）生产的那部分产品的生产费用，那么它也甚至是在生产OH时，生产第OM单位的生产费用（不包括租）。换言之，如果我们假定产量从OM增加到OH而并不改变第OM单位的生产费用，那么即使当SS′是正常供给曲线时，我们也可以把SAF看做总租额的代表。这样做有时也许比较方便，不过要时时注意所作特殊假设的性质。

但是对遵循报酬递增规律的商品的供给曲线来说，是不能作这样的假设的。这样做就是自相矛盾。遵循报酬递增规律的商品生产这一事实，意味着在总产量很大时，提供的一般经济要比总产量很小时提供的大得多，结果便战胜了大自然对该行业使用的原料在增加时所遇到的越来越大的困难。在特殊生产费用曲线的情况下，MP将总是小于AH(M在H的左方），不论商品遵循的是报酬递增规律，还是报酬递减规律；而相反，在遵循报酬递增规律的商品的供给曲线的情况下，MP一般大于AH。

尚待指出的是，如果我们在讨论这样一个问题，即其中甚至把人造的那些生产工具在短时期内也必须看做一个既定量，从而它们的报酬会具有准租的性质，那么，我们便可以作出一条特殊生产费用曲线，其中MP代表狭义的，不包括这种准租的生产费用；这样，面积SAF就代表租和准租的总额。处理短期正常价值问题的这种方法很吸引人，也许最后还有用，但是需要谨慎从事，因为它所根据的假设极不可靠。

# 附录九　李嘉图的价值论

## 第 1 节　李嘉图的价值理论虽然含糊不清，但是比杰文斯和其他的批评家，更能够预见到近代关于成本、效用和价值之间的关系学说

当李嘉图给一般的听众发表演说时，他会大量地引用他关于生活事实的丰富详尽的材料，用来“说明和证明他的论点或者论点的命题”。但是在他的《政治经济学原理》一书当中，“讨论同样的问题，却偏偏没有涉及他周围的现实世界”[a]。1820 年 5 月（同年，马尔萨斯出版他的《政治经济学原理》一书），他给马尔萨斯的信中写道：“我想，我们的分歧，在一些方面有可能是因为你认为我的书比我的本意更加实际一些。我是要阐明原理，为了做到这一点，我设想了一些有力的案例，以便让我能够表明那些原理的运用。”他并不自命自己的书是有系统性的，劝他出这本书是费了很大劲的。如果写书时他心目中有读者，那么主要是他交往的那些政治家和商人。因此，他故意略掉了他的论证完全合乎逻辑必要的许多东西，只要他认为这些东西对他们来说是自己明白的东西的话。此外，像他在次年十月告诉马尔萨斯的那样，他“只是一个不擅长文字的人”。他叙述的杂乱和他的思想的深邃形成鲜明对比；他用词牵强附会，而且不加以解释，同时也不固守它们虚构的意义；并且他总是从一个假设转向另外一个假设，没有加以说明。

因此，如果我们想要正确地理解他，我们就必须研究解释他，也许比他自己解释亚当·斯密还要宽宏一些。当他的文字含混不清时，我们必须用他作品中其他段落指示的意思又加以解释。如果我们抱着确定他的本意的态度行事，那么他的学说虽然不完善，但是却可以将人们通常归咎于它的许多错误当中摆脱。

例如（《原理》，第一章，第 1 节），他认为效用虽然不是衡量（正常）价值的尺度，但是对它是“非常必要的”；而“数量非常有限的”东西的价值，“是随着那些想要占有它们的人的财富与愿望而改变的”。在别处（同书第四章）他坚持，市场价格的变动一方面由可供出售的商品数量决定，另一方面由“人类的欲望和愿望”来决定。

此外，在关于价值和财富的区别中，所作的一个深刻而不完全的讨论当中，他似乎

探索着边际效用和总效用之间的区别。因为他将财富理解成了总效用，他似乎总是叙述说，价值相当于值得买主去购买的那一部分商品所产生的财富增加量；当供给因为偶然事件而暂时减少，或者由于生产成本的增加而长期减少时，由价值衡量的财富边际增加额便会增加，同时，这种商品所产生的财富总体亦即效用总额减少。在全部的分析当中，他说，供给一旦受到抑制，边际效用就会增加，而总效用却会减少，虽然（因为不知道微分学的简明术语）他没有找到精确表述它的用语。

## 第 2 节　续　前

但是，在他不认为他对效用这一问题有很多重要的可以说的东西的同时，他相信人们对生产成本和价值关系的理解是不完全的；而有关这个问题的错误见解在实际租税和财政问题当中极其容易让国家误入歧途；因此，他特别从事这个问题的研究。但是在这里，他也选择了捷径。

因为虽然他知道商品会遵循报酬递减，报酬不变或者报酬递增规律而分为三类，但是，他认为在适用于一切商品的价值理论中最好不要管这种区别。任何一种商品，在规律之中它可能遵循报酬递减规律，也同样可能遵循报酬递增规律；因此，他认为自己有理由暂时假设所有商品都遵循报酬不变规律。在这个方面也许他是对的，但是他并没有明白表述自己的意图，这是一种错误。

在《原理》的第一章第 1 节当中，他认为“在社会的初期，当时几乎很少使用到任何资本，每个人的劳动和其他人的劳动几乎具有相等的价格，一般来说，“商品的价值或者它将交换的商品量，取决于生产该商品必要的相对劳动量”。这也就是说，如果两个东西是由十二个人和四个人一年的劳动生产的，并且所有的人都同属于一个等级，那么前者的正常价值等于后者正常价值的三倍。因为如果对这个场合下投的资本加 10%的利润，那么对另外一个场合下投的资本也应该加 10%的利润。

但是，他又指出，在文明的晚期，是不适合作这样的假设的，价值和生产成本的关系比他刚开始的关系更加复杂；而他的下一个步骤是在第 2 节中加入“性质不同的劳动，报酬也不同”这样的考虑。如果宝石匠的工资是普通劳动者工资的二倍，那么前者一小时的劳动必须算做后者二小时的劳动。他们的相对工资如果有改变，那么他们所生产的东西的相对价值当然也会有相应的改变。但是，他没有像当代经济学家那样去分析使（比如说）宝石匠的工资较普通工人的工资一代代改变的那些原因，而他却反过来满足于说明这种差别不很大。其次在第3节当中他认为，在计算商品的生产成本时，不仅要计算直接生产商品的劳动，还要计算用在辅助劳动的器械、工具和建筑物上的劳动；在这里，必须考虑时间因素，而这种因素是他开头希望避免的。因此，在第4节当中，他便充分地讨论了“一组商品”（他有时会用这种简单的方法避免直接成本和总成本区分上的困难）的价值产生的各种不同的影响；尤其是他考虑这用一次消耗完的流动资本和固定资本的不同结果，又考虑用在制造生产商品的机器上的劳动时间。如果时间很长，商品的生产成本比较大，并且“具有较大的价值，能够补偿商品运入市场之前所必须经过的一段很长的时间”。最后，在第5节当中，他总结了投资时间不等（不论直接的还是间接的）对相对价值的影响。他正确地指出，如果工资一起涨落，那么这种涨落对各种不同商品的相对价值将不会产生永久的影响。但是，他认为如果利润率下降，那么它会降低那些商品的相对价值，这些商品的生产在它们能够运到市场之前需要资本作长时间的投资。因为如果一种情况下平均投资为一年，并且需要在工资总额上加10%的利润，而在另外一种情况下，平均投资为两年，需要增加20%的利润；那么，利润下降五分之一，在后面一种情况中附加利润会从二十减少至十六，在前一情况中会从十减少至八（如果它们的直接劳动成本相等，那么利润变动以前它们价值的比率为1.09；而利润变动以后力率为1.074；下降2%左右）。他的论证显然只是临时的；在以后几章当中，除了有投资的期限，他还会考虑到让不同工业部门中利润不同的其他原因。但是，很难想象，他还会在第一章当中对劳动和时间或者等待是生产成本的要素这个事实加以强调。遗憾的是，他喜欢简短的词句，并且他认为读者总会给自己补充他暗示的那些解释。的确，在第一章第6节的注释中，他说过，“马尔萨斯先生似乎认为我的理论当中某物的成本和价值相同；如果他所指的成本包括利润的‘生产成本’，那么他的看法就是对的。但是在上节当中，他不是指的这个意思，因此，他显然不明白我的学说”。但洛贝尔图斯和马克思认为李嘉图主张物的自然价值是由消耗在它们上面的劳动形成的，甚至那些极力想要反对这两个学者结论的德国经济学家也通常会认为他们对李嘉图做了非常正确的解释，他们的结论是李嘉图结论的逻辑结果。这一点和其他相似的事实表明，李嘉图的沉默引起了误解。如果他多次申述：两种商品的价值在长期内能够被看做和生产它们需要的劳动量成比例的，但是只是在其他条件不变的情况下。也就是说，在两种情况下所用到的劳动具有相同的熟练程度，因此，也得到了同样高的报酬；根据投资的期限，劳动佐以相彼的资本效量，利润率相同，那么误解也许会少一些。他没有清楚地说明，而是在某些情况下他可能没有充分地明白理解，在正常价值问题当中各种因素是怎样相互制约着的，而不是在因果关系上依次制约。而他所犯的一个最大的罪过就是试图用简短的语句来表达深奥的经济学说[b]。

# 第3节 续 前

在现代一些学者当中，像杰文斯这样接近李嘉图的奇才的独创性的人非常少。但是他对李嘉图和穆勒的判断似乎太过苛刻，并且似乎将他们的学说说成是比他们原来主张的还要狭隘，科学性较小。他强调他们没有充分讨论的价值的一个方面，在某种程度上也许能够用他的话来表明："反复的思考和研究让我得到价值完全取决于效用这样一种较新的见解"（《理论》)。这种说法比李嘉图由于不慎的省略词句而通常说价值取决于生产成本，其片面性则一，而其错误更大，因为李嘉图只将它看做整个学说的一部分，其余的部分他曾经试图解释。

杰文斯继续说："我们只要仔细地寻找出按照我们持有的商品数量而定的效用增减变化的自然规律，以便能够求得一个让人满意的交换理论，而供求的普遍规律只是这种理论的必然结果……人们通常认为劳动决定价值，然而劳动只是以间接方式，通过供给的增加或者减少去改变商品效用的大小来决定价值。"像我们将要在下面知道的，在这两种表述当中，李嘉图和穆勒从前用几乎相同的草率而不确切的形式做了一种表述，但是，他们绝对不会接受一种表述。因为他们将效用增减的自然规律看做不言而喻的，不需要加以详细的解释。他们认为，如果生产成本对生产者用来销售的数量没有影响，那么它对交换价值也不会产生影响；他们的学说暗示，凡是适合供给的，稍加适当的修正，也适合需求，如果商品的效用对买主取自市场的数量不存在影响，那么它对商品的交换价值也不会产生影响。那么，让我们来检验杰文斯在他的《政治经济学理论》第二版当中表述的基本论点的因果关系，然后再用它和李嘉图和穆勒所持的论点加以比较。他说："生产成本决定了供给，供给决定了限界效用，限界效用决定了价值。"如果这种因果关系的序列是真正存在的，那么删去中间环节只说成本决定价值，也不会有非常大的损害。因为如果甲是乙的因，乙是丙的因，丙是丁的因，那么甲必定是丁的因。但是实际上这样的序列是不存在的。对他理论的第一个反驳是，"生产成本"和"供给"的意义混乱，而且这种混乱是杰文斯本该有的，但是李嘉图没有用半数学用语的分析工具来避免。其次比较严重的反驳是针对着他的第三个命题。因为一个市场上的不同买主对同一种东西所愿意支付的价格不仅取决于它对他们的限界效用，而取决于限界效用连同他们各自拥有的购买力数量。一种东西的交换价值在市场上都是相同的，但是和它相适应的限界效用在任何部分都是不相同的。杰文斯在说明决定交换价值的原因当中，以"限界效用"替代"消费者愿意支付的价格"一语时（在本书中，该语简化为"边际需求价格"），他认为自己摸到了交换价值的核心含义。例如，在描述一个只有小麦的商业团体与另外一个只有牛肉的商业团体成交时，他用图表示“一个人”得到的“效用”（沿着一条线测量），和所有的“效用”（沿着另外一条线测量）。但是这并不符合实际的情况。一个商业团体并不只有一个人，它割让的东西对它的所有成员都代表着相等的购买力，但是却代表着不一样的效用。的确，杰文斯自己也认识到这一点。只有用一系列的解释才可以让他的说明和现实生活相一致，这种解释就是用“需求价格”和“供给价格”来替代“效用”和“负效用”，但是，一旦这样修正，他的学说大部分失去了对旧学说的批判力，如果二者都严格地按照字面意义解释，那么旧的说法虽然不完全确切，似乎比杰文斯和他的追随者曾经力图用以代替的理论要正确些。但是，对他基本理论正式命题的最大反驳是，它没有将供给价格、需求价格和产量说成是彼此相互制约的（在一定的条件下），而说成是按顺序一个决定一个的。就好像一个碗中有三个球，甲、乙、丙彼此相依，不说这三个球在地心引力的作用下相互制约，但是他却说，甲决定了乙，乙又决定了丙。但是另外一个人能够同样合理地说丙决定了乙，乙又决定了甲。我们可以颠倒他的顺序提出一个和他一样真实的因果关系序列来回答杰文斯：“效用决定了必须供给的数量，必须供给的数量又决定了生产成本，生产成本决定了价值。因为它决定让生产者照常生产需要的供给价格。”让我们转过来再考察李嘉图的学说，这种学说虽然缺少系统性并存在许多可议之处，但是在原则上似乎要高明一些，同现实生活比较密切。他在上面所说的给马尔萨斯的信中，“当萨伊先生认为商品的价值与它的效用成比例时，他对价值没有一个正确的概念。如果只是买主调节商品的价值，那么他的看法就是正确的；那时，我们就会料到，所有的人都希望按照他们对商品估价的比例来规定商品的价格；但是，从事实看来，买主在世界上对调节价格起的作用非常小，价格都是由卖主的竞争来调节的，尽管买主也许更愿意对铁比对黄金支付相对较高的价格，但是他们不能够这样做，因为供给是由生产成本调节的……你说，需求和供给调节价值（原文如此）；我认为这等于什么都没有说。理由和我在这封信的开头指出的一样，正是供给来调节价值，并且供给本身又受到相对的生产成本的制约。用货币计算的生产成本是指劳动和利润的价值”（鲍纳博士编写的《通信集》）。他在第二封信中说，“我既不争辩需求对谷物价格的影响，也不争辩需求对其他商品价格的影响，但是，供给紧跟在需求之后，并且很快就握有了调节价格之权，而在调节价格的时候，供给是由生产成本决定的。”

当杰文斯写书的时候，这些信并没有发表，但是，在李嘉图的《原理》中也有相同的见解。穆勒在讨论货币价值的时候，也提到了公认对一切商品适用的供求规律，在货币的情况下和在大多数其他东西的情况下一样，是受生产成本规律支配的，而不是将它置之一边，因为生产成本如对供给没有影响，那么对价值也就不会有影响，在总结他的价值理论时，他说："由此来看，供给和需求似乎支配了各种情况下的价格变动和所有商品的永久价值，而这些商品的供给除了由自由竞争决定之外，是不可以由其他媒介决定的。但是，在自由竞争的制度下，商品大多是按能够给各生产者阶级提供相同利益的价值和价格而相互交换与出售的；而这只有在商品按照各自的成本互相交换时才是可能的。"在前面提到具有连带生产成本的商品时，他说，"因为在这里我们没有生产成本，所以，我们必须诉诸存在于生产成本之前的更本质的价值规律——供求规律。"

杰文斯在提到上一段的时候，谈到"穆勒思想当中存在的一个错误，即他回到一个先在的价值规律，即供求规律当中，事实是在引用生产成本原理的时候，他始终都没有离开供求规律。生产成本只是支配供给的一个条件，从而间接地影响价值。"

虽然这个批评的最后一部分措辞有可议之处，但是它似乎含有一个重要的真理。如果这个批评是在穆勒活着的时期发表，那么他也许会接受；也许因为不能表达他的原意而会撤销"先在"一词。"生产成本原理"与"最后效用"原理无疑是支配一切的那个供求规律的组成成分；每个原理都能够比做一把剪刀的一叶刃片。当一叶不动而裁剪是由另外一叶的移动来实现时，我们可以草率地说，进行裁剪的是第二叶；但是这种说法不能作为正式的表达，也不是经过深思熟虑的辩护词[c]。

如果杰丈斯没有养成习惯，谈论实际上只在需求价格与价值之间存在的那些关系，仿佛李嘉图和穆勒认为在效用与价值之间的关系一样，如果他和古尔诺一样强调（数学形式的运用能够让他这样做）供求与价值保持的一般关系的基本对称，并且这种对称是和那些在细节上有着显著差别的，那么他对他们的攻击也许会小一些。我们不会忘记，在他写书的时候，人们对于价值理论的需求一方有所忽略，他因为提醒人们注意它并且发展它而作出了极大的贡献。思想家中，值得我们像对杰文斯那样热诚的非常少。但是这种热诚绝对不应该让我们草率地接受他对他以前那些伟大经济学家的批判[d]。作为回答李嘉图选择杰文斯的攻击似乎是对的。因为，特别是在英国，这种攻击比任何其他的攻击都更加引人注意。许多别的学者对李嘉图的价值理论也曾经有过相同的攻击。其中需要提到的是麦克里奥先生，他在1870年前的著作当中，先于其他的现代批评家而在形式和内容上对价值和成本的关系的古典理论提出批评，而这些批评家有许多和杰文斯同时代的，如瓦拉斯和门格教授，有的是在杰文斯之后，如庞巴维克和维塞尔教授。

李嘉图忽略了时间因素，曾经被他的批评家效仿，从而成了双重误解的源泉。因为他们企图借助于用价值的暂时改变或者短期变动的原因为基础的论点，来否认关于生产成本和价值之间的关系的最后趋势或者原因的学说。无疑，当表述他们自己的意见时，差不多他们说的一切，按照他们指出的意义解释都是对的。其中有一些是新的，而有许多在形式上有所改进。但是，他们在建立和旧学说截然不同或者和旧学说的发展、引申有区别的崭新的价值理论方面，似乎是没有很大的进展。

这里，仅拿李嘉图的著述中关于支配各种商品的相对交换价值的原因进行讨论，因为它对后来思想的影响主要是在这个方面。但是，它原来和劳动价格作为尺度衡量货币的一般购买力的标准究竟适合到什么程度的争论是有关系的。在这个方面，它的兴趣主要是历史的。但是可以在霍兰德教授1904年《经济学季刊》上发表的那篇著名的论文上找到。

## 【注释】

a 见已故的登巴教授在哈佛大学《经济学季刊》第1期上发表的那篇优秀论文——《李嘉图的使用材料》。

b 阿什利教授在对这个注解作出的那种发人深省的批判中（作为“李嘉图的复原”的一部分，见《经济学杂志》，第1期）认为，一般人们都相信李嘉图事实上的确认为只有劳动数量才构成生产成本和决定价值，不过“略需修正”，并且认为，对他的这种解释毫无疑问是和他的整个著作极其一致的，许多有资格的学者都曾接受这种解释，否则就没有必要来“重述”他那十分朴素的学说了。但是，李嘉图是否被认为在其著作的第1章中没有讲什么东西，仅仅因为他没有不断地重复其中所含的解释这一问题，这是一个仁者见仁、智者见智的问题。这不宜于通过辩论来解决。这里并不认为他的学说包含一种完全的价值理论，而只是认为就这些学说来说大体上是正确的。洛贝尔图斯和马克思对李嘉图学说的解释是，利息不包括在决定（或参加决定）价值的生产成本之中，关于这一点，当阿什利教授确认李嘉图“把利息（即超过资本更新的部分）的支付视为理所当然”时，他似乎完全同意这里的看法。

c 见第五篇第3章的第7节。

d 参阅作者在《学术杂志》（1872年）上发表的关于杰文斯的《政治经济学理论》的论文。在1911年他儿子出版的那个版本中，有一个讨论利息的附录，是针对那篇论文的（并见第六篇第1章的第8节）。他认为他父亲的理论，“就其所涉及的是正确的”，虽然他“沿用了李嘉图学派的那种不幸的做法，即为了讨论而把某些思想抽象化，并以为他的读者懂得它们的关系并同意他的观点”。这个儿子可以被认为是他父亲的正确的解释者。杰文斯对经济学的贡献无疑大得可以与李嘉图对经济学的卓越贡献相比，但是杰文斯的《政治经济学理论》既有建设性的一面，也有争论性的一面。其中很大一部分是对他在自己序言中所说的“那个能干而顽固的、使经济学误入歧途的李嘉图”的攻击。由于假定李嘉图认为价值取决于生产成本，与需求无关，所以他对李嘉图的批判取得了某些显然不公正的辩辞上的胜利。对李嘉图的这种误解在1872年为害很大。似乎有必要指出，如果照他对李嘉图那样解释的话，杰文斯的利息理论是站不住脚的。

# 附录十　工资基金学说

## 第 1 节　一个世纪之前，资本的缺乏让经济学家过分地强调资本的供给在工资决定方面起到的作用

十九世纪初期，英国人民虽然非常穷，但是欧洲各国的人民更穷。大多数国家的人口都非常少，因此粮价低廉；但是，即便如此，他们还是食不果腹，并且不能够自筹军饷。法国在最初的几次胜利之后，是依靠勒索他国来度日。但是中欧各国如果没有英国的帮助，就不能够维持自己的军队。就连年轻力壮并且有丰富资源的美国也不富裕，不能够补助大陆军队。当时的经济学家寻求解释，并认为主要是因为英国的积累资本，而用现在的标准判断这种资本虽然很少，但是当时，英国的积累资本比任何一个国家都要多。其他各国都非常羡慕英国，也想效仿英国；但是，它们力不从心，一部分是因为别的原因，而主要的是因为它们没有足够的资本。它们的年收入都用于直接消费。在这些国家，没有大量的人有大量的财富需要立即消费，并可以将这些财富用在制造机器和能够辅助劳动的其他东西上，让劳动能够生产大量物资来供未来的消费之用。因为到处（包括英国在内）缺乏资本，由于劳动日益依靠机器，由于卢梭信徒们的那套傻话（他们告诉工人阶级，如果他们没有资本，他们的生活可能会大大改善），让他们的说法有一种特殊的色调。

因此，当时的经济学家强调，首先，劳动需要资本维持，即需要已经生产出的新衣服等；其次，劳动还需要资本采取工厂、原料贮藏等形式的辅助。当然，工人也许可以供给自己资本，但是事实上他只有几件衣服和家具，也许还有少数简单工具。而在其他方面他都是依靠别人的储蓄。劳动者拿到的是现成的衣服，可以食用的面包，或者用来购买这些的货币。资本家得到的是，毛纺成了毛线，毛线织成了毛布，或者土地的耕耘，而只有少数情况下，才能够得到供直接用的商品，供现穿的衣服，或者供食用的面包。诚然有一些例外，但是雇主和雇工之间的交易是，后者得到的东西是供直接使用的东西，而前者得到的东西是有助于制造以后能够使用的东西。经济学家将这些事实表述成：一切劳动都需要资本的维持，不论这种资本是属于自己的还是属于别人的；此外，当任何

一个人受雇于别人时，他的工资照例是从资本家的资本中预付来的——所谓预付，指的是没有等到工人制造的东西可以供直接使用的时候。这些简单的命题受到很多的批评，但是，它们从来都没有被任何人否认，只要他按照它们原来的意义来理解。

不过，早期的经济学家继续说，工资数量受到资本数量的限制。而这个命题是不可能成立的，充其量它只是一种粗枝大叶的说法。它给人这样一种想法：比如说一个国家一年当中所支付的工资数量是一个固定的数量。如果一群工人用罢工来威胁或者其他的方法提高工资，人们便会告诉他们，其他的工人群众因此受到损失，并且损失的总额等于他们的工资增加额。说这种话的人可能想到一年只能够收获一次农产物。如果一次收获的小麦在次年收获之前势必会吃光，如果本国不进口小麦，那么，任何人食用的小麦份额如果有所增加，其他人便恰好减少同样的份额。但是，这一点并不能作为一国应付的工资数量由该国资本规定这一命题的口实，这个命题是被称作“庸俗形式的工资基金理论”[a]。

## 第 2 节　这种夸大可以在穆勒的《价值论》前的第 2 篇《工资论》当中看出来；但是在第 4 篇《分配论》当中，却没有这种夸大　资本和劳动以及生产和劳动之间的相互关系部分对称

前面已经提到，穆勒晚年在孔德和社会主义者和民心的趋向的交错影响下，着重强调经济学当中和机械因素对立的人的因素。他使人注意那些习俗和社会不断的变迁和人性的不断改变对人类行为的影响。他和孔德都认为从前的经济学家对人性的易变性做了过低的估计。正是这种愿望使他晚年从事经济研究工作，但是这种工作和他写《关于未解决的几个问题的文集》时在性质上是不一样的。正是这个愿望诱使他将分配和交换区别，并且主张分配规律取决于“特定的人类制度”，并随着人类的情感、思想和行动从一种状态转到另一种状态而变化不绝。从而，他将分配规律和他认为建立在一成不变自然基础上的生产规律，以及和他认为和数学的普遍性十分类似的交换规律都对立起来。的确，他有时候说，仿佛经济科学讨论的主要是财富的生产和分配，因此，似乎暗指他将交换理论当做分配理论的一部分。但事实上他将这两种理论区分开了；他在《原理》的第二篇还有第四篇讨论《分配》，并且在第三篇讨论《交换的机器》。

这样做的时候，他让经济学更加合乎人情的热诚战胜了他的判断，并且促使他进行

不完全的分析。因为他将主要的工资理论放在供求的说明之前，这样就让他失去讨论工资理论的所有机会。而实际上他竭力主张，“工资主要是取决于人口还有资本的比例”；甚至像他后来解释的，取决于“雇用劳动阶级的人数”还有“用来雇用劳动的那一部分流动资本构成的工资基金总额的比例”。

事实是，分配和交换的理论密切联系多于同个问题的两个方面；其中每个方面都有机械准确性和普遍性的因素，每个方面都取决于“特定的人类制度并且因时因地的不同而不同。如果穆勒认识到了这一个伟大的真理，他也许就不会像他在第二篇当中那样力求用工资问题的提出来替代它的解决，而也许会将他在第二篇当中的描述和分析和第四篇中关于决定国民收入的因素的精湛的研究相结合。这样，也许就可以大大地促进经济学的发展。

实际上在他的朋友桑顿跟在郎格、克利夫・莱斯里、杰文斯还有其他学者之后，让他相信他在第二篇中的措辞不当时，他完全接受这个意见，并且夸大地叙述了他自己过去的错误和他不得不向他的敌人做出的让步。他说（《论文集》），“不存在这样的自然规律，它生来就让工资不能上涨到这一点，在这点上，它不仅吞尽了他（雇主）试图用在营业上的基金，并且还吞尽了他除了生活必需品之外留下的全部的私人费用。这种上涨的真正限界是，对他有多大的损害或者迫使他歇止的实际考虑，并不是一成不变的工资基金限界。”他并没有说明，他指的是直接结果抑或最后结果，指的是短期抑或长期，但是不论在哪种情况下，这种说法似乎都不能站住脚。

拿长时期来说，限界定得太高，工资就不能够长期上涨得几乎吞尽像这里指的那样多的国民收入。拿短时期来说，限界定得不够高，因为当危急之际一次组织得非常好的罢工在短时间之内可以向雇主索取一种超过支付该时期原料之后的全部产值，从而让雇主在当时的毛利成为了负数。的确，不论较旧或较新形式的工资理论都和劳动市场上的特定斗争问题没有直接关系。它取决于斗争双方的力量对比。但是，工资理论对劳资关系的一般政策却有着非常大的影响。因为它表明了哪些政策本身有或者没有它们最终失败的因素，哪些政策可以通过适当的组织加以维持，哪些政策最后将让劳资双方两败俱伤，尽管他们组织得十分完善。

不久凯恩斯在《基本原理》中试图用一种他自己认为能够避免攻击的叙述形式恢复工资基金学说。虽然在大部分叙述中他避免了从前的陷阱，但是，他之所以能够这样做，是由于他将这个学说的特征都给解释掉了，从而，剩下的很少能够名副其实。不过，他说，“在其他条件不改变的情况下，工资率和劳动的供给成反比例变化着”。就劳动供给急剧增加的直接结果来说，他的论点是正确的。但是，在人口增长的一般过程当中，不仅资本的供给有增加，而且同时劳动的分工也会越来越细，效率越来越高。他使用“成反比例变化着”是错误的。他应该说“在短时间之内至少会向相反方向变化”。从而得出一个“出于意料的结果”，就是劳动供给的增加（如果和固定资本和原料一起使用的那种劳动）会使工资基金“随着领工资人数的增加而减少”。但这只是在工资总额没有受到生产总额影响的条件下才会产生的结果，而实际上生产总额是所有影响工资的因素当中最强有力的因素。

## 第3节　续　前

可以指出，工资基金的极端形式将工资说成是完全由需求来决定的，虽然需求被粗略地表示为取决于资本的数量。但是有些经济学的通俗注释者好像同时主张工资基金学说和工资铁律（认为工资严格受人的培育费的影响）。当然他们可以将这两种理论加以改造，并造成一个和谐的整体，如凯恩斯后来所做的一样。但是好像他们并没有这样做。

工业受资本限制的这个命题，通常被解释得实际上和工资基金理论意义相同。它能够被解释得很正确，但是一种相似的解释可以让“资本受工业的限制”同样正确。而穆勒使用它主要与这个论点有关，即用保护关税或者其他的方法让人们没有按他们喜好的方式来满足自己的需要，一般是不可以增加劳动雇用总量的。保护关税的影响非常复杂，在这里无法加以讨论。但是穆勒说得对：一般而论，用来维持或者辅助任何一种保护关税建立起来的新工业中的劳动资本，“一定是撤自或者停办某种工业来的，在该工业当中，资本雇用或者势必雇用的劳动量，大概和它在新工业中雇用的劳动量相等”。或者用较现代的形式表述这个论点：这种立法显然既不能够增加国民收入，也不能够增加归于劳动的国民收入份额。因为它不能够增加资本的供给，也不能够让劳动的边际效率较之资本的边际效率有所提高。因此，使用资本时必须付的利息不会降低，国民收入也得不到增加（实际上，几乎会有所减少），因为劳动和资本在期望分配国民收入的时候没有一方得到新的利益，所以，它们都不能得到这种立法的好处。

可以将这个学说颠倒过来：推动保护关税建立的新工业中资本需要的劳动，一定是由撤自或者停办别的工业而得来的，在该工业当中，劳动推动或者势必会推动的资本量也许等于它在新工业当中推动的资本量。这种说法虽然正确，但是它不易为一般人接受。因为货物的买主通常会被认为给予卖主特殊的利益，虽然实际上买主和卖主提供的服务在长期之内是一样的。同样，雇主通常会被认为给予工人特殊的利益，虽然雇主和雇工提供的服务在长期之内也是一样的。这两件事的原因还有结果，我们在以后的研究当中将会加以讨论。

某些德国经济学家曾经有这样的论点，他们说，雇主支付工资的资金来自消费者。这似乎是出于一种误解。如果消费者预购个别雇主生产的东西。那么这种说法也许对他适用。但实际上却有相反的常规；消费者通常过期付款，买现成商品的时候只给一种对它们的延期支配权。不可以否认，如果生产者不可以出售他的货物，那么他在短时间内也许不可以雇用工人；但是这只意味着生产组织部分发生了障碍。如果机器的一个连杆坏了，那么它可以停顿，但是这并不意味着机器的原动力就只有连杆。

雇主在任何时候支付的工资额不是由消费者对他的货物支付的价格来决定的，虽然雇主对消费者行将支付的价格的期待一般都有非常大的影响。毫无疑问，在长时期的正常条件下，消费者支付的价格和他们行将支付的价格其实是一样的。但是，当一个雇主的特殊付款转向了一般雇主们的正常付款（我们此刻讨论的只是这种付款）时，消费者就不能成为其中一个独立的阶级了，因为每个人都是消费者。当羊毛或者印刷机从库房或者车间转移到毛纺工业家或者印刷家的手中时，在广义上讲，我们说它们进入了消费领域，这种国民收入只适用于消费者。而这些消费者也是生产者，这也就是说，也是劳动、资本还有土地这些生产要素的所有者。儿童和他们供养的其他的人以及向他们征税的政府[b]只消耗他们部分的收入。因此，认为一般雇主的资金最后来自一般消费者，无疑是正确的。但是那只不过是下面事实的另外一种说法。一切的资金都是国民收入的组成部分，它们被转成适于延期使用而不适合直接使用的资本。如果其中有一些现在用于其他目的而不用于直接消费，那么它们势必会由国民收入的流入替代（带有增加额或者利润）[c]。

穆勒的第一个基本命题还有他的第四个基本命题，即商品需求不是与劳动需求密切相关的。但是，这个命题又没有非常好地表达他的意见。的确，购买某种特定商品的人，一般都不会供给辅助和维持生产商品劳动需要的资本。他们只是将资本和雇用从别的行业转向那种行业，而这种行业的产品是他们增加需求必需的。但是，穆勒不因为证明这点而满足，他似乎在说，将货币用在雇用劳动上比将货币用在购买商品上对劳动者更有利。这是一个其中含有真理的意见，因为商品的价格包括工业家还有中间人的利润；如果买主充做雇主，那么他稍微减少对雇用阶级服务的需求，并且增加劳动需求，就像他不买机制花边而买手织花边增加的劳动需求一样。但是，这个论点假设，工资是在工作过程当中支付的，像一般的做法一样，但是商品的价格，照普通的方法，是在商品生产出来之后支付的。我们发现，在穆勒拿来说明他的学说的观点中，他的论点暗示，虽然他自己可能不知道，消费者在从购买商品转向雇用劳动时，将他自己的消费劳动果实的日期向后推了。而相同的延期对劳动者产生相同的利益，如果买主花销的方式没有发生改变的话[d]。

## 第 4 节 产业资本和其他财富形式和工资的关系

在国民收入的讨论中，都与饭店的厨房用具还有私人家中的厨房用具同雇用厨师的关系一样。这也就是说，就广义的资本而言，它并没有仅仅局限于产业资本。不过，有关这个问题还须加以讨论。

人们通常认为，虽然那些稍有或者没有自己积累财富的工人们，因为资本的增加而大获其利，这里的资本指的是狭义的资本，它和维持并在工作当中辅助劳动的产业资本大体是一样的。但是，他们从不属于他们自己的其他财富形式的增加中很少获得利益。毫无疑问，有几种财富，它们的存在几乎不会影响工人阶级，但是他们却差不多由于（产业）资本的每次增加都会直接受到影响。因为较大部分的资本是在他们工作中由他们经手的工具和原料，同时很大一部分是由他们直接使用的，甚至消费掉了[e]。因此，当其他的财富形式变成产业资本的时候，工人阶级似乎会得利，反之则不是。但是实际情况并不是这样的。如果一般的私人不再置车或者船，而是在资本家那里租用，那么对雇用劳动的需求必然会减少。因为从前作为工资支付的部分，现在作为利润归中间人所有[f]。

也许能够反对的是，如果其他财富形式大规模地替代了产业资本，那么用来辅助劳动或者维持劳动需要的东西就会感到不足。这也许就是某些东方国家真正的危险。但是在西方国家特别是在英国，资本总额在价值上等于工人阶级许多年当中消费的商品总值。那些较其他形式能够直接适应工人阶级需要的资本形式，对它们的需求略有增加，就会很快地让它们的供给增加，其中有的是由别的国家输入的，或者有的是为了适应新的需求而特地生产的。因此，我们不需要为这点担心。如果劳动的边际效率保持得高，那么它的纯产品也高，从而劳动工资也高。源源不断的国民收入将被分割成几个相应的部分，一部分总是会提供足够的商品供给，来供工人直接消费使用，一部分将生产的那些商品充作大量的储备。在供求的一般情况决定了其他社会阶级可以随便用在国民收入的那些部分时，在那些阶级的嗜好决定了有多少支出用在现在的满足而又多少支出用于未来的满足时，那么，不管兰草是来自于私人的温室还是职业花匠的玻璃温室（它是产业资本），这对工人阶级来说，都是无所谓的。

## 【注释】

a 这三段摘自给《合作年刊》写的一篇论文，后来又载入《工业报酬会议报告》(1885 年)，这个报告含有第六篇头两章的一些主要论点。

b 的确除非我们把政府提供的安全和其他利益算做国民收入的独立项目。

c 沃克的著作对工资基金这一问题以及相关的各种争论都做了精辟的论述，他所收集的雇工在接到报酬以前提供服务的那些事例，其实与争论的某些说法有关，而与主要问题无关。凯南 (1776—1848) 的《生产与分配》对早期的工资理论进行了极其尖锐的批评，有时还过于苛刻了，陶西格在《资本与工资》这一重要著作中采取的态度比较保守。欲知文中所说的那些德国理论的详细内容和对它们的批判，英国读者一定要参阅此书。

d 见纽科姆著的《政治经济学》第四篇的附录。

e 无论如何，根据大多数定义都如此。的确有些人把资本只限于中间品，因此必须把那些旅馆、宿舍和工人住宅（总之，一旦它们被使用之后）排除在外。但是在附录五的第 4 节中，已经指出对采用这种定义的严重非难。

f 见本书附录五的第 1 节。此外，增用需要经常清洗的铜器家具的用人，对劳动需求的作用和用手工制品代替昂贵机器与其他固定资本制品的作用相同。雇用大批用人也许是一种不明智的巨大浪费，但假如没有其他同样利己的用钱方法，只能如此直接地增加工人阶级所应得的国民收入份额。

# 附录十一　几种剩余

每个生产部门的实际成本总额都会以几种方式小于和它相应的诸边际成本，从特殊的观点来看，其中每一种都能够看做剩余。但是只有那些在文中讨论的剩余需要慎重研究。其次我们必须对各种不同剩余的相互关系及它们和国民收入的关系做一些研究。这种研究是非常困难的，同时也没有什么实践意义。但是以学术的观点来看，它却有着某种魅力。

当国民收入按照每种生产要素的边际价格全部都配给它的所有者时，它一般还会为他提供一种剩余，这种剩余有两个不同，虽然它们不是独立的方面。国民收入给消费者提供的剩余，是由商品的总效用超过消费者对该商品应该支付的实际价值的差额构成的。对那些恰好能够引诱消费者买的边际购买额来说，二者是相同的。但是，那些消费者宁愿出相对较高的价格而不愿意不买的购买额的部分，给他提供一种满足的剩余，这是一种消费者从环境或者际遇给他提供的便利当中得到的真正纯利益。如果他处的环境改变，以致他不能够再得到这种商品，并迫使他将用在买这种商品的资金转用到按它们各自的价格他不愿意更多地买的其他的商品（其中的一种商品可能是增加安逸的）上，他就会失去这种剩余。

如果某人因为直接劳动或者自己拥有积累的（获得并储蓄的）物质财富而被看做生产者，那么他从他的环境中得到的剩余的另外一个方面就会看得更加清楚。作为一个工人，他获得了工人的剩余，因为他全部的劳动是按照那样一种工资率付酬的，在这种工资率下，他恰好愿意提供最后一部分的劳动；虽然其中大部分劳动能够给了他非常大的快乐。作为一个资本家（或者一般作为任何积累财富的所有者），他得到了储蓄者的剩余，因为他的全部储蓄（等待）是按照那样一种利率付酬的，在这种利率下，恰好能够诱引他提供一部分储蓄。纵使他可能会再储蓄一些，一般来说，他也是按照那种利率付酬的，但是如果他被迫支付保管费，那么他从这些储蓄当中得到的却是负利息[b]。

这两种剩余并不是没有关系的。计算它们时非常容易就把同一种剩余计算了两次。因为在我们按照生产者从他自己的劳动或者储蓄取得一般购买力的价值，计算出他的剩余时，我们就暗中计算了消费者的剩余，假设他的嗜好和他处的环境是既定的话。在分析上这种困难也许能够避免。但事实上要估计并将这两种剩余加起来是绝对不可能的。每个人从他的环境当中所能够得到的消费者的剩余，工人的剩余还有储蓄者的剩余，它们都取决于他自己个人的嗜好。它们只有部分取决于他对消费、劳动还有储蓄各自所给予他的满意与不满意的感觉。部分也取决于他的感觉的弹性，这也就是说，取决于那个比率，在这种比率下，它们随着消费、劳动还有储蓄各自的增加而变动。消费者的剩余首先和各个商品有关，其中各个部分都对影响得到商品的条件的际遇之改变有直接的感应：而这两种生产者的剩余总是用际遇给予一定数量购买力的那种一般收益表示。这两种生产者的剩余都是独立的、累积的，在一个人为他自己劳动和为他自己储蓄的场合下，它们是不一样的。这两种生产者的剩余和消费者的剩余之间的密切关系能够用下述事实说明，即在计算鲁滨孙生活中的苦乐时，最简单的是，按照这样的办法计算两种生产者的剩余，以便能够包括全部消费者的剩余。

工人大部分工资在性质上是对培养他可以工作需要的操劳和费用的延期报酬，因此，估计他的剩余是非常困难的。也许他的工作全部都是愉快的，拿他的全部工作来说，他也许能够得到优厚的报酬。但是，在权衡人的苦乐时，我们还必须加上那些他父母还有他过去受到的牺牲和劳作。但是我们不能够清楚地说到底有多少。对少数人来说，也许苦多乐少，不过，我们有理由认为，对大多数人来说，乐多苦少，而在另外某些人的场合下，乐比苦要多得多。这既是经济的问题，又是哲学问题；它因为下列事实而更加错综复杂：人的活动本身既是目的又是生产手段，同时能够清楚地区分人类劳作的直接（或者主要）成本和它的总成本是非常困难的，问题一定不能得到完全解决而会被丢下[b]。

当我们在考察物质生产工具的所得时，这个问题在一些方面就显得比较简单了。提供物质生产工具的劳动还有等待，提供上面说到的那种工人和等待者的剩余，此外，还提供了一种剩余（或者准租），即总货币的收益超过了直接费用的差额，如果我们只拿短时期来说的话。但是拿长时期来说，在经济科学比较重要的问题尤其是在本章讨论的问题中，是没有直接费用和总费用的区别的。在长时期中，各生产要素的所得按它们的边际率只是以报酬生产它们需要的劳作和牺牲之和。如果小于边际率，那么供给势必会减少；因此，总体来说，在这方面一般是不存在额外剩余的。

上面的最后一个论点是说在某种意义上适合新开垦的土地。如果我们能够追本溯源，那么它很可能适合早开发国家中的许多土地。但是，这种做法能够引起历史学、伦理学和经济学上的争论。而我们目前研究的目的是展望未来，并不是回顾过去，只要往前看，不要往后看同时不问现存土地私有权的适当范围和公平与否。我们知道，作为土地报酬的那一部分国民收入，是在其他的生产要素报酬不当做剩余的意义上的一种剩余。

用本章的观点说明第 5 篇第 8~10 章中最后讨论过的理论。一切的生产工具，不论是机器、工厂及其建筑用地还是农场，都同样给占用并且使用它们的人提供超过特定生产行为的主要成本以上的大量的剩余。在长时期的正常状态下，也不会给他提供一种超过他购置和使用它们所用的劳作和牺牲及费用以上的特殊剩余（没有和他的一般工人剩余和等待者剩余相对立的特殊剩余）。但是，土地和其他的生产要素有这样的一种区别：以社会的观点看，土地提供的是永久的剩余，但是人造的易坏的东西则不是。保持生产要素的供给越是需要报酬，它的供给也越有这样的变动，以致它在国民收入中能够汲取的份额和维持供给的成本一样，而在一个早开发的国家当中，土地却处于例外的情况，因为土地的报酬没有这个原因的影响。不过，土地和其他耐久工具的区别主要是程度上的区别。而研究地租的主要兴趣在于地租说明了一个贯串在经济学当中的伟大的原理。

## 【注释】

a 戈森和杰文斯都强调这一点。并参阅克拉克的《劳工的剩余收益》。

b 见第六篇的第 5 章。

# 附录十二　李嘉图有关农业税和土地改良的理论

他的理论部分是依据潜在的不可能的假设运行的。虽然它在逻辑上能够站住脚，但是在实际情况中并不适用。我们有关李嘉图思想的精深和其表达的不完善已经谈了很多，特别指出了那些让他制定报酬递减规律而没有限制的种种原因。我们的这种意见，在他讨论土地改良和农业税归宿的影响中也一样适用。他对亚当·斯密的批评是非常不慎重的，如马尔萨斯公正指出的（他的《政治经济学》第10节的结束语），"李嘉图先生一般注意到的是永久的最后结果，关于地租他总是采用相反的政策。而只有注意到暂时的结果，他才能够反驳亚当·斯密的这一论点：就是种植稻米或者马铃薯比种植小麦能够提供较高的地租"。马尔萨斯继续说："实际上，我们有理由相信，地租甚至不会暂时下降，因为将小麦改种稻米必然是逐步的，"那么他也许不会错得特别离谱。

但是认为在一个不可以输入很多小麦的国家当中，很容易因为调整田赋和阻碍了土地改良，以致让地主阶级在短时间内大发横财，而让人民大众贫困不堪，在李嘉图的时代具有非常重大的实际意义，甚至现在认识到这一点也是有很大的科学兴趣的。毫无疑问，当人民贫病交加的时候，地主阶级的钱袋势必会受到损害。但是这个事实并不能削弱李嘉图的下述论点：他在一生中农业价格和地租的暴涨，表明了国家受到的损害比地主阶级得到的利益大得不可计量。但是，我们来考察李嘉图的某些论证，并且这些论证是他喜欢从明确的假设开始的，以便能够求出引人注意的精确结果，这些结果读者可以自行综合，以便让它们能够应用在现实生活。首先，我们假定，某个国家种植小麦是必需的，也就是说，小麦的需求不存在弹性，它的边际生产成本的任何变动，只会影响人们对它支付的价格，而不会影响它的消费量。其次，假定小麦不进口，那么，对小麦征收十分之一税的结果，就会让它的实际价值提高，直至和以前一样多的十分之九能够报酬边际投资量，从而足以报酬各种投资量为止。因此，每块土地的小麦总剩余和从前一样。但是，十分之一的小麦既被当做了租税而被征用，所以，剩下的只是以前小麦剩余的十分之九。因为它各部分的实际价值都是按九与十之比上升的，所以实际剩余不变。

但是，农产品的需求绝对没有弹性的这一假设是反常的。其实价格上涨势必会让某些农产品（如果不是主要粮食）的需求有所减少，因此，小麦价值（总产量）永不会和税额成正比例的上涨，而在一切土地耕作当中所用到的劳动和资本将有所减少。从而，所有土地上的小麦剩余势必会减少，但减少的比例却会因地而异。既然十分之一的小麦剩余被当做租税征用，同时它各个部分的实际价值都是按小于九与十之比上升的，所以，实际剩余有双重的下降。

在现代条件下，小麦的自由进口让租税不可以大大提高它的实际价值，这种实际剩余会下降得非常快；即使没有进口，如果小麦的实际价值的上涨让人口减少，或者至少可能降低劳动人民的生活水准和效率，也会逐步产生相同的结果。降低生活水准和效率的这两种影响对生产者的剩余也有相似的作用；二者让劳动对雇主来说很贵，但是后者又使工人的实际计时工资非常低。李嘉图有关所有这些问题的推理，是非常难理解的，因为他通常不加说明。

当李嘉图不再讨论“直接的”和人口的增长相较而属于“短时期”的结果，就转向了那些“最后的”和属于“长时期”的结果。而在长时期当中，农产品的劳动价值会大大地影响人口的数量，从而，影响农产品的需求。如果补充这种解释，那么他的推理很少有站不住脚的地方。

现在我们能够考察他就农业改良的影响提出的论点，他将农业改良分为两类。而特别有科学趣味的是他讨论的第一类。所谓第一类的改良是指“我能用相对较少的资本获得相同的产量，而没有破坏相续资本部分的生产力之间的差别”的改良[a]。当然，为了他的一般论证，能够忽略这一事实：任何一种改良对一块地的贡献都会比对另外一块地要大些（本书第 4 篇，第 3 章，第 4 节），和从前一样，李嘉图假设小麦的需求不存在弹性，他证明，资本将会从较贫瘠的土地（或者从比较肥沃的土地的较多的集体经营）中撤回。因此，在最有利条件下投资得到的用小麦计算的剩余（假设我们指的小麦剩余）和那些不像从前处于耕作边际的土地相比较，将会是一种剩余。由于依据假设二次投资的生产力的差别不变，所以，小麦剩余势必会减少，当然，这种剩余的实际价值和劳动价值会下降得更多。

这点可以从下图来说明：图（38）中曲线 AC 代表一个农场的全国土地对各种资本和劳动的投资提供的收益。

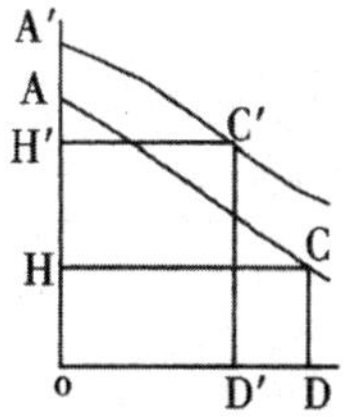


图（38）

各种劳动和资本并不是按它们投资的顺序，而是按它们生产力的顺序来进行排列的。均衡时的投资量是 OD。小麦的价格是让收益 DC 适合以报酬一种投资的价格；面积

AODC 代表小麦的总产量，其中 AHC 代表小麦的剩余总额。（不妨指出，让该图代表全国而不代表一个农场在解释上的唯一变动是来源于这一事实：即我们现在不能够像过去一样假设所有各种资本都是在同一地区投放的。从而，同一种农产品相等部分的价值也是相等的。但是，我们能够克服这个困难，克服的办法是：把运输农产品到共同市场的费用当做它的部分生产费，每种资本和劳动中有一定的部分当做运输费用。）

李嘉图第一类的改良，将使在最有利条件下的投资量的收益从 OA 增加到 OA'，使其他的投资量的收益增加，但是不按照相同的比例而是按照相等的数量增加的。结果，新产量曲线 AC' 将重复旧产量曲线 AC，但是高出了 AA' 段的距离。因此，如果对小麦的需求是没有限度的，以致仍可以维持原有的各种投资量 OD，仍然有利可图，那么小麦剩余仍和改变之前一样。但实际上这样的一种直接增产是无利的。因此，这种改良势必会减少小麦的剩余总额，依据李嘉图在这里的假设，总产量完全没有增加，只有 OD' 的投资量，因为 OD' 由 A'OD'C' 等于 AODC 这个条件所决定，那么小麦剩余总额将缩减至 A'H'C'。这个结果不因为 AC 的形状，也就是说，不以李嘉图为了证明自己的论点而采用的特定数字为转移。

## 【注释】

a《全集》第 2 章。参阅凯南的《生产与分配》。李嘉图对两类改良的区别并不完全令人满意，这里无须加以讨论。